תלמוד בבלי

מהדורת נאה

בבא בתרא חלק ה

Steinsaltz Center

KOREN

Please note that the number ranges that appear at the bottom of each daf of the Vilna pages indicate the corresponding pages of the Koren Talmud Bavli translation and commentary.

תלמוד בבלי

הוצאת קורן ירושלים

— מהדורת נאה —

מסכת בבא בתרא
דף צב. עד דף קח.

COMMENTARY BY

Rabbi Adin Even-Israel Steinsaltz

EDITOR-IN-CHIEF

Rabbi Dr Tzvi Hersh Weinreb

EXECUTIVE EDITOR

Rabbi Joshua Schreier

•

STEINSALTZ CENTER
KOREN PUBLISHERS JERUSALEM

א א מיי' פט"ז מהל' מכירה הל' ב סמג לאוין קע טוש"ע ח"מ סי' רלב סעיף כא:
ב ב מיי' שם הל' א טוש"ע שם סעיף כ:
ג ג ד ה מיי' שם הל' ה טוש"ע שם סעי' כג:

הַמּוֹכֵר אפֵּירוֹת לַחֲבֵרוֹ וּזְרָעָן וְלֹא צָמְחוּ, וַאֲפִילּוּ זֶרַע פִּשְׁתָּן — אֵינוֹ חַיָּיב בְּאַחֲרָיוּתָן; ר"ש בֶּן גַּמְלִיאֵל אוֹמֵר: בזֵרְעוֹנֵי גִינָּה שֶׁאֵינָן נֶאֱכָלִין — חַיָּיב בְּאַחֲרָיוּתָן.§ **גמ'** אִיתְּמַר: *הַמּוֹכֵר שׁוֹר לַחֲבֵירוֹ, וְנִמְצָא נַגְחָן — רַב אָמַר: הֲרֵי זֶה מִקַּח טָעוּת, וּשְׁמוּאֵל אָמַר: גיָכוֹל לוֹמַר לוֹ לִשְׁחִיטָה מְכַרְתִּיו לְךָ. (א) וְלֶיחֱזֵי אִי גַּבְרָא דְּזָבֵין לְנִכְסְתָּא — לְנִכְסְתָּא, אִי לְרַדְיָא — לְרַדְיָא! דבְּגַבְרָא דְּזָבֵין לְהָכִי וּלְהָכִי. וְלֶיחֱזֵי דְּמֵי הֵיכִי נִינְהוּ! הלָא צְרִיכָא, דְּאִייַּקַר בִּישְׂרָא וְקָם בִּדְמֵי רַדְיָא. אִי הָכִי, לְמַאי נָפְקָא מִינָּהּ? נָפְקָא מִינָּהּ לְטִרְחָא. הֵיכִי דָּמֵי?

רש"י

הַמּוֹכֵר פֵּירוֹת. סְתָם, וְלֹא פֵּירֵשׁ אִם לִזְרִיעָה אִם לַאֲכִילָה. וּזְרָעָן. הַלּוֹקֵחַ. **וְלֹא צָמְחוּ.** לָא מִבַּעְיָא פֵּירוֹת, דְּאִיכָּא דְּזָבֵין לִזְרִיעָה וְאִיכָּא דְּזָבֵין לַאֲכִילָה, וּמָצֵי לְמֵימַר: לַאֲכִילָה מְכַרְתִּיו לְךָ, וְאֵין כָּאן מִקַּח טָעוּת כְּלָל. אֶלָּא אֲפִילּוּ זֶרַע פִּשְׁתָּן, דְּרוֹב הַפִּשְׁתָּן הַנִּקָּח בָּעוֹלָם – לִזְרִיעָה קוֹנִין אוֹתוֹ. דְּכֵיוָן דְּאִיכָּא דְּזָבֵין נַמִי לַאֲכִילָה, כִּדְאָמְרִינַן (נדרים דף מט.): לוּלִיבָא דְּכִיתָּנָא לְכוּתְּחָא, אֵינוֹ חַיָּיב בְּאַחֲרָיוּתָן. דְּמָצֵי לְמֵימַר: לַאֲכִילָה מְכַרְתִּיו לְךָ. דִּבְמָמוֹנָא לָא אָזְלִינַן בָּתַר רוּבָּא, כִּדְשְׁמוּאֵל בַּגְּמָרָא. וְדַוְקָא זֶרַע פִּשְׁתָּן, מִשּׁוּם דַּחֲזֵי לַאֲכִילָה. אֲבָל זֵרְעוֹנֵי גִינָּה, כְּגוֹן זֶרַע כְּרוּב וְקַפְלוֹט, שֶׁאֵינוֹ נֶאֱכָל כְּלָל – חַיָּיב בְּאַחֲרָיוּתָן, שֶׁרשב"ג אוֹמֵר זֵרְעוֹנֵי כו'. הָכִי מְפָרֵשׁ בַּגְּמָרָא. חַיָּיב בְּאַחֲרָיוּתָן. דְּהָוֵי מִקַּח טָעוּת, וַהֲרֵי הוּא כְּעֲבִיס שֶׁל זַיִת וְנִמְצָא שֶׁל שִׁקְמָה, יַיִן וְנִמְצָא חוֹמֶץ, דְּהָוֵי מִקַּח טָעוּת. וְכָל שֶׁכֵּן בְּכָאן, דְּהָתָם מִיהָא אִיכָּא דְּנִיחָא לֵיהּ בְּהָכִי, וְאִיכָּא דְּנִיחָא לֵיהּ בְּהָכִי. אֲבָל הָכָא, כֵּיוָן דְּלַאֲכִילָה לָא חֲזוּ וְלִזְרִיעָה לָא חֲזוּ – אֵין לוֹ תַּקָּנָה אֶלָּא לְהַסָּקָה. וַאֲפִילּוּ דְּמֵי עֵצִים לֹא יְשַׁלֵּם לוֹ לוֹקֵחַ, דְּהָא לֹא נֶהֱנָה בָּהֶם כְּלוּם. וְגַם לֹא שָׁלַח בָּהֶן יָד דְּנִתְחַיֵּיב בְּאַחֲרָיוּתוֹ, וּכְמִי שֶׁאָמַר לוֹ מוֹכֵר: "לֵךְ זֶרַע אוֹתָם" דָּמֵי, דְּוַדַּאי לְזֶרַע זַבְּנִינְהוּ. **גמ'** אִיתְּמַר. לְקַמָּן פָּרֵיךְ עֲלָהּ מִמַּתְנִיתִין, הִלְכָּךְ נָקַט לָהּ הָכָא. **וְנִמְצָא** שֶׁהָיָה נַגְחָן. קוֹדֶם מְכִירָה, וְאֵין רָאוּי אֶלָּא לִשְׁחִיטָה. מִקַּח טָעוּת. כְּיַיִן וְנִמְצָא חוֹמֶץ, וְהָדְרֵי זוּזֵי. כִּדְמְפָרֵשׁ טַעֲמָא לְקַמֵּיהּ: דְּרוּבָּא לְרַדְיָא זָבְנֵי. יָכוֹל לוֹמַר לוֹ כו'. דִּבְמָמוֹנָא לָא אָזְלִינַן בָּתַר רוּבָּא, אֶלָּא אַחַר טַעֲנָה טוֹבָה. לִשְׁחִיטָה מְכַרְתִּיו לְךָ. דְּהָא אִיכָּא דְּזָבֵין לִשְׁחִיטָה. וְרוּבָּא לָאו כְּלוּם הוּא, וַהֲוָה לֵיהּ כִּי פַּלְגָא וּפַלְגָא, וְהַמּוֹצִיא מֵחֲבֵירוֹ עָלָיו הָרְאָיָה. וַאֲפִילּוּ לְסוּמָכוֹס דְּאָמַר בְּפֶרֶק "שׁוֹר שֶׁנָּגַח": *מָמוֹן הַמּוּטָּל בְּסָפֵק – חוֹלְקִין, וְקַיְימָא לָן כְּוָותֵיהּ, דְּסָתַם לָן תַּנָּא הָתָם כְּוָותֵיהּ – ה"מ כְּגוֹן שׁוֹר שֶׁנָּגַח אֶת הַפָּרָה וְנִמְצָא עוּבָּרָהּ בְּצִדָּהּ, וְאֵין יָדוּעַ לְבֵית דִּין הֵיאָךְ הָיָה הַמַּעֲשֶׂה, אִם יָלְדָה קוֹדֶם נְגִיחָה אוֹ אַחַר כֵּן. וַאֲפִילּוּ טָעֵין חַד מִינַּיְיהוּ טַעֲנַת בָּרִי, וְאִידָּךְ טַעֲנַת שֶׁמָּא, כִּדְאָמְרִינַן הָתָם. וּכְמוֹ סָבָא וְיָבָם בְּנִכְסֵי סָפֵק, בְּפֶרֶק "הַחוֹלֵץ" (יבמות דף לח.), דְּקַיְימָא לָן חוֹלְקִין, מִשּׁוּם דְּאֵין יָדוּעַ אִם בֶּן ט' לָרִאשׁוֹן וְיִירָשֶׁנּוּ זְקֵנוֹ, אוֹ בֶּן ז' לָאַחֲרוֹן וּבְנוֹ שֶׁל יָבָם הוּא. אֲבָל הָכָא, שֶׁאָנוּ יוֹדְעִין הֵיאָךְ הָיָה הַמַּעֲשֶׂה, הֲרֵי זֶה מְכָרָן לָזֶה סְתָם וְנִתְגַּלָּה הַדָּבָר שֶׁהָיָה נַגְחָן קוֹדֶם לָכֵן – הָכָא מוֹדֶה סוּמָכוֹס דְּלָא הָוֵי מָמוֹן הַמּוּטָּל בְּסָפֵק, אֶלָּא אָזְלִינַן בָּתַר הַהוּא שֶׁטּוֹעֵן יָפֶה. דְּכֵיוָן דְּרוּבָּא לֹא כְּלוּם הוּא – לֹא הָיָה לוֹ לַמּוֹכֵר לְפָרֵשׁ, אֶלָּא הַלּוֹקֵחַ הֲוָה לֵיהּ לְמֵימַר: לְרַדְיָא קָבָעֵינָא לֵיהּ, וּמִדְּלָא פֵּי' הִפְסִיד. וְלָא דָּמֵי לְיַיִן וְנִמְצָא חוֹמֶץ (לעיל פג:) – דְּהָתָם יַיִן קָתָּבַע מִינֵּיהּ דְּמוֹכֵר בְּהֶדְיָא. ה"ג: וְלֶיחֱזֵי **אִי גַּבְרָא** דְּזָבֵין לְרַדְיָא לְרַדְיָא **אִי גַּבְרָא** דְּזָבֵין לְנִכְסְתָּא **לְנִכְסְתָּא**. כְּלוֹמַר, ה"ד דִּפְלִיגֵי רַב וּשְׁמוּאֵל? לֶיחֱזֵי, אִי הַאי גַּבְרָא עוֹבֵד אֲדָמָה הוּא וְלֹא טַבָּח, וְרָגִיל לִקְנוֹת שְׁוָורִים לַחֲרִישָׁה, וּכְגוֹן שֶׁהָיוּ מַכִּירִין זֶה אֶת זֶה – וַדַּאי לְרַדְיָא זָבֵין, וַאֲפִי' לִשְׁמוּאֵל לֶיהֱוֵי מִקַּח טָעוּת, דְּכֵיוָן שֶׁמַּכִּירִין זֶה אֶת זֶה – הֲרֵי כְּאִילּוּ פֵּירֵשׁ לוֹ: מְכוֹר לִי שׁוֹר לַחֲרִישָׁה, וְדָמֵי לְמוֹכֵר זֵרְעוֹנֵי גִינָּה שֶׁאֵינָן נֶאֱכָלִין, דְּמִסְתָּמָא חַיָּיב בְּאַחֲרָיוּתָן. דְּזָבֵין **לְנִכְסְתָּא**. כְּגוֹן טַבָּח, שֶׁאֵינוֹ עוֹבֵד אֲדָמָה. וּמְשַׁנֵּי: **בְּגַבְרָא** דְּזָבֵין לְהָכִי וּלְהָכִי. טַבָּח וְעוֹבֵד אֲדָמָה. דְּמֵי **רַדְיָא**. יְתֵירִין הַרְבֵּה עַל דְּמֵי שְׁחִיטָה. וְלֶיחֱזֵי. אִי דְּמֵי רַדְיָא – לְרַדְיָא, אִי דְּמֵי נִכְסְתָּא – לְנִכְסְתָּא. כֵּיוָן דְּהַאי גַּבְרָא עָבֵיד דְּזָבֵין לְהָכִי וּלְהָכִי, הָיָה לָנוּ לֵילֵךְ אַחַר הַדָּמִים, וְנֵימָא: הַדָּמִים מוֹדִיעִים, דְּשׁוֹר לְרַדְיָא קוֹנִין בְּעֶשְׂרִים דִּינָרִים, וְלִשְׁחִיטָה בְּי' דִּינָרִים. וְנֶיחֱזֵי, אִי דְּמֵי רַדְיָא יָהַב לֵיהּ דְּהַיְינוּ כ' דִּינָר – הַדָּמִים מוֹדִיעִים דִּלְרַדְיָא זָבֵין, וַהֲרֵי זֶה מִקַּח טָעוּת, כְּמוֹכֵר יַיִן וְנִמְצָא חוֹמֶץ, וְאַמַּאי קָאָמַר שְׁמוּאֵל דְּיָכוֹל לוֹמַר לִשְׁחִיטָה מְכַרְתִּיו? הָא וַדַּאי לְרַדְיָא זָבֵין, דְּהָא אֲפִילּוּ לִשְׁחִיטָה זָבֵין, כֵּיוָן דִּדְמֵי רַדְיָא קַבֵּיל מִינֵּיהּ דְּלוֹקֵחַ – מִקָּחוֹ בָּטֵל, דְּנִתְאַנָּה יָתֵר מִשְּׁתוּת, דְּהָא לָא חֲזֵי לְרַדְיָא, שֶׁהֲרֵי נִמְצָא נַגְחָן וְאֵינוֹ שָׁוֶה אֶלָּא י' דִּינָרִים לִשְׁחִיטָה. וְאִי דְּמֵי נִכְסְתָּא יָהַב לֵיהּ – וַדַּאי דִּלְנִכְסְתָּא זָבֵין, וְאַף עַל פִּי שֶׁשָּׁוֶה י' דִּינָרִים כְּמוֹ שֶׁנָּתַן – קָאָמַר רַב דְּהָוֵי מִקַּח טָעוּת. וְנָפְקָא מִינֵּיהּ לְטִרְחָא, כִּדְלְקַמָּן. וְאַמַּאי? לֵימָא הַדָּמִים מוֹדִיעִין, דְּהָא אֲפִילּוּ לְרַבָּנַן דְּאָמְרִי בְּפֶרֶק "הַמּוֹכֵר אֶת [הַסְּפִינָה]" (לעיל דף עז:): אֵין הַדָּמִים רְאָיָה – הָנֵי מִילֵּי גַּבֵּי מָכַר אֶת הַצֶּמֶד לֹא מָכַר אֶת הַבָּקָר, וּכְדְאוֹקִימְנָא בְּדוּכְתָּא דְּקָרֵי לְצֶמֶד צֶמֶד וּלְבָקָר בָּקָר, וְאִיכָּא נַמִי דְּקָרֵי לֵיהּ לְבָקָר צֶמֶד, דְּכֵיוָן דְּלָאו כּוּלֵּי עָלְמָא קָרוּ לֵיהּ לְבָקָר צֶמֶד – אִיכָּא לְמֵימַר דְּהַאי לוֹקֵחַ הָוֵי מֵהָנְהוּ דְּקָרֵי לְבָקָר בָּקָר, וְהִלְכָּךְ קא"ל מוֹכֵר: צֶמֶד מָכַרְתִּי לְךָ וְלֹא בָּקָר, שֶׁהַמּוֹצִיא מֵחֲבֵירוֹ עָלָיו הָרְאָיָה. וְהִלְכָּךְ עַל הַלּוֹקֵחַ לְהָבִיא רְאָיָה שֶׁהוּא מֵאוֹתָן הָרְגִילִין לִקְרוֹא לְבָקָר צֶמֶד, וּמִדְּלָא מַיְיתֵי רְאָיָה – מַפְסִיד. אֲבָל הָכָא, דְּהַאי גַּבְרָא זָבֵין לְרַדְיָא וְלִשְׁחִיטָה – מוֹדוּ רַבָּנַן דְּהַדָּמִים מוֹדִיעִים, דְּכֵיוָן דְּיָדְעִינַן בְּוַדַּאי בְּהַאי לוֹקֵחַ דְּרָגִיל לִקְנוֹת לְרַדְיָא, וְגַם הַדָּמִים מוֹדִיעִין – הִלְכָּךְ הַדָּמִים רְאָיָה. דְּכִי הַאי גַּוְונָא נַמִי אָמְרִינַן הָתָם: הֵיכִי דָּמֵי? אִי דְּקָרוּ לֵיהּ לְצֶמֶד צֶמֶד כו', אֶלָּא דְּקָרוּ לֵיהּ נַמִי לְבָקָר צֶמֶד – כּוּלֵּיהּ זָבֵין לֵיהּ. אַלְמָא, הֵיכָא דְּכָל בְּנֵי הָעִיר קוֹרִין לְבָקָר צֶמֶד, אע"פ שֶׁקּוֹרִין לוֹ לִפְעָמִים בָּקָר – אָמְרִינַן דְּכוּלֵּיהּ זָבֵין, דְּכֵיוָן דְּיָדְעִינַן בֵּיהּ בְּהַאי לוֹקֵחַ שֶׁרָגִיל לִקְרוֹת נַמִי לְבָקָר צֶמֶד כִּשְׁאָר בְּנֵי הָעִיר, וְגַם הַדָּמִים מוֹדִיעִין דְּבָקָר עִם צֶמֶד זָבַן, הִלְכָּךְ אָמְרֵי רַבָּנַן דְּהַדָּמִים רְאָיָה. וְה"נ, כֵּיוָן דְּהַאי גַּבְרָא זָבֵין לְרַדְיָא וְלִשְׁחִיטָה. וְהַדָּמִים מוֹדִיעִין דִּלְרַדְיָא זָבֵין – וַדַּאי כֵּיוָן דְּאִיכָּא מִילְּתָא דְּמוֹכְחָא – הַדָּמִים רְאָיָה. כֵּן נִרְאֶה בְּעֵינַי. דְּאִייַּקַר **בִּישְׂרָא** כו'. וְלֵיכָּא דָּמִים מוֹדִיעִין. וְאִיכָּא דְּגָרַס: דְּזַל רַדְיָא וְקָם כִּי בִּשְׂרָא, וְהַיְינוּ הַךְ. וּבָעֵי גְּמָרָא: לְמַאי **נָפְקָא** מִינַּהּ. פְּלוּגְתָּא דְּרַב וּשְׁמוּאֵל, מֵאַחַר שֶׁשָּׁוֶה יָפֶה מַה שֶּׁנָּתַן בּוֹ. לְטִרְחָא. טוֹרַח מְכִירַת הַשּׁוֹר לְשָׁחֲטוֹ וְלִמְכּוֹר הַבָּשָׂר. הִלְכָּךְ אָמַר רַב הֲרֵי זֶה מִקַּח טָעוּת, וְיַחֲזִיר לוֹ הַמּוֹכֵר דָּמָיו. ה"ד. דְּהָוֵי מִקַּח טָעוּת לְהִתְחַיֵּיב הַמּוֹכֵר לְהַחֲזִיר הַדָּמִים.

אי

תוספות

המוכר פירות. זרעוני גינה שאינם נאכלים חייב באחריותן. תימה: אמאי חייב באחריותן? לימא ליה: מה שלא צמחו — לפי שלא זרעת אותם בזמן שהיו ראוים לזריעה! דהכי אמרי' ב"המקבל" (ב"מ דף קה:), דתנן: המקבל שדה מחבירו, ואכלה חגב או נשדפה, אם מכת מדינה [היא] — מנכין לו מן הדמים. ואמר עלה ר"ל בגמ' (שם קו:): לא שנו אלא שזרעה וצמחה ואכלה חגב, אבל זרעה ולא צמחה — מצי אמר ליה [בעל הקרקע]: כל (כי) [ימי] זרע זרע ליה [ואזיל] כו'! ויש לומר: דהתם איירי במכת מדינה, דכולהו באגי נמי לא צמחו, ולית לן למימר שכל בני באגי זרעו זרע שאינו ראוי לזריעה. אי נמי: הכא איירי דאיגלאי מילתא למפרע שלא היו ראוין לזריעה כלל. וכן משמע בגמרא, דאיכא למאן דמחייב לשלם אפי' ההוצאה, ואין סברא לחייבו כלל כל ההוצאה אלא כשלא היו ראוין כלל לזריעה, וידע המוכר שלא היתה ראויה לזריעה. **וליחזי** אי דמי רדיא וכו'. דאפי' לרבנן (לעיל עז:) דאית להו דאין הדמים ראיה — היינו התם דוקא, דרובא דקרו לצמד צמד, דרובא וחזקה מסייעין למוכר, ולהכי אין הדמים ראייה להכחיש רוב וחזקה. ואפי' לפי ספרים דגרסי "דאיכא דקרו לצמד צמד" כו', ולא גרסי "רובא" — מכל מקום אין כח בדמים להכחיש החזקה. אבל הכא, דרובא לרדיא זבני, ואיכא חזקה כנגד אותו רוב, שהמוכר מוחזק — אפי' רבנן מודו, דיש לדמים ראיה לסייע לרוב או לחזקה. ובהכי אתי שפיר ההיא דריש פרק "המניח" (ב"ק דף כז. ושם) אפילו אליבא דרב, גבי היינו כד היינו חבית. דקאמר: לא צריכא דרובא קרו לחביתא חביתא ולכדא כדא, מהו דתימא זיל בתר רובא — קמ"ל דאין הולכין בממון אחר הרוב. דאפילו רב מודה התם דאין הולכין אחר הרוב, כיון דדמים מסייעין לבעל הכד המוחזק. והוא הדין דה"מ למימר התם איפכא: מהו דתימא זיל בתר חזקה, קמ"ל דאין הולכין בממון אחר חזקה, אלא אחר הרוב, אם היו דמים מסייעים לרוב. אבל זה לא היה שום חידוש לרב. ומיהו, בלאו הכי מפרש רבינו תם דאתי אפילו כרב, משום דיכול לומר המוכר ללוקח: קים לי בנפשאי שאני מן המיעוט דקרו לכדא חביתא, וכשהתנה עמו חבית — לא יתן אלא כד. אבל הכא, במוכר שור ונמצא נגחן אזיל בתר רובא דזבני לרדיא, והוי מקח טעות, דלא מצי אמר ליה מוכר ללוקח: אתה מן המיעוט דזבני לשחיטה. **למאי** נפקא מינה לטרחא. לעיל ב"המוכר את הספינה" (דף פג:) גבי יפות ונמצאו רעות, ואף על גב דאיירי שוה בשוה, לא בעי: מאי נפקא מינה, דבהדיא מוקמינן מתניתין דהתם כשהוקרו והוזלו. אך תימה: דהכא אמאי לא מוקי לה הכי, דנפקא מינה כגון דבשעת לקיחה אייקור בישרא וקם בדמי רדיא, אבל אחר כן הוזל. אי נמי, כשאינהו פחות משתות?

אי

ב"ק מו.

(ב"ק מו.)

הגהות הב"ח

(א) גמ' לשחיטה מכרתיו לך תמאי וליחזי אי:

רבינו גרשום

המוכר פירות. בסתם לחברו: וזרען ולא צמחו. לפי כי מקולקלין נינהו. אפי' זרע פשתן. מכר לו דאיכא למימר דזרע פשתן לאו לאכילה קאי אלא לזריעה וידיע למוכר שפיר דלדעת דזריעה קונה לוקח אפי' הכי אם לא צמחו אינו חייב באחריותן דמצי למימר המוכר כסבור הייתי דלאכילה קבעית להו ולא לזריעה: ר"ש ב"ג אומר זרעוני גינה שאינן נאכלין כלל חייב באחריותן. משום דהכא ודאי ידיע ליה למוכר דלזריעה קבעי להו וזרעוני שפירי הוה ליה לזבוני. מכלל דזרע פשתן אינו חייב באחריותן משום דאיכא דקבעי ליה לאכילה או לצורך רפואה: אתמר המוכר וכו' ומקשי' אמאי פליגי ביה רב ושמואל. ונחזי האי גברא דזבן אי לרדיא זבן לצורך חרישה א"כ מאי טעמא דשמואל הא ודאי מקח טעות הוא. ואי לצורך שחיטה זבן מאי טעמא דרב: לא צריכא בגברא דקונה להכי ולהכי שקצב ועובד אדמה הוא וקונה לרדיא ולשחיטה דהשתא ליכא למיקם עלה דמלתא. ולהכי סבירא ליה לרב דלצורך רדיא זבנה והרי זה מקח טעות. ושמואל אמר יכול לומר לצורך שחיטה זבניה: ומקשי' ולחזי אי דמי רדיא יהב מאי טעמא דשמואל ואי דמי בשרא יהב מאי טעמא דרב. ומשני לא צריכא דאייקר בשרא לאכילה וקם ברדיא: למאי נפקא מינה. הואיל דדמי חד יהיב בין לרדיא בין לשחיטה. כלומר במאי פליגי הא מצי לזבוני לצורך אכילה ולמיקני מהני דמים לרדיא. משום דטרחא יתירא ללוקח לזבניה לצורך אכילה להאי ולמיקני אחריתי ומשום הכי פליגי רב ושמואל. ומקשי' היכי דמי

עין משפט
נר מצוה

ד א מיי' פ"ח מהל' מאכלות אסורות הל' יא ופ"ח מהל' סנהדרין הל' א סמג עשין נח ולאוין קמא טוש"ע ח"מ סי' יח סעיף ה בהג"ה וטוש"ע י"ד סי' קי ס"ג:
ה ב מיי' פט"ז מהל' מכירה הל' ה סמג לאוין קסח טוש"ע ח"מ סי' רלב סעיף כג:
ו ג מיי' פט"ז מהל' אישות הל' כה סמג עשין מח טוש"ע אה"ע סי' לו סעיף טו:
ז ד ה מיי' פט"ו מהל' מכירה הל' יג ועיין בהשגות ובמגיד משנה סמג לאוין קסח טוש"ע ח"מ סי' רלב סעיף י:

אִי דְּלֵיכָּא לְאִישְׁתַּלּוּמֵי מִינֵּיהּ – לִיעַכַּב תּוֹרָא בְּזוּזֵיהּ, א)דְּאָמְרִי אֱינָשֵׁי: מִן מָרֵי רַשְׁוָתֵיךְ פָּאֲרֵי אִפְּרַע! לָא צְרִיכָא, דְּאִיכָּא לְאִישְׁתַּלּוּמֵי מִינֵּיהּ; רַב אָמַר: הֲרֵי זֶה מִקַּח טָעוּת – בָּתַר רוּבָּא אָזְלִינַן, וְרוּבָּא לִרְדִיָּא זָבְנִי; וּשְׁמוּאֵל אָמַר לָךְ: כִּי אָזְלִינַן בָּתַר רוּבָּא – אבְּאִיסּוּרָא, ב)בבְּמָמוֹנָא – לָא.§ (סִימָן: אִשָּׁה וְעֶבֶד שׁוֹר שְׁוָרִין וּפֵירוֹת).§ מֵיתִיבֵי: ג)הָאִשָּׁה שֶׁנִּתְאַלְמְנָה אוֹ נִתְגָּרְשָׁה, וְהִיא אוֹמֶרֶת: "בְּתוּלָה נִישֵּׂאתִי", וְהוּא אוֹמֵר: "לֹא כִּי, אֶלָּא אַלְמָנָה נְשָׂאתִיךְ". גאִם יֵשׁ עֵדִים שֶׁיָּצְאָה בְּהִינוּמָא וְרֹאשָׁהּ פָּרוּעַ – כְּתוּבָּתָהּ מָאתַיִם; טַעֲמָא דְּאִיכָּא עֵדִים, הָא לֵיכָּא עֵדִים – לָא, וְאַמַּאי? לֵימָא: הַלֵּךְ אַחַר רוֹב הַנָּשִׁים, וְרוֹב נָשִׁים בְּתוּלוֹת נִישָּׂאוֹת! ד)אֲמַר רָבִינָא, מִשּׁוּם דְּאִיכָּא לְמֵימַר: רוֹב נָשִׁים בְּתוּלוֹת נִישָּׂאוֹת, וּמִיעוּט – אַלְמָנוֹת, וְכָל הַנִּישֵּׂאת בְּתוּלָה יֵשׁ לָהּ קוֹל, וְזוֹ הוֹאִיל וְאֵין לָהּ קוֹל – אִיתְרַע לָהּ רוּבָּא. אִי כָּל הַנִּישָּׂאוֹת בְּתוּלוֹת יֵשׁ לָהֶן קוֹל, כִּי אִיכָּא עֵדִים מַאי הָוֵי? מִדְּלֵית לָהּ קוֹל – סָהֲדֵי שַׁקָּרֵי נִינְהוּ! אֶלָּא, רוֹב הַנִּישָּׂאוֹת בְּתוּלוֹת יֵשׁ לָהֶן קוֹל, וְזוֹ הוֹאִיל וְאֵין לָהּ קוֹל – אִיתְרַע לָהּ רוּבָּא. ת"ש: ה)דהַמּוֹכֵר עֶבֶד לַחֲבֵרוֹ וְנִמְצָא גַּנָּב אוֹ קוּבְיוּסְטוּס – הִגִּיעוֹ, הלִסְטִים מְזוּיָּן אוֹ מוּכְתָּב לַמַּלְכוּת – אוֹמֵר לוֹ "הֲרֵי שֶׁלְּךָ לְפָנֶיךָ"; רֵישָׁא מַאי

אִי דְּלֵיכָּא. מָעוֹת מְלוּוֹת לַמּוֹכֵר לְאִישְׁתַּלּוּמֵי לוֹקֵחַ מִינֵּיהּ דְּמוֹכֵר, אַמַּאי אָמַר רַב הֲרֵי זֶה מִקַּח טָעוּת וְיַחֲזִיר הַשּׁוֹר? לִיעַכַּב תּוֹרָא עַצְמוֹ בְּזוּזֵי! דְּאָמְרֵי אֱינָשֵׁי כו'. מִקְּרָא נָפְקָא לָן בְּפ"ק דְּבָבָא קַמָּא (דף ט.). דְּאָמַר רַב הוּנָא: אוֹ כֶּסֶף יְשַׁלֵּם אוֹ מֵיטַב שָׂדֵהוּ. וְאוֹתְבֵיהּ רַב נַחְמָן לְרַב הוּנָא: "יָשִׁיב" – לְרַבּוֹת שָׁוֶה כֶּסֶף! וּמְשַׁנֵּי: הכ"ע בִּדְלֵית לֵיהּ מָעוֹת מְלוּוֹת. דְּלֵית לֵיהּ, פְּשִׁיטָא! מַהוּ דְּתֵימָא: אָמְרִינַן זִיל טְרַח וְזַבֵּין וְאַיְיתֵי לֵיהּ, קמ"ל. רַשְׁוָתָךְ. הָאִישׁ אֲשֶׁר אַתָּה נוֹשֶׁה בּוֹ. פָּאֲרֵי. סוּבִּין, בְּשָׁוְויֵהֶן. לָא צְרִיכָא דְּאִיכָּא. מָעוֹת מְלוּוֹת לַמּוֹכֵר לְאִישְׁתַּלּוּמֵי לוֹקֵחַ מִינֵּיהּ. פֵּירֵשׁ ר"ח: דְּשָׁמְעִינַן מִינָּהּ דְּהֵיכָא דְּאִית לֵיהּ מָעוֹת לַלֹּוֶה – לֹא יָכוֹל לְדַחוֹיֵי לַמַּלְוֶה לְאִפְרוֹעֵי מִשְּׁאָר נְכָסִים, דְּבָעוּ שׁוּמָא, אֶלָּא זוּזֵי הוּא דְּפָרַע לֵיהּ. וְלָא דָּמֵי לְמַאן דְּלֵית לֵיהּ זוּזֵי, דְּשָׁיְימִי לֵיהּ בֵּי דִינָא מִנִּכְסֵיהּ. וְיֵשׁ מִי שֶׁאוֹמֵר: הֵיכָא דְּאִיתְנְהוּ לְזוּזֵי דְּמֵי זֶה הַשּׁוֹר בְּעֵינַיְיהוּ, וּצְרִיכָא עִיּוּן. כֵּן פר"ח. וְלָא נְהִירָא לִי הַאי לִישָּׁנָא בַּתְרָא כְּלָל, דְּמַה לִּי הָנֵי מַה לִּי אַחֲרִינֵי? כִּדְפְרֵישִׁית מִילְּתֵיהּ דְּרַב הוּנָא, דְּלָא אָמְרִינַן "יָשִׁיב" לְרַבּוֹת שָׁוֶה כֶּסֶף – אֶלָּא הֵיכָא דְּלֵית לֵיהּ זוּזֵי. וְרוּבָּא. דִּשְׁוָורִים, לִרְדִיָּא זָבְנֵי. בְּאִיסּוּרָא. כְּגוֹן תֵּשַׁע חֲנוּיוֹת מוֹכְרוֹת בְּשַׂר שְׁחוּטָה וְאַחַת מוֹכֶרֶת בְּשַׂר נְבֵילָה, דְּאָמְרִינַן: בַּנִּמְצָא הַלֵּךְ אַחַר הָרוֹב. לָא אָזְלִינַן בָּתַר רוּבָּא. אֶלָּא אַחַר הַמּוּחְזָק, אִם יֵשׁ לוֹ שׁוּם טַעֲנָה. הָאִשָּׁה שֶׁנִּתְאַרְמְלָה. וְטוֹעֶנֶת: אִבַּדְתִּי כְּתוּבָּתִי. א"נ, בְּמָקוֹם שֶׁאֵין כּוֹתְבִין כְּתוּבָּה, כִּדְמְפָרֵשׁ בִּכְתוּבּוֹת. בְּתוּלָה נִישֵּׂאתִי. וְיֵשׁ לִי מָאתַיִם. אַלְמָנָה נְשָׂאתִיךְ. וְאֵין לָךְ אֶלָּא מָנֶה. שֶׁיָּצְאָה. מִבֵּית אָבִיהָ לְבֵית בַּעְלָהּ, כְּשֶׁנִּכְנְסָה לַחוּפָּה. בְּהִינוּמָא. קַלְתָּא דְּמִנַּמְנְמָא בֵּיהּ כַּלָּתָא, אוֹ רֹאשָׁהּ פָּרוּעַ בַּשּׁוּק בִּשְׁעַת כְּנִיסָה לַחוּפָּה, שֶׁכֵּן דֶּרֶךְ הַנִּישָּׂאוֹת בְּתוּלוֹת. כְּתוּבָּתָהּ מָאתַיִם. וְאַע"פ שֶׁאֵין לָהּ עֵדִים מְעִידִים עַל בְּתוּלֶיהָ, וְאֵין יוֹדְעִין אִם נִישֵּׂאת בְּתוּלָה אוֹ בְּעוּלָה. (א) כְּתוּבָּתָהּ מָנֶה. דְּהַמּוֹצִיא מֵחֲבֵירוֹ עָלָיו הָרְאָיָה. וְרוֹב נָשִׁים. שֶׁבָּעוֹלָם, שֶׁנִּישָּׂאוֹת לַבַּעַל – בְּתוּלוֹת הֵן. אֶלָּא וַדַּאי בְּמָמוֹנָא לָא אָזְלִינַן בָּתַר רוּבָּא, אֶלָּא אַחַר הַמּוּחְזָק, כִּשְׁמוּאֵל, וְקַשְׁיָא לְרַב. וּמִיעוּט אַלְמָנוֹת. וְזוֹ, אִיכָּא לְמֵימַר דְּמִן הַמִּיעוּט הִיא, הוֹאִיל וְאֵין לָהּ קוֹל, כִּדְמְפָרֵשׁ וְאָזֵיל. כִּי אִיכָּא עֵדִים. שֶׁיָּצְאָה בְּהִינוּמָא, מַאי הָוֵי? מֵאַחַר שֶׁהֵן עַצְמָן אֵין יוֹדְעִין אִם נִישֵּׂאת בְּתוּלָה אוֹ אַלְמָנָה – נִמְצָא דְּאֵין כָּאן קוֹל כְּלָל. סָהֲדֵי שַׁקָּרֵי. וְלֹא רָאוּהָ יוֹצֵאת בְּהִינוּמָא. יֵשׁ לָהּ קוֹל. מִתּוֹךְ שֶׁיֵּשׁ שִׂמְחָה בְּנִישּׂוּאֵי בְּתוּלָה – נִזְכָּרִים בָּהּ בְּנֵי אָדָם. אִיתְרַע לָהּ רוּבָּא. דִּבְתוּלוֹת נִישָּׂאוֹת דְּרוּבָּן יֵשׁ לָהֶן קוֹל, מַכְחִישׁ כֹּחוֹ שֶׁל אוֹתוֹ רוֹב. וְכֵיוָן דְּאִיכָּא לְמֵימַר הָכִי וְאִיכָּא לְמֵימַר הָכִי – הַמּוֹצִיא מֵחֲבֵירוֹ עָלָיו הָרְאָיָה. נִמְצָא שֶׁהָיָה גַּנָּב. קוֹדֶם לָכֵן, גּוֹנֵב מָמוֹן. קוּבְיוּסְטוּס. גּוֹנֵב נְפָשׁוֹת. הִגִּיעוֹ. לַלּוֹקֵחַ, וְאֵין כָּאן מִקַּח טָעוּת. לִסְטִים מְזוּיָּן. הוֹרֵג נְפָשׁוֹת, וְסוֹפוֹ לֵיהָרֵג. אוֹ מוּכְתָּב לַמַּלְכוּת. לֵיהָרֵג. הֲרֵי שֶׁלְּךָ לְפָנֶיךָ. דְּגַבְרָא קְטִילָא זַבֵּין לֵיהּ. רֵישָׁא

אי דליכא לאישתלומי מיניה. אומר ר"י: דשפיר גרס "אי דליתנהו להנהו זוזי". ומה שהקשה ר"ש מההיא דבבא קמא (דף ט.) – לאו פירכא היא, דמצינא למימר דקיימא לן כרב פפא וכרב הונא בריה דרב יהושע, דאית להו התם (דף ז:) דכל מילי מיטב הוא, אפילו אית ליה זוזי – יהיב ליה אפי' סובין. ואע"ג דבע"ח, אי אית ליה זוזי לא מצי מסלק ליה בשאר מילי, כדאמר ב"הכותב" (כתובות דף פו. ושם), דאמר: האי מאן דאית ליה ארעא וזוזי, ויש עליו כתובת אשה ובעל חוב – לבעל חוב מסלק בזוזי, ולאיתתא בארעא כו'. וקאמר נמי התם: ודאי דאמריתו משמיה דרב נחמן: האי מאן דמסיק זוזי בחבריה ואית ליה ארעא ולית ליה זוזי, דא"ל: זיל וטרח וזבין ואייתי זוזי. א"ל: ההוא תולה מעותיו בגוי הוה, והוא עשה שלא כהוגן – לפיכך עושין לו שלא כהוגן. משמע כשיש לו זוזי – צריך ליתן לו זוזי. ונוכל לחלק בין לוקח דהכא לבע"ח; דהתם אדעתא דפרע ליה זוזי אוזפיה, אבל לוקח דהכא, דהוי טעות – לא משלם ליה זוזי כי ליתנהו להנהו זוזי, אפילו אית ליה זוזי אחריני, דכשהוליא אותן מעות הוי כמו מזיק מעות של חבירו, והוי דינו כנזקים. וה"ר חיים כ"ץ ז"ל פירש: דאפילו בע"ח, אע"ג דאית ליה זוזי – לא משלם ליה אלא מה שירצה, דכל מילי מיטב הוא. דלא עדיף מנזקין, דהא נזקין מדאורייתא מעידית, מה שאין כן בבע"ח. וההוא ד"הכותב" ה"פ: ההוא תולה מעותיו בגוי הוה. פירוש: מעיקרא כששאלו ממנו אמר שכל נכסיו של גוי, הן הקרקע הן דברים אחרים, ועכשיו אומר שקרקע זו שלו. והלכך, לפי שעשה שלא כהוגן – אומרים לו שימכרנה, שמא אינה שלו אלא של אחר, ורוצה לפטור עצמו בממון אחרים. לכך אומרים לו: כיון שאתה אומר שהיא שלך – מכור אותה, והבא מעות. והא דאמר התם: לבע"ח מסלק בזוזי – התם ודאי, מאחר שיש לו זוזי – מוטב שיתן זוזי לבע"ח מלאשה. כדמסיק התם: יותר משהאיש רוצה לישא כו'. והכא, אי איתנהו להנהו זוזי – צריך להחזירם, כיון שהוא מקח טעות. ולא דמי להלואה, דהלואה להוצאה ניתנה. ומרגלא בפומיה דר"ת דג' דינים יש בבע"ח: אי אית ליה זוזי – לא מצי מסלק ליה אלא בזוזי, ואי לית ליה – לא אמרינן ליה: טרח ואייתי זוזי. אבל בנזקים, אפילו אית ליה – מצי לסלוקי במאי דבעי, דכל מילי מיטב הוא, כרב פפא וכרב הונא בריה דרב יהושע. ובפועל, אפילו לית ליה זוזי – א"ל: זיל טרח ואייתי זוזי. דתנן ב"הבית והעלייה" (ב"מ דף קיח.): השוכר את הפועל לעשות עמו בתבן ובקש, וא"ל: טול מה שעשית בשכרך – אין שומעין לו, ואפילו לית ליה זוזי. דהא אמר בגמרא דאיצטריך לאשמועינן דלא נימא ממרי רשותך פארי אפרע, והיינו היכא דלית ליה זוזי, דבעל חוב אי אית ליה זוזי – לא מצי לסלוקי בשאר מילי, כדאיתא ב"הכותב". רבינו תם.

ואמאי לימא הלך אחר רוב נשים כו'. וא"ת: נימא דנאמן במיגו, דאי בעי אמר "פרעתי". ועל כרחך בדליכא כתובה איירי, דאי איכא כתובה – ניחזי מאי דכתב בה! וי"ל: דאליבא דרב קיימי, דאמר בשילהי "הכותב" (כתובות דף פט. ושם): דגט גובה עיקר, כתובה גובה תוספת. **וזו** הואיל ואין לה קול איתרע לה רובא. ואם תאמר: דתנן בפרק ב' דכתובות (דף כח. ושם): אלו נאמנין להעיד בגדלן מה שראו בקטנן: "זכורני בפלונית שיצאה בהינומא וראשה פרוע". ואמר בגמרא: מאי טעמא – כיון דרוב נשים בתולות נשאות, גלויי מילתא בעלמא הוא. והשתא לרב, היכי דמי? אי דאית לה קול – למה לי עדים? כדפריך הכא, ואי דלית לה קול – אמאי הוי גלויי מילתא בעלמא? הא איתרע לה רובא, כדאמר הכא, והיכי מפקי ממונא בקטן וגדול שעמו? וליכא למימר דבהך עדים קטן וגדול שעמו הוי הקול – דהא פריך הכא: מדליכא קלא הני סהדי שקרי נינהו, ולא אמר דהנך סהדי היינו הקול. ולשמואל דלא אזיל בתר רובא – אתי שפיר, דאע"ג דאיכא רוב גמור אכתי צריך לגלויי מילתא. ויש לומר: דאע"ג דאיתרע לה רובא, מכל מקום רובא דרוב נשים בתולות נישאות עדיף מרוב הנישאת בתולה יש לה קול, וסגי בגלויי מילתא בעלמא.

קוביוסטוס. פרש"י בכל מקום: גונב נפשות. והכא לא משמע הכי, דמסיק דכולהו הכי איתנהו, אטו כולהו גונבי נפשות נינהו? ומיהו, בפ"ק דבכורות (דף ה. ושם) אין להקשות לפירושו. דאמרינן גבי שקלים: שאל קונטרקוס את רבן יוחנן בן זכאי: משה רבכם גנב היה או קוביוסטוס היה, או שאינו בקי בחשבונות היה? דכיון שהשקלים היו כנגד ישראל קורא אותו כאילו גונב נפשות. ונראה כפר"ח, דמפרש קוביוסטוס = משחק בקוביא. והא דאמר בפרק "גיד הנשה" (חולין דף צא:) דאמר ליה יעקב למלאך: וכי גנב אתה או קוביוסטוס אתה שאתה מתיירא מן השחר – יש ליישב נמי לפירוש רבינו חננאל, דלפי שחייב לכמה בני אדם ואין לו מה לשלם – מתיירא פן יתבעוהו. **לסטים** מזויין או מוכתב למלכות אומר לו הרי שלך לפניך. מכאן קשה לפ"ה, שפירש בפרק "אע"פ" (כתובות דף נח. ושם) גבי הא דפריך: אלא מעתה עבד כהן שלקחו מישראל לא יאכל בתרומה משום סימפון! ומשני: סימפון בעבדים ליכא, דאי מאברא – הא קא חזי ליה, ואי מגוואי – מאי איכפת ליה? למלאכה קא בעי ליה כו'. מאי אמרת, ליסטים מזוין או מוכתב למלכות? הנהו קלא אית להו. פי': וסבר וקיבל. ואי אפשר לומר כן, דבהדיא אמר הכא דהוה מקח טעות. ומפרש התם ר"ת: דהנהו קלא אית

רבינו גרשום

אי דליכא לאשתלומי מיניה. שאין למוכר שור אחר שראוי לרדיא והדמים כבר הוציאם. מאי טעמא דרב דאמר מקח טעות וחוזר מוטב ליה למשקליה לתורא מידיה דמרא בזוזיה דאמרי אינשי ממרי רשותך וכו'. לא צריכ' דאיכא לאשתלומי מיניה. ובהא פליגי. רב דאמר הרי זה מקח טעות משום דבתר רוב אזלינן דרובא דעלמא לרדיא זבני וצריך למטרח מוכר שימכור שור זה וליקח שור לרדיא ויתן ללוקח. ושמואל אמר הואיל דהאי גברא זבן להכי ולהכי ואייקר בשרא וקם ברדיא מצי למימר ליה מוכר לשחיטה מכרתיו לך דכי אזלינן בתר רובא לענין איסורא. כגון תשע חנויות מוכרות בשר שחוטה ואחת מוכרת בשר נבילה דהוה ליה קבוע וכל קבוע כמחצה על מחצה דמי כלומר כיון דאותה חנות נבילה קבוע ביני הני אידך חנויות המוכרות בשר שחוטה חשבינן שכל חצי החנויות מוכרות בשר נבילה ואסור. ובנמצא הלך אחר הרו' דכל דפריש מרובא פריש אבל גבי ממונא לא אזלינן בתר רובא ואמטו להכי אם רוצה לוקח להוציא מן המוכר יביא ראיה דלרדיא זבין: היא אומרת. אם נתגרשה: בתולה נישאתי. ויש לי כתובה מאתים: והוא. הבעל: אומ' אלמנה נשאתיך. ואין לך כתובה אלא מנה. ואם נתארמלה טעני לה הכי יורשי הבעל כדמפרש במס' כתובות א) קרתא דמנמנמא ביה כלתא. שהיו עושין לכלה כעין יריעה סביב לה ותמן מנמנמא: וראשה פרוע. שהיו שערותיה נראין מתחת הצעיף שלה הפרוש על ראשה שכך נוהגין לבתולה. טעמא דאיכא עדים דבתולה נשאת משום הכי כתובתה מאתים הא ליכא עדים לא אם איתא דאזלינן בתר רובא דממונא אמאי אזלינן הכא בתר עדים. לימא הלך אחר רוב נשים ורוב נשים בתולות נישאות. אלא ש"מ דלא אזלינן בתר רובא בממונא וקשיא לרב: אמר רבינא. לעולם אזלי' בתר רובא דממונא והכא מאי טעמא לא משום דאיכא למימר כו' וזו הואיל ואין לה קול. איכא למימר מן המיעוט היא ואתרע לה רובא ומשום הכי אזלינן בתר עדים אבל בעלמא אזלינן בתר רובא: ומקשינן אי כל הנישאות יש להן קול. כי איכא עדים שיצאת בהינומא מאי הוי והאיכא למימר מדלית לה קול האי דאשתכח סהדי שקרי נינהו וסהדותא דשיקרא הוא דמסהדי על הא דיצאה בהינומא. דהואיל דאין לה קול מעולם לא ב)היה ואמאי אזלינן בתר עדים וכתובתה מאתים. אלא תריץ הכי רוב הנישאות בתולות יש להן קול ומיעוט אין לה קול וזו הואיל ואין לה קול איתרע ליה רובא משום הכי אזלינן בתר עדים דאיכא למימר הא ודאי מן המיעוט היא ומשום הכי לא אזלינן בתר רובא דאיכא למימר כדמפרש אבל בעלמא ודאי אזלינן בתר רובא: גנב. שהוא גונב ממון: קוביוסטוס. גונב נפשות: הגיעו. ללוקח דלא מצי למיהדר ביה: לסטים מזויין. הורג נפשות: מוכתב למלכות. חייב מיתה: רישא מאי

א) חסר כאן וצ"ל אם יש עדים שיצאה בהינומא. מפורש בכתובות קרתא וכו'. ב) נ"ל מעולם לא יצאת בהינומא בעת נישואין.

מסורת הש"ס

א) ב"ק דף מו: ב"מ דף קיח: ב) [ב"ק כז: ושי' תוס' שם ד"ה קמ"ל:] ג) כתובות טז: ד) [שם טז:] ה) [קדושין יא. כתובות נז:] [תוספ' פ"ד]

הגהות הב"ח

(א) רשב"ם ד"ה כתובתה מאתים וכו' בעולה הס"ד ואח"כ מ"ה הא ליכא עדים כתובתה מנה:

מאי טַעֲמָא, לָאו מִשּׁוּם דְּרוּבָּא הָכִי אִיתְנְהוּ? לָא, [א]כּוּלְּהוּ הָכִי אִיתְנְהוּ. ת"ש: [א)]שׁוֹר שֶׁנָּגַח אֶת הַפָּרָה וְנִמְצָא עוּבָּרָהּ בְּצִדָּהּ, וְאֵינוֹ יָדוּעַ אִם עַד שֶׁלֹּא נְגָחָהּ יָלְדָה אוֹ אִם מִשֶּׁנְּגָחָהּ יָלְדָה — מְשַׁלֵּם חֲצִי נֶזֶק לַפָּרָה וּרְבִיעַ לַוָּלָד; וְאַמַּאי? לֵימָא: הַלֵּךְ אַחַר רוֹב פָּרוֹת, וְרוֹב פָּרוֹת מִתְעַבְּרוֹת וְיוֹלְדוֹת, וְהָא וַדַּאי מֵחֲמַת נְגִיחָה הִפִּילָה! הָתָם מִשּׁוּם דְּמִסְּפְקָא לָן, דְּאִיכָּא לְמֵימַר: מִקַּמַּהּ אֲתָא וּמִבִּיעֲתוּתָא הִפִּילָה, וְאִיכָּא לְמֵימַר: מֵאֲחוֹרָהּ אֲתָא וּמִינְגַּח נְגָחָהּ וְהִפִּילָה — הָוֵי מָמוֹן הַמּוּטָּל בְּסָפֵק, וְכָל מָמוֹן הַמּוּטָּל בְּסָפֵק חוֹלְקִין. לֵימָא כְּתַנָּאֵי: שׁוֹר שֶׁהָיָה רוֹעֶה, וְנִמְצָא שׁוֹר הָרוּג בְּצִדּוֹ, אע"פ שֶׁזֶּה מְנוּגָּח וְזֶה מוּעָד לִיגַּח, זֶה מְנוּשָּׁךְ וְזֶה מוּעָד לִישּׁוֹךְ — [ב]אֵין אוֹמְרִים: בְּיָדוּעַ שֶׁזֶּה נְגָחוֹ וְזֶה נְשָׁכוֹ. [ב)]רַבִּי אַחָא אוֹמֵר: [ג]גָּמָל הָאוֹחֵר בֵּין הַגְּמַלִּים, וְנִמְצָא גָּמָל הָרוּג בְּצִדּוֹ — בְּיָדוּעַ שֶׁזֶּה הֲרָגוֹ; סַבְרוּהָ דְּרוּבָּא וַחֲזָקָה כִּי הֲדָדֵי נִינְהוּ, לֵימָא: רַב דְּאָמַר כְּר' אַחָא, וּשְׁמוּאֵל דְּאָמַר כְּתַנָּא קַמָּא! אָמַר לָךְ רַב: אֲנָא דַּאֲמַרִי אֲפִילּוּ לְתַנָּא קַמָּא; עַד כָּאן לָא קָאָמַר תַּנָּא קַמָּא הָתָם — אֶלָּא דְּלָא אָזְלִינַן בָּתַר חֲזָקָה, אֲבָל בָּתַר רוּבָּא אָזְלִינַן. וּשְׁמוּאֵל אָמַר לָךְ: אֲנָא דַּאֲמַרִי אֲפִילּוּ לְר' אַחָא; עַד כָּאן לָא קָאָמַר ר' אַחָא הָתָם — אֶלָּא דְּאָזְלִינַן בָּתַר חֲזָקָה, דְּהוּא גּוּפֵיהּ מוּחְזָק, אֲבָל (א) בָּתַר רוּבָּא לָא אָזְלִינַן. ת"ש: הַמּוֹכֵר פֵּירוֹת לַחֲבֵירוֹ וּזְרָעָן וְלֹא צָמְחוּ, וַאֲפִי' זֶרַע פִּשְׁתָּן — אֵינוֹ חַיָּיב בְּאַחֲרָיוּתָן; מַאי "אֲפִי'"? לָאו אֲפִילּוּ זֶרַע פִּשְׁתָּן דְּרוּבָּא לִזְרִיעָה זָבְנִי, וְאפ"ה לָא אָזְלִינַן בָּתַר רוּבָּא? תַּנָּאֵי הִיא; דְּתַנְיָא: הַמּוֹכֵר פֵּירוֹת לַחֲבֵירוֹ וּזְרָעָן וְלֹא צָמְחוּ; זֶרְעוֹנֵי גִּינָּה שֶׁאֵין נֶאֱכָלִין — חַיָּיב בְּאַחֲרָיוּתָן, זֶרַע פִּשְׁתָּן — אֵינוֹ חַיָּיב בְּאַחֲרָיוּתָן. רַבִּי יוֹסֵי אוֹמֵר: נוֹתֵן

רישא מאי טעמא. הגיעו? והלא אין לך מום גדול מגנב או קודיוסטוס, ואפ"ה קנה לוקח, ואע"ג דלא קבל עליו מומין בפירוש. **לאו משום דרובא.** עבדי הכי איתנהו, גנבים או קודיוסטוסין, ולדעת כן קנאו הלוקח, וכמי שקבל עליו דמי. אלמא, בממונא אזלינן בתר רובא. וקשיא לשמואל, דכיון דלא אזיל בתר רובא — כפלגא ופלגא דמי, וא"כ אמאי הגיעו? הרי לא היה יודע הלוקח שהיה בו מום זה, וסתם לוקח אעבד שפירא יהב זוזי, כדאמר נמי לקמן: אשפירי שפירי יהב זוזי. ומום מבטל כל מקח וממכר, היכא דלא נודע ללוקח. ומשני: **לא כולהו הכי איתנהו.** גנבים, וכמאן דאמר ליה מוכר בהדיא דמי, שהרי יודע לוקח שהוא גנב. **ונמצא עוברה בצדה.** ואין ידוע לב"ד ולא עדים יודעין, אבל הם יודעין, דלא קתני "ואינו יודע". והכי אמרינן ב"שנים אוחזין" (ב"מ דף ג:): ולרבה בר רב הונא דאמר אמר סומכוס אפילו ברי וברי כו'. **אם עד שלא נגחה.** השור, ילדה, ופטור בעל השור. **משלם.** בעל השור. **חצי נזק לפרה.** דשור תם משלם חצי נזק. **ורביע נזק לולד.** משום דחצי נזק דולד הוי ממון המוטל בספק, וחולקין. ואליבא דסומכוס מוקמינן לה התם. ולרב קפריך: ואמאי חשיב ליה ממון המוטל בספק, אליבא דרב דאזיל בממונא בתר רובא? לימא: הלך אחר רוב פרות שיולדות בן קיימא ואינן מפילות, ופרה זו מן הרובא היתה, והיה לה לילד בן קיימא כרוב פרות דעלמא. והלכך, ודאי השור נגחה בעודה מעוברת, ומתוך כך הפילה, וליחייב בעל השור חצי נזק לולד! אלא ודאי רובא בממונא לאו כלום הוא, אלא כי פלגא ופלגא דמי, והלכך קאמר סומכוס חולקין, דהוי ממון המוטל בספק. ומיהו, בדשמואל מודי סומכוס דאמרינן המוציא מחבירו עליו הראיה, שהרי לא נולד ספק במעשה כי הכא, כדפרישית לעיל, שהרי הדבר ידוע היאך היה המכר, ולא הוי ממון המוטל בספק אלא כשנולד ספק בדבר שאין ידוע היאך היה המעשה. ומשני: **התם משום דמספקא** לן כו'. כלומר, לעולם בממון הלך אחר הרוב. והתם היינו טעמא דחשיב ליה ממון המוטל בספק — משום דכי נמי אזלינן בתר רובא אכתי איכא ספיקא בהך נגיחת שור למפטריה, דאיכא למימר מקמה כנגד פניה אתא השור ונגחה, ומחמת ביעתותא קודם נגיחה הפילה, שכך דרך להפיל מחמת פחד כמו מחמת נגיחה ממש. וקי"ל (ב"ק דף נו.): המבעית חבירו פטור מדיני אדם, וכ"ש בהמתו המבעתת לבהמת חבירו, דגרמא בניזקין פטור. **מאחורה.** ליכא ביעתותא, דהא לא חזיה, ועד דנגח לה אינה מפלת. והלכך, איכא למימר הכי ואיכא למימר הכי — הוי ממון המוטל בספק, וחולקין. **שור שהיה רועה ונמצא שור כו'.** ולא גרסי' "על גב הנהר". ובתוספתא לא גרסי' ליה, ופירוש תינוקות הוא. והאי דנקט "שהיה רועה" — משום דדרך שוורים הרבה להיות לשם, ואיכא לספוקי בשוורים טובא. **שזה.** המת מנוגח. **אין אומרים כו'.** דרבנן לא אזלי בתר אומדנא, ואפי' ממון המוטל בספק לא הוי לשלומי פלגא, דמאן לימא לן שזה נגחו? הואיל ואיכא שוורים אחרים. ולא דמי לשור שנגח את הפרה ונמצא עוברה בצדה ואין אנו יודעין אם נגח את הולד אם לאו, דאפ"ה מחייבינן ליה פלגא — דהתם היינו טעמא: שהרי רואין שנגח את הפרה, והעמד פרה על חזקתה, והשתא הוא דילדה בשעה שאנו מוצאין עוברה בצדה. **ורבי אחא אומר כו'.** בתר אומדנא אזיל בדיני ממונות. והכי אמרינן בסנהדרין, בפרק "אחד דיני ממונות". **גמל האוחר.** עסוק בתשמיש רביעה. דאמרינן בבכורות (דף ח.) לגבי תשמיש גמל: אחור כנגד אחור. וסתם בהמות בשעת תשמיש משתגעות, ומכין זכרים זה את זה (כך שמעתיה מרבינו זקני מ"כ). ואיכא דאמרי: אוחר — כמו נוחר, ולא נהירא. **בידוע שזה הרגו.** דמוחזק הוא בשעת רביעה להכות. וכ"ש בשור המועד ליגח, שנגח כבר שלש פעמים, ורבותא נקט גמל אוחר — אע"פ שמעולם לא נגח ונשך. **וחזקה.** דהאי שור המוחזק ליגח. **כי הדדי נינהו.** דמאן דאזיל בממונא בתר חזקה אזיל נמי בתר רובא. דרובא עדיף מחזקה, ואיכא למימר דרוב שוורים שבעולם נגחוהו, ולכך פטור. **בתר רובא אזלינן.** **דהוא גופיה מוחזק.** וכיון דהוא עומד בצדו אזלינן בתר אומדנא. אבל בתר רובא דליתיה קמן — לא אזלינן. **ת"ש.** מתני': המוכר פירות לחבירו כו'. ומשום דאיצטריך לשנויי: תנאי היא, אקדמיה להאי "לימא כתנאי" דלעיל מקמי האי ת"ש. **מאי לאו האי.** דקתני "אפילו" — היינו רבותיה: דאע"ג דרוב פשתן הנלקח בשוק לזריעה קונין אותו, ואפ"ה לא אזלינן בתר רובא, וקשיא לרב. וליכא לתרוצי דהאי תנא בתר רובא דאינשי אזיל כדלקמן, ולא בתר רוב זריעה, שרוב בני אדם לוקחין פשתן לדברים אחרים למאכל ולרפואה, והלכך אינו חייב באחריותן, דאזלינן בתר רוב לוקחין, והכי קתני: אפילו זרע פשתן, דסד"א ניזיל בתר רובא דזריעה וניחייב באחריותן, אפ"ה אינו חייב, דאזלינן בתר רובא דאינשי, ולא תקשי לרב — ליכא למימר הכי, דאם איתא דרובא דאינשי חשוב רוב, ורובא דזריעה כמאן דליתיה — לא הוי ליה למיתני "אפי'", דממאי תיסק אדעתין למיזל בתר רובא דזריעה טפי מרובא דאינשי, דליתני "אפילו"? אלא ודאי הכי קתני: אפילו זרע פשתן, שהיה לנו לחייבו מן הדין משום דרובא דזריעה שהוא רוב גמור — אפ"ה אינו חייב, דבממונא לא אזלינן בתר רובא. ומיהו, אם לא מפני שמצא תנאים דפליגי בדרב ושמואל — גמרא הוה ליה לשנויי ע"י הדחק: תנא דמתניתין אזיל בתר רובא דאינשי, אבל כיון דאשכח תנאי — ניחא ליה טפי לאוקומה כתנאי. **המוכר פירות לחבירו ולא צמחו.** כגון זרעוני גינה כו'. ולי נראה דלא גרסינן כלל בהך ברייתא "המוכר פירות לחבירו ולא צמחו". ויש ברייתא דוגמתה בתוספתא (רפ"ו) דקתני: המוכר לחבירו זרעוני גינה שאין נאכלין כו', זרע גינה שאין נאכלין כלל חייב באחריותן, אבל זרע פשתן דנאכל קצת — לעולם אינו חייב, כשמואל.

נותן

אית להו — וכיון דלא יצא הקול מילתא דלא שכיחא היא, ולא חיישינן להכי. והא דאמר ב"המגרש" (גיטין דף פו. ושם): אתקין רב יהודה בשטרא דעבדי: "עבדא דנן מולדק ופטיר ועטיר מכל עירורי מלכא ומלכתא". כלומר, אינו מוכתב למלכות — אפי' לא כתב הוי מקח טעות, כדאמר הכא. אלא אתקין רב יהודה משום שופרא דשטרא. ר"ת[ג].

איכא למימר מקמה אתא דמביעתותא הפילה. וסמוך מיעוטא דמפילות למיעוט דמביעתותא הפילה, ואיתרע לה רובא דרוב מתעברות ויולדות והא מחמת נגיחה הפילה, והוה מחצה על מחצה.

רבי אחא אומר גמל האוחר בין הגמלים. הא דנקט גמל ולא נקט שור דאיירי ביה ת"ק — רבותא אשמועינן, דאפי' גמל שאינו בתשמישו תלינן ביה, כיון שנוטע בשעה שאוחר. והא דאמר בפרק "כילד הרגל" (ב"ק דף כד: ושם): והיכי מיעדי ליה — דא"ל: תורא נגחנא אית לך בבקרך, איבעי לך לנטורי כולי בקרך. וכשיגח רביעית הוי מועד, דתלינן ביה כל הנגיחות! אומר ר"י: דהיינו כרבי אחא. אי נמי, אפילו כרבנן, ומיירי שבנגיחה רביעית נודע הדבר ע"י עדים, שאותו עצמו היה שנגח שלש נגיחות. והא דתנן ב"המניח" (שם דף לה:): זה אומר מועד הזיק, וזה אומר תם הזיק כו' — מודה רבי אחא שיש לתלות בתם כמו במועד, כיון שגם התם רודף, ואמרינן המע"ה.

מאן

עין משפט נר מצוה

ח א מיי' פט"ו מהל' מכירה הל' יג סמג לאוין קפח טוש"ע ח"מ סי' רלב סעיף ג:

ט ב מיי' פ"ח מהל' נזקי ממון הל' יד סמג עשין סו טוש"ע ח"מ סי' תח סעיף ב:

י ג מיי' שם וכתנא קמא שאין אומרים בידוע וכו' [רב אלפס ב"ק פרק ה דף כא:]

רבינו גרשום

מאי טעמא. הגיעו: לאו משום. דאיכא למימר דרובייהו דעבדים הכי איתנהו דגנבים וקוביוסטוסים נינהו וכשהלוקח לקחו ודאי היה ידע שפיר דהכי איתנהו וגמר וקנהו. אלמא דאזלינן בתר רובא בממונא וקשיא לשמואל: ומשני לעולם לא אזלינן בתר רובא בממונא. והכא משום הכי הגיעו דכולהו עבדים הכי איתנהו ולעולם לא אזלינן בתר רובא: ונמצא עוברה בצדה. מת: משלם חצי נזק לפרה. דשור תם הוא: ורביע נזק לולד. משום דמספקא לן אי קודם נגיחה ילדה ואם לאחר נגיחה ילדה. ואם איתא דאזלינן בתר רובא בממונא אמאי לא משלם אלא רביע בלבד לימא הלך אחר רוב פרות ורוב פרות מתעברות ויולדות שאין מפילות. והא ודאי מחמת נגיחה ילדה וחצי נזק מבעי ליה לשלומי לולד אלא ש"מ דלא אזלינן בתר רובא בממונא וקשיא לרב: ומשני לעולם בעלמא אזלינן בתר רוב בממונא. והתם מאי טעמא לא משלם אלא רביע לולד משום דמספקא לן דאיכא למימר מקמה של פרה אתא האי שור ומביעתותי' דשור הפילה ולא קא מחייב ולא מידי לשלומי לולד כלום דמקמא נגיחה ילדה. ואיכא למימר נמי דמאחורה אתא וקא נגחה והפילה מחמת נגיחה. ובדין הוא דחצי נזק לישלם אלא משום דמספקא לן והוה ליה ממון המוטל בספק וחולקין: גמל האוחר בין הגמלים. כלומר שמועד הוא לנשוך ולחרחר ולבעט בין הגמלים: סברוה דרובא וחזקה כי הדדי נינהו. דר' אחא דאית ליה חזקה מאותו גמל דכיון דמוחזק הוא לישוך בידוע שזה הרגו אית ליה רובא א)דכולי עלמא בתר רובא אזלינן. ות"ק דלית ליה חזקה אלא בתר רובא אזלינן דרובא עדיף מחזקה. אלא דהוא גופיה מוחזק דבגופו של גמל הויא חזקה דדרכו לישוך בין הגמלים אבל בממונא לא אזלינן בתר רובא משום דבגופו של מעשה לא הוי רובא לעלמא אלא אחריני הוויין רובא לדיליה כגון המוכר שור לחברו דלאו בדידיה הוא רובא כי באחריני דרובא לרדיא זבני ומשום הכי לא אזלינן בתר רובא: דרובא לזריעה זבני. ומיעוט לאכילה לצורך רפואה ואפי' הכי לא אזלינן בתר רובא כי אם בתר מיעוט משום הכי אינו חייב באחריות דאיכא למימר לצורך אכילה קא זבין ליה. וקשיא לרב (דבעי) [דאזיל בתר] רובא: זרעוני גינה שאין נאכלין כלל חייב באחריותן דודאי הואיל שאין נאכלין לצורך זריעה זבין ליה. אבל זרע פשתן אע"ג דרובן קונין אותו לזריעה אינו חייב באחריותן משום דמיעוט לאכילה קא בעי ליה ואזלינן בתר מיעוט: ר' יוסי אומר נותן

מסורת הש"ס

א) ב"ק מו.: ב) סנהדרין לז: שבועות לד. [תוספ' ב"ק פ"ג: ג) [וע"ע תוס' כתובות נח. ותוס' קידושין יא. ד"ה הכהן]:

הגהות הב"ח

(א) גמרא בתר רובא לא אזלינן. נ"ב עיין בקדושין דף פ:

א) נ"ל אבל בתר רובא אזלינן. דת"ק דלית ליה חזקה מ"מ ס"ל דבתר רובא וכו'.

נותן לו דמי זרע, אָמְרוּ לוֹ: הַרְבֵּה לוֹקְחִין אוֹתוֹ לִדְבָרִים אֲחֵרִים. מַאן תַּנָּאֵי? אִילֵימָא רַבִּי יוֹסֵי וְ"אָמְרוּ לוֹ" — תַּרְוַיְיהוּ בָּתַר רוּבָּא אָזְלִי, מָר אָזֵיל בָּתַר רוּבָּא דְּאֶינָשֵׁי, וּמָר אָזֵיל בָּתַר רוּבָּא דִּזְרִיעָה! אֶלָּא, אִי תַּנָּא קַמָּא וְר' יוֹסֵי, אִי ת"ק וְ"אָמְרוּ לוֹ". ת"ר: מַהוּ נוֹתֵן לוֹ? א)דְּמֵי זֶרַע וְלֹא הוֹצָאָה, וְיֵשׁ אוֹמְרִים: אַף הוֹצָאָה. מַאן "יֵשׁ אוֹמְרִים"? אֲמַר רַב חִסְדָּא: רשב"ג הִיא. הֵי רַבָּן שִׁמְעוֹן בֶּן גַּמְלִיאֵל? אִילֵימָא רשב"ג דְּמַתְנִי', דִּתְנַן: הַמּוֹכֵר פֵּירוֹת לַחֲבֵירוֹ וְזָרְעָן וְלֹא צָמְחוּ, וַאֲפִילּוּ זֶרַע פִּשְׁתָּן — אֵינוֹ חַיָּיב בְּאַחֲרָיוּתָן; א)(הָא זֶרְעוֹנֵי גִינָּה שֶׁאֵינָן נֶאֱכָלִין — חַיָּיב בְּאַחֲרָיוּתָן.) אֵימָא סֵיפָא, רשב"ג אוֹמֵר: זֶרְעוֹנֵי גִינָּה שֶׁאֵינָן נֶאֱכָלִין — חַיָּיב בְּאַחֲרָיוּתָן; ת"ק נַמִי הָכִי קָאָמַר: זֶרַע פִּשְׁתָּן הוּא דְּאֵינוֹ חַיָּיב בְּאַחֲרָיוּתָן, הָא זֶרְעוֹנֵי גִינָּה שֶׁאֵינָן נֶאֱכָלִין — חַיָּיב בְּאַחֲרָיוּתָן! אֶלָּא לָאו הוֹצָאָה אִיכָּא בֵּינַיְיהוּ, מָר סָבַר: דְּמֵי זֶרַע, וּמ"ס: אַף הוֹצָאָה; מִמַּאי? דִּלְמָא אִיפְּכָא! הָא לָא קַשְׁיָא, כָּל תַּנָּא בַּתְרָא לְטַפּוּיֵי מִילְּתָא קָא אָתֵי. וְדִלְמָא כּוּלָּהּ רשב"ג הִיא, וְחַסּוּרֵי מִחַסְּרָא וְהָכִי קָתָנֵי: הַמּוֹכֵר פֵּירוֹת לַחֲבֵירוֹ וְזָרְעָן וְלֹא צָמְחוּ, אֲפִילּוּ זֶרַע פִּשְׁתָּן — אֵינוֹ חַיָּיב בְּאַחֲרָיוּתָן, ב)(הָא זֶרְעוֹנֵי גִינָּה שֶׁאֵינָן נֶאֱכָלִין — חַיָּיב בְּאַחֲרָיוּתָן,) דִּבְרֵי רשב"ג, שֶׁרשב"ג אוֹמֵר: (זֶרַע פִּשְׁתָּן הוּא דְּאֵינוֹ חַיָּיב בְּאַחֲרָיוּתָן, הָא) זֶרְעוֹנֵי גִינָּה שֶׁאֵינָן נֶאֱכָלִין — חַיָּיב בְּאַחֲרָיוּתָן! ג)אֶלָּא הָא רַבָּן שִׁמְעוֹן בֶּן גַּמְלִיאֵל, דְּתַנְיָא: ד)בהַמּוֹלִיךְ חִטִּין לִטְחוֹן, וְלֹא לְתָתָן, וַעֲשָׂאָן סוּבִּין אוֹ מוּרְסָן. קֶמַח לַנַּחְתּוֹם, וַעֲשָׂאוֹ פַּת נִיפּוּלִין. בְּהֵמָה לַטַּבָּח, וְנִיבְּלָהּ — חַיָּיב, מִפְּנֵי שֶׁהוּא כְּנוֹשֵׂא שָׂכָר; רשב"ג אוֹמֵר: נוֹתֵן לוֹ דְּמֵי בוֹשְׁתּוֹ וּדְמֵי בוֹשֶׁת אוֹרְחָיו. וְכֵן ה)הָיָה רַבָּן שִׁמְעוֹן בֶּן גַּמְלִיאֵל אוֹמֵר: [ב] מִנְהָג גָּדוֹל הָיָה בִּירוּשָׁלַיִם, הַמּוֹסֵר סְעוּדָה לַחֲבֵרוֹ וְקִלְקְלָהּ — נוֹתֵן לוֹ דְּמֵי בָשְׁתּוֹ וּדְמֵי בוֹשֶׁת אוֹרְחָיו. עוֹד מִנְהָג גָּדוֹל הָיָה בִּירוּשָׁלַיִם, מַפָּה פְּרוּסָה עַל גַּבֵּי הַפֶּתַח, כָּל זְמַן שֶׁמַּפָּה פְּרוּסָה — אוֹרְחִין נִכְנָסִין, נִסְתַּלְּקָה הַמַּפָּה — אֵין הָאוֹרְחִין נִכְנָסִין.§

מתני' גהַמּוֹכֵר פֵּירוֹת לַחֲבֵירוֹ — הֲרֵי זֶה מְקַבֵּל עָלָיו רוֹבַע טִנּוֹפֶת לִסְאָה; תְּאֵנִים — מְקַבֵּל עָלָיו עֶשֶׂר מְתוּלָּעוֹת לְמֵאָה; דמַרְתֵּף שֶׁל יַיִן — מְקַבֵּל עָלָיו עֶשֶׂר קוֹסָסוֹת לְמֵאָה; הקַנְקַנִּים בַּשָּׁרוֹן — מְקַבֵּל עָלָיו עֶשֶׂר פִּיטָסוֹת לְמֵאָה.§

גמ' תָּאנֵי רַב קְטִינָא: רוֹבַע קִטְנִית לִסְאָה. וַעֲפְרוּרִית לָא? ו)וְהָאָמַר רַבָּה בַּר חִיָּיא קְטוֹסְפָאָה מִשְּׁמֵיהּ דְּרַבָּה: יבּוֹרֵר צְרוֹר מִגָּרְנוֹ שֶׁל חֲבֵרוֹ — נוֹתֵן

נותן לו דמי זרע. שֶׁרוֹב פִּשְׁתָּן שֶׁבָּעוֹלָם נִזְרָע. **אָמְרוּ לוֹ.** אֵינוֹ חַיָּיב בְּאַחֲרָיוּתוֹ. שֶׁהַרְבֵּה בְּנֵי אָדָם לוֹקְחִין לִדְבָרִים אֲחֵרִים: לְמַאֲכָל וְלִרְפוּאָה, וּכְנֶגֶד אָדָם אֶחָד שֶׁקּוֹנֶה י' סְאִין לִזְרִיעָה יֵשׁ מֵאָה בְּנֵי אָדָם שֶׁקּוֹנִין מִיהָא סְאָה אַחַת לְמַאֲכָל וְלִרְפוּאָה, וּבָתַר רוֹב לוֹקְחִין אָזְלִינַן. וְרַבִּי יוֹסֵי בָּתַר רוּבָּא דִּזְרִיעָה אָזֵיל, שֶׁהַיָּחִיד הַקּוֹנֶה לִזְרִיעָה קוֹנֶה יוֹתֵר מִמֵּאָה הַקּוֹנִין לְמַאֲכָל וְלִרְפוּאָה. וּמִיהוּ, ת"ק דְּר' יוֹסֵי הַיְינוּ טַעְמֵיהּ: דְּוַדַּאי בָּתַר רוּבָּא דִּזְרִיעָה הֲוָה לָן לְמֵיזַל כְּר' יוֹסֵי, וּלְחַיְּיבוֹ, אֶלָּא שֶׁאֵין הוֹלְכִין בְּמָמוֹן אַחַר הָרוֹב. דְּאִי לָא תֵּימָא הָכִי, אֶלָּא אָזֵיל נַמִי בָּתַר רוּבָּא דְּאֶינָשֵׁי — אִם כֵּן מַאי אִיכָּא בֵּין תַּנָּא קַמָּא לְ"אָמְרוּ לוֹ"? **אִילֵימָא** ר' יוֹסֵי **וְאָמְרוּ** לוֹ. דְּר' יוֹסֵי מְחַיֵּיב, כְּרַב דְּאָזֵיל בָּתַר רוּבָּא, וְ"אָמְרוּ לוֹ" פָּטְרֵי, כִּשְׁמוּאֵל דְּלָא חָיֵישׁ לְרוּבָּא. **הָא תַּרְוַיְיהוּ בָּתַר רוּבָּא אָזְלֵי.** דַּאֲפִילּוּ תַּנָּא דְ"אָמְרוּ לוֹ" סְבִירָא לֵיהּ כְּרַב, וְהַאי דְּפָטַר — הַיְינוּ טַעֲמָא: דְּאָזֵיל בָּתַר רוּבָּא דְּאֶינָשֵׁי, כִּדְמְפָרֵשׁ טַעֲמָא: הַרְבֵּה לוֹקְחִין אוֹתוֹ כו'. ה"ג: אֶלָּא אִי תַּנָּא קַמָּא וְר' יוֹסֵי אִי ת"ק וְאָמְרוּ לוֹ. **מַהוּ נוֹתֵן לוֹ.** הַמּוֹכֵר זֶרְעוֹנֵי גִינָּה שֶׁאֵין נֶאֱכָלִין, דְּאָמְרִינַן חַיָּיב בְּאַחֲרָיוּתָן, מַה יְּשַׁלֵּם מוֹכֵר לַלּוֹקֵחַ? דְּמֵי זֶרַע. וְלָא דְּמֵי יְגִיעָה, דִּגְרָמָא בְּעָלְמָא הוּא, וּפָטוּר. **אַף הוֹצָאָה.** יְגִיעַת חֲרִישָׁה וּשְׂכַר פּוֹעֲלִים. וְנִרְאֶה בְּעֵינַי דִּקְנָסָא הוּא. וּמ"ס **אַף הוֹצָאָה.** וְהָכִי קָתָנֵי, רשב"ג אוֹמֵר: זֶרְעוֹנֵי גִינָּה שֶׁאֵין נֶאֱכָלִין חַיָּיב בְּכָל אַחֲרָיוּתָן, אֲפִילּוּ יְגִיעָה. **דִּלְמָא אִיפְּכָא.** דְּרשב"ג לָא מְחַיֵּיב אֶלָּא דְּמֵי זֶרַע. וּמְנָלַן דְּהָא רשב"ג הִיא? אֵימָא רַבָּנַן הִיא, וְתַנָּא קַמָּא דִּבְרַיְיתָא הַיְינוּ רשב"ג! **הָא לָא קַשְׁיָא.** אִם אֵין קוּשְׁיָא אַחֶרֶת — זוֹ אֵינָהּ קוּשְׁיָא. וְכָל הֵיכָא דְּאִיכָּא פִּירְכָא אַחֲרִיתֵי קָאָמַר גְּמָרָא: הָא לָא קַשְׁיָא. **וְחַסּוּרֵי מִחַסְּרָא** כו'. אֵין זֶה תֵּירוּץ דָּחוּק (א) כו', דְּטוֹב לָנוּ לְחַסְּרָהּ מְעַט כְּדֶרֶךְ מִשְׁנָה שֶׁמְּדַבֶּרֶת בְּקוֹצֵר, וְלָא נֵימָא יְגִיעָה אִיכָּא בֵּינַיְיהוּ — דְּהָא לָא מַשְׁמַע מִמַּתְנִיתִין מִידֵּי אֶלָּא עַל יְדֵי דּוֹחַק, דְּמַשְׁמַע דְּרשב"ג הַיְינוּ ת"ק. וְהִלְכָּךְ טוֹב לְפָרֵשׁ דְּכוּלָּהּ רַבָּן שִׁמְעוֹן הִיא, כִּדְמַשְׁמַע מַתְנִי' דְּרשב"ג הַיְינוּ ת"ק. וְנִרְאֶה בְּעֵינַי דְּה"ג: וְדִלְמָא כּוּלָּהּ רשב"ג הִיא, וְהָכִי קָאָמַר: הַמּוֹכֵר פֵּירוֹת לַחֲבֵירוֹ וְלֹא צָמְחוּ אֲפִילּוּ זֶרַע פִּשְׁתָּן אֵינוֹ חַיָּיב בְּאַחֲרָיוּתָן, שֶׁרשב"ג אוֹמֵר: זֶרְעוֹנֵי גִינָּה שֶׁאֵין נֶאֱכָלִין חַיָּיב בְּאַחֲרָיוּתָן, הָא נֶאֱכָלִין — אֵין חַיָּיב בְּאַחֲרָיוּתָן. אֶלָּא הָא ר' שִׁמְעוֹן בֶּן גַּמְלִיאֵל, דְּתַנְיָא כו'. **לְתָתָן.** בְּמַיִם. **מוּרְסָן.** הִיא הַקְּלִיפָּה הָעֶלְיוֹנָה שֶׁמּוֹצִיאִין מֵחִטִּין הַכְּתוּשִׁין בְּמַכְתֶּשֶׁת. **סוּבִּין.** כְּשֶׁטּוֹחֲנִין גַּסִּין וְלֹא הַדֵּק, נִשְׁאָר בַּנָּפָה, וְהוּא סוּבִּין. **נִיפּוּלִין.** שֶׁנּוֹפֵל פְּתִיתִין. **מִפְּנֵי שֶׁהוּא כְּנוֹשֵׂא שָׂכָר.** בְּ"הַגּוֹזֵל קַמָּא" מְתָרְצִינַן: אֵימָא מִפְּנֵי שֶׁהוּא נוֹשֵׂא שָׂכָר. אֲבָל בְּחִנָּם — פָּטוּר אִם אוּמָּן הוּא, כִּדְאָמְרִינַן הָתָם: זִיל אַיְיתֵי רְאָיָה דְּמוּמְחִית לְתַרְנְגוֹלֵי וְאִיפַּטְרָךְ. וְכֵן הֲלָכָה, דְּאוּמָּן בְּשָׂכָר — חַיָּיב, בְּחִנָּם — פָּטוּר. כִּדְקָאָמַר רַבִּי יוֹחָנָן הָתָם. **דְּמֵי בָשְׁתּוֹ.** שֶׁזִּימֵּן אוֹרְחִים וְאֵין לוֹ מַה יַּאֲכִילֵם. וְכָל שֶׁכֵּן יְגִיעָה, דְּחַסְרֵיהּ מָמוֹנָא. וּמִיהוּ, לֵית הִלְכְתָא אֶלָּא כְּרַבָּנַן דְּפָטְרֵי מִבּוֹשֶׁת, דִּגְרָמָא הוּא. וְהָא לֵיכָּא לְמֵימַר דְּמִדְּקַשְׁיָא נוֹקֵי מַתְנִיתִין דְּבִיצִיאָה פְּלִיגִי כִּי הֵיכִי דְּמִיפַּלְגִי בְּהַךְ בָּרַיְיתָא, וְלֶיהֱוֵי הֲלָכָה כְּרשב"ג בְּמִשְׁנָתֵנוּ — הָא לָא אָמְרִינַן דְּרַבִּי שֶׁסָּתַם הַמִּשְׁנָה לָא בָּעֵי לְאוֹקוּמֵי מַתְנִיתִין כְּרשב"ג בִּיצִיאָה, דְּלָא ס"ל כְּרשב"ג. אֶלָּא כּוּלָּהּ מַתְנִיתִין רַבָּן שִׁמְעוֹן בֶּן גַּמְלִיאֵל הִיא כִּדְאָמַר לְעֵיל, וּבִיצִיאָה לָא אַיְירֵי מִידֵּי. (ב) כֵּן נִרְאֶה בְּעֵינַי, דְּמֵהֵיכָא תֵּיתֵי דְּבִיצִיאָה פְּלִיגִי בְּמַתְנִיתִין, וְנֶיהֱוֵי הֲלָכָה בִּיצִיאָה כְּיֵשׁ אוֹמְרִים, מֵאַחַר דְּאִיכָּא לְאוֹקוּמֵי כּוּלָּהּ כְּרשב"ג? וְלָא אַיְירֵי בִּיצִיאָה כְּלָל. **אוֹרְחִין נִכְנָסִין.** וְתַקָּנָה טוֹבָה הִיא לְקַבָּלַת אוֹרְחִין שֶׁיֵּדְעוּ כִּי שָׁם יֹאכְלוּ, וְיֵלְכוּ שָׁם לֶאֱכוֹל. **מתני'** הַמּוֹכֵר פֵּירוֹת. תְּבוּאָה. הֲרֵי זֶה. הַלּוֹקֵחַ. מְקַבֵּל עָלָיו רוֹבַע. הַקַּב שֶׁל טִנּוֹפֶת לְכָל סְאָה. דְּסָתַם תְּבוּאָה דַּרְכָּהּ לִהְיוֹת בָּהּ רוֹבַע טִנּוֹפֶת. אֲבָל יוֹתֵר מֵרוֹבַע — לָא, כִּדְמְפָרֵשׁ טַעֲמָא בַּגְּמָרָא, אִי מִשּׁוּם דִּינָא אִי מִשּׁוּם קְנָסָא. **מְתוּלָּעוֹת.** דְּאוֹרְחַיְיהוּ בְּהָכִי, וְהוּא הַדִּין אַחַת לְעֶשֶׂר. **מַרְתֵּף** שֶׁל יַיִן. וְיֵשׁ בּוֹ חָבִיּוֹת הַרְבֵּה. **קוֹסְסוֹת.** יַיִן רַע. כְּלוֹמַר, עֶשֶׂר חָבִיּוֹת שֶׁל יַיִן רַע. דִּסְתָם מֵאָה חָבִיּוֹת אוֹרְחַיְיהוּ בְּעֶשֶׂר קוֹסְסוֹת, וּמַחֵיל אִינִישׁ. וּבַגְּמָרָא מוֹקֵי לָהּ כִּדְקָאָמַר לֵיהּ "מַרְתֵּף זֶה שֶׁל יַיִן אֲנִי מוֹכֵר לָךְ". **קוֹסְסוֹת** — נִרְאֶה לִי כְּמוֹ "פִּרְיָהּ יְקוֹסֵס וְיָבֵשׁ" דִּיחֶזְקֵאל (יז). **קַנְקַנִּים.** כַּדִּים. **בַּשָּׁרוֹן.** בְּאוֹתוֹ הַמַּלְכוּת. **פִּיטָסוֹת.** כַּדִּים רָעִים, וּבַגְּמָרָא מְפָרֵשׁ לָהּ. **גמ'** תָּנֵי רַב קְטִינָא. הָא "רוֹבַע טִנּוֹפֶת" דְּמַתְנִיתִין — לָאו בַּעֲפְרוּרִית מַיְירֵי. דַּעֲפְרוּרִית רוֹבַע לָא מָחֵיל אִינִישׁ, אֶלָּא רוֹבַע קִטְנִית לִסְאָה שֶׁל תְּבוּאָה. **וַעֲפְרוּרִית לָא.** בִּתְמִיָּה. **צְרוֹר.** הַיְינוּ עַפְרוּרִית.

נותן

מאן יש אומרים רשב"ג. אע"ג דקיימא לן ד"יש אומרים" היינו ר' נתן, כדאמר בסוף הוריות (דף יג:) דאסיקו ליה לר' נתן "יש אומרים" — הכא קבלה היתה בידן דהאי "יש אומרים" רשב"ג. וכן בפרק "חזקת הבתים" (לעיל דף לו:) גבי ניר, דקאמר: מאן "יש אומרים" — רבי אחא, ובפרק קמא (שם דף טו: ושם) פליגי "יש אומרים" ור' נתן, גבי איוב.

חייב מפני שהוא כנושא שכר. ב"הגוזל קמא" (ב"ק דף לט: ושם) מגיה, וקאמר: אימא מפני שהוא נושא שכר. דפריך מינה לר' יוחנן, דאמר התם: טבח אומן שקלקל — פטור, כיון דעביד בחנם. ואם תאמר: ומעיקרא, דס"ד דמיירי הך ברייתא בחנם, למה היה לו להיות כנושא שכר? ויש לומר: משום דמרבינן (ג) מ"פצע תחת פצע" לחייב אדם המזיק על אונס כרצון. אע"ג דלאו בכל אונס חייב, כדאמר ב"המניח" (שם דף כז: ושם) דבאפלה ובקרן זוית פטור, משום דאונס הוא. ואמר נמי: (ד) ז) טבחוה ואכלוה — משלמין דמי בשר בזול. וגבי בעל חבית ראשון ובעל קורה אחרון תנן ב"המניח" (שם דף לב. ושם) דאם עמד פטור. ובירושלמי נמי מוקי הא ח) דאדם מועד לעולם בין ער בין ישן — כשקדמו כלים, אבל קדם הוא וישן, ואח"כ העמידו כלים אלו, ושברן — פטור. וטבח אומן נמי שקלקל, קאמר ר' יוחנן שפטור. מ"מ אונס שקרוב לפשיעה כעין אבידה חשיב ליה ב"השואל" (ב"מ דף צד:) קרוב לפשיעה, ואדם המזיק חייב, והוה ס"ד טבח אומן שקלקל הוי כעין אבידה, וחייב כמו נושא שכר. ומשני: אימא מפני שהוא נושא שכר. אבל בחנם — פטור, והוי כעין גניבה שקרובה לאונס, ופטור בה אדם המזיק, דאע"ג דשומר שכר חייב. והכי נמי אמר בפרק "השוכר את האומנין" (שם דף פג: ושם) דתנן: המעביר חבית ממקום למקום ונתקל ושברה, שומר חנם — ישבע, ונושא שכר — ישלם. אלמא אע"ג דבשכר חייב — בחנם פטור, אע"ג דהוי אדם המזיק. והיינו משום דבאונס שהוא כעין גניבה — פטור.

נותן

רבינו גרשום

נותן לו דמי זרע. משום דרובו לזריעה קא בעי לה ואזלינן בתר רובא: אמרו לו. חכמים אחריני נינהו ולא ת"ק: הרבה לוקחין אותו לדברים אחרים. לאכילה ולרפואה ולא לזריעה. ואמאי חייב באחריות: מר אזל בתר רובא דאינשי. אמרו לו חכמים אזלי בתר רובא דאינשי דלאו לזריעה קא בעו להו דלאו כולהו בני שדות נינהו ומשום הכי סברי דאינו חייב באחריותה. ור' יוסי אזל בתר רובא דזריעה ורובא של זרע פשתן לזריעה עומד דבין י' כורים של זריעה א) לית בהו חדא דלאכילה משום הכי חייב באחריותו ונותן לו דמים של זריעה. אלא הני תנאי דאמרינן אי תנא קמא ור' יוסי דת"ק סבירא ליה אע"פ שזורע פשתן רובא לזריעה קיימי ומיעוט לאכילה אזלינן בתר מיעוט ור' יוסי ס"ל דבתר הרוב אזלינן ומשום הכי נותן לו דמי זרע: אי תנא קמא ואמרו ליה. דת"ק אזיל בתר מיעוט ואמרו ליה אזלי בתר רובא דאינשי והיינו פלוגתא דתנאי ורב סבירא ליה אי כר' יוסי אי כאמרו לו: ת"ר מכר לו זרעוני גינה שאין נאכלין ולא צמחו מהו. כלומר כמה נותן לו המוכר ללוקח: ויש אומרים אף היציאה. שאם הוציא לתקן הזרע כולו חייב ליתן לו: מר סבר. ת"ק: דמי זרע קא יהיב ליה לחוד. ורבן שמעון סבר אף היציאה: ממאי. מצית למימר דרבן שמעון דמתני' היא. דלמא איפכא דת"ק סבירא ליה היציאה ורבן שמעון לא ס"ל אלא דמי זרע בלבד ואכתי הא דתני לעיל ויש אומרים אף היציאה לאו רבן שמעון היא: לעולם ר' שמעון היא דמתני'. ודקא קשיא לך ב)הא לא קשיא דכל תנא בתרא לטפויי מלתא קאתי ומטפי אף היציאה: ודלמא לעולם לאו רבן שמעון דמתני' היא משום דכולי מתני' רבן שמעון היא וכו' ג) חייב באחריות וזרעוני גינה נותן לו דמי זרע ולא הוצאה. ואכתי יש אומרים דלעיל הי רשב"ג היא: ולא לתתן. כעין שמלתתין אותן שהקליפה שעל החיטין קולפין ומן הגרעינין גופה בלא הקליפה עושה ממנו סולת: סובין. זהו אותו קליפה שמקלפת מעל החטין: מורסן. זהו מורסן הדק: פת ניפולין. שנופל מאליו ומתמקמק: מפני שהוא כנושא שכר. כדמפרשינן בב"ק (דף לט) שהוא נושא שכר עצמו: רשב"ג אומר נותן לו דמי בשתו. שעשה לו בושת שהיה סבור לאכול ועלתה בידו שלא אכל. ודמי בושת אורחיו. שלא היה להן מזומן לאכול. וכי היכי דסבירא הכא דנותן לו דמים ודמי בשתו נמי הכי סבירא ליה להיכא דזבין ליה זרעוני גינה שאין נאכלין ולא צמחו דיהיב ליה הדמים של זרע ודמי הוצאתו: כל זמן שהמפה פרוסה. על גבי הפתח: אורחין נכנסין. שכך היה סימן מסור להן שרצון בעל הבית שיכנסו אורחין. אבל לא היתה מפה פרוסה אין אורחין נכנסין לפי שלא היה רצון בעל הבית שיכנסו יותר: **פיס'** הרי זה מקבל. הלוקח: רובע טנופת לסאה. שבסאה דרכו שיתאסף לשם רובע ולא ערבו המוכר אבל יותר עירבו המוכר ואינו מקבל: עשר מתולעות למאה. כלומר תאנים מתולעים: תני רב קטינא המוכר פירות לחבירו מקבל עליו רובע קטנית שמתאסף בפירות אבל עפרורית לא: ומקשי ועפרורית

עין משפט נר מצוה

יא א מיי' פט"ו מהל' מכירה הל' א סמג לאוין קע טוש"ע ח"מ סי' רלב סעיף כ:

יב ב מיי' פ"ו מהל' שכירות הל' ה סמג עשין פב טוש"ע ח"מ סי' שו סעיף ד:

[ב] טוח"מ סימן קע:

יג ג מיי' פ"ו מהל' מכירה הל' יא סמג לאוין קע טוש"ע ח"מ סי' רכט סעיף א:

יד ד מיי' שם הל' ז סמג שם טוש"ע ח"מ סי' רל סעיף ד:

טו ה מיי' שם פי"ח הלכה יד:

טז ו מיי' שם הל' ג וסמג שם טוש"ע ח"מ סי' רכט סעיף ב:

מסורת הש"ס

א) רש"ל מ"ז: ב) רש"ל מ"ז: ג) הא זרע פשתן אינו חייב באחריותן רש"ל: ד) ב"ק לט: [תוספ' דב"ק פ"י]: ה) תוספתא דברכות פ"ד]: ו) ביצה לח: ז) [כתובות לד:]: ח) [ב"ק כו.]:

הגהות הב"ח

(א) רשב"ם ד"ה וחסורי וכו' דחוק כצ"ל ותיבת כו' נמחק: (ב) ד"ה דמי בשתו וכו' לא איירי מידי דמהיכא וכו' ביציאה כלל כן נראה בעיני הס"ד: (ג) תוס' ד"ה חייב וכו' משום דמרבינן. נ"ב ס"פ כיצד הרגל דף כו: (ד) בא"ד ואמר נמי. נ"ב הגוזל בתרא דף קיז:

א) נראה דצ"ל דלית בהו אלא חדא דלאכילה וכו'. ב) נ"ל ודקא קשיא לך דלמא איפכא הא לא קשיא וכו'. ג) זרעוני גינה שאין נאכלין חייבין באחריותן ונותן לו דמי זרע וכו'.

נוֹתֵן לוֹ דְּמֵי חִטִּין! קִטְנִית – רוֹבַע, עַפְרוּרִית – פָּחוּת מֵרוֹבַע. וַעַפְרוּרִית רוֹבַע לָא? וְהָא תַּנְיָא: [א]הַמּוֹכֵר פֵּירוֹת לַחֲבֵרוֹ, חִטִּין – מְקַבֵּל עָלָיו רוֹבַע קִטְנִית לִסְאָה, שְׂעוֹרִים – מְקַבֵּל עָלָיו רוֹבַע נִישׁוֹבֶת לִסְאָה, עֲדָשִׁים – מְקַבֵּל עָלָיו רוֹבַע עַפְרוּרִית לִסְאָה; מַאי לָאו הוּא הַדִּין לְחִטִּים וְלִשְׂעוֹרִין? שָׁאנֵי עֲדָשִׁים, דְּמִיעֲקַר עָקְרִי לְהוּ. אֶלָּא טַעֲמָא דַּעֲדָשִׁים דְּמִיעֲקַר עָקְרִי לְהוּ, אֲבָל חִטֵּי וּשְׂעָרֵי לָא, תִּפְשׁוֹט מִינָּהּ: חִטֵּי וּשְׂעָרֵי דְּעַפְרוּרִית לָא מְקַבֵּל! לְעוֹלָם חִטֵּי וּשְׂעָרֵי מְקַבֵּל עַפְרוּרִית, עֲדָשִׁים אִיצְטְרִיכָא לֵיהּ; דְּסָלְקָא דַּעְתָּךְ אָמִינָא: כֵּיוָן דְּמִיעֲקַר עָקְרִי לְהוּ – יוֹתֵר מֵרוֹבַע נַמִי לְקַבֵּל, קָא מַשְׁמַע לָן. אָמַר רַב הוּנָא: [ב]אִם בָּא לְנַפּוֹת – מְנַפֶּה אֶת כּוּלּוֹ. אָמְרִי לָהּ: דִּינָא, וְאָמְרִי לָהּ: קְנָסָא. אָמְרִי לָהּ דִּינָא: מַאן דְּיָהֵיב זוּזֵי – אַפֵּירֵי שַׁפִּירֵי יָהֵיב, וְרוֹבַע לָא טָרַח אִינִישׁ, יוֹתֵר מֵרוֹבַע טָרַח אִינִישׁ, וְכֵיוָן דְּטָרַח – טָרַח בְּכוּלֵּיהּ. וְאָמְרִי לָהּ קְנָסָא: רוֹבַע שְׁכִיחַ, יוֹתֵר לָא שְׁכִיחַ, וְאִיהוּ הוּא דְּעָרֵיב, וְכֵיוָן דְּעָרֵיב – קְנָסוּהוּ רַבָּנַן בְּכוּלֵּיהּ. (סִימָן: כָּל תְּרֵי שְׁטָרֵי דְּרָאבִין בַּר רַב נַחְמָן אוֹנָאָה וְקַבְּלָנוּתָא). מֵיתִיבֵי: [א)ג]כָּל סְאָה שֶׁיֵּשׁ בָּהּ רוֹבַע מִמִּין אַחֵר – יְמַעֵט; סַבְרוּהָ דְּרוֹבַע דְּכִלְאַיִם כְּיוֹתֵר מֵרוֹבַע דְּהָכָא, וְקָא תָּנֵי: יְמַעֵט! לָא, רוֹבַע דְּכִלְאַיִם כִּי רוֹבַע דְּהָכָא דָּמֵי. אִי הָכִי, אַמַּאי יְמַעֵט? מִשּׁוּם חוּמְרָא דְּכִלְאַיִם. אִי הָכִי,

אֵימָא

נוֹתֵן לוֹ דְּמֵי חִטִּין. שֶׁהֲרֵי הִפְחִיתוֹ בַּמִּדָּה, דְּאִיהוּ הֲוָה מְזַבֵּין לֵיהּ עִם הַחִטִּין, דְּעַפְרוּרִית מְקַבֵּל לוֹקֵחַ. אֲבָל לַחֲזוֹר וּלְעָרֵב – אֵינוֹ יָכוֹל, דְּהַשְׁתָּא עוֹשֶׂה עַוְלָה בְּיָדַיִם, וּכְתִיב (ויקרא יט): "לֹא תַעֲשׂוּ עָוֶל", וְגַם לוֹקֵחַ לָא מָחֵיל אֶלָּא מַה שֶּׁנִּתְעָרֵב מֵעַצְמוֹ עִם הַתְּבוּאָה בְּע"כ שֶׁל מוֹכֵר. וּכְשֶׁבּוֹרֵר הַצָּרוֹר וּמַשְׁלִיךְ חוּץ – הֶיזֵּק בְּיָדַיִם הוּא, שֶׁאוֹתָן צְרוֹרוֹת הָיוּ לוֹ שָׁוִין כְּמוֹ חִטִּין. וְא"כ לָא חֲשִׁיבִי לֵיהּ הֶיזֵּק גָּמוּר, דְּמ"מ הֵן גּוּפָן אֵינָן שָׁוִין כְּלוּם – לִיחַיֵּיב מִיהָא מִשּׁוּם דִּינָא דְּגַרְמֵי, כְּגוֹן הַשּׂוֹרֵף שְׁטָרוֹתָיו שֶׁל חֲבֵירוֹ, וְהַמְקַדֵּשׁ בְּכֶרֶם, וְהַזּוֹרֵעַ כִּלְאַיִם בִּשְׂדֵה חֲבֵירוֹ, דִּבְהַהִיא שַׁעְתָּא קָגָזֵיל לֵיהּ מִיָּד מָמוֹנוֹ, אע"פ שֶׁאֵינוֹ נִיכָּר, דְּהָא פָּסְקִינַן הִלְכְתָא בְּב"ק, (דף ק.) [כְּר"מ דְּדָאֵין דִּינָא דְּגַרְמֵי, וְאָמְרִינַן נַמִי הָתָם: הֲוָה עוּבְדָּא וְכַפְיֵיהּ רַפְרָם לְרַב אַשִׁי וְאַגְבְּיֵיהּ כִּי כְּשׁוּרָא לְצַלְמֵי. וּגְרָמָא בִּנְזָקִין דְּקיי"ל דְּפָטוּר – הַיְינוּ כְּגוֹן שׁוֹלֵחַ אֶת הַבְּעֵרָה בְּיַד חֵרֵשׁ שׁוֹטֶה וְקָטָן, שֶׁהַהֶיזֵּק נִיכָּר אֲבָל אֵינוֹ עוֹשֶׂה אוֹתוֹ בְּיָדַיִם, אֶלָּא גּוֹרֵם עַכְשָׁיו שֶׁיָּבֹא הֶיזֵּק מִמֵּילָא לְאַחַר זְמַן. אֲבָל דִּינָא דְּגַרְמֵי – בְּיָדַיִם הוּא מַזִּיק, אֶלָּא שֶׁאֵין הַהֶיזֵּק נִיכָּר]. וּמְשַׁנֵּי: קִטְנִית מְקַבֵּל עָלָיו רוֹבַע. כִּדְתָנֵי רַב קְטִינָא. אֲבָל עַפְרוּרִית – פָּחוּת מֵרוֹבַע מַשֶּׁהוּ הוּא דִּמְקַבֵּל. אֲבָל רוֹבַע בְּעַפְרוּרִית, כָּל שֶׁכֵּן יָתֵר מֵרוֹבַע בְּקִטְנִית – לֹא מְקַבֵּל. חִטִּין מְקַבֵּל עָלָיו כו'. כְּלוֹמַר, אִם חִטִּין מוֹכֵר לוֹ – מְקַבֵּל עָלָיו לוֹקֵחַ כו'. קִטְנִית אוֹרְחֵיהּ לִגְדַּל בְּחִטִּין, וְנִישׁוֹבֶת בִּשְׂעוֹרִים, וְעַפְרוּרִית בַּעֲדָשִׁים. נִישׁוֹבֶת = קַשׁ שֶׁנִּיזְרָה בַּנִּישּׁוּב. מַאי לָאו הוּא הַדִּין לְחִטִּין וּשְׂעוֹרִין. דִּמְקַבֵּל עָלָיו רוֹבַע עַפְרוּרִית. וְהַאי דְּקָתָנֵי לָהּ גַּבֵּי עֲדָשִׁים – אוֹרְחָא דְּמִילְּתָא קָתָנֵי, שֶׁמִּינֵי טִנּוֹפֶת הַלָּלוּ מְלוּוִין זֶה בָּכֹה וְזֶה בָּכֹה. דְּמִיעֲקַר עָקְרִי לְהוּ. וְלֹא קוֹצְרִין, הִלְכָּךְ שְׁכִיחַ בְּהוּ עַפְרוּרִית טְפֵי. אֶלָּא טַעְמָא כו'. כְּלוֹמַר, כֵּיוָן דְּאָמְרַתְּ דְּמִיעֲקַר עָקְרִי לְהוּ וְהִלְכָּךְ שְׁכִיחַ בְּהוּ עַפְרוּרִית טוּבָא, א"כ דַּוְקָא נָקַט בַּעֲדָשִׁים רוֹבַע עַפְרוּרִית מִשּׁוּם דִּשְׁכִיחִי בְּהוּ, אֲבָל חִטֵּי וְשַׂעֲרֵי אֵין לוֹמַר רוֹבַע עַפְרוּרִית, דְּהָא לָא שְׁכִיחַ כ"כ – תִּפְשׁוֹט מֵהָא סִיּוּעַ לִדְבָרֶיךָ, שֶׁהָיִיתָ מְתָרֵץ עַפְרוּרִית פָּחוּת מֵרוֹבַע, דְּאִם אִיתָא דְּה"ה לְחִטֵּי וְשַׂעֲרֵי – לִיתְנֵי רוֹבַע עַפְרוּרִית בְּחִטִּין, וַהֲנָא אָמִינָא כ"ש בַּעֲדָשִׁים. לְעוֹלָם. אֵימָא לָךְ: חִטֵּי וְשַׂעֲרֵי מְקַבֵּל רוֹבַע עַפְרוּרִית. וּדְקַשְׁיָא לָךְ לִיתְנְיֵיהּ גַּבֵּי חִטִּין וְכ"ש עֲדָשִׁים – בַּעֲדָשִׁים אִיצְטְרִיכָא לֵיהּ כו'. אָמַר רַב הוּנָא אִם בָּא. לוֹקֵחַ לְהַקְפִּיד בְּטִנּוֹפֶת, דְּנִרְאֶה בְּעֵינָיו שֶׁיֵּשׁ בּוֹ טִנּוֹפֶת יוֹתֵר מֵרוֹבַע, וּבָא לוֹקֵחַ לְנַפּוֹתוֹ לָדַעַת אִם יֵשׁ שָׁם יוֹתֵר מֵרוֹבַע, וְנִמְצָא בּוֹ יוֹתֵר. מְנַפֶּה אֶת כּוּלָּן. וְיַחֲזִיר לוֹ הַמּוֹכֵר חִטִּין כְּנֶגְדָּן אוֹ מָעוֹת, וְלֹא יֹאמַר: רוֹבַע כְּבָר מְחַלְתָּ, וְהַמּוֹתָר אֲשַׁלֵּם לָךְ. אַפֵּירֵי שַׁפִּירֵי יָהֵיב. דְּלָא מָחֵיל טִנּוֹפֶת כְּלָל, אֶלָּא מִפְּנֵי שֶׁטּוֹרַח הוּא לְנַפּוֹתוֹ בִּשְׁבִיל דָּבָר מוּעָט, וְהִלְכָּךְ, כִּי לֵיכָּא אֶלָּא רוֹבַע לָא טָרַח לוֹקֵחַ לְנַפּוֹתוֹ. דְּכִי אָמַר לֵיהּ מוֹכֵר לַלּוֹקֵחַ: אֲנִי אוֹמֵר שֶׁפֵּירוֹת יָפִין הֵן, וְאִם תֹּאמַר אֵינָן יָפִין – אוֹ טְרַח וְנַפֵּה אוֹתָם, אוֹ הַיְיתִי רְאָיָה כַּמָּה יֵשׁ טִנּוֹפֶת וַאֲשַׁלֵּם לָךְ. וּבִשְׁבִיל רוֹבַע לָא טָרַח, דְּיָצָא שְׂכָרוֹ בְּהֶפְסֵד טָרְחוֹ. אֲבָל כִּי אִיכָּא יוֹתֵר מֵרוֹבַע – טָרַח לוֹקֵחַ לְנַפּוֹתוֹ, וְכֵיוָן דְּהִתְחִיל לִטְרוֹחַ – טוֹרֵחַ וּמְנַפֶּה אֶת כּוּלּוֹ, דְּדָבָר קַל הוּא לִגְמוֹר הַנִּיפּוּי מֵאַחַר שֶׁהִתְחִיל, וְהִלְכָּךְ לָא מָחֵיל. וּמִיהוּ, הֵיכָא דְּלֵיכָּא אֶלָּא רוֹבַע, אִם בָּא לְנַפּוֹת – הֲרֵי בָּטְלָה דַּעְתּוֹ, וּפָטוּר מוֹכֵר. וְאָמְרִי לָהּ קְנָסָא. דְּמִן הַדִּין אֲפִי' טְפֵי מֵרוֹבַע מָחֵיל אִינִישׁ, וַאֲפֵירֵי דְּלָאו שַׁפִּירֵי מִכֹּל וָכֹל יָהֵיב לוֹקֵחַ זוּזֵי, שֶׁיּוֹדֵעַ הוּא דְּדֶרֶךְ תְּבוּאָה לִהְיוֹת בָּהּ טִנּוֹפֶת, וּמָחֵיל. הִלְכָּךְ, רוֹבַע לָא קָנֵיס – דְּהָא שְׁכִיחַ, וְלֵיכָּא לְמֵימַר דְּעָרוֹבֵי עָרֵיב בְּיָדַיִם. אֲבָל יָתֵר מֵרוֹבַע – לָא שְׁכִיחַ בִּתְבוּאָה, וְאִיכָּא לְמֵימַר דְּאִיהוּ, הַמּוֹכֵר, הוּא דְּעָרֵיב בְּיָדַיִם. וְכֵיוָן דְּעָרֵיב – קְנָסוּהוּ רַבָּנַן בְּכוּלֵּיהּ, דְּאִיכָּא לְמֵימַר כּוּלֵּיהּ עֵירֵב. וְנַפְקָא מִינָּהּ, דְּאִי יָדְעִינַן בֵּיהּ דְּלָא עָרֵיב אֲפִי' טְפֵי מֵרוֹבַע הָוֵי מְחִילָה, וְקָנָה לוֹקֵחַ. וְהַיְינוּ דְּאִיכָּא בֵּין דִּינָא לִקְנָסָא. מֵיתִיבֵי. אַלִּישָּׁנָא קַמָּא, דְּאָמְרִי לֵיהּ דִּינָא, קָפָרֵיךְ, וְלָא אַקְּנָסָא. כָּל סְאָה. תְּבוּאָה, שֶׁיֵּשׁ בָּהּ רוֹבַע הַקַּב מִמִּין אַחֵר – יְמַעֵט, דְּלָא לֶיהֱוֵי רוֹבַע, וְאַחַר כָּךְ יִזְרָעֶנּוּ. וְכֵן פֵּי' רַבֵּינוּ חֲנַנְאֵל. א"נ, נִזְרְעוּ אֶלָּא שֶׁלֹּא נִשְׁרְשׁוּ עֲדַיִין – יְמַעֵט. אֲבָל אִם נִשְׁרְשׁוּ – אֵין לָהֶם עוֹד תַּקָּנָה, שֶׁכְּבָר נֶאֶסְרוּ בְּהַשְׁרָשָׁה, כִּדְנַפְקָא לָן בִּפְסָחִים בְּפֶרֶק "כָּל שָׁעָה" (דף כה.) מֵ"הַמְּלֵאָה וְהַזֶּרַע", זָרוּעַ מֵעִיקָּרוֹ – בְּהַשְׁרָשָׁה. וּבְסִפְרֵי נַמִי תַּנְיָא לָהּ בְּהֶדְיָא: הַתְּבוּאָה מִשֶּׁתַּשְׁרִישׁ. סַבְרוּהָ דְּרוֹבַע דְּכִלְאַיִם. הָאוֹסֵר הַתְּבוּאָה מִשּׁוּם כִּלְאַיִם – חָשׁוּב הוּא מִן הַתּוֹרָה, וְלָא בָּטֵיל, כִּי הֵיכִי דַּחֲשִׁיב יוֹתֵר מֵרוֹבַע טִנּוֹפֶת לְגַבֵּי מְכִירָה, דְּלָא בָּטֵיל. וְהוּא הַדִּין דְּפָחוּת מֵרוֹבַע דְּכִלְאַיִם בָּטֵיל, כְּרוֹבַע דְּטִנּוֹפֶת. וְקָתָנֵי יְמַעֵט. וְיַעֲמִידֶנּוּ עַל שִׁיעוּר הַבָּטֵל, דְּהַיְינוּ פָּחוּת מֵרוֹבַע. וְאַע"ג דְּאִיסּוּר כִּלְאַיִם חָמוּר הוּא, שֶׁאֵין ב"ד יְכוֹלִין לְהַפְקִיעַ אִיסּוּר, אפ"ה לָא מַחְמְרִינַן בֵּיהּ לְמֵימַר דְּכֵיוָן דְּטָרַח לִיטְרַח בְּכוּלֵּיהּ לְנַפּוֹתוֹ כּוּלּוֹ – כ"ש גַּבֵּי מְכִירָה דְּקִיל, שֶׁהֲרֵי ב"ד יְכוֹלִין לְהַפְקִיר מָמוֹן שֶׁל זֶה לַחֲבֵירוֹ, דְּהָווּ לְהוּ לְמֵימַר יְמַעֵיט וְיַעֲמִידֶנּוּ עַל שִׁיעוּר הַבָּטֵל דְּהַיְינוּ רוֹבַע. וְאַע"ג דַּאֲפֵירֵי שַׁפִּירֵי יָהֵיב אֱינָשׁ זוּזֵי, וּבִטְפֵי מֵרוֹבַע עָבֵיד דְּטָרַח בְּכוּלֵּיהּ וְלָא מָחֵיל – אפ"ה, כֵּיוָן דְּרוֹבַע מָחֵיל אִינִישׁ, בִּטְפֵי מֵרוֹבַע נַמִי יַעֲמִידֶנּוּ עַל רוֹבַע וְלֹא יְנַפֶּה אֶת כּוּלּוֹ. וְקַשְׁיָא לְרַב הוּנָא, דְּאָמַר מְנַפֶּה אֶת כּוּלּוֹ. וּמִיהוּ, הֲוָה מָצֵי לְתָרוּצֵי דְּלָא דָּמֵי טַעַם דְּטִנּוֹפֶת לְטַעַם דְּכִלְאַיִם כָּל כָּךְ; דְּהָתָם בִּמְחִילָה תַּלְיָא מִילְּתָא, דְּרוֹבַע מָחֵיל אִינִישׁ מִשּׁוּם טִרְחָא, אֲבָל יוֹתֵר מֵרוֹבַע – לָא מָחֵיל אִינִישׁ אֲפִי' פָּחוּת מֵרוֹבַע שֶׁבּוֹ, דְּנָקֵל לוֹ לִטְרוֹחַ בְּכוּלּוֹ מֵאַחַר שֶׁמַּתְחִיל. אֶלָּא דַּעֲדִיפָא מִינֵּיהּ קָמְתָרֵץ לֵיהּ. כְּרוֹבַע דְּהָכָא דָּמֵי. דִּשְׁנֵיהֶן בְּטֵלִין מִן הַדִּין. וְהִלְכָּךְ, דַּי בְּמִיעוּט, דְּהָא אֲפִי' מִיעוּט לָא הֲוָה צָרִיךְ, דְּהָא בָּטֵיל, אֶלָּא חוּמְרָא בְּעָלְמָא הוּא כִּדְמְפָרֵשׁ וְאָזֵיל. אֲבָל יוֹתֵר מֵרוֹבַע דְּכִלְאַיִם – אֵימָא לָךְ שֶׁאִם בָּא לְמַעֵט מְמַעֵט אֶת כּוּלּוֹ. אִי הָכִי. דְּמִשּׁוּם חוּמְרָא דְּכִלְאַיִם מְמַעֵט, וְלָא מִן הַדִּין.

אֵימָא

נותן לו דמי חטין. פי' ריב"ס: דהיינו כר"ש דאמר (ב"ק לח:): דבר הגורם לממון — כממון דמי, דמחייב בגזל חמץ ועבר עליו הפסח [ובא אחר ושרפו]. ולר"י נראה דאתי אפי' כרבנן. דהתם ודאי לאו כממון דמי, שאינו שוה לשום אדם כלום, אלא (א) *לגזילה ליפטר בו. אבל הכא — הוי כאילו גזל חטין עצמן, שהוא מוכר צרורות לכל אדם כמו חטין. ולא דמי לשורף שטרותיו של חבירו, (ב) דהתם [ב]ניירא בעלמא הוא דקלא ליה, ולא את החוב.

סאה שיש בה רובע ימעט. פי' ר"ש: ימעט, ואח"כ יזרענו. א"נ, אם נזרעו ולא נשרשו עדיין — ימעט. אבל אם נשרשו — אין להם תקנה, שכבר נשרשו ונאסרו בהשרשה. ואין נראה, דלשון "ימעט" משמע שכבר (ג) נשרשו. ור' יוסי נמי דקאמר יבור — משום דמיחזי כמקיים כלאים, וקודם שנזרעו לא מיחזי כמקיים כלאים. ועוד: דבפרק קמא דמ"ק (דף ו. ושם) מייתי לה בהדיא על זרעים המחוברים. אלא דנראה דמיירי הכא במחוברים לקרקע. ומה שפירש דאם נשרשו אין להם תקנה — אגב חורפיה לא עיין, דלא אמר הכי פרק "כל שעה" (פסחים דף כה.) אלא גבי כלאי הכרם, אבל כלאי זרעים — מותרין הן באכילה ובהנאה, [ג]כדמשמע פרק "כל הבשר" (חולין דף קטו.), דפריך: אלא מעתה כלאי זרעים ליתסרו, דהא כל שתיעבתי לך הוא! ומשני: מה בהמתך היוצא ממנה מותר, אף שדך כן. ואלישנא דקנסא פריך, דקתני: ימעט, ולא קנסינן פחות מרובע אטו רובע. אבל אלישנא דדינא לא מצי פריך, דלא דמי, דהתם משום דטפי מרובע לא מחיל כו', כדפירש ר"ש גופיה דה"מ לשנויי הכי. ומיהו, יש ליישב דפריך נמי אלישנא דדינא שפיר, דכל שדרך בני אדם להסיר — כלאים הוי אם לא הסירם, ולכך, הואיל ודרך בני אדם כשבאין לנפות מנפין הכל — בכלאים נמי ליהוי כלאים עד שיסיר הכל. מכל מקום, נלישנא דקנסא מיושב טפי. והוי מצי לשנויי דסבר כר' יוסי דאמר יבור, אלא רוצה להעמיד כדברי הכל.

אימא

א) מ"ק ו. כלאים פ"ב מ"א: ב) [ב"ק לח. וע"ש דרבה גופיה הוא דקאמר השורף שטרו של חבירו פטור דאמר ליה ניירא קלאי מינך]: ג) [כלאיתא להדיא רפ"ח דכלאים כלאי זרעים וכו' ומותרין באכילה וכ"ש בהנאה]:

רבינו גרשום

ועפרורית רובע לא מקבל והתניא וכו' רובע נישובת. היינו אבק קש שנישוב: עדשים מקבל עליו רובע עפרורית. אלמא דעפרורית מקבל רובע וקשיא. ומשני לעולם בשאר פירות פחות מרובע מקבל רובע לא מקבל ושאני עדשים דקתני דרובע מקבל משום דמיעקר עקרי להו עם השרשין מן האדמה ומייתי בהו עפרא. אבל חיטי ושערי ושאר פירי דחצדי להו מיחצד ולא מייתי עפרא בהדיה פחות מרובע מקבל רובע לא מקבל. השתא דוק מינה טעם דעדשים רובע מקבל משום דמיעקר עקרי להו אבל חטי ושערי לא מקבלי רובע. השתא לפשוט מינה דעפרורית דחטי ושערי רובע לא מקבל אבל פחות מרובע מקבל. והכי נמי אמר רב קטינא דפחות מרובע מקבל. והאי מילתא בניחות' גרס' לה. ומקשי' לא לעולם מהא לא תפשוט דחטין ושעורין רובע ממש מקבל עפרורית ועדשים אצטריכא ליה למתני דסד"א וכו' קמ"ל דאפי' הכי לא מקבל אלא רובע ותו לא והוא הדין נמי לגבי חטי ושערי. וקשי' לרב קטינא: אמר רב הונא להיכא דאיכא יותר מרובע טינופת ובא לוקח לנפות כלומר לנקות מנפה את כולו. אפי' פחות מרובע: אמרי לה דינא. דמאן דיהיב זוזי אפירי שפירי קא יהיב. ואפילו הכי אי אית בה רובע טנופת לא טרח לנפות אינש ולהיכא דטרח בטלה דעתו אצל כל אדם ולא משגחינן ביה ומקבל בעל כרחו. אבל יותר מרובע טרח לנפות וכיון דטרח טרח בכוליה ומנפה את כולו: ואמרי לה קנסא. דקנסינן ליה משום דרובע שכיח בפירות יותר מרובע לא שכיח והואיל דאיכא יותר מרובע איהו הוא המוכר דעריב בהו בידים ממש משום אונאה וכיון דעריב קנסוהו רבנן בכוליה ומנפה להו: מיתיבי סאה שיש בה רובע ממין אחר חשיב כלאים וימעט. משום דאפי' חטי ושערי חשיב כלאים מדרבנן: סברוה דרובע דכלאים בדין יותר מרובע דהכא דמי דכי היכי דיותר מרובע גבי מקח וממכר חשיב גבי כלאים נמי. וקתני ימעט עד דליתא רובע. ולא מכל וכל ימעט. הכא נמי להיכא דאיכא יותר מרובע ימעט הטנופת היותר עד רובע. וקשי' לרב הונא דאמר הבא לנפות מנפה את כולו לא רובע דכלאים לא הוי כיותר מרובע אלא כרובע דהכא דמקח וממכר דמי דמקבל עליו: אי הכי אמאי קתני ימעט. ליהוי כפחות מרובע ולא יצטרך למעט: משום דחומר דכלאים שאני דאיסור הנאה:

מסייע

יז א ב מיי' פי"ח מהל' מכירה הל' יא סמג לאוין קע טוש"ע ח"מ סימן רכט סעי' א: לגזלן ר"מ

יח ג מיי' פ"ב מהל' כלאים הל' א סמג לאוין רפ טוש"ע י"ד סי' רצו סעיף ה:

הגהות הב"ח

(א) תוס' ד"ה נותן וכו' אלא לגזלן ליפטר: (ב) בא"ד שטרותיו של חבירו דפטר ליה רבה התם דהתם ניירא בעלמא: (ג) ד"ה סאה וכו' משמע שכבר נזרעו ור' יוסי:

אֵימָא סֵיפָא, רַבִּי יוֹסֵי אוֹמֵר: יָבוֹר; אִי אָמְרַתְּ בִּשְׁלָמָא כְּיוֹתֵר מֵרוֹבַע טְנוּפֶת דָּמֵי — בְּהָא קָא מִיפַּלְגִי, ת"ק סָבַר: לָא קָנְסִינַן הֶתֵּירָא אַטּוּ אִיסּוּרָא, וְר' יוֹסֵי סָבַר: קָנְסִינַן; אֶלָּא אִי אָמְרַתְּ כְּרוֹבַע דָּמֵי, אַמַּאי יָבוֹר? הָתָם הַיְינוּ טַעְמָא דְּר' יוֹסֵי, מִשּׁוּם דְּמִיחֱזֵי כִּי מְקַיֵּים כִּלְאַיִם. ת"ש: א)שְׁנַיִם שֶׁהִפְקִידוּ אֵצֶל אֶחָד, זֶה מָנֶה וְזֶה מָאתַיִם, זֶה אוֹמֵר "מָאתַיִם שֶׁלִּי" וְזֶה אוֹמֵר "מָאתַיִם שֶׁלִּי" — אנוֹתֵן לָזֶה מָנֶה וְלָזֶה מָנֶה, וְהַשְּׁאָר יְהֵא מוּנָּח עַד שֶׁיָּבֹא אֵלִיָּהוּ! הָכִי הָשְׁתָּא?! הָתָם וַדַּאי מָנֶה לְמָר וּמָנֶה לְמָר, הָכָא מִי יֵימַר דְּלָאו כּוּלֵּיהּ עֲרוּבֵי עָרֵיב? ת"ש מִסֵּיפָא, א"ר יוֹסֵי: א"כ מָה הִפְסִיד הָרַמַּאי? אֶלָּא הַכֹּל יְהֵא מוּנָּח עַד שֶׁיָּבֹא אֵלִיָּהוּ! הָכִי הָשְׁתָּא?! הָתָם וַדַּאי אִיכָּא רַמַּאי, הָכָא מִי יֵימַר דַּעֲרוּבֵי עָרֵיב? ת"ש: ב)שְׁטָר שֶׁיֵּשׁ בּוֹ רִבִּית — קוֹנְסִין אוֹתוֹ, וְאֵינוֹ גּוֹבֶה לֹא אֶת הַקֶּרֶן וְלֹא אֶת הָרִבִּית, דִּבְרֵי ר"מ! הָכִי הָשְׁתָּא?! הָתָם מִשְּׁעַת כְּתִיבָה הוּא דַּעֲבַד לֵיהּ שׁוּמָא, הָכָא מִי יֵימַר דַּעֲרוּבֵי עָרֵיב? ת"ש מִסֵּיפָא, וַחכ"א: בגּוֹבֶה אֶת הַקֶּרֶן וְאֵינוֹ גּוֹבֶה אֶת הָרִבִּית! הָכִי הָשְׁתָּא?! הָתָם וַדַּאי קַרְנָא דְּהֶתֵּירָא הוּא, הָכָא מִי יֵימַר דְּכוּלֵּיהּ לָא עֲרוּבֵי עָרֵיב. ת"ש: ג)דְּתָנֵי רָבִין בַּר ר"נ: לֹא אֶת הַמּוּתָּר בִּלְבַד הוּא מַחֲזִיר, אֶלָּא מַחֲזִיר לוֹ אֶת כָּל הָרְבָעִין כּוּלָּן; אַלְמָא הֵיכָא דְּבָעֵי אַהֲדוּרֵי — כּוּלָּהּ מְהַדַּר! הָכִי הָשְׁתָּא?! הָתָם

רשב"ם

אימא סיפא ר' יוסי אומר יבור. יברור את הכל. **אי אמרת בשלמא.** דרובע דכלאים כיתר מרובע דטנופת דמי, והאי ימעט מן הדין הוא — היינו דאתא ר' יוסי למימר יברור את הכל, וס"ל כרב הונא דאמר: אם בא לנפות — מנפה את כולן. אבל כיון דאוקמת דמן התורה אפי' מיעוט אינו צריך, אלא חומרא הוא — אמאי אתא רבי יוסי להוסיף חומרא אחרת על זו, ולמימר יבור? ואיכא ספרים דכתוב בהו "ת"ש מסיפא", ולסיועי לרב הונא קאתי. **משום דמיחזי כמקיים כלאים.** מאחר שמתחיל למעט, ומניח מקצתן, ומיחזי כאילו מטיל אותן בידים וזורען במתכוין. ואי כבר נזרעו בקרקע, ובירר קצת ושייר קצת — נראה כמקיים בקרקע כלאים. ונפקא לן מקרא במ"ק ובתורת כהנים דלוקה. **שנים שהפקידו.** אלישנא דקנסא פריך: שמע מינה לא קנסינן אמותר, וה"נ אמאי קנסוהו רבנן בכוליה? (א) אלא במותר רובע. **מי יימר דלאו כוליה כו'.** דכיון דרגילים לדבר דעירב בו בידים, דהאיכא יותר מרובע — איכא למימר דכוליה עריב. **מה הפסיד הרמאי.** לא יבא להודות, דהא לא מפסיד מידי. ולסיועי' קאתי. **מי יימר דערובי עריב.** כלל. **שיש בו רבית.** פלוני לוה מפלוני מנה במאתים עד זמן פלוני. **התם משעת כתיבה.** קעבר המלוה א"לא תשימון עליו נשך", דמהכא נפקא לן בפ' "איזהו נשך". **ת"ש דתני רבין כו'.** לקמן בפ' "בית כור" תנן: "בית כור עפר אני מוכר לך מדה בחבל" כו', ואם אמר לו "הן חסר הן יתר" — אפילו פיחת רובע לסאה, או הוסיף רובע לסאה — הגיעו, דהיינו ל' רבעים לבית כור, דהוי ל' סאין. יתר מיכן — יעשה חשבון ויחזיר לו, כיון דאיכא מותר מרובע. ותני רבין בגמ': לא את המותר של רובע לכל סאה הוא מחזיר לבדו, אלא את כל הרבעים כולן, כל ל' רבעים של בית כור ומותרותיהם, הכל מחזיר, דהיכא דבא לשלם — משלם את כולו. ולעיל נמי, היכא דבא לנפות — מנפה את כולו, ומסייעא לרב הונא. ואלישנא קמא דאמרי לה דינא, קמסייע, דהכא והתם חד טעם הוא, דרובע מחיל איניש, אבל כי איכא טפי מרובע — הוי דבר חשוב, ולא מחיל מידי. **הכי השתא.** התם גבי "בית כור עפר מדה בחבל אני מוכר לך" — בדין הוא דמחזיר לו את כל הרבעים, דמעיקרא לא אקני ליה מוכר מידי בייתור על מדת החבל אלא משום דאמר ליה בהדיא "הן חסר הן יתר", אבל מסתמא לא הוה קני יתר על הבית כור ואפי' כל שהוא. הלכך, כיון דאיכא דבר גדול כל כך, יתר מרובע לסאה — לא הוה מחילה כלל, דקרקע חשוב הוא בפני עצמו, דלהכי אהני מאי דא"ל "בית כור". והאי דקאמר ליה "הן חסר הן יתר" מיהו להכי אהני — דאי לא הוה יתר על המדה כי אם רובע הוא מחיל ליה, אבל יתר מרובע — לא הויא מחילה כלל, והדר. והוא הדין לחסרון דרובע נמי הוי מחילה, יתר מרובע לא הוי מחילה, (ג) והדר ללוקח. אבל גבי רובע טנופת, דאף על גב דלא אמר ליה "הן חסר הן יתר" הויא מחילה מסתמא, דהא שכיח טנופת רובע, ולעולם אימא לך כי איכא נמי יתר מרובע הויא רובע מחילה, ויחזיר המותר. דאם בא לנפות אינו מנפה את כולו.
ולמאי

תוספות

אימא סיפא. ולא גרסי' "ת"ש". דלמאי שדחה דחומרא בעלמא הוא — אין סברא שיקנוס ר' יוסי. ולא מסתבר ליה למימר דפליגי, דר' יוסי סבר דרובע לא שכיחא ורבנן סברי דשכיחא, דלא מסתבר לפלוגינהו בהכי. **התם** ודאי מנה למר. ה"מ לשנויי: התם ודאי איכא חד דלא הוי רמאי, הכא מי יימר דליכא רמאי? אימור ערובי עריב. אלא דמשני שפיר טפי. **קונסין** אותו ואינו גובה **לא** קרן ולא רבית. נראה לר"י: דר"מ קונס לגמרי להפסיד החוב, אפילו בהודאה או בעדות אחרת, כדמשמע לישנא ד"אינו גובה לא את הקרן" — משמע דאינו גובה כלל. ועוד, משמע דומיא דרבית. וכן משמע נמי מדמדמה לה ב"המניח" (ב"ק דף ל: ושם) גבי המוליא תבנו וקשו, דקנסו גופן משום שבחן, שמפסיד גוף הממון. ואין להקשות, דבפ' "איזהו נשך" (ב"מ דף עב: ושם) מדמה הך דשטר שיש בו רבית לשטרי חוב המוקדמין, ומוקי ההיא דשטר חוב כר"מ. והיכי מדמה? דהכא מפסיד גוף המלוה, והתם אינו מפסיד המלוה, אלא דהשטר פסול! דהתם — לפי שלא נעשית עבירה בגוף המלוה אלא בשטר, אבל רבית — יש עבירה בהלואה, אפי' בלא שטר. אע"ג דקאמר דמשעת כתיבה עבד לה שומא — מ"מ בלא שטר נמי איכא איסורא בהלואה. והקשה ריב"ס: דאם יפסיד כל חובו (ג) יפסיד לגמרי, א"כ מלינו לוה חוטא נשכר! ואור"י: דלא קשה, כי המלוה שמרויח — קנסו בגוף אטו שבח, ומתוך כך יזהר, אבל הלוה — אין במה לקנוס כדי שיזהר, שמתחלה ע"מ לפרוע הוא לווה. **הכי** השתא התם משעת כתיבה עבד ליה שומא הכא מי יימר דעריב. קשה לרשב"א: דאמאי לא מייתי ההוא דשטרי חוב המוקדמין, דקנסו התם בכוליה מזמן ראשון ומזמן שני, אע"ג דאיכא למימר נמי: מי יימר דגבי ממשעבדי? דשמא לא יבא לגבות ממשעבדי לעולם! וכן יש להקשות בסוגיא ד"המניח את הכד" (ב"ק דף ל: ושם)! ואמר ר"י: דכי היכי דהכא משעת כתיבה הוא דעבד ליה שומא, התם נמי — משעת כתיבה הוא דעבר ליה על "מדבר שקר תרחק".

וחכמים אומרים גובה **את** הקרן. משמע שגובה ע"פ השטר, ואפי' ממשעבדי. וקשה לר"י: דלמה השטר כשר? כיון שהעדים עוברין על "לא תשימון", כדתנן ב"איזהו נשך" (ב"מ דף עה:). ואע"ג דאין עדי חמס, שאין מרויחין כלום — הא קיימא לן כאביי (סנהדרין כז.) דעבריין אוכל נבלות להכעיס פסול! והא דלא תני ב"זה בורר" (שם דף כז:) — ה"נ לא תנא לוה, אלא בכלל מלוה הוא, כדמפרש התם (דף כה.) בגמ': מלוה ברבית — מלוה הבאה (לו) ברבית. ואין לומר דמיירי כגון שאין ניכר הרבית בשטר, אלא כתב סתם "פלוני לוה מפלוני מנה", והעדים היו סבורים שהיה הכל קרן, ואח"כ נודע שהיה בו רבית. דהא בפרק "איזהו נשך" (ב"מ דף עב. ושם) משני ר' יוחנן אההיא דשטרי חוב המוקדמין פסולין: אפי' תימא רבנן, גזרה שמא יגבה מזמן ראשון. ואם אין ניכר הרבית — בשטר שיש בו רבית נמי נגזור, שמא יגבה גם הרבית בתורת קרן! ואין לומר דלכך כשרין — שלא עשו שומא, כיון שניכר הרבית מתוך השטר — לא יבא לגבות הרבית ע"י שטר זה. והא דתנן ב"איזהו נשך" (שם דף עה:) שהעדים עוברים בלא תעשה — היינו כשאין הרבית בשטר ניכר. דהא אמר בשמעתין, וב"המניח" (ב"ק דף ל: ושם) דמשעת כתיבה עבד ליה שומא, א"כ בשטר זה עוברין בלא תעשה! וי"ל: ד"לא תשימון" לאינשי במלוה ולוה וערב משמע להו, ולא עדים. ולהכי לא מיפסלי, כדאמרי' (ב"מ דף ה:) "לא תחמוד" לאינשי בלא דמי משמע להו. א"נ: כגון שיש עדים שהיו אנוסין מחמת נפשות. וכן י"ל בשטרי חוב המוקדמין, דאית דמוקי לה כר"מ. אבל לרבנן כשרין. ואפי' ר"מ אינו פוסל אלא מטעם קנס, ואמאי? והלא עדים פסולים הן, שחתמו על השטר מוקדם! אלא י"ל שיש עדים שהיו אנוסין מחמת נפשות. א"נ, י"ל: דהתם כגון שאומרים: טעינו בשנות המלך. ואומר ר"י: דהלכה כרבנן. דאע"ג דקיי"ל כר"מ בגזירותיו (עירובין מז.) — דוקא בגזירותיו, אבל לא בקנסותיו. וכן פסקו הלכות גדולות מטעם זה כרבנן דר"מ (יבמות לז.) במעוברת חבירו ומינקת חבירו[ד]. **דתני** רבין בר ר"נ **לא את המותר** כו'. הא דלא אייתי מתני' דהתם, דמפרשי לה נמי הכי: לא את המותר בלבד הוא מחזיר כו' — משום דלא מתרלא אלא ע"י ברייתא דרבין בר ר"נ. וללישנא דדינא מייתי. דללישנא דקנסו היתרא אטו איסורא — לא מצי מייתי מהכא, דלא שייך הכא קנסא, דאם לקח הלוקח יותר ממה שהיה לו ליקח — אין לקנסו בכך, כי מה היה לו לידע כמה שם? ולא גרסי' מה שהיה כתוב במקצת ספרים בשינויא: הכא מי יימר דערובי עריב. דא"כ הוה משמע דללישנא דקנסא מייתי.
התם

עין משפט נר מצוה

יט א מיי' פ"ה מהל' שאלה ופקדון הל' ד סמג עשין פח טוש"ע ח"מ סי' ש ס"א וע"ש:

כ ב מיי' פ"ד מהל' מלוה ולוה הל' ו סמג לאוין קצ טוש"ע ח"מ סי' נב סעי' א וטוש"ע יו"ד סי' קסא סעיף יא:

רבינו גרשום

מסייע לרב הונא מסיפא ר' יוסי אומר יבור. אאם יש בה רובע ממין אחר מהדר ר' יוסי דבורו דיבור כל הרובע (חוץ) דכיותר מרובע דמי והיינו כרב הונא. לא לעולם מהא לא תסייעה דרובע כפחות מרובע דאפילו למעט לא הוה בעי ואמאי קאמר ר' יוסי יבור הכל משום דאי שביק ליה מחזי כמקיים כלאים בכרם: והשאר יהא מונח עד שיבוא אליהו. ש"מ דלא קנסינן [היתר] אטו איסור דמאי קא תבע מאתים. הכא נמי אם בא לנפות אינו מנפה את כולו דלא קנסינן ביתר של רובע אטו איסור דיותר מרובע איסורא הוא: התם. משום הכי יהבי' לכל חד מנה דחד מינייהו לאו רמאי הוא: הכא. האי מוכר מי יימר דלא כולהו ערבינהו. יש לחוש וקנסי' ולהכי הבא לנפות מנפה את כולו: ת"ש מסיפא וכו'. מדקתני ר' יוסי אומר הכל יהא מונח עד שיודה הרמאי. ש"מ דקנסי' היתר אטו איסור ותפשוט לך מהא הבא לנפות מנפה את כולו וקנסי' היתר אטו איסור: הכי השתא וכו' הכא מי יימר דעירובי מערב איהו דאיכא איסורא דלמא ליכא איסור ולא קנסינן ומהא לא תפשוט: דברי ר' מאיר. אלמא דקנסינן היתר אטו איסור ותפשוט לך מהא הבא לנפות מנפה את כולו דקנסי': דעביד ליה שומא. לא תשימון עליו נשך ומשעת כתיבה איכא איסורא ומשום הכי קנסי'. אבל הכא מי יימר דערובי עריב ומשום הכי הואיל דליכא איסור לא קנסי': ואינו גובה את הרבית. ש"מ לא קנסי' היתר אטו איסור הכא נמי לא קנסי' והבא לנפות אינו מנפה את כולו וקשיא לרב הונא: ת"ש דתני רבין. באידך פרקין דלקמן לא את המותר הוא מחזיר וכו'. וקתני במשנה בית כור עפר אני מוכר לך וכו'. ואם אמר לו המוכר ללוקח הן חסר מרובע או יותר מרובע אפילו פיחת רובע לסאה או הותיר רובע לסאה הגיעו יותר מיכן יעשה הלוקח חשבון וגרסי' בגמרא דבית כור לא את הרובע בלבד הוא מחזיר אלא מחזיר לו את כל המותר: כלפי לייא. תני רבין בר רב נחמן לא את המותר בלבד מחזיר אלא מחזיר כל הרבעין כולן דהיינו לכור ל' רבעין של קב. והיינו סכום הרבעים ז' קבין ומחצה אלמא דקנסי' היתר אטו איסור דהיינו פחות מרובע אטו איסור דיותר מרובע הכא נמי תפשוט הבא לנפות מנפה את כולה: הכי השתא התם

מסורת הש"ס

א) ב"מ לז.: ב) ב"ק ל: ב"מ עב.: ג) לקמן קד:: ד) [וע"ע תוס' יבמות לז. ד"ה מי ותוספות ב"ק ל: ד"ה וחכמים ותוס' ב"מ עב: ד"ה קונסין ותוספות זבחים קד. ד"ה אר"ע ותוספות בכורות כח. ד"ה ר"מ]:

הגהות הב"ח

(א) רשב"ם ד"ה שנים שהפקידו וכו' רבנן בכוליה לא ניקנסיה אלא במותר רובע: (ב) ד"ה הכי השתא וכו' והדרה מלוקח אבל: (ג) תוס' ד"ה קונסין וכו' כל חובו לגמרי כצ"ל ותיבת יפסיד נמחק:

מסורת הש"ס | עין משפט נר מצוה

הָתָם "הֵן חָסֵר הֵן יָתִיר" א"ל, מִיהוּ רְבִיעַ לָא חֲשִׁיב, יָתֵר מֵרְבִיעַ חֲשִׁיב, דְּכֵיוָן דַּחֲזֵי לֵיהּ לְאִיצְטְרוֹפֵי בְּתִשְׁעַת קַבִּין, הָוְיָא לָהּ אַרְעָא חֲשִׁיבְתָּא בְּאַפֵּי נַפְשָׁא וְהַדְרָא. ת"ש: א)הָאוֹנָאָה, אפָּחוֹת מִשְּׁתוּת — נִקְנָה מִקָּח, ביוֹתֵר מִשְּׁתוּת — בָּטֵל מִקָּח, גשְׁתוּת — קָנָה וּמַחֲזִיר אוֹנָאָה: אַמַּאי? לִיהֲדַר עַד פָּחוֹת מִשְּׁתוּת! ש"מ: כָּל הֵיכִי דְּבָעֵי לְאַהֲדוּרֵי — כּוּלֵּהּ מְהַדַּר! הָכִי הַשְׁתָּא?! הָתָם מֵעִיקָּרָא שָׁוֶה בְּשָׁוֶה א"ל, מִיהוּ פָּחוֹת מִשְּׁתוּת — לָא יְדִיעָה בְּמָנָה וּמָחֵיל אִינִישׁ, שְׁתוּת — יְדִיעָה וְלָא מָחֵיל אִינִישׁ, יָתֵר מִשְּׁתוּת — מִקַּח טָעוּת הוּא וּבָטֵל מִקָּח. ת"ש: דהַמְקַבֵּל שָׂדֶה מֵחֲבֵרוֹ לִיטַּע — הֲרֵי זֶה מְקַבֵּל עָלָיו עֶשֶׂר בּוֹרִיּוֹת לְמֵאָה, יוֹתֵר מִכָּאן — מְגַלְגְּלִין עָלָיו אֶת הַכֹּל! א"ר הוּנָא בְּרֵיהּ דְּרַב יְהוֹשֻׁעַ: כָּל יָתֵר מִכָּאן — כְּבָא לִיטַּע מִתְּחִלָּה דָּמֵי. § "מַרְתֵּף שֶׁל יַיִן" וכו'. § הֵיכִי דָמֵי? אִי דְּא"ל "מַרְתֵּף שֶׁל יַיִן" סְתָם — קַשְׁיָא, אִי דַּאֲמַר לֵיהּ "מַרְתֵּף זֶה שֶׁל יַיִן" — קַשְׁיָא, אִי דַּאֲמַר לֵיהּ "מַרְתֵּף זֶה" — קַשְׁיָא; דְּתַנְיָא: "מַרְתֵּף שֶׁל יַיִן אֲנִי מוֹכֵר לְךָ" — נוֹתֵן לוֹ יַיִן שֶׁכּוּלּוֹ יָפֶה, "מַרְתֵּף זֶה שֶׁל יַיִן אֲנִי מוֹכֵר לְךָ" — נוֹתֵן לוֹ יַיִן הַנִּמְכָּר בַּחֲנוּת, "מַרְתֵּף זֶה אֲנִי מוֹכֵר לְךָ" — אֲפִילּוּ כּוּלּוֹ חוֹמֶץ הִגִּיעוֹ! לְעוֹלָם דְּא"ל "מַרְתֵּף שֶׁל יַיִן" סְתָם, וּתְנֵי בְּרֵישָׁא דְּבָרַיְיתָא: וּמְקַבֵּל עָלָיו עֶשֶׂר קוֹסְסוֹת לְמֵאָה. וּבִסְתָם מִי מְקַבֵּל? וְהָא תָּאנֵי ר' חִיָּיא: ההַמּוֹכֵר חָבִית יַיִן לַחֲבֵרוֹ — נוֹתֵן לוֹ יַיִן שֶׁכּוּלּוֹ יָפֶה! שָׁאנֵי חָבִית, דְּכוּלָּא חַד חַמְרָא הוּא. וְהָא תָּנֵי רַב זְבִיד דְּבֵי ר' אוֹשַׁעְיָא: "מַרְתֵּף שֶׁל יַיִן אֲנִי מוֹכֵר לְךָ" — נוֹתֵן לוֹ יַיִן שֶׁכּוּלּוֹ יָפֶה, "מַרְתֵּף זֶה שֶׁל יַיִן אֲנִי מוֹכֵר לְךָ" — נוֹתֵן לוֹ יַיִן שֶׁכּוּלּוֹ יָפֶה, וּמְקַבֵּל עָלָיו עֶשֶׂר קוֹסְסוֹ' לְמֵאָה, וְזֶהוּ

קַשְׁיָא

וּלְמַאי דְּפָשֵׁיט לֵיהּ הָתָם דְּהַאי א"ל בֵּית כּוֹר סְתָמָא כְּמַאן דְּאָמַר לֵיהּ "הֵן חָסֵר הֵן יָתֵר" דָּמֵי, וְהָוְיָא נַמִּי מְחִילָה רוֹבַע לְסָאָה, וְיוֹתֵר מֵרוֹבַע יַחֲזִיר הַכֹּל — הֲוָה לֵיהּ לְשַׁנּוּיֵי הָכָא: הָכִי הַשְׁתָּא, הָתָם מֵעִיקָּרָא "בֵּית כּוֹר" א"ל, דְּמַשְׁמַע לֹא פָּחוֹת וְלֹא יוֹתֵר, מִיהוּ, רוֹבַע הָוְיָא מְחִילָה, טְפֵי מֵרוֹבַע לָא הָוְיָא מְחִילָה כְּלָל, וְהָדַר הַכֹּל, דְּאֵין דֶּרֶךְ לִהְיוֹת בְּבֵית כּוֹר יוֹתֵר מִבֵּית כּוֹר. אֲבָל הָכָא, דְּוַדַּאי אִית בֵּיהּ טִנּוֹפֶת — לְעוֹלָם אֵימָא לָךְ דְּלֹא יְנַפֶּה אֶלָּא אֶת הַמּוֹתָר עַל הָרוֹבַע. וְנִרְאֶה בְּעֵינַי דְּה"ג לָהּ, דְּהָכִי הַאי גַּוְונָא מְתָרֵץ לְקַמֵּיהּ: הָכִי הַשְׁתָּא הָתָם מֵעִיקָּרָא שָׁוֶה בְּשָׁוֶה א"ל כו', וְכֵן עִיקָּר. נִקְנָה מִקָּח. לְגַמְרֵי, וְלֹא יַחֲזִיר לוֹ הַמְאַנֶּה כְּלוּם, דִּמְחִילָה הִיא. שְׁתוּת קָנָה. אַלִּיבָּא דְּר' נָתָן. אֲבָל אַלִּיבָּא דְּר' יְהוּדָה הַנָּשִׂיא — רָצָה אוֹמֵר "תֵּן לִי מְעוֹתַי" אוֹ "תֵּן לִי מַה שֶּׁאוֹנִיתַנִי", בְּפֶרֶק "הַזָּהָב". וְאַמַּאי. מַחֲזִיר כָּל הָאוֹנָאָה בֵּין בִּשְׁתוּת בֵּין בְּיָתֵר מִשְּׁתוּת? נִיהֲדַר הַמּוֹתָר שֶׁעַל הַפָּחוֹת מִשְּׁתוּת, דְּהָא פָּחוֹת מִשְּׁתוּת מָחֵיל אִינִישׁ, וְאֵין כָּאן לֹא אוֹנָאַת שְׁתוּת וְלֹא אוֹנָאַת יָתֵר מִשְּׁתוּת, אֶלָּא אוֹנָאַת שְׁנֵי מַשֶּׁהוּיִין — מַשֶּׁהוּ יָתֵר מִשְּׁתוּת, וּמַשֶּׁהוּ פָּחוֹת מִשְּׁתוּת, דְּאִידָךְ מְחִילָה הָווּ! אֶלָּא לָאו שְׁמַע מִינַּהּ: אִם בָּא לְנַפּוֹת — מְנַפֶּה אֶת כּוּלּוֹ, כְּרַב הוּנָא. שָׁוֶה בְּשָׁוֶה א"ל. מוֹכֵר לַלּוֹקֵחַ, וּבְכָךְ נִתְרַצָּה לוֹקֵחַ, וְאִם אֵינוֹ שָׁוֶה — לֹא יִתְרַצֶּה. וְהִלְכָּךְ, בְּדִין הוּא דַּאֲפִי' פָּחוֹת מִשְּׁתוּת יַחֲזִיר. מִיהוּ, לְכָךְ אֵין מַחֲזִיר, דְּכֵיוָן דְּלָא יָדִיעַ כָּל כָּךְ, וּכְשָׁוֶה דָּמֵי — הָוְיָא מְחִילָה. אֲבָל שְׁתוּת — יְדִיעָה הִיא, וְלָא מָחֵיל מִידֵּי. אֲבָל גַּבֵּי פֵּירוֹת דְּאוֹרְחָ' דְּמִילְּתָא הִיא שֶׁיֵּשׁ שָׁם טִנּוֹפֶת — הָתָם וַדַּאי אִיכָּא לְמֵימַר דְּמָחֵיל לְגַמְרֵי, וַאֲפִי' הֵיכָא דְּאִיכָּא יָתֵר מֵרוֹבַע — הָרוֹבַע מִיהוּ הָוְיָא מְחִילָה. הַמְקַבֵּל. פּוֹעֵל שֶׁמְּקַבֵּל עָלָיו בְּשָׂכָר לִיטַּע כָּל שְׂדֵה חֲבֵירוֹ כְּשִׁיעוּר שֶׁיְּכוֹלִין לִיטַּע, כְּגוֹן מַמַּטַּע עֲשָׂרָה לְבֵית סְאָה. מְקַבֵּל עָלָיו. בַּעַל הַשָּׂדֶה, עֶשֶׂר בּוֹרִיּוֹת לְמֵאָה. אִם יֵשׁ עֲשָׂרָה אִילָנוֹת בּוֹרוֹת שֶׁאֵין עוֹשִׂין פֵּירֵי לֹא יִצְטָרֵךְ מְקַבֵּל לִיטַּע אֲחֵרִים תַּחְתֵּיהֶן, דְּאוֹרְחַיְיהוּ דְּאִילָנוֹת לִהְיוֹת בָּהֶן בּוֹרִיּוֹת כָּל כָּךְ וּמָחֵיל. יָתֵר מִכָּן. כְּגוֹן י"א לְמֵאָה. מְגַלְגְּלִין עָלָיו אֶת הַכֹּל. יִטַּע לוֹ י"א אִילָנוֹת תַּחְתֵּיהֶן, דְּהַשְׁתָּא לֵיכָּא מְחִילָה כְּלָל. וּלְעֵיל נַמִּי, אִם בָּא לְנַפּוֹת — מְנַפֶּה אֶת כּוּלּוֹ, כְּרַב הוּנָא. אָמַר רַב הוּנָא בְּרֵיהּ דְּרַב יְהוֹשֻׁעַ כָּל יָתֵר. מֵעֶשֶׂר בּוֹרִיּוֹת לְק' — אֵין לָנוּ לְחַיְּיבוֹ לַחֲזוֹר וְלִיטַּע אֶת הַיָּתֵר עַל עֶשֶׂר אִילָנוֹת לְבַד, דַּהֲרֵי הוּא בְּאוֹתוֹ מוּתָר כְּשֶׁבָּא לִיטַּע אוֹתוֹ כְּאִילּוּ בָּא עַכְשָׁיו לִיטַּע שָׂדֶה אַחֵר מִתְּחִלָּה דָּמֵי. שֶׁהֲרֵי קַרְקַע הַרְבֵּה יֵשׁ שֶׁרָאוּי לִיטַּע, וְחָשׁוּב שָׂדֶה שָׁלֵם בִּפְנֵי עַצְמוֹ, וַהֲרֵי הוּא כְּאִילּוּ לֹא עָשָׂה כְּלוּם מֵעִיקָּרָא מִקַּבְּלָנוּתוֹ, שֶׁהֲרֵי קִיבֵּל שָׂדֶה לִיטַּע, וַעֲדַיִין כְּשֶׁיֵּשׁ יָתֵר מִי' בּוֹרִיּוֹת הֲרֵי יֵשׁ לוֹ שָׂדֶה לִיטַּע. הִלְכָּךְ, כְּשֶׁאָמַר לוֹ בַּעַל הַבַּיִת "נְטַע לִי שָׂדֶה זוֹ" — לִיטַּע אֶת כָּל הַשָּׂדֶה אָמַר לוֹ, וַהֲרֵי לֹא קִיֵּים אֶת תְּנָאוֹ הֵיכָא דְּנִשְׁאַר י"א בּוֹרִיּוֹת, וּכְשֶׁבָּא לַחֲזוֹר וְלִיטַּע — יִטַּע אֶת כּוּלָּן, דִּכְמַתְחִיל עַכְשָׁיו לְקַיֵּים אֶת תְּנָאוֹ דָּמֵי. וּבְאִילָן אֶחָד שֶׁיִּטַּע לָאו כְּלוּם הוּא, שֶׁהֲרֵי הָרוֹב שֶׁל שָׂדֶה נִשְׁתַּיֵּיר עֲדַיִין שֶׁלֹּא נְטָעוֹ. וְהֵיכָא דְּלֹא נִשְׁאֲרוּ מִתְּחִלָּה כִּי אִם י' בּוֹרִיּוֹת לְק' — לֹא הִקְפִּיד בַּעַל הַשָּׂדֶה בְּדָבָר מוּעָט כָּזֶה, וּמִשְׁתָּרְאוּי לִקְרוֹת שָׂדֶה כְּגוֹן י"א אִילָנוֹת לְק' — חֲשִׁיבִי, וְלָא מָחֵיל כְּלָל. אֲבָל גַּבֵּי טִנּוֹפֶת יָתֵר מֵרוֹבַע לְסָאָה, כֵּיוָן דְּרוֹבַע שְׁכִיחַ מָחֵיל, כִּי אִיכָּא טְפֵי מֵרוֹבַע נַמִּי — הַמּוֹתָר יְשַׁלֵּם, וְהָרוֹבַע מָחֵיל. דְּהָא לֵיכָּא לְמֵימַר הָתָם: כָּל יָתֵר מֵרוֹבַע כְּבָא לְהַחֲזִיר לוֹ אֶת הַסְּאָה מִתְּחִלָּה דָּמֵי, דְּהָא סְאָה זָבִין לֵיהּ עִם רוֹבַע טִנּוֹפֶת, וְכִי מְשַׁלֵּם לֵיהּ מוֹתָר דְּרוֹבַע — הֲרֵי נִתְקַיְּימָה מְכִירָתוֹ וְקִיֵּים תְּנָאוֹ. וְלָא דָּמֵי לְמִקַּרְקְעֵי דַּחֲשִׁיבִי, דְּי"א בּוֹרִיּוֹת הֲרֵי הֵן שָׂדֶה הַנִּיכָּר לָעֵינַיִם, וְלָא מָחֵיל מִידֵּי. אֲבָל יוֹתֵר מֵרוֹבַע טִנּוֹפֶת דְּמִטַּלְטְלֵי — לֵיכָּא קְפִידָא כָּל כָּךְ, אֶלָּא שֶׁיְּשַׁלֵּים לוֹ תְּנָאוֹ. וּלְעוֹלָם אֵימָא לָךְ: אֵין מְנַפֶּה אֶת כּוּלּוֹ. הֵיכִי דָמֵי. מַתְנִיתִין דְּקָתָנֵי: מַרְתֵּף שֶׁל יַיִן מְקַבֵּל עָלָיו כו' דְּמַשְׁמַע הַמּוֹכֵר לַחֲבֵירוֹ מַרְתֵּף שֶׁל יַיִן, אֲבָל אֵין אָנוּ יוֹדְעִין אֵיזֶה לָשׁוֹן אָמַר הַמּוֹכֵר לַלּוֹקֵחַ בִּשְׁעַת מְכִירָה. אִי דְּא"ל. מוֹכֵר לַלּוֹקֵחַ בִּסְתָמָא: "מַרְתֵּף שֶׁל יַיִן אֲנִי מוֹכֵר לְךָ", וְלָא קָאָמַר "זֶה". קַשְׁיָא. בָּרַיְיתָא דִּלְקַמָּן, דְּקָתָנֵי: נוֹתֵן לוֹ יַיִן שֶׁכּוּלּוֹ יָפֶה, וּמַתְנִי' קָתָנֵי: מְקַבֵּל עָלָיו י' קוֹסְסוֹת לְק'. וְאִי דְּא"ל מַרְתֵּף זֶה שֶׁל יַיִן. אֲנִי מוֹכֵר לָךְ. קַשְׁיָא. נַמִּי הַךְ בָּרַיְיתָא דִּלְקַמָּן, דְּקָתָנֵי: נוֹתֵן לוֹ יַיִן הַנִּמְכָּר בַּחֲנוּת. אִי דְּא"ל מַרְתֵּף זֶה. וְלֹא הִזְכִּיר יַיִן. קַשְׁיָא. בָּרַיְיתָא, דְּקָתָנֵי: אֲפִילּוּ כּוּלּוֹ חוֹמֶץ הִגִּיעוֹ. שֶׁכּוּלּוֹ יָפֶה. דִּסְתָם יַיִן יָפֶה בָּעֵינַן, וְלֹא מְקַבֵּל עָלָיו י' קוֹסְסוֹת. דְּלָא דָּמֵי לְרוֹבַע טִנּוֹפֶת לִסְאָה וְי' מַתְלִיעוֹת תְּאֵנִים לְמֵאָה — דְּלָא חֲשִׁיבִי, וְגַם שְׁכִיחִי, וּמָחֵיל. אֲבָל חָבִיּוֹת שֶׁל יַיִן דָּבָר גָּדוֹל הוּא כָּל חָבִית בִּפְנֵי עַצְמוֹ, וְגַם לָא שְׁכִיחַ כָּל כָּךְ. וְהִלְכָּךְ, כִּי אָמַר לֵיהּ סְתָמָא — יָפֶה בָּעֵינַן. נוֹתֵן לוֹ יַיִן הַנִּמְכָּר בַּחֲנוּת. הַיְינוּ כּוּלּוֹ קוֹסְסוֹת, וְהָכִי מוּכַח לְקַמֵּיהּ בִּשְׁמַעְתָּא, דִּלְהָכִי אַהֲנֵי "זֶה" — כְּמוֹת שֶׁהוּא. מַרְתֵּף זֶה. אֲפִילּוּ חוֹמֶץ מַשְׁמַע. לְעוֹלָם. מַתְנִיתִין דְּאָמַר לֵיהּ מַרְתֵּף שֶׁל יַיִן סְתָם, וְלָא קָאָמַר לֵיהּ "זֶה", הִלְכָּךְ יַיִן טוֹב בָּעֵינַן. וּמְקַבֵּל עֲשָׂרָה קוֹסְסוֹת לְק' — דַּעֲבִידֵי דִּשְׁכִיחִי, וּמָחֵיל. וּדְקַשְׁיָא לָךְ בָּרַיְיתָא דְּקָתָנֵי: יַיִן שֶׁכּוּלּוֹ יָפֶה — תְּנֵי בְּרֵישָׁא דְּבָרַיְיתָא הָכִי: נוֹתֵן לוֹ יַיִן שֶׁכּוּלּוֹ יָפֶה וּמְקַבֵּל עָלָיו כו'. וּבִסְתָם מִי מְקַבֵּל. בִּתְמִיָּה: דְּאוֹקַמְתְּ לְמַתְנִיתִין בִּסְתָם, וַאֲפִילּוּ הָכִי מְקַבֵּל י' קוֹסְסוֹת לְק'. חָבִית שֶׁל יַיִן כו'. רְבוּתָא נָקַט, דְּסָלְקָא דַּעְתָּךְ לִשְׁתִיָּיה לְאַלְתַּר קָא בָּעֵי לֵיהּ, אוֹ לְמׇכְרוֹ, וְלֹא לְהַכְנִיסוֹ בָּאוֹצָר, קמ"ל. נוֹתֵן לוֹ יַיִן שֶׁכּוּלּוֹ יָפֶה. וְאִם אִיתָא דִּמְקַבֵּל קוֹסְסוֹת — הָכָא נַמִּי נֵימָא הִגִּיעוֹ, אֲפִילּוּ הוּא יַיִן קוֹסֵס! דְּכוּלָּהּ חַד חַמְרָא הוּא. אֲבָל בְּחָבִיּוֹת טוּבָא מְקַבֵּל עֲשָׂרָה קוֹסְסוֹת לְק'. *וְזֶהוּ אוֹצָר כו'. כְּלוֹמַר, הַיְינוּ מַרְתֵּף דְּמַתְנִיתִין. אַלְמָא מַתְנִיתִין בְּ"מַרְתֵּף זֶה שֶׁל יַיִן" קַמַיְירֵי וְלֹא בִּסְתָם. וְהַיְינוּ טַעֲמָא, דְּאַהֲנֵי "שֶׁל יַיִן" לִמְכּוֹר יַיִן יָפֶה, וְאַהֲנֵי "זֶה" לְקַבֵּל קוֹסְסוֹת, דְּא"ל "מַרְתֵּף זֶה שֶׁל יַיִן אֲנִי מוֹכֵר לְךָ".

שייך לע"ב

התם הן חסר הן יתר א"ל. ה"פ: התם "בית כור הן חסר הן יתר" א"ל, ואפי' כי א"ל "בית כור סתמא אני מוכר לך" ולא אמר לו "הן חסר הן יתר" — אמר בפ' "בית כור" (לקמן קד.) דאם פיחת או הותיר רובע — הגיעו, (ולהכי היכא) דא"ל בית כור סתמא — אית לן למימר דיותר מרובע לא הויא מחילה, וכיון דהדר — הדר כולו. אבל גבי סאה, כשאדם אומר לחבירו "סאה פירות אני מוכר לך" — רגיל להיות שם רובע טנופת, וכשיש שם רובע טנופת — קרי ליה שפיר "סאה פירות", ולכך אין לנו לומר דאי איכא יותר מרובע שינפה את כולן.

כל יתר מכאן כבא ליטע מתחלה דמי. פירוש: בתחלה, כשמתחיל ליטע — אינו יכול ליטע אות' שיודע בודאי שהוא גרוע, ואפילו הפחות מעשר. ואם נודע, *דכל זמן שהוא עסוק במלאכה, שנטע אפילו אחד שאינו טוב — חייב להסירו וליטע אחר במקומו. הלכך, כשיש יותר מעשר, אע"פ שלא נודע עד זמן ארוך אחר שיצא מן המלאכה — אכתי, כיון דלכל הפחות צריך ליטע היתר — א"כ עדיין לא יצא מן המלאכה, ועדיין הוא עוסק בה, וכבר פי' דכל זמן שהוא (א) במלאכה, אפי' נודע שאחד מהן גרוע — חייב לעקור וליטע אחר במקומו.

נותן לו יין הנמכר בחנות. היינו ריחיה חלא וטעמיה חמרא, כדמוכח לקמן בשמעתין. ותימה: למ"ד ריחיה חלא וטעמיה חמרא — חלא, היכי יהיב ליה? והא "מרתף זה של יין" קאמר, והא לאו יין הוא! ואומר ר"י: דאע"ג דהוי חלא — מיקרי יין שפיר. וקשה לרשב"א: דבפרק בתרא דע"ז (דף סו. ושם) פליגי אביי ורבא בחמרא לגו חלא, אביי אמר: במשהו, ורבא אמר: בנותן טעם. ומפרש גמרא דבהא פליגי, דאביי סבר ריחיה חלא וטעמיה חמרא — חלא, והוה ליה מין במינו. ורבא סבר דהוי חמרא, והוה ליה מין בשאינו מינו. ואם תמצא לומר אפי' למ"ד חלא (מ"מ) מיקרי חמרא, אם כן לימא דלכ"ע ריחיה חלא וטעמיה חמרא — חלא, והוה ליה מין במינו. ורבא לטעמיה, דאמר התם: בתר שמא אזלינן, והאי שמא לחוד והאי שמא לחוד!

חבית של יין אני מוכר לך נותן לו יין שכולו יפה. אבל ביין הנמכר בחנות — לא, אפילו למ"ד ריחיה חלא חמרא, מכל מקום — אהאי חמרא לא יהבי אינשי דמי.

חד

רבינו גרשום

התם בין חסר בין יתיר אמר ליה. והואיל דאשכח יותר מרובע מיהו רובע לסאה לא חשיב והויא מחילה. יותר מרובע עולות לכור לט' קבין ולא הויא מחילה דכיון דהויא ליה ט' קבין הויא לה ארעא חשיבא באפי נפשה והדרא ליה. ואכתי לעולם מהא לא תפשוט הבא לנפות דמנפה את כולו: יותר משתות בטל מקח שתות קנה ומחזיר אונאה. ואמאי להיכא דנתאנה ביותר על שתות אמאי בטל מקח ניהדר ליה מוכר ללוקח עד פחות משתות והוה המקח קיים: אלא ש"מ דכל היכא דבעי לאהדורי כוליה מיהדר. הכי נמי תפשוט דהבא לנפות מנפה את כולו: הכי השתא התם שוה בשוה. קאמר ליה לזבוני ליה המקח ומיהו להיכא דנתאנה פחות משתות נקנה מקח משום דלא ידיע ליה אי נתאנה אי לא נתאנה והוי מחילה והיכא דנתאנה שתות דידיע ללוקח לא הויא מחילה יותר משתות מקח טעות ובטל מקח ומהא לא תפשוט ולעולם הבא לנפות אינו מנפה את כולו: ת"ש המקבל עליו שדה חברו ליטע בשכר הרי זה מקבל עליו בעל השדה עשר בוראות למאה אילנות. דאי מכיר הנוטע כשיעור י' אילנות בין ק' שלא נטע (אעפר) לא קא מפחית מדמיו ומקבל עליו בעל השדה אבל אם מכיר יותר מכן מגלגלין עליו את הכל אפי' עשר בוראות ואמאי מגלגלין עליו את הכל וליהדר וליטע ליה הנוטע עד י' אלא ש"מ דמגלגלין עליו את הכל דכל היכא דבעי אהדורי כולו מהדר. ותפשוט לך מהא הבא לנפות מנפה את כולו: אמר רב הונא בריה דרב יהושע. מהא לא תפשוט דהכא משום הכי מגלגלין עליו את הכל דכל יותר מיכן. יותר מעשר למאה כבא ליטע לו מתחלה שדה בפני עצמה דמי כמו שקיבל עליו ליטע לו שדה של י"א אילנות לעצמה דמי שאילו היו י' בלבד היה פטור שהיו נבלעין בתוך המאה ועכשיו הואיל והן יותר מי' לא מקבל עליו בעל השדה וכבא ליטע עכשיו דמי ומגלגלין עליו את הכל ואינו מקבל עליו בעל השדה אלא אחד לי' אילן: **פיס'** המוכר מרתף של יין לחבירו. כלומר אוצר מלא יין מקבל עליו הלוקח י' קוססות לק'. עשר חביות של יין קהוי שהקדים לק': היכי דמי אי דאמר ליה מרתף של יין סתם. אני מוכר לך ומקבל עליו עשר קוססות. קשיא להך ברייתא דקתני נותן לו יין שכולו יפה בלא קוססות. ואי אמר ליה מרתף זה של יין קשיא ברייתא דנותן יין הנמכר בחנות. ואי הכי שאמר זה אפי' שאמר זה של יין נותן לו יין גרוע כגון הנמכר בחנות לפי שיש לבעל הבית יין גרוע שאינו יכול למוכרו לחנוני שהחנוני מוכר בשוק מקום שעוברין ושבין בני אדם וקונין אותו פועלים ועוברי דרכים שאינן מבקשים כל כך יין יפה ומתני' קתני דכולו יפה נותן לו חוץ מי' קוססות. וקשיא להך ברייתא' דקתני היכא דאמר ליה מרתף זה של יין משמע דמזה יין שהוא במרתף ולהכא דא"ל מרתף זה משמע כעין שהוא ואפילו כולו חומץ הגיעו: אמרי לעולם מתני' מתוקמא דאמר ליה מרתף של יין סתם וקשיא לך מן ברייתא תני לה נמי הכי ברישא דברייתא מרתף של יין אני מוכר לך נותן לו יין שכולו יפה ומקבל עליו כו' מקשי' על עשר קוססות למאה דמתני' ודברייתא כי להיכא דאמר ליה סתם מרתף של יין אני מוכר לך מקבל עליו י' קוססות לק' מהא דתני ר' חייא וכו' אלמא דלא מקבל. ומשני ליה שאני חביות של יין הואיל דאתני ליה חבית של יין דין הוא דליתן ליה יין יפה משום דחבית כוליה חד חמר הוא ולהיכא דאיתרע במקצת איתרע נמי כולו. וליכא למימר דיהיב ליה האי יפה מחבית זו וקוסס מחבית אחרת משום דלא אתני ליה הכי. אבל גבי מרתף דכל חבית וחבית כאנפי נפשה הוא ודאי מקבל עליו עשרה קוססות לק': והא תני רב זביד וכו' נותן לו יין שכולו יפה. אע"ג דאמר ליה סתם ולהיכא דקא מפרש ליה ואמר ליה מרתף זה של יין אני מוכר לך נותן לו יין שכולו יפה ומקבל עליו עשר קוססות.

וזהו

א) בבא מציעא דף נ:

כא א מיי' פי"ב מהל' מכירה הל' ג סמג לאוין קע ועשין פב טוש"ע ח"מ סי' רכז סעיף ג:

ר"מ מ"ז וע"ל וכיון

כב ב מיי' שם הל' ד טוש"ע שם סעי' ד:

כג ג מיי' שם הל' ב טוש"ע שם סעי' ב:

כד ד מיי' פ"ח מהל' שכירות הל' יא סמג עשין פט טוש"ע ח"מ סי' של סעיף א:

כה ה מיי' פי"ז מהל' מכירה הל' ח סמג עשין פב ולאוין קמ טוש"ע ח"מ סי' רל סעיף ב:

ג"א כל

ר"מ מ"ז

הגהות הב"ח

(א) תוס' ד"ה כל וכו' שהוא עסוק במלאכה:

עין משפט נר מצוה

כו א מיי' פי"ז מהל' מכירה הל' ח סמג לאוין קע טוש"ע ח"מ סי' רל סעיף ב:
כז ב מיי' שם הל' ז טוש"ע שם ס"ח:
כח ג מיי' שם הל' ח טוש"ע שם ס"ג:
כט ד מיי' שם הל' ז טוש"ע שם ס"ח:
ל ה מיי' פ"ח מהל' ברכות הל' ח סמג עשין כז טוש"ע א"ח סי' רד סעיף א וסעיף ד:

וזהו אוצר ששנו חכמים במשנתינו! אלא מתני' נמי דאמר ליה "זה". קשיא "זה" א"זה"! לא קשיא: הא דאמר ליה למקפה, הא דלא א"ל למקפה; דרב זביד — דא"ל למקפה, ברייתא — דלא א"ל למקפה. הלכך: [א]"מרתף של יין" וא"ל למקפה — נותן לו יין שכולו יפה; [ב]"מרתף זה של יין" וא"ל למקפה — נותן לו יין שכולו יפה, ומקבל עליו עשר קוססות למאה; [ג]"מרתף זה של יין" ולא א"ל למקפה — נותן לו יין הנמכר בחנות. איבעיא להו: "מרתף של יין" ולא א"ל למקפה, מאי? פליגי בה רב אחא ורבינא, חד אמר: [ד]מקבל, וחד אמר: לא מקבל. מאן דאמר מקבל דייק מדרב זביד, דקתני: "מרתף של יין אני מוכר לך" — נותן לו יין שכולו יפה, ואוקימנא דאמר ליה למקפה; טעמא דאמר ליה למקפה, הא לא א"ל למקפה — מקבל. ומ"ד לא מקבל דייק מברייתא, דקתני: "מרתף של יין אני מוכר לך" — נותן לו יין שכולו יפה, ואוקימנא דלא א"ל למקפה. ולמאן דדייק מדרב זביד, קשיא ברייתא! חסורי מחסרא והכי קתני: במה דברים אמורים — דאמר ליה למקפה, הא לא אמר ליה למקפה — מקבל. ו"מרתף זה של יין" ולא א"ל למקפה — נותן לו יין הנמכר בחנות. ולמאן דדייק מברייתא, קשיא דרב זביד, דאוקימנא דא"ל למקפה, הא לא א"ל למקפה — מקבל! הוא הדין דאע"ג דלא א"ל למקפה לא מקבל, והאי דאוקימנא דא"ל למקפה — משום דקשיא "זה" א"זה". אמר רב יהודה: יין הנמכר בחנות — מברכין עליו "בורא פרי הגפן"; ורב חסדא אמר: גבי חמרא [א]דאקרים למה לי! מיתיבי: [ב][ה]על הפת שעפשה, ועל היין שהקרים, ועל תבשיל שעברה צורתו — אומר "שהכל נהיה בדברו"! אמר רב זביד: מודה רב יהודה בפורצמא דמיזדבן אקרנתא. א"ל אביי לרב יוסף: הא רב יהודה, הא רב חסדא, מר כמאן סבירא ליה? א"ל: מתניתא ידענא, דתניא

תוספות

חד אמר מקבל. תימה: לדידיה אמאי מוקי (ג) רב זביד מתניתין כר' אושעיא, ובדאמר ליה "מרתף זה של יין אני מוכר לך" וא"ל למקפה? לוקי מתני' בלא א"ל למקפה, ובדאמר ליה "מרתף של יין" סתם! **וחד אמר לא מקבל.** קשה לרשב"א: א"כ אמאי נקט ר' חייא לעיל: המוכר חבית של יין לחבירו נותן לו יין שכולו יפה? מאי איריא חבית? אפי' מרתף נמי! ויש מפרשים לרבותא נקטיה, כדפירש הקונטרס לעיל.

הבודק

רשב"ם

קשיא זה אזה. ברייתא דלעיל ורב זביד קשיין אהדדי, דלעיל קתני ב"מרתף זה של יין" דנותן לו יין הנמכר בחנות, והכא בדרב זביד קתני שכולו יפה, וקיבל קוססות. **הא דא"ל למקפה.** ברייתא דרב זביד — שאמר: יין לצורך להטעים מאכל וליתן לתוך התבשיל אני מוכר לך, דהיינו יין טוב ומתקיים הרבה, שמעט מעט מסתפקין ממנו. והלכך אהני מאי דא"ל למקפה — ליתן יין טוב, ואהני "זה" — לקבל י' קוססות לק'. **והא.** קמייתא, דקתני: נותן לו יין הנמכר בחנות — דלא א"ל למקפה. הלכך כיון דקאמר "זה" — נותן לו יין הנמכר בחנות, והאי דקאמר "של יין" — למעוטי חומץ. אבל רישא דההיא ברייתא קמייתא, דקתני: "מרתף של יין" סתמא אני מוכר לך, נותן לו יין שכולו יפה — פלוגתא לקמן אי מיירי נמי כמו מליעתא בדלא א"ל למקפה, או בדא"ל. **הלכך מרתף של יין כו'.** מילתיה דרב זביד קמפרש. **מרתף זה של יין ולא א"ל כו'.** אברייתא דלעיל קאי, ורישא דידה פליגי בה לקמן. ומיהו, סיפא דקתני: "מרתף זה אני מוכר לך", אפילו כולו חומץ הגיעו — בדלא א"ל למקפה מיירי. דאילו א"ל "מרתף זה למקפה אני מוכר לך" — צריך ליתן לו יין שכולו יפה, ומקבל י' קוססות לק', כדתני רב זביד גבי "מרתף זה של יין", ואוקימנא דאמר ליה למקפה. דלא שנא "מרתף זה אני מוכר לך" מ"מרתף זה של יין אני מוכר לך" היכא דא"ל למקפה, דלמקפה משמע מיין טוב, דלא היו רגילין למקפה כי אם ביין טוב. ואם (א) היו רגילין נמי לתת חומץ במקפה — אפילו הכי אין לומר "מרתף למקפה אני מוכר לך" בשביל חומץ, דכל חומץ מתקיים הוא ומחמיץ יותר ויותר, ו"מרתף חומץ" היה לו לומר. והכי מוכחא מילתא כדפרישית, דמשום הכי לא קתני בדרב זביד דין של "מרתף זה אני מוכר לך" כדקתני בברייתא קמייתא, דכיון דבדא"ל "למקפה" מיירי רב זביד — תנא "מרתף זה של יין אני מוכר לך", והוא הדין ל"מרתף זה אני מוכר לך" דהיינו הך.

והאי דנקט של יין — רבותא הוא, דאף על גב דקאמר ליה "של יין" ואמר ליה נמי למקפה — אפילו הכי מקבל י' קוססות לק'. **מרתף של יין.** סתם, דלא א"ל "זה", ולא א"ל למקפה נמי. **מאי.** ומשום דאיכא חדא לטיבותא וחדא לריעותא קבעי לה: מי מדמי לה ל"מרתף זה של יין" וא"ל "למקפה", דקתני בדרב זביד דנותן לו יין יפה ומקבל י' קוססות. דכי היכי דהתם איכא חדא לריעותא דקאמר "מרתף זה", וחדא לטיבותא דא"ל "למקפה" — הכא נמי איכא חדא לטיבותא דקאמר "מרתף של יין" ולא קאמר "זה", וחדא לריעותא דלא א"ל "למקפה". או דלמא נותן לו כולו יין יפה, הואיל ולא אמר "זה", ואע"ג דלא א"ל "למקפה". דמאן דזבין חמרא — מסתמא למקפה בעי ליה, ולא למכרו בחנות, וגם שלא יהיו בו קוססות. ולא דמי לתאנים מתליעות ולא לטנופת שבתבואה, משום דכל חבית של יין דבר חשוב הוא, ומקפיד עליו. והשואל הזה יודע היה שיש לדקדק מברייתא דלעיל דנותן לו יין כולו יפה, ומדרב זביד יש לדקדק דמקבל עליו קוססות כדמפרש לקמיה, והכי קבעי גמרא: מי דייקא מברייתא דאינו מקבל, ומשום האי טעמא דפרישית, ודרב זביד תריצי לה כדלקמן. או דלמא דייקינן מדרב זביד דמקבל, ומשום טעמא דפרישית, וברייתא מתרצי' לה כדלקמן. כן שיטת גמרא. **חד אמר מקבל.** דסבירא ליה טעמא כדפרישית. **וחד אמר לא מקבל.** אלא כולו יין יפה נותן לו. וטעמא כדפרישית, דמסתמא קפדי' אחביות קוססות טפי ממתליעות בתאנים וטנופת בתבואה. כלומר, משום דסבירא ליה דמקבל, מפרש להא דרב זביד דווקא, ואידך ברייתא מתרץ לה דלא תקשי ליה כדלקמן. דאע"ג דאיכא למידק מברייתא שפיר דאינו מקבל, ומצי לתרוצי לדרב זביד כדלקמן — אפילו הכי לא ניחא ליה למימר הכי, שאחר סברתו הולך, ומתרץ הברייתות לפי דעתו. **ואוקימנא.** לסיפא דקתני "זה" — כדאמר ליה למקפה, והוא הדין לרישא. ודייקינן מינה: טעמא דנותן לו שכולו יפה — דאמר ליה למקפה, הא לא א"ל למקפה — מקבל. והא דלא קמפליג ותני בדידה ב"מרתף של יין" סתמא, וליפלוג בין א"ל למקפה ללא א"ל — היינו טעמא, דכולה כדא"ל למקפה קמיפלגי, והיינו נמי בדידה. **ואוקימנא.** למליעתא דברייתא דלא א"ל למקפה, וה"ה לרישא. **חסורי מיחסרא והכי קתני בד"א כו'.** והאי דלא קמיירי כולה בדא"ל למקפה — דג' דינין אתא לאורויי ביין, ולמימרא דזימנין דנותן לו יין שכולו יפה, וזימנין נותן לו כולו יין רע הנמכר בחנות, וזימנין דאפי' כולו חומץ הגיעו. **הוא הדין דאע"ג דלא א"ל כו'.** והכי קתני הא דרב זביד: "מרתף של יין אני מוכר לך" אין בו חילוק בין א"ל למקפה ללא א"ל אלא נותן לו יין שכולו יפה. אבל אם א"ל "מרתף זה של יין אני מוכר לך" — אז יש חילוק בדבר, דזימנין דנותן לו יין שכולו יפה אלא שמקבל עליו י' קוססות, וכגון דא"ל למקפה. אבל אי לא א"ל למקפה — נותן לו יין הנמכר בחנות. והאי דלא תני ליה בהדיא האי חילוק דיין הנמכר בחנות — היינו משום דכולה ביין יפה בעא לאורויי לן דינא. **משום דקשיא זה אזה.** ומיהו, רישא בדלא א"ל למקפה נמי מיירי. **יין הנמכר בחנות.** כלומר, יין רע מכל יינות הנמכרים בחנות. **מברכין כו'.** דחשיב פירי, ולא מברכין עליו "שהכל נהיה בדברו", אע"ג דתנן: ועל כולן אם בירך "שהכל נהיה בדברו" — יצא. **דאקרים.** אייגר"א בלע"ז, היינו יין קוסס. **למה לי.** לברך עליו, אלא "שהכל נהיה בדברו". והאי יין הנמכר בחנות הוא יין רע, שריחו חומץ וטעמו יין עדיין, כדלקמן. **שעברה צורתו.** שהחמיץ, שקורין טורניי"ר. **אומר שהכל נהיה בדברו.** ולמעוטי אתא, דלא יברך על הפת ברכת "המוציא" דהא לאו לחם הוא, ועל היין לא יברך "בורא פרי הגפן". ועל התבשיל, אם הוא מה' המינים כגון דייסא, לא יברך "בורא מיני מזונות". **בפורצמא.** יין רע יותר מאותו הנמכר בחנות, שאינו נמכר אלא בקרנות העיר בפרשת דרכים, שיש שם לוקחין הרבה ואין מדקדקין מה יקנו כפי שעה. ובפיר"ח גרס: בפרצופא — שנשתנה מראיתו ופרצופו, מתוך שהוא רע הרבה. **הא רב יהודה הא רב חסדא.** דפליגי. **מר כמאן סבירא ליה.** מברכין או אין מברכין? **אמר ליה מתניתא ידענא.** דקתני בה: שלשה ימים ודאי. ומהתם שמעינן אי מברכין או אין מברכין, כדמפרש לקמיה דאיפליגו בה ר' יוחנן ור' יהושע בן לוי. ומפרשינן לקמן כמאן מנייהו פשט ליה רב יוסף לאביי, כלומר, כמי משניהם הוה משמע ליה ברייתא, דנדע היאך אהדר ליה לאביי. ומיהו, רב יוסף לא קאמר ליה לאביי פלוגתא דר' יוחנן ור' יהושע, דאם כן הוה לן למימר לקמן הכי: ואמרינן מאי קאמר, ואמר ר' יוחנן כו'. אלא לאו שמע מינה: גמרא קאמר לה, לפרושי הך ברייתא. ורב יוסף לא אמר לאביי יותר, אלא: מתניתא ידענא דתניא כו'. ומפרשינא לה הכי, דמהכא שמעת לה לבעיא שלך. כן נראה בעיני.

הבודק

רבינו גרשום

וזהו מרתף אוצר ששנינו במשנתינו. אלמא להיכא דאמר ליה יין סתם לא מקבל עליו כלום מן קוססות והיכי מתרצת למתני' וברייתא להיכא דאמר ליה יין סתם דמקבל עליו י' קוססות לק': אלא מתני'. נמי משום הכי מקבל עליו דאמר ליה מרתף זה דהא מפר' ליה כעין שהוא משום הכי מקבל והכי נמי תני רב זביד: אי הכי קשיא זה אזה. דהכא קתני דהיכא דאמר ליה זה מקבל עליו י' קוססות והשאר יפה לברייתא לעיל דהיכא דאמר ליה מרתף זה דנותן לו יין הנמכר בחנות דכולו רע ומקבל עליו: הא לא קשיא. כלומר מתני' דאמר ליה מרתף זה משום הכי מקבל והאי דקא קשיא לך מברייתא הא לא קשיא כלומר מתני' דאמר ליה לוקח למוכר לצורך מקפה וציקי קדרה קא בעינא ליה. אמר ליה מרתף זה של יין אני מוכר לך נותן לו יין שכולו יפה ומקבל עליו עשר קוססות לק' משום דלצורך מקפה ותבשיל צריך יין יפה ומובחר כדי שיכולין לאוצרו ימים רבים. אבל אי דלא אמר ליה למקפה ליכא למשמע מינה דיפה נותן לו. מילתא דרב זביד כולה דאמר ליה למקפה. וברייתא דלא אמר ליה למקפה: אי דאמר ליה מרתף של יין אני מוכר לך ואמר ליה אידך למקפה קא בעינא ליה נותן לו יין שכולו יפה והכי נמי מפרש לברייתא. אבל אי [לא] א"ל למקפה ליכא למשמע מינה ולהיכא דאמר לו נמי מרתף זה של יין אני מוכר לך ואמר ליה למקפה נותן לו יין וכו' וברייתא דלעיל מפרש הכי מרתף זה של יין ולא אמר ליה למקפה נותן לו יין הנמכר בחנות ולא קשיין אהדדי דהא דתני רב זביד אחרי' להיכא דאמר לו למקפה נותן לו יין שכולו יפה: איבעיא להו להיכא דאמר לו מרתף של יין סתם אני מוכר לך ולא אמר ליה למקפה מאי יהיב כולו יפה או מקבל עליו י' קוססות למאה. מאן דאמר מקבל י' קוססות: ואוקימנא לעיל מלתא דרב זביד דאמר ליה למקפה משום הכי לא מקבל. טעמיה דאמר הא לא אמר ליה למקפה כי אם סתם מקבל: דקתני. בברייתא דלעיל: ואוקימנא כולו ברייתא דלעיל דלא אמר למקפה דנותן לו יין יפה כולו ולא מקבל עליו כלום: ולמאן דדייק מדרב זביד דמקבל קשיא ברייתא דמשמע דלא מקבל: לעולם להיכא דלא א"ל למקפה מקבל וחסורי מחסרא ברייתא והכי קתני מרתף של יין אני מוכר לך נותן לו יין שכולו יפה. בד"א דא"ל למקפה. הא לא א"ל למקפה מקבל. כדאמרי' ואי אמר לו מרתף זה של יין אני מוכר לך וכו'. ולמאן דדייק מברייתא דלא מקבל קשיא דרב זביד דמקבל. אמר לך הא דרב זביד לא קשיא לך לעולם לא מקבל ולהיכא דאמר ליה מרתף של יין אני מוכר לך נותן לו יין יפה דלא מקבל י' קוססות אע"ג דלא אמר למקפה והוא הדין נמי להיכא דאמר ליה מרתף זה של יין אני מוכר לך נותן לו יין שכולו יפה אע"ג דלא אמר לו למקפה לא מקבל עשר קוססות והאי דאוקימנא מלתא דרב זביד דא"ל למקפה משום הכי מקבל עליו י' קוססות משום דוחקא הוא דאמר דאי לא מוקמת ליה הכי קשיא זה אזה כדמקשי' לעיל דכל משום דלא קשיין אהדדי מתרצין מלתא דרב זביד הא דאמר ליה למקפה משום הכי מקבל אבל להיכא דאמר ליה מרתף של יין אני מוכר לך סבירא ליה לרב זביד דנותן לו יין שכולו יפה ולא מקבל עליה קוססות וכוותיה סבירא ליה גבי מרתף של יין דלא מקבל עליה כלום: דאקרים. שהחמיץ: אומר שהכל נהיה בדברו. וקשיא לרב יהודה: מודה היה רב יהודה בפורצמא אקרנתא. באותו יין שהחמיץ כל כך שאינו נמכר כי אם על הקרנות. כלומר אפרשת דרכים כדי שיהא מזומן לעוברי דרכים וספנים וקונין אותו לפי שטורח הוא להם מחמת טירדא שיהו הולכין לחזר בעיר ולקנות יין יפה וקונין אותו שמצוי להן ואותו הוא רע יותר מאותו הנמכר בחנות. מאותו הנמכר קתני ברייתא דמברכין עליו שהכל נהיה דלא חמרא הוא. אבל יין הנמכר בחנות מברכין עליו בורא פרי הגפן: הא רב יהודה. דאמר מברכין עליו בורא פרי הגפן. ורב חסדא אמר שהכל. ומר כמאן סבירא ליה:

הבודק

מסורת הש"ס

א) [גי' ערוך ערך קרס ב' דאקרים בסמ"ך וכן בסמוך ועל היין שהקרים]: ב) ברכות מ::

הגהות הב"ח

(א) רשב"ם ד"ה מרתף זה וכו' ביין טוב ואם תימצי לומר היו רגילין: (ב) תום' ד"ה חד וכו' אמאי מוקי לרב זביד דבי ר' אושעיא מתני' בדאמר ליה כצ"ל:

א) נדה דף ב: קידושין עט. תוספ' תרומות פ"ד: ב) [ע"ז סו:]: ג) [שם]: ד) [דף פד:]:

הבודק את החבית. נטל הימנה מעט והפריש ממנו תרומה ומעשר, ושתה הימנו, לידע אם היין המותר בחבית טוב וישתה או ימכור משאר חביותיו מדי יום יום ויפריש מזו החבית לתרומה ולמעשרות תחתיהן, היום מפריש מעט לפי מה שימכור משאר חביותיו ולמחר מעט, ואומר: הרי תרומה ומעשר של זה שאני מוכר ושותה באותה חבית. ולפיכך בודק, דאין מפרישין מן החומץ על היין, דשני מינין הן אליבא דרבי בפ' "המוכר את הספינה" ד) אבל לרבנן, לכתחלה — אין מפרישין, ואם עשה — עשוי. **להיות מפריש.** משאר חביותיו על בטחונה של זו החבית. כלומר, שמפריש ממנה לצורך שאר חביות. **ואחר כך.** לסוף חודש או ב' חדשים. **כל ג' ימים כו'.** לקמיה מפרש. **מאי קאמר.** לפי שיש לפרשה בשני ענינין כדלקמן, קבעי לה. **כל ג' ימים הראשונים.** סמוך לבדיקה — ודאי יין היה, דבפחות מג' ימים אין היין נעשה חומץ, ויפה תרם מה שתרם באותן ג' ימים, וא"צ הלוקח מזה באותן ג' ימים לחזור ולהפריש. דאפי' אם התחיל להחמיץ עם סילוק ידיו — אין שמו חומץ עד ג' ימים, ואע"פ שכבר יש לו ריח חומץ, כדמפרש ואזיל. דרך היין המחמיץ להריח מתחלה ריח חומץ, והולך ומריח יותר ויותר, עד שנהפך אפי' טעמו לחומץ. וקים להו לרבנן, דמשהתחיל להחמיץ הוי ריחו כל ג' ימים חומץ וטעמו יין, אבל מג' ואילך — יכול להיות חומץ גמור. **מכאן ואילך ספק.** דשמא לא התחיל להחמיץ עד ג' ימים קודם שנמצא חומץ, והשתא בשעת מציאה הוא דנעשה חומץ. הלכך הוי תרומה מספק, ויחזור ויתרום. **מאי טעמא.** הוי כל ג' ימים ראשונים ודאי יין, וג' ימים האחרונים ספק חומץ. **חמרא מעילאי עקר.** (א) כמו עקר, נעקר טעם יין ממנו, ומתחיל להחמיץ מלמעלה בפי החבית, ומעט מעט מתחמץ ויורד כל ג' עד דבסוף ג' נעשה כולו חומץ. וכל זמן שלא החמיץ כולו — הוי ריחיה חלא וטעמא חמרא. והאי חמרא — הא טעימיה ובדקי' האי גברא בפי החבית, ומצאו טוב, ועדיין לא התחיל להחמיץ. והלכך, אפי' אם תמצי לומר דמיד בתר דטעימיה התחיל להחמיץ — הוי ריחיה חלא וטעמיה חמרא עד סוף ג' ימים משהתחיל להחמיץ, והלכך דין הוא דבתר טעמא אזלינן ולא בתר ריחא, וחמרא הוא. והיינו יין הנמכר בחנות, דלרבי יוחנן הוי יין. ומהאי טעמא גופיה הוי ספק אפי' כל ג' ימים האחרונים ולא ודאי חומץ, דאיכא למימר: זה ג' ימים האחרונים שהתחיל להחמיץ, והוי טעמיה חמרא עד עכשיו שנגמר חמוצו. **ג' ימים האחרונים ודאי חומץ.** דר' יהושע אזיל בתר ריח, כדמפרש ואזיל. וכיון דעתה נמצא חומץ — ודאי התחיל להריח ריח חומץ זה ג' ימים, דבפחות מג' ימים לא נעשה חומץ גמור. ואפי' ג' ימים הראשונים ספק, דאמרי' שמא עם סילוק ידי הבודק התחיל להריח, ובתר ריחא אזלינן. והלכך, יין הנמכר בחנות — לאו חמרא הוא. **מ"ט חמרא מתתאי עקר.** רבותא נקט, לאשמועינן דאיכא למימר דאפי' בשעת בדיקה כבר היה חומץ. ומיהו, אינו צריך לכל זה, דאפי' ס"ל נמי כדרבי יוחנן דמעילאי עקר — איכא לאוקומי שפיר, כדמפרש ואזיל. **דרומאי משמיה דר' יהושע.** אמרין: דהאי דקתני בברייתא ג' ימים ודאי — בין אג' ימים ראשונים בין אג' ימים אחרונים קאי. וה"ק: ג' ימים הראשונים — ודאי יין, דאפי' עם סילוק ידיו התחיל להחמיץ — הוי ריחיה חלא וטעמיה חמרא עד ג' ימים, והלכך הוי חמרא. דקסבר ליה רבי יהושע בן לוי בשיטתיה דרבי יוחנן, דריחיה חלא וטעמיה חמרא — חמרא הוא. **אחרונים ודאי חומץ.** כדמפרש טעמא לקמן, כגון שנמצא חומץ חזק מאד, דודאי כבר עברו ג' ימים שנעשה חומץ גמור, הואיל ונתחזק כל כך, דבציר מג' ימים משהחמיץ — אינו נעשה סיפתקא. ומיהו, רבי יוחנן לא מוקי לה בסיפתקא. א"נ, לית ליה הך סברא, דלא שנא סיפתקא ול"ש חומץ — כל ג' ימים אחרונים נמי ספק. **הא גופא קשיא ראשונים ודאי יין אלמא כו'.** דאי ס"ד ריחיה חלא וטעמיה חמרא — חלא הוא, א"כ אמאי ודאי יין? האיכא למימר דעם סילוק ידיו התחיל להריח ריח חומץ מעט, ומההיא שעתא הוה ליה חומץ! **כגון דאשתכח כו'.** לעולם ריחיה חלא וטעמא חמרא — חמרא הוא, כדמוכח רישא. וסיפא דקתני: אחרונים ודאי חומץ — היינו טעמא, דמיירי כגון דמשתכח חומץ חזק יותר מדאי, שהדבר ידוע שזה ו' ימים שהתחיל להחמיץ, ולסוף ג' נעשה חומץ, ובג' האחרונים נתחזק ונתחזק מאד, ונעשה סיפתקא חזקה. **במאן פשט ליה.** רב יוסף לאביי? כמי משניין היה מפרש הברייתא, דקתני: ג' ימים ודאי, דנשמע מינה אי אזלינן בתר ריחא או בתר טעמא? **חד אמר כרבי יוחנן כו'.** ונ"ל דהלכתא כרבי יוחנן, דהא דרומאי משמיה דרבי יהושע בן לוי קיימי כוותיה. **המוכר חבית יין לחבירו והחמיצה.** בתוך אותה חבית של מוכר בבית לוקח. **אמר רב כל ג' ימים הראשונים הרי הוא ברשות מוכר.** שהדבר ידוע שאין היין מחמיץ בפחות מג' ימים משהתחיל להריח ריח חומץ. וגהי נמי דריחיה חלא וטעמי' חמרא חמרא הוא, אפ"ה באחריות מוכר הוא, שהרי נתקלקל כבר ברשותו, וכמי שמכר לו חומץ דמי, דודאי משהתחיל להריח חומץ — סופו להעשות חומץ, ודמי למוכר יין ונמצא חומץ, דתנן ב"המוכר את הספינה" (לעיל דף צג:) דהוא מקח טעות. ואע"פ ששתה הימנו לוקח ולא טעם בו ריח חומץ כשלקחו, אפ"ה, כיון דהחמיץ תוך ג' — הדבר ידוע דבשעת מכירה הוי ריחיה חלא. והא דתנן לקמן בפירקין (דף צז:): המוכר יין לחבירו והחמיץ אינו חייב באחריותו — רב מוקי לה לאחר ג', אבל תוך ג' — לא קרינן המוכר יין לחבירו והחמיץ, אלא המוכר יין לחבירו ונמצא חומץ. א"נ, מוקי לה בקנקנים דלוקח, כר' יוסי בר רבי חנינא, דאיכא למימר קנקן גרם להחמיץ מהרה. והא דנקט חבית של יין — רבותא היא, דסד"א: לשתייה לאלתר קזבין ליה ולא הוה ליה לשהויי, וליפטר מוכר, קמ"ל. **ושמואל**

דתניא: א)אהבודק את החבית להיות מפריש עליה תרומה והולך, ואחר כך נמצאת חומץ — כל ג' יום — ודאי, מכאן ואילך — ספק. מאי קאמר? א"ר יוחנן, ה"ק: בכל ג' ימים הראשונים ודאי יין, מכאן ואילך ספק; מאי טעמא? חמרא מעילאי עקר, והאי טעימיה ולא עקר. אם תמצא לומר בתר דטעימיה עקר, הוה ריחא חלא וטעמיה חמרא, ב)גוכל ריחיה חלא וטעמיה חמרא — חמרא. ורבי יהושע בן לוי אמר: כל ג' ימים האחרונים ודאי חומץ, מכאן ולהלן ספק; מאי טעמא? חמרא מתתאי עקר, ואימור עקר ולאו אדעתיה. ואם תמצא לומר מעילאי עקר והא טעימיה ולא עקר — דלמא בתר דטעימיה עקר, הוה ריחיה חלא וטעמי' חמרא, ג)וריחיה חלא וטעמיה חמרא — חלא. דרומאי מתנו משמיה דר' יהושע בן לוי: ראשונים — ודאי יין, אחרונים — ודאי חומץ, אמצעיים — ספק. הא גופא קשיא, אמרת: ראשונים ודאי יין, אלמא ריחיה חלא וטעמיה חמרא — חמרא, והדר אמרת: אחרונים ודאי חומץ, אלמא ריחיה חלא וטעמיה חמרא — חלא! כגון דאשתכח חלא סיפתקא, דאי לאו דעקר תלתא יומי — לא הוה משתכח חלא סיפתקא. במאן פשט ליה? פליגי בה רב מרי ורב זביד, חד אמר: כרבי יוחנן, וחד אמר: כרבי יהושע בן לוי.§ איתמר: המוכר חבית יין לחברו והחמיצה, אמר רב: כל ג' ימים הראשונים — ברשות מוכר, מכאן ואילך — ברשות לוקח; ושמואל

הבודק את החבית להיות מפריש כו'. רבינו שמואל דחק לפרש שלקח ממנו משהו, ומפריש ממנו תרומה, ואחר כך טעמו. ונכנס דחק, שהרי יכול לטעמו בריח, אי הוי ריחא חמרא — ודאי חמרא הוא, דאיכא ודאי חמרא דריחיה חלא, אבל חלא לעולם לא הוי ריחיה חמרא. והא דקאמר לקמן "הא טעימיה ולא עקר" הזקיקו לפרש כן, דלא משמע ליה דטעמו בריח.

מאי טעמא האי מעילאי עקר. לא מצי למימר דלר' יוחנן מתתאי עקר דא"כ מנא ליה דכל ג' ימים הראשונים היה ודאי יין? דלמא בשעה שטעמו כבר נעקר טעמו מתחתיו ב' ימים. אבל אין לומר שכבר נעקר טעמו מתחתיו ג' ימים — דאין סברא לומר שיהא חומץ גמור למטה, ולמעלה הוה ריחיה (חלא) וטעמא חמרא.

מאי טעמא האי חמרא מתתאי עקר. תימה: דמנא ליה לגמרא ליפלוגינהו בהכי, כיון דמצי למימר לכ"ע מעילאי? וי"ל דנקט הכי לפי (ב) שסובר שכך הוא אמת, דמתתאי עקר. וליכא למימר האי טעמא דמתתאי עקר לחוד *(ולעולם) דקסבר ריחיה חלא וטעמא חמרא חמרא — דא"כ ג' ימים האחרונים אמאי הוי ודאי חומץ? דלמא כל ג' ימים הוי ריחיה חלא וטעמא חמרא, והשתא הוא דנגמר חימוצו!

דרומאי מתנו. פירש רבינו שמואל דהלכה כר' יוחנן, דקיימי דרומאי כוותיה. וכן נראה, דרבא נמי קאי כוותיה בפרק בתרא דע"ז (דף סו: ושם. ד"ה ורבא) שהבאתי לעיל (ג).

כל ג' ימים הראשונים ברשות מוכר. ואפי' נתן לו הלוקח מעות — יחזיר, דכיון דנראה חומץ גמור תוך ג' שנמכר — בידוע שכבר בשעת מכירה ריחיה חלא, ואהאי חמרא לא יהבי אינשי דמי. ואע"פ שטעמו והוה ריחיה חמרא — ודאי לא

עין משפט נר מצוה

לא א מיי' פ"ה מהל' תרומות הל' כד סמג עשין קלד טוי"ד סי' שלא [וברב אלפס ערבי פסחים דף קנו.]:

לב ב מיי' וסמג וטור [ורי"ף] שם:

לג ג מיי' פכ"ט מהל' שבת הלכה יז טוש"ע א"ח סי' רד סעיף ג וסי' רעב ס"ג [וברב אלפס שם]:

הגהות הב"ח

(א) רשב"ם ד"ה חמרא מעילאי עקר כלומר עקר: (ב) תוס' ד"ה מ"ט האי חמרא וכו' דנקט הכי לפי שכך הוא אמת כשסובר ריב"ל דמתתאי עקר וליכא למימר להאי טעמא: (ג) ד"ה דרומאי וכו' שהבאתי לעיל. נ"ב בדף נ"ה בד"ה נותן לו.

ר"מ מ"ז וגרס וקסבר

רבינו גרשום

הבודק את החבית והולך להיות מפריש עליה תרומה על אחרות והיה מפריש ממנה בכל יום על שאר חביות עד ששלמה. ושוב באחרונה נמצאת חומץ: ג' ימים הראשונים ודאי יין. טוב הוות ותרומתן תרומה ומה ששתה מן אותן יין של חביות שהפריש עליהן מן זו באותן ג' ימים יפה שתה ולא טבלים נינהו מיכן ואילך ספק היה חומץ וספק יין וספק מתוקן וספק אינו מתוקן ויהיב האי חומץ לכהן לפי שקרא עליה שם תרומה ואותן שהיה מפריש עליהן מזו צריך להפריש מהן דמאי דכל ספק מעושר וספק שאינו מעושר מעשרין מאותו דבר דמאי חד ממאה: מאי טעמא משום דחמרא מעלאי עקר. כלומר מחמיץ. והאי גברא דפריש מינה על אחרים בדקה בפי החבית מלמעלה ועדיין לא עקר. אם תמצי לומר בתר דבדק עקר כלומר לאחר שטעמה התחילה להחמיץ לאלתר אפי' הכי חמרא הוא משום דקים לן דכל היכא דריחיה חלא וטעמיה חמרא הוא ומשום הכי כל ג' ימים הראשונים חמרא מעליא ומברכין עליו בורא פרי הגפן ה"נ ביין הנמכר בחנות הואיל דטעמי' חמרא אע"ג דריחיה חלא חמרא מעליא הוא. ור' יהושע בן לוי דאמר כל ג' ימים האחרונים ודאי חומץ. ומה שהפריש ממנה על אחרות אינו מתוקן: מיכן ואילך. א)כלומר ג' ימים הראשונים ספק הוא ועדיין צריך לתקן דמאי מ"ט משום דחמרא מתתאי עקר דלא מצי למיטעמיה ובעי דן דטעמה (אינו) [אולי] עקר מתתאי ולא ארעתיה והוה ליה ספק אם תימצי לומר מעילאי עקר וכו' ואם נפש אדם לומר כי היכי דר' יהושע אמר אם תמצי לומר מעילאי עקר וכו' ה"נ מאי טעמא לא אמר ר' יוחנן אם תימצי לומר מתתאי עקר והא בעידן דטעמה מלעיל אימר עקר ולא ארעתיה. ותריץ הכי משום דר' יוחנן סבירא ליה בג' ימים הראשונים ודאי יין הוא ולא ספק הוא ור' יהושע בן לוי סבירא ליה דספק הוא משום הכי קאמר מילי דמספקא ור' יהושע סבירא ליה דמברכין עליו שהכל נהיה בדברו: דרומאי. חכמים שבדרום: הא גופא קשיא אמרת ג' ימים הראשונים ודאי יין אלמא חמרא מעילאי עקר והוה ליה ריחיה חלא וטעמא חמרא וחמרא הוא והדר תני ג' ימים

ג) הראשונים ודאי חמרא אלמא חמרא מתתאי עקר והוה ליה ריחיה חלא וטעמא חמרא חלא. לעולם מעילאי עקר וראשונים ודאי יין ודקא קשיא לך אחרונים הכא במאי עסקינן דאחרונים ודאי חומץ כגון דאשתכח חלא סיפתקא. כלומר חומץ חזק דאי לא דעקר תלתא יומי מקמי הכי לא הוה משתכח חלא סיפתקא כלומר חזק מאד: איבעיא להו כמאן פשט. רב יוסף לאביי אי כר' יוחנן אי כר' יהושע: ברשות מוכר. ויכול לחזור לוקח: ושמואל

א) נראה דצ"ל כלומר ימים ראשונים ספק הוא וכו'. ב) נ"ל האחרונים ודאי חומץ כו'.

עין משפט
נר מצוה

לד א מיי' פי"ז מהל' מכירה הלכה ד סמג לאוין קע טוש"ע ח"מ סימן רל סעיף ז:
לה ב מיי' שם הל' ג טוש"ע שם סעי' ה:
לו ג מיי' פ"ח מהל' ברכות הלכה ח סמג עשין כז טוש"ע א"ח סימן רד סעיף א [וברב אלפס סוף פרק ו דברכות לו.]:
לז ד ה ו מיי' שם הלכה ט טוש"ע שם סעיף ה:

ושמואל אמר: חמרא אכתפא דמאריה שואר. עבד רב יוסף עובדא [א]כוותיה דרב בשיכרא, וכוותיה דשמואל בחמרא. [ב]והלכתא כוותיה דשמואל. § ת"ר: [ג]אחד שכר תמרים, ואחד שכר שעורים, ואחד שמרי יין – מברכין עליהם "שהכל נהיה בדברו". אחרים אומרים: שמרים שיש בהם טעם יין – מברך עליהן "בורא פרי הגפן". רבה ורב יוסף דאמרי תרוייהו: אין הלכה כאחרים. אמר רבא: דכולי עלמא, [ד]רמא תלתא ואתא ארבעה – חמרא הוא. רבא לטעמיה, [א]דאמר רבא: כל חמרא דלא דרי על חד תלת מיא – לאו חמרא הוא; [ה]רמא תלתא ואתא תלתא – ולא כלום הוא; כי פליגי – דרמא תלתא ואתא תלתא ופלגא, דרבנן סברי: תלתא עייל תלתא נפיק – פש ליה פלגא, [ו]ופלגא בשיתא פלגי מיא ולא כלום הוא. ואחרים סברי: תלתא עול תרין ופלגא נפיק – פש ליה כוזא, וכוזא בתרי ופלגא חמרא מעליא הוא. וביותר מכדי מדתו מי פליגי? והא תנן: המתמד

ושמואל אמר. אינו חייב באחריותו, אע"פ שהחמיץ בתוך חבית של מוכר, משום דחמרא אגבא דגברא שוור – על כתף האדם מדלג. כלומר, מזלו גורם, חטא של בעל היין, כדנפקא לן לקמן (דף לח.) מדכתיב "אף כי היין בוגד". והלכך פטור מוכר, דא"ל מוכר ללוקח: לאו דידך קגרים. (כך שמעתי מרבינו זקני בבבא מליעא (ד' קו:) וכך מלאתי בתשובות הגאונים, וכן עיקר). עובדא. [דן דינא] כוותיה דשמואל, דמוכח סתם מתני' לקמן בפרקין כוותיה דשמואל. שמרי יין. הוא תמד, שנותנין מים ע"ג שמרים ומתמדין אותן, ושותין אותן. שהכל נהיה בדברו. אבל לא "בורא פרי העץ" בשכר תמרים, ולא "בורא פרי האדמה" ו"בורא מיני מזונות" על שכר שעורין, דלא חשיבי, ולא "בורא פרי הגפן" בשמרי יין. אחרים אומרים. אשמרי יין קאי. רמא תלתא. כוסות מים, ואייתי נמי תלתא ולא יותר, אע"פ שיש בו טעם יין – דכ"ע לא פליגי ולא כלום. כלומר, אפי' אחרים מודו דאינו יין חשוב לברך עליו "בורא פרי הגפן". דאע"ג דאשכחן פלוגתא בשילהי "הכל שוחטין" (חולין דף כה:) בין ר' יהודה ורבנן בהמתמד ונתן מים במדה ומצא כדי מדתו, דרבי יהודה מחייב, ולקמן נמי מייתי לה – הני מילי גבי מעשר, ומשום חומרא דמעשר, דאפי' ר' יהודה מודי דאין מפרישין ממנו על יין גמור. אבל לגבי ברכת היין שהיא חשובה – לא יברך אלא "שהכל", שהרי על כולן אם אמר "שהכל נהיה בדברו" יצא, והלכך לכתחלה שפיר דמי. תלתא עול. במים, ואותן תלתא נפקי. ופלגא. חמרא. בשיתא פלגי. דמיא, לאו כלום הוא. ואחרים סברי תלתא. מים עול, ותרי ופלגא מים נפיק, דאין דרך לצאת כל הנכנס. אלא מן המים נשארו, והוליאו היין, דפירא קפי מלעיל. פש להו. חד כוס שלם של יין בתרי ופלגא של מים, וכ"ש דחמרא [(א)] ופירא מעליא הוי, מדליכא על חד תלתא מיא. אבל לעיל, דרמא תלתא ואפיק תלתא – אין לומר שמן המים נשארו, והיין יצא. דאין רגלים לדבר, הואיל ולא מצא יותר מכדי מדתו כי הכא. וא"נ, נפיק מן היין – פלגא הוא דנפק, וחד פלגא בחמשה פלגי מיא – לאו כלום הוא. וביתר מכדי מדתו מי פליגי כו'. אבל לא פריך: ובכדי מדתו [(ב)] לא פליגי? בתמיה. כדפרישית טעמא, דנהי דגבי מעשר פליגי משום חומרא דמעשר – גבי ברכת היין מודי להו רבי יהודה לרבנן דמברך "שהכל".
המתמד

לא טעימיה שפיר, כיון דאחמיץ בתוך שלש. מכאן ואילך ברשות לוקח ואפי' לא נתן מעות חייב ליתן. ומיהו, נראה דהיכא דלא טעימיה בשעת לקיחה [ב)]דה"א – המוליא מחבירו עליו הראיה, דספיקא הוא. והא דתנן (לקמן דף לז:): המוכר יין לחבירו והחמיץ אינו חייב באחריותו – מיירי לאחר ג', א"נ בקנקנים דלוקח כר' יוסי בר חנינא דלקמן, כן פ"ה. וצ"ל דמיירי הכא דידעינן שהקנקן דהמוכר הוא טוב, דאי לאו – אמאי חייב באחריותו? לימא ליה המוכר: היין היה טוב, והקנקן גרם לו תוך ג' להתקלקל, ולא איבעי לשהויי אלא לשתותו או להריקו בכלי אחר, כמו שהוא אומר לו כשהוא בקנקנים דלוקח. אבל דוחק לומר דמיירי כגון שמוכר שמרו בזה הקנקן זמן גדול, ואם הקנקן גרס – כבר היה מחמיץ מקודם. ויותר מתיישב לומר דהכא תוך ג', ואפי' בקנקן דלוקח, דאין קנקן גורם להחמיץ תוך ג', אלא ודאי לא טעימיה שפיר. והתם – לאחר ג', (ג) ואמר ליה למקפה.

ושמואל אמר חמרא אכתפיה דגברא שוואר. פירש [ר"ש]: דחמרא – מזליה דגברא גריס, דסבירא ליה כר' חייא בר יוסף דלקמן, ולכך אינו ברשות מוכר. ואין נראה, חדא: דהוה ליה למינקט האי לישנא דלקמן, דחמרא מזליה דגברא גריס. ועוד, כי אמר לקמן: ופליגא דר' חייא בר יוסף – ה"ל למימר: ופליגא דשמואל. ועוד: דאין סברא שיגרום מזלי' דגברא שימהר להחמיץ תוך ג', דלעולם אין היין מחמיץ אלא לאחר ג'. ועוד הקשה ר"י: דר' יוחנן קאמר לעיל ג' ימים הראשונים ודאי יין, ודלמא מזליה דגברא גריס והחמיץ מיד? ונראה לפרש לר"ת: חמרא אכתפיה דגברא שוואר – כלומר, היין כיון שנשאו בכתפים נתקלקל על ידי שנענע, ומיהר להחמיץ. וא"ת: ור' יוסי בר חנינא דאמר לקמן דבקנקנים דמוכר מצי א"ל "הא חמרך והא קנקנך", והיכי מצי א"ל הכי? דלמא נתקלקל על ידי שניענע, ולמה ישלם המוכר? וי"ל: דלקמן מוקי לה בדא"ל למקפה, דכיון דא"ל הכי – יש לו להתקיים אפי' כשמנענעו, ואפילו אחר ג'. א"נ, י"ל: דלקמן, כיון שהוא לאחר ג' – יותר יש לנו לתלות שנתחמץ כדרכו, ממה שהנענוע גרס. אבל תוך ג' – יש לנו לומר שהנענוע גרס, מדנימא ליה לא טעימיה שפיר. אבל ק"ק: אמאי לא הוי ברשות מוכר? דהא אדעתא דהכי זבן לוקח מיניה, להוליא משם ולטלטלו! ולפי' ר"ש קשה, דבשיכרא עבד עובדא כוותיה דרב, והא לא קאמר שמואל אלא כיון דמזליה דגברא גרס, ולא שייך אלא ביין, כדכתיב "היין בוגד" וגו'.

אחד שכר תמרים כו' מברך שהכל. לאו דוקא שכר תמרים, אלא אפי' דבש תמרים מברך עליו "שהכל". מ"ט – כדאמר ב"כילד מברכין" (ברכות דף לח.) אמר מר בר רב אשי: האי דובשא דתמרי מברך עליו "שהכל", מ"ט – זיעה בעלמא הוא. והיוצא מן הפירות קרי זיעה. ולא כמו שפי' בהלכות גדולות דהיינו דוקא התם דתרו לה במיא, אבל דייב מן תמרי – מברך עליו "בורא פרי העץ". דהא קאמר מר בר רב אשי דזיעה בעלמא הוא. והיוצא מן הפירות קרי זיעה, ואפי' היוצא מן הזיתים וענבים הוי זיעה בעלמא, אי לא דמפיק ב"העור והרוטב" (חולין דף קכ:) שסופג את הארבעים על היוצא מהן. ועוד, דמייתי עלה ברייתא דתרומה, דקאמר: כמאן – כי האי תנא, דתניא: דבש תמרים, ויין תפוחים כו' – חייב קרן וחומש, דברי ר"א, ור' יהושע פוטר. וטעמא י"ל – דלא איםתני לעילויא כשנעשה דבש. ואחד שכר שעורים. דלא איםתני לעילויא, דאית ליה עילויא אחרינא בפת. ועוד: דמי יימר דשערי עיקר, דלמא מיא עיקר? אין הלכה כאחרים. אומר ר"ת: דאותו יין שעושין מן החרצנים, אפי' אית ביה טעם יין, כיון דלא רמא תלתא ואתא ארבעה – מברכין עליו "שהכל". וליכא למימר דפורצני עדיף משל שמרים, דהא אמר בריש "אלו עוברין" (פסחים דף מב:): ותמד לאו בר עשורי הוא? והתנן: המתמד ונתן מים במדה ומצא עליו כדי מדתו – פטור, ור' יהודה מחייב! ומשני: הא בדרווקי, הא בפורצני. פירוש: ההיא דפורצני גרוע מדרווקי, דהיינו של שמרים הוא חשוב ובר עשורי הוא. דאין לפרש איפכא, דפורצני חשוב, וההיא דהמתמד איירי בפורצני – דא"כ מאי פריך לקמן: וביותר מכדי מדתו מי פליגי? והתנן: המתמד! ומאי קושיא? שאני תמד דפורצני דחשיב! אלא ודאי של שמרים חשיב יותר, ואפ"ה מברכים עליו "שהכל" כיון דלא רמא תלתא ואייתי ארבע, כל שכן דפורצני. כל חמרא דלא דארי על חד תלת מיא לאו חמרא הוא. והכי אמר בריש "המוליא יין" (שבת דף עו: ושם): כוס של ברכה לריך שיהא בו רובע רביעית, כדי שימזגנו ויעמוד על רביעית. וקשה: דאמר בפרק "אחד דיני ממונות" (סנהדרין דף לז. ושם): "אל יחסר המזג" שאם יש שם כ"ג כנגד סנהדרי קטנה – יולא, ואם לאו – אינו יולא אחד מהן שהולרך ללאת, משמע דמ"מזג" דריש, דהוי ב' חלקים מים ואחד יין, והכא אמר דהוי ג' חלקים מים! ואומר רבינו ילחק: דהתם מדמה סנהדרין למזג דיין השרוני, דסגי ליה בשני חלקי מים, כדאמר ב"המוליא יין" (שבת דף עז.): שאני יין השרוני דרפי. דבשאר יינות לא מצי למימר, דרביע דסנהדרין לא חזו לדיני [נפשות], דנפקא לן (סנהדרין דף ב.) מקרא דבעי כ"ג. ורבינו מנחם פי' דדריש "אל יחסר המזג" – מז"ג בגימטריא נ', וקאמר: אל יחסר המזג מע"א דסנהדרין נ', אבל מ"מ יחסרו, וישארו כ"ב, ואין ב"ד שקול – מוסיפין עליהן עוד אחד, הרי כ"ג. ומיהו, בירושלמי ובפסיקתא דריש לה בהדיא ממזג דיין. וי"מ: ד"אל יחסר המזג" – דהיינו מזג יין הראוי [ג)]לג' חלקים מים, דהיינו מזוג (מלבר) דהוי [ד)]כ"ג על חד תלת[ה)]. וביותר מכדי מדתו מי פליגי. פי' רבינו שמואל: בכדי מדתו מי לא פליגי? והא רבי יהודה מחייב! דמצי לשנויי דר' יהודה אינו אלא חומרא לענין טבל. וקשה מהא דתנן בסוף פ"ק דחולין (דף כה: ושם): התמד, עד שלא החמיץ – אינו ניקח בכסף מעשר, ופוסל את המקוה. משהחמיץ – ניקח בכסף מעשר, ואינו פוסל את המקוה. ואמר בגמ': מני? לא רבי יהודה ולא רבנן. דתנן: התמד כו'. ומאי קושיא? נימא לעולם רבי יהודה דמעשר, ואפילו לא החמיץ – חומרא בעלמא הוא! וי"ל: דפשיטא ליה אפילו בלא החמיץ אינו אלא כי אם מחמיר עליו ר' יהודה לעשר, (ד) א"כ ספיקא הוא אם נחשבו יין, ולא היה לו לפסול את המקוה, כמו בספק מים שאובין, דכשר. וי"מ: דלא פריך "ובכדי מדתו מי לא פליגי", דאין זה קושיא כל כך אי הוו רבנן ואחרים כרבנן דרבי יהודה. אבל אי ביתר מכדי מדתו פטרי – מאן נינהו? לא רבי יהודה ולא רבנן.
הוא

רבינו גרשום

ושמואל אמר אפי' ג' ימים הראשונים ברשות לוקח הוא ואינו יכול לחזור בו משום דחמרא אכתפא דגברי. שנושאין אותו מבית מוכר. שואר כלומר עקר ומפיק טעמו ממנו: אחד שמרי יין. שעוצרין מן היין שלועזין ביפ"ט: אמ' רבא דכולי עלמא. בין ת"ק בין אחרים סברי להיכא דרמי תלתא כוזי מיא לתמד ואפיק תלתא לא כלום הוא ומיא בעלמא נינהו משום דלא אשכח אלא כמדתו: על חד דחמרא תלתא מיא: פש ליה פלגא. דאפיק מן חמרא דהוי ליה האי פלגא כוזי (דמיא) משום הכי לאו כלום הוא ומברכין עליו שהכל משו' דעל תלתא בעי' [חד] ולא אשיתא חד ואחרים סברי תלתא עייל מיא ואשכח תלתא ופלגא ותרי ופלגא מן מיא נפיק ותו לא משום א) דבשק דשמרים בלע אותה חציה של מדה ב)וכגון מים שנתפזרו אילך ואילך דהשתא פש ליה כוזא חמרא וכוזא בתרי ופלגא כל שכן דחמרא מעליא הוא ומברכין בורא פרי הגפן: ומקשינן להיכא דאשכח יותר מכדי מדתו כלל וכלל מי פליגי: והתנן. גבי מעשר:

א) אולי צ"ל דבחוזק דשמרים כו'. ב) אולי צ"ל ופלגא כוזא דמיא נתפזר אילך ואילך.

מסורת הש"ס

א) שבת עז. עירובין כט:: ב) גי' מהר"ם דאמרינן: ג) רש"א כ"א לע' ועיין בר"מ: ד) צ"ל ג"כ רש"א: ה) [וע"ע תוס' שבת עז. ד"ה דאמר]:

הגהות הב"ח

(א) רשב"ם ד"ה פש להו וכו' דחמרא מעליא כנ"ל ותיבת ופירא נמחק: (ב) ד"ה וביתר וכו' ובכדי מדתו מי לא: (ג) תוס' ד"ה (בע"א) כלשלשה וכו' התם לאחר ג' ובקנקן דלוקח אינו חייב באחריותן ובקנקן דמוכר חייב באחריותן כיון דאמר ליה למקפה: (ד) ד"ה וביותר וכו' מחמיר עליו ר' יהודה לעשר (א"כ) תא"מ ונ"ב ס"א ועיקר אי נמי:

א) פסחים מב: [חולין כה:] מעשרות פ"ה מ"ו: ב) [חולין פז:]: ג) (מנחות כט): ד) [ביבמות פה: פו.]:

א)א הַמְתַמֵּד, וְנָתַן מַיִם בְּמִדָּה, וּמָצָא כְּדֵי מִדָּתוֹ — פָּטוּר, וְר' יְהוּדָה מְחַיֵּיב; עַד כָּאן לָא פְּלִיגִי אֶלָּא בִּכְדֵי מִדָּתוֹ, אֲבָל בְּיוֹתֵר מִכְּדֵי מִדָּתוֹ לָא פְּלִיגִי! הוּא הַדִּין בדַּאֲפִילּוּ בְּיוֹתֵר מִכְּדֵי מִדָּתוֹ פְּלִיגִי, וְהַאי דְּקָא מִיפַּלְגִי בִּכְדֵי מִדָּתוֹ — לְהוֹדִיעֲךָ כֹּחוֹ דְּר' יְהוּדָה. בְּעָא מִינֵּיהּ רַב נַחְמָן בַּר יִצְחָק מֵרַב חִיָּיא בַּר אָבִין: שְׁמָרִים שֶׁיֵּשׁ בָּהֶן טַעַם יַיִן, מַהוּ? אֲמַר לֵיהּ: מִי סָבְרַתְּ חַמְרָא הוּא? קִיוְהָא בְּעָלְמָא הוּא. ת"ר: גשְׁמָרִים שֶׁל תְּרוּמָה — רִאשׁוֹן וְשֵׁנִי אָסוּר, וּשְׁלִישִׁי מוּתָּר; רַבִּי מֵאִיר אוֹמֵר: אַף שְׁלִישִׁי בְּנוֹתֵן טַעַם. דוְשֶׁל מַעֲשֵׂר — רִאשׁוֹן אָסוּר, שֵׁנִי מוּתָּר; רַבִּי מֵאִיר אוֹמֵר: אַף שֵׁנִי בְּנוֹתֵן טַעַם. הוְשֶׁל הֶקְדֵּשׁ — שְׁלִישִׁי אָסוּר, וּרְבִיעִי מוּתָּר; ר"מ אוֹמֵר: אַף רְבִיעִי בְּנוֹתֵן טַעַם. וּרְמִינְהִי: ושֶׁל הֶקְדֵּשׁ לְעוֹלָם אָסוּר, וְשֶׁל מַעֲשֵׂר לְעוֹלָם מוּתָּר; קַשְׁיָא הֶקְדֵּשׁ אַהֶקְדֵּשׁ, קַשְׁיָא מַעֲשֵׂר אַמַּעֲשֵׂר! זהֶקְדֵּשׁ אַהֶקְדֵּשׁ לָא קַשְׁיָא: כָּאן בִּקְדוּשַּׁת הַגּוּף, כָּאן בִּקְדוּשַּׁת דָּמִים; מַעֲשֵׂר אַמַּעֲשֵׂר נַמִי לָא קַשְׁיָא: חכָּאן בְּמַעֲשֵׂר וַדַּאי, כָּאן בְּמַעֲשֵׂר דְּמַאי. א"ר יוֹחָנָן מִשּׁוּם ר"ש בֶּן יְהוֹצָדָק: כְּדֶרֶךְ שֶׁאָמְרוּ לְעִנְיַן אִיסּוּרָן, טכָּךְ אָמְרוּ לְעִנְיַן הֶכְשֵׁירָן. הֶכְשֵׁירָן דְּמַאי? אִי דְּמַיָּא — אַכְשׁוּרֵי מַכְשְׁרִי, אִי דְּחַמְרָא — אַכְשׁוּרֵי מַכְשְׁרִי! לָא צְרִיכָא, ב)שֶׁתִּמְּדוּ בְּמֵי גְשָׁמִים. וְכֵיוָן דְּקָא שָׁקֵיל וְרָמֵי לְהוּ לְמָנָא — אַחְשְׁבִינְהוּ! כלָא צְרִיכָא, שֶׁנִּתְמַד מֵאֵלָיו. וְכֵיוָן דְּקָא נָגֵיד קַמָּא קַמָּא — אַחְשְׁבִינְהוּ! אָמַר רַב פַּפָּא: לבְּפָרָה שֶׁשּׁוֹתָה רִאשׁוֹן רִאשׁוֹן.§ אָמַר רַב זוּטְרָא בַּר טוֹבִיָּה אָמַר רַב: מאֵין אוֹמְרִים ג)קִידּוּשׁ הַיּוֹם אֶלָּא עַל הַיַּיִן הָרָאוּי לִינָּסֵךְ עַל גַּבֵּי הַמִּזְבֵּחַ. לְמַעוּטֵי מַאי? אִילֵימָא לְמַעוּטֵי יַיִן מִגִּתּוֹ — וְהָא תָּאנֵי ר' חִיָּיא: נמִיַּיִן מִגִּתּוֹ לֹא יָבִיא, וְאִם הֵבִיא — כָּשֵׁר; וְכֵיוָן דְּאִם הֵבִיא כָּשֵׁר, אֲנַן סאֲפִילּוּ לְכַתְּחִלָּה נַמִי! דְּאָמַר

רש"י

הַמְתַמֵּד. מַיִם בִּשְׁמָרִים, פָּטוּר מִמַּעֲשֵׂר. אֲבָל יוֹתֵר מִכְּדֵי מִדָּתוֹ. פּוּרְתָּא, לָא פְּלִיגִי רַבָּנַן עֲלֵיהּ דְּר"י אֶלָּא מְחַיְּיבִין בְּמַעֲשֵׂר. וְהוּא הַדִּין לְבִרְכַּת הַיַּיִן, דְּהָא רַבָּנַן חוּמְרָא לֵית לְהוּ גַּבֵּי מַעֲשֵׂר, דְּהָא בִּכְדֵי מִדָּתוֹ לָא מְחַיְּיבִי, אֶלָּא מִשּׁוּם דַּחֲשִׁיבִי לֵיהּ יַיִן הוּא דִּמְחַיְּיבִי בְּיוֹתֵר מִכְּדֵי מִדָּתוֹ, וְהִלְכָּךְ לְגַבֵּי "בּוֹרֵא פְּרִי הַגֶּפֶן" נַמִי חֲשִׁיב. לְהוֹדִיעֲךָ כֹּחוֹ דְּר"י. דִּמְחַיֵּיב. וּלְהוֹדִיעֲךָ כֹּחָן דְּרַבָּנַן לָא אִיצְטְרִיךְ לְמִיתְנֵי יוֹתֵר מִכְּדֵי מִדָּתוֹ, דְּמִילְּתָא דִּפְשִׁיטָא הוּא דְּפָטוּר, דְּפוּרְתָּא חַמְרָא בְּמַיָּא טוּבָא בָּטֵיל, וְלֵיכָּא חִידּוּשׁ כְּלָל לְאַשְׁמוּעִינַן דְּפָטְרִי רַבָּנַן בְּיוֹתֵר. וּמִילְּתֵיהּ דְּר"י חֲשִׁיב חִידּוּשׁ גָּדוֹל לְחוּמְרָא, וְאַע"ג דְּלֵיכָּא טַעַם יַיִן — מִיחַיֵּיב. שְׁמָרִים שֶׁיֵּשׁ בָּהֶם טַעַם יַיִן מַהוּ. לְבִרְכַּת הַיַּיִן. וּבָרַיְיתָא לָא הֲוָה שְׁמִיעַ לֵיהּ, דְּאִי הֲוָה שְׁמִיעַ לֵיהּ — הָכִי הֲוָה לֵיהּ לְמֵימַר: הֲלָכָה כַּאֲחֵרִים, אוֹ אֵין הֲלָכָה כַּאֲחֵרִים. שְׁמָרִים שֶׁל תְּרוּמָה. שֶׁנָּתַן לְתוֹכָן מַיִם, וְשָׁנָה וְשִׁילֵּשׁ. רִאשׁוֹן. מַיִם רִאשׁוֹנִים *[שֶׁהִכְנִיסוּ וְהוֹצִיאוּ] מִשָּׁם. אָסוּר לְזָרִים. וְכָל הָנֵי חוּמְרוֹת בְּעָלְמָא נִינְהוּ מִדְּרַבָּנַן, וּבְמָצָא כְּדֵי מִדָּתוֹ מַיְירֵי. שְׁלִישִׁי מוּתָּר. וַאֲפִילּוּ יֵשׁ בּוֹ טַעַם יַיִן. אַף שְׁלִישִׁי. אָסוּר, אִם יֵשׁ בּוֹ נוֹתֵן טַעַם. ה"ג: שֶׁל מַעֲשֵׂר רִאשׁוֹן אָסוּר. כְּלוֹמַר, שֶׁל מַעֲשֵׂר שֵׁנִי — תֶּמֶד רִאשׁוֹן אָסוּר לֶאֱכוֹל חוּץ לִירוּשָׁלַיִם, אֲבָל מַעֲשֵׂר רִאשׁוֹן דִּלְוִיִּם מוּתָּר לְזָרִים, וּדְלָא כְּרַבִּי מֵאִיר ד). הָכִי גָּרְסִינַן: שֶׁל הֶקְדֵּשׁ לְעוֹלָם אָסוּר וְשֶׁל מַעֲשֵׂר לְעוֹלָם מוּתָּר. מַעֲשֵׂר דְּמַאי. שֶׁהוּפְרַשׁ מִפֵּירוֹת הַלְּקוּחִין מֵעַם הָאָרֶץ, וְאַקִּילוּ בֵּיהּ רַבָּנַן, מִשּׁוּם דְּרוֹב עַמֵּי הָאָרֶץ מְעַשְּׂרִין הֵן. בִּקְדוּשַּׁת דָּמִים. שֶׁהִקְדִּישׁ חָבִית יַיִן לְבֶדֶק הַבַּיִת, וְיִמָּכֵר וְיִקְחוּ בְּדָמָיו לְצָרְכֵי בֶּדֶק הַבַּיִת. בִּקְדוּשַּׁת הַגּוּף. [דַּחֲמִירָא] יַיִן שֶׁהוּקְדַּשׁ לִנְסָכִים, וּשְׁמָרִים שֶׁלּוֹ אֲסוּרִים בִּשְׁבִיל מְעַט יַיִן הַמְעוֹרָב בּוֹ. כְּשֵׁם שֶׁאָמְרוּ לְעִנְיַן אִיסּוּרָן. דְּבִתְרוּמָה רִאשׁוֹן וְשֵׁנִי הָוֵי יַיִן, וּשְׁלִישִׁי הָוֵי מַיִם. וְשֶׁל מַעֲשֵׂר — הָרִאשׁוֹן יַיִן, וְהַשֵּׁנִי מַיִם, וְכֵן כּוּלָּן. כָּךְ אָמְרוּ לְעִנְיַן הֶכְשֵׁר. דְּרִאשׁוֹן וְשֵׁנִי שֶׁל תְּרוּמָה חָשׁוּב נַמִי יַיִן לְעִנְיַן הֶכְשֵׁר, וְהָרִאשׁוֹן שֶׁל מַעֲשֵׂר חָשִׁיב יַיִן לְעִנְיַן הֶכְשֵׁר, וּכְדִמְפָרֵשׁ וְאָזֵיל. וְכָל זֶה חוּמְרָא מִדְּרַבָּנַן הוּא, דְּמִדְּאוֹרַיְיתָא כּוּלְּהוּ חֲשִׁיבִי מַיִם בְּעָלְמָא, כִּדְאָמְרַן לְגַבֵּי מַעֲשֵׂר דְּמַאי, וּכְרַבָּנַן דַּאֲחֵרִים. וְקָבָּעֵי גְּמָרָא: הֶכְשֵׁר דְּמַאי? עַל אֵיזֶה הֶכְשֵׁר הוּלֵךְ לוֹמַר "כָּךְ אָמְרוּ לְעִנְיַן הֶכְשֵׁרָן"? שֶׁל מַיִם אוֹ שֶׁל יַיִן? הָא תַּרְוַייהוּ מַכְשְׁרִי פֵּירוֹת לְקַבֵּל טוּמְאָה, וּמַאי נָפְקָא לָן מִינֵּיהּ אִי הָוֵי חַמְרָא אִי מַיָּא! אִי חַמְרָא אַכְשׁוּרֵי מַכְשַׁר. דִּכְתִיב (דברים לב): "תִּשְׁתֶּה חָמֶר" וּכְתִיב "וְכָל מַשְׁקֶה אֲשֶׁר יִשָּׁתֶה" וגו' (ויקרא יא). לָא צְרִיכָא. כְּלוֹמַר, לָא נָפְקָא לָן מִינָּהּ אֶלָּא שֶׁתִּמְּדוּ לְהַהִיא דִּתְרוּמָה וּמַעֲשֵׂר בְּמֵי גְשָׁמִים, דִּצְרִיכִי מַחֲשָׁבָה. אֲבָל אִי חָשְׁבִינַן לֵיהּ יַיִן — מַכְשִׁיר בְּלֹא מַחֲשָׁבָה. דִּבְמַיִם הוּא דִּכְתִיב (שם): "וְכִי יוּתַּן מַיִם", מַה "יִתֵּן" דְּנִיחָא לֵיהּ — אַף "יוּתַּן" דְּנִיחָא לֵיהּ. וּפָרְכִינַן: וְכֵיוָן דְּשָׁפְכִינְהוּ הַאי גַּבְרָא לְהָנֵי מֵי גְשָׁמִים מִמָּנָא שֶׁנִּיטְּפוּ בּוֹ לְמָנָא דִּשְׁמָרִים — אַחְשְׁבִינְהוּ, וּמַכְשְׁרִי, וּמַאי נָפְקָא לָן מִינֵּיהּ? ל"ש מַעֲשֵׂר וְלָא שְׁנָא תְּרוּמָה, לְעוֹלָם מַכְשְׁרִי! שֶׁנִּתְמַד מֵאֵלָיו. שֶׁנָּפְלוּ הַגְּשָׁמִים לְתוֹךְ הַשְּׁמָרִים. וְהִלְכָּךְ, בִּתְרוּמָה, דְּרִאשׁוֹן וְשֵׁנִי חָשִׁיב יַיִן — לְעִנְיַן הֶכְשֵׁר נַמִי מַכְשְׁרִי. אֲבָל שְׁלִישִׁי דְּחָשׁוּב מַיִם לְגַבֵּי תְּרוּמָה — לְעִנְיַן הֶכְשֵׁר נַמִי מֵי גְשָׁמִים נִינְהוּ, וְלָא מַכְשְׁרִי, דְּלָא הֲוָה בְּהוּ מַחֲשָׁבָה. וּפָרְכִינַן: וְאַכַּתִּי מַאי נָפְקָא מִינָּהּ וְהָא כֵּיוָן דְּנָגֵיד. מוֹשֵׁךְ. קַמָּא קַמָּא. רִאשׁוֹן וְשֵׁנִי גַּלֵּי דַּעְתֵּיהּ דְּנִיחָא לֵיהּ שֶׁיָּרְדוּ גְּשָׁמִים לְכָאן לְעוֹלָם, אוּלַי יִקְלְטוּ טַעַם יַיִן. וּשְׁלִישִׁי לִתְרוּמָה נַמִי מַכְשַׁר. וְלָא שְׁנָא יַיִן וְלָא שְׁנָא מַיִם — אַכְשׁוּרֵי מַכְשְׁרִי, וּמַה חִילּוּק יֵשׁ עֲדַיִין בְּהֶכְשֵׁרָן? בְּפָרָה שֶׁשּׁוֹתָה רִאשׁוֹן רִאשׁוֹן. וְהִלְכָּךְ, בִּשְׁלִישִׁי לֵיכָּא שׁוּם מַחֲשָׁבָה, וְלָא מַכְשַׁר שְׁלִישִׁי דִּתְרוּמָה וְשֵׁנִי דְּמַעֲשֵׂר. וְלָא מָצֵי לְתָרוּצֵי בְּשֶׁנִּשְׁפַּךְ רִאשׁוֹן רִאשׁוֹן, דְּכֵיוָן דְּלָא נִשְׁתָּהָה שָׁם כְּלָל אֶלָּא נוֹפֵל וְנִשְׁפָּךְ — אֵין יָדוּעַ לְעוֹלָם מַהוּ תֶּמֶד שֵׁנִי אוֹ תֶּמֶד שְׁלִישִׁי. אֵין אוֹמֵר קִידּוּשׁ הַיּוֹם כו'. מִשּׁוּם "הַקְרִיבֵהוּ נָא לְפֶחָתֶךָ" (מלאכי א) כִּדְלְקַמָּן. וּבְיַיִן הָרָאוּי לְבָרֵךְ עָלָיו "בפה"ג" קָאָמַר, דְּאַע"ג דִּמְבָרְכִין עָלָיו "בפה"ג" — לְקִידּוּשׁ הַיּוֹם מִיהָא לָא חָשִׁיב. וּלְקַמֵּיהּ בָּא לְפָרֵשׁ אֵיזֶה יַיִן בָּא לְמַעֵט. יַיִן מִגִּתּוֹ. תִּירוֹשׁ. לֹא יָבִיא. מִשּׁוּם דִּכְתִיב "הַסֵּךְ נֶסֶךְ שֵׁכָר" (במדבר כח) מִידֵּי דִּמְשַׁכֵּר. וְאִם הֵבִיא כָּשֵׁר. דְּלֵיכָּא עִיכּוּבָא. אִי נַמִי "הַסֵּךְ נֶסֶךְ" — מִכָּל מָקוֹם. וְכֵיוָן דִּלְנְסָכִים כָּשֵׁר בְּדִיעֲבַד — לְגַבֵּי קִידּוּשׁ חָשִׁיב לְכַתְּחִלָּה, דְּלָא חֲמִיר קִידּוּשׁ כְּנִיסּוּךְ. הָכִי

תוספות

הוא הדין אפי' ביותר מכדי מדתו נמי פליגי. והא דתנן בסיפא דמס' מעשרות (פ"ה מ"ו): היתר מכדי מדתו מפריש עליו ממקום אחר, ולא פליגי עליה רבנן — היינו ברמא תלתא ואתא ארבעה. מקשה ר"י: היכי פטרי רבנן ברמא תלתא ואתא תלתא ופלגא, כיון דאית ביה בנותן טעם? וקיי"ל בפ' בתרא דמס' ע"ז (דף עג.) דמין בשאינו מינו בנותן טעם גבי טבל! וי"ל: דאינו אלא קיוהא בעלמא, ואין כאן נותן טעם, וכעפרא בעלמא דמי. וכן נראה מתוך פירוש ר"ש. **מי** סברת חמרא הוא קיוהא בעלמא הוא. מכאן הורה ר"ת: בדיעבד, אם רחץ גוי חבית של שמרי יין — דשרי, דלאו חמרא הוא, אלא קיוהא בעלמא הוא.

שמרים של מעשר כו'. תימה: במאי מיירי הך ברייתא? אי בכדי מדתו, או אפי' רמא תלתא ואתא תלתא ופלגא — לרבנן אפי' ראשון יהא מותר, ואי ברמא תלתא ואתא ארבעה — אפי' רביעי של מעשר יהא אסור! וי"ל: דמיירי שאין בהן טעם יין כלל, אלא קיוהא בעלמא. ומ"מ בהקדש החמירו לאסור עד שלישי. ומיירי שלא הקדיש שמרים, דאי הקדיש — לעולם יהא אסור.

לא צריכא כגון שתמדו במי גשמים. תימה: דהכא משמע שיש חילוק בין גשמים לשאר משקין, ואיזה חילוק יכול להיות ביניהן? ומה שפירש רבינו שמואל דבמים בעינן דניחא ליה, ולא בשאר משקין, כגון יין, אפי' לא ניחא ליה מכשר, דבמים כתיב "וכי יותן מים על זרע". ואין נראה לרשב"א, דלא אשכח בשום דוכתא שיהא חשיבות ביין מבמים לענין הכשר, ומ"אשר יבא עליו מים" מפקינן הכשר לכל משקין. ובפ"ק דפסחים (דף יח. ושם) איכא דלא מוקי "וכל משקה אשר ישתה בכל כלי" לענין הכשר, וא"כ מנא ליה דלא בעינן דניחא ליה? ונראה לר"י: דבגשמים בעינן תרתי, שיחשיב אותו מתחלה שיהו משקין, ואח"כ בעינן דניחא ליה. אבל שאר משקין, כגון (א) מים ויין ושמן, כיון דניחא — ממילא הן מכשירין, אפי' לא יחשיב אותן להיות משקה. אבל קשה מהא דתנן במסכת מכשירין (פ"ו מ"א), ומייתי לה בפ"ק דחולין (דף יג. ושם): המעלה פירותיו לגג מפני הכנימה, וירד עליהם הטל — אינן ב"כי יותן", ואם לכך נתכוין — הרי הן ב"כי יותן", אע"פ שלא החשיב אותו מתחלה להיות משקה! (ב) ושמא טל חשוב טפי להיות משקה ממי גשמים. **ונתמד** מאליו. נראה דהשתא איירי שפיר אפילו במים יפין, שאינן מי גשמים. דכיון שנתערבו בשמרים — אין ראוים להכשיר. והא דלא קאמר "אלא" — לפי שלא נזכר אמורא למעלה. **אילימא** למעוטי יין מגתו כו'. אין להוכיח מכאן דיין מבושל כשר לקידוש ומברכין עליו "בפ"ה", מדלא קאמר למעוטי יין מבושל. דלאו ראיה היא, דאפילו אין מקדשין עליו לא מצי למימר למעוטי יין מבושל — דאם כן הוה ליה למימר אין מברכין עליו בפ"ה. אבל יש להביא ראיה מירושלמי דשקלים וד"ערבי פסחים" דיין גמור הוא, דאמר התם: ארבע כוסות שאמרו — יוצאים ביין מבושל. אלמא, מקדשין אין מבושל, ודלא כפרש"י והר"ש שכתבו דיין מבושל מברכין עליו "שהכל", דאישתני לגריעותא. ואין להאריך כאן. מודים

רבינו גרשום

המתמד. ששופך מים בחרצנים: ומצא כדי מדתו פטור. ממעשר דמיא בעלמא נינהו: לא פליגי. דודאי חמרא היא: להודיעך כחו דר' יהודה. דאפי' בכדי מדתו מחייב משום דהיכא דרמא תלת כוזי ואפיק תלת כוזי תרי ופלגא נפיק ממיא ותו לא ואידך נבלע בחרצנים והאי דאפיק כמדתו חמרא איכא בהדייהו וחייב לעשר: מהו. מברכין עליהן בורא פרי הגפן או לא: ראשון ושני. שמוציאין מן התמד חשוב יין ואסור ליהנות מהן ושלישי מותר דאינו תרומה ומיא בעלמא נינהו: ושל הקדש חמור מכולם: בקדושת דמים. שהקדיש הדמים שיקחו מן אותו יין לא חמירי כולי האי ועד שלישי אסור ורביעי מותר. אבל אם הקדיש הגוף התמד לעולם אסור: כאן במעשר ודאי. ראשון אסור ושני מותר אבל מעשר דמאי לעולם מותר: לענין איסורן. דראשון ושני אסור ושלישי מותר: כך אמרו לענין הכשירן. דראשון ושני דבר חשוב הוא ומכשר טפי לא חשוב ולא מכשר: והשתא קשי' לן הכשירן דמאי אי דמיא אכשורי מכשר וחמרא נמי מכשר דחמרא מכשיר בין חשיב עליה לשתיה ובין לא חשיב עליה דחשיב הוי אבל מיא לא מכשרי בלא מחשבה ואי חמר בין מבכם: לא צריכא שנתמדו בימי גשמים. דלא חשיבי אפי' הכי ראשון ושני מכשירין: לא צריכא. דאיהו לא רמא להו אלא מאליו נתמד שנפלו לשם הגשמים דהשתא איהו לא חשבינהו מי גשמים ואפילו הכי אצטריכא למימר דמכשירין: והא כיון דנגיד. מן התמד מי הגשמים קמא קמא אחשבינהו דאי לא אחשבינהו והואיל ואחשבינהו ודאי מכשירין ואמאי איצטריך למימר: אמר רב פפא. הכא במאי עסקינן. דאיצטריך למימר דמכשירין כגון דפרה היתה שותה ראשון ראשון דהשתא לא חשבינהו ונתמד מאליו דסד"א הואיל דלא חשבינהו דפרה שותה להו אין מכשירין אפ"ה איצטריך למימר דמכשירין הואיל דחזו לשתיה: יין מגיתו. שעדיין תירוש הוא ואינו תוסס כשהוא מתוק לא יביא לנסכים: אפי' לכתחלה נמי. מקדשין ביה קידוש היום של שבתות וימים

עין משפט נר מצוה

לח א ב מיי' פ"ב מהל' מעשר שני הל' ז:
לט ג מיי' פי"א מהל' תרומות הל' יג ופי"ג מהל' טומאת אוכלין הלכה יז:
מ ד מיי' פ"ג מהל' מעשר שני הל' יב ופי"ג מהל' טומאת אוכלין שם:
מא ה ו ז מיי' פי"א מהל' טומאת אוכלין שם:
מב ח מיי' שם ופ"ג מהל' מעשר שני הלכה יב:
מג ט י כ מיי' פי"ג מהל' טומאת אוכלין הלכה יז:
מד ל מיי' פכ"ט מהל' שבת הלכה יד סמג עשין כט טוש"ע א"ח סי' רעב סעי' א [וברב אלפס פרק ערבי פסחים ד' קנה:]:
מה מ מיי' פ"ו מהל' איסורי מזבח הלכה ט סמג לאוין שיג:
מו נ מיי' פכ"ט מהל' שבת הלכה יז סמג עשין כז טוש"ע א"ח סי' רעב סעיף ב:

הגהות הב"ח

(א) תוס' ד"ה לא צריכא וכו' שאר משקין כגון יין ושמן כיון דניחא ליה ממילא כצ"ל ותיבת מים נמחק: (ב) בא"ד ושמא טל חשוב טפי. נ"ב והא דבעי בפ' המוכר את הבית דף סו ע"ב מי גשמים שחשב עליהן להיות את האיצטרובלין מהו להכשיר את הזרעים כו' קשה דלא מצי למימר דמיירי בחושב עליהן מתחלה להיות משקין:

עין משפט נר מצוה

מז א מיי' פכ"ט מהל' שבת הלכה יז סמג עשין כז טוש"ע א"ח סי' ערב סעיף ב:

מח ב מיי' פ"ז מהל' איסורי מזבח הל' ו ופכ"ט מהל' שבת הל' יד סמג לאוין שיט ועשין כז טוש"ע א"ח סי' ערב סעיף ג:

מט ג מיי' פ"ו מהל' איסורי מזבח הל"ט ופכ"ט מהל' שבת הלכה יד סמג שם טוש"ע שם כל הסי':

נ ד ה מיי' פ"ו מהל' א"מ הלכה י ופכ"ט מהל' שבת הלכה יד יז וסמג שם טוש"ע א"ח סי' ערב סעיף ה:

נא ו מיי' פכ"ט מהל' שבת הל' יד טוש"ע שם סעיף א:

נב ז ח מיי' פכ"ט מהל' שבת הלכה טו טוש"ע שם סעי' ז וסי' רד סעיף ה:

נג ט י מיי' שם הל' יד טוש"ע שם סי' ערב סעיף א:

נד כ טוש"ע שם ס"ד:

נה ל מיי' פי"ח מהל' מכירה הלכה יד:

נו מ נ מיי' פי"ז שם הל' ג סמג שם טוש"ע ח"מ סי' רל סעיף ה:

גמרא

דְּאָמַר רָבָא: אסוֹחֵט אָדָם אֶשְׁכּוֹל שֶׁל עֲנָבִים וְאוֹמֵר עָלָיו קִידּוּשׁ הַיּוֹם! וְאֶלָּא לְמַעוּטֵי מִפִּיהָ וּמִשּׁוּלֶיהָ — וְהָא תָּנֵי רַבִּי חִיָּיא: במִפִּיהָ וּמִשּׁוּלֶיהָ לֹא יָבִיא, וְאִם הֵבִיא — כָּשֵׁר! וְאֶלָּא לְמַעוּטֵי יַיִן כּוּשִׁי, א)בּוֹרֶק, הֵילְיסְטוֹן, שֶׁל מַרְתֵּף, שֶׁל צִמּוּקִים — וְהָא ב)תַּנְיָא: גבְּכוּלָּן לֹא יָבִיא, וְאִם הֵבִיא — כָּשֵׁר! וְאֶלָּא לְמַעוּטֵי יַיִן קוֹסֵס, מָזוּג, מְגוּלֶּה, וְשֶׁל שְׁמָרִים, וְשֶׁרֵיחוֹ רַע. דְּתַנְיָא: דבְּכוּלָּן לֹא יָבִיא, וְאִם הֵבִיא פָּסוּל — לְמַעוּטֵי מַאי? אִי לְמַעוּטֵי קוֹסֵס, פְּלוּגְתָּא דְּר' יוֹחָנָן וְר' יְהוֹשֻׁעַ בֶּן לֵוִי הִיא! אִי לְמַעוּטֵי מָזוּג — העַלּוּיֵי עַלְּיֵיהּ, ג)דְּאָמַר רַבִּי יוֹסֵי בְּרַבִּי חֲנִינָא: מוֹדִים חֲכָמִים לְר"א בְּכוֹס שֶׁל בְּרָכָה, שֶׁאֵין מְבָרְכִין עָלָיו עַד שֶׁיִּתֵּן לְתוֹכוֹ מַיִם! אִי ולְמַעוּטֵי מְגוּלֶּה — סַכָּנָה הִיא! אִי לְמַעוּטֵי שֶׁל שְׁמָרִים; הֵיכִי דָּמֵי? אִי זדִּרְמָא תְּלָתָא וַאֲתָא אַרְבָּעָה — חַמְרָא מְעַלְּיָא הוּא, אִי חדִּרְמָא תְּלָתָא וַאֲתָא תְּלָתָא וּפַלְגָּא — פְּלוּגְתָּא דְּרַבָּנַן וַאֲחֵרִים הִיא! אֶלָּא טלְמַעוּטֵי שֶׁרֵיחוֹ רַע. וְאִיבָּעֵית אֵימָא: לְעוֹלָם לְמַעוּטֵי מְגוּלֶּה. יוְאַע"ג דְּעַבְרֵי' בִּמְסַנֶּנֶת, ד)כְּר' נְחֶמְיָה, אֲפִילּוּ הָכִי — °"הַקְרִיבֵהוּ נָא לְפֶחָתֶךָ הֲיִרְצְךָ אוֹ הֲיִשָּׂא פָנֶיךָ". [מלאכי א] בְּעָא מִינֵּיהּ רַב כָּהֲנָא חֲמוּהּ דְּרַב מְשָׁרְשְׁיָא מֵרָבָא: חֲמַר חִוּוֹרְיָין, מַהוּ? כאֲמַר לֵיהּ: °"אַל תֵּרֶא יַיִן כִּי יִתְאַדָּם". [משלי כג] § "קַנְקַנִּים בַּשָּׁרוֹן" וכו'.§ לתָּאנָא: פִּיטָסוֹת נָאוֹת וּמְגוּפָּרוֹת.§

מתני' מהַמּוֹכֵר יַיִן לַחֲבֵירוֹ וְהֶחְמִיץ — אֵינוֹ חַיָּיב בְּאַחֲרָיוּתוֹ, נוְאִם יָדוּעַ שֶׁיֵּינוֹ מַחְמִיץ — הֲרֵי זֶה מִקַּח טָעוּת. וְאִם אָמַר לוֹ: "יַיִן מְבוּשָּׂם

תוספות

מודים חכמים לר"א בכוס של ברכה וכו'. קאי אהא דתנן בפרק "שלשה שאכלו" (ברכות דף נ:): אין מברכין על היין עד שיתן לתוכו מים דברי ר"א, ועלה קאמר ר' יוסי בר' חנינא בגמ' דבכוס של ברכה מודים. וטעמא מפרש התם — משום מלוה מן המובחר. **עד** שיתן לתוכו מים. קשה, דאמר בפרק "שלשה שאכלו" (ברכות דף נא.): עשרה דברים נאמרו בכוס של ברכה, שטיפה חי מלא כו', אלמא משמע דכוס של ברכה צריך שיהא חי ולא מזוג! ומפרשים גדולי נרבונא ד"חי" קאי אכוס, שיהא שלם ולא שבור. דשייך מיתה בכלי, כדאמר (ב"ק דף נד.): שבירתן זו מיתתן. וכן משמע קצת, דכל י' דברים הן בכוס ולא ביין. ורש"י פירש בברכות ד"חי" דקאמר — היינו שיתנו יין חי בכוס שמברכים עליו, ואח"כ מוזגין בו מים. לאפוקי שלא ימזגנו בכוס זה ויברך בכוס אחר. ור"ת מפרש ד"חי" דהתם — היינו מזוג ולא מזוג, דה"נ מוקי בפרק "בן סורר" (סנהדרין דף ע: ושם) הא דקאמר רב: אינו חייב עד שיאכל בשר וישתה יין חי — במזוג ולא מזוג. והא דמשמע ב"המוליא יין" (שבת דף עו: ושם) שמוזגין אותו עד רביעית, דקאמר: כוס של ברכה צריך שיהא בו רובע רביעית, כדי שימזגנו ויעמוד על רביעית. אומר ר"ת: דבברכת הארץ מוסיף בו מים, כדאמר בפרק "שלשה שאכלו" (ברכות דף נא. ושם): ומוסיפין בברכת הארץ. ולא כמו שפי' שם רש"י דמוסיפין יין[ז]. **חמר** חיוריין מהו. פירש ר"ש: דחיוריין היינו בורק, ולא שמיע ליה ברייתא דלעיל, דקתני: בורק לא יביא, ואם הביא כשר. ולר"י נראה דשפיר שמיע ליה. וחיוריין גרוע מבורק, דחיוריין לבן יותר מדאי, אבל בורק אינו אלא מבהיק ומתלבן קצת, ודומה קצת לאדמומית, ולכך אם הביא — כשר. **ואם** ידוע שיינו מחמיץ חייב באחריותו. וקשה לר"י: דאמר אביי ב"איזהו נשך" (ב"מ דף סד.): שרי ליה לאיניש למיתן זוזי לחבריה אחבית יין, ולמימר הכי: אי יקרא אי זולא — ברשותי, ואי תקפה — ברשותך. והשתא מאי קמ"ל אביי? מתני' היא הכא: אם ידוע שיינו מחמיץ — חייב באחריותו, אע"ג דאי יוקרא או זולא ברשותיה דלוקח הויא! וכן בקנקנים דמוכר, אע"פ שאין ידוע שיינו מחמיץ. ועוד, דפריך ליה התם: האי קרוב לשכר ורחוק להפסד הוא, תקשי ליה אמתני' דהכא! וליכא למימר דיש חילוק בין "תקפה" ל"החמיץ" דהכא, דהא אמר בברכות (דף ה:): רב הונא תקיפו ליה ד' מאה דני דחמרא, אייקר חלא ואיזבן בדמי חמרא — אלמא דהכל אחד. ועוד קשה לר"י: דמה רבית שייך שם? הא אי תקפה — הוי מקח טעות, דאיגלאי מילתא שלא היה סופו להתקיים! וי"ל: דאביי אשמעינן דאפילו בחמרא דידעינן ביה שראוי להתקיים — אפילו הכי מקבל עליה מוכר אי תקף מחמת שום דבר, מחמת חום או מחמת טלטול או מחמת דשני בברזא, ולהכי דמי לרבית. אבל הכא לא מיירי בראוי להתקיים, ולכך מתחלה בשעת מכירה לא היה מקחו מקח, דכשהחמיץ לבסוף איגלאי מילתא והוכיח סופו על תחלתו שלא היה ראוי להתקיים, ולא מיחזי כרבית כלל[ח].

מבושם

רשב"ם

הָכֵי גָּרְסִינָן: וְאָמַר רָבָא סוֹחֵט אָדָם כו'. כְּלוֹמַר, וְאִם תַּעֲלֶה עַל דַּעְתְּךָ לְדַמּוּיֵי קִידּוּשׁ לְנִיסּוּךְ וּלְמֵימַר דִּלְכַתְּחִלָּה אֵין מְקַדְּשִׁין עָלָיו — הָאָמַר רָבָא: סוֹחֵט אָדָם כו', אַלְמָא דִּמְקַדְּשִׁין עָלָיו לְכַתְּחִלָּה. מִפִּיהָ. שֶׁל חָבִית. וּמִשּׁוּלֶיהָ. סָמוּךְ לַשְּׁמָרִים, כְּדִתְנַן בִּמְנָחוֹת בְּפֶ' "כָּל הַקָּרְבָּנוֹת": אֵינוֹ מֵבִיא מִפִּיהָ מִפְּנֵי הַקְּמָחִין, וְלֹא מִשּׁוּלֶיהָ מִפְּנֵי הַשְּׁמָרִים. כּוּשִׁי. שָׁחוֹר. בּוֹרֵק. לָבָן וְרַע הוּא. כְּמוֹ: בָּרָק בַּרְקַאי (יומא דף כח.). הֵלִיסְטוֹן. יַיִן מָתוֹק וְחַלָּשׁ מְאֹד. שֶׁל מַרְתֵּף. כְּלוֹמַר, סְתַם יַיִן שֶׁל מַרְתֵּף, שֶׁלֹּא נִבְדַּק. וּמִשּׁוּם דְּאִיכָּא חָבִיּוֹת קוֹסְסוֹת, כִּדְתְנַן בְּמַתְנִי' — קָאָמְרִי' דְּלֹא יָבִיא. וּמִיהוּ, אִם הֵבִיא — כָּשֵׁר. וְאַע"ג דְּאָמְרִי' בְּסָמוּךְ דְּיַיִן קוֹסֵס פָּסוּל לִנְסָכִים — ה"מ בְּוַדַּאי, אֲבָל הָכָא — מִי יֵימַר דְּהוּא קוֹסֵס? צִמּוּקִים. פַּרְכִּילֵי עֲנָבִים יְבֵשִׁים, וְעָשָׂה מֵהֶן יַיִן. יַיִן קוֹסֵס. הוּא יַיִן הַנִּמְכָּר בַּחֲנוּת. וּפָסוּל הוּא, דְּלָא הָוֵי שֵׁכָר וְלֹא רָאוּי לִהְיוֹת שֵׁכָר, כְּיַיִן מִגִּתּוֹ דְּסוֹפוֹ מִיהָא לִהְיוֹת שֵׁכָר. מָזוּג. אֵינוֹ בִּכְלַל שֵׁכָר. וּבְסִפְרֵי דָּרֵישׁ הָכִי: "וְנִסְכּוֹ רְבִיעִת הַהִין" — חַי אַתָּה מְנַסֵּךְ, וְלֹא הַמָּזוּג. וְיַיִן מְגוּלֶּה. וְאִיכָּא לְמֵיחַשׁ שֶׁמָּא שָׁתָה הֵימֶנּוּ נָחָשׁ. אוֹ שֶׁל שְׁמָרִים. תֶּמֶד. וְשֶׁרֵיחוֹ רַע. מוּסְרָח, אֲבָל יֵשׁ בּוֹ טַעַם יַיִן. לְמַעוּטֵי מַאי. מֵהָנֵי פְּסוּלִים דְּהַךְ בָּרַיְיתָא אֲתָא רַב לְמַעוּטֵי? אִילֵימָא לְמַעוּטֵי יַיִן קוֹסֵס אֲתָא לְמֵימַר דְּאֵין אוֹמֵר עָלָיו קִידּוּשׁ הַיּוֹם, הָא "בּוֹרֵא פְּרִי הַגֶּפֶן" מְבָרְכִין — וְאַמַּאי? הָא פְּלוּגְתָּא דְּר' יוֹחָנָן וְריב"ל הִיא לְעֵיל (דף צו.)! דִּלְר' יוֹחָנָן חַמְרָא הוּא, וַאֲפִי' לְעִנְיַן קִידּוּשׁ שַׁפִּיר דָּמֵי, דְּכֵיוָן דִּלְגַבֵּי תְּרוּמָה חָשִׁיב לֵיהּ יַיִן — הוּא הַדִּין לְגַבֵּי קִידּוּשׁ, דְּלָא שְׁנָא קִידּוּשׁ מִ"בּוֹרֵא פְּרִי הַגֶּפֶן" אֶלָּא לְעִנְיַן מִיאוּס, כִּדְלְקַמָּן, מִשּׁוּם "הַקְרִיבֵהוּ נָא לְפֶחָתֶךָ". וְלְר' יְהוֹשֻׁעַ בֶּן לֵוִי חַלָּא הוּא, וַאֲפִי' "בּוֹרֵא פְּרִי הַגֶּפֶן" אֵין מְבָרְכִין, כְּדַאֲמָרַן לְעֵיל. וְאִי ס"ל כְּר' יוֹחָנָן — הָכִי ה"ל לְמֵימַר: מְבָרְכִין עָלָיו "בּוֹרֵא פְּרִי הַגֶּפֶן", וַהֲנָא אָמֵינָא דְּהוּא הַדִּין לְקִידּוּשׁ. וְאִי כְּרַבִּי יְהוֹשֻׁעַ בֶּן לֵוִי ס"ל — הָכִי ה"ל לְמֵימַר: אֵין מְבָרְכִין עָלָיו אֶלָּא "שֶׁהַכֹּל". עַלּוּיֵי עַלְּיֵיהּ. לְקִידּוּשׁ. מוֹדִים חֲכָמִים לְר"א. דִּפְלִיגֵי בְּנִיסּוּךְ, וּמַכְשְׁרֵי בְּמָזוּג. כֵּן נִרְאֶה בְּעֵינַי, וְלָא יָדַעְנָא פְּלוּגְתַּיְיהוּ הֵיכָא. ה) עַד שֶׁיִּתֵּן מַיִם לְתוֹכוֹ. דְּלָא חָשִׁיב לְשְׁתִיָּיה חַי אֶלָּא מָזוּג. וּבְיֵינוֹת שֶׁלָּהֶן מַיְירֵי, דְּדָרוּ עַל חַד תְּלָתָא מַיָּא. סַכָּנָה הוּא. וַאֲפִילּוּ בְּלֹא קִידּוּשׁ אָסוּר לִשְׁתּוֹתוֹ. וְאִי לְמַעוּטֵי תֶּמֶד שֶׁל שְׁמָרִים פְּלוּגְתָּא דְּרַבָּנַן וַאֲחֵרִים. וְקַיְימָא לָן כְּרַבָּנַן, דַּאֲפִי' "בּוֹרֵא פְּרִי הַגֶּפֶן" לָא מְבָרְכִינַן. אֶלָּא לְמַעוּטֵי שֶׁרֵיחוֹ רַע וּמִשּׁוּם הַקְרִיבֵהוּ נָא לְפֶחָתֶךָ. מִשּׁוּם מִיאוּס. וּמִיהוּ "בפה"ג" מְבָרְכִים עָלָיו, דְּרֵיחֵיהּ חַמְרָא וְטַעֲמֵי' חַמְרָא, אֶלָּא שֶׁהִסְרִיחַ קְצָת מִשּׁוּם דְּמוּנָּח בִּכְלִי מָאוּס. וְהָכִי קָאָמַר רַב: אֵין אוֹמֵר קִידּוּשׁ הַיּוֹם אֶלָּא עַל הַיַּיִן נָקִי וְהָגוּן, שֶׁרָאוּי לְנַסֵּךְ מֵחֲמַת נְקִיּוּתוֹ ע"ג הַמִּזְבֵּחַ. וְלָא אֲתָא רַב לְמַעוּטֵי בְּהָאי כְּלָל שְׁאָר יֵינוֹת שֶׁאֵין מְנַסְּכִין ע"ג הַמִּזְבֵּחַ, כְּגוֹן יַיִן קוֹסֵס וּמָזוּג, אֶלָּא הָנְהוּ יֵינוֹת שֶׁמִּתּוֹךְ שֶׁמְּאוּסִין פְּסוּלִין לְנִיסּוּךְ מִשּׁוּם "הַקְרִיבֵהוּ נָא לְפֶחָתֶךָ", דִּפְסוּלִין נַמִּי לְקִידּוּשׁ מִשּׁוּם הַאי טַעֲמָא גּוּפֵיהּ. לְעוֹלָם לְמַעוּטֵי מְגוּלֶּה. וּדְקַשְׁיָא לָךְ סַכָּנָה הוּא. כְּגוֹן דְּעַבְרֵיהּ בִּמְסַנֶּנֶת. דְּמוּתָּר לִשְׁתִיָּה, וְאִיצְטְרִיךְ לְמֵימַר דִּלְקִידּוּשׁ פָּסוּל. כְּרַבִּי נְחֶמְיָה, דְּאָמַר: אֶרֶס נָחָשׁ צָף וְעוֹמֵד בִּמְקוֹמוֹ, וְיֵשׁ לוֹ תַּקָּנָה בְּסִינּוּן, בְּמַסֶּכֶת סוּכָּה בְּשִׁילְהֵי פֶּרֶק רְבִיעִי. הַקְרִיבֵהוּ נָא. גַּבֵּי חוֹלֶה כְּתִיב, אַלְמָא כָּל דָּבָר מְגוּנֶּה אָסוּר לְקָרְבָּן. חֲמַר חִיוַּרְיָין מַהוּ. לִנְסָכִים. וְיֵשׁ מְפָרְשִׁים: לְקִידּוּשׁ, וְלָא נְהִירָא. חֲמַר חִיוַּרְיָין. נִרְאֶה בְּעֵינַי דְּהַיְינוּ יַיִן בּוֹרֵק, דְּתַנְיָא לְעֵיל: לֹא יָבִיא, וְאִם הֵבִיא — כָּשֵׁר. וּבָרַיְיתָא לָא שְׁמִיעַ לֵיהּ. אַל תֵּרֶא יַיִן. לִשְׁתּוֹתוֹ. כִּי יִתְאַדָּם. שֶׁמְּשַׁכֵּר יוֹתֵר מִדַּאי. אַלְמָא, יַיִן אָדוֹם קוֹדֵם לִנְסָכִים, דְּשֵׁכָר כְּתִיב בְּהוּ. תָּנָא פִּיטָסוֹת. דַּאֲמָרַן, דִּמְקַבְּלִין עֶשֶׂר לְק' — אֵינָן שְׁבוּרוֹת וּרְעוּעוֹת מַמָּשׁ, דְּא"כ אֲפִי' אַחַת לֹא מְקַבֵּל. אֶלָּא נָאוֹת כִּשְׁאָר קְדֵירוֹת שֶׁבַּשָּׁרוֹן, וּמְגוּפָּרוֹת בְּגָפְרִית, וְהַגָּפְרִית סוֹתֵם אֶת הַשֶּׁבֶר וּמְחַבְּרוֹ קְצָת, וִיכוֹלִין לְהִשְׁתַּמֵּשׁ בָּהֶן קְצָת, אֶלָּא שֶׁאֵין מִתְקַיְּימִין זְמַן מְרוּבֶּה כִּשְׁלֵמִין, וְהוֹאִיל וְלָא הָווּ שְׁבוּרִין לְגַמְרֵי מְקַבֵּל עָלָיו י' לְק'. וּפֵירוּשׁ כָּתוּב בִּסְפָרִים: ו) כְּשֶׁבָּא לְבַשְּׁלָן מֵבִיא גָּפְרִית וְנוֹתֵן בָּהֶן הָאוּר, וּמְלַחֶכְתָּן הָאוּר עִם אוֹתוֹ גָּפְרִית, וְנִרְאוֹת מְבוּשָּׁלוֹת, וְהֵן נָאוֹת. הָכִי גָּרְסִינַן בְּפֵירוּשׁ רַבֵּינוּ חֲנַנְאֵל: תָּנָא יֶתֶר עַל כֵּן בְּבוּלָּן מַחֲזִיר אֶת הַשְּׁאָר וְנוֹטֵל אֶת הַדָּמִים מִמֶּנּוּ. וּבָרַיְיתָא מְלָאכְתִּיהָ בַּתּוֹסֶפְתָּא (פ"ו), וְיֵשׁ לִלְמוֹד דִּבִּסְפָרִים שֶׁלָּהֶם כְּתוּבָה. וְיָלְפִינַן מִינָּהּ לָדוּן כֵּן, דְּהַמּוּתָּר עַל י' קוֹסְסוֹת וּפוּטָסוֹת — יַחֲזִיר, אֲבָל הָעֶשֶׂר הִגִּיעוּהוּ. דְּלֵיכָּא לְמֵימַר: עָרוּבֵי עָרֵיב כִּלְגַבֵּי טוֹפְסָא. וְלֵיכָּא לְמֵימַר נַמִּי: אַפֵּירֵי שַׁפִּירֵי יָהֵיב, דְּטַעֲמָא דְּטְרִיחָא לָא שַׁיָּיךְ הָכָא. **מתני'** אֵינוֹ חַיָּיב. הַמּוֹכֵר בְּאַחֲרָיוּתוֹ, דִּבְשְׁעַת מְכִירָה יַיִן הָוָה. וְאִם יָדוּעַ שֶׁיֵּינוֹ מַחְמִיץ. בְּכָל שָׁנָה — הֲרֵי זֶה מִקַּח טָעוּת. כִּדְמוֹקֵי לָהּ בַּגְּמָרָא: כְּדְאָמַר לֵיהּ לְמִקְפָּה. דְּאִי לָא א"ל לְמִקְפָּה — לָמָּה יִתְחַיֵּיב בְּאַחֲרָיוּתוֹ? הֲרֵי הָיָה יָכוֹל לִשְׁתּוֹתוֹ, וְלָא אִיבְּעִי לֵיהּ לְשַׁהוּיֵי. דְּהָא אֲפִי' אִי רוֹצָה לְשַׁהוּיֵי זְבְנֵי — אֵין הוֹלְכִין בְּמָמוֹן אַחַר הָרוֹב. וְכָל שֶׁכֵּן הַשְׁתָּא, דְּפַלְגָּא לִשְׁתִיָּה וּפַלְגָּא לְשְׁהִיָּיה.

מְבוּשָּׂם.

רבינו גרשום

טובים: דאמר רב' סוחט וכו': מפיה. של אותה חופי' של מעל' אשקומ"א של יין: ומשולי'. השמרים שבתחתית החבית כבלמו"ן סימן הוא: (מפני) יין כושי. שהוא שחור: בורק. יין לבן: ליסטון. ירוק שהפיג טעמו ונפק מצורתו: של מרתף. אותו יין הנמכר בחנות שאינו כל כך יפה: של צמוקים. מן ענבים יבשים שעשו מהן צימוקין אם הביא כשר וא"כ אפי' לכתחלה מקדשין: ג"ב שק"ר סימן הוא יין קוסס שרע משל חנות כמו קוסס: למעוטי מאי. אין מברכין עליהן: אי למעוטי יין קוסס. הא פליגי רב יהודה ורב חסדא לעיל דפליגי ביין הנמכר בחנות דהיינו יין קוסס אלא למעוטי מזוג דאין מקדשין אם מזגו עלי' קא מעליי' לי ואמאי אינו רשאי א) לנסך על גבי המזבח: דאמר ר' יוסי מודים חכמים וכו' כדאמר במס' ברכות (דף נ:): אלא למעוטי מגולה. דאין מקדשין בלאו הכי נמי ידענא דאין מקדשין משום גלוי דסכנה: אלא למעוטי שמרים. דאין מקדשין פלוגתא דרבנן ואחרי' היא כדאמר' לעיל: אלא לעולם למעוטי מגולה דאין מברכין ודקא קשיא לך תיפוק ליה משום סכנה אע"ג דעברי' במסננת ב)אוקיל דייר דליכא למיחש משום גלוי דהא סינוהו ונשאר הארס למעלה מן המסננת אפי' הכי אתי למעוטי דאין מברכין ואין מנסכין הואיל ונתגלה משום דכתיב הקריבהו נא לפחתך: חמר חיוורין מאד מהו. ראוי לנסך ולקדש אי לא: אמר ליה אל תרא יין כי יתאדם. מדשבחיה קרא ליין אדום ש"מ דהוא חזי והאי חיוורין לא חזי: (ומכר לו) מכר לו קנקנים בשרון. באותו מקום שהיו רגילין לעשות הקנקנים: עשר פיטסות למאה. ותנא שבורות. נאות ומגופרות כשבא לבשל מביא גפרית ונותן בהן (עם) האור (ומהלכתן) [ומלחכתן] האור עם אותו הגפרית ונראות מבושלות והן נאות ונעשה השבר מגופף מאותו גפרית אבל שבורות ממש אין מקבל: **פיס'** המוכר יין לחבירו אינו חייב באחריות. אם ידוע שינו רגיל להחמיץ הרי זה מקח טעות וחוזר. מילתא דרב ושמואל דפליגי לעיל בחבית שהחמיצה קשיא לי וכי לא סבור להו הך דמתני' אבל כך פירש המורה דאינהו לא סבור להו כמתני':

לא

מסורת הש"ס

א) [ס"א בודק שהוא קשה ובודק את כל הגוף ערוך וכן בשאלתות פרש' יתרו סימן נז] ב) מנחות פו. ג) ברכות נ: ד) סוכה נ: [ב"ק קטו:] ה) הג"ה בברכות פ' שלשה שאכלו דף נ: איתא לא דר' יוסי בר חנינא ולמשנתינו להתם קאי בשלשה פר' ובברכות יין מיירי תוספ' יעקב ע"ב: ו) [כך כתב הערוך ערך פטס ע"ש: ז) [וע"ע תוס' ברכות נ: ד"ה מודים]: ח) [וע"ע תוס' ב"מ סד. ד"ה אי תקפה]:

א) נ"ל אמאי אינו רשאי לקדש עליו. ב) אולי נ"ל דקיי"ל כר' נחמיה דליכא למיחש משום גילוי.

א) סוטה דף מז: ב) [ועי' ב"מ עג: ובתוס' שם ד"ה אפרוותא ושם מובאת הגרסי' הכא דוולשפט]:

נז א ב ג מיי' פי"ז מהל' מכירה הלכה ו סמג לאוין קפ טוש"ע ח"מ סי' רל סעיף ו:
נח ד מיי' שם הל' ג טוש"ע שם סעיף ה:
נט ה ו ז מיי' שם טוש"ע שם סעיף ז:
ס ח ט מיי' שם הל' ה טוש"ע שם סעיף ח:
סא כ ל מיי' שם טוש"ע שם סעיף ט:

א מְבוּשָּׂם אֲנִי מוֹכֵר לְךָ" — חַיָּיב לְהַעֲמִיד לוֹ עַד הָעֲצֶרֶת, ב וְ"יָשָׁן" — מִשֶּׁל אֶשְׁתָּקַד, ג ו"מְיוּשָּׁן" — מִשֶּׁל ג' שָׁנִים.§ **גמ'** אָמַר ר' יוֹסֵי בְּר' חֲנִינָא: ד לֹא שָׁנוּ אֶלָּא בְּקַנְקַנִּים דְּלוֹקֵחַ, ה אֲבָל בְּקַנְקַנִּים דְּמוֹכֵר — אָמַר לֵיהּ: הָא חַמְרָךְ וְהָא קַנְקַנָּךְ. וְכִי קַנְקַנִּין דְּמוֹכֵר מַאי הָוֵי? לֵימָא לֵיהּ: לָא אִיבָּעֵי לָךְ לַשְׁהוּיֵי! לָא צְרִיכָא, ו דַּאֲמַר לֵיהּ לְמִקְפָּה. וּמַאי דּוּחְקֵיהּ דְּר' יוֹסֵי בְּר' חֲנִינָא לְאוֹקְמָא לְמַתְנִיתִין בְּקַנְקַנִּין דְּלוֹקֵחַ וְדַאֲמַר לֵיהּ לְמִקְפָּה? לוֹקְמָא בְּקַנְקַנִּין דְּמוֹכֵר וּדְלָא אֲמַר לֵיהּ לְמִקְפָּה! אֲמַר רָבָא: מַתְנִיתִין קְשִׁיתֵיהּ, דְּקָתָנֵי: אִם יָדוּעַ שֶׁיֵּינוֹ מַחְמִיץ — הֲרֵי זֶה מִקַּח טָעוּת; ז אַמַּאי? לֵימָא לֵיהּ: לָא אִיבָּעֵי לָךְ לַשְׁהוּיֵי! אֶלָּא לָאו שְׁמַע מִינָּהּ דַּאֲמַר לֵיהּ לְמִקְפָּה, שְׁמַע מִינָּהּ. וּפְלִיגָא דְּרַב חִיָּיא בַּר יוֹסֵף, דַּאֲמַר רַב חִיָּיא בַּר יוֹסֵף: חַמְרָא — מַזָּלָא דְּמָרֵיהּ גָּרֵים, שֶׁנֶּאֱ': (חבקוק ב) "וְאַף כִּי הַיַּיִן בּוֹגֵד גֶּבֶר יָהִיר" וגו'. א) אֲמַר רַב מָרִי: הַאי מַאן דְּיָהִיר — אֲפִילּוּ אַאֱינָשֵׁי בֵּיתֵיהּ לָא מִיקַּבַּל, שֶׁנֶּאֱ': (שם) "גֶּבֶר יָהִיר וְלֹא יִנְוֶה"; מַאי "וְלֹא יִנְוֶה" — בְּנָוֶה שֶׁלּוֹ. א"ר יְהוּדָה אָמַר רַב: כָּל הַמִּתְגָּאֶה בְּטַלִּית שֶׁל ת"ח וְאֵינוֹ ת"ח — אֵין מַכְנִיסִין אוֹתוֹ בִּמְחִיצָתוֹ שֶׁל הקב"ה; כְּתִיב הָכָא "וְלֹא יִנְוֶה", וּכְתִיב הָתָם (שמות טו) "אֶל נְוֵה קָדְשֶׁךָ". אֲמַר רָבָא: ח הַאי מַאן דְּזַבֵּין לֵיהּ חָבִיתָא דְּחַמְרָא לְחֶנְוָאָה אַדַּעְתָּא לְסַבּוּיֵיהּ, וּתְקֵיף אַפַּלְגָּא אוֹ אַתִּילְתָּא — דִּינָא הוּא דִּמְקַבֵּל לָהּ מִינֵּיהּ. ט וְלָא אֲמַרַן אֶלָּא דְּלָא שָׁנֵי בְּבִרְזָא, אֲבָל שָׁנֵי בְּבִרְזָא — לָא. י וְלָא אֲמַרַן אֶלָּא דְּלָא מְטָא יוֹמָא דְּשׁוּקָא, אֲבָל מְטָא יוֹמָא דְּשׁוּקָא — לָא. וַאֲמַר רָבָא: כ הַאי מַאן דְּקַבֵּיל חַמְרָא אַדַּעְתָּא דְּמַמְטֵי לֵיהּ לְפַרְווֹתָא ב) דְּווֹל שְׁפַט, וְאַדְּמַטֵּי הָתָם זַל — דִּינָא הוּא דִּמְקַבֵּל לֵיהּ. אִיבַּעְיָא לְהוּ: הֲוָה חַלָּא, מַאי? אֲמַר לֵיהּ רַב הִלֵּל לְרַב אַשִׁי, כִּי הֲוָאן בֵּי רַב כָּהֲנָא אֲמַר לָן: חַלָּא לָא, וּדְלָא כְּר' יוֹסֵי בְּר' חֲנִינָא. וְאִיכָּא דְּאָמְרִי: ל אֲפִילּוּ חַלָּא נַמִי מְקַבֵּל, כְּמַאן? כְּר' יוֹסֵי בְּר' חֲנִינָא.§ "יָשָׁן — מִשֶּׁל אֶשְׁתָּקַד" כו'.§

תָּאנָא

רשב"ם

מְבוּשָּׂם. שֶׁיִּתְקַיֵּים כְּדֶרֶךְ הַמִּתְקַיְּימִין. עַד הָעֲצֶרֶת. אֲבָל לֹא מִן הָעֲצֶרֶת וְאֵילָךְ, שֶׁחוֹם תְּקוּפַת תַּמּוּז מְקַלְקֵל אֲפִי' יַיִן מְבוּשָּׂם. וְיָשָׁן. וְאִם מוֹכֵר לוֹ יַיִן יָשָׁן — יִתֵּן לוֹ מִשֶּׁל אֶשְׁתָּקַד, שָׁנָה הַמּוּקְדֶּמֶת לָזוֹ שֶׁאָנוּ עוֹמְדִים בָּהּ. מִשֶּׁל שָׁלֹשׁ שָׁנִים. מִשָּׁנָה דְּקוֹדֶם אֶשְׁתָּקַד, דְּהָווּ לְהוּ ג' שָׁנִים עִם שָׁנָה שֶׁאָנוּ עוֹמְדִין בָּהּ. תורה אור

גמ' לֹא שָׁנוּ. דְּאֵינוֹ חַיָּיב בְּאַחֲרָיוּתוֹ. אֶלָּא בְּקַנְקַנִּים דְּלוֹקֵחַ. שֶׁקִּבֵּל הַלּוֹקֵחַ הַיַּיִן בַּחֲבִיּוֹתָיו, דְּאִיכָּא לְמֵימַר כֵּלָיו גָּרְמוּ. וּמִיהוּ, סֵיפָא דְּקָתָנֵי: וְאִם יָדוּעַ כו' — הָתָם לֵיכָּא לְמֵימַר כְּלֵי הַלּוֹקֵחַ גָּרְמוּ, דַּאֲנַן סָהֲדֵי שֶׁהַיַּיִן רָגִיל בְּכָךְ. אֲבָל בְּקַנְקַנִּים דְּמוֹכֵר. מָצֵי אָמַר לֵיהּ לוֹקֵחַ, אֲפִילּוּ לִזְמַן מְרוּבֶּה: הָא חַמְרָךְ וְהָא קַנְקַנָּךְ, דְּוַדַּאי יֵינְךָ וְכֵלֶיךָ גָּרְמוּ. דִּסְבִירָא לֵיהּ דְּמִימוֹת הַבָּצִיר הֲוָה יַיִן מְקוּלְקָל כְּבָר, אֶלָּא שֶׁאֵין נִיכָּר הַדָּבָר עַד שְׁעַת חִימּוּץ, כִּדְאָמְרִינַן בְּ"אֵיזֶהוּ נֶשֶׁךְ" (ב"מ דף עג:): מֵעִיקָּרָא דְּחַמְרָא חַמְרָא, דְּחַלָּא חַלָּא, הַהוּא שַׁעְתָּא הוּא דְּמַבְחֲרִי אַנַּפְשַׁיְיהוּ חַמְרָא. וּלְרַב דְּאָמַר לְעֵיל: כָּל שְׁלֹשָׁה יָמִים בִּרְשׁוּת מוֹכֵר — אִיכָּא לְאוֹקוּמֵי מַתְנִי' בְּקַנְקַנִּים דְּלוֹקֵחַ וַאֲפִילּוּ תּוֹךְ שְׁלֹשָׁה, אוֹ בְּקַנְקַנִּים שֶׁל מוֹכֵר וּלְאַחַר שְׁלֹשָׁה, וְהִלְכָּךְ מוֹכֵר פָּטוּר. וְכִי קַנְקַנִּים דְּמוֹכֵר (א). לָמָּה יַפְסִיד מוֹכֵר? הָא מָצֵי אָמַר לֵיהּ מוֹכֵר לַלּוֹקֵחַ: לָא אִיבָּעֵי לָךְ לַשְׁהוּיֵי! דַּאֲפִילּוּ לְרַב דְּאָמַר (לעיל דף צג.): הַמּוֹכֵר שׁוֹר לַחֲבֵירוֹ וְנִמְצָא נַגְחָן הֲרֵי זֶה מִקַּח טָעוּת — הָנֵי מִילֵּי מִשּׁוּם דְּרוּבָּא לִרְדִיָּא זָבְנִי, אֲבָל הָכָא — רוּבָּא לָאו לַשְׁהוּיֵי זָבְנִי, וְיַפְסִיד לוֹקֵחַ. דְּאָמַר לֵיהּ לְמִקְפָּה. לְהִסְתַּפֵּק מְעַט מְעַט לִקְדֵירוֹת, דְּהַיְינוּ לַשְׁהוּיֵי. מַאי דּוּחְקֵיהּ דְּרַבִּי יוֹסֵי בְּרַבִּי חֲנִינָא לְאוֹקוּמֵי. רֵישָׁא דְּמַתְנִיתִין בְּקַנְקַנִּים דְּלוֹקֵחַ לְחוּד, וְלָא בְּקַנְקַנִּים דְּמוֹכֵר — מִשּׁוּם דְּמוֹקֵי לְמַתְנִי' בְּדְא"ל לְמִקְפָּה. לוֹקְמֵיהּ בִּדְלָא אֲמַר לֵיהּ לְמִקְפָּה, דְּהַמּוֹכֵר יַיִן סְתָם קָתָנֵי, וְלָא שְׁנָא קַנְקַנִּים דְּלוֹקֵחַ וְלָא שְׁנָא קַנְקַנִּים דְּמוֹכֵר קָתָנֵי מַתְנִיתִין, דְּאֵין מוֹכֵר חַיָּיב בְּאַחֲרָיוּתוֹ, מִשּׁוּם דְּלָא אִיבָּעֵי לֵיהּ לַשְׁהוּיֵי! **אַמַּאי.** הֲוָה לֵיהּ מִקַּח טָעוּת. **לֵימָא** לֵיהּ **לָא אִיבָּעֵי** לָךְ לַשְׁהוּיֵי. דְּהָא רוּבָּא לָאו לַשְׁהוּיֵי זָבְנִי. **אֶלָּא לָאו שְׁמַע מִינָּהּ דַּאֲמַר לֵיהּ** לְמִקְפָּה. וְה"ה לְרֵישָׁא. וְהַיְינוּ טַעְמָא דְּרֵישָׁא פָּטוּר מוֹכֵר — דְּאִיכָּא לְמֵימַר קַנְקַנִּים דְּלוֹקֵחַ גָּרְמוּ, וּבְסֵיפָא חַיָּיב — הוֹאִיל וְיָדוּעַ שֶׁיֵּינוֹ רָגִיל לְהַחְמִיץ כָּל שָׁנָה. **וּפְלִיגָא.** הָא דְּר' יוֹסֵי בְּר' חֲנִינָא, דְּמוֹקֵי לָהּ בְּקַנְקַנִּים דְּלוֹקֵחַ וְלָא דְּמוֹכֵר, מִשּׁוּם דְּמָצֵי א"ל: הָא חַמְרָךְ וְהָא קַנְקַנָּךְ. **דְּרַב חִיָּיא בַּר יוֹסֵף.** דְּאִיהוּ מוֹקֵי לָהּ נַמִי בְּקַנְקַנִּים דְּמוֹכֵר. וְאע"ג דְּא"ל לְמִקְפָּה, כִּדְמוֹכַח סֵיפָא — אֲפִי' הָכִי מוֹכֵר פָּטוּר. דְּלָא מָצֵי אָמַר לֵיהּ: הָא חַמְרָךְ וְהָא קַנְקַנָּךְ, דְּלָאו קַנְקַנִּים דְּמוֹכֵר גָּרְמוּ, אֶלָּא מַזָּלָא דְּלוֹקֵחַ, שֶׁהוּא בְּעָלָיו שֶׁל יַיִן, גָּרֵים. שֶׁנֶּאֱמַר וְאַף כִּי הַיַּיִן בּוֹגֵד. בְּאָדָם, לָמָּה — מִשּׁוּם דְּ"גֶבֶר יָהִיר" וגו'. גַּאֲוָתוֹ שֶׁל אָדָם, שֶׁמֵּגִיס דַּעְתּוֹ בְּדָבָר שֶׁאֵין בּוֹ — גּוֹרֵם שֶׁהַיַּיִן בּוֹגֵד בּוֹ, דִּסְבוּרִין שֶׁהוּא יַיִן וְנִמְצָא חוֹמֶץ, מִדָּה כְּנֶגֶד מִדָּה. וּמִיהוּ סֵיפָא, כֵּיוָן דְּאָמַר לֵיהּ לְמִקְפָּה, וְלָא מָצֵי אָמַר לֵיהּ לָא אִיבָּעֵי לָךְ לַשְׁהוּיֵי, וְלָא מָצֵי לְמֵימַר לֵיהּ מַזָּלָךְ גָּרַם, מֵאַחַר שֶׁהַדָּבָר יָדוּעַ שֶׁיֵּינוֹ מַחְמִיץ — הִלְכָּךְ חַיָּיב מוֹכֵר. **אֱינָשֵׁי** בֵּיתֵיהּ. אִשְׁתּוֹ. **לָא** מִיקַּבַּל. שֶׁמְּבַזָּה אוֹתוֹ. כָּל הַמִּתְגָּאֶה בְּטַלִּית שֶׁל תַּלְמִידֵי חֲכָמִים. דְּעָבֵיד כִּדְאָמְרַן בְּ"חֶזְקַת הַבָּתִּים" (לעיל דף נז:): טַלִּית שֶׁל תַּלְמִידֵי חֲכָמִים כֵּיצַד — כָּל שֶׁאֵין חֲלוּקוֹ נִרְאֶה מִתַּחְתָּיו טֶפַח. וּצְנִיעוּתָא יְתֵירְתָּא הוּא, וְגַסּוּת הוּא לְמִי שֶׁאֵינוֹ תַּלְמִיד חָכָם. **הַאי מַאן** דְּמַזְבֵּין לֵיהּ **חָבִיתָא דְּחַמְרָא** לְחֶנְוָנֵי וכו'. מוֹסֵר חָבִית שֶׁלּוֹ לַחֶנְוָנִי כְּדֵי לִמְכּוֹר אֶת הַיַּיִן בַּחֲנוּתוֹ, וְיִשְׂתַּכֵּר הַחֶנְוָנִי קְצָת, וּבַעַל הַבַּיִת לֹא יְקַבֵּל מְעוֹתָיו אֶלָּא לְאַחַר שֶׁיְּקַבֵּל הַחֶנְוָנִי מִן הַלּוֹקְחִין. וְחַמְרָא בִּרְשׁוּתָא דְּמָרֵיהּ קָאֵי, וְאֵין הַחֶנְוָנִי אֶלָּא שָׁלִיחַ בְּעָלְמָא לִיטּוֹל שְׂכַר טָרְחוֹ. וְהִלְכָּךְ, אִם הֶחְמִיץ אַפַּלְגָּא אוֹ אַתִּילְתָּא דְּדָנָא קוֹדֶם שֶׁמָּכַר כּוּלּוֹ. דִּינָא **הוּא** דִּמְקַבֵּל. בַּעַל הַבַּיִת, כָּל הַהֶפְסֵד. וּכְגוֹן שֶׁלֹּא פָּשַׁע שָׁלִיחַ, דְּהַיְינוּ חֶנְוָנִי, מִידֵי בִּשְׁלִיחוּתוֹ, כִּדְמְפָרֵשׁ וְאָזֵיל. "וְאַף כִּי הַיַּיִן בּוֹגֵד" לֵיכָּא לְמֵימַר גַּבֵּי חֶנְוָנִי — דְּהָא אֵין לוֹ חֵלֶק בּוֹ, וְגַם לֹא הַקַּנְקַן שֶׁלּוֹ הוּא, וְאַכַּתִּי בִּרְשׁוּת מָרֵיהּ קָמָא אִיתֵיהּ. **וְלָא אֲמַרַן.** דְּהִפְסִיד בַּעַל הַבַּיִת. **אֶלָּא דְּלָא שָׁנֵי.** לוֹקֵחַ בְּבִרְזָא, לַעֲשׂוֹת נֶקֶב אַחֵר בֶּחָבִית. אֲבָל שָׁנֵי — אִיכָּא לְמֵימַר דְּהוּא גָּרֵים. **דְּלָא מְטָא יוֹמָא דְּשׁוּקָא.** וְלֹא נִתְעַצֵּל חֶנְוָנִי בִּמְכִירָתוֹ. **הַאי מַאן דְּקַבֵּיל חַמְרָא** מֵחַבְרֵיהּ. לְמַחְצִית שָׂכָר, וְהַקַּנְקַנִּים דְּמוֹכֵר, וְהוּא קִיבְּלוֹ בְּדָמִים כְּשַׁעַר שֶׁל עַכְשָׁיו בָּעִיר הַזֹּאת, וְהָרֶיוַח יַחְלוֹקוּ. וְכָל מְקַבְּלֵי מָמוֹן לְמַחְצִית שָׂכָר הָווּ מַפְקִיד וְנִפְקָד, קְרוֹבִים לְשָׂכָר וּקְרוֹבִים לְהֶפְסֵד, וַהֲרֵי הוּא בְּאַחֲרָיוּת שְׁנֵיהֶם לְהֶפְסֵד כְּמוֹ לְשָׂכָר, כִּדְאָמְרַן (ב"מ דף קד:): הַאי עִיסְקָא פַּלְגָּא מִלְוֶה וּפַלְגָּא פִּקָּדוֹן, וְאִם הוֹקִיר אוֹ הוּזַל אוֹ נִגְנַב אוֹ נֶאֱבַד — לִשְׁנֵיהֶם נֶאֱבַד וְהוּזַל. אֲבָל אָמַר לוֹ בַּעַל הַיַּיִן לַמְקַבֵּל: אֲפִי' אִם הוֹקִיר לֹא יְהֵא לְךָ רְשׁוּת לְמָכְרוֹ בְּכָאן, אֶלָּא זִיל וְאַמְטְיֵיהּ לְמַלְכוּת אַחֶרֶת, אַפַּרְווֹתָא דְּווֹל שְׁפַט, שֶׁבְּאוֹתוֹ מָקוֹם הָיוּ מוֹכְרִים יַיִן בְּיוֹקֶר. וְקוֹדֶם שֶׁהִגִּיעַ לְשָׁם זָל הַיַּיִן בְּכָל הַמְּקוֹמוֹת, וּפִיחֵת מִכְּדֵי דָּמִים שֶׁקִּיבְּלוֹ. דִּינָא **הוּא** דִּמְקַבֵּל. בַּעַל הַיַּיִן אֶת כָּל הַזּוֹל. דְּכֵיוָן דַּאֲפִילּוּ אִם הוֹקִיר מִיָּד לֹא הָיָה לוֹ רְשׁוּת לְמָכְרוֹ עַד שֶׁמַּגִּיעַ לְפַרְווֹתָא דְּווֹל שְׁפַט — לְעִנְיַן זוֹלָא נַמִי בִּרְשׁוּתָא דְּבַעַל הַיַּיִן קָאֵי. וּמִיהוּ, לְגַבֵּי גְּנֵיבָה וַאֲבֵידָה — בִּרְשׁוּתֵיהּ דִּמְקַבֵּל נַמִי קָאֵי. וְכֵן אִם נַעֲשָׂה חוֹמֶץ, כִּדְלְקַמָּן, שֶׁהֲרֵי בְּאַחֲרָיוּתוֹ הוּא, וְקָרֵינָא בֵּיהּ "אַף כִּי הַיַּיִן בּוֹגֵד". דְּמַזָּלָא דְּתַרְוַיְיהוּ גָּרֵים, שֶׁבְּאַחֲרָיוּת שְׁנֵיהֶן הוּא עוֹמֵד, וּשְׁנֵיהֶן בְּעָלָיו שֶׁל יַיִן. וּפָשַׁע דְּלָא **אַמְטְיֵיהּ.** לָא גָּרְסִינַן. הֲוָה **חַלָּא.** מִקַּמֵּיהּ דְּאַמְטְיֵיהּ לְהָתָם, מַאי? מִי מְקַבֵּל בַּעַל הַיַּיִן כָּל הַהֶפְסֵד? דְּהָא אֲפִילּוּ גַּבֵּי מְכִירָה גְּמוּרָה מְקַבֵּל, מִשּׁוּם דְּא"ל לוֹקֵחַ: הָא חַמְרָךְ וְהָא קַנְקַנָּךְ, הֵיכָא דְּאָמַר לֵיהּ לְמִקְפָּה, דְּלָא מָצֵי אָמַר לֵיהּ מוֹכֵר: לָא אִיבָּעֵי לָךְ לַשְׁהוּיֵי. וְכָל שֶׁכֵּן הָכָא, דְּלָא מָכַר לְגַמְרֵי, וְגַם אָמַר לֵיהּ: זִיל אַמְטְיֵיהּ אַפַּרְווֹתָא דְּווֹל שְׁפַט, שֶׁצִּוָּהוּ לְהַשְׁהוֹתוֹ — דְּמָצֵי אָמַר לֵיהּ מְקַבֵּל: הָא חַמְרָךְ וְהָא קַנְקַנָּךְ, כְּר' יוֹסֵי בְּר' חֲנִינָא. אוֹ דִּלְמָא לֹא מְקַבֵּל כָּל הַהֶפְסֵד אֶלָּא פַּלְגָא, דְּמָצֵי אָמַר לֵיהּ: מַזָּלָךְ נַמִי גָּרַם, שֶׁבְּאַחֲרָיוּת שְׁנֵינוּ עוֹמֵד, וְ"הַיַּיִן בּוֹגֵד" קָרֵינָא בֵּיהּ, כְּרַב חִיָּיא בַּר יוֹסֵף. חַלָּא **לָא.** כְּלוֹמַר, לֹא מְקַבֵּל בַּעַל הַיַּיִן כָּל הַהֶפְסֵד. וְאע"ג דְּכְמַאן דְּא"ל לְמִקְפָּה דָּמֵי, וְאִיבָּעֵי לַשְׁהוּיֵי — מִשּׁוּם דְּמַזַּל שְׁנֵי הַבְּעָלִים גּוֹרֵם. וּדְלָא **כְּר' יוֹסֵי בְּר' חֲנִינָא.** דְּמוֹקֵי לְמַתְנִיתִין בְּקַנְקַנִּים דְּלוֹקֵחַ, אֲבָל בְּקַנְקַנִּים דְּמוֹכֵר — סְבִירָא לֵיהּ דְּאָמַר לֵיהּ לוֹקֵחַ: הָא חַמְרָךְ וְהָא קַנְקַנָּךְ, הֵיכָא דְּאָמַר לֵיהּ לְמִקְפָּה. וְהָכָא נַמִי, כֵּיוָן דְּא"ל זִיל אַמְטְיֵיהּ כו' — הֲרֵי נָוֶה לוֹ לְהַשְׁהוֹתוֹ. וְנִרְאֶה בְּעֵינַי דְּלֵית הִלְכְתָא כְּר' יוֹסֵי בְּר' חֲנִינָא אֶלָּא כְּרַב חִיָּיא בַּר יוֹסֵף דְּמַזָּלָא דְּגַבְרָא גָּרֵים אֶלָּא אִם כֵּן יָדוּעַ שֶׁיֵּינוֹ מַחְמִיץ, וּדְאָמַר לֵיהּ לְמִקְפָּה. דְּהָא שְׁמוּאֵל קָאֵי כְּוָותֵיהּ, וַאֲמָרַן לְעֵיל: עֲבַד רַב יוֹסֵף עוּבְדָּא בְּחַמְרָא כְּוָותֵיהּ דִּשְׁמוּאֵל.

תָּנָא.

תוספות

מבושם עד עצרת. קשה לרשב"א: דהא בקנקנים דלוקח איירי מתניתין, ולימא ליה: קנקנך גרים, ולרב חייא בר יוסף — לימא ליה: מזלך גרם! ויש לומר: דודאי, אם נמצא חומץ — מצי אמר ליה הכי. אבל הכא לא איירי בהכי, אלא אשמועינן דצריך ליתן לו יין הראוי להתקיים עד העצרת.

האי מאי דזבין חביתא דחמרא אדעתא לסבוייה. פי' (*רשב"י) דאין החנווני אלא שליח בעלמא. ואין נראה לר"י, דאם כן לא הוה ליה למימר זבין. ועוד: דאם כן — מגופה מילתא דרבא לא שמעינן שום חידוש, דהא דקאמר "לא אמרן" — אין נראה שיהא זה מדברי רבא, אלא גמרא דקאמר ליה. ונראה לו לפרש: דמיירי דזבין מכר גמור, ואדעתא דהכי זבנה — שימכרנו בחנות, ודמי לא"ל למקפה — דבעי שיתקיים כדי מקפה, והכי נמי — בעינא שיתקיים כדי סיבוייה. ומיהו, קשה ללישנא דאמר בסמוך מעובדא דקביל חמרא מחבריה אדעתא דנמטאה אפרוותא דוול שפט, חלא לא, כרב חייא בר יוסף; השתא, התם דלא זבניה לגמרי — מלי אמר ליה מזלך גרם, כ"ש הכא דהוי מכר גמור! וי"ל: דההיא לישנא מוקי הך מילתי' דרבא בידוע שיינו מחמיץ. ואפי' הכי — דוקא אדעתא דסבוייה, הא לאו הכי — מלי א"ל: לא איבעי ליה לשהויי.

רבי

רבינו גרשום

לא שנו. דאין המוכר באחריות היינו כשדרכו בקנקן דלוקח. אבל אם עדיין בכליו דמוכר לימא ליה לוקח הא חמרך: אפי' כי איתיה בקנקנים דמוכר אמאי מצי למימר ליה לוקח הא חמרך הא קנקנך לימא ליה המוכר לא איבעי לך לשהוייה ברשותך אלא היה לך ליקחנו ולמכור לאלתר משום דכל שעתא מחמיץ ואמאי מצי לוקח למימר לי' הא חמרא כו': הכא במאי עסקינן דאמר לי' לוקח למקפה. בעינא ולא לזבוני דהשתא לא מצי למימר ליה לא איבעי לך לשהוייה: ומקשי' מאי דוחקיה דר' יוסי לאוקמי כו' לוקמי' בקנקנים דמוכר ודלא אמר לו למקפה ולימא הכי לא שנו דאינו חייב באחריותו אלא בקנקן דמוכר הואיל דלא א"ל למקפה דמצי למימר ליה [לא] איבעי לך לשהוייה: אמר רבא משום הכי אוקמוה למתני' הכי בקנקנים דלוקח וכו' משום דסיפא דמתני' כו': אלא ש"מ. דמשום הכי לא מצי למימר הכי דאמר הלוקח למקפה קא בעינא ליה והיכא דמפרש לסיפא מפרשי' נמי רישא. והא דקתני ר' יוסי ב"ר חנינא דבקנקנים דמוכר מצי אמר ליה הא חמרך והא קנקנך וחייב המוכר באחריות פליגא דר' חייא: אף כי היין בוגד. לו לאדם שמתייהר ואינו מתגאה בשום טובה ומחמיץ היין לו הואיל א)דלקחן אינו חייב המוכ' באחריותו: בנוה שלו. בביתו: כל המתגאה. בטלית של ת"ח לא בטלית ממש קאמר משום שהכל חייבין בציצית אלא שכורך בסודר על ראשו כעין שהיו רגילין לעשות תלמידי חכמים וסודר אסור לפרוש כי אם לת"ח וקרא שמו סודר על שמו [של] ת"ח כדכתי' סוד ה' ליראיו: לא ינוה ולא יבא לנוה קדשו: אדעתא לסבוייה. שקנאה על דעת למוכרה בביתו על יד על יד ותקף החביתא שהחמיצ' קודם מכירת' למחצית או לשלישית דינא הוא דמקבל ליה המוכר: דלא שני בבירזייהו. שלא עשאה סמוך לשמרים: אבל אי מצי לזבונה מקמי הכי ולא זבנה בודאי באחריות' החמיצה ולא מקבל: לפרוותא דוולשפט. לאותו מקום שהיין ביוקר וזל מכדי שווין שהיה נמכר בזול שפט בשעה שקיבלה

דינא הוא דמקבל לה מיניה דמשום דאההיא דעתא קיבל מניה דאי זבין זבין ואי לא ליהדרה ליה: איבעיא להו הוה חלא. ברשות חנווני: מאי. מקבל או לא מקבל: ואמר לי'. דלא מקבל ליה כדר' חייא ב"ר יוסף דאמר לעיל חמרא מזלא דגברא גרים והחנווני גורם ולא מקבל ודלא כר' יוסי ב"ר חנינא דאמר לעיל אבל בקנקנים דמוכר לימא ליה הא חמרך הא קנקנך והא חמרא בחביתא דמוכר החמיץ: ואיכא דאמר וכו' כמאן כר' יוסי ב"ר חנינא. דאמר בקנקנים דמוכר מצי אמר ליה הא חמרך והא קנקנך והא חמרא איתיה בקנקנים דמוכר ומקבל הואיל שהחמיץ בכליו: אם אמר לו יין מבושם. יין מובחר וטוב אני מוכר לך חייב להעמיד לו יין יפה וטוב שיכול להעמיד לו עד עצרת בלא

הגהות הב"ח

(א) רשב"ם ד"ה וכי קנקנים דמוכר מאי הוה למה.

א) אולי צ"ל הואיל וכן אינו וכו'.

עין משפט נר מצוה

סב א מיי' פי"ז מהל' מכירה הל"ו סמג לאוין קמ טוש"ע ח"מ סי' רל סעיף י:

סג ב ג ד ה ו מיי' שם פכ"א הלכה ד סמג עשין פב טוש"ע ח"מ סי' ריד סעיף יג:

סד ז ח מיי' פכ"א מהל' איסורי ביאה הלכה טו סמג לאוין קנו:

סה ט י מיי' פכ"א מהל' מכירה הל"ד סמג עשין פב טוש"ע ח"מ סי' ריד סעיף יג:

תוספות

רבי ישמעאל אומר רפת בקר היא כו'. נראה דכי היכי דהכא גבי תנאי בנין אין חשוב בית אא"כ יש לו שש על שמונה — ה"נ לענין חלוקת אחים או שותפין. דהא דאמרת: אי איכא ד' אמות לזה וד' אמות לזה חולקין — מוקמינן בפ"ק דסוכה (דף ג: ע"ש וכן לעיל יא.) בחצר המתחלקת לפי פתחיה.

כי קחשיב משפת כרובים ולמעלה. בפירוש מקרא פרש"י דתקרה דעליית היכל היתה גבוהה משל קדשי הקדשים עשר אמות, [ג]ולא עיין כאן.

מתקיף

גמרא

תָּאנָא: [א]וּמְיַישֵּׁן וְהוֹלֵךְ עַד הֶחָג.§ **מתני'** [ב]הַמּוֹכֵר מָקוֹם לַחֲבֵירוֹ, (א) וְכֵן הַמְקַבֵּל מָקוֹם מֵחֲבֵירוֹ לַעֲשׂוֹת לוֹ בֵּית חֲתָנוּת לִבְנוֹ וּבֵית אַלְמָנוּת לְבִתּוֹ — בּוֹנֶה אַרְבַּע אַמּוֹת עַל שֵׁשׁ, דִּבְרֵי ר' עֲקִיבָא; רַבִּי יִשְׁמָעֵאל אוֹמֵר: רֶפֶת בָּקָר הִיא זוֹ. [ג]הָרוֹצֶה לַעֲשׂוֹת רֶפֶת בָּקָר — בּוֹנֶה ד' אַמּוֹת עַל שֵׁשׁ, בַּיִת קָטָן — שֵׁשׁ עַל ח', [ד]גָּדוֹל — ח' עַל עֶשֶׂר, [ה]טְרַקְלִין — י' עַל י'. [א]רוּמוֹ כַּחֲצִי אָרְכּוֹ וְכַחֲצִי רָחְבּוֹ; רְאָיָה לַדָּבָר, רַבָּן שִׁמְעוֹן בֶּן גַּמְלִיאֵל אוֹמֵר: כְּבִנְיַן הַהֵיכָל.§ **גמ'** לָמָּה לִי לְמִיתְנָא בֵּית חֲתָנוּת לִבְנוֹ וּבֵית אַלְמָנוּת לְבִתּוֹ? לִיתְנֵי: בֵּית חֲתָנוּת לִבְנוֹ וּלְבִתּוֹ, וּבֵית אַלְמָנוּת לִבְנוֹ וּלְבִתּוֹ! מִלְּתָא אַגַּב אוֹרְחֵיהּ קמ"ל, [ו]דְּלָא דַּרְכָּא דַּחֲתָנָא לְמֵידַר בֵּי חֲמוּהּ; כְּדִכְתִיב בְּסֵפֶר בֶּן סִירָא: הַכֹּל שָׁקַלְתִּי בְּכַף מֹאזְנַיִם, וְלֹא מָצָאתִי קַל מִסּוּבִּין, וְקַל מִסּוּבִּין — [ח]חָתָן הַדָּר בְּבֵית חָמִיו, וְקַל מֵחָתָן — אוֹרֵחַ מַכְנִיס אוֹרֵחַ, וְקַל מֵאוֹרֵחַ — מֵשִׁיב דָּבָר בְּטֶרֶם יִשְׁמַע, שֶׁנֶּאֱמַר: °"מֵשִׁיב דָּבָר בְּטֶרֶם יִשְׁמָע אִוֶּלֶת הִיא לוֹ וּכְלִמָּה".§ ר' יִשְׁמָעֵאל אוֹמֵר: רֶפֶת בָּקָר הִיא זוֹ. הָרוֹצֶה לַעֲשׂוֹת" כו'.§ רֶפֶת בָּקָר מַאן קָתָנֵי לַהּ? אִיכָּא דְּאָמַר: ר' יִשְׁמָעֵאל קָתָנֵי לַהּ. וְאִיכָּא דְּאָמַר: ר"ע קָתָנֵי לַהּ. אִיכָּא דְּאָמַר ר"ע קָתָנֵי לַהּ, וְה"ק: אע"פ שֶׁרֶפֶת בָּקָר הִיא, פְּעָמִים שֶׁאָדָם עוֹשֶׂה דִּירָתוֹ כְּרֶפֶת בָּקָר. וְאִיכָּא דְּאָמַר ר' יִשְׁמָעֵאל קָתָנֵי לַהּ, וְה"ק: שֶׁהָרוֹצֶה לַעֲשׂוֹת רֶפֶת בָּקָר, עוֹשֶׂה אַרְבַּע אַמּוֹת עַל שֵׁשׁ.§ "טְרַקְלִין י' עַל י'".§ מַאי טְרַקְלִין? (ב) קוּבְּתָא בֵּי וַרְדֵי. תָּאנֵי: [ט]וְקַנְתִּיר — שְׁתֵּים עֶשְׂרֵה עַל י"ב. מַאי קַנְתִּיר? [י]תַּרְבַּץ אַפַּדְנֵי.§ "רוּמוֹ כַּחֲצִי אָרְכּוֹ וְכַחֲצִי רָחְבּוֹ; רְאָיָה לַדָּבָר, רשב"ג אוֹמֵר: כְּבִנְיַן הַהֵיכָל".§ "רְאָיָה לַדָּבָר" מַאן קָתָנֵי לַהּ? אִיכָּא דְּאָמַר: רשב"ג קָתָנֵי לַהּ, וְהָכִי קָאָמַר: רְאָיָה לַדָּבָר מִנַּיִן? אָמַר רשב"ג: הַכֹּל כְּבִנְיַן הֵיכָל. וְאִיכָּא דְּאָמַר: ת"ק קָתָנֵי לַהּ, וְרשב"ג אִתְּמוּהֵי קָא מִתַּמַּהּ, וְהָכִי קָאָמַר לֵיהּ [לת"ק]: רְאָיָה מִנַּיִן — מִבִּנְיַן הֵיכָל, אַטּוּ כּוּלֵּי עָלְמָא כְּבִנְיַן הֵיכָל עָבְדִי? תַּנְיָא, אֲחֵרִים אוֹמְרִים: רוּמוֹ כְּקוֹרוֹתָיו. וְלֵימָא: רוּמוֹ כְּרָחְבּוֹ! אִיבָּעֵית אֵימָא: [ב]בֵּיתָא מֵעִילָּאֵי רָוַוח, וְאִיבָּעֵית אֵימָא: מִשּׁוּם דְּאִיכָּא בֵּי כַוֵּי. רַבִּי חֲנִינָא נְפַק לְקִרְיָיתָא, רְמוֹ לֵיהּ קְרָאֵי אַהֲדָדֵי; כְּתִיב: °"וְהַבַּיִת אֲשֶׁר בָּנָה הַמֶּלֶךְ שְׁלֹמֹה לַה' שִׁשִּׁים אַמָּה אָרְכּוֹ וְעֶשְׂרִים רָחְבּוֹ וּשְׁלֹשִׁים אַמָּה קוֹמָתוֹ", וּכְתִיב: °"וְלִפְנֵי הַדְּבִיר עֶשְׂרִים אַמָּה אוֹרֶךְ וְעֶשְׂרִים אַמָּה רֹחַב וְעֶשְׂרִים אַמָּה קוֹמָתוֹ"! אֲמַר לְהוּ: כִּי קָא חָשֵׁיב — מִשְּׂפַת כְּרוּבִים וּלְמַעְלָה. מַאי קמ"ל? הָא

תורה אור: משלי יח | מ"א ו | שם

רשב"ם

תָּנָא. הֵיכָא דְּא"ל מְיוּשָּׁן — צָרִיךְ שֶׁיְּהֵא שֶׁל ג' שָׁנִים שְׁלֵימוֹת, וְשֶׁיִּתְקַיֵּים וְיִתְיַישֵּׁן עַד גְּמַר שָׁנָה שְׁלִישִׁית זוֹ, דְּהַיְינוּ עַד הֶחָג עַד הַבָּצִיר. שֶׁזּוֹ הִיא תּוֹרַת מְיוּשָּׁן לְהִתְקַיֵּים שָׁלֹשׁ שָׁנִים שְׁלֵימוֹת, וְאִם יַחְמִיץ קוֹדֶם הֶחָג — הֲרֵי הוּא בְּאַחֲרָיוּתוֹ שֶׁל מוֹכֵר. **מתני'** לַעֲשׂוֹת לוֹ בֵּית חֲתָנוּת לִבְנוֹ. כִּדְמְפָרֵשׁ לְקַמֵּיהּ: בֵּית חֲתָנוּת לִבְנוֹ שֶׁלָּקַח אִשָּׁה. וְדֶרֶךְ הָאָב לַעֲשׂוֹת לִבְנוֹ יָצִיעַ קָטָן סָמוּךְ לְבֵיתוֹ, שֶׁאֵין דֶּרֶךְ הֶחָתָן לָדוּר אֵצֶל חָמִיו מִשּׁוּם חֲשַׁד חֲמוֹתוֹ, כִּדְמְפָרֵשׁ בַּגְּמָרָא, וְהִלְכָּךְ נָקַט בֵּית חֲתָנוּת לִבְנוֹ. אֲבָל אֵין רָגִיל לַעֲשׂוֹת בֵּית אַרְמְלוּת לִבְנוֹ, שֶׁהֲרֵי עַד עַתָּה לֹא הָיָה דָּר אֵצֶל חָמִיו אֶלָּא אֵצֶל אָבִיו, מִשּׁוּם חֲמוֹתוֹ. בֵּית אַרְמְלוּת לְבִתּוֹ. שֶׁמֵּת בַּעְלָהּ, וְחוֹזֶרֶת אֶל בֵּית אָבִיהָ כִּבְנְעוּרֶיהָ. שֶׁעַד עַכְשָׁיו כְּשֶׁהָיְתָה נְשׂוּאָה לֹא הָיְתָה דָּרָה אֵצֶל הָאָב מִשּׁוּם בַּעְלָהּ, חֲתָנוֹ, שֶׁהֶחָתָן אֵינוֹ דָּר אֵצֶל חָמִיו. וְהִלְכָּךְ נָקַט בֵּית אַרְמְלוּת לְבִתּוֹ, וְלֹא בֵּית חֲתָנוּת לְבִתּוֹ, וְהָכִי מְפָרְשִׁינַן בַּגְּמָרָא. רֶפֶת בָּקָר הִיא זוֹ. וְצָרִיךְ לַעֲשׂוֹת בַּיִת גָּדוֹל יוֹתֵר. וּמִיהוּ, לֹא חָשַׁשׁ לְפָרֵשׁ שִׁיעוּרוֹ. וְהָרוֹצֶה לַעֲשׂוֹת כו'. בַּגְּמָרָא מְפָרֵשׁ מִי קָאָמַר לָהּ, אוֹ ר' יִשְׁמָעֵאל אוֹ ר' עֲקִיבָא. בַּיִת קָטָן שֵׁשׁ עַל שְׁמוֹנֶה. הָרוֹצֶה לִבְנוֹת בַּיִת קָטָן לַחֲבֵירוֹ לְכָל הַפָּחוֹת, וּכְגוֹן דְּאָמַר לֵיהּ "עֲשֵׂה לִי בַּיִת" סְתָמָא, וְיַד הַבּוֹנֶה עַל הָעֶלְיוֹנָה לַעֲשׂוֹת לוֹ פָּחוּת שֶׁבַּבָּתִּים, הוֹאִיל וְלֹא פֵּירֵשׁ כַּמָּה — יַעֲשֵׂהוּ קָטָן לְכָל הַפָּחוֹת, ו' עַל ח'. דְּכֵיוָן דְּלָא אֲמַר לֵיהּ "בֵּית חֲתָנוּת" אֶלָּא "בַּיִת" סְתָמָא — לְעַצְמוֹ קָבָּעֵי לָהּ, וְצָרִיךְ לִהְיוֹת גָּדוֹל מִבֵּית חֲתָנוּת. וְהוּא הַדִּין לְמוֹכֵר מָקוֹם לַחֲבֵירוֹ לַעֲשׂוֹת לוֹ בַּיִת, דְּצָרִיךְ לִיתֵּן לוֹ קַרְקַע שֵׁשׁ עַל שְׁמוֹנֶה. גָּדוֹל שְׁמוֹנֶה עַל עֶשֶׂר. וּכְגוֹן שֶׁפֵּירֵשׁ לוֹ: עֲשֵׂה לִי בַּיִת גָּדוֹל. טְרַקְלִין. לְמוֹשַׁב שָׂרִים עָשׂוּי, וְלֹא לְתַשְׁמִישׁ, הִלְכָּךְ מְרוּבָּע בָּעֵינַן. רוּמוֹ כַּחֲצִי אָרְכּוֹ כו'. אַכּוּלְּהוּ קָאֵי, וְהַיְינוּ: בֵּית חֲתָנוּת שֶׁהוּא אָרְכּוֹ (ג) ד' עַל ו' — רוּמוֹ ה' דְּהַיְינוּ חֲצִי אָרְכּוֹ וַחֲצִי רָחְבּוֹ, כְּבַיִת קָטָן — שֶׁבַע, וְתֵשַׁע כְּבַיִת גָּדוֹל, וְעֶשֶׂר כִּטְרַקְלִין. כְּבִנְיַן הַהֵיכָל. הַהֵיכָל עַל פְּנֵי הַדְּבִיר הָיָה אָרְכּוֹ מ' וְרָחְבּוֹ כ', דְּהַיְינוּ חֲצִי אָרְכּוֹ וַחֲצִי רָחְבּוֹ, וְרוּמוֹ שְׁלֹשִׁים, דְּהַיְינוּ חֲצִי אָרְכּוֹ וַחֲצִי רָחְבּוֹ. **גמ'** הָכִי גָּרְסִינַן: לִיתְנֵי בֵּית חֲתָנוּת לִבְנוֹ וּלְבִתּוֹ וּבֵית אַרְמְלוּת לִבְנוֹ וּלְבִתּוֹ מִילְּתָא אַגַּב אוֹרְחֵיהּ קמ"ל. מִדְּלָא תְּנָא בֵּית אַרְמְלוּת לִבְנוֹ, וְלָא תְּנָא נַמִי בֵּית חֲתָנוּת לְבִתּוֹ — מַשְׁנֵיהֶן יֵשׁ לִלְמוֹד דְּלָאו דַּרְכָּא דַּחֲתָנָא כו'. וּכְבָר פֵּירַשְׁתִּי לָהּ בְּמַתְנִיתִין. בֵּי חֲמוּהּ. כִּדְאָמְרִי' בִּפְסָחִים (דף קיג.): הֱוֵי זָהִיר בְּאִשְׁתְּךָ מֵחֲתָנָהּ הָרִאשׁוֹן. אָמְרִי לָהּ מִשּׁוּם חֲשָׁד, וְאָמְרִי לָהּ מִשּׁוּם מָמוֹן, וְאִיתָא לְהָא וְאִיתָא לְהָא. וּמִיהוּ, הוּא הַדִּין לְכָל הַחֲתָנִים, אֶלָּא שֶׁמִּן הָרִאשׁוֹן צָרִיךְ לִיזָּהֵר חָמִיו יוֹתֵר. קַל מִסּוּבִּין. לָאו דַּוְקָא, אֶלָּא דָּבָר גָּרוּעַ. וְהָכִי נָקַט סוּבִּין וְלֹא מוֹץ, דִּפְסוֹלֶת הוּא. אוֹרֵחַ מַכְנִיס אוֹרֵחַ. דַּיּוֹ אִם מְהַנֶּה לוֹ בַּעַל הַבַּיִת. הָרוֹצֶה לַעֲשׂוֹת רֶפֶת בָּקָר כו'. מַאן קָתָנֵי לַהּ. שֶׁהָרוֹצֶה לַעֲשׂוֹת כו'. וּפֵירוּשׁ לִדְבָרָיו הוּא אוֹמֵר, דְּקָאָמַר רֶפֶת בָּקָר הִיא זוֹ, שֶׁהֲרֵי הָרוֹצֶה לַעֲשׂוֹת כו'. אֲבָל לר' עֲקִיבָא רֶפֶת בָּקָר אֵינוֹ גָּדוֹל כָּל כָּךְ. וּבִתְרָתֵּי פְּלִיגֵי ר' יִשְׁמָעֵאל וְרַבִּי עֲקִיבָא, פְּלִיגֵי בְּבֵית חֲתָנוּת וּפְלִיגֵי בְּרֶפֶת בָּקָר. וְשִׁיעוּרֵיהּ דר' עֲקִיבָא מְפוֹרָשׁ בְּבֵית חֲתָנוּת וְלֹא בְּרֶפֶת בָּקָר, וּדְרַבִּי יִשְׁמָעֵאל מְפוֹרָשׁ בְּרֶפֶת בָּקָר וְלֹא בְּבֵית חֲתָנוּת. **אִיכָּא** דְּאָמְרִי רַבִּי עֲקִיבָא קָאָמַר לֵיהּ וְהָכִי קָאָמַר לֵיהּ. לְרַבִּי יִשְׁמָעֵאל: דְּקָאָמְרַתְּ רֶפֶת בָּקָר הִיא זוֹ — אֵין הָכִי נַמִי, דְּוַדַּאי בֵּית חֲתָנוּת וְרֶפֶת בָּקָר שִׁיעוּרָן שָׁוֶה. דְּאע"פ שֶׁהָרוֹצֶה לַעֲשׂוֹת רֶפֶת בָּקָר עוֹשֶׂה ד' עַל ו', פְּעָמִים שֶׁאָדָם עוֹשֶׂה דִּירָתוֹ כְּבֵית חֲתָנוּת אַרְבַּע אַמּוֹת עַל ו' כְּרֶפֶת בָּקָר. **קוּבְּתָא**. כְּעֵין קוּבָּה שֶׁל זוֹנוֹת. וְנִרְאֶה לִי שֶׁעֲשׂוּיִ חַלּוֹנוֹת, כְּעֵין קוּבָּה. בֵּי וַרְדֵי. נוֹתְנִין שָׁם וְורָדִין לְנוֹי לְהִסְתַּכֵּל בָּהֶן. קַנְתֵּר. אִם הִתְנָה לַעֲשׂוֹת לַחֲבֵירוֹ קַנְתֵּר. **תַּרְבַּץ אַפַּדְנֵי**. חָצֵר גָּדוֹל שֶׁעוֹשִׂין שָׂרִים בְּכָל אַפַּדְנֵי שֶׁלָּהֶם. וְעַל שֵׁם שֶׁמַּרְבִּיצִין אוֹתוֹ תָּמִיד בְּמַיִם, לְהַשְׁכִּיב הֶאָבָק, קָרֵי לֵיהּ תַּרְבָּץ. **רְאָיָה לַדָּבָר מַאן קָתָנֵי לַהּ**. דְּאִילּוּ הֲוָה תָּנֵי בְּמַתְנִיתִין: רשב"ג אוֹמֵר רְאָיָה לַדָּבָר כְּבִנְיַן הֵיכָל — הֲוָה פְּשִׁיטָא דרשב"ג קָתָנֵי לַהּ. אֲבָל הָשְׁתָּא, דְּמִיתְנֵי מִקַּמֵּי מִילְּתֵיהּ דרשב"ג, הִלְכָּךְ מִסְתַּפְּקָא לָן אִי רשב"ג קָאָמַר לָהּ הוֹאִיל וּמְסַיֵּים אוֹתוֹ הַדִּבּוּר, אוֹ תַּנָּא קַמָּא קָאָמַר לָהּ לְהַהוּא חֲצִי דִּבּוּר, וַאֲתָא רַבָּן שִׁמְעוֹן בֶּן גַּמְלִיאֵל לְאִיפְלוּגֵי, מִדְּקָאָמַר "כְּבִנְיַן הֵיכָל", וְלָא קָאָמַר "מִבִּנְיַן הַהֵיכָל". **אִיכָּא** דְּאָמַר רַבָּן שִׁמְעוֹן בֶּן גַּמְלִיאֵל קָתָנֵי לַהּ וְהָכִי קָאָמַר רְאָיָה לַדָּבָר מִנַּיִן. פֵּירֵשׁ רשב"ג הַכֹּל כְּבִנְיַן הַהֵיכָל. תַּנָּא **קַמָּא** קָתָנֵי לַהּ. וְהָכִי קָאָמַר תַּנָּא קַמָּא: וּרְאָיָה יֵשׁ לַדָּבָר. וְקָפַץ רשב"ג וְהִפְסִיק אֶת דְּבָרָיו, וְאִתְּמוּהֵי קָמְתַמַּהּ: כְּבִנְיַן הַהֵיכָל אַתָּה רוֹצֶה לַעֲשׂוֹת שְׁאָר בִּנְיָינִין? בִּתְמִיָּה, אֵין לְךָ לְהַשְׁווֹתָן יַחַד. דְּכֵיוָן דְּהֵיכָל רוּמוֹ כַּחֲצִי אָרְכּוֹ וְכַחֲצִי רָחְבּוֹ, בִּשְׁאָר בִּנְיָין דְּלָא חֲשִׁיבֵי — אֵין צָרִיךְ לְהַגְבִּיהַּ כָּל כָּךְ. **כִּמְלֹא** קוֹרוֹתָיו. כְּאוֹרֶךְ קוֹרוֹתָיו שֶׁהֵן נְתוּנִין בְּרָחְבּוֹ שֶׁל בַּיִת. הָכִי גָּרְסִינַן: **וְלֵימָא** רוּמוֹ כְּרָחְבּוֹ. דְּהַיְינוּ הַךְ. מֵעִילָּאֵי רָוַוח. שֶׁבָּתֵּיהֶם שֶׁל חוֹמוֹת אֲבָנִים הָיוּ, וְהַחוֹמָה מִלְּמַטָּה הִיא רְחָבָה, וְהוֹלֶכֶת וּמִתְקַצֶּרֶת הַחוֹמָה לְמַעְלָה, כְּדֵי שֶׁיִּתְקַיֵּים הַרְבֵּה. בֵּי כַוֵּי. הַחַלּוֹנוֹת, מְקוֹם כְּנִיסַת הַקּוֹרוֹת בְּתוֹךְ הַחוֹמָה. רְמוֹ לֵיהּ. בְּנֵי הָעֲיָירוֹת קְרָאֵי אַהֲדָדֵי. כְּתִיב שִׁשִּׁים **אַמָּה אָרְכּוֹ**. מִן הַמִּזְרָח לַמַּעֲרָב, מִפֶּתַח הַהֵיכָל עַד כּוֹתֶל מַעֲרָבִי שֶׁל בֵּית קָדְשֵׁי הַקֳּדָשִׁים, דְּהַיְינוּ: אַרְבָּעִים אַמָּה דְּאוֹרֶךְ הֵיכָל, וְעֶשְׂרִים אַמָּה דְּבֵית קָדְשֵׁי הַקֳּדָשִׁים. וּשְׁלֹשִׁים אַמָּה קוֹמָתוֹ. נִמְצָא שֶׁגַּם בֵּית קָדְשֵׁי הַקֳּדָשִׁים רוּמוֹ שְׁלֹשִׁים אַמָּה. וּכְתִיב. בְּפָסוּק אַחֵר: "וְעֶשְׂרִים אַמָּה קוֹמָתוֹ", דִּכְתִיב: "וְלִפְנֵי הַדְּבִיר עֶשְׂרִים" כְּלוֹמַר לִפְנִים מִמְּחִיצַּת בֵּית קָדְשֵׁי הַקֳּדָשִׁים, וְהִיא אַמָּה טְרַקְסִין שֶׁקְּרוּיָה דְּבִיר, עֶשְׂרִים אַמָּה אוֹרֶךְ מִן הַמִּזְרָח לַמַּעֲרָב, וְעֶשְׂרִים אַמָּה רוֹחַב מִצָּפוֹן לַדָּרוֹם, וְעֶשְׂרִים אַמָּה קוֹמָתוֹ. כִּי קָחָשֵׁיב. עֶשְׂרִים דְּקוֹמַת בֵּית קָדְשֵׁי הַקֳּדָשִׁים — מִשְּׂפַת כְּרוּבִים וּלְמַעְלָה קָחָשֵׁיב. שֶׁהַכְּרוּבִים שֶׁל שְׁלֹמֹה שְׁנַיִם הָיוּ עוֹמְדִין עַל הַקַּרְקַע, אֶחָד מִיָּמִין הָאָרוֹן וְאֶחָד מִשְּׂמֹאלוֹ, אֵצֶל כּוֹתֶל מַעֲרָבִי [נ"ל ורומן] *וְרוּמוֹ עֶשֶׂר, כִּדְכְתִיב בְּהַדְיָא בִּמְלָכִים. וְכַנְפֵיהֶן פְּרוּשׂוֹת מִקִּיר לְקִיר, כְּנַף הָאַחַת נוֹגֵעַ בְּקִיר צְפוֹנִי וּכְנַף חֲבֵירוֹ נוֹגֵעַ בְּקִיר דְּרוֹמִי, נִמְצָא מֵרָאשֵׁי הַכְּרוּבִים וּלְמַעְלָה עֶשְׂרִים אַמָּה עַד הַגַּג. וְאוֹתָן שֶׁל מֹשֶׁה עַל גַּבֵּי הַכַּפּוֹרֶת הָיוּ. **וּמַאי קָא מַשְׁמַע לָן**. לָמָּה לִי דְּקָחָשֵׁיב קְרָא כִּי הַאי גַּוְונָא מִשְּׂפַת כְּרוּבִים וּלְמַעְלָה? לֵימָא: שְׁלֹשִׁים אַמָּה קוֹמָתוֹ!

וּמַשְׁנֵי

רבינו גרשום

בלא חומץ ואם התנה לו למכור יין ישן צריך שיהא מאשתקד ותנא ושצריך שיוכל לעמוד ומתיישן והולך עד החג: **פיס'** וכן המקבל מעות מחבירו לבנות לו בית חתנות לבנו או בית ארמלות לבתו. שאם נתאלמנה בתו וחוזרה לבית אביה ורצה האב לבנות לה בית לבד: ליתני בית חתנות לבנו ולבתו ולמה לי למיתני בית ארמלות: דלא דרכיה דהתנא למידר בבית חמוה. דכיון שלבו גם בחמותו אתי לקלקול. אבל מהשתא כשנתארמלה שבה אל בית אביה מכלל דעד האידנא לא הוות קיימא להתם: ר' ישמעאל אומר רפת בקר היא זאת. הואיל דקטנה היא כל כך: והרוצה לעשות וכו' רפת בקר דמתני' מאן קתני לה. ר' ישמעאל או ר"ע: איכא דאמר ר' עקיבא קתני לה והכי קתני. במתני' בונה ד' אמות על שש דברי ר' עקיבא שהרוצה לעשות רפת בקר וכו'. שפעמים שאדם עושה דירתו קטנה כרפת בקר: מאי טרקלין קובתא בי וורדי. כעין שפורסין אהלים ועגול הוא למעלה כקובה ומוקף הוא מכל דפניו ופורסין שושנים לשם כדי שיהא ריחם נודף ושוכבין בתוכן שרים: תרבץ אפדני. גינת ביתן שאחורי אפדנם: טרקלין י' על י'. מאורך ומרוחב: רומו כחצי ארכו. אלו ה' אמות וכחצי רחבו. ה' אמות אחרות דהיינו י' אמות בקומתו: ראיה לדבר רשב"ג אומר כבנין ההיכל. שהבית שבנה שלמה לה' ששים אמה ארכו ועשרים רחבו ושלשים אמה קומתו צא מהן עשרים אמה של פני הדביר באורך נשתיירו מ' אמות מאורך הבית והיינו ההיכל שהיה מ' אמה ארכו ועשרים רחבו. טול חצי ארכו של היכל דהיינו כ' אמה ומן רחבו חצי דהיינו עשרה אמות הרי כאן ל' אמות וכן הוא קומתו של היכל: ואיכא דאמר מיפלג פליג ואתמוהי קא מתמה והכי קאמר אטו כולי עלמא כבנין היכל קעבדי. רומו כקורותיו. של בית שמחזיקין התקרה ומשימין אותן ברוחב הבית: ומקשינן הואיל שקורות ברחביהן עומדין ליתני כרחבו: איבעית אימא. אי קתני כרחבו של בית שיעורי' זוטר טפי משום דכל ביתא מעילאי רווח לפי כי ביסוד הבית עושין הכותל עבה ומקצרין הכותל כשהוא עולה והבנין רווח מאליו ולפיכך צריך לומר רומו כקורותיו שיהא רומו כאותה הרווחת הבנין של מעלה לא כאותו של מטה לפי כי הבנין מתקצר מלמטה: ואיבעית אימא. משום הכי קתני רומו כקורותיו משום דאיכא בי כווי דכל אורך הקורה עם אותו שנכנס מן הקורה בכתלים מיכן ומיכן וכי האי שיעור צריך שיהא גבהות רומו דאי קתני כרחבו הוי משמע בלא עובי הכתלים: ול' אמה קומתו וכתוב אחר אומר מן הדביר עשרים אמה קומתו. דאי הוה הבנין גרוע כלום מן אורך ורוחב מן הקומה נמי הוה נגרע. משפת כרובים שהיו פורשים בדביר קא חשיב דמשפת גופייהו ולמעלה לא הוי אלא עשרים באמה לחוד וקומת

מסורת הש"ס

א) לעיל ז.: ב) [לקמן לט.]: ג) [עי' תוס' סוכה ה: ד"ה בשליש ובתו' יומא נב. ד"ה ועשרים מבואר ביותר]:

הגהות הב"ח

(א) במשנה המוכר מקום לחבירו לעשות לו בית חתנות לבנו ובית אלמנות לבתו וכן המקבל מחבירו לעשות לו: (ב) גמרא מאי טרקלין. נ"ב עיין בערוך ערך טרקלין: (ג) רשב"ם ד"ה רומו וכו' שהוא ארכו שש על רוחב ד' רומו ה':

תורה אור

הָא קָא מַשְׁמַע לָן: לְמַטָּה כִּלְמַעְלָה, מַה לְּמַעְלָה אֵין מְשַׁמֵּשׁ כְּלוּם, אַף לְמַטָּה אֵין מְשַׁמֵּשׁ כְּלוּם. מְסַיֵּיעַ לֵיהּ לְר' לֵוִי, א)דְּאָמַר ר' לֵוִי, וְאִיתֵּימָא רַבִּי יוֹחָנָן: דָּבָר זֶה מָסוֹרֶת בְּיָדֵינוּ מֵאֲבוֹתֵינוּ — מְקוֹם אָרוֹן ב)וּכְרוּבִים אֵינוֹ מִן הַמִּדָּה. תַּנְיָא נַמִי הָכִי: ג)אָרוֹן שֶׁעָשָׂה מֹשֶׁה, יֵשׁ לוֹ רֶיוַח עֶשֶׂר אַמּוֹת לְכָל רוּחַ וְרוּחַ. אָמַר רַבְנַאי אָמַר שְׁמוּאֵל: כְּרוּבִים בְּנֵס הֵן עוֹמְדִין, שֶׁנֶּאֱמַר: °"וְחָמֵשׁ אַמּוֹת כְּנַף הַכְּרוּב הָאֶחָת וְחָמֵשׁ אַמּוֹת כְּנַף הַכְּרוּב הַשֵּׁנִית עֶשֶׂר אַמּוֹת מִקְצוֹת כְּנָפָיו וְעַד קְצוֹת כְּנָפָיו", גּוּפַיְיהוּ הֵיכָא הֲווּ קַיְימִי? אֶלָּא שְׁמַע מִינָּהּ: בְּנֵס הֵן עוֹמְדִין. מַתְקִיף לָהּ אַבַּיֵי: וְדִלְמָא בּוֹלְטִין כְּתַרְנְגוֹלִין הֲווּ קַיְימִי! מַתְקִיף לָהּ רָבָא: וְדִלְמָא זֶה שֶׁלֹּא כְּנֶגֶד זֶה הֲווּ קַיְימִי! מַתְקִיף לָהּ רַב אַחָא בַּר יַעֲקֹב: וְדִלְמָא בַּאֲלַכְסוֹנָא הֲווּ קַיְימִי! מַתְקִיף לָהּ רַב הוּנָא בְּרֵיהּ דְּרַב יְהוֹשֻׁעַ: וְדִלְמָא ד)בֵּיתָא מְעִילָּאֵי רְוַוח! מַתְקִיף לָהּ רַב פָּפָּא: וְדִלְמָא מֵיכַף הֲווּ כְּיִיפִי יְדַיְיהוּ! מַתְקִיף לָהּ רַב אַשִׁי: וְדִלְמָא שַׁלְחוּפֵי הֲווּ מְשַׁלְחְפִי! (א) כֵּיצַד הֵן עוֹמְדִין? רַבִּי יוֹחָנָן וְר' אֶלְעָזָר; חַד אָמַר: פְּנֵיהֶם אִישׁ אֶל אָחִיו, וְחַד אָמַר: פְּנֵיהֶם לַבַּיִת. וּלְמַ"ד פְּנֵיהֶם אִישׁ אֶל אָחִיו, הָא כְּתִיב: °"וּפְנֵיהֶם לַבָּיִת"! לָא קַשְׁיָא: כָּאן בִּזְמַן שֶׁיִּשְׂרָאֵל עוֹשִׂין רְצוֹנוֹ שֶׁל מָקוֹם, כָּאן בִּזְמַן שֶׁאֵין יִשְׂרָאֵל עוֹשִׂין רְצוֹנוֹ שֶׁל מָקוֹם. וּלְמַ"ד וּפְנֵיהֶם לַבַּיִת, הָא כְּתִיב: °"וּפְנֵיהֶם אִישׁ אֶל אָחִיו"! דִּמְצַדְּדִי אַצְדּוּדֵי; דְּתַנְיָא, אוּנְקְלוֹס הַגֵּר אָמַר: כְּרוּבִים °"מַעֲשֵׂה צַעֲצוּעִים" הֵן, וּמְצוּדָּדִים פְּנֵיהֶם כְּתַלְמִיד הַנִּפְטָר מֵרַבּוֹ.§ **מתני'** אמִי שֶׁיֵּשׁ לוֹ בּוֹר לִפְנִים מִבֵּיתוֹ שֶׁל חֲבֵירוֹ — נִכְנָס בְּשָׁעָה שֶׁדֶּרֶךְ בְּנֵי אָדָם נִכְנָסִין, וְיוֹצֵא בְּשָׁעָה שֶׁדֶּרֶךְ בְּנֵי אָדָם יוֹצְאִין. וְאֵינוֹ מַכְנִיס בְּהֶמְתּוֹ וּמַשְׁקָה מִבּוֹרוֹ, אֶלָּא מְמַלֵּא וּמַשְׁקֶה מִבַּחוּץ. וְזֶה עוֹשֶׂה לוֹ פּוֹתַחַת וְזֶה עוֹשֶׂה לוֹ פּוֹתַחַת.§ **גמ'** פּוֹתַחַת לְהֵיכָא? אָמַר ר' יוֹחָנָן: בשְׁנֵיהֶם לַבּוֹר. בִּשְׁלָמָא בַּעַל הַבּוֹר בָּעֵי לְאִשְׁתַּמּוּרֵי מַיָּא דְּבוֹרֵיהּ, אֶלָּא בַּעַל הַבַּיִת לָמָּה לֵיהּ? א"ר אֶלְעָזָר: מִשּׁוּם

(מ"א ו) (דה"ב ג ה) (שמות כה) (דה"ב ג)

ומשני: הא קא משמע לן למטה כלמעלה. דהני עשר אמות שהכרובים והארון עומדים בהן – כמו העשרים שלמעלה: מה העשרים כולן חלל ואין בהן דבר, כך גם העשר. וגוף הכרובים בנס היו עומדין, כדלקמן, ומקום הארון אינו מן המדה אלא בנס היה עומד. וכנפי הכרובים שהן באויר, לא חיילי, דהא למטה דידהו ולמעלה דידהו יכולין למדוד עשרים ריקנות, מכותל צפוני לכותל דרומי. והכי משמע קרא: "ועשרים אמה קומתו", כלומר, כל השלשים אמות קומה אינן חשובים אלא כעשרים דמשפת כרובים ולמעלה, שהם פנויין מכלום, העשר כמו הכ'. ארון שעשה משה. כשניתן בבית קדשי הקדשים שעשה שלמה, שהוא כ' על כ' – יש לו עשר אמות ריוח לכל רוח ורוח, לימינו ולשמאלו, הרי עשרים בלא ארון. ולפניו כ' עד הדביר. כרובים. דשלמה. בנס היו עומדין. גופן. כנף הכרוב האחד. כנף האחד של כרוב, וה' אמות כנף השני של אותו כרוב. ולאו בכרוב שני קמיירי, דהא כתיב בתרי': "ועשר באמה הכרוב השני" וגו'. "ועשר אמות מקצות כנפיו עד קצות כנפיו" – מהכא לא מפקינן דבנס היה הגוף עומד בין שני הכנפים, שמקצה האחד עד קצה השני לא היו כי אם עשר אמות, וא"כ הגוף שבינתים היכן – לא יתכן לומר דמהכא נפקא ליה, דא"כ מאי האי דקפריך לקמן: ודלמא ביתא מעילאי רווח, וקושיות אחרות דלא שייכי הכא כלל. אלא קרא הכי משמע ליה: אם באת לחבר שני כנפי הכרוב זה בצד זה – תמצא מקצות כנפיו עד קצות כנפיו עשר אמות. ומיהו, טפי מי' אמות הוו, שהרי רוחב הגוף בין ב' הכנפים. אלא מהכא (ב) פרכינן, שרוחב בית קדשי הקדשים מצפון לדרום לא הוי' אלא כ' אמה, וב' הכרובי' היו כנפיהם כ' לבד הגופים, כדכתיב ששני הכנפים היו י' אמות, וכתי' "ויפרשו את כנפי הכרובים ותגע כנף האחד בקיר וכנף הכרוב השני נוגעת בקיר השני וכנפיהם אל תוך הבית נוגעות כנף אל כנף", וא"כ אינהו גופייהו דכרובים היכא הוו קיימי? קס"ד שהכנפים בכרוב כידי האדם, אחד מצד ימין ואחד מצד שמאל, והגוף בינתים. מתקיף לה אביי. מי יימר דבנס היו עומדים? דלמא גופן של כרובים בולטין ויוצאין מתחת כתרנגולים, שהגוף כולו תחת כנפיו ולא בינתים, שאין הרחקה והפרש בין הכנפים, אלא מקורבים, והגוף יוצא מתחת הכנפים, ששני הכנפים יוצאים ממקום אחד באמצע הגב! וכן כל הנך קושיות דמקשו הנך אמוראי ואזלי – אגוף הכרובים קיימי, בר מהנך בתראי דגרס בהו "ידייהו" בהדיא, ברב פפא ורב אשי: כייפי ידייהו, ומשלחפי ידייהו. ודלמא זה שלא כנגד זה הוו קיימי. הכרובים, שהאחד עומד מצד הארון מזה סמוך לכותל, והשני עומד מצד הארון מזה משוך רחוק מן הכותל קצת, ונמצאת כנף האחד נוגעת אחרי כנף חבירו בין הכנף ולכותל, נמצאו קצת כנף הכרוב המשוך מן הכותל לפני קצת כנף הכרוב הסמוך לכותל כשיעור עובי רוחב הגופין, ואע"ג דלא הוו בולטין כתרנגולין נינהו – אפ"ה לא תקשי מידי. מתקיף לה רב אחא בר יעקב. נהי נמי דלאו בולטין כתרנגולים נינהו, וגם זה כנגד זה קיימי – אפי' הכי לא תקשי מידי, דדלמא באלכסונא היו עומדים הכרובים – באלכסון הבית היו עומדים זה כנגד זה, דאיכא טפי מכ' אמה כשיעור הגופים מקצות כנפי של זה לקצות כנפי של זה. כגון שהכרוב שמימין הארון לא הוי' פניו ממש כנגד ההיכל ובגו לכותל מערבי, אלא מצדד אצדודי כנפיו, החיצון כנגד דרומית מערבית נוגע לכותל בזוית, והכנף שלו שמצד הארון פרוש באחורי הארון או חוצה לו, דהיינו רחוק מן הכותל. וכנף הכרוב הב' מתחלת שם, וכנפו השנית נוגעת סמוך לדביר בקרן צפונית מזרחית, כזה:* מתקיף לה רב הונא ברי' דרב יהושע. נהי נמי דזה כנגד זה קיימי ולא באלכסונא קיימי – ואפילו הכי אין גופן עומד בנס, דדלמא ביתא מעילאי רווח, שהבנין הולך ומתקצר למעלה, והרי רחב יתר מעשרים במקום שבולטין הכנפים מן הגופין, והוי מקיר אל קיר כנגד כנפי הכרובים מקום נגיעתן בכתלים יותר מעשרים אמה, ברוחב הגופין. מיכף הוו כייפי ידייהו. הכנפים עצמן כפופין הן, כאדם שכופף ידו מעט, והלכך ליכא אלא כ' אמה מקצה כנף האחד לקצה כנף השני. ודלמא שלחופי הוו משלחפי ידייהו. כנף על כנף, כאדם שחובק את ידיו, כדכתיב (בראשית מח): "שכל את ידיו", ומתרגמינן בתרגום ארץ ישראל: "שלחיפונון לידוהי", כך פר"ח. ואי משום דכתיב: "וכנפיהם אל תוך הבית נוגעות כנף אל כנף" – היינו נמי כעין נוגעות, דהוו זו כנגד זו. ופניהם איש אל אחיו. בשל משה כתיב. ופניהם לבית. בכרובים של שלמה כתיב בדברי הימים, דכתיב: "והם עומדים על רגליהם ופניהם לבית" (להיכל). ואינן כאותן של משה, שהן על הכפורת ואלו על הקרקע, ושל עץ שמן היו, ומצופין זהב, כדכתיב במלכים. הכתיב ופניהם לבית. ול"ש כרובים שעל הכפורת ול"ש שעל הקרקע, דאיין היו לעשות בענין אחד. כאן בזמן שישראל עושין רצונו של מקום. הם הופכים פניהם זה לזה, דוגמת חבת זכר ונקבה האוהבים זה לזה, סימן שהקב"ה אוהב את ישראל. ומתחלה כך נעשו, פנים אל פנים, כדי שתשרה שכינה בישראל, וישראל יעשו רצונו של מקום. וכשאין עושין – הופכין פניהם לבית על ידי נס. דמצדדי אצדודי. קצת לבית וקצת זה לזה, כאדם שמדבר אל חבירו והופך ראשו קצת לצד אחר. והכא ליכא לתרוצי כדלעיל: כאן בזמן שישראל עושין כו'. דכיון דעיקר עשיית כרובין פניהם לבית – לא היה להם לעשותו לסימן שאין ישראל עושין רצונו של מקום. מעשה צעצועים. פסוק הוא בכרובים בדברי הימים, והוא לשון *צעצעים – כלומר תינוקות, כדאמרינן (סוכה דף ה:): מאי "כרוב" – כרביא = ילד. כלומר, כתינוקות הנפטרין מרבותיהם. והיינו דמצדדי אצדודי, דאמרן לעיל.

מתני' מי שיש לו בור כו'. ע"י חלוקה, או שלקחו מבעה"ב ולקח גם הדרך. בשעה שבני אדם יוצאין. ביום, שעל מנת כן חלקו, ולא שיטריחוהו בלילות לעמוד ממטתו ולפתוח לו. ואינו מכנים. דרך ביתו של זה, דאין זה לורך הבור. זה עושה לו פותחת. שלא יגנוב בעה"ב ממי הבור. ובעה"ב עושה לו פותחת אחרת באותו פתח עצמו הפתוח לבור, כדי שלא יוכל זה לשאוב מבורו בלא בעה"ב ולא יבא לעולם בביתו של בעל הבית אלא אם כן ישנו לבעל הבית בביתו. ומשום חשד אשתו תקנו כן, כדמפרש בגמרא. **גמ'** פותחת. שעושה בעל הבית, להיכא?

מתקיף לה אביי ודלמא בולטין כתרנגולין. ואם תאמר: אכתי בנס היו עומדים, דעשרים בעשרים היכי יתיב? וי"ל: מ"מ פריך אביי, שהגוף לא היה עומד בנס. **דמצדדי** אצדודי. לא ה"מ למימר: כאן בזמן שישראל עושין רצונו של מקום. דמסתמא העמידום תחלה לפי מה שהיו עושין רצונו של מקום. נותן

רבינו גרשום

וקומת הכרוב הוי י' אמות: לפני הדביר מבפני' של אמה טרקסין. וזהו לפני לפנים וההיכל חוצה לו מן הדביר: מה למעלה. מן הגובה מן הכרובים ולמעלה לא משמש כלום כי אם שכינה כדכתיב ודברתי אתך מעל הכפורת מבין שני הכרובים וגו' ונועדתי לך שם: אף למטה. מראש הכרובים ועד קרקעיתו של דביר אין משמש כלום ואין תופשין כלום בבית: דאמר ר' לוי וכו'. דארון בנס היה עומד והכי נמי כרובים בנס הוו קיימי: יש לו י' אמה לכל רוח. והארון גופי' היכא הוה קאי והא לא מחזיק הדביר אלא כ' אמה אלא ש"מ בנס הוה קאי: עשר אמות מקצות כנפיו ועד קצות כנפיו. וכן לכרוב אחר ומשמע ליה עכשיו שהיו הכרובים כנף של זה בצד כנף של זה ובין כנפיהם לחודייהו ממלאין את הדביר מכותל הדביר ועד כותל אחר דהיינו כ' אמה והדביר היה מחזיק כ' אמה אורך ותו לא נמצא שבכנפיהן היו ממלאין הדביר. ואינהו הכרובים גופייהו היכא הוו קיימי אלא ש"מ בנס היו עומדין: ודלמא בולטין. היו גופן של כרובין כתרנגולין שבכנפיהן נוגעין מאחורי גביהן אחת אל אחת ובגופן של כרובים היו בולטין כתרנגולין מלמטה ומהא ליכא למישמע מיני' דבנס היו עומדין: ודלמא זה שלא כנגד זה הוו קיימי. כלומר פניהם איש אל אחיו אבל זה [שלא] בצד זה שכנפיו של א' היו למעלה מכנפי חבירו כדי שיהא מקום לגופן: ודלמא באלכסונא הוו קיימי. שאחד מנמיך כנפיו שבצד כותל זה למטה והשני מגביה כנפיו שבצד כותל השני למעלה לצד התקרה שעכשיו יכולין לעמוד יפה בלא נס שבאלכסון הכותל יש בו יותר מברחבו: ודלמא ביתא מעילאי רווח. שהיה הבית במקום הכרובים מרויח יותר ממה שהוא מלמטה שמלמטה היה רחבו כ' אמה ומלמעלה [היה יותר] כשיעור שהיו הגופין עומדין ולא בנס: ודלמא מיכף הוו כייפי. כנפיהן סמוך לכותל הדביר שהיו כנפיהן כ' אמה ובסיום הכנפים היו כופפין הכנפים כשיעור העמדת הגוף דבשיעור כפיפת כנפים יכולין לעמוד הגופים אעפ"כ כנפיהן מחזיקות כ' ולא בנס היו עומדין: ודלמא שלחופי הוו משלחפי ידיהן. כנפיהן שבאמצע היה כנף זה יוצא לפני כנף של זה והיו קצת הכנפים זה כנגד זה משוכין זה לפני כנף של זה כשיעור שהיו הגופין יכולין לעמוד ולא בנס היו עומדין אלא ליכא למישמע מינה אם היו עומדין בנס אם לאו: בזמן שעושין רצונו של מקום. היו פונין זה אל זה פניהם איש [אל אחיו]. כלומר כשהקב"ה מתאהב על ידן אוהבם כאח: דמצדדי אצדודי. שהיו פונים זה לזה ולא כל כך כי אם כתלמיד הנפטר מרבו שחוזר לאחוריו ומסתכל ולא מסתכלו כל כך: מעשה צעצועים כמו צאצאים (ישעיה כב) כלומר שדומין פניהן לנערים שלהכי נקרא שמו כרוב כלומר כרביא כילד: **פיס'** מי שיש לו בור לפנים וכו'. כגון שהיו שותפין או יורשין שחלקו ונטל אחד הבור והאחד הבית אין לו רשות לבעל הבור ליכנס לביתו בכל שעה שרוצה אלא נכנס ויוצא ביום בשעה וכו'. אלא ממלא. כליו מן הבור ומשקה אותה מבחוץ: אלא בעל הבית למה ליה. פותחת לבורו של זה כלומר למה צריך ליה: אמר ר' אלעזר משום חשדא ומשום חשד

סו א ב מיי' פ"ו מהל' שכנים הל' יג טוש"ע ח"מ סי' קסט סעיף א:

א) יומא כא. ע"ש מגילה י: ע"ש: ב) [ביומא וכמגילה ליתא]: ג) [מגילה שם ע"ש]: ד) [לעיל לח:]: ה) [ועי' תוס' חולין לב. ד"ה כרוך]:

הגהות הב"ח

(א) משלחפי ידייהו כילד הן: (ב) רשב"ם ד"ה כנף הכרוב וכו' אלא מהכא ילפינן שרוחב:

רש"ל מ"ז

גי' יעב"ץ צאצאים וכ"ה בדפו"י

משום חשד אשתו.§ **מתני'** מי שיש לו גינה לפנים מגינתו של חבירו — נכנס בשעה שדרך בני אדם נכנסים, ויוצא בשעה שדרך בני אדם יוצאין, ואינו מכנים לתוכה תגרין, ולא יכנס מתוכה לתוך שדה אחרת, והחיצון זורע את הדרך. נתנו לו דרך מן הצד מדעת שניהן — נכנס בשעה שהוא רוצה ויוצא בשעה שרוצה, ומכנים לתוכה תגרין, ולא יכנס מתוכה לתוך שדה אחרת. זה וזה אינן רשאים לזורעה.§ **גמ'** א"ר יהודה אמר שמואל: "אמה בית השלחין אני מוכר לך" — נותן לו ב' אמות לתוכה, ואמה מכאן ואמה מכאן לאגפיה; "אמה בית הקילון אני מוכר לך" — נותן לו אמה אחת לתוכה, וחצי אמה מכאן וחצי אמה מכאן לאגפיה. ואותן אגפיים מי זורעם? רב יהודה אמר שמואל: בעל השדה זורעם; רב נחמן אמר שמואל: בעל השדה נוטעם. מאן דאמר זורעם — כל שכן נוטעם; ומ"ד נוטעם, אבל זורעם — לא, חלחולי מחלחולי. ואמר רב יהודה אמר שמואל: אמת המים שכלו אגפיה — מתקנה מאותה שדה, בידוע שלא כלו אגפיה אלא באותה שדה. מתקיף לה רב פפא, ולימא ליה: מייך אשפלוה לארעיך! אלא אמר רב פפא: שעל מנת כן קבל עליו בעל השדה.§ **מתני'** מי שהיתה דרך הרבים עוברת לתוך שדהו, נטלה ונתן להם מן הצד — מה שנתן נתן, ושלו לא הגיעו. דרך היחיד — ד' אמות, דרך הרבים — שש עשרה אמה, דרך המלך — אין לה שיעור, דרך הקבר — אין לה שיעור. המעמד — דייני צפורי אמרו: בית ארבעה קבין.§ **גמ'** אמאי שלו לא הגיעו? לינקוט פזרא וליתיב! שמעת מינה: לא עביד איניש דינא לנפשיה אפי' במקום פסידא? אמר רב זביד משמיה דרבא: גזירה שמא יתן להן דרך עקלתון. רב משרשיא משמיה דרבא אמר: בנותן להם דרך עקלתון.

רב

משום חשד אשתו. אבל השפה, דאינו יכול לשאוב בלא בעל הבית — לא יכנס לשם עד שיטלנו בעה"ב. אבל משום גניבה, שלא יגנוב חפציו של בעה"ב — לא חיישי', שהאשה משמרת את הבית. **מתני'** מי שיש לו גינה כו'. כגון יורשים או שותפין שחלקו, ונתרצה חיצון לפנימי לתת לו דרך באמצע שדהו. נכנס בשעה כו'. דכיון שהוא עושה לו היזק גדול, שעובר באמצע שדהו — הדבר ידוע שלא נתרצה לו בריות, אלא במה שצריך לו הרבה. תגרין. לקנות מירקות גינתו. ולא יכנס מתוכה לשדה אחרת. כלומר, לא יכנס בתוכה לבתחלה, כשאין צריך לזו הגינה כלום, אלא ליכנס דרך עליה לשדה אחרת שלו כדי לקצר את דרכו. דדמי להכנסת תגרין, שזה החיצון לא שיעבד לו דרך אלא לתקן גינתו ללקוט פירותיה, אבל למידי דאינו צורך הגינה — לא שיעבד לו. והחיצון זורע את הדרך. דכיון דבאמצע שדהו הוא, אנן סהדי דלא מחל לו הדרך מכל וכל, שלא יוכל לזרוע לשם. מן הצד. אינו נפסד כל כך. דכיון דמדעת שניהן הוא — אנן סהדי דמסתמא מחל לו את כל הדרך לגמרי, להיות מיוחד להליכה ולא לזריעה. וזה וזה אין רשאים לזורעה. דכיון דמן הצד היא — לגמרי ייחדוה להילוך גרידא. **גמ'** אמת המים. גדולה כדי להשקות בית השלחין אני מוכר לך — צריך ליתן לו שתי אמות ברוחב, שאם קצרה היא — יחפור בקרקע וירחיבנה עד שתי אמות, כדי שיבאו לכאן מים הרבה, שזה שיעור להשקות בית השלחין. וגם נותן לו אמה מן השדה מכאן ואמה מכאן משני גדותיו, כדי לתקן מאותה קרקע אגפיה של אמת המים אם יפול. לישנא אחרינא: "אמה בית השלחין אני מוכר לך" — נותן לו שתי אמות לתוכה של שדה לתקן אגפיה, אמה מכאן ואמה מכאן. בשם רבינו יעקב בר יקר, ועיקר. אמה בית הסילון. ואיכא דאמרי: קילון. ולהשקות בהמות ורחילת בגדים וכלים הוא, ואין גדול כל כך, ונותן לו אמה אחת לתוכה להרחיבן עד אמה. ל"א: נותן לו אמה אחת לשפתו, לתוכה של קרקע מוכר, כגון חצי אמה מכאן וחצי אמה מכאן. ועיקר. בעל שדה זורעם. דדמי למתני' דאם שיעבד לו ליקח עפר מכאן אם יצטרך — לא הפסידו לגמרי בכך מלזרען. כ"ש נוטעם. דאינו מקלקל האגפים, שהשרשים מעמיקים הרבה, ואין מזיקין את שפתו. אבל הזרעים מתפשטים מיד בתוך השלשה, ומחלחלין הקרקע מלמעלה בשפתו. שכלו אגפיה. שנפלו. מאותה שדה. הסמוכה לה. אלא באותה שדה. חזקה שנתפזר העפר של אגפיה לתוך אותה שדה אילך ואילך. ולימא ליה. בעל השדה: מייך אשפלוה לארעך, שגברו המים ושטפו אגפיהן. אלא אמר רב פפא. תריץ ואימא הכי: שעל מנת כן כו'. דסתם מוכר אמת המים גמר ומקנה ליה עפר שדהו לתקן אגפיה כשיכלו, דמהיכן ידיה לו עפר אם לא מאותה שדה? ואע"פ שנתן לו כבר אמה מכאן ואמה מכאן לאגפיה, כדאמרן לעיל, כיון דכלו להו — מתקנן עדיין מעפר השדה. מיהו, להכי אהני לו מה שנותן לו מתחלה אמה מכאן ואמה מכאן לאגפיה — דאין לו לבעל השדה לעשות שם שום תשמיש שיקלקל האגפים אלא נטיעה או זריעה, אבל בנין או כל דבר שמכביד — אין לו רשות לעשות שם. אבל מן האמה ולפנים — יעשה בתוך שלו מה שירצה. **מתני'** מי שהיתה דרך הרבים עוברת בתוך שדהו. שהוחזקו לעבור שם מעולם, או ע"י בעל השדה שנתן להם מתחלה את הדרך. מה שנתן נתן ושלו. שנטל עכשיו, לא הגיעו, והרי יש להם שני דרכים. וטעם מפרש בגמ'. דרך היחיד. המוכר לחבירו דרך בתוך שדהו — צריך ליתן לו ד' אמות כרוחב עגלה. י"ו אמה. במס' שבת (דף לט.) נפקא לן מעגלות דמשכן. דרך המלך אין לה שיעור. כדמפרש בגמ', שהמלך פורץ גדים וגדר מלפניו לעשות לו דרך, ולא יטה ימין ושמאל. ובספרי בפרשת המלך נפקא לן מקראי. ונראה בעיני דמדכתב: "לבלתי רום לבבו מאחיו" קדריש: גדלהו משל אחיו, כדדרשינן נמי (הוריות דף ט.): "והכהן הגדול מאחיו". דרך הקבר. כשמוציאין המת לקברו. אין לו שיעור. תקנת חכמים היא, משום יקרא דשכבי, כדאמרינן בגמרא. ואמרינן בכתובות (דף יז.) דצריכים ללוותו הרבה בני אדם, שיחזיקו מלא כל הדרך מאבולא עד סיכרא. ונראה בעיני דהא "אין לו שיעור" דמת, לא חמיר כדרך המלך, לפרוץ בניין להפסיד ממון אחרים, אלא להלך על גבי תבואה, ולא יטו ימין ושמאל. א"נ, במוכר דרך הקבר לחבירו ללכת דרך שדהו מיירי. דמסתמא אין לו שיעור, אלא כל מלוי המת יעברו שם. ועיקר. המעמד. בגמרא מפרש. דייני צפורי. לא אתפרש. בית ארבעה קבין. ברבוע. לא ולמד משאתים באמצע המשכן, דהוי מאה על חמשים, נמצא בית סאה חמשים על חמשים. והסאה ששה קבין, נמצא בית ארבעת קבין — שלש ושלשים אמות ושני טפחים רוחב, על נ' אורך. וברבוע — מ' אמות וד' טפחים וג' אצבעות (א) ומעט יותר. **גמ'** אמאי שלו לא הגיעו. כלומר, למה לא תקנו לו חכמים שיהא לו רשות לתת להן דרך מן הצד בעל כרחן? שהרי אין מפסידין כלום, דכגון זה כופין על מדת סדום, והלכך יהא הדרך שלהן קנוי לו לגמרי, שאם ירצו לעבור בהאי דרך שלקח לעצמו, והוא אינו יכול להעמיד רבים בדין. לינקוט פזרא. מקל, או רחת שקורין פורק"א, וליתיב בההוא דרך להכות את כל מי שירצה לעבור, וליעביד דינא לנפשיה, מאחר דאית ליה פסידא במה שעוברין בתוך שדהו! והמקשה סבר, דכיון דקתני: מה שנתן נתן — בדין עשה מה שעשה, והדרכם קנוי לו. והאי דקתני: לא הגיעו — היינו משום דרגילין בני רשות הרבים לעבור בכאן והוא לא יוכל למנען, דלא עביד איניש דינא לנפשיה. ש"מ דלא עביד כו'. בתמיה. והאנן קיימא לן בבבא קמא ב"המניח" דכולי עלמא סברי: עביד איניש דינא לנפשיה במקום דאיכא פסידא! גזירה שמא יתן כו'. כלומר, לעולם עביד איניש דינא לנפשיה. אבל הכא — מן הדין אנו אומרים דשלו לא הגיעו. שכך תקנו חכמים דלא ליהוי דידיה, אפילו היכא דנתן להם דרך ישר כשלהן. דזימנין דאתי למיתב להו דרך עקלתון, והם לא יתנו אל לבם, דקדירא דשותפי לא חמימא ולא קרירא (לעיל כד:), וחשו חכמים לתקנתא דרבים טובא. ולקמיה פריך: אם כן, אמאי מה שנתן נתן? דכיון דלא עשה ולא כלום — מקח טעות הוא, ויחזירו דרך שלו. רב משרשיא משמיה דרבא אמר. היכא דנתן להם דרך ישר — אמרינן: שלו הגיעו, ולינקוט פזרא וליתיב, דלא גזרינן שמא יתן להם דרך עקלתון. אבל הכא במאי עסקינן — שהדבר ידוע שנתן להם דרך עקלתון, ולכך לא הגיעו, וגם שלו הפסיד, כדמפרש לקמן.

רב

נותן לו שתי אמות לתוכה. לפי ספרים דגרסי "ואמה", יש לפרש ב' אמות לתוכה — היינו להרחיב אמת המים שתהא רחבה שתי אמות, ומה שהיא קרויה אמה — משום דעומקה אמה.

ואמה מכאן ואמה מכאן כו'. אמה לאו היינו ניגרא. דניגרא משמע ב"המקבל" (ב"מ דף קז:) דבעינן ד' אמות. ועוד, דהכא קאמר דלמ"ד נוטען ולמ"ד זורען, והתם פ"ה דאין זורעין אותן. אלא ניגרא היינו יאור, כדפ"ה לעיל בפרק קמא (דף יג. ושם), וגדול יותר, שכל בני הבקעה משקין ממנו שדות, וצריך ארבע אמות.

שמע מינה דלא עביד איניש דינא לנפשיה. לפי זה בחנם נקט במתני' שהיתה עוברת דרך הרבים תוך שדהו ונתן להם כו'. דאפילו נטלו לו בחנם נמי, כיון דלא עביד איניש דינא לנפשיה. כגון

רבינו גרשום

חשד אשתו. שאלמלא היה עושה לו פותחת יחשוד לאשתו מבעל הבור אבל עכשיו שיש לו פותחת ובעל הבית עשה הפותחת לא יכנס שם אלא אם כן יהיה שם בעל הבית: **פיס'** ואינו מכנים לתוכה תגרים. משום שלא יפסיד לאידך ירקותו בדריסת רגליהם: ולא יכנס בתוכה לילך לשדה אחרת. כי אם לגינתו בלבד: והחיצון. אם רוצה הוא זורע את הדרך. אע"פ שיש לזה דריסת רגלים עליו ונוטל מה ששתייר שלא נדרם: נתנו לו. בית דין: דרך מן הצד. לסוף גינתו של זה בסמוך לכותל מדעת שניהן כיון שלדעת שניהן נתנו לו ליכנס לגינתו נכנס בשעה כו': אמר רב יהודה אמר שמואל. האומר לחבירו מקום אמת המים אני מוכר לך כדי להשקות ממנו בית השלחין נותן לו ב' אמות לתוכה של אמת המים. כלומר שיהא ב' אמות רחב: ואמה מיכן ואמה מיכן. נותן לו מן השדה לצורך אגפי' כלומר לגידודי שלא יצא לחוץ ויעשה מהן גידודין גבוהין אמה: בית הקילון. שעוברת בחצר שרוחצין לשם כלי הבית ואינו גדול כל כך נותן לו כו' והוא כמדת חצי אמת השלחין: בעל השדה זורען. לפי כי שלו הן שלא מכרן לו כי אם לתשמיש גידודין: בעל השדה נוטען. לפי שאין נטיעת אילן מזיק למים כזריעה משום דזרעים מחלחלי חלחולי. מחלידין ומעלין עפר לתוכה עד שמקלקלין המים אבל נטיעה הולכת כדרכה ולא מזקת: שכלו אגפיה. שנפלו: מתקנה מאותו שדה. שמכרו לו לפי כי לשם כך ניתן לו אגפיה שאם נפלו שנוטל בקרקע ומתקן לה אגפיה: ונימא ליה. בעל השדה: מיא דידך אשפילו לארעך. כלומר לא נפלו לתוך שדי כי אם מים שלך ממש אכלו הקרקע והשפילו הגידודין לתוך המים ואין לך משדי לתקן: אלא אמר רב פפא. לאו היינו טעמא הוא א) דכי זריע אלא על מנת כן קיבל עליו בעל השדה שאם כלו אגפיים מתקנן משדהו: **פיס'** נטלה. מבני רה"ר: ונתן להם דרך אחרת מן הצד מה שנתן נתן. דחילופין הן ואינו יכול לחזור בו: ושלו לא הגיעו. כלומר אותו דרך שרצה לקנות לא הגיעו לפי שהוא יכול ליתן ולזכות לכל בני רה"ר ולאותן שאין בפניו אבל אין אחר יכול להחליף ולמכור חלק של אותן שאינו בפנינו: אמאי לא הגיעו. הואיל שנתן להם דרך שהוא יפה כמו הראשון: לינקוט פנדא וליתב. כלומר יקח מפצו בידו וישב באותו דרך שקנה וכל מי שירצה לעבור במה שקנה יכהו וימנעהו: מדלא מצי למיעבד הכי ש"מ לא עביד איניש דינא לנפשיה. כלומר אין אדם רשאי לעשות דין לעצמו מן האחרים אפי' במקום שיש לו הפסד כמו כאן שיש לו הפסד דמה שנתן נתן ושלו לא הגיעו. ותיובתא למאן דמוקים בבבא קמא דמאן דאית ליה היכא דליכא פסידא דלא עביד איניש דינא לנפשיה אפי' הכי מודי דהיכא דאיכא פסידא כגון הכא דדרסי אינשי בשדהו דודאי עביד איניש דינא לנפשיה ולינקוט פנדא וליתב: אמר רב זביד לעולם במקום דאיכא פסידא עביד איניש דינא לנפשיה והכא טעמא מאי (לאו) משום דלא בדינא קאתיא לידיה כשנתן להם

א) נ"ל לאו היינו טעמא דמילתא אלא על מנת כן.

עין משפט נר מצוה

סז א מיי' פ"ו מהל' שכנים הל' יג (טוש"ע ח"מ סי' קסט סעיף א):
סח ב מיי' שם הל' יד טוש"ע שם סעיף ב:
סט ג ד מיי' פכ"א מהל' מכירה הל' ז טוש"ע ח"מ סי' ריז סעיף א:
ע ה ו מיי' שם הל' ח טוש"ע שם סעיף ב:
עא ז ח מיי' שם טוש"ע שם סעיף ג:
עב ט מיי' פי"ג מהל' נזקי ממון הל' כז סמג עשין סו טוש"ע ח"מ סי' שעז:
עג י מיי' (פכ"א מהל' מכירה הל' ט) ופ"ג מהל' מתנות עניים הל' ג' סמג עשין פב (טוש"ע ח"מ סי' ריז סעיף ז):
עד כ מיי' פכ"א מהל' מכירה הל' ט ופ"ג מהל' מ"ע הלכה ג ופי"ג מהל' נזקי ממון הל' כז טוש"ע ח"מ סי' ריז ס"ז:
עה ל מיי' פכ"א מהל' מכירה הלכה י ועיין בהשגות ופ"ה מהל' מלכים הלכה ג (טוש"ע שם):
עו מ מיי' פכ"א מהל' מכירה הלכה י:
עז נ מיי' שם הלכה יא טוש"ע שם:

מסורת הש"ס

א) לעיל פב: ב) ג"ז שם: ג) ב"ק כח.: ד) [שבת לט.]: ה) סנהדרין כ: ו)ב"ק שם. ז) פי' שבט. ערוך:

הגהות הב"ח

(א) רשב"ם ד"ה בית ד' קבין וכו' וד' טפחים ושלש אצבעות וג' רבעי אצבעות ומשהו והמשהו פחות מאחת מכ' ברוחב אצבע הס"ד:

א) [עירובין לז.] ב) [ושם] ג) ב"ק כח. לעיל יב. כו: ס.:

תורה אור

רַב אַשִׁי אָמַר: כָּל מִן הַצַּד דֶּרֶךְ עֲקַלָּתוֹן הִיא, קְרוֹבָה לָזֶה וּרְחוֹקָה לָזֶה. וְלֵימָא לְהוּ: שִׁקְלוּ דִּידְכוּ וַהֲבוּ לִי דִּידִי! הָא מַנִּי — רַבִּי אֱלִיעֶזֶר הִיא; דְּתַנְיָא, א) ר' יְהוּדָה אוֹמֵר מִשּׁוּם רַבִּי אֱלִיעֶזֶר: רַבִּים שֶׁבָּרְרוּ דֶּרֶךְ לְעַצְמָם — מַה שֶּׁבָּרְרוּ בָּרְרוּ. לְרַבִּי אֱלִיעֶזֶר, רַבִּים גַּזְלָנִים נִינְהוּ? ב) אָמַר רַב גִּידֵּל אָמַר רַב: כְּגוֹן שֶׁאָבְדָה לָהֶן דֶּרֶךְ בְּאוֹתָהּ שָׂדֶה. אִי הָכִי, אַמַּאי אָמַר רַבָּה בַּר רַב הוּנָא, אָמַר רַב: אֵין הֲלָכָה כְּר"א? מַאן דְּמַתְנֵי הָא לָא מַתְנֵי הָא. וְטַעֲמָא מַאי? מִשּׁוּם דְּרַב יְהוּדָה, (א) ג) דְּאָמַר רַב יְהוּדָה: מֵצַר שֶׁהֶחֱזִיקוּ בּוֹ רַבִּים — אָסוּר לְקַלְקְלוֹ. וְר' אֱלִיעֶזֶר, רַבִּים בְּמַאי קָנוּ לֵיהּ? בְּהִילּוּכָא, דְּתַנְיָא: הָלַךְ בָּהּ לְאָרְכָּהּ וּלְרָחְבָּהּ — קָנָה מְקוֹם הִילּוּכוֹ, דִּבְרֵי ר' אֱלִיעֶזֶר; וַחֲכָמִים אוֹמְרִים: א אֵין הִילּוּךְ מוֹעִיל כְּלוּם עַד שֶׁיַּחֲזִיק. אָמַר ר' אֶלְעָזָר, מ"ט דְּר' אֱלִיעֶזֶר? דִּכְתִיב: ° "קוּם הִתְהַלֵּךְ בָּאָרֶץ לְאָרְכָּהּ וּלְרָחְבָּהּ כִּי לְךָ אֶתְּנֶנָּה". וְרַבָּנַן? הָתָם מִשּׁוּם חֲבִיבוּתָא דְּאַבְרָהָם הוּא דְּקָאָמַר לֵיהּ הָכִי, כְּדֵי שֶׁיְּהֵא נוֹחַ לִכְבּוֹשׁ לִפְנֵי בָנָיו. א"ר יוֹסֵי בַּר' חֲנִינָא: ב מוֹדִים חֲכָמִים לְר"א בִּשְׁבִיל שֶׁל כְּרָמִים, הוֹאִיל וְנַעֲשָׂה לְהִילּוּךְ נִקְנֶה בְּהִילּוּךְ. כִּי אֲתוּ לְקַמֵּיהּ דְּרַב יִצְחָק בַּר אַמִּי, אֲמַר לְהוּ: ג הֲבוּ לֵיהּ כִּי הֵיכִי דְּדָרֵי טוּנָא דִּשְׁבִישְׁתָּא וְהָדַר. ד וְלָא אֲמָרַן אֶלָּא דִּמְסַיְּימִין מְחִיצָתָא, אֲבָל לָא מְסַיְּימִין מְחִיצָתָא — כִּי הֵיכִי דְּשָׁקֵיל כַּרְעָא וּמַנַּח כַּרְעָא. § "דֶּרֶךְ הַיָּחִיד — ד' אַמּוֹת". § תָּנָא, אֲחֵרִים אוֹמְרִים: כְּדֵי שֶׁיַּעֲבוֹר חֲמוֹר בְּמַשָּׂאוֹ. אָמַר רַב הוּנָא: הֲלָכָה כַּאֲחֵרִים. (וְתַנְיָא אִידָךְ,) [רש"ל ותנו] דַּיָּינֵי גוֹלָה (אוֹמְרִים:) שְׁנֵי גְּמָדִים וּמֶחֱצָה. וְאָמַר רַב הוּנָא: ה הֲלָכָה כְּדַיָּינֵי גוֹלָה. וְהָאָמַר רַב הוּנָא: הֲלָכָה כַּאֲחֵרִים! ו אִידִי וְאִידִי חַד שִׁיעוּרָא הוּא. § "דֶּרֶךְ הָרַבִּים — שֵׁשׁ עֶשְׂרֵה אַמָּה". § תָּנוּ רַבָּנַן: דֶּרֶךְ הַיָּחִיד — אַרְבַּע אַמּוֹת; ז דֶּרֶךְ מֵעִיר לְעִיר — שְׁמוֹנֶה אַמּוֹת;
דֶּרֶךְ

רַב אַשִׁי אָמַר. מַתְנִי' בְּכָל דְּרָכִים שֶׁבָּעוֹלָם מַיְירֵי, הֵן יְשָׁרִים הֵן עֲקַלָּתוֹן. וְלֹא מִשּׁוּם גְּזֵירָה, אֶלָּא מִשּׁוּם דְּכוּלְּהוּ הָווּ עֲקַלָּתוֹן, דְּכָל דֶּרֶךְ שֶׁפּוֹתְנִין מִצַּד אֶחָד שֶׁלֹּא הָיָה שָׁם דֶּרֶךְ תְּחִלָּה — יֵשׁ בְּנֵי אָדָם שֶׁנַּעֲשֵׂית לָהֶם רְחוֹקָה מִן הָרִאשׁוֹנָה, וְיֵשׁ שֶׁנַּעֲשֵׂית לָהֶם קְרוֹבָה יוֹתֵר. דְּלְאוֹתָן הָעוֹמְדִים בָּעִיר מִצַּד דֶּרֶךְ הָרִאשׁוֹן — אָז נַעֲשֵׂית לָהֶן עַכְשָׁיו דֶּרֶךְ עֲקַלָּתוֹן, וְאֵין הָרְשׁוּת בְּיָדוֹ לִגְזוֹל אֶת הָרַבִּים. וּבֵין רַב אַשִׁי לְרַב זְבִיד לֵיכָּא מִידֵּי, אֶלָּא חִילּוּק טְעָמִים, כְּעֵין "מַשְׁמָעוּת דּוֹרְשִׁין אִיכָּא בֵּינַיְיהוּ". וּמַקְשֵׁי לְכוּלְּהוּ: כֵּיוָן דְּתַקָּנַת חֲכָמִים הוּא, אוֹ דִּין הוּא, דְּשֶׁלּוֹ לֹא הִגִּיעוּ, אִם כֵּן לָמָּה מַה שֶּׁנָּתַן נָתַן? לֵימָא לְהוּ כו' דְּמִקַּח טָעוּת הוּא! שֶׁבִּירְרוּ דֶּרֶךְ לְעַצְמָן. דֶּרֶךְ שָׂדֶה אַחֵר. מַה שֶּׁבִּירְרוּ בִּירְרוּ. אע"פ שֶׁלֹּא נָטְלוּ רְשׁוּת מִבַּעַל שָׂדֶה וּכְדְמוֹקֵי לָהּ לְקַמָּן. וּמַתְמְהִינַן: אַטּוּ רַבִּים גַּזְלָנִין נִינְהוּ. שֶׁיִּגְזְלוּ קַרְקַע שֶׁל אֲחֵרִים. כְּשֶׁאָבְדָה לָהֶן דֶּרֶךְ בְּאוֹתָהּ שָׂדֶה. דְּמ"מ אוֹרְחָא אִית לְהוּ גַּבֵּיהּ. וְיָפֶה כֹּחַ רַבִּים מִכֹּחַ יָחִיד, שֶׁהַיָּחִיד שֶׁאָבְדָה לוֹ דֶּרֶךְ בִּשְׂדֵה חֲבֵירוֹ — לֹא יִבְרוֹר מֵעַצְמוֹ, אֶלָּא אוֹ בְּבֵית דִּין, אוֹ בִּרְשׁוּתוֹ שֶׁל בַּעַל הַשָּׂדֶה. אֲבָל רַבִּים — כְּבֵית דִּין דָּמוּ, דְּמַאן מִינַּיְיהוּ [בראשית יג] מַזְמִין לְהַאי לְבֵי דִינָא? וְכ"ש מַתְנִיתִין, דְּהוּא עַצְמוֹ נָתַן לָהֶם. וּמִיהוּ, שֶׁלּוֹ לֹא הִגִּיעוּ — דְּקָנְסִינַן לֵיהּ, לְפִי שֶׁנָּתַן לָהֶם דֶּרֶךְ עֲקַלָּתוֹן. אִי הָכִי. דִּכְשֶׁאָבְדָה לָהֶם דֶּרֶךְ מַיְירֵי רַבִּי אֱלִיעֶזֶר. אַמַּאי אָמַר רַבָּה בַּר רַב הוּנָא אָמַר רַב אֵין הֲלָכָה כְּר' אֱלִיעֶזֶר. וַהֲלֹא הַדִּין עִמּוֹ, שֶׁאֲפִילּוּ הַחֲכָמִים הַחוֹלְקִין עַל אַדְמוֹן וְאוֹמְרִים: יִקַּח לוֹ דֶּרֶךְ אוֹ יִפְרַח בָּאֲוִיר, הָא אוֹקִימְנָא — בְּחַד דְּאָתֵי מִכֹּחַ אַרְבָּעָה. אֲבָל בְּאוֹתָהּ שָׂדֶה — דִּבְרֵי הַכֹּל חַיָּיב בַּעַל הַשָּׂדֶה לִיתֵּן לוֹ דֶּרֶךְ לִיכָּנֵס בָּהּ לְשָׂדֵהוּ. וְגַבֵּי רַבִּים, דִּין הוּא שֶׁאִם בֵּירְרוּ לְעַצְמָן — יָפֶה עָשׂוּ. וְקַשְׁיָא לְרַב דְּאָמַר: אֵין הֲלָכָה, אַדְּרַב דְּאוֹקְמָהּ כְּשֶׁאָבְדָה. מַאן דְּמַתְנֵי הָא לָא מַתְנֵי הָא. רַב גִּידֵּל דְּמַתְנֵי מִשְּׁמֵיהּ דְּרַב: כְּגוֹן שֶׁאָבְדָה — לָא מַתְנֵי הָא דְּאָמַר רַבָּה בַּר רַב הוּנָא אָמַר רַב: אֵין הֲלָכָה. ה"ג: וּלְרַבָּה בַּר רַב הוּנָא מַתְנִי' טַעֲמָא מַאי. כֵּיוָן דְּאָמַר אֵין הֲלָכָה — לָא ס"ל לְאוֹקוּמֵי סְתָם מַתְנִי' כְּר' אֱלִיעֶזֶר. שֶׁהֶחֱזִיקוּ בּוֹ רַבִּים. שֶׁהִשְׁווּהוּ וְתִקְּנוּהוּ לְהִילּוּךְ, וְהַבְּעָלִים יָדְעוּ וְשָׁתְקוּ — אָסוּר לְקַלְקְלוֹ, דְּוַדַּאי לָרַבִּים מָחַל. וְכ"ש מַתְנִי', שֶׁנָּתַן לָהֶם הַהוּא דֶּרֶךְ בְּיָדַיִם, הִלְכָּךְ מַה שֶּׁנָּתַן — נָתַן, וּכְגוֹן שֶׁהֶחֱזִיקוּ. וּלְר"א. אַלִּיבָּא דְּרַבָּה בַּר רַב הוּנָא, דְּאָמַר: אֵין הֲלָכָה, וּמוֹקֵי לָהּ כְּשֶׁלֹּא אָבְדָה לָהֶם דֶּרֶךְ, וַאפ"ה קָאָמַר ר' אֱלִיעֶזֶר מַה שֶּׁבֵּירְרוּ בֵּירְרוּ, בְּבֵירוּר בְּעָלְמָא בְּלֹא חֲזָקָה. בְּמַאי קָנוּ לָהּ. וְכִי בְּדִיבּוּר קָנוּ לָהּ? וּמְשַׁנֵּי: בְּהִילּוּכָא, דְּהַאי שֶׁבֵּירְרוּ הוּא הַהִילּוּךְ, וּבְעִנְיָן זֶה בֵּירְרוּ אוֹתָם שֶׁהָלְכוּ לְשָׁם. עַד שֶׁיַּחֲזִיק. לְהַשְׁווֹת קַרְקַע לַחֲרִישָׁה, אוֹ נָעַל וְגָדַר וּפָרַץ כָּל שֶׁהוּא. וְהָא דְּאָמְרִינַן בְּפ"ק דְּב"ק (דף ט.): אֵימַת הָוְיָא חֲזָקָה — מִכִּי דָּיֵישׁ אַמְּצָרֵי — לָאו בְּהִילּוּךְ מַיְירֵי, אֶלָּא בְּהַגְבָּהַת הַמֶּצֶר, וְדָשׁ הַקַּרְקַע לְתַקֵּן אֶת הַמֶּצֶר וּלְחַזְּקוֹ, דְּהַיְינוּ נָעַל וְגָדַר. כְּדֵי שֶׁיְּהֵא נוֹחַ כו'. דְּהָווּ לְהוּ כְּיוֹרְשִׁין וְלֹא כְּגַזְלָנִין, וְלֹא יִהְיֶה רְשׁוּת לַשָּׂטָן לְקַטְרֵג, וְלֹא [רש"ל] פִּתְחוֹן פֶּה [לְבַעַל] מִדַּת הַדִּין. נִקְנֶה בְּהִילּוּךְ. דֶּרֶךְ הֲנָאַת הַמַּעֲשֶׂה קוֹנִין אוֹתוֹ, כִּדְאָמְרִינַן בְּ"חֶזְקַת הַבָּתִּים" (לעיל דף נג:): הִלִּיעַ מַצָּעוֹת בְּנִכְסֵי הַגֵּר — קָנָה. כִּי אֲתוּ לְקַמֵּיהּ דְּרַבִּי יִצְחָק. לָדוּן עַל עֵסֶק אָדָם שֶׁמַּתְנֶה לַחֲבֵירוֹ לִמְכּוֹר שְׁבִיל שֶׁל כְּרָמִים. וְר"ח פֵּירֵשׁ: דִּבְמִי שֶׁאָבְדָה לוֹ דֶּרֶךְ שָׂדֵהוּ מַיְירֵי. הֲבוּ לֵיהּ. שְׁבִיל רָחָב, כִּי הֵיכִי דְּדָרֵי טוּנָא דִּזְמוֹרוֹת עַל כְּתֵפוֹ וְהָדַר אֵילָךְ וְאֵילָךְ, וְלֹא יִגְעוּ הַזְּמוֹרוֹת בִּמְחִיצּוֹת הַשְּׁבִיל. וְלָא אֲמָרַן אֶלָּא דִּמְסַיְּימֵי מְחִיצָתָא. שֶׁיֵּשׁ שָׁם לַשְּׁבִיל גָּדֵר מִזֶּה וְגָדֵר מִזֶּה — אָז צָרִיךְ לְהַרְחִיב אֶת הַדֶּרֶךְ וְלִמְשׁוֹךְ כְּתָלִים לַאֲחוֹרֵיהֶם, כְּדֵי שֶׁלֹּא יַזִּיקוּהוּ הַכְּתָלִים לְהַפִּיל הַמַּשּׂוֹי מֵעַל כְּתֵפוֹ. אֲבָל לָא מְסַיְּימֵי מְחִיצָתָא. לֹא יִתֵּן לוֹ אֶלָּא מִדְרַךְ כַּף רַגְלָיו, וְיִזְרַע הַמּוֹכֵר אוֹ יִטַּע כֶּרֶם מִיכָּן וּמִיכָּן, דְּאֵין כָּאן דָּבָר הַמַּזִּיק לוֹ כְּשֶׁיִּטְעוֹן מַשּׂוֹי עַל כְּתֵפוֹ. וְאִית דְּגָרַס: וְלָא אֲמָרַן אֶלָּא דְּלָא מְסַיְּימֵי מְחִיצָתָא — הִלְכָּךְ י"ל שֶׁמָּכַר לוֹ כָּל צָרְכּוֹ. אֲבָל הֵיכָא דִּמְסַיְּימֵי מְחִיצָתָא — הַדָּבָר יָדוּעַ שֶׁלֹּא מָכַר לוֹ אֶלָּא שְׁבִיל זֶה כְּמוֹת שֶׁהוּא. וְלָא נְהִירָא, דְּאִם שְׁבִיל סְתָם זַבֵּין לֵיהּ — לָמָּה לֹא יִתֵּן לוֹ כָּל צָרְכּוֹ? כַּרְעָא. רֶגֶל. כְּדֵי שֶׁיַּעֲבוֹר חֲמוֹר כו'. שְׁנֵי גְּמָדִין וּמֶחֱצָה יְהוּ, כִּדְלְקַמָּן. ה"ג: דַּיָּינֵי גוֹלָה אָמְרֵי. וְהַיְינוּ שְׁמוּאֵל וְקַרְנָא, בְּפ"ק דְּסַנְהֶדְרִין (דף יז: ע"ש). וְהִלְכָּךְ לָא גָּרְסִי' "תַּנְיָא", דְּאָמוֹרָאֵי נִינְהוּ. אִי נַמִי, ה"ג: "תָּנוּ דַּיָּינֵי גוֹלָה" — שׁוֹנִים בָּרַיְיתָא. וּבְפ' "בֵּית כּוֹר" (לקמן דף קז:) גָּרְסִינַן נַמִי הָכִי. גְּמָדִין. אַמּוֹת קְטַנּוֹת, מִפִּרְקוֹ עַד אֶצְבְּעוֹתָיו. וְיֵשׁ אוֹמְרִים: אַמּוֹת שְׁלֵימוֹת, דִּקְרָא כְּתִיב "גֹּמֶד אָרְכָּהּ" (שופטים ג). חַד שִׁיעוּרָא הוּא. וּבִשְׁנֵיהֶם אָמַר רַב הוּנָא הֲלָכָה, לְאַשְׁמוֹעִינַן דְּחַד שִׁיעוּרָא הוּא. דֶּרֶךְ הַיָּחִיד. לֵילֵךְ אָדָם אֶחָד לַשָּׂדֶה שֶׁלּוֹ. דֶּרֶךְ מֵעִיר לְעִיר. שֶׁהַדֶּרֶךְ מְיוּחֶדֶת לִשְׁתֵּי עֲיָירוֹת הַלָּלוּ, וְאֵין אַנְשֵׁי עֲיָירוֹת אֲחֵרוֹת נִכְנָסִין לְשָׁם. שְׁמוֹנֶה אַמּוֹת. שֶׁאִם יִפְגְּעוּ שְׁתֵּי עֲגָלוֹת זוֹ בָּזוֹ, שֶׁלֹּא יִתְעַכְּבוּ זוֹ בָּזוֹ.
דֶּרֶךְ

כגון שאבדה להן דרך באותה שדה. פירש רבינו שמואל: וכ"ש מתני', שמדעתו נתן להם. ובתר הכי דקאמר: ולרבה בר רב הונא דאמר אין הלכה טעמא מאי, פירש דפשיטא דלא מוקי מתני' אליבא דרבי אליעזר ודלא כהלכתא, וכמאן מוקי לה? וקשה לר"י: דבריש "המניח" (ב"ק דף כח.) לא מייתי מילתיה דרב גידל, ולא מילתיה דרבה בר רב הונא, ומפרש טעמא דמתני' דהכא משום רב יהודה. משמע דלכ"ע הוי טעמא דמתניתין הכי! ועוד קשה לרשב"א: דאי ניחא ליה אליבא דרב גידל טעמא דמתניתין משום דדמיא מתני' לאבדה — לרבה בר רב הונא נמי לא תיבעי, דמודה הוא באבדה דמה שבירו בירו! ומה שפי' דמתני' הויא כל שכן — אין נראה, דבמתניתין יש להן ממה נפשך דרך שלא כדין, אבל באבדה — ממה נפשך אית להו דרכא גביה. תדע, דפריך: אי הכי אמאי אמר רבה אין הלכה כר"א? אלמא דבאבדה פשיטא ליה דיש להן דרך. ולעיל פריך אמתניתין: ולימא להו "שקולו דידכו והבו דידי". ונראה לר"י: דמעיקרא מסיק דמתני' כרבי אליעזר, ולבסוף, כי משני כשאבדה — לא אתיא מתני' כר' אליעזר. וכן יש ב"הניזקין" (גיטין דף נא. ושם) בשמעתא ד"שני כיסין קשורין מנאת לי". ולא גרס לקמן: "ולרבה בר רב הונא דאמר אין הלכה" כו', דלכ"ע צריך לפרושי טעמא דמתני' כדרב יהודה. ועוד י"ל: הא מני ר' אליעזר — כדמסיק: רבי אליעזר איירי כשאבדה, ומתני' דמיא לאבדה, כדמפרש טעמא בתר הכי. ורבנן דפליגי אדר' אליעזר באבדה, ואמרי דאין מועיל בירורם כלום — ה"נ פליגי אמתניתין, דלא אמרי' מה שנתן נתן. ולרבה בר רב הונא דאאבדה לא פליגי רבנן — אתיא מתניתין לד"ה. ולבסוף בעי: טעמא מאי כו' מ"ט דמיא מתני' לאבדה? ומשום דאמר ר"א באבדה דמה שבירו בירו נימא הכי נמי במתני'?! ומסיק: משום דרב יהודה.

ורבי אליעזר רבים במאי קנו ליה. ד"בירו להן דרך" משמע בלא שום תיקון, בברירה בעלמא.

בשביל של כרמים. נראה דדוקא בשביל של כרמים, שאינו עשוי כלל אלא להילוך. אבל שאר דרך — עשוי קצת להשתמש בו לצרך אחר.

ולא אמרן אלא אי לא מסיימי מחיצתא אבל מסיימי כו'. ולא שיהו מחילות גבוהות, דא"כ היכי דרי טונא? אלא מחילות נמוכות, טפח או טפחיים, להיכר השביל. הלכך, כשמכר לו השביל בשדהו — לא יתן לו אלא כמו שהוא עשוי, אפי' לא יהא לו אלא כדשקיל כרעא ומנח כרעא. וזה דחקו לרבינו שמואל, שאינה נראית לו גירסא זו, לפי שהיה סבור דהנך מחילות גבוהות הרבה.
והכובין

עין משפט נר מצוה

עח א ב מיי' פ"א מהל' מכירה הל' יג סמג עשין פב טוש"ע ח"מ סי' קלב סעיף ז:

עט ג ד מיי' שם הל' יד וסמג שם טוש"ע שם וכגי' שניה שהביאה הרשב"ם:

פ ה ו ז מיי' פכ"א מהל' מכירה הלכה ט סמג עשין פב טוש"ע ח"מ סי' ריז סעיף ז:

הגהות הב"ח

(א) גמרא משום דרב יהודה אמר רב דאמר רב יהודה אמר רב מצר שהחזיקו:

רבינו גרשום

להם דרך מן הצד משום גזירה שמא יתן להם דרך עקלתון דהשתא לאו בדינא קאתיא לידי: רחוקה לזה. ולאו זכות היא לו וקרובה לזה ומשום הכי לא מצי למעבד דינא לנפשיה ומש"ה מה שנתן נתן (א) ולא מצי למיהדר ביה: ולימא להו שקולו דידכו והבו לי דידי. ואמאי מה שנתן נתן: הא מני. מתני': ר' אליעזר היא. דאמר מה שבירו בירו ומשום הכי הואיל שבירו דרך זה לא מצי למימר להו הבו לי דידי: ומקשי' ואליבא דר' אליעזר דאמר מה שבירו בירו וכי רבים גזלנין נינהו. דליגזול ליה את שלו בבירור: אמר רב גידל לא גזלנין נינהו אליבא דר' אליעזר דמשום הכי שלו לא הגיעו כגון שאבדה להן דרך באותה שדה. שיודעין הן שיש להן דרך זה ואין יודעין באיזה מקום בשדה הואיל משום הכי נתן בשדה מן הצד שלא ידרסום בשדה ואמטול הכי הואיל שבירו דרך זה מה שבירו בירו דהשתא לא גזלנין נינהו והיום ומחר כשיבררו דרכם יטלוה ושלו לא הגיעו: אי הכי. דמוקמת לה הכי בר' אליעזר אמאי אמר רב הונא אין הלכה כר' אליעזר הא לאו גזלנין נינהו ובדין הוא דמה שבירו בירו: ומשני מאן דמתני הא. דרב ברונא לא מתני הא דר' אליעזר. הוא סבר לי' דמשום הכי מה שבירו בירו כגון שאבדה להן דרך לרבים והא דקאמר רב ברונא אין הלכה כר' אליעזר הכי ס"ל לרב ברונא דר' אליעזר דאמר מה שבירו בירו בהנם אע"פ שלא אבדה להן דרך דאי הוה שמיע ליה לרב ברונא דר' אליעזר סבר מה שבירו שאבדה להן דרך בתוך שדהו לא הוה אמר אין הלכה כר' אליעזר: ומקשי' וטעמא מאי. כלומר הואיל דס"ל לרב ברונא להיכא שבירו להן רבים דרך מה שבירו בירו (ב) כגון שאבדה להן דרך באותה שדה אמאי מה שנתן נתן ושלו לא הגיעו. והוא הדין נמי שאיל תלמודא אליבא דרב גידל דמתרץ למתני' אליבא דר' אליעזר מה טעם מה שנתן נתן ושלו לא הגיעו. ומשני משום דרב יהודה וכו' והואיל שהחזיקו באותו דרך בשדה אסור לקלקלו ואותו שנתן נתן משום שבירו הן: ואליבא דר' אליעזר דמתרצא מתני' אליביה רבים במאי קנו לה. להאי דרך שנתן זה והלא לא החזיקו בה: קנה מקום הילוכו. בלא שטר וכסף וחזקה ובלא פריצת וגדירת [גדר] ונעילת [הפתח]. דברי ר' אליעזר. וחכ"א אין הילוך מועיל כלום. עד שפרץ וגדר ונעל כל שהוא: כדי שתהא נוחה ליכבש. לפני יהושע: כי אתו לקמיה דר' יצחק. המוכר והלוקח שביל לחבירו: אמר להו זילו הבו ליה כי היכי דדרי טונא דשבישתא והדר. כלומר למהלך בשביל של כרמים יתנו לו כשיעור שיכול אדם לילך בו עם משאו. של זמורות ויכול לחזור בשביל של כרמים בריוח דקנהו בהליכתו: ולא אמרן. דליתן ליה הכי: אלא משום דלא מסיימי מחיצתא. של שביל שאין שם גדר מיכן ומיכן. אבל מסיימי מחיצתא אפילו יהי' השביל צר כל כך כי היכי דשקיל כרעא ומנח כרעא לא יהבי' ליה טפי אלא כמה דאיתיה: **פיס'** שני גמדין ומחצה. שתי אמות ומחצה: דרך מעיר לעיר שמונה אמות. כדי שיהא ריוח לשתי עגלות שפוגעות זו בזו:
דרך

א) נראה דצ"ל נתן ושלו לא הגיעו ולא מצי כו'. ב) פי' רבינו בזה הוא כפי' תוס' בד"ה כגון בתי' השני ועוד י"ל וכו' וצו"ק.

דֶּרֶךְ הָרַבִּים — שֵׁשׁ עֶשְׂרֵה אַמּוֹת; אדֶּרֶךְ עָרֵי מִקְלָט — שְׁלֹשִׁים וּשְׁתַּיִם אַמּוֹת. א"ר הוּנָא: מַאי קְרָאָה? דִּכְתִיב: °"תָּכִין לְךָ הַדֶּרֶךְ", דֶּרֶךְ — הַדֶּרֶךְ.§ "דֶּרֶךְ הַמֶּלֶךְ — אֵין לָהּ שִׁיעוּר".§ א)בשֶׁהַמֶּלֶךְ פּוֹרֵץ גָּדֵר לַעֲשׂוֹת לוֹ דֶּרֶךְ, וְאֵין מְמַחִין בְּיָדוֹ.§ "דֶּרֶךְ הַקֶּבֶר — אֵין לָהּ שִׁיעוּר".§ מִשּׁוּם יְקָרָא דְּשָׁכְבָא.§ "הַמַּעֲמָד — דַּיָּינֵי צִיפּוֹרִי אָמְרוּ: בֵּית ד' קַבִּין" כו'.§ ת"ר: ב)גהַמּוֹכֵר קִבְרוֹ, דֶּרֶךְ קִבְרוֹ, מְקוֹם מַעֲמָדוֹ, וּבֵית הֶסְפֵּדוֹ — בָּאִין בְּנֵי מִשְׁפָּחָה וְקוֹבְרִין אוֹתוֹ עַל כָּרְחוֹ, מִשּׁוּם פְּגַם מִשְׁפָּחָה.§ ת"ר: דאֵין פּוֹחֲתִין מִשִּׁבְעָה מַעֲמָדוֹת וּמוֹשָׁבוֹת לְמֵת, כְּנֶגֶד °"הֲבֵל הֲבָלִים אָמַר קֹהֶלֶת הֲבֵל הֲבָלִים הַכֹּל הָבֶל". א"ל רַב אַחָא בְּרֵיהּ דְּרָבָא לְרַב אַשִׁי: הֵיכִי עָבְדִי? א"ל: כְּדִתְנְיָא, אָמַר רַבִּי יְהוּדָה: בִּיהוּדָה, בָּרִאשׁוֹנָה לֹא הָיוּ פּוֹחֲתִין מִשִּׁבְעָה מַעֲמָדוֹת וּמוֹשָׁבוֹת לָמֵת, הכְּגוֹן: ג)"עִמְדוּ יְקָרִים עֲמוֹדוּ", "שְׁבוּ יְקָרִים שֵׁבוּ"; אָמְרוּ לוֹ: א"כ, אַף בְּשַׁבָּת מוּתָּר לַעֲשׂוֹת כֵּן. אֲחָתֵיהּ דְּרָמִי בַּר פַּפָּא הֲוָה נְסִיבָא לֵיהּ לְרַב אָוְיָא, שְׁכִיבָא, עֲבַד לָהּ מַעֲמָד וּמוֹשָׁב. א"ר יוֹסֵף, טָעָה בְּתַרְתֵּי: טָעָה, ושֶׁאֵין עוֹשִׂין אֶלָּא בִּקְרוֹבִים, וְהוּא עֲבַד אֲפִילּוּ בִּרְחוֹקִים; וְטָעָה, זשֶׁאֵין עוֹשִׂין אֶלָּא בְּיוֹם רִאשׁוֹן, וְהוּא עֲבַד בְּיוֹם שֵׁנִי. אַבַּיֵּי אֲמַר: בְּהָא נַמִּי טָעָה, חשֶׁאֵין עוֹשִׂין אֶלָּא בְּבֵית הַקְּבָרוֹת, וְהוּא עָשָׂה בָּעִיר. רָבָא אֲמַר: בְּהָא נַמִּי טָעָה, טשֶׁאֵין עוֹשִׂין אֶלָּא בְּמָקוֹם שֶׁנָּהֲגוּ, וְהָתָם לָא נְהוּג. מֵיתִיבֵי, אָמְרוּ לוֹ: אִם כֵּן, אַף בְּשַׁבָּת מוּתָּר לַעֲשׂוֹת כֵּן; וְאִי אָמְרַתְּ בְּבֵית הַקְּבָרוֹת וּבְיוֹם א', בֵּית הַקְּבָרוֹת בְּשַׁבָּת מַאי בָּעֵי? בְּעִיר הַסְּמוּכָה לְבֵית הַקְּבָרוֹת, דְּאַמְטְיוּהוּ בֵּין הַשְּׁמָשׁוֹת.§ **מתני'** יהַמּוֹכֵר מָקוֹם לַחֲבֵרוֹ לַעֲשׂוֹת לוֹ קֶבֶר, וְכֵן הַמְקַבֵּל מֵחֲבֵרוֹ לַעֲשׂוֹת לוֹ קֶבֶר — עוֹשֶׂה תּוֹכָהּ שֶׁל מְעָרָה ד' אַמּוֹת עַל שֵׁשׁ, וּפוֹתֵחַ לְתוֹכָהּ שְׁמוֹנָה כּוּכִין, שָׁלֹשׁ מִכָּאן וְשָׁלֹשׁ מִכָּאן וּשְׁנַיִם מִכְּנֶגְדָּן; וְכוּכִין — אָרְכָּן אַרְבַּע אַמּוֹת, וְרוּמָן שֶׁבַע, וְרָחְבָּן

דברים יט · קהלת א · תורה אור השלם

רשב"ם

דֶּרֶךְ הָרַבִּים. כְּגוֹן עִיר שֶׁיֵּשׁ בָּהּ מַעֲבָר שֶׁבָּאִין דֶּרֶךְ שָׁם מֵאֶרֶץ רְחוֹקָה. דֶּרֶךְ. מָצֵי לְמִיכְתַּב, וּכְתִיב "הַדֶּרֶךְ" – לְאוֹסוּפֵי דֶּרֶךְ אַחֶרֶת. וּסְתַם דֶּרֶךְ שֶׁבַּתּוֹרָה ט"ז אַמָּה, כִּדְיָלְפִינַן מֵעֲגָלוֹת דְּמִשְׁכָּן. וְעוֹד, דַּאֲפִילּוּ לֹא הֲוָה כְּתִיב אֶלָּא "דֶּרֶךְ", הֲוָה אָמֵינָא ט"ז אַמָּה, דִּסְתָם דַּרְכֵי עָרֵי מִקְלָט רה"ר הֵם, כְּדֵי שֶׁיּוּכְלוּ מִכָּל עֲיָירוֹת לָנוּס שָׁמָּה. שֶׁהַמֶּלֶךְ פּוֹרֵץ. מִשְׁנָה הִיא בְּסַנְהֶדְרִין (דף כ:), וְאַגַּב גְּרָרָא נַקְטַהּ בְּמַתְנִי'. מִשּׁוּם יְקָרָא דְּשָׁכְבֵי. שֶׁאֵין זֶה כְּבוֹד הַמֵּת לְהַבְרִיחַ אֶת הַמְלַוִּים אוֹתוֹ מִכָּאן. הַמּוֹכֵר קִבְרוֹ. מְעָרוֹת הָיוּ עוֹשִׂין לָהֶן בְּחַיֵּיהֶן לִקְבּוֹר שָׁם מֵתֵי מִשְׁפָּחָה, כִּדְתְנַן בְּמַתְנִיתִין. מְקוֹם מַעֲמָדוֹ. שֶׁעוֹמְדִין וְיוֹשְׁבִין שָׁם סָמוּךְ לְבֵית הַקְּבָרוֹת כְּשׁוּבָם מִן הַקֶּבֶר, כִּדְלְקַמָּן. עַל כָּרְחוֹ. שֶׁל לוֹקֵחַ. וְתַקָּנַת חֲכָמִים הִיא. מִשּׁוּם פְּגַם מִשְׁפָּחָה. גְּנַאי הוּא לָהֶם שֶׁאֵין לַקְּרוֹבִים מְקוֹם קְבוּרָה. הִלְכָּךְ אֲמוּר רַבָּנַן לִישְׁקוֹל דְּמֵי וְלִיהְדַר. וְהָכִי אָמְרִינַן בְּהֶדְיָא בִּבְכוֹרוֹת, בְּשִׁלְהֵי פ' "יֵשׁ בְּכוֹר לְנַחֲלָה". מִשִּׁבְעָה מַעֲמָדוֹת וּמוֹשָׁבוֹת. בַּחֲזִירָתָן מִן הַקֶּבֶר הוֹלְכִין מְעַט וְיוֹשְׁבִין, לְנַחֵם הָאָבֵל, אוֹ לְהַרְבּוֹת לַצַּעַר עַל הַמֵּת שֶׁמֵּת וּלְהַרְבּוֹת בִּבְכִי, וְלָתֵת אִישׁ אֶל לִבּוֹ לָשׁוּב בִּתְשׁוּבָה כִּי חַיֵּי הָאָדָם הֶבֶל. וְעוֹמְדִין וְהוֹלְכִין מְעַט, וְחוֹזְרִין וְיוֹשְׁבִין מְעַט, כָּךְ עוֹשִׂין ז' פְּעָמִים, כְּדֵי לָתֵת אֶל לִבָּם שֶׁחַיֵּי הָאָדָם הֶבֶל. וְהַיְינוּ דִּמְפָרֵשׁ לְקַמֵּיהּ: כְּנֶגֶד שִׁבְעָה "הֲבֵל הֲבָלִים" שֶׁכְּתוּבִין בְּרֹאשׁ סֵפֶר קֹהֶלֶת. כֵּן נִרְאֶה הַטַּעַם בְּעֵינַי. וְרָאִיתִי כָּתוּב: מִפְּנֵי שֶׁהַשֵּׁדִים מִתְלַוִּים עִם הַחוֹזְרִים מִבֵּית הַקְּבָרוֹת, לְכָךְ תִּקְנוּ מַעֲמָדוֹת וּמוֹשָׁבוֹת כְּדֵי שֶׁבְּתוֹךְ כָּךְ יִסְתַּלְּקוּ הַשֵּׁדִים מֵעֲלֵיהֶן. וְלָא נְהִירָא, דְּא"כ יִהְיוּ עוֹשִׂין כֵּן בְּכ"מ, וּלְקַמָּן אָמְרִינַן דְּבְמִנְהָגָא תַּלְיָא מִילְּתָא. וְעוֹד, מַאי "כְּנֶגֶד הֲבֵל הֲבָלִים"? הֵיאַךְ עָבְדִי. הֵיאַךְ הָיוּ רְגִילִין לַעֲשׂוֹת בַּמָּקוֹם שֶׁנָּהֲגוּ. עִמְדוּ יְקָרִים. לְאַחַר שֶׁיָּשְׁבוּ מְעַט, הָיָה הַמְּמוּנֶּה אוֹמֵר לָהֶן: עִמְדוּ, וּלְכוּ אֶל מָקוֹם אַחֵר. כָּךְ נִרְאֶה בְּעֵינַי. אָמְרוּ לוֹ. חֲכָמִים: א"כ אַף בְּשַׁבָּת, הֵיכָא דְּקָבְרוּ אֶת הַמֵּת סָמוּךְ לַחֲשֵׁיכָה כִּדְלְקַמָּן, יְהֵא מוּתָּר לַעֲשׂוֹת כֵּן, מֵאַחַר שֶׁלֹּא הָיוּ עוֹשִׂין כִּי אִם עֲמִידוֹת וִישִׁיבוֹת. וּמִדְּרַבִּי יְהוּדָה מַיְיתֵי רְאָיָה, וְלָא מֵרַבָּנַן, שֶׁהֵם לֹא פֵּירְשׁוּ כְּלוּם. **אֶלָּא** בִּקְרוֹבִים. קְרוֹבֵי הַמֵּת שֶׁהֵינָם מִתְאַבְּלִים, בָּאִים לַמַּעֲמָדוֹת וּמוֹשָׁבוֹת לִכְבוֹד הַמֵּת. **בְּיוֹם רִאשׁוֹן.** שֶׁנִּקְבַּר הַמֵּת. וּמְשַׁנֵּי: בְּעִיר הַסְּמוּכָה לְבֵית הַקְּבָרוֹת וְהוּא **דְּאַמְטְיוּהוּ** כו'. וּלְאַחַר שֶׁהֶחְשִׁיךְ הָיָה לָהֶם לַעֲשׂוֹת מַעֲמָד וּמוֹשָׁב בַּחֲזִירָתָן, דַּאֲכַתִּי יוֹם רִאשׁוֹן קָרֵינָא בֵּיהּ. דְּהָא לְעִנְיַן אֲנִינוּת נַמִּי אָמְרִינַן אֲנִינוּת לַיְלָה דְּרַבָּנַן, שֶׁהַלַּיְלָה הוֹלֵךְ אַחַר הַיּוֹם. **מתני'** לַעֲשׂוֹת לוֹ קֶבֶר. וְהֵם לֹא הָיוּ רְגִילִים לִיקָּבֵר אֶחָד אֶחָד בִּפְנֵי עַצְמוֹ, אֶלָּא כָּל בְּנֵי מִשְׁפָּחָה נִקְבָּרִין בִּמְעָרָה אַחַת, כָּל אֶחָד בְּכוּךְ בִּפְנֵי עַצְמוֹ. הִלְכָּךְ, הַמּוֹכֵר לַחֲבֵירוֹ מְקוֹם קֶבֶר – מָכַר לוֹ מָקוֹם לְב' מְעָרוֹת וְחָצֵר בֵּינֵיהֶן, וּמְקוֹם הַכּוּכִין חוּץ מִן הַמְּעָרוֹת – ד' אַמּוֹת תַּחַת הַקַּרְקַע לְכָל כּוֹתְלֵי הַמְּעָרוֹת, כִּדְלְקַמָּן. וּלְר"ש ד' מְעָרוֹת. **עוֹשֶׂה תּוֹכָהּ שֶׁל מְעָרָה.** כְּלוֹמַר, עוֹשֶׂה חֲלָלָהּ שֶׁל מְעָרָה ד' אַמּוֹת רֹחַב בְּאוֹרֶךְ שֵׁשׁ, וְגוֹבַהּ הַמְּעָרָה מְפוֹרָשׁ בַּתּוֹסֶפְתָּא אַרְבַּע אַמּוֹת. וּפוֹתֵחַ לְתוֹכָהּ. חוֹפֵר בְּכוֹתְלֵי הַמְּעָרָה, וְנִמְצְאוּ פְּתוּחִין לַחֲלָלָהּ. שָׁלֹשׁ מִכָּאן. בַּכּוֹתֶל הָאָרוֹךְ שֵׁשׁ אַמּוֹת שֶׁמִּימִין הַפֶּתַח, וְכֵן בַּכּוֹתֶל הַשֵּׁנִי שֶׁמִּשְּׂמֹאל הַפֶּתַח. וּשְׁנַיִם כְּנֶגְדּוֹ.[א] שֶׁל פֶּתַח, בְּכוֹתֶל אֶמְצָעִי שֶׁרָחְבּוֹ ד'. וְכֵן סִדְרָן: מַרְחִיק חֲצִי אַמָּה מִזָּוִית הַכּוֹתֶל הָאָרוֹךְ שֶׁל צַד הַפֶּתַח וְחוֹפֵר כּוּךְ רֹחַב שִׁשָּׁה טְפָחִים דְּהַיְינוּ אַמָּה, וּמַנִּיחַ כּוֹתֶל אַמָּה וְחוֹפֵר כּוּךְ שֵׁנִי אַמָּה, וּמַנִּיחַ כּוֹתֶל אַמָּה וְחוֹפֵר כּוּךְ שְׁלִישִׁי אַמָּה, וּמַנִּיחַ חֲצִי אַמָּה בַּזָּוִית – פַּרְנָסַת כּוֹתֶל שֶׁל ו' אַמּוֹת: לִשְׁלֹשָׁה הַכּוּכִין ג' אַמּוֹת, לִשְׁנֵי אֲוִירִים שֶׁבֵּינֵיהֶם שְׁתֵּי אַמּוֹת, לִשְׁתֵּי הַזָּוִיּוֹת חֲצִי חֲצִי אַמָּה, דְּהַיְינוּ ד) [אַמָּה – וְהַיְינוּ] ו' אַמּוֹת. וְכֵן יַעֲשֶׂה לַכּוֹתֶל הָאָרוֹךְ שֶׁכְּנֶגְדּוֹ. וּכְעִנְיָן זֶה יַעֲשֶׂה שְׁנֵי הַכּוּכִין בַּכּוֹתֶל הַקָּצָר שֶׁכְּנֶגֶד הַפֶּתַח דְּהָוֵי ד' אַמּוֹת: מַנִּיחַ חֲצִי אַמָּה בַּזָּוִית מִכָּאן וַחֲצִי אַמָּה בַּזָּוִית הַשֵּׁנִי, וְחוֹפֵר ב' כּוּכִין שֶׁל ב' אַמּוֹת, וְרֶיוַח בֵּינֵיהֶן אַמָּה – הֲרֵי אַרְבַּע אַמּוֹת. וְהַכּוּכִין **אַרְבַּע אַמּוֹת אָרְכָּן.** שֶׁהַמֵּת אָרְכּוֹ שָׁלֹשׁ אַמּוֹת, וּבִשְׁבִיל אָרוֹן שֶׁהוּא מוּנָּח בּוֹ – צָרִיךְ אַמָּה רְבִיעִית. וְרוּמָן שִׁבְעָה. לְהַכְנִיס הָאָרוֹן בְּרֶיוַח, וְגַם לִהְיוֹת אֲוִיר טֶפַח בֵּין ה) הַקַּרְקַע לָאָרוֹן, שֶׁלֹּא לְטַמֵּא הָעוֹבְרִים (א) דֶּרֶךְ הַמְּעָרָה.

אַרְבָּעָה

תוספות

והכוכין ארכן ד'. פי' רבינו שמואל: שהמת ג' אמות, ובשביל הארון צריך אמה רביעית. ואין נראה, דבפרק "המצניע" (שבת לב. ושם ד"ה אישתכח) משמע בהדיא דעד כתפיו של אדם ג' אמות, דאמרי' התם: ארון ט' וכפורת טפח — הרי כאן עשרה, וגמירי: כל טונא דמידלי במוטות — תילתא מלעיל, ותרי תילתי מלתחת. ואישתכח דלמעלה מעשרה הוה קאי, דמכתפיו עד למטה י"ח טפחים, ותרי תילתי — ששה טפחים ושני שלישים, אישתכח דלמעלה מי"א ושליש קאי. ואי מראשו לא הוי אלא י"ח — לא הוה קאי למעלה מי', דמראשו ועד כתפו מחזיק הרבה יותר מטפח ושליש. ובתרגום אחשורוש: אספתא אילטליב על ג' אמות כו', ואתוכי ראש היו. והכוכין דארכן ארבע — משום צוארו, וראשו, ודפי הארון ו). **ורומן** שבעה. פירש רבינו שמואל: כדי שיהא פותח טפח בארון, שלא תהא הטומאה בוקעת ועולה ומטמא העובר על גביו, (ב) שאמר בפ' "מי שמתו" (ברכות דף יט: ושם): מדלגין היינו ע"ג ארונות כו'. ומפ' התם טעמא: משום דרוב ארונות יש בהן פותח טפח. ומיהו, לא היה מועיל אלא לענין טומאה דאורייתא, אבל מדרבנן מיהא טמא העובר עליהן, כדאמר התם דגזרו עליהן, ולא התירו אלא ללכת למקום מצוה לקראת מלכים. ומפרש ריב"ס: ז) שהכוכין שלהם היו פתוחים מן הצד שהיו מניחין את המתים לתוכן, דאילו היו סתומין — היתה בוקעת טומאה ועולה. ואדרבה, יותר יש טומאה כשהוא פותח טפח, כיון שהוא סתום. דאילו לא היה פותח טפח — לא היתה טומאה בוקעת ועולה אלא כנגדה, והשתא כשהוא פותח טפח — הוי כאילו כל ארכו ורחבו מלא טומאה, ובוקעת ועולה אפי' שלא כנגד הטומאה. והביא ראיה מדאמר בפ"ק (לעיל דף יב: ושם): פרץ פלימיו — מטמא כל סביביו, ומטמא במגע מן התורה הנוגע כל סביביו, אע"פ שאין המת ממלא כל הבית כולו. ומסתמא כמו כן יטמא על גביו אע"פ שיש פותח טפח. ואין להאריך כאן. וא"ת: כיון שגזרו בקבר אפילו יש שם פותח טפח — א"כ גם בבית, אפי' לא פרץ פלימיו יטמא סביביו; כי היכי דבית סתום יש לו דין קבר סתום — ה"נ פתוח יש לו דין קבר פתוח! וי"ל: דבקבר גזרו יש בארון פותח טפח אטו אין בו כו', אבל בית — אין בית שלא יהא בו פותח טפח, ובית אטו קבר לא רצו לגזור. ור"י הביא ראיה דבסתום, אפי' פותח טפח בוקע ועולה, דתניא גבי אהל דנזיר (נזיר דף נג: ושם): "או בקבר" — לרבות קבר סתום. ומדקאמר סתום ולא פתוח — א"כ הוי כפותח טפח, ואפ"ה מרבה סתום. ומיהו, מה שפירש דאם אין בו פותח טפח אין בוקע ועולה אלא כנגד הטומאה — לא ידע ר"י מנא ליה, דבכל ענין מרבה קרא קבר סתום שיטמא כל סביביו ולמעלה, אפי' אין בו פותח טפח. ועוד יש ראיה ח)(מדתניא) באהלות (פ"ג מ"ז): ביב שהוא קמור תחת הבית, ויש בו פותח טפח וביציאתו פותח טפח, טומאה בתוכו — הבית טהור, טומאה בבית — מה שבתוכו טהור. יש בו פותח טפח ואין ביציאתו פותח טפח — הבית טמא כו', דכיון דאין ביציאתו פותח טפח — חשיב כסתום, אע"פ שיש בו פותח טפח בוקעת ועולה. ומיהו, קשה לר"י מתני' באהלות (פ"ד מ"ב), ומייתי לה ב"העור והרוטב" (חולין דף קכה:): [תיבת] המגדל ט)[שיש בה פותח טפח] ואין ביציאתו פותח טפח י)(ויש בה כוך), טומאה בתוכה — מה שבבית טמא, טומאה בבית — מה שבתוכה טהור, לפי שדרך טומאה לצאת ואין דרך טומאה ליכנס. פי': שדרך להוציא מן השדות והמגדל דרך הבית. והשתא קשה: ל"ל טעמא שדרך טומאה לצאת? תיפוק ליה דבוקעת ועולה, כיון דאין ביציאתה פותח טפח! ורבי יוסי נמי, אמאי פליג התם ומטהר לפי שיכול להוציא חצאין חצאין. פי', כחצי זית שאין מטמא באהל, או מפני שיכול לשרפה במקומה. וכן קתני סיפא: העמידה על פתחו, פתח לחוץ טומאה בתוכה — הבית טהור. ואמאי? והא טומאה בוקעת ועולה! וי"ל: דבכלים אין דין קבר להיות בוקע ועולה, דאין מבטלו.

ורחבן

עין משפט נר מצוה

פא א מיי' פ"ח מהל' רוצח ושמירת נפש הלכה ה:

פב ב מיי' פ"ה מהל' מלכים הלכה ג:

פג ג מיי' פכ"ד מהל' מכירה הלכה יז סמג עשין פב טוש"ע ח"מ סי' ריז סעיף ז וטוש"ע י"ד סי' שסו סעיף א:

פד ד מיי' פי"ב מהל' אבל הלכה ד סמג עשין מד"ס ב טוי"ד סי' שעו [וברב אלפס מ"ק פ"ג דף רלט:]:

פה ה ו ז ח ט מיי' שם הל' ד:

פו י מיי' פכ"א מהלכות מכירה הלכה ו סמג עשין פב טוש"ע ח"מ סי' ריז סעיף ו:

רבינו גרשום

דרך הרבים א) י' אמה כדגרסינן במסכת שבת (דף לט) שתי גזוזטראות ברשות הרבים זו כנגד זו ואמרינן בגמ' אמר רב משום ר' חייא עגלות תחתיהן וביניהן וצדיהן רשות הרבים אמר אביי בין עגלה לעגלה כמלא אורך עגלה וכמה אורך עגלה חמש ועגלה אחרת חמש ובין עגלה לעגלה חמש אמות ואמה יתירה דקאי בה בן לוי דכי משתלפי קרשים נקיט להו והרי לך עשרה בעגלות דמשכן: תכין לך הדרך. דרך מצי למכתב למה לי דכתב הדרך הרי מרבי עוד כשיעור דרך אחר דהיינו ב' דרכים ששיעורן ל"ב אמה: משום דזילותא דשכבא. צריך הרחקה יותר שלא יריחו הכל ריחו: מעמד. מקום שעושין בו הספד לנחם אבל: וקוברין למוכר בעל כרחו של לוקח משום פגם משפחה. של מת כלומר שלא יאמרו לא היה לו מקום לקבור ומחזירין דמיו ללוקח: הבל הבלים ג' הבל הבלים ג' הכל הבל אחד הרי כולן ז'. כלומר מה שנברא בז' ימי בראשית הכל הוא סופו ליבלות: אמרו לו אם כן. דלא עבדו טפי אלא כי האי גוונא דעומדין ז' פעמים. אפי' בשבת יהא מותר לעשות כן דאין בו שום איסור ולא שום מלאכה ואמאי לא עבדו הכי בשבת: עבד לה. רב אויא בעלה אפי' ברחוקים של המת העמיד והושיב. ביום ראשון כשקברו המת. ס"ד דלא עבדו אלא ביום ראשון ובבית הקברות ביום ראשון בשבת היכי משכחת לה והא לא מצי למיקבר בשבת אלא שמע מינה אפי' בעיר וביום שני מצי עבדו. ומשני לעולם בבית הקברות וביום ראשון ולא ביום שני והכא במאי עסקינן בעיר הסמוכה לבית הקברות ואמטייה למת בין השמשות וכשקברוהו מבעוד יום ולא הספיקו לבוא עד שחשיכה ומשום הכי הואיל דליכא איסור שבת מצי למיעבד התם בבית הקברות. כך אמר המורה מפני מה היו עושין המעמד ויושבין כשחוזרין מבית הקברות מפני ששדין מלוין אותן וכשיושבין ועומדין הצבור במקום אחד הולכין להם השדין ומפני מה לוקחין עפר ומריחין אותו ואחר כך משליכין על ראשם ואחריהם מפני שנזכור כי עפר אנחנו: **פיס'** המוכר לחבירו מקום לעשות בו קבר. כלומר לעשות בו מערה וכוכין עושה תוכה של מערה ד' אמות על ו' אמות ופותח לתוכה של מערה שכורה בג' כתליה בסלע ח' כוכין ג' מיכן בכותל הארוך וג' מיכן בכותל הארוך השני וב' כנגדן בכותל הרוחב ובאותו כותל שכנגד הפתח

א) לכאורה צ"ל ט"ז אמה דכן הוא שיעור רה"ר ואכן בסוף הדיבור מסיים ג"כ והרי לך עשרה כעגלות המשכן וצ"ע.

מסורת הש"ס

א) ב"ק ס: סנהדרין כ: ויבמות עו: פסחים קי:], ב) כתובות פז. בכורות נב:, ג) מגילה דף כג: ד) ר"מ, ה) [פי' בין תקרת הכוך לארון עי' תוי"ט:] ו) [וע"ע תוס' פסחים קט: ד"ה ברוס:] ז) [התוי"ט כתב דצ"ל האהלות:] ח) צ"ל מדתנן: ט) ר"מ: י) [ריעב"ץ ורש"ש מ"ז]:

הגהות הב"ח

(א) רשב"ם ד"ה ורומן ז' וכו' העוברים על גבי המערה: (ב) תוס' ד"ה ורומן וכו' על גביו כמו שאמר:

הגהות הגר"א

[א] רשב"ם ד"ה ושנים כנגדו כו'. אבל הרמב"ם כתב שבכולן כל קבר שבצדדים אמה ומחצה וכן שנים האמצעים ב' אמות (ועמ"ש רבינו ביו"ד סי' שסב ס"ק ח):

א) סוטה מד. אהלות פט"ו מ"ח:

וְרָחְבָּן שִׁשָּׁה. רַבִּי שִׁמְעוֹן אוֹמֵר: עוֹשֶׂה תוֹכָהּ שֶׁל מְעָרָה שֵׁשׁ אַמּוֹת עַל שְׁמוֹנֶה, וּפוֹתֵחַ לְתוֹכָהּ שְׁלֹשָׁה עָשָׂר כּוּךְ, אַרְבָּעָה מִכָּאן וְאַרְבָּעָה מִכָּאן וּשְׁלֹשָׁה מִכְּנֶגְדָּן, וְאֶחָד מִיָּמִין הַפֶּתַח וְאֶחָד מִן הַשְּׂמֹאל. וְעוֹשֶׂה חָצֵר עַל פִּי הַמְּעָרָה שֵׁשׁ עַל שֵׁשׁ, כִּמְלֹא הַמִּטָּה וְקוֹבְרֶיהָ, וּפוֹתֵחַ לְתוֹכָהּ שְׁתֵּי מְעָרוֹת, אַחַת מִכָּאן וְאַחַת מִכָּאן; רַבִּי שִׁמְעוֹן אוֹמֵר: אַרְבַּע, לְאַרְבַּע רוּחוֹתֶיהָ; רַבָּן שִׁמְעוֹן בֶּן גַּמְלִיאֵל אוֹמֵר: הַכֹּל לְפִי הַסֶּלַע.§ **גמ'** הָנֵי תְּרֵי לְהֵיכָא שָׁדֵי לְהוּ? אִי לְבָרַאי, הָא קָמִיתַּדְשִׁי לְהוּ? וְתוּ, הָא א)תְנַן: אחֲצַר הַקֶּבֶר, הָעוֹמֵד בְּתוֹכוֹ — טָהוֹר! אָמַר רַבִּי יוֹסֵי בְּרַבִּי חֲנִינָא: דְּעָבֵיד לְהוּ כְּמִין נֶגֶר. וְהָא אָמַר ר' יוֹחָנָן:

קְבוּרַת

אַרְבָּעָה מִכָּאן. בְּכוֹתֶל שֶׁאָרְכּוֹ ח'; ד' אַמּוֹת לְרוֹחַב הַד' כּוּכִין, וְג' אַמּוֹת לִשְׁלֹשָׁה חֲוִירוֹת שֶׁבֵּינֵיהֶן, וּשְׁנֵי חֲצָאֵי אַמָּה לִשְׁנֵי הַזָּוִיּוֹת שֶׁל אוֹתוֹ הַכּוֹתֶל – הֲרֵי ח' אַמּוֹת. **אֶחָד מִיָּמִין הַפֶּתַח כו'.** בַּגְּמָרָא מְפָרֵשׁ הֵיכִי קָיְימִי. **וְעוֹשֶׂה חָצֵר כו'.** בֵּין הַמּוֹכֵר מָקוֹם לַחֲבֵירוֹ לַעֲשׂוֹת קֶבֶר, בֵּין הַמְקַבֵּל לַעֲשׂוֹת לַחֲבֵירוֹ קֶבֶר – צָרִיךְ לַעֲשׂוֹת חָצֵר לְמַעְלָה עַל פִּי הַמְּעָרָה, מָקוֹם פָּנוּי ו' עַל ו'. **כִּמְלֹא הַמִּטָּה וְקוֹבְרֶיהָ.** כְּלוֹמַר, נוֹשְׂאֵי הַמִּטָּה. **וּפוֹתֵחַ לְתוֹכָהּ שְׁתֵּי מְעָרוֹת.** הַךְ מְעָרָה דִּלְעֵיל, וְעוֹד מְעָרָה אַחֶרֶת כְּנֶגְדָּהּ, דְּהָווּ לְהוּ ב' מְעָרוֹת בֵּין הַכֹּל לֶחָצֵר. וּבְכָל אַחַת יֵשׁ בָּהּ ח' כּוּכִין, וְעַכְשָׁיו יוּכְלוּ נוֹשְׂאֵי הַמִּטָּה לָבֹא מִכָּאן וּמִכָּאן מִן הַצְּדָדִין שֶׁאֵין שָׁם מְעָרָה לֶחָצֵר, וְלֹא יְהוּ דּוֹרְסִין עַל גַּבֵּי הַמְּעָרוֹת. וְלֵיכָּא לְפָרוּשֵׁי וּפוֹתֵחַ לְתוֹכָהּ שְׁתֵּי מְעָרוֹת בַּר מֵהַךְ דִּלְעֵיל, דְּהָווּ לְהוּ ג'. דְּהָא פָּרְכִינַן בַּגְּמָ': דְּאִי לָא תֵּימָא הָכִי – ד' מְעָרוֹת לְר"ש הֵיכִי עָבֵיד לְהוּ כו'. וְאִי אִיתָא – הָכִי נַמִי הֲוָה מָצֵי לְאַקְשׁוּיֵי הָהִיא קוּשְׁיָא עַצְמָהּ בְּג' מְעָרוֹת לְרַבָּנַן. וְהָא דִּתְנָא לְעֵיל מְעָרָה, וְאַחַ"כ חָצֵר, וְאַחַר כָּךְ מְעָרָה שְׁנִיָּה שֶׁכְּנֶגְדָּהּ – דְּהֵיכִי לִיתְנֵי? "עוֹשֶׂה חָצֵר וּפוֹתֵחַ לְתוֹכָהּ ב' מְעָרוֹת" – וַהֲלֹא אֵין קָרוּי חָצֵר עַד שֶׁיֵּעָשֶׂה תְּחִלָּה הַמְּעָרָה שֶׁהֶחָצֵר לְפָנֶיהָ, דְּאֵין קָרוּי חָצֵר אֶלָּא דָּבָר שֶׁהוּא כְּנִיסַת בַּיִת אוֹ כְּנִיסַת מְעָרָה. וּפוֹתֵחַ לְתוֹכָהּ. שֶׁהַמּוֹכֵר אוֹ הַמְקַבֵּל צָרִיךְ לָתֵת מָקוֹם וְלַעֲשׂוֹת שְׁתֵּי מְעָרוֹת, שֶׁכָּל זֶה תּוֹרַת קֶבֶר הוּא. מְעָרָה דְּרַבָּנַן כָּזֶה:

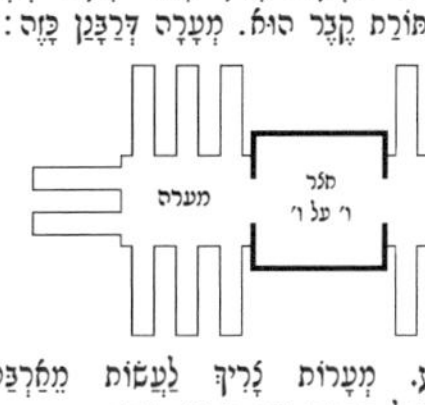

ר' שִׁמְעוֹן אוֹמֵר אַרְבַּע. מְעָרוֹת צָרִיךְ לַעֲשׂוֹת מֵאַרְבַּע רוּחוֹת הֶחָצֵר, וּבְכָל מְעָרָה י"ג כּוּכִין, כָּזֶה:

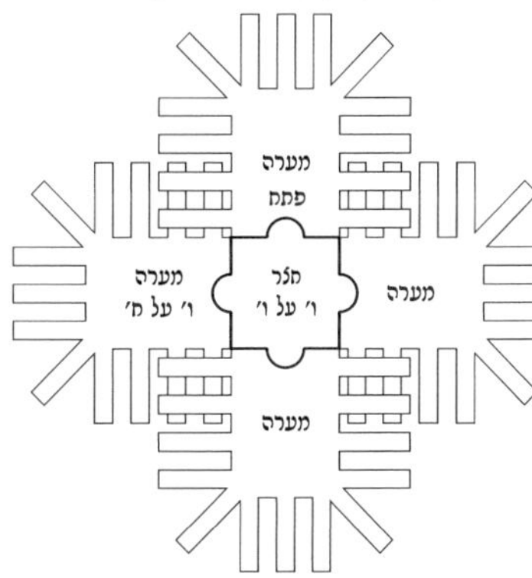

הַכֹּל לְפִי הַסֶּלַע. אַכּוּכִין קָאֵי. שֶׁאִם הַקַּרְקַע חָזָק – א"צ הֶפְרֵשׁ אַמָּה בֵּין כּוּךְ לְכוּךְ לַכּוֹתֶל, וְעוֹשֶׂה יוֹתֵר מִי"ג כּוּכִין. וְאִם סֶלַע הַבָּא בְּיָדַיִם – יַרְחִיק יוֹתֵר מֵאַמָּה זֶה מִזֶּה, וְלֹא יַעֲשֶׂה יוֹתֵר מִד' אוֹ ה' כּוּכִין בִּמְעָרָה. וּמִי שֶׁמְּקַבֵּל לַעֲשׂוֹת קֶבֶר לַחֲבֵירוֹ – אֵין חוֹשְׁבִין לְכוּכִין, אֶלָּא לְפִי חוֹזֶק הַקַּרְקַע יַרְבֶּה אוֹ יְמַעֵט כּוּכִין. וְנִרְאֶה בְּעֵינַי דְּאַמְּעָרוֹת נַמִי קָאֵי, דְּהַכֹּל לְפִי הַסֶּלַע יַעֲשֶׂה מְעָרוֹת הַרְבֵּה מִכָּל צַד. וּלְשׁוֹן הַתּוֹסֶפְתָּא (פ"ו) מוֹכִיחַ, דְּקָא תָּנֵי: וּפוֹתֵחַ לְתוֹכָהּ שְׁתֵּי מְעָרוֹת. ר"ש אוֹמֵר: ד' לְד' רוּחוֹתֶיהָ. ר' יְהוּדָה אוֹמֵר: בְּסֶלַע הַבָּא בְּיָדוֹ – פּוֹתֵחַ אֶת שְׁתֵּיהֶן מֵרוּחַ אַחַת, אָמְרוּ לוֹ: אִי אֶפְשָׁר. לְר"ש נוֹשְׂאֵי הַמִּטָּה עוֹבְרִין עַל גַּבֵּי הַמְּעָרוֹת. **גמ'** ה"ג בְּפֵי' ר"ח: הָנֵי תְּרֵי לְהֵיכָא שָׁדֵי לְהוּ אִי לְבַרַאי הָא קָמִתַּדְשִׁי. וְתוּ הָתְנַן חֲצַר הַקֶּבֶר הָעוֹמֵד בְּתוֹכוֹ טָהוֹר. וְהָכִי פֵּירוּשׁוֹ: הָנֵי תְּרֵי כּוּכֵי דְּר"ש, דְּקָתָנֵי אֶחָד מִשְּׂמֹאל הַפֶּתַח וְאֶחָד מִימִינוֹ, לְאֵיזֶה צַד מַמְשִׁיךְ אָרְכּוֹ וְהֵיאַךְ חוֹפְרִין ד' אַמּוֹת שֶׁל אָרְכָּן? אִם בְּכוֹתֶל הַמְּעָרָה שֶׁתַּחַת הֶחָצֵר חוֹפְרִין אוֹתוֹ אֶחָד מִיָּמִין הַפֶּתַח וְאֶחָד מִשְּׂמֹאל, וְתוֹפְסִין הַכּוּכִין תַּחַת קַרְקַע הֶחָצֵר ד' אַמּוֹת. **הָא קָמִיתַּדְשִׁי.** בְּרַגְלֵי נוֹשְׂאֵי הַמִּטָּה וְקוֹבְרֶיהָ, שֶׁמּוֹשִׁיבִים שָׁם הַמִּטָּה וּמִשְׁתַּהִין שָׁם הַרְבֵּה. וְלָא דָּמֵי לִדְרִיסַת נוֹשְׂאֵי הַמִּטָּה שֶׁדּוֹרְסִין עַל גַּבֵּי הַמְּעָרוֹת הַמּוּקָּפוֹת מִכָּל צַד כְּשֶׁמְּבִיאִין אֶת הַמִּטָּה לֶחָצֵר, דְּהָתָם בִּשְׁבִיל הִילּוּךְ לְפִי שָׁעָה לָא קָפֵיד ר"ש. וְתוּ. דְּאִם תִּמְצֵי לוֹמַר דִּלְדַוְושָׁא לָא חָיֵישׁ, הָתְנַן בְּהֶדְיָא דְּהַנִּכְנָס לַחֲצַר הַקֶּבֶר בִּשְׁידָה תֵּיבָה וּמִגְדָּל, וְלֹא נִטְמָא בַּמֶּה שֶׁעָבַר עַל גַּבֵּי הַמְּעָרוֹת לְר"ש, וְעַכְשָׁיו עוֹמֵד בַּחֲצַר הַקֶּבֶר – טָהוֹר, דְּאֵין כָּאן כּוּךְ. וְאִם אִיתָא – הֲרֵי נִטְמָא בָּאֹהֶל שֶׁמַּאֲהִיל עַל גַּבֵּי הַכּוּכִין שֶׁתַּחַת הֶחָצֵר! וּבַסְּפָרִים שֶׁלָּנוּ כָּתוּב: אִי לְגַוַּאי – בְּתוֹךְ הַמְּעָרָה, שֶׁחוֹפֵר קֶבֶר ד' אַמּוֹת בְּקַרְקַע הַמְּעָרָה – הָא קָא מִיתַּדְשִׁי, כְּשֶׁרוֹצֶה לִקְבּוֹר בְּכוּכֵי הַכּוֹתֶל הַסָּמוּךְ לוֹ. וְלָא נְהִירָא, דְּאֵין זֶה דּוֹמֶה לִשְׁאָר הַכּוּכִין, וְלָא אַסֵּיק אַדַּעְתֵּיהּ לְאַקְשׁוּיֵי שֶׁיְּהֵא כּוּךְ זֶה מְשׁוּנֶּה מִן שְׁאָר הַכּוּכִין לִהְיוֹת תַּחַת שׁוּלֵי הַמְּעָרָה, אֶלָּא בְּכוֹתֶל הוּא כִּשְׁאָר כּוּכִין. וְהִלְכָּךְ פָּרֵיךְ: אִי לְבַרַאי – הָא קָא מִיתַּדְשִׁי. דְּעָבֵיד לָהּ כְּמִין נֶגֶר. מַנְעוּל שֶׁל פֶּתַח זָקוּף, שֶׁיּוֹרֵד מִלְמַעְלָה לְמַטָּה, כֵּן עָשָׂה שְׁנֵי כּוּכִין מִשְּׁנֵי לִידֵי הַפֶּתַח זְקוּפִין כְּמִין בּוֹר, עֲמוּקִין ד' אַמּוֹת וְרָחְבִּין ו' עַל ו', וְנָתַן הַמֵּתִים זְקוּפִים. וּבְסָמוּךְ לְכוֹתֶל הֶחָצֵר עֲשָׂאָן, דְּמִשּׁוּם הַהוּא פּוּרְתָּא לָא מִיתַּדְשִׁי, שֶׁאֵין מִתְקָרְבִין כָּל כָּךְ אֲחוֹרֵי הַפֶּתַח.

קְבוּרַת

ורחבן ששה. ואפי' למ"ד בסוכה (דף ח.) שהאדם תופס אמה — היינו כשהוא לבוש, אבל מת שאינו לבוש כל כך — אף עם הארון לא הוי כי אם אמה. ותדע דבלא מלבוש אין מחזיק אמה, דהא מקוה אינו אלא אמה על אמה ברום ג' אמות, ואי אדם ערום מחזיק אמה — אמה באמתא היכי יתיב?

ועושה חצר על פתח המערה. כאן משמע שהחצר גבוה מן המערה, דהא בעי למימר בגמרא שאחד מימין הפתח ואחד משמאל נכנסין לתוך החצר. דקאמר בגמרא: אי לבראי — הא קא מיתדשי. וקשה: דבפרק "משוח מלחמה" (סוטה דף מד.) משמע שאין החצר שוה עם קרקע עולם, אלא עמוק, וצריך לעלות כשיוצא ממנו, דמפליג בין פתחה למעלה לפתחה מן הצד, וכן פ"ה שם! וי"ל: דאע"פ שהחצר עמוקה — המערה עמוקה הימנה.

אי לבראי הא קא מיתדשי. ה"ה דה"מ למיפרך: הא קא נגעי אהדדי! אלא אומר ר"ת: משום דה"מ לשנויי במעמיק, כדמשני בסמוך, ועדיפא מיניה פריך. **ותו** התנן חצר הקבר העומד בתוכה טהור. וא"ת: לר"ש, היכי אזיל, כיון שיש ד' מערות לד' רוחות? וכי תימא באמה שבין כוך לכוך — האמר בפרק "משוח מלחמה" (שם) דמת תופס ארבע אמות היכא דלא מסיימי מחילות, ודוקא בחצר הוא דמסיימי מחילות אינו תופס. ופ"ה: דאזיל שם בשידה תיבה ומגדל.

דעביד להו כמין נגר. תימה: אכתי, העומד בתוכו אמאי טהור? הא מת תפיס ד' אמות, דהא לא מסיימי מחילתא, שהוא קבור בתוך החצר עצמו. ואם היינו אומרים דכותל המערה הוא אמה — אתי שפיר. אבל לא משמע הכי לקמן, דחשיב כ"ב לר"ש וי"ח לרבנן — משמע שאין בין חלל המערה לחצר כלום. וכ"ת דמהדר ליה מחילה סביב המת א"כ לא הוי חצר שש על שש, וחסר ממנה הרבה, שיש ח' מתים לד' פתחי החצר הפתוחין לד' מערות! [ועוד] קשה לר"י: דאיך יתכן שאין פתח המערה רחב אלא ב' אמות? ואיך יכנסו עם המת, דע"כ אין בו יותר, דכוך העשוי כמין נגר רחב אמה על אמה, וא"כ צריך להרחיק כל כוך מקרן זוית אמה, דאי לאו הכי — אי אפשר דלא נגעי אהדדי ח' כוכין שבחצר. הרי לב' הכוכין ב' אמות, ואמה שמניח לכל קרן וקרן — ולא נשאר כי אם שתי אמות לפתח. ואומר רשב"א: דיכול להיות הפתח רחב שלש אמות, וכגון שירחיק לעולם הכוך שמימין הפתח אמה, ושבשמאל יעשה בקרן זוית — הרי ג' אמות לב' כוכין עם הריות, נשארו ג' אמות לפתח ואע"פ שהכוך שבשמאל שהוא ממש בקרן זוית אינו רחוק מאותו שמונח לאורך המערה בשכיבה אלא חצי האמה — אין להקפיד, הואיל וזה עשוי כמין נגר, ואין רחבו אלא אמה על אמה. ואע"פ שאנו מקפידין באותו שמושכב לרוחב המערה להרחיקה מקרן זוית חצי אמה, אע"פ שאותו שמושכב באורך המערה רחוק כמו כן מקרן זוית חצי אמה, ומתרחק והולך בשוה לצד דרום, והמונח ברוחב המערה הולך בשוה לצד מזרח, ואינן מקורבין יחד אלא בראשיו — מ"מ לא חילקו חכמים בשוכבין. ועוד יש ליתן טעם: דאפילו לא היו מרחיקין אותו שמושכב לרוחב המערה חצי אמה מן הקרן — לא היו מרויחין כלום, שלא היו יכולים לפחות אמה ברוחב המערה בשביל כך ולקצר. דאם כן רחבה ה' — וזה אינו יכול להיות לר"ש, מפני אותן הכוכין שבצד הפתח מימין ומשמאל. ולרבנן נמי, דליכא כוכין לצד הפתח — לא הוו יכולים לקצר רחבה מד', דאם כן איך היו מכניסין

הארון

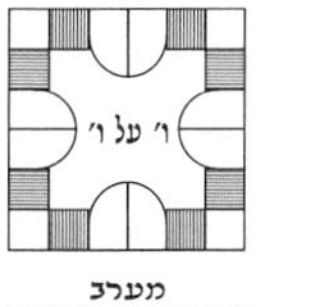

רבינו גרשום

הפתח ובכותל הרחב שהפתח של מערה שם אין עושין בו כוכין וכן דין השיעור הכוכין של כל אחד ארכו ד' אמות ורומו ארבעה טפחים ורחבו ששה ומכניסין בתוכה המת עם ארונו וכיצד מחלקין ג' כוכין בכותל הארוך של מערה מרחיק הכוך הראשון מכותל רוחב המערה חצי אמה והכוך עצמו רחבו אמה ובין כוך זה לכוך אחר צריך אמה הרחקה ומקום הכוך השני אמה ובין כוך שני לכוך שלישי אמה בינתים כי היכי דלא נגעי אהדדי והכוך השלישי אמה הרי בין תפישת ג' כוכין וביניהם ה' אמה ובין כוך שלישי לכותל המערה בסיום המערה חצי אמה הרי בין חצי אמה זו וחצי אמה אחרת אמה אחת א)הוי פה על הו' הרי י' אמות והם הכי נמי שיש ג' כוכין לאידך כותל של אורך המערה הרי כאן י' כוכין ובכותל אחר של רוחב המערה חופר ב' כוכין כנגד של כוכין שבאורך הכתלים שפונים להללו ב' ועושה וחולק אותם באלו ד' אמות של רוחב המערה וכיצד. ירחיק חצי אמה מכותל המערה ועושה כוך אמה רוחב ובין כוך לחבירו אמה והכוך השני עצמו אמה ובין כוך שני לכותל המערה חצי אמה הרי כאן בין שני כוכין (בין מקומן) וביניהן שלש אמות ושני חצאי אמה הסמוכין לכותלי המערה הרי כאן ד' אמות ותוך המערה ד' אמות על שש הכל פנוי אבל בכתלים ולפנים מהם בתוך הסלע היו חופרין שיעור כוכין הללו ומכניסין בכוך המת בארונו: ר' שמעון אומר עושה תוכה של מערה פנוי שש ברוחב על ח' אמות באורך ופותח לתוכה וכורה בכתליה י"ג כוכין ד' מיכן בכותל הארוך שירחיק מכותל רוחב המערה חצי אמה מכל כותל והכוך אמה בין כוך ראשון לכוך שני אמה וכוך שני אמה ובין כוך שני לכוך שלישי אמה ובין כוך שלישי לכוך רביעי אמה וכוך רביעי אמה ובין כוך רביעי לכותל המערה חצי אמה הרי לך כאן בין ד' כוכין והפסקות שבין הכוכין ועם שני חצאי אמה שסמוך לקרנות ח' אמות והם הכי נמי עבדין באידך כותל דאורך המערה הרי לך ח' כוכין בין שני צידין אורך כותלי המערה וג' מכנגדן ברוחב המערה שרוחב המערה ו' אמות ובין ו' אמות הללו עבוד ג' כוכין שצריך להרחיק מכותלי אורך המערה חצי אמה מכאן וחצי אמה מכאן דהיינו אמה וג' כוכין ג' אמות וביניהן ב' אמות היינו ו' אמות וכוך אחד עשה מימין הפתח וכוך אחד משמאל הרי כאן י"ג כוכין בכותלי המערה מד' רוחותיה. וקא שייל בגמ' אליבא דר' שמעון להיכן מוקים ב' כוכין הללו שבכותל פתח המערה: ועושה חצר על פתח המערה לדברי הכל בין אליבא דתנא קמא ובין אליבא דר' שמעון שתהא ו' אמות באורך ושש בד... החלון היורד ונועל מלמעלה למטה זקוף דהשתא ליכא למיחש משום טומאה דחצר ולא... בדריסת רגלי בני אדם. ומתקיף לה ר' יוחנן אם כן דבעמידה זקופין מוק...

רבינו גרשום

אמות ברוחב כמלא המטה וקוברי המת שיכולין ליכנס שם ובהכי סגי להו וקסבר תנא קמא אם רצה לפתוח מי שקנה חצר הקברות שתי מערות אחת פתוחה מצד אחד של חצר ואחת פתוחה מצד שני של חצר רשאי לעשות כן דליכא למיחש לשום טומאה בחצר ור' שמעון אומר רשאי לפתוח ד' מערות (ד' מערות) לד' רוחות לד' כותלי החצר וכל מערה י"ג כוכין: רשב"ג אומר הכל לפי הסלע. כלומר לא אזלינן בתר אותו שיעור חשבון של כוכין דרבנן ור' שמעון אא"כ היא חזקה וקשה אותה שחופרין בה את הכוכין יכול לפתוח בו כוכין יותר מאלו בתוך ח' אמות ולא צריך להרחיק כוך מן חבירו אמה כי אם בפחות הפסק סגי בינתים ואם סלע הבא בידים הוא צריך הרחקה טפי מאמה בין כוך לכוך שלא תפחת: וקא בעי השתא בגמ' היאך תרי כוכי אליבא דר' שמעון דקתני דעבדי שני כוכין אחד מימין הפתח ואחד משמאל הך תרי כוכין היכן שדי להו כלומר באיזה מקום מן המערה מוקים להו אי לגואי לתוך גופה של מערה בתוך חללה חופרין בקרקע הא קמיתדשי להו כלומר הן נידושין ונרמסין בדריסת רגלי מכניסין שאר המתים בכוכין של כתלים ודורסין על אותן הקברים כשנכנסו במערה ואיכא זילותא דשכבי ואי עביד להו להך תרי כוכי לבראי של מערה בחצר בקרקע אחד מימין הפתח ואחד משמאל לא אפשר דהתנן חצר הקבר העומד בתוכה טהור מפני שאין בה שום טומאת מת ואם איתא דהללו ב' כוכין משוכין ונקבעין מחוץ למערה בחצר ופתוחין למערה משתכח דאיכ' קברי' בחצר ואמאי העומד לתוכה טהור טמא מיבעי ליה דכהן דקאי או מי שעושה חולין בטהרה דזמנין דדריס על מקום הקברים ודמי כמאן דקאי בגופה של מערה והוה ליה טמא: א"ר יוסי בר חנינא דעביד להו על פתח המערה אחד מימין ואחד משמאל כמין נגר. כלומר הכותל של פתח המערה אינו עבה ד' אמות שיהא יכול למיקבע הכוכין בעוביו שלא יצא לפנים או לחוץ ואין יכול לתקן בענין אחר אלא חופרין בעובי הכותל מלמטה למעלה ומשים אחד מכאן של פתח ואחד מכאן ומשים בתוכו המת עם ארונו זקוף כמין נגר כמו בריח דחצר ולא משום דמיתדשי מוקים להו בכותל

קבורת

פז א מיי' פ"ו מהל' טומאת מת הלכה ט וע"ש:

א) נראה דל"ל הוספה על הה' הרי ו'.

קְבוּרַת חֲמוֹרִים הִיא זוֹ! לְר' יוֹחָנָן, דְּעָבֵיד לְהוּ בְּקֶרֶן זָוִית. וְהָא נָגְעֵי כּוּכִין לַהֲדָדֵי! אֲמַר רַב אַשִׁי: בְּמַעֲמִיק. דְּאִי לָא תֵימָא הָכִי, אַרְבַּע מְעָרוֹת לְר' שִׁמְעוֹן הֵיכִי עָבֵיד לְהוּ? הָא קָא נָגְעֵי כּוּכִין לַהֲדָדֵי! אֶלָּא בְּמַעֲמִיק, הָכָא נַמִי בְּמַעֲמִיק. רַב הוּנָא בְּרֵיהּ דְּרַב יְהוֹשֻׁעַ אֲמַר: אַרְבַּע מְעָרוֹת לְר"ש, דְּעָבֵיד לְהוּ כִּי א)חָרוּתָא. וְהָא דְּרַב הוּנָא בְּרֵיהּ דְּרַב יְהוֹשֻׁעַ ב)בָּרוּתָא הִיא; ג)מִכְּדִי כָּל אַמְתָא בְּרִיבּוּעָא – אַמְתָא וּתְרֵי חוּמְשֵׁי בַּאֲלַכְסוֹנָא, כַּמָּה הָוֵי לְהוּ? חַד סְרֵי וְחוּמְשָׁא. כּוּכִין כַּמָּה הָווּ? תְּמָנְיָא, תְּמָנְיָא בְּחַד סְרֵי וְחוּמְשָׁא הֵיכִי מַשְׁכַּחַת לָהּ? אֶלָּא הָא דְּרַב הוּנָא בְּרֵיהּ דְּרַב יְהוֹשֻׁעַ בָּרוּתָא הִיא. וְאִי בָּעֵית אֵימָא, כִּדְאָמַר רַב שֵׁישָׁא בְּרֵיהּ דְּרַב אִידִי: בִּנְפָלֵי, הָכָא נַמִי בִּנְפָלֵי. תְּנַן ד) הָתָם: א)הַמּוֹצֵא מֵת מוּשְׁכָּב כְּדַרְכּוֹ – נוֹטְלוֹ וְאֶת תְּפוּסָתוֹ; שְׁנַיִם – נוֹטְלָן וְאֶת תְּפוּסָתָן;

מָצָא

קְבוּרַת חֲמוֹרִים. שֶׁמַּשְׁלִיכִין בְּבוֹר. יֵשׁ מְפָרְשִׁים שִׁיטָּה זוֹ כָּךְ: דְּעָבֵיד לְהוּ בְּקֶרֶן זָוִית – בַּחֲצִי אַמָּה הַפְּנוּיָה בְּזָוִית מִזֶּה, וּבַחֲצִי אַמָּה שֶׁבְּזָוִית הַכּוֹתֶל שֶׁכְּנֶגְדּוֹ אֵצֶל הַפֶּתַח בִּתְחִלַּת הַמְּעָרָה, לְשָׁם חוֹקֵק הַכּוּכִין בַּכְּתָלִים סָמוּךְ לַכּוּכִין הָאֲחֵרִים. וְהָא נָגְעֵי כו' – שֶׁכּוּךְ זֶה שֶׁהוּא רָחָב אַמָּה נִכְנָס חֲצִי אַמָּה בַּכּוּךְ שֶׁבַּכּוֹתֶל, הַמְרוּחָק חֲצִי אַמָּה מִן הַזָּוִית. וּמְשַׁנֵּי: בְּמַעֲמִיק – לֹא יַחְפּוֹר בְּשָׁוֶה לָאֲחֵרִים, אֶלָּא מִלְּמַטָּה יַחְפּוֹר אוֹתוֹ, שֶׁיְּהֵא אַמָּה בֵּינְתַיִים כְּעֵין עִילִּית וְתַחְתִּית. וּמִיהוּ, בְּכָל הַמְּעָרָה לֹא הָיָה מַצְרִיךְ ר"ש כֵּן בְּמַעֲמִיק, מִשּׁוּם דִּבְכָאן סָמוּךְ לֶחָצֵר הָוֵי הַקַּרְקַע קָשֶׁה, שֶׁאֵינוֹ חוֹפֵר כְּלָל לֹא לְמַעְלָה וְלֹא לְמַטָּה. אֲבָל בְּאֶמְצָעִית הַמְּעָרָה, שֶׁיֵּשׁ מִכָּל צַד כּוּכִין וַחֲפִירוֹת – לֹא הָיָה מַצְרִיךְ ר"ש לַעֲשׂוֹת כּוּכִין לְמַטָּה מִן הָעֶלְיוֹנָה, פֶּן תִּפּוֹל הַמְּעָרָה. י"מ כֵּן, וְלָא נְהִירָא. חֲדָא – דְּאֵין זֶה לְשׁוֹן קֶרֶן זָוִית. וְעוֹד: א"כ לָמָּה אֵינוֹ עוֹשֶׂה כְּמוֹ כֵן בְּכָל הַמְּעָרָה כּוּכִין הַרְבֵּה זֶה תַּחַת זֶה? דְּהָא מוֹקֵי לָהּ בְּמַעֲמִיק. וְא"ת: מִפְּנֵי שֶׁאֵינוֹ רוֹצֶה לַעֲשׂוֹת כּוּךְ תַּחַת כּוּךְ – וַהֲלֹא בְּעַל כָּרְחָךְ, כּוּךְ זֶה שֶׁבְּסוֹף הַכּוֹתֶל הַסָּמוּךְ לַפֶּתַח, הֲלֹא יֵשׁ עַל גַּבָּיו כּוּכִין רִאשׁוֹנִים שֶׁל מְעָרָה הַשֵּׁנִית הַסָּמוּךְ לָהּ, אַלִּיבָּא דְּר"ש. הִלְכָּךְ הָכִי מְפָרְשִׁי לָהּ: דְּעָבֵיד לְהוּ בְּקֶרֶן זָוִית מַמָּשׁ, מֵאֲחוֹרֵי הַמְּעָרָה וְלֹא לְצַד פֶּתַח, ה) בִּשְׁנֵי הַזָּוִיּוֹת שֶׁכְּנֶגֶד הַפֶּתַח, חֲצִי הַכּוּךְ בְּכוֹתֶל זֶה וַחֲצִי הַכּוּךְ בְּכוֹתֶל זֶה, וְהַיְינוּ מִיָּמִין הַפֶּתַח וּמִשְּׂמֹאל הַפֶּתַח דְּקָתָנֵי מַתְנִיתִין – כָּזֶה א: וּמַקְשִׁינַן: וְהָא קָא נָגְעֵי כּוּכִין. שֶׁל זָוִית שְׁנֵי הַכְּתָלִים [בַּהֲדֵי הֲדָדֵי], וְהָווּ לְהוּ שְׁלֹשָׁה כּוּכִין זֶה בְּתוֹךְ זֶה לְכָל זָוִית וְזָוִית. דְּהַךְ כּוּךְ דְּבַקֶּרֶן מְחַבֵּר כּוּךְ שֶׁמִּכָּאן שֶׁהוּא חֲצִי אַמָּה רָחוֹק מִן הַקֶּרֶן בְּסוֹף כּוֹתֶל מִזְרָחִי, וְכוּךְ שֶׁבְּסוֹף כּוֹתֶל דְּרוֹמִי, שֶׁאֵין בֵּין כּוּךְ זֶה לְכוּךְ זֶה אֶלָּא חֲצִי אַמָּה עַל חֲצִי אַמָּה וַאֲלַכְסוֹנָהּ. וּמְשַׁנֵּי: בְּמַעֲמִיק. וּלְפִיכָךְ עוֹשֶׂה אוֹתָם לְשָׁם, שֶׁכָּל מַה שֶּׁנִּכְנָס הַכּוּךְ שֶׁבַּקֶּרֶן בַּקַּרְקַע מִתְרַחֵק מִן הַכּוּכִין שֶׁמִּכָּאן וּמִכָּאן הַרְבֵּה. אֲבָל בְּכָל הַמְּעָרָה אִי אֶפְשָׁר עוֹד, שֶׁהֲרֵי יֵשׁ כּוּכִין שֶׁיְּהוּ נוֹגְעִים בְּכָל צַד. כֵּן נִרְאֶה בְּעֵינַי, וְעִיקָּר. דְּאִי לָא תֵימָא הָכִי. אֶלָּא כָּל הַכּוּכִין שֶׁבַּמְּעָרוֹת בְּשָׁוֶה הֵן, וְאֵין זֶה גָּבוֹהַּ מִזֶּה כְּלָל. א"כ אַרְבַּע מְעָרוֹת לְר"ש הֵיכִי עָבֵיד לְהוּ. לְכוּכִין שֶׁל מְעָרָה מִזְרָחִית וְשֶׁל מְעָרָה דְּרוֹמִית. וְהוּא הַדִּין לְכָל שְׁתֵּי הַמְּעָרוֹת הַסְּמוּכוֹת זוֹ לָזוֹ. וְהָא קָנָגְעֵי כּוּכִין אַהֲדָדֵי. כּוּךְ שֶׁל מְעָרָה מִזְרָחִית שֶׁבְּקֶרֶן דְּרוֹמִית מַעֲרָבִית רָחוֹק חֲצִי אַמָּה מִן הַזָּוִית, נִכְנָס הוּא לְתוֹךְ כּוּךְ שֶׁל מְעָרָה דְּרוֹמִית בְּאוֹתוֹ שֶׁבְּכוֹתֶל מִזְרָחִי, שֶׁהוּא בְּקֶרֶן מִזְרָחִית צְפוֹנִית. כָּזֶה ב: דְּכֵיוָן דְּאֵין זֶה רָחוֹק מִן הַזָּוִית אֶלָּא חֲצִי אַמָּה, וְזֶה שֶׁבָּא אָרְכּוֹ כְּנֶגֶד רָחְבּוֹ אֵינוֹ רָחוֹק מִן הַזָּוִית אֶלָּא חֲצִי אַמָּה – נִמְצָא כָּל אֶחָד נִכְנָס בְּשֶׁל חֲבֵירוֹ שָׁלֹשׁ אַמּוֹת וּמֶחֱצָה. רַב הוּנָא בְּרֵיהּ דְּרַב יְהוֹשֻׁעַ אָמַר. מֵהָכָא לֹא תִּפְשׁוֹט, דִּלְעוֹלָם שָׁוִין הֵן וְאֵינוֹ מַעֲמִיק. וַאֲפִי' הָכִי לָא נָגְעֵי כּוּכִין דְּאַרְבַּע מְעָרוֹת בַּהֲדָדֵי, מִשּׁוּם דַּעֲבִידִי כַּחֲרוּתָא – עֲשׂוּיִין הַכּוּכִין שֶׁל שְׁתֵּי הַמְּעָרוֹת בָּאֲלַכְסוֹן, כַּחֲרָיוֹת שֶׁל דֶּקֶל כָּזֶה ג: כַּמָּה הָוְיָא לְהוּ. הַקַּרְקַע שֶׁל כּוֹתְלֵי שְׁתֵּי הַמְּעָרוֹת, שֶׁבָּהֶן יוֹצְאִין ח' כּוּכִין כַּחֲרוּתָא – ח' אַמּוֹת עַל ח' אַמּוֹת מְרוּבָּעוֹת הָוֵי אוֹתוֹ קַרְקַע בְּאוֹרֶךְ ב' הַכְּתָלִים, אֶחָד שְׁתִי וְאֶחָד עֵרֶב, דְּהָוֵי לְהוּ אֲלַכְסוֹנָהּ ח' אַמּוֹת וְט"ז חוּמְשִׁים, דְּהַיְינוּ חַד סְרֵי אַמָּה וְחוּמְשָׁא, הֵיאַךְ יִתָּכֵן לָצֵאת דֶּרֶךְ אוֹתוֹ אֲלַכְסוֹן? ח' כּוּכִין שֶׁל שְׁמוֹנֶה אַמּוֹת וְשִׁבְעָה אֲוִירִים בֵּינְתַיִים שֶׁל שֶׁבַע אַמּוֹת – הֲרֵי ט"ו אַמָּה, וְאִיהוּ לֹא הָוֵי אֶלָּא י"א אַמָּה. וּבְעַל כָּרְחָךְ, כֵּיוָן דְּאוֹרֶךְ הַכּוּכִין אַרְבַּע אַמּוֹת, (א) כּוּלָּן יוֹצְאִין וְנוֹגְעִין בָּאֲלַכְסוֹן וְיוֹצְאִין דֶּרֶךְ שָׁם! בָּרוּתָא הִיא. וְלָא מְתוֹקְמָא דְּר"ש אֶלָּא בְּמַעֲמִיק, וְהָכָא נַמִי בְּמַעֲמִיק, כְּדַאֲמָרַן. וְאִיבָּעֵית אֵימָא. לָא תֵּיקוּ לְהָנָךְ שְׁנֵי כּוּכִין וְלֹא לְאַרְבַּע מְעָרוֹת דְּר"ש בְּמַעֲמִיק, אֶלָּא כִּדְאָמַר רַב שֵׁישָׁא כו' לְקַמָּן בִּשְׁמַעְתִּין. ה"נ בִּנְפָלֵי. אוֹתָן שְׁנֵי כּוּכִין עוֹשֶׂה אוֹתָן בְּתוֹךְ חֲצִי אַמָּה הָרֵיקָנִית, וּלְלָשׁוֹן אַחֲרוֹן – בְּתוֹךְ הָאַמָּה הָרֵיקָנִית שֶׁבְּקֶרֶן זָוִית, בְּשָׁוֶה לַכּוּךְ, וְיַעֲשׂוּ קָצָר לְאוֹרֶךְ לָתֵת שָׁם נְפָלִים. וְכֵיוָן דְּקָצָר הוּא אֵינוֹ מַזִּיק כָּל כָּךְ לַכּוּךְ גָּדוֹל שֶׁבְּצִידּוֹ, אֶלָּא שֶׁיְּהֵא מַשֶּׁהוּ כּוֹתֶל בֵּינְתַיִם. וְאַתָּא ר' שִׁמְעוֹן לְאוֹרוּיֵי דְּמִנְהַג בּוֹנֶה קֶבֶר לַעֲשׂוֹת שָׁם שְׁנֵי כּוּכִין לְאוֹרֶךְ נְפָלִים. וּלְר' שִׁמְעוֹן נַמִי, הַכּוּכִין שֶׁהֵן בְּתוֹךְ הָאַרְבַּע אַמּוֹת שֶׁל מְעָרָה הַשֵּׁנִית קִבְרֵי נֵפֶל הֵן, שֶׁאֵין אָרְכָּן אֶלָּא חֲצִי אַמָּה. וְהִלְכָּךְ אֵין כּוּכִין הַלָּלוּ נִכְנָסִין לְתוֹךְ אָרְכָּן. תְּנַן הָתָם. בְּסוֹף מַסֶּכֶת נָזִיר. הַמּוֹצֵא מֵת. תְּחִלָּה, שֶׁלֹּא נוֹדַע עַד עַכְשָׁיו שֶׁהָיָה כָּאן מֵת. אִי נַמִי, נוֹדַע שֶׁיֵּשׁ כָּאן מֵת וְאַחַר כָּךְ מָצָא שְׁנַיִם אֲחֵרִים תְּחִלָּה, שֶׁלֹּא הָיוּ יְדוּעִין – לָא הָוֵי שְׁכוּנַת קְבָרוֹת לִקְנוֹת מְקוֹמָן, אֶלָּא נוֹטְלָן וְאֶת תְּפוּסָתָן. עַד שֶׁיִּהְיוּ שְׁלֹשָׁה יְדוּעִין, אוֹ שְׁלֹשָׁה תְּחִלָּה, כִּדְתַנְיָא בְּשִׁילְהֵי מַסֶּכֶת נָזִיר. וְהָכִי גְּמִירִי לָהּ. מֵת מוּשְׁכָּב כְּדַרְכּוֹ נוֹטְלוֹ וְאֶת תְּפוּסָתוֹ. אִם רוֹצֶה לַעֲשׂוֹת שָׁם טָהֳרוֹת – מְפַנֵּהוּ לָמֵת, מִשּׁוּם דְּלֹא קָנָה מְקוֹמוֹ כָּל זְמַן דְּלָא הָווּ שְׁלֹשָׁה. דְּאִיכָּא לְמֵימַר לֹא הָיָה הַמָּקוֹם הַזֶּה מְקוֹם קְבוּרָה, אֶלָּא עַל יְדֵי הַדְּחָק שֶׁלֹּא הָיָה לָהֶם פְּנַאי לְהוֹלִיכוֹ לְבֵית הַקְּבָרוֹת, קְבָרוּהוּ לְשָׁם. וּמִיהוּ, כֵּיוָן דְּמֵת הוּא וְלֹא הָרוּג, וּמוּשְׁכָּב כְּדַרְכּוֹ – נוֹטֵל גַּם אֶת תְּפוּסָתוֹ, כִּדְמְפָרֵשׁ בְּמַסֶּכֶת נָזִיר (דף סה.): כַּמָּה שִׁיעוּר תְּפוּסָה? פֵּירֵשׁ ר"א ו) (בְּרַבִּי צָדוֹק): נוֹטֵל עָפָר תִּיחוּחַ (ג) וְחוֹפֵר שְׁלֹשָׁה טְפָחִים בְּקַרְקַע בְּתוּלָה, וְנוֹטֵל הַכֹּל, דַּחֲשִׁיבִי כְּרָקָב שֶׁל מֵת. וְנָפְקָא לָן מִדִּכְתִיב: "וּנְשָׂאתַנִי מִמִּצְרַיִם" – מִמִּצְרַיִם טוֹל עִמִּי, כְּלוֹמַר מִקַּרְקַע מִצְרַיִם. [illegible] לֹא קָנָה מְקוֹמוֹ כְּלָל, אֲפִילּוּ לִתְפוּסָה. דְּאִיכָּא לְמֵימַר שָׁם נֶהֱרַג וְנָפַל. וְכֵן אִם לֹא מוּשְׁכָּב כְּדַרְכּוֹ – אִיכָּא לְסַפּוּקֵי בְּגוֹי, וְאֵין לוֹ תְּפוּסָה. וְגַם אִם יִהְיוּ שְׁלֹשָׁה – אֵין לָהֶם דִּין שְׁכוּנַת קְבָרוֹת, אֶלָּא נוֹטְלָן כּוּלָּן מִשָּׁם, כִּדְדָיְיקִינַן הָתָם לְהַךְ מִשְׁנָה: "הַמּוֹצֵא" – פְּרָט לְמָצוּי, כְּלוֹמַר פְּרָט לְיָדוּעַ, שֶׁאִם אֶחָד מֵהֶן יָדוּעַ וּשְׁנַיִם תְּחִלָּה – לָא מִיתְנֵי בְּסֵיפָא גַּבֵּי מָצָא שְׁלֹשָׁה הֲרֵי זוֹ שְׁכוּנַת קְבָרוֹת. "מֵת" – פְּרָט לְהָרוּג, שֶׁאִם נִמְצְאוּ מְגוּיָּדִין אֲפִילּוּ הֵן שְׁלֹשָׁה – אֵין לָהֶן שְׁכוּנַת קְבָרוֹת, דְּאִיכָּא לְמֵימַר כָּאן נֶהֶרְגוּ וְלֹא נִיתְּנוּ לִקְבוּרָה. "מוּשְׁכָּב" – פְּרָט לְיוֹשֵׁב. "כְּדַרְכּוֹ" – פְּרָט לְשֶׁרֹאשׁוֹ מוּנָּח לוֹ בֵּין יַרְכוֹתָיו, דְּאִיכָּא לְמֵימַר גּוֹי הוּא. אִי נַמִי, אִם יִשְׂרָאֵל הוּא – בְּאַקְרַאי בְּעָלְמָא הִשְׁלִיכוּהוּ לְשָׁם עַד שֶׁיְּהֵא לָהֶם פְּנַאי וִיטְּלוּהוּ מִכָּאן לְקָבְרוֹ בְּבֵית הַקְּבָרוֹת. הִלְכָּךְ אֵין לָהֶם לֹא תְּפוּסָה וְלֹא שְׁכוּנַת קְבָרוֹת.

מָצָא

א

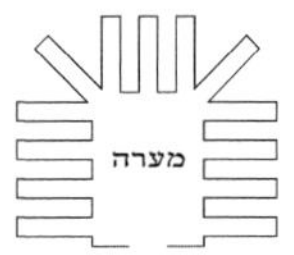

ב

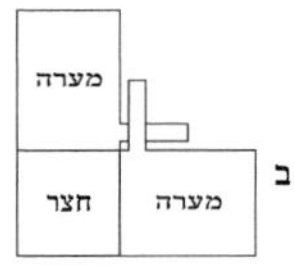

ג

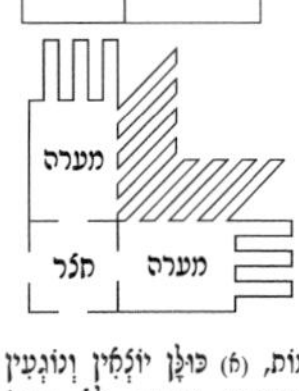

הארון שהוא ד' אמות, בכוך שהוא באורך המערה? ואפי' השתא שהמערה שהיא רחבה ארבע – קשיא, אמתא באמתא היכי יתיב? אלא שלא היתה רחבה ארבע בצמצום, אלא יותר מעט מארבע אמות. ועוד יש לפרש: דלכל הפתות הפתח רחב שתי אמות ומחצה, ואותו שבימין רחוק אמה מקרן זוית, ושבשמאל חצי אמה. וכן נראה לר"י. וצריך לדקדק: היאך יורדין מחצר למערה? שאם היה חצר משפיל והולך במקום שנכנסין לארבע מערות של ארבע רוחותיה – אם כן לא היה ראוי להשתמש מטה וקובריה! אלא ודאי החצר היה שש על שש שוה, ודרך הסולם היו יורדין מן החצר למערה, או מורדות היו מן החצר למערה. ז) **דעביד** להו כמין נגר. והא דתנן בסוף נזיר (דף סד:): המוצא מת מושכב כדרכו, ואמר בגמרא: מושכב – פרט ליושב. לר' יוסי בר' חנינא דהכא, דוקא יושב ממעט, ולא עומד. **דעביד** להו בקרן זוית. וא"ת: כיון שהוא מעמיק, אמאי צריך שיעשה בקרן זוית? יעשה ברוחב המערה, או באורך המערה בין כוך לכוך באמה שבינתים, ויעמיק! וי"ל: לפי שהיה מקלקל כותל המערה, והיה קרקע נופל והכוכין היו מקלקלין, הואיל וזה הכוך שמעמיק הולך באותו צד ששאר כוכין הולכין. אבל בקרן זוית אינו כן. **המוצא** מת מושכב כדרכו. בפ"ב דנזיר (דף סה.) אמר: המוצא – פרט למצוי. ופ"ה: פרט לידוע, אם אחד מהן ידוע והשנים אינן ידועים. וקשה לפי': דממעט מצוי, משמע דגריע טפי אחד ידוע ושנים תחלה משנים ידועים ואחד תחלה, מדקממעט ליה. וזה אינו, דכך שוה זה כמו זה, דבין שנים ידועים ואחד תחלה בין אחד ידוע ושנים תחלה – אין להן שכונת קברות עד שיהו שלשתן ידועים או שלשתן תחלה, כדאמר בנזיר! ונראה לר"י:

פרט

פח א מיי' פ"ט מהל' טומאת המת הל' ג:

רבינו גרשום

קבורת חמורים היא זו ואיכא זילותא דשכבא. אלא אמר רבי יוחנן הכי מנח להו בקרן זוית באותה חצי אמה שפנוי בכותל אורך המערה שיש הפרש מן כותל הרוחב לכוך הראשון באותה חצי אמה חופר וקובע הכוך האחד וכן נמי לאידך גיסא דפתח בסוף כותל הפתח בחצי אמה של כותל הפנוי עביד אידך כוך דהשתא לא מיתדשי וליכא למיחש משום טומאה בחצר דלא נפקי כלל בחצר. ומקשי' לר' יוחנן אכתי איכא למיחש משום זילותא דשכבי דהא נגעי כוכין בהדדי שיפחת כוך של זוית זה בכוך הראשון משום דכל כוך וכוך רחבו אמה וקרן זוית אינו אלא [illegible] ומתרץ לתרוייהו לישנא. אלא אמר רב אשי לעולם בקרן זוית מוקים להו ואפי' אחד לימין ואחד לשמאל ומצית לתרוצי דלא נגעי כוכין הדדי.

א) [גדילין באלכסון ולאו גדילין שוין. ערוך ערך חרת ג']: ב) [עי' מ"ש על הגליון ב"מ ע"ב: ג) סוכה דף ח. ועירובין נ. וש"נ]: ד) אהלות פט"ו מ"ג נזיר סה: ה) נ"א אלא: ו) [תוספתא שם מוכח דליתא]: ז) עיין לעיל ע"א.

רבינו גרשום

בשוה אלא מצדדין ופונין למעלה כך כל הכוכין שבכותלי אורך המערות יצדדם כלפי מעלה כמו ענפים ולא יפגעו ולא יגעו זה בזה אותן שסמוכין לזוית החצר אבל אותן ב' כוכין שבימין הפתח ובשמאל לא מצית לאוקמינהו כי האי גוונא שמצדד דאין להם מקום כל כך ויגיעו ב) לחללו שסמוכין להן מכאן ומכאן: והא דרב הונא. דמוקים להו בחרותא שמצדדין ומחוזרין הכוכין כנגד האלכסון ולא כנגדן בשוה בכותל ברותא היא. כלומר לאו מילתא הוא דאותו מקום דכוכין שיוצאין בו הכוכין בין מערה למערה בכותל אורך מערה זו ובכותל אורך מערה זו הרי ח' על ח' בריבוע לפי שאורך כותל מערה זו ח' אמות ואורך כותל מערה אחרת שבצידה ח' אמות היינו ח' על ח' ומכדי קים להו לרבנן דכל אמתא בריבועא הויא אמתא ותרי חומשי באלכסונא כלומר כל אמה שהיא מרובעת אמה אם תמדוד באלכסונה קא מייתרא טפי מאמתא תרי חומשי אמה וכיון דהני מקום כוכין שבכותל שבין ב' מערות הוה ח' על ח' בריבוע וכל אמה ואמה מהני ח' אמות אי מחורין להן באלכסונה מייתרא כל אמתא ואמתא תרי חומשי וכמה הוי להו מאותן ח' אמות כמה עודפות ט"ו חומשין דהיינו ג' אמות וחומש הוסיף אלו ג' אמות וחומש שעודף באלכסון על ח' אמות שהן בריבוע הוי להו חד סרי אמות וחומשא באלכסון וסוף סוף תמניא כוכין בחד סרי אמין וחומשא של אלכסון היכי משתכח להו ד' כוכין של כותל מערה זו וד' כוכין של כותל מערה אחרת דקיימי בהגך חד סרי אמין אפ' באלכסון היכי משתכח לה דהלא אורך הכוך ד' אמות ובין כל כוך וכוך אמה אותו כוך רביעי שבכותל אחר יוצאין הרבה חוץ מזוית האלכסון וגם שאר הכוכין כשעומדין כנגד האלכסון נוגעין ראשיהן זה בזה ואי אפשר להעמידן באלכסון מפני שיוצאין העליונים חוץ [illegible] האלכסון [illegible] מערה [illegible] החצר [illegible] כוכין [illegible] חוץ מ[illegible] כלל [illegible] מתרץ [illegible] ביוצאין [illegible] משום [illegible]

[...]ן דמעמיק האי כוך בקרן זוית שמעמיק וחופר מתחת אמה של כוך הראשון שבאורך [...]ש הפסק קרקע עובי אמה בינתים דלא נגעי באידך כוך דאי לא תימא הכי כדתריצנא [...]ר למימר דעביד לה שוה בשוה לאורך אי הכי ד' מערות דקתני לר"ש במתני' דעביד בכל שברחבה של כל אחת כרוחב כותל החצר חוץ מאחת שמקצרה מן הכותל שבאותה כניסה [...]ביד להו לכל הני כוכין א) דהכי ד' אמות שוה בשוה אישתכח דקא נגעי כוכין אהדדי אותן [...]צר לפי כי ד' מערות מקיפות החצר והחצר באמצע וכל מערה שש על ח' וקובע בכל מתחלקין הכוכין ד' מכאן באורך וד' מכאן באידך גיסא באורך וג' מנגד הרוחב וכ' על לכל מערות ועכשיו כשתקבע באורך הכותל ד' כוכין במערה שבמזרח החצר לדרום המערה [...]ותל המערה שבדרום החצר ד' כוכין לצפון המערה לכניסת המערה נמצא שאותן ב' כוכין שעומדות בדרום החצר ואותן ב' כוכין הראשונים שבדרום המערה לכניסת המערה [...]חצר נוגעין ונכנסין זה בזה אותן שנים מזה שעומדין לקרן מזרחית דרומית של חצר נוגעין [...]נסין זה בזה וכן לדרומית מערבית וכן למערבית צפונית של חצר אותן כוכין הסמוכין [...]עין זה בזה אלא אין להן תקנה אא"כ השנים שבזוית זו מעמיקין יותר מן השנים [...] כנגדן כדי שלא יגעו הללו והללו הכי נמי אותן שבקרן זוית שבימין הפתח ושמשמאל האחרים שלא יגעו או יקבעם באידך כותל רוחב המערה בקרן זוית אחד מכאן ואחד מכאן [...] בריה דרב יהושע אמר. לא צריך לתרוצי לד' מערות דר"ש במעמיק שום כוך יותר מחבירו [...]פשוט לשני כוכין הללו דד' מערות לר' שמעון בלא מעמיק מתקנו כוכייהו שפיר דלא [...] דעביד להו לכוכין דידהו כחרותא. כלומר כמו ענפי הדקל שאין יוצאין מן הדקל כנגדן דסמוכין לזוית אהדדי כדאמרן לעיל אלא להכי צריך לאוקמי ביוצאין בכנגדן אותן שבכותל אחר שסמוכין לזוית שלא יגעו באותן היוצאין מכותל מערה אחרת היכי דמוקמי הני במעמיק מוקמי נמי כולהו תרי כוכין דאחד מימין ואחד משמאל במעמיק רב ששת בריה דרב אידי לקמן בנפלי בכוכין של נפלים קטנים הכא נמי בנפלי ובאותה חצ[...] מערה זו עושה כוך של נפל קטן ואל יגע בכוכין האחרים והם הכי נמי לזוית כותל מער[...] של נפלי כדי שלא יגעו לכוכין של כותל מערה האחרת ולא צריך מעמיק. ולרב הונא דמוק[...] באלכסון מצית נמי לתרוצי בנפלי שכל מקום שהוא שלא יגעו זה לזה או שלא יצאו ח[...] עושה כוכין של נפלי כדי שלא יגעו זה בזה ולא יצאו חוץ מן האלכסון. תנן [...] נזירות המוצא מת מושכב כדרכו נוטלו ואת תפוסתו של מת ומפרש התם המוצא [...] למצוי שאם ידוע אותו מת ששם היה קבור לא יזיזו ממקומו מת פרט להרוג דודאי נוטלו ואת [...] פרט ליושב כדרכו פרט לראשו בין ירכותיו דכל הני אפי' יותר מג' נוטלן ואת תפוסתן משום ד[...] דהוי מושלכין התם ולאו שכונת קברות הוא ואינו צריך לבדוק מכאן ואילך דודאי ליכא ביו[...] ומצי למיזל כהנים להתם [או] אוכלי חוליהן בטהרה. מצא שנים הבודק מן מתים כדרכן ומוש[...] תפוסתן דלא קנו מקומן תפוסתו אותו קרקע שסביבו שהליחה והמוח של מת שם כל א[...] עמו דכמת עצמו דמי וחופר עוד בבתולת הקרקע עם התפוסה ג' אצבעות והיינו תפוס[...] יעקב לבניו בשעת פטירתו ונשאתני ממצרים מאי אמר להו ונשאתני ממצרים אל[...] להו מקרקע מצרים טול נמי דהיינו נמי תפוסתו שלשה קנו בציר לא עד שני[...] דהכי איתרמי ערב שבת עם השמשות וקברום התם ולא שכונת קברות הוא ולא צריך [...] אבל

[...]סוכין לאורכן ד' אמות או דל"ל לכל הני כוכין דידהו. ב) נראה דל"ל ויגיעו לחללו של כוכין שסמוכין להם מכאן ומכאן. ג) נראה דחסר כאן וצ"ל ואיבעית אימא דלא תוקמא במעמיק אלא וכו'.

אמְצָא שְׁלֹשָׁה, אִם יֵשׁ בֵּינֵיהֶן מֵאַרְבַּע עַד שְׁמוֹנֶה — הֲרֵי זוֹ שְׁכוּנַת קְבָרוֹת, וּבוֹדֵק מִמֶּנּוּ וּלְהַלָּן עֶשְׂרִים אַמָּה. מָצָא אֶחָד בְּסוֹף עֶשְׂרִים אַמָּה — בּוֹדֵק מִמֶּנּוּ וּלְהַלָּן כ׳ אַמָּה, שֶׁרַגְלַיִם לַדָּבָר, שֶׁאִילּוּ מִתְּחִלָּה מְצָאוֹ — נוֹטְלוֹ וְאֶת תְּפוּסָתוֹ. אָמַר מָר: מֵאַרְבַּע וְעַד שְׁמוֹנֶה. מַנִּי? אִי רַבָּנַן, הָא אָמְרִי: ד׳ אַמּוֹת עַל שֵׁשׁ! אִי ר׳ שִׁמְעוֹן, הָא אָמַר: שֵׁשׁ עַל שְׁמוֹנֶה! לְעוֹלָם ר׳ שִׁמְעוֹן הִיא, וְהַאי תַּנָּא הוּא; דְּתַנְיָא: במְצָאָן רְצוּפִין וְאֵין בֵּינֵיהֶן מִד׳ אַמּוֹת עַד ח׳ — יֵשׁ לָהֶן תְּפוּסָה וְאֵין לָהֶן שְׁכוּנַת קְבָרוֹת; רַבִּי שִׁמְעוֹן בֶּן יְהוּדָה אוֹמֵר מִשּׁוּם ר׳ שִׁמְעוֹן: רוֹאִין אֶת הָאֶמְצָעִיִּים כְּאִילּוּ אֵינָן, וְהַשְּׁאָר מִצְטָרְפִין מִד׳ אַמּוֹת וְעַד ח׳. בְּמַאי אוֹקִימְתָּא? כְּר׳ שִׁמְעוֹן; אֵימָא סֵיפָא: בּוֹדֵק הֵימֶנּוּ וּלְהַלָּן עֶשְׂרִים אַמָּה; מַנִּי? אִי ר״ש, עֶשְׂרִים וְתַרְתֵּין הָוְיָין! אִי רַבָּנַן, תְּמָנֵי סְרֵי הָוְיָין! לְעוֹלָם רַבָּנַן הִיא, וּכְגוֹן דִּבְדַק בְּאַלַכְסוֹנָא. וּמִדְּהָא בְּאַלַכְסוֹנָא הָא נַמִי בְּאַלַכְסוֹנָא, עֶשְׂרִים וְתַרְתֵּי הָוְיָין! חֲדָא בְּאַלַכְסוֹנָא אָמְרִינַן, תְּרֵי בְּאַלַכְסוֹן לָא אָמְרִינַן.

רַב

רשב״ם

מָצָא שְׁלֹשָׁה. מֵתִים מוּשְׁכָּבִים כְּדַרְכָּן, זֶה בְּצַד זֶה. אִם יֵשׁ בֵּין הָרִאשׁוֹן לַשְּׁלִישִׁי קָרוֹב לְד׳ אַמּוֹת, אוֹ קָרוֹב לְח׳ — הֲרֵי זוֹ שְׁכוּנַת קְבָרוֹת, וְלֹא יְטַלֵּם מִכָּאן, דְּקָנוּ מְקוֹמָן. דִּסְבִירָא לֵיהּ לְהַאי תַּנָּא תּוֹכָהּ שֶׁל מְעָרָה אַרְבַּע אַמּוֹת עַל ח׳, וּסְבִירָא לֵיהּ נַמִי שֶׁג׳ מֵתִים נִקְבָּרִים בְּכוֹתֶל רָחְבָּהּ דְּלָא הָוֵי אֶלָּא אַרְבַּע אַמּוֹת. כֵּיצַד? ג׳ אַמּוֹת לִשְׁלֹשָׁה כּוּכִין, וּב׳ טְפָחִים בֵּין כּוּךְ לְכוּךְ, וְטֶפַח לְזָוִית — הֲרֵי ו׳ טְפָחִים, סַךְ הַכֹּל ד׳ אַמּוֹת. וּבַכּוֹתֶל הָאָרוֹךְ ח׳ אַמּוֹת — יִקָּבְרוּ לְפִי חֶשְׁבּוֹן זֶה: ו׳ מֵתִים בּוֹ׳ אַמּוֹת, וּשְׁנֵי אַמּוֹת הַנּוֹתָרוֹת הֵן י״ב טְפָחִים, לֵא מֵהֶן י׳ טְפָחִים לְה׳ אֲוִירוֹת שֶׁבֵּין שֵׁשֶׁת הַכּוּכִין, טְפָחַיִים לְכָל אֲוִיר וַאֲוִיר, נִשְׁאֲרוּ טְפָחַיִים לַזָּוִיּוֹת. וְהִלְכָּךְ, כְּשֶׁמּוֹצְאָן שְׁלֹשָׁה בְּתוֹךְ ד׳ אַמּוֹת — אִיכָּא לְמֵימַר זֶהוּ כּוֹתֶל קֶבֶר שֶׁל מְעָרָה שֶׁכְּנֶגֶד הַפֶּתַח. וְה״נ אִיכָּא לְסַפּוּקֵי בַּכּוֹתֶל הָאָרוֹךְ, אֶלָּא שֶׁעֲדַיִין לֹא נִתְמַלְּאוּ כָּל הַכּוּכִין. וְכֵן אִם מָצָא ג׳ מְפוּזָּרִין בְּתוֹךְ ח׳ — אָמְרִינַן: בְּאוֹרֶךְ הַמְּעָרָה נִקְבְּרוּ, אֶלָּא שֶׁעֲדַיִין יֵשׁ כָּאן ג׳ כּוּכִין שֶׁנִּתְמַלְּאוּ עָפָר כְּשֶׁנָּפְלָה הַמְּעָרָה, וַעֲדַיִין לֹא נִקְבַּר בָּהֶן מֵת. אֲבָל מְצָאָן רְצוּפִין יוֹתֵר מִשִּׁיעוּר הַזֶּה — אֵין זֶה שְׁכוּנַת קְבָרוֹת, אֶלָּא ע״י הַדְּחָק נִקְבְּרוּ לְשָׁם, עַל מְנָת לְפַנּוֹתָן הַיּוֹם וּלְמָחָר, וְלֹא קָנוּ מְקוֹמָן, וְגַם אֵין צָרִיךְ לִבְדּוֹק יוֹתֵר. הָכָא לָא גָּרְסִינַן "כִּמְלֹא הַמִּטָּה וְקוֹבְרֶיהָ". וּבוֹדֵק מִמֶּנּוּ וּלְהַלָּן כ׳ אַמָּה. הֵיכָא דְּמָצָא ג׳ בְּד׳ אָמְרִינַן: רוֹחַב הַמְּעָרָה הוּא, וּכְנֶגְדּוֹ פֶּתַח הֶחָצֵר, וְיֵשׁ עֲדַיִין מְעָרָה אַחֶרֶת כְּנֶגְדָּהּ חוּץ לֶחָצֵר, וְהֶחָצֵר בֵּין שְׁנֵיהֶן. הִלְכָּךְ בּוֹדֵק מִמָּקוֹם שֶׁכָּלִים גּוּף הַמֵּתִים לְצַד הַמְּעָרָה כ׳ אַמָּה. כֵּיצַד? ח׳ אַמּוֹת אוֹרֶךְ הַמְּעָרָה, וּבוֹדֵק בַּכְּתָלִים מִשְּׁנֵי צְדָדִין, וְאַח״כ בּוֹדֵק שֵׁשׁ אַמּוֹת דְּחָצֵר מִפְּנֵי הַמְּעָרוֹת הַפְּתוּחוֹת לָהּ מִכָּאן וּמִכָּאן, לְר״ש נַמִי, דְּהַיְינוּ בְּדִיקָה כ׳ אַמּוֹת כְּנֶגֶד הֶחָצֵר בִּשְׁבִיל ב׳ הַמְּעָרוֹת מִכָּאן וּמִכָּאן. וְחוּץ לֶחָצֵר עֲדַיִין ח׳ אַמּוֹת מִפְּנֵי מְעָרָה חִיצוֹנָה שֶׁכְּנֶגֶד זוֹ — הֲרֵי כ״ב אַמָּה. וּלְקַמֵּי׳ פָּרֵיךְ, אַמַּאי לָא קָאָמַר: בּוֹדֵק כ״ב אַמָּה? וְה״ה דְּאִיכָּא לְסַפּוּקֵי בְּהָנָךְ ג׳ מֵתִים שֶׁבְּאַרְבַּע אַמּוֹת, שֶׁמָּא זֶהוּ אוֹרֶךְ הַמְּעָרָה שֶׁקּוֹבְרִין בָּהּ, וַעֲדַיִין לֹא נִתְמַלֵּאת, וְצָרִיךְ נַמִי לִבְדּוֹק כְּנֶגְדָּן עַד ד׳ אַמּוֹת שֶׁיֵּשׁ מִכָּאן עַד כּוֹתֶל הָאָרוֹךְ שֶׁכְּנֶגְדּוֹ, דְּשֶׁמָּא כְּנֶגֶד מֵתִים הַלָּלוּ יֵשׁ מֵתִים אֲחֵרִים הַקְּבוּרִים בַּכּוֹתֶל שֶׁהוּא אָרוֹךְ ח׳. וְעוֹד צָרִיךְ לִבְדּוֹק מִלְמַעְלָה וּמִלְּמַטָּה כ׳ אַמָּה, דְּהַיְינוּ מ׳ אַמָּה, דְּשֶׁמָּא זוֹהִי מְעָרָה שֶׁבְּמִזְרַח הֶחָצֵר, וְיֵשׁ עֲדַיִין מְעָרָה אַחֶרֶת כְּנֶגְדָּהּ בְּמַעֲרַב הֶחָצֵר. א״נ זוֹהִי שֶׁבְּמַעֲרַב הֶחָצֵר, וְיֵשׁ עֲדַיִין מְעָרָה אַחֶרֶת בְּמִזְרַח הֶחָצֵר. וְתַנָּא לָשׁוֹן קָצָר נָקַט בְּדִיקַת כ׳ אַמָּה, לְאַשְׁמוּעִי׳ דְּאוֹרֶךְ ב׳ מְעָרוֹת וְחָצֵר לָא הָווּ אֶלָּא כ׳ אַמָּה, כִּדְלְקַמָּן, וּמִדַּעְתָּךְ נֵא וּבְדוֹק בְּדִיקוֹת כ׳ טוּבָא בְּכָל צַד דְּאִיכָּא לְסַפּוּקִינְהוּ, כִּדְפָרֵישִׁית. וְהֵיכָא דְּהָווּ לָהּ הַג׳ מֵתִים מְפוּזָּרִין בַּח׳ אַמּוֹת — וַדַּאי הַדָּבָר יָדוּעַ שֶׁבְּאוֹרֶךְ הַמְּעָרָה נִקְבָּרִין וְלֹא בְּרָחְבָּהּ, וְא״צ לִבְדּוֹק אֶלָּא כְּנֶגֶד ד׳ אַמּוֹת — מִפְּנֵי כּוֹתֶל הַמְּעָרָה שֵׁנִי שֶׁכְּנֶגְדּוֹ, וּמִלְמַעְלָה וּמִלְּמַטָּה כ׳ אַמָּה — דִּלְמָא מְעָרָה זוֹ בְּמִזְרַח הֶחָצֵר וְיֵשׁ עֲדַיִין מְעָרָה אַחֶרֶת בְּמַעֲרָבוֹ, אוֹ דִּלְמָא בְּמַעֲרַב הֶחָצֵר הִיא וְיֵשׁ עֲדַיִין אַחֶרֶת בְּמִזְרָחוֹ. וּכְלָלָא דְּמִילְּתָא, כָּל הֵיכָא דְּמִסְתַּפְּקָא לֵיהּ (א) חָצֵר — צָרִיךְ לִבְדּוֹק מִד׳ רוּחוֹתָיו. לְר״ש בּוֹדֵק מִמֶּנּוּ וּלְהַלָּן כ׳, דְּמִי יֵימַר דְּמִדַּת הַקְּבָרוֹת זֶה הָוְיָא הַהִיא מְעָרָה, שֶׁמָּא קֶבֶר אַחֵר הוּא וְחָצֵר אַחֶרֶת שֶׁל אָדָם אַחֵר, וְצָרִיךְ לַעֲשׂוֹת גַּם לְשָׁם בְּדִיקוֹת דִּלְעֵיל, דִּכְמוֹ שֶׁיֵּשׁ כָּאן קֶבֶר יֵשׁ לוֹמַר עֲדַיִין יֵשׁ כָּאן בְּהַךְ שָׂדֶה קְבָרִים אֲחֵרִים טוּבָא. שֶׁרַגְלַיִם לַדָּבָר. אַחֲרֵי שֶׁכְּבָר נִמְצָא בַּשָּׂדֶה (ב) זֶה שְׁכוּנַת קְבָרוֹת. שֶׁאִילּוּ מִתְּחִלָּה **מְצָאוֹ**. קוֹדֶם שֶׁמָּצָא ג׳ מֵתִים הַלָּלוּ, דְּלֵיכָּא הַשְׁתָּא רַגְלַיִם לַדָּבָר — הָיָה נוֹטְלוֹ וְאֶת תְּפוּסָתוֹ, כִּדְאָמְרַן: הַמּוֹצֵא מֵת כו׳ נוֹטְלוֹ וְאֶת תְּפוּסָתוֹ. אֲבָל עַכְשָׁיו, שֶׁנִּמְצָא לְבַסּוֹף — חָשְׁבִינַן לְהַהוּא יְחִידִי שְׁכוּנַת קְבָרוֹת, אֶלָּא שֶׁעֲדַיִין לֹא נִקְבַּר בְּהַהוּא מְעָרָה יוֹתֵר. לְעוֹלָם ר״ש **הִיא**. דְּקָאָמַר: אוֹרֶךְ מְעָרָה ח׳. וְהַאי דְּקָאָמַר רָחְבָּהּ ד׳ — תְּרֵי תַּנָּאֵי אַלִּיבָּא דְּר״ש, וְהַאי תַּנָּא דְּהַךְ בָּרַיְיתָא אַלִּיבָּא דְּר״ש. יֵשׁ לָהֶן תְּפוּסָה. מֵאַחַר שֶׁמְּצָאָן מֵתִים וְלֹא הֲרוּגִים, וְגַם מוּשְׁכָּבִין כְּדַרְכָּן. וְהַיְינוּ הַהוּא תַּנָּא דִּלְעֵיל, וְאַלִּיבָּא דְּר״ש אָתְיָא. מִשּׁוּם ר״ש כו׳. ר״ש סְתָם הַיְינוּ ר׳ שִׁמְעוֹן בֶּן יוֹחַי. **כְּאִילּוּ** אֵינָן. וְטַעֲמָא מְפָרֵשׁ לְקַמָּן בְּשְׁמַעְתִּין. כ״ב הָוְיָין. שְׁתֵּי מְעָרוֹת שֶׁל ח׳ ח׳ וְשֵׁשׁ דְּחָצֵר — הֲרֵי כ״ב. **וְאִי** רַבָּנַן. מוֹקֵי לְהַךְ סֵיפָא, אַע״ג דְּרֵישָׁא וַדַּאי לָא אָתְיָא כְּרַבָּנַן, הָאָמְרִי בְּמַתְנִי׳: אוֹרֶךְ מְעָרָה ו׳, וּתְמָנֵי סְרֵי הָוְיָין, י״ב דִּשְׁנֵי מְעָרוֹת וְשֵׁשׁ דְּחָצֵר. לְעוֹלָם. הַךְ סֵיפָא רַבָּנַן הִיא, וְרֵישָׁא ר״ש וְסֵיפָא רַבָּנַן. ה״ג: וּכְגוֹן דִּבְדַק **בְּאַלַכְסוֹנָא**. וְכ״כ בְּפר״ח: כְּלוֹמַר, שֶׁבָּדַק מְעָרָה רִאשׁוֹנָה בַּאֲלַכְסוֹן. כִּי הַמְּעָרָה הָוְיָא לְרַבָּנַן ו׳ עַל ד׳, וּכְשֶׁמָּצָא ג׳ מֵתִים וְרוֹצֶה לִבְדּוֹק לְפָנָיו כּוֹתְלֵי הַמְּעָרָה שֶׁיֵּשׁ בָּהֶן כּוּכִין מִכָּאן וּמִכָּאן בְּאוֹרֶךְ ד׳ אַמּוֹת, וְהֵן מְסוּדָּרִין בְּכוֹתֶל שֶׁאָרְכּוֹ ו׳ — נִמְצָא מְקוֹם הַכּוּכִין בְּתוֹךְ כּוֹתֶל הַמְּעָרָה אַרְבַּע אַמּוֹת

תוספות

פרט לידוע — דדוקא נמלא הוא דבעינן מושכב כדרכו, פרט ליושב וכראשו מונח בין ירכותיו, דאית לן למימר דגוי הוא, דישראל לא מותבינן ליה. אבל ידוע שישראל הוא, בכל ענין שיהיה — יש לו תפוסה. ותימה לפירושו: דמאי אשמעי׳? אטו סלקא דעתיך דמושכב כדרכו יגרוס שיהיה לו תפוסה, כיון שידוע שהוא ישראל? ועוד קשה: דלא הוי דומיא דמת פרט להרוג, ולא דומיא דמושכב [פרט ליושב], כדרכו [פרט לראשו בין ארכובותיו]! ונראה לפרש: פרט למלוי — פי׳: פרט לידוע. ולא בידוע דקאמר התם, אחד ידוע ושנים תחלה. דההוא ידוע שהוא נקבר שם, ולא שידוע שלשם קבורה נקבר. אבל האי פרט למלוי — היינו שידוע שלשם קבורה נקבר שם, דיש לו שכונת קברות, ואסור לפנותו משם, ואע״פ שהוא קבר יחידי. כדתניא בפ׳ "נגמר הדין" (סנהדרין דף מז:): קבר הידוע — אסור לפנותו, פנהו — מקומו אסור בהנאה. רשב״א, וכן פר״י בנזיר. והא דאמר בנזיר דבעי׳ שלשתן ידועין [או] תחלה, פ״ה דהלכתא גמירי לה. ואין נראה לר״י, דלא שייך כאן הלכתא גמירי, דהוי דבר שיש בו טעם: דכשיש ב׳ שלא היו ידועים ואחד ידוע — לית לן למימר שלשם קבורה נתון שם כיון שהיו שם עדיין שנים, שהרי כשנקבר זה לא היו אותן ב׳ ידועין. וכן ב׳ ידועין ואחד תחלה. אבל שלשתן ידועים או שאינן ידועין — סתמא דמילתא דלשם קבורה הניחום שם.

מארבע אמות ועד ח׳. פ״ה: דס״ל להאי תנא דתוכה של מערה ד׳ אמות על ח׳, וס״ל נמי דג׳ מתים נקברין בכותל מערה דלא הוי אלא ד׳ אמות. וקשה לר״י, דלקמן דייק: מני, אי ר׳ שמעון אי רבנן — הו״ל למידק נמי דלא אתיא לא כמר ולא כמר, דהא אין בין כוך לכוך כשיעור שיש במשנתינו, שהוא אמה בינתיים לכ״ע! ומיהו, איכא למימר דמתני׳ כרשב״ג, דאמר: הכל כפי הסלע. ועוד הקשה ר״י: דהך משנה דהמוצא מת איתא נמי באהלות (פט״ז מ״ג), וקתני נמי התם בסיפא: הבודק בודק אמה ומניח אמה. ואי סבר האי תנא דליכא אלא ב׳ טפחים בין כוך לכוך — אמאי מניח אמה? ומיהו, בלא״ה צריך ליתן טעם אמאי דקתני בתוספתא דאהלות (פט״ז) דאיכא התם (ג) מאן דאמר [דלב״ה] בודק אמה ומניח שתים, אמאי מניח ב׳, כיון שאין כי אם אמה בין כוך לכוך? אבל ודאי קשה לפ״ה, דאמר ר׳ שמעון בסמוך: רואין את האמצעיים כאילו אינן, והשאר מצטרפין מד׳ אמות ועד ח׳. והיאך יצטרפו לשיעור ד׳ אמות? אי רואין לאמצעיים כאילו אינן — א״כ הוי אמה בין כוך לכוך, ואין (ד) להיות אלא ב׳ טפחים, כיון דשלשתן בד׳ אמות! ומפרש ר״ת: דהנך ג׳ דקתני הכא — שנים מהן מרוחב המערה ואחד מאורך, ויש בין כוך לכוך אמה, כשיעור דמתני׳. וד׳ אמות — היינו לשנים שברוחב ב׳ אמות, ואמה בינתיים — הרי ג׳, והשלישי ימצא בסוף אמה רביעית חצי אמה מרוחב המערה וחצי אמה מארכה, בזוית. והשתא אתי שפיר, דכשמצאן רצופין ממש — רואין אמצעיים כאילו אינן, וליכא אלא אמה בין כוך לכוך.

בודק הימנו ולהלן כ׳ **אמה**. רגילין היו להניח צד מרגלותיו כלפי המערה. ומיירי כשנמצא ראשו לצד מערה ומרגלותיו הפוכין לצד אחרת, דאית לן למימר ממערה אחרת הוא, לפיכך בודק להלן כ׳ אמה. **במאי** אוקימתא כר״ש. הלשון דחוק מאד, דמשמע דמשום דאוקמה כר״ש פריך. והדר פריך: מני, אי ר״ש אי רבנן, דלא אתיא כשום תנא. ועוד: דמגופה מצי למיפרך, דכיון דקתני דהמערה ארכה ח׳ — א״כ כ׳ ותרתין הויא. **וכגון** שבדק **באלכסונא**. פ״ה: דאלכסון ד׳ על ו׳ הן ב׳ [אמות] כאלכסון של ה׳ על ה׳. ולא יתכן, שהרי בד׳ על ו׳ תן החוט באלכסון של ד׳ על ד׳ כזה: יהיה לו ד׳ אמות וח׳ חומשין, ועוד נשאר לד למטה ב׳ אמות, ובין הכל לא יהא החוט ארוך אלא ז׳ אמות ושלשה חומשים. וכל שכן אם ילך החוט ביושר, באלכסון מארבע על ו׳, שיהא פחות. ועוד: על כרחך אלכסון של ה׳ על ה׳ גדול יותר, דהא בה׳ על ה׳ יש כ״ה אמות, ובארבע על ו׳ יש כ״ד.

הכא

רבינו גרשום

אבל אם מצא ג׳ ובניהם מד׳ אמות ועד ח׳. הכי משמע ליה להאי תנא דסתם מערה ד׳ אמות על ח׳ באורך אית לה ומשום הכי אם מצאן הני ג׳ בד׳ אמות איכא למימר דהג׳ כוכין ברוחב היו מושכבין ובודאי שכונת קברות היא ובודק עוד והכי סביר ליה דג׳ כוכין דינייהו הכי מרחיק מכותל זוית המערה טפח והכוך עצמו אמה ובין כוך ראשון לכוך שני ב׳ טפחים והכוך השני אמה ובין כוך שני לכוך שלישי ב׳ טפחים והכוך השלישי אמה ובין כוך שלישי לכותל המערה טפח הרי כאן הכוכין גופייהו ג׳ אמות ובין ההפסקות שבין כוך לכוך ולשני צדי הכותל טפח הרי כאן ד׳ אמות והכי נמי אם מצאן הני ג׳ בח׳ אמות מפוזרין איכא למיחש שמא זה היה אורך המערה אבל זה שאינה נשלמת מן הכוכין שראוין להיות בארכה משום דאיכא למימר דאכתי לא הספיקו להשלים מכל וכל ואכתי הוה בדעתייהו לאותבי עוד ג׳ כוכין אחרים דהיינו ו׳ כוכין לח׳ אמות של מערה וההפסקות שבין כוך לכוך ב׳ טפחים היינו י׳ טפחים שבין ו׳ כוכין וב׳ טפחי׳ טפח מכאן מכותל ולכוך וטפח מיכן מכותל ולכוך היינו י״ב טפחים להפסקות שהן ב׳ אמות ובידוע שהן שכונת קברות בודק הימנו ולהלן כ׳ אמה ח׳ אמות מן המערה זו באורך ושש אמות של חצר של פני המערה הרי י״ד אמות ואכתי איכא למיחש למערה אחרת שכך שנינו במתני׳ בין לרבנן ובין לר׳ שמעון קתני מתני׳ דפותח ב׳ מערות לתוכה אחת מיכן ואחת מיכן ולר׳ שמעון ד׳ הרי בין מערות שתסרי אמות ושש אמות שבחצר הרי כאן כ״ב אמות וכך צריך לבדוק והיינו ב׳ אמות דמיותרות הכא טפי נשאיל לקמן אליבא דמאן קאמר דמשום ספיקות בית הקברות בודק כ׳ אמה: מצא אחד כשהיה בודק בסוף כ׳ אמה בודק הימנו ולהלן כ׳ אמה. דודאי שכונת בית הקברות היה: שרגלים לדבר. כלומר דבר ברור וידוע הוא שאלמלא שהוא שכונת קברות מי שהיה מוצא המת יחידי תחלה היה נוטלו ואת תפוסתו ולא היה בודק יותר אלא כיון שלא נטלוהו להכי הניחוהו שידוע ששם שכונת קברות ולהכי צריך לבדוק הימנו ולהלן כ׳ אמה עוד דחיישינן לשכונת קברות אחריתי: ד׳ אמות על ח׳ דהא מתני׳ דנזירות מאן קתני לה. אי רבנן דמתני׳ ד׳ על ו׳ קאמרי דהיינו דין המערה: לעולם ר׳ שמעון היא. דהכי נמי קאמר ר׳ שמעון דדין ארכה של מערה ח׳ אמות והאי דקא מפחית ב׳ אמות מן רוחב ור׳ שמעון קאמר שש רוחב הא לא קשיא האי תנא סבר לה דר״ש קאמר נמי ד׳ על ח׳. דתניא מצאן רצופין טפי מג׳ ואין בניהם שיעור מד׳ אמות

אמות רוחב ועד ח׳ אמות באורך יש להם תפיסה כו׳. ור״ש בן יהודה אומר משום ר״ש כו׳ ומתני׳ היינו אליבא דהאי תנא דר״ש בן יהודה: רואין את המתים אמצעים כאילו אינן והשאר ג׳ מתים מצטרפין מד׳ ועד ח׳: במאי אוקימתה. להא מתני׳ דנזירות: כר׳ שמעון. ואי ר״ש אמאי קתני בודק ממנו ולהלן כ׳ אמה ותו לא והא כ״ב הויין ח׳ ממערה זו וששה מן החצר שלפני המערה וח׳ ממערה אחרת שמצד השני מן החצר הרי כ״ב. ואי מוקמת לה סיפא כרבנן א״כ היכי תניא בודק ממנו ולהלן כ׳ אמה והא לרבנן לא הוי אלא תמני סרי ותו לא משום דקסברי רבנן מערה שש באורך והחצר ו׳ באורך והמערה שמצד השני של החצר נמי ו׳ באורך היינו י״ח אמה ואנן בעינן כ׳ אמה: לעולם מתוקמא מתני׳ דנזירות דקתני בודק כ׳ אמה כרבנן. והאי דקשיא לך לרבנן תמני סרי הויין הא לא קשיא כדאמר רב הונא בריה דרב יהושע לעיל באלכסונא דמוקי להו לכוכין כי חרותא באלכסונא הכי נמי בודק המערה גופה באלכסונא וכי האי גוונא דבודק באלכסונא שהמערה הויא ד׳ על ו׳ והנהו ו׳ אמות מייתרות באלכסונא י״ב חומשין דכל אמתא בריבועא אמתא ותרי חומשי באלכסונא והנהו י״ב חומשין העודפין הויין ב׳ אמות ותרי חומשי משתכח דהא מערה באלכסונא ח׳ אמות ותרי חומשי וחצר ו׳ אמות ואידך מערה ו׳ אמות הרי כאן כ׳ אמה וכמשנה דנזירות הוא דקתני בודק הימנו ולהלן כ׳ אמות ואם נפשך לומר הא אכתי פשו להו ב׳ חומשין על כ׳ ואכתי לא כ׳ היא הא לא קשיא משום דההיא מערה לאו מרובעת היא דלא הויא ו׳ על ו׳ כי אם ד׳ על ו׳ ובההוא קצרות של מערה מחסרינן הני ב׳ חומשין דנכנסין להתם ומשום הכי לא מדקדק להו בחשבון: ומקשינן מדהא מערה מדד לה באלכסונא אידך מערה נמי של אידך צד של חצר מודד לה נמי באלכסונא אי הכי דתרוייהו מודד להו באלכסונא טפי להו יותר מכ׳ דכ״ב הויא דאידך מערה מייתרא נמי באלכסונא י״ב חומשין ואכתי מתני׳ מני: ומשני חדא מערה באלכסונא אמרינן דבודק. תרי מערות באלכסונא לא אמרינן ולעולם כרבנן מתוקמא דקתני בודק ממנו ולהלן כ׳ אמה. והא דקמקשינן הכי לר׳ שמעון לא מקשי׳ אלא מסיפא: ורב

אלא מסיפא דהא מתני׳ דרישא ודאי לא מיתוקמא כרבנן משום דאכתי איכא למיפרך דאי רבנן הא אמרי ד׳ אמות על ו׳. אבל כר׳ שמעון מתוקמא משום דתרי תנאי אליבא דר׳ שמעון ולא דייק הכא אלא מסיפא: ורב

עין משפט נר מצוה

פט א מיי׳ פ״ט מהל׳ טומאת מת הל׳ ג:
צ ב מיי׳ שם הלכה ח:

ר״מ

הגהות הב״ח

(א) רשב״ם ד״ה ובודק וכו׳ דמספקא ליה באיזה לד לריך לבדוק: (ב) ד״ה שרגלים וכו׳ בשדה זו שכונת: (ג) תוס׳ ד״ה מארבע וכו׳ דאיכא התם למאן דאמר דלב״ה בודק אמה: (ד) בא״ד בין כוך לכוך ואין לאוי להיות:

רַב שֵׁישָׁא בְּרֵיהּ דְּרַב אִידִי אֲמַר: לְעוֹלָם ר"ש הִיא, וְהב"ע — בְּנִיפְלֵי. וּמִדְּהָא בְּנִיפְלֵי הָא נַמִי בְּנִיפְלֵי, תְּמָנֵי סְרֵי הָוְיָין! חֲדָא בְּנִיפְלֵי אָמְרִינַן, תַּרְתֵּי בְּנִיפְלֵי לָא אָמְרִינַן. וְרָמֵי דְּרַבָּנַן אַדְּרַבָּנַן, וְרָמֵי דְּר"ש אַדְּר"ש, א)(דְּתַנְיָא:) ב)כֶּרֶם הַנָּטוּעַ עַל פָּחוֹת מֵאַרְבַּע אַמּוֹת — ר"ש אוֹמֵר: אֵינוֹ כֶּרֶם. וַחֲכָמִים אוֹמְרִים: הֲרֵי זֶה כֶּרֶם, וְרוֹאִין אֶת הָאֶמְצָעִים כְּאִילּוּ אֵינָן; קַשְׁיָא דְּרַבָּנַן אַדְּרַבָּנַן, וְקַשְׁיָא דְּר"ש אַדְּרַבִּי שִׁמְעוֹן! דְּרַבִּי שִׁמְעוֹן אַדְּר' שִׁמְעוֹן לָא קַשְׁיָא: (א) הָתָם לָא נָטְעִי אֱינָשֵׁי אַדַּעְתָּא לִיעֲקַר, הָכָא זִימְנִין דְּמִיתְרְמָא לֵיהּ בֵּין הַשְּׁמָשׁוֹת וּמִיקְרֵי וּמַנְחֵי לֵיהּ. דְּרַבָּנַן אַדְּרַבָּנַן נַמִי לָא קַשְׁיָא: הָכָא כֵּיוָן דְּמִינְוַל לָא מִקְּרֵי קֶבֶר, הָתָם מֵימַר אָמַר: הֵי מִינַּיְיהוּ דְּשַׁפִּיר — שַׁפִּיר, וּדְלָא שַׁפִּיר — לֶיהֱוֵי לְצִיבֵי.§

הדרן עלך המוכר פירות

הָאוֹמֵר ג)לַחֲבֵירוֹ "בֵּית כּוֹר עָפָר אֲנִי מוֹכֵר לָךְ", אהָיוּ שָׁם נְקָעִים עֲמוּקִים עֲשָׂרָה טְפָחִים, אוֹ סְלָעִים גְּבוֹהִין י' טְפָחִים — אֵינָן נִמְדָּדִין עִמָּהּ, בפָּחוֹת מִכָּאן — נִמְדָּדִין עִמָּהּ. גוְאִם אָמַר לוֹ "כְּבֵית כּוֹר עָפָר", אֲפִילּוּ הָיוּ שָׁם נְקָעִים עֲמוּקִים יוֹתֵר מֵעֲשָׂרָה טְפָחִים, אוֹ סְלָעִים גְּבוֹהִין יוֹתֵר מֵעֲשָׂרָה טְפָחִים — הֲרֵי אֵלּוּ נִמְדָּדִין עִמָּהּ.§ **גמ'** ד)תְּנַן הָתָם: דהַמַּקְדִּישׁ שָׂדֵהוּ בִּשְׁעַת הַיּוֹבֵל — נוֹתֵן לוֹ לְבֵית זֶרַע חוֹמֶר שְׂעוֹרִים חֲמִשִּׁים שֶׁקֶל כֶּסֶף; ההָיוּ שָׁם נְקָעִים עֲמוּקִים י' טְפָחִים, אוֹ סְלָעִים גְּבוֹהִין י' טְפָחִים — אֵין

אַמּוֹת עַל ו', וְאוֹתָן בָּדַק בָּאֲלַכְסוֹן כְּדֵי שֶׁיִּמְנָא יָפֶה אֶת הַמֵּתִים, שֶׁאִם זֶה נִמְשָׁךְ לִפְנִים מִזֶּה, אוֹ שֶׁהָאֶחָד מִן הַמֵּתִים קָצָר וְהָאֶחָד אָרוֹךְ – הֲרֵי נָקֵל לִמְנוֹת כּוּלָּן בָּאֲלַכְסוֹן. וַאֲלַכְסוֹן שֶׁל ד' אַמּוֹת עַל ו' הֲרֵי ח' אַמָּה. כֵּיצַד? ו' עַל ו' הָוֵי ח' אַמּוֹת וּב' חוּמְשִׁין. ה' עַל ה' הָוֵי אֲלַכְסוֹנָן אַמָּתַיִם, וְה"ה לְד' אַמּוֹת עַל שֵׁשׁ הָוֵי אֲלַכְסוֹן אַמָּתַיִם, דְּמַאי שְׁנָא ה' עַל ה' מֵאַרְבַּע אַמּוֹת עַל ו'? אִידִי וְאִידִי חַד שִׁיעוּרָא הוּא, הִלְכָּךְ, אֲלַכְסוֹן שְׁנֵיהֶן שָׁוֶה. וְאִידָךְ מְעָרָה לֹא תִּבָּדֵק בָּאֲלַכְסוֹן, כִּדְלְקַמָּן – הֲרֵי (*כ') אַמָּה. בַּחֲלַל הַמְּעָרָה א"צ לִבְדּוֹק, שֶׁאֵין קוֹבְרִין אֶלָּא בַּכּוֹתָלִים. וּבִסְפָרִים כָּתוּב: כִּדְאָמַר רַב הוּנָא בַּאֲלַכְסוֹנָא, דְּאָמַר לְעֵיל כִּי חָרוּתָא, הָכָא נַמִי כו'. וְקַשְׁיָא לִי בָּהּ טוּבָא; חֲדָא – דְּהָתָם דְּרַב הוּנָא בְּרֵיהּ דְּרַב יְהוֹשֻׁעַ הוּא, וְלָא הֲוָה קָרֵי לֵיהּ גְּמָרָא רַב הוּנָא סְתָם. וְעוֹד: לֹא הִזְכִּיר לְמַעְלָה לְשׁוֹן אֲלַכְסוֹן אֶלָּא חָרוּתָא, וְהַגְּמָרָא אֵין דֶּרֶךְ לְשַׁנּוֹת אֶת הַלָּשׁוֹן. וְעוֹד: מָה רְאָיָה צָרִיךְ לְהָבִיא מִשָּׁם? הֲלֹא אֵין דּוֹמֶה מְדִידַת אֲלַכְסוֹן לְכוֹכִים דַּעֲבִידָא כִּי חָרוּתָא, כְּרָחוֹק מִזְרָח מִמַּעֲרָב. וְעוֹד: הָא אוֹקִימְנָא דְּבָרוּתָא הוּא, וְאַמַּאי מַיְיתֵי רְאָיָה מִבָּרוּתָא? וְאוֹמֵר אֲנִי שֶׁשִּׁיבּוּשׁ הוּא, אֶלָּא מִשּׁוּם דַּאֲמָרָן לְעֵיל גַּבֵּי מִילְּתָא דְּרַב הוּנָא בְּרֵיהּ דְּרַב יְהוֹשֻׁעַ "כִּדְאָמַר רַב שֵׁישָׁא בְּרֵיהּ דְּרַב אִידִי בְּנִיפְלֵי הָכָא נַמִי" כו' – לְכָךְ טָעוּ וְכָתְבוּ גַּם כָּאן אֵצֶל דִּבְרֵי רַב שֵׁישָׁא בְּרֵיהּ דְּרַב אִידִי "כִּדְאָמַר רַב הוּנָא" כו', וְשִׁיבּוּשׁ הוּא. וּמַקְשִׁינַן: אִי הָכִי. כֵּיוָן דְּמַצְרַכְתְּ לֵיהּ לִבְדּוֹק בָּאֲלַכְסוֹן, גַּם מְעָרָה שְׁנִיָּה שֶׁחוּץ לֶחָצֵר יִבְדּוֹק בָּאֲלַכְסוֹן, וְהָווּ לְהוּ אַכַּתִּי כ"ב! וּמְשַׁנֵּי: חֲדָא בַּאֲלַכְסוֹנָא הוּא דִּמְחַיְּיבִין לֵיהּ, אֲבָל לֹא הֶחֱמִירוּ כָּל כָּךְ לִבְדּוֹק גַּם הַשְּׁנִיָּה בָּאֲלַכְסוֹן, מֵאַחַר דְּבָרִאשׁוֹנָה לֹא מָצָא כְּלוּם. רַב שֵׁישָׁא בְּרֵיהּ דְּרַב אִידִי אָמַר. הַךְ סֵיפָא נַמִי ר"ש הִיא, וּכְגוֹן דְּהָנֵי שְׁלֹשָׁה מֵתִים הָווּ נִיפְלֵי. וּמְעָרָה שֶׁל נְפָלִים אָרְכָּהּ שֵׁשׁ, וּמְעָרָה הַשְּׁנִיָּה ח' אַמָּה – הֲרֵי כ' אַמָּה. וּמַקְשֵׁי' מִדְּהָא בְּנִיפְלֵי כו'. וַהֲוָה לְהוּ י"ח. תַּרֵי בְּנִיפְלֵי לָא אָמְרִי'. דְּדַיּוֹ בְּאַחַת לִנְפָלִים. וְרָמֵי דְּרַבָּנַן כו'. דִּלְעֵיל לֵית לְהוּ רוֹאִין, וּלְר' שִׁמְעוֹן אִית לֵיהּ רוֹאִין, וְגַבֵּי כֶּרֶם אִיפְכָא שָׁמְעִינַן לְהוּ. מִיקְרֵי וּמַנַּח לֵיהּ. בֵּין שְׁאָר הַמֵּתִים הַנִּקְבָּרִין כְּסִדְרָן, וְאַהֲדַר אִיפַּנְיֵיהּ. וְשֶׁמָּא נֶאֱנַס אוֹ שָׁכַח. לָא נָטְעִי אֱינָשֵׁי אַדַּעְתָּא לְמִיעְקְרָא. מִבֵּינְתַיִם. הִלְכָּךְ, לְשֵׁם כֶּרֶם נָטַע הַכֹּל, וְכֵיוָן דְּלֹא נָטַע כְּהִלְכָתוֹ – לָא חָשֵׁיב כֶּרֶם. אַדַּעְתָּא *לִטְלוֹ. לַחֲזוֹר וּלְפַנּוֹתוֹ מִשָּׁם. הִלְכָּךְ לְגַמְרֵי נִקְבְּרוּ לְשֵׁם כּוּלָּן ע"י הַדְּחָק, כְּאַקְרָאֵי בְּעָלְמָא, וְכֵיוָן דְּאֵין זֶה מְקוֹמָן – לָא חָשְׁבִינַן לֵיהּ שְׁכוּנַת קְבָרוֹת. כֶּרֶם עָבֵיד אִינִישׁ דְּנָטַע יוֹתֵר מִכַּשִּׁיעוּר דְּקָסָבַר דְּשַׁפִּיר שַׁפִּיר וּדְלָא שַׁפִּיר לֶיהֱוֵי לְצִיבֵי. כְּלוֹמַר, הַנְּטִיעָה שֶׁתִּקְלוֹט וְתַצְלִיחַ – תִּשָּׁאֵר, וְאוֹתָהּ שֶׁלֹּא תַּצְלִיחַ – אֶעֱקוֹר, וְיִהְיֶה לְעֵצִים, לִשְׂרֵיפָה.

הדרן עלך המוכר פירות

הָאוֹמֵר לַחֲבֵירוֹ. כְּשִׁיעוּר בֵּית כּוֹר עָפָר אֲנִי מוֹכֵר לָךְ, דְּהַיְינוּ לְפִי חֶשְׁבּוֹן סָאתַיִם בַּחֲצַר הַמִּשְׁכָּן, דְּהַיְינוּ מֵאָה עַל חֲמִשִּׁים. וּמִכָּאן נַלְמוֹד וְנַחְשׁוֹב לְבֵית כּוֹר ט"ו פְּעָמִים מֵאָה עַל נ'. שֶׁבֵּית כּוֹר הוּא חוֹמֶר, וְהוּא עֲשָׂרָה אֵיפוֹת, שֶׁנֶּאֱמַר (יחזקאל מה): "כִּי עֲשֶׂרֶת הַבַּתִּים חוֹמֶר" וּכְתִיב: "הָאֵיפָה וְהַבַּת תּוֹכֶן אֶחָד לָהֶן", וְהָאֵיפָה שָׁלֹשׁ סְאִין – נִמְצָא בֵּית כּוֹר ל' סְאִין. וְלָאו מָקוֹם הָרָאוּי לִזְרוֹעַ כּוֹר תְּבוּאָה קָאָמַר, אֶלָּא לְפִי חֶשְׁבּוֹן שֶׁשִּׁיעֲרוּ חֲכָמִים, כִּדְפָרִישְׁנָא הָכָא. ה) (וְהוּא בְּרִיבּוּעַ (ב) אַרְבַּע אַמּוֹת חָסֵר מַשֶּׁהוּ פָּחוֹת מִשְּׁלִישׁ רוֹחַב אֶצְבַּע וְיָתֵר עַל רוֹבַע. כנ"ל). בֵּית כּוֹר עָפָר. כְּלוֹמַר, הָרָאוּי לִזְרִיעָה. אֲבָל אִם לֹא אָמַר "עָפָר", אֲפִילּוּ כּוּלָּהּ סְלָעִים – הִגִּיעוּ, דְּשֶׁמָּא לִבְנוֹת בַּיִת, אוֹ לְמִישְׁטַח בָּהּ פֵּירֵי זַבִּין לֵיהּ, וְיַד לוֹקֵחַ עַל הַתַּחְתּוֹנָה. וְנִרְאֶה בְּעֵינַי דְּ"בֵית כּוֹר קַרְקַע אֲנִי מוֹכֵר לָךְ" – אֲפִי' כּוּלּוֹ סְלָעִים הִגִּיעוּ. נְקָעִים. בִּקְעִים חֲרִיצִים וּגְעִילִים. אֵין נִמְדָּדִין עִמָּהּ. אֶלָּא נוֹתֵן לוֹ בֵּית כּוֹר שָׁלֵם מִקַּרְקַע חָלָק. דְּכֵיוָן דַּעֲמוּקִים אוֹ גְּבוֹהִין עֲשָׂרָה וּכְגוֹן שֶׁרְחָבִין אַרְבַּע עַל אַרְבַּע, דְּהָוֵי מָקוֹם חָשׁוּב בִּפְנֵי עַצְמָן אֲפִילּוּ לְעִנְיַן רְשׁוּת הַיָּחִיד דְּשַׁבָּת – אֵין דַּעְתּוֹ שֶׁל אָדָם לִקְנוֹת שָׂדֶה אֶחָד וְיִהְיֶה לוֹ טוֹרַח כִּשְׁתֵּי שָׂדוֹת, לַחֲרוֹשׁ וְלִזְרוֹעַ בִּשְׁנֵי מְקוֹמוֹת, לְמַעְלָה וּלְמַטָּה, כִּדְמְפָרֵשׁ בַּגְּמָרָא. פָּחוֹת מִכָּאן. בְּגוֹבַהּ אוֹ בְּעוֹמֶק. נִמְדָּדִין עִמָּהּ. דְּאֵין שָׂדֶה בְּלֹא טְרָשִׁים וּנְקָעִים פּוּרְתָּא, וּבָטְלֵי לְהוּ. וּבַגְּמָרָא מְפָרֵשׁ דְּעַד אַרְבַּע קַבִּין – בָּטְלֵי בְּבֵית כּוֹר, אֲבָל טְפֵי לָא. כְּבֵית כּוֹר. מַשְׁמַע כְּמוֹת שֶׁהוּא, בֵּין סְלָעִים בֵּין עָפָר. דְּהָכִי מַשְׁמַע: "כְּבֵית כּוֹר עָפָר" וְלֹא בֵּית כּוֹר עָפָר מַמָּשׁ. אֲפִילּוּ הָיוּ שָׁם נְקָעִים עֲמוּקִים כו' נִמְדָּדִין עִמָּהּ. דִּלְהָכִי אַהֲנֵי "כְּבֵית כּוֹר" לְטַפּוּיֵי הָנֵי. וּמִיהוּ, אִי הָוֵי יוֹתֵר מִד' קַבִּין – אֵין הַלּוֹקֵחַ מְקַבֵּל, דִּלְהָכִי אַהֲנֵי מַאי דְּאָמַר לֵיהּ "עָפָר" – דְּרָאוּי לַחֲרִישָׁה וּזְרִיעָה בָּעֵינַן, כֵּן נִרְאֶה בְּעֵינַי. **גמ'** הַמַּקְדִּישׁ שָׂדֵהוּ בִּשְׁעַת הַיּוֹבֵל. בִּזְמַן שֶׁהַיּוֹבֵל נוֹהֵג. דְּאִילּוּ בִּזְמַן שֶׁאֵין הַיּוֹבֵל נוֹהֵג – תְּנַן בַּעֲרָכִין דְּנִפְדֶּה בְּשָׁוְיוֹ, כִּדְתְנַן: הַמַּקְדִּישׁ שָׂדֵהוּ בְּשָׁעָה שֶׁאֵין הַיּוֹבֵל נוֹהֵג, אוֹמֵר לוֹ: אַתְּ פְּתַח רִאשׁוֹן כו', וּבְמַקְדִּישׁ שְׂדֵה אֲחוּזָּתוֹ בִּתְחִלַּת הַיּוֹבֵל מַיְירֵי. וְלָא גָּרְסִינַן בִּשְׁנַת הַיּוֹבֵל, דִּפְלוּגְתָּא דְּאָמוֹרָאֵי הִיא בַּעֲרָכִין: הַמַּקְדִּישׁ שָׂדֵהוּ בִּשְׁנַת הַיּוֹבֵל עַצְמָהּ, רַב אָמַר כו'. נוֹתֵן לְבֵית זֶרַע. קַרְקַע הָרָאוּי לִזְרִיעָה. חֲמִשִּׁים שֶׁקֶל כֶּסֶף. כִּדְכְתִיב (ויקרא כז): "וְאִם מִשְּׂדֵה אֲחֻזָּתוֹ יַקְדִּישׁ אִישׁ לַה' וְהָיָה עֶרְכְּךָ לְפִי זַרְעוֹ זֶרַע חוֹמֶר שְׂעוֹרִים" וגו', וְהַיְינוּ בֵּית כּוֹר.

אֵין

הכא במאי עסקינן בניפלי. אין לפרש דלא חששו לבדוק במערה שניה אלא עד כ', דלא החמירו כולי האי לבדוק רק למערת הנפלים. מדפריך בתר הכי: מדהך בניפלי — הנך נמי בניפלי, משמע דאותו שמלא מוקמי בניפלי. וקשה: דהא קתני מארבע אמות ועד ח', ומערת נפלים אינה אלא ו'! וצ"ל: דאף על גב דרישא איירי בגדולים, מכל מקום הא דקתני: ובודק ממנו ולהלן כ' — איירי בניפלי, ולא קאי ארישא.

הדרן עלך המוכר פירות

בית כור עפר. נראה דנקט "עפר" לרבותא, דאפי' הכי, פחות מי' טפחים נמדדין עמה. ולא כמו שפירש הקונטרס, דאי לא אמר ליה "עפר" אלא בית כור סתם, אפי' כולן סלעים — הגיעו.

המקדיש שדהו. פי' בקונט': דלא גרסינן "בשנת היובל", דבשנת היובל עצמה פליגי רב ושמואל בפרק "אין מקדישין" (ערכין דף כד. ושם). ומיהו, ברוב ספרים גרסינן התם בסדר המשנה "בשנת היובל". וי"ל: ד"בשנת היובל" משמע שפיר שנה שאחר היובל, ולא שנת חמשים ממש, מדלא קתני "בשנת היובל עצמה", כדקאמר בפלוגתא דרב ושמואל. ואע"ג דכתיב "בשנת היובל ישוב השדה" וגו', והתם ע"כ בשנת היובל עצמה — יש לחלק, דלשון תורה לחוד, דקרא לאו אורחיה לכתוב "עצמה". והתם נמי יליף רב מדכתיב "ואם משנת היובל" ושנת היובל בכלל, ופריך ליה שמואל: ו)מי כתיב "משנת היובל".

אין

א א מיי' פכ"ח מהל' מכירה הל' א סמג עשין פב טוש"ע ח"מ סי' ריח סעיף א:
ב ב מיי' שם טוש"ע שם סעי' ב:
ג ג מיי' שם הלכה ד טוש"ע שם סעי' ו:
ד ד מיי' פ"ד מהל' ערכין הל' ב סמג עשין קלא:
ה ה מיי' שם הלכה יג:

א) [צ"ל דתנן]: ב) לעיל לז: פג. כלאים פ"ה מ"ב עירובין ג: : ג) קדושין סא.: ד) שם ערכין כה.: ה) רש"ל מ"ז ורש"א כת' דצ"ל רע"ג אמות וה"ט ואצבע קטנה על רע"ג אמות וה"ט ואצבע קטנה: ו) [צ"ל מי כתיב בשנת משנת היובל כתיב]:

[צ"ל כ']

כס"י איתא לנטולו

הגהות הב"ח

(א) גמרא דר"ש אדר"ש לא קשיא הכא זימנין וכו' ומיקרי ומנחי התם לא נטעי וכו' ליעקר דרבנן: (ב) רשב"ם ד"ה האומר וכו' והוא בריבוע רע"ד אמות חסר טפח פחות משהו והמשהו פחות מחצי רוחב אצבע ויותר על שליש כנ"ל:

רבינו גרשום

ורב שישא בריה דרב אידי אמר לעולם מתני' דנזירות דקתני בודק ממנו ולהלן כ' אמה ר' שמעון היא. ודקשיא לך אי ר"ש כ"ב הויין: הכא במאי עסקינן. דבחדא מן המערות איכא כוכין דניפלי ולא צריך כולי האי דהם מושכבין בשש אמות ולא צריך ח' לבדוק במערה ולכ' אמה סליק חשבון משלם ו' אמות מן המערה שביק בניפלי ו' מן החצר וח' אמות מאידך מערה של אידך צד מן החצר הרי כ' אמה: ומקשינן מדהך מערה בניפלי מוקמת לה אידך מערה נמי בניפלי מוקמת לה אכתי בצר להו מכ' אמות ותמניסרי הויין ואכתי מתני' לא ר"ש היא: ומשני חדא בניפלי אמרינן וכו': למימרא דר"ש אית ליה רואין דהכי קתני ברייתא דלעיל ורבנן לית להו רואין והא אפכא שמעי' להו. דתנן כרם הנטוע על פחות מד' אמות בין שורה לשורה ר' שמעון אומר אינו כרם. ומותר להביא זרע אחר לשם וחכ"א כו'. קשיא וכו'. דר"ש אדר"ש לא קשיא התם משום הכי לית ליה רואין גבי כרם משום דלא נטעי אינשי כרם אדעתא למיעקר. וכיון דנטועה היא בפחות מד' אינו חשיב כרם ומותר להביא זרע לשם דלא נטעי לה כלל למיעקר אבל גבי בריי' דכוכין להיכא דמצאן רצופין ודאי לאו דעתייהו דאינשי לשבוקינהו הכי. דזמנין דמתרמי ליה בין השמשות של ערב שבת ומקרי וקברי ולאו אדעתייהו למשבקינהו הכי ומשכונת קברות הוא ושוב אירע טרדא ולא פינו ומשום הכי רואין כאילו אינן ובודק וכי תימא ה"נ איכא למימר גבי כרם דזימנין דנטע להו אהדדי ולאו אדעתיה דנוטע למישבקינהו הכי: דרבנן אדרבנן נמי לא קשיא הכא. לגבי ברייתא היכא דמצאן רצופין משום הכי לית להו רואין דכיון דמינוול המת לא מיקרי קבר לדעת רבנן דמי חפר ליה והיכי מתרמי דהתם קברו להו ולית להו שכונת קברות ולא צריך למיבדק דהואיל דרצופין היכי מיתרמי דמיקברי כי האי גוונא. אבל כרם איכא למימר דרואין את האמצעיים כאילו אינן משום דדרכייהו דאינשי לנטוע כרם רצופין. דמימר אמר. הנוטע הי מינייהו דשפיר. כלומר איזה מהן שיהיה טוב לצורך גפן אשבקהו: ודלא שפיר אשקליה לציבי בעלמא ומשום הכי אסור להביא זרע לשם דככרם דמי:

הדרן עלך המוכר פירות

האומר לחבירו. סתם: בית כור עפר אני מוכר לך. מקום שיכול אדם לזרוע בו כור תבואה. להכי נקט עפר דבר הראוי לזרוע: לא נמדדים עמה. משום דדבר חשוב בפני עצמו הוי ולא כגופה של קרקע דמי: אי אמר ליה כבית כור עפר אני מוכר לך. משמע בעין שהוא ואפי' היו שם נקעים וכו': תנן התם. במסכת ערכין: המקדיש את שדהו בשעה שהיה היובל נוהג ורצה לפדות פודה בית כור היינו חומר [שעורים] בחמשים שקל כסף כדכתיב אם משנת היובל יקדיש שדהו והיה ערכך לפי זרעו וגו' דהיינו לכל שנה של יובל סלע ופונדיון משום דמ"ט שנה הוי יובל ושנת חמשים הוא יובל מ"ט שקלים למ"ט שנים ושקל נ' מחלקו לפונדיון שקל דהיינו סלע דהוי ד' דינר וכל דינר ו' מעות הרי כ"ד מעות וכל מעה ב' פונדיון הרי מ"ח פונדיון בסלע ושנת מ"ט אין לה פונדיון והואיל ולא הוי דבר חשוב לא קפיד עליה כדאמר התם פונדיון זה מה טיבו וזה שפודה הכור בנ' שקלים היינו אם פודה בשנה ראשונה של יובל אבל אם פודה לסוף חמש או י' פוחת לו הגזבר מן הפדיון סלע ופונדיון לפי השנים שהיו בידו שנאמר ונגרע מערכך ומשום הכי

אין נמדדין עמה, פחות מכאן — נמדדין עמה. א)ואמאי? לקדשו באנפי נפשייהו! וכי תימא, כיון דלא הוי בית כור לא קדשי, והא תניא: "שדה" מה ת"ל? לפי שנאמר: °"זרע חומר שעורים בחמשים שקל כסף" — אין לי אלא שהקדיש בענין הזה, מנין לרבות לתך וחצי לתך, סאה, ב)תרקב וחצי תרקב? ת"ל: "שדה", מכל מקום! אמר רב עוקבא בר חמא: אהכא בנקעים מלאים מים עסקינן, דלאו בני זריעה נינהו. דיקא נמי, דקתני דומיא דסלעים, שמע מינה. אי הכי, אפי' פחות מכאן נמי! הנהו ג)נגאני דארעא מיקרו, שדרי דארעא מיקרו. הכא מאי? אמר רב פפא: באע"פ שאין מלאים מים; מאי טעמא? אין אדם רוצה שיתן מעותיו במקום אחד, ויראו לו כשנים ושלשה מקומות. מתקיף לה רבינא: והא דומיא דסלעים קתני, מה סלעים דלאו בני זריעה נינהו, אף הני נמי דלאו בני זריעה נינהו! כי קתני דומיא דסלעים — גאפחות מכאן. § ד)("פחות מכאן נמדדין עמה"). § אמר ר' יצחק: דטרשים שאמרו — בית ארבעת קבין. אמר רב עוקבא בר חמא: הוהוא, שמובלעין בחמשת קבין; רב חייא בר אבא אמר רבי יוחנן: יוהוא, שמובלעין ברובה של שדה. בעי רב חייא בר אבא: רובן במעוטה ומעוטן ברובה, מהו? יתיקו. ה)בעי רבי ירמיה:

כשיר

תורה אור: ויקרא כז

רשב"ם

אין נמדדין עמה. לפדות לפי חשבון זה הכתוב בפרשה, דחשיבי שדה בפני עצמן. וכיון דלא הוה שדה זרע כדלקמן, דמוקמינן לה בנקעים מלאים מים – אין נפדין אלא בשווייהן. ובתורת כהנים מפיק לה מקראי: "ואם משנת היובל יקדיש שדהו" מה ת"ל? מנין אתה אומר היו שם נקעים עמוקים כו' שאין נמדדין עמה – ת"ל: "שדהו". וליכא למימר אין נמדדין עמה דלא קדשי כלל, דהתנן בשילהי "המוכר את הבית" (לעיל דף עא.): המקדיש את השדה – הקדיש את כולן, אפי' בור וגת, וכ"ש נקעים וסלעים. **פחות מכן נמדדין עמה.** ונפקא לן בתורת כהנים: "ואם אחר היובל יקדיש שדהו" מה ת"ל? מנין אתה אומר היו שם נקעים עמוקים פחות מעשרה, או סלעים גבוהים פחות מי' טפחים, הרי אלו נמדדין עמה – ת"ל: "שדהו". **נמדדין עמה.** לפדות לחשבון סלע ופונדיון לבית כור לשנה. **ואמאי.** אין נמדדין לפדות לפי חשבון? ליקדשו באפי נפשייהו. כלומר, אם אין רוצה למודדן עמה לפי שהן שדה חשוב בפני עצמן, ויכול לפדות כל אחד ואחד בפני עצמו, כמקדיש שתי שדות שיכול לפדות זה בלא זה – ליקדשו מיהא באנפי נפשייהו, שכשירצה יפדה אותן הנקעים בפני עצמן לפי חשבון בית זרע חומר שעורים בנ' שקל כסף, כדין שדה אחוזה, ואמאי קתני "אין נמדדין", דמשמע: כלל וכלל אינן בקדושת תורת שדה אחוזה, אלא קדושת דמים לפדות בשווייהן! וכי תימא כיון דלא הוי בית כור. אותן הנקעים. לא קדישי בפני עצמן. בתורת שדה אחוזה, אלא לפדות בשווייהן, כשדה מקנה. ומשום דגבי שדה אחוזה "זרע חומר שעורים" כתיב. **והתניא.** בתורת כהנים, גבי שדה אחוזה, דכתיב: "ואם גאל יגאל את השדה המקדיש אותו", "שדה" מה ת"ל? שיכול אין לי אלא המקדיש בית כור שגואל בענין הזה. הקדיש בית לתך, בית סאה, בית קב מנין? ת"ל: "שדה" מכל מקום. הכי מיתניא בתורת כהנים. דלאו בני זריעה נינהו. ולא קרינא להו "בית זרע", הלכך אין נמדדין עמה אלא ו) [בפני עצמן] לפדות בשווייהן. **אי הכי.** כיון דטעמא משום דאינן בני זריעה – אפי' פחות מי' נמי לא יהו נמדדין עמה. **נגאני דארעא.** ביקועי הקרקע. ואין להם שם בפני עצמן. וכיון דעיקר השדה ראוי לזריעה – הרי כל השדה נקרא "בית זרע", דהנהו נגאני בטילי לגבי שדה. **שידרי.** גבשושיות. שאי אפשר לקרקע להילקט במלקט ורהיטני, שלא יהו בה בקועים וגבשושיות. **נגאני.** אנקעים קאי, ושידרי קאי אסלעים. **הכא מאי.** נקעים עמוקים י' דמתניתין גבי מכירה, דקתני נמי "אין נמדדין עמה", מי מיירי נמי בנקעים מלאין מים דומיא דסלעים, והלכך לא הוו בכלל בית כור עפר, אבל אי הוו ראוין לזריעה – נמדדין עמה, כדאמרן גבי הקדש. או דלמא לא דמי מכירה להקדש דאין אדם רוצה, כדלקמן. **אין אדם רוצה.** הלוקח. וגם המוכר יודע היה שלדעת כן קונה הלוקח, הלכך עליה דמוכר רמיא לגלויי שימכור לו בשני מקומות, וכיון דלא פירש – לא מקבל לוקח. **בשני מקומות.** בשני שדות, דאיכא טורח מרובה בחרישה וזריעה וקצירה בשני שדות יותר משדה אחד גדול ביחד. **אפחות מיכן.** כלומר, משום סיפא דקתני: פחות מכאן נמדדין עמה, תנא רישא נקעים וסלעים דלאו בני זריעה נינהו, לאשמועינן דהיכא דהוו פחות, אע"ג דלאו בני זריעה נינהו – נמדדין עמה. ומיהו, רישא דקתני דומיא דסלעים – הוא הדין נמי אי לא הוי דומיא דסלעים אין נמדדין עמה, כיון דהוי מקום חשוב בפני עצמו, דאין אדם רוצה כו'. וגבי הקדש, דאמרן לעיל: דיקא נמי דקתני דומיא דסלעים – שפיר קדייקא דומיא דסלעים, דאילו ה"נ גבי מכירה – בעל כרחנו רישא דומיא דסלעים קתני בשאינן ראוים לזריעה, אלא שאנו דוחקים לתרץ ה"ה בראוים לזריעה, והא דנקט שאין ראוין לזריעה דומיא דסלעים משום סיפא נקט לה, ומכל מקום דומיא דסלעים קתני. **טרשין שאמרו.** במתניתין: פחות מיכן נמדדין עמה, והוא הדין לנקעים מלאים מים, דלא חזו לזריעה – ה"מ דנמדד, כגון דלא הוו אלא בית ארבעת קבין בין כולן כי מצרפת להו בההוא בית כור, והוא הדין לקביים בחצי כור. אבל טפי מד' קבין – לא מקבל לוקח, דהא "בית כור עפר" אתני ליה מוכר ללוקח, וכולי האי לא מחיל איניש. **והוא שמובלעין.** הנהו ארבע קבין. **בחמשת קבין.** שמפוזרין בכל חמשת קבין. וכל שכן אם מפוזרין יותר, כגון בששה או בז' קבין, דבטילי, אבל אם אינן מפוזרין אלא בד' קבין ומחצה – כמו שמכונסין דמו, ולא בטילי, ואין נמדדין עמה, דהכא אחת רחבה ד' קבין דמי. ודוקא ד' קבין, אבל פחות מד' קבין, כיון דאין גבוהין עשרה, אפילו הוו סלע אחת – נמדדין עמה. **רב חייא בר אבא אמר רבי יוחנן.** אפילו מובלעין בטפי מה' קבין – כרלופים דמו, ואין נמדדין עמה. וכל שכן בה' קבין דאין נמדדין עמה, עד שיהו מובלעין ברובה של שדה. כגון דבית כור הוי ל' סאין, ורובן הוי ט"ז סאין, וד' קבין היינו ט"ז רבעים, רבעי הקב, נמצאו ד' קבין המובלעין ברובה של שדה – היינו רובע לכל סאה. אבל ביותר מרובע לסאה – חשיבי כמכונסין, ולא בטילי, ואין נמדדין עמה. **בעי רב חייא בר אבא.** בהך מילתא דרבי יוחנן, דאמר: והוא שמובלעין ברובה של שדה, פשיטא לי דאם מפוזרין כל הארבע קבין בכל רובה של בית כור בשוה, כגון רובע לסאה ט"ז רבעין לט"ז סאין – דבטל. אלא הכי קמבעיא לי: אם רובן של ד' קבין דהיינו ז) ט' רבעין בז' סאין, ומיעוטן של ארבע דהיינו ז' רבעין מפוזרים ברובה של רוב השדה שהן ט' סאין, דהיינו ז' רבעים בט' סאין, מהו? מי אמרינן כיון דרובן של ארבע קבין מכונסין הן ואין מפוזרין כראוי, משום דהוו תשע רבעין בז' סאין, ולפי חשבונו של ר' יוחנן רובע לכל סאה בעינן ח) נמי שכל הארבע קבין [אין] מפוזרין כראוי דמי, ואין נמדדין עמה. או דלמא, כיון דבין כל הארבע קבין מפוזרים ברוב כל השדה, דהיינו ט"ז רבעין בט"ז סאין – שפיר דמי, ולא קפיד ר' יוחנן אלא שיהו כל הארבע קבין מובלעין ברובה של שדה. ולא אתא למעוטי אלא היכא דכולן במיעוט שדה, דהוו כולן רצופין יותר מדאי, אבל אם (א) רובה של שדה ד' קבין רצופין ומיעוטן מפוזרין יפה, וכגון שבין כולן תופסין רוב השדה – שפיר דמי, ונמדדין עמה. כן נראה בעיני, ועיקר. והכי גרסינן: רובן במיעוטה ומיעוטן ברובה מהו? תיקו, וחדא בעיא היא.

כשיר

תוספות

אין נמדדין עמה. לפי חשבון הכתוב בפרשה. וליכא למימר אין נמדדין עמה — דלא קדשי כלל, דהא תנן בשלהי "המוכר את הבית" (לעיל דף עא.): המקדיש את השדה — הקדיש את כולן, אפי' בור וגת, כ"ש סלעים ונקעים, כפ"ה. ועוד: דא"כ מאי הוי פריך בתר הכי: והתניא שדה כו'? התם ודאי קדשי לפי שמקדישו בפירוש, אבל הכא שאין מקדיש בפירוש — לא קדשי כלל. **ואמאי** ליקדשו באפי נפשייהו. פי' הרשב"ם: כמקדיש שתי שדות, שיכול לפדות זה בלא זה. ואין נראה לר"י, דא"כ אפי' בשדה אחד יכול לפדות חציו לפי חשבון בית זרע חומר שעורים, דבשדה אחוזה אמר בפ"ק דקדושין (דף כא. ושם) דלכ"ע פודה וגואל לחצאין, ולא פליגי התם ר"ש ורבנן, אלא ט)(בשדה מקנה) ולא כמו שפ"ה בפ' י)(המקדיש) שדהו, (ערכין דף כח) דפליגי בשדה אחוזה. ונראה לר"י, דה"פ: וליקדשו באפי נפשייהו. כלומר, היכי אמרת דלפי שהן נחשבים בפני עצמן אין נמדדין עמה? ליקדשו, אע"ג דהן נחשבין באפי נפשייהו. **אי** הכי אפי' פחות מכאן נמי. לשון "אי הכי" מגומגם, דמשמע דאי לאו דאוקימנא בנקעין מלאים מים — הוה אתי שפיר, והא מסלעים לעולם איכא למיפרך, שאינן ראוין לזריעה! דהשתא נמי פריך מינייהו, מדאיצטריך לשנויי: שידרי דארעא מיקרו. ומיהו, בכמה מקומות מצי למימר "ולטעמיך" ולא קאמר. ועוד אומר ר"י: דמעיקרא לא ס"ד דבעינן שיהא ראוי לזריעה, אלא אפי' לא יהא ראוי לזריעה — קדושה לפי חשבון בית זרע חומר שעורים. ומשום הכי הוה אתי שפיר, דפחות מכאן הוי הכל שדה אחת, וגבוהין עשרה או עמוקין י' חשובין בפני עצמן. אבל השתא דקאמר דבעינן ראוי לזריעה — אפי' פחות מכאן נמי. **כי** קתני נמי דומיא דסלעים אפחות מכאן. אע"פ שדוחק עצמו לומר כן אפחות מכאן, מכל מקום שפיר קאמר לעיל "דיקא נמי", דמשמע טפי דאגבוהים עשרה קתני, דומיא דסלעים, דהא ברישא הוא דקתני סלעים ונקעים.

אם

רבינו גרשום

הכי אתא לאשמועינן דאי שויא אותה שדה טפי או גריעא טפי אינה נחשבת לעולם אלא חומר בנ' שקל כסף: אינם נמדדים עמה. ומשמע דאינם מקודשים ואמאי לא הוין מקודשין. ליקדשו הני נקעים והני סלעים באנפי נפשייהו בלא מדידה. וכי תימא כיון דלא הויין הנהו נקעים וסלעים בית כור ומשום הכי לא יקדישו והא תניא הא דכתיב ואם את שדה מקנתו וגו' ומה ת"ל א) שדה הא כבר אמר ואם את שדה מקנתו לפי שנאמר זרע חומר שעורים דהיינו כור אין לי דמצי למיפרקיה אלא שהקדיש בענין הזה זרע חומר. מנין לרבות לתך חצי כור חצי תרקב קב וחצי ואפי' רובע הקב ת"ל שדה מכל מקום והני סלעים והני נקעים ליקדשו באנפי נפשייהו. ואמר רב עוקבא בר חמא משום הכי אין מקודשין ואפי' באנפי נפשייהו דבנקעים מלאים מים עסקינן דלאו בני זריעה נינהו. וגבי הקדש בעינן ראוי לזריעה דכתיב זרע חומר: דיקא נמי. דמלאין מים מדקא מדמי לסלעים דלאו בני זריעה משום הכי לא מקדשי אפי' באפי נפשייהו ש"מ: אי הכי. דלאו בני זריעה אפי' פחות מיכן עמוק י' וגובה י' נמי לא ליקדשו הואיל ולא חזיין לזריעה ואמאי נמדדין עמה. ותריץ הכי פחות מיכן ודאי נמדדין דהנהו נקעים דאינן עמוקין י' אפי' מלאין מים כאגני דארעא מיקרו. כלומ' ספלים של קרקע וכגופה של קרקע דמו. וסלעים נמוכין מי' שידרי דארעא מיקרו. כלומר כמו שידרא שבקרקע משום הכי נמדדין אע"ג דלא חזו לזריעה. גבי הקדש אמרינן כהאי גוונא. הכא גבי מקח וממכר דמתני' מאי. מי אמרינן הני נקעים דעמוקין י' משום הכי אין נמדדין דמלאין מים הן אבל לאו הכי נמדדין: אמר רב פפא אע"פ שאין מלאין מים. הואיל דעמוקין י' אין נמדדין משום דאין אדם רוצה שיתן מעותיו בשביל שדה אחת ויראו לו ב' וג' מקומות אבל פחות מי' נמדדין משום דהנהו שדרי ואגני מיקרו דאפי' מלאין מים

נמדדין: מתקיף לה רבינא. והיכי מצית למימר דהכא במתני' במאי עסקינן דאע"ג דאין מלאין מים אין נמדדין. והא דומיא דסלעים קתני מה סלעים דלאו בני זריעה נינהו. אבל אי לאו מלאין מים לעולם נמדדין הואיל דחזיין לזריעה כי היכי דגבי הקדש. ומהדר ליה לעולם אע"פ שאין מלאין מים אין נמדדין משום שאין אדם רוצה שיתן מעותיו כו' ויראו לו ב' וג' מקומות ודקא קשיא לך הא דומיא דסלעים קתני וכו'. כי קתני דומיא דסלעים אפחות מיכן קתני דקתני מתני' פחות מיכן נמדדין עמה אע"ג דמלאין מים הן ולאו בני זריעה נינהו משום דאגני דארעא מיקרו. אבל גבי רישא אע"פ שאין מלאין מים אין נמדדין וכדפרשי': קתני מתני' פחות מיכן נמדדין עמה. אמר ר' יצחק סלעים וטרשים שאמרו. דפחות מיכן דנמדדין כשהן בת ד' קבים שהן גופן הסלעים אם יהי' מקובצין ביחד לא יהו יותר מבית זרע ד' קבים מחזיקים בשדה לא הוי דבר חשוב באנפי נפשייהו וכגופה של קרקע דמיא אבל מחזיקין בשדה יותר מד' קבין הוי דבר חשוב אע"ג דנמוכין טפי אין נמדדין: אמר רב עוקבא. אימתי קתני ר' יצחק ד' קבין דנמדדין והוא שמובלעין הנהו טרשים בבית זרע ה' קבין הואיל דהנהו טרשים דד' קבין מפוזרין בה' קבין לא הוי חשיבי בפני עצמן ונמדדין עם השדה וכל שכן אם מובלעין בתוך ו' קבין או ז' או ח' אבל אי מובלעין בבציר מה' קבין לא הוי מפוזרין כל צרכן ואין נמדדין. ור' חייא מחמיר טפי מרב עוקבא דר' חייא בעי דליהוו טרשין דד' קבין מובלעין מפוזרין ברובה של שדה ואמטול הכי נמדדין עמה אבל אי מובלעין במיעוטה של שדה אע"ג דמפוזרין בה' קבין או בו' אין נמדדין עמה דדבר חשוב בפני עצמו הוא: בעי ר' חייא. להיכא דמובלעין הן כולן טרשין ברובה של שדה פשיטא לי דר' יוחנן דאמר דודאי נמדדין דלא חשיבי בפני עצמן. אלא הא מבעיא לי רובן של הנהו טרשין הללו במיעוטה של שדה מהן מי אמרינן הואיל דרובן של טרשין במיעוטה של שדה כמאן דאיתנייהו כולן דמי ואין נמדדין דדבר חשוב בפני עצמו או דלמא הואיל דליתנייהו כולן בה' קבין לא הוי דבר חשוב ונמדדין דכמפוזרין דמי. והיכא דרובן דסלעין במיעוטן של שדה מיעוטן דסלעין ברובה של שדה וחדא מילתא היא: בעי ר' ירמיה. בין אליבא דרב עוקבא ובין אליבא דר' חייא דאמר שמובלעין בטפי מהאי שיעורא דנמדדין ובין אליבא דר' חייא דאמר שמובלעין ברובה של שדה נמדדין אליבא דכולהו קא בעי ר' ירמיה אם עשויין הנהו סלעים

כשיר

עין משפט נר מצוה

ו א מיי' פ"ד מהל' ערכין הל' יג סמג עשין קלז:
ז ב ג מיי' פכ"ה מהל' מכירה הל' ה סמג עשין פב טוש"ע ח"מ סי' ריח סעיף ח:
ח ד ה ו מיי' שם הל' ב טוש"ע שם סעיף ב:
ט ז מיי' שם טוש"ע שם סעיף ג:

מסורת הש"ס

א) [ערכין כה.]: ב) [פירוש תרי וקב והיינו שלשה קבין שהיא חצי סאה. ערוך]: ג) [פי' מקום אשבורן מלשון שררך אגן הסהר. ערוך]: ד) נ"א ל"ג: ה) ב"מ דף כה.: ו) רש"ל: ז) ט' רבעין מפוזרין במיעוטה של רוב השדה שהוא ז' סאין כצ"ל רש"ל: ח) [צ"ל כמי]: ט) [צ"ל בבתי ערי חומה]: י) [צ"ל המוכר ד' לא. ושם תוס' ד"ה תני]:

הגהות הב"ח

(א) רשב"ם ד"ה בעי רב חייא וכו' אבל אם רובן של ד' קבין כצ"ל ותיבת שדה נמחק:

א) נראה דצ"ל ומה ת"ל אשר לא משדה אחוזתו הא כבר אמר וכו' כצ"ל ומיהו בת"כ מפיק לה מקרא דואם גאול יגאל וגו' וכמ"ש הרשב"ם.

עין משפט
נר מצוה

י א מיי' פכ"ח מהל' מכירה הל' ב סמג עשין כב טוש"ע ח"מ סי' ריח סעיף ג:
יא ב ג ד מיי' שם הל' ג טוש"ע שם סעיף ה:
יב ה מיי' שם הל' ב טוש"ע שם ס"ד:
יג ו מיי' שם הל' ה' טוש"ע שם ס"ז:
יד ז מיי' שם הל' ו טוש"ע שם ס"ח:
טו ח ט מיי' שם הל' ז טוש"ע שם סעיף ט:
טז י מיי' שם טוש"ע שם סעיף י:
יז כ מיי' שם הל' ט טוש"ע שם סעיף יב ועיין בהג"ה:
יח ל מיי' שם הל' ז ט טוש"ע שם סעיף י וסעיף יב:

כְּשֵׁיר, מַהוּ? כְּשׁוּרָה, מַהוּ? אִיצְטָדִינִין, מַהוּ? דֶּרֶךְ עֲקַלָּתוֹן, מַהוּ? [א]תֵּיקוּ. תָּנָא: [ב]אִם הָיָה סֶלַע יְחִידִי, אֲפִי' כָּל שֶׁהוּא — אֵין נִמְדָּד עִמָּהּ; [ג]וְאִם הָיָה סָמוּךְ לַמֶּצֶר, אֲפִי' כָּל שֶׁהוּא — אֵין נִמְדָּד עִמָּהּ. בָּעֵי רַב פָּפָּא: מוּפְסָק עָפָר בֵּינְתַיִם, מַהוּ? [ד]תֵּיקוּ. בָּעֵי רַב אַשִׁי: עָפָר מִלְּמַטָּה וְצוּנְמָא לְמַעְלָה, עָפָר מִלְמַעְלָה וְצוּנְמָא מִלְּמַטָּה, מַהוּ? [ה]תֵּיקוּ.§ **מתני'** [ו]"בֵּית כּוֹר עָפָר אֲנִי מוֹכֵר לְךָ מִדָּה בְּחֶבֶל", פִּיחֵת כָּל שֶׁהוּא — יְנַכֶּה, הוֹתִיר כָּל שֶׁהוּא — יַחֲזִיר; [ז]וְאִם אָמַר "הֵן חָסֵר הֵן יָתֵר", אֲפִילּוּ פִּיחֵת רוֹבַע לִסְאָה אוֹ הוֹתִיר רוֹבַע לִסְאָה — הִגִּיעוֹ, יוֹתֵר מִכָּאן — יַעֲשֶׂה חֶשְׁבּוֹן. [ח]מָה הוּא מַחֲזִיר לוֹ? מָעוֹת. וְאִם רָצָה — מַחֲזִיר לוֹ קַרְקַע, וְלָמָּה אָמְרוּ מַחֲזִיר לוֹ מָעוֹת? [ט]לְיַיפּוֹת כֹּחוֹ שֶׁל מוֹכֵר, [י]שֶׁאִם שִׁיֵּיר בַּשָּׂדֶה (א)בֵּית תִּשְׁעָה קַבִּין, [כ]וּבְגִינָּה בֵּית חֲצִי קַב, וּכְדִבְרֵי ר' עֲקִיבָא בֵּית רוֹבַע — מַחֲזִיר לוֹ אֶת הַקַּרְקַע. [ל]וְלֹא אֶת הָרוֹבַע בִּלְבַד הוּא מַחֲזִיר, אֶלָּא אֶת כָּל הַמּוֹתָר.§ **גמ'** אִיבַּעְיָא לְהוּ: "בֵּית כּוֹר" סְתָמָא, מַאי? תָּא שְׁמַע: "בֵּית כּוֹר עָפָר אֲנִי מוֹכֵר לְךָ מִדָּה בְּחֶבֶל", פָּחוֹת

אם היה סלע יחידי אפי' כל שהוא כו'. פי' רבינו תם: סלע יחידי — היינו שיש לו שם לווי "סלע פלוני". הלכך אפי' הוי כל שהוא, ואפי' באמצע השדה — אין נמדד עמה. ועוד אומר רבינו תם, דגרס: שיש לו בית רובע. והכי איתא בירושלמי. וקאי אהא דאמרינן לעיל: טרשין שאמרו בית ד' קבין, והוא (א) שלא יהו מובלעין בפחות מה' קבין, משמע: בפחות מד' אפילו מובלעין בפחות מה' — נמדד עמה. והשתא קאמר דאם היה סלע יחידי, שהכל סלע אחד, אפילו לא יהא גדול אלא בית רובע, דליכא ד' קבין ואין אחרים נמי שיהו משלימין לארבע קבין — אפילו הכי אין נמדד עמה.
פחות

כשיר מהו. אם היו מובלעין ברובה של שדה, ולא בריבוע כעין חלוגה, דהתם ודאי שפיר מזדרע בינתייהו שתי וערב, וכשמגיע אצל הסלע — יגביה מחרישתו מעט עד שיעבור הסלע, ויחזור ויחרוש. אלא שעשוין כאלעדה, דלא מזדרע בינתייהו שפיר כל כך, כזה:

ואם תמצי לומר. דהכא נמי נמדדין עמה. כשורה מהו. דכל כנגד השורה אינו יכול לחרוש ולזרוע השדה. וכל חרישות בעינן שתי וערב כשורה, כזה:

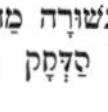

ומיהו על ידי הדחק יכול לחרוש. ואם תמצי לומר. דכשורה נמדדין עמה. **איצטדינין.** דלא מזדרע שפיר כמו שורה, מהו? אם ברובה של שדה מפוזרין כעין קרני שור האיצטדין, כזה:

וכן כולן, אחרון אחרון לא מזדרע שפיר כראשון. עקלתון. כזה:

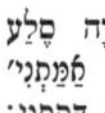

תנא אם היה סלע יחידי כו'. אמתני' קיימא ברייתא, דקתני: פחות מיכן נמדדין עמה. וקתני עלה: שאם היה סלע יחידי חוץ מן השדה, סמוך לשדה, ובא לו המוכר להתחיל למדוד משם, אפי' אי הוי ההוא סלע כל שהוא, דהוי נמוך מי' טפחים הרבה וקצר מארבעה טפחים — אפילו הכי אין נמדדין עמה. דלא בטיל לגבי שדה אלא היכא דכי מובלע בתוך השדה, אבל כשהוא חוץ מן השדה — לא בטיל לגבי שדה. ולא מיבעי' אי הוי יחידי ממש, אלא אפי' אי הוה בתוך השדה אלא שסמוך למצר, אפי' כל שהוא — אין נמדד עמה, אלא היכא דהוי מובלע באמצע שדה הוא דמיקרו שידרי דארעא ובטילי. כן נראה בעיני, ועיקר. ורבותינו מפרשים דאדר' יצחק קאי, דאוקי ל"פחות מיכן" דמתניתין בדהוו ארבע קבין דבטילי, ואוקימנא במפוזרים בה' קבין, אי נמי ברוב שדה, ומשום הכי בטילי, אבל במכונסין לא בטילי. וקס"ד, ה"מ בנמוכין מעשרה' וגבוהין יותר משלשה, אבל נמוכין פחות משלשה — לא בעינן מפוזרין. והשתא אתיא ברייתא למימר דאי הוו הנהו ארבע קבין סלע אחד, אפילו כל שהוא — אין נמדדין, כלומר אף על גב דאין גבוהין ג' לא בטילי. ולא נהירא לי האי פירושא כלל, דמ"ש סלע יחידי מסלעים הרבה מכונסים? הא כיון דמכונסים — כסלע אחד דמו. ועוד, מנין לנו שיש חילוק בכל פחות מי' בין גבוה שלשה לפחות מג'? וכלל וכלל אין ליישב אלא כמו שפירשתי. **מופסק עפר.** כל שהוא בינתיים, כגון פחות מג' בין ההוא סלע קטן למצר, מי חשבינן ליה כסמוך למצר, או לא, ויהיה נמדד עמה. **בעי רב אשי.** אם תמצא לומר הפסק עפר בינתיים הוי הפסק, אבל אם יש הפסק עפר מלמטה ואותה צונמא למעלה סמוך למצר, אי נמי איפכא — עפר מעט מלמעלה ולא גבוה ג' בעומק המחרישה, ולצונמא מלמטה, מי אזלינן בתר עפר ונמדדין, או דלמא צונמא עיקר ואין נמדדין? **מתני'** בית כור עפר אני מוכר לך מדה בחבל. כלומר, בלמצום אני מוכר לך שדה שיש בו בית כור עפר, כמו שמודדין במדת החבל, לא פחות ולא יותר. **פיחת כל שהוא.** שלא היה באותו שדה בית כור שלם — ינכה המוכר כפי הפחת, והמקח קיים. ואע"ג דאמר רבא בפ' "המוכר את הספינה" (לעיל דף צ.): כל דבר שבמדה ושבמשקל ושבמנין, אפי' פחות מכדי אונאה — חוזר, ומוכח התם דמקח טעות הוי — ה"מ במטלטלין, אבל בקרקע לא שייך בהו חזרה, דקים להו לרבנן דניחא ליה ללוקח לקנות מה שימצא לפי המדה, הן חסר והן יתר. ומוכר נמי הכי קא"ל: בית כור עפר אני מוכר לך לפי מדת החבל, ואם יחסר — אנכה, ואם יותר — תחזיר לי. ואע"ג דאין אונאה לקרקעות — ה"מ כשימכור לו ביוקר יותר משתות, אבל היכא דמטעין זה את זה במדה — צריך לנכות מן הדמים. **הותיר קרקע כל שהוא.** על בית כור, יחזיר למוכר. ולקמיה מפרש דמה שיחזיר מוכר יחזיר לו לוקח, קרקע או מעות. **ואם אמר.** לו מוכר ללוקח בשעת מכירה: בית כור עפר אני מוכר לך בכך וכך, הן חסר והן יתר. ולא אמר לו "מדה בחבל". דאילו היכא דא"ל תרוייהו "מדה בחבל הן חסר והן יתר" פלוגתא דבן ננס היא לקמיה. **אפי' פיחת רובע.** הקב לכל סאה, דהיינו ל' רבעים לבית כור, שהן ז' קבין ומחצה. או הותיר רובע לכל סאה — הגיעו, דבהכי הוי מחילה. דכיון דאמר ליה בית כור, האי דקאמר "הן חסר והן יתר" — חסר או יתר מעט על בית כור קאמר, דאם כן — אמאי קאמר בית כור? ובגמרא בעי היכא דאמר ליה "בית כור עפר" סתמא, ולא אמר ליה לא "מדה בחבל" ולא "הן חסר הן יתר" מאי. והאי דקאמר: אפי' פיחת רובע לסאה, ולא קאמר: אפי' פיחת ז' קבין ומחצה לכור — לאשמועינן אמת, דאפי' במכירה מועטת כגון "בית סאה אני מוכר לך הן חסר הן יתר" והיכא חסר רובע או יתר רובע — הגיעו. דאע"ג דפליגי אמוראי בגמ' גבי שני כורין, דאיכא למאן דאמר דאי איכא רובע לכל סאה, דהוו להו בין הכל יותר מט' קבין, לא הויא מחילה — בפחות מכור כולהו מודו שהמחילה הולכת לפי חשבון רובע לכל סאה. **יתר מיכן.** יותר מרובע לכל סאה, אם הותיר. **יעשה חשבון.** יחשב את כל היתר על הבית כור, ואפילו הרבעין עצמן כדמסיק לקמן במתניתין, ויחשב כמה הותיר, וכמה שוין לפי חשבון שמכר את הבית כור. וכגון שלא הוזלו קרקעות, שאם הוזלו — לא נכוף את הלוקח לקנות ביוקר כל כך, כדמפרש בגמרא. אבל אי כדקיימי קיימי — צריך הלוקח ליתן כרצון המוכר, שאם רצה מוכר — יחזיר לו לוקח מעות, דתקנת חכמים היא זו, דמה יעשה המוכר בקרקע מועט בפני עצמו שאינו חשוב שדה? הלכך כופין את הלוקח ליקח, דזה נהנה וזה אינו חסר. או אם רצה מוכר — יחזיר לו לוקח הקרקע בעין, שהרי מן הדין הוא דמחזיר לו קרקע, שהרי לא קנה לוקח אלא בית כור. שהרי למה אמרו להחזיר לו לוקח למוכר מעות המותר — לא מן הדין, אלא תקנת חכמים, ליפות כחו של מוכר, שלא יהא נפסד אותו מיעוט קרקע דלא חזי ליה האי פורתא. והאי יעשה חשבון — אהותיר יתר מכן קאי, אבל פיחת יתר מרובע — לא שייך שום עשיית חשבון, אלא ינכה לו מן הדמים, דכיון דליכא בהאי שדה טפי — ליכא לחיוביה ליתן לו משדה אחר. הכי גרסינן בסדר המשנה: **שאם שייר בשדה ט' קבין כו'.** כלומר, האי דמחייבין ללוקח ליתן מעות המותר למוכר — ייפוי כח דמוכר הוא, משום דלא חזי ליה האי קרקע בפני עצמו. שאילו הוה ביה בהאי מותר שיעור שדה, כגון ששייר בהאי בית כור קב ומחצה יתר על ז' קבין ומחצה, דהוו להו בין הכל ט' קבין — אז מחזיר לו את הקרקע ולא מעות, דהשתא חזי ליה האי קרקע. דקיימא לן בפרק קמא דמכילתין (דף יא.) דשדה חשוב בט' קבין, כדתנן: ולא את השדה עד שיהא בה ט' קבין לזה וט' קבין לזה, ולא את הגנה עד שיהא בה חצי קב לזה וחצי קב לזה, ר' עקיבא אומר: בית רובע. והשתא שמעינן ממתני': ז' קבין ומחצה לכור — הוי מחילה. ח' ומחצה או יותר, עד ט' קבין ולא עד בכלל — יעשה חשבון. ט' קבין — יחזיר קרקע. דרובע לסאה הוי מחילה, כמו רובע לסאה דשדה. יתר מרובע — יעשה חשבון. **בגינה בית חצי קב.** שני רבעים, דהיינו חצי קב, מאחר דחשיב גינה — יחזיר קרקע. וכדברי ר' עקיבא בפרק קמא: בית רובע. דחצי רובע לחצי סאה הוי מחילה, כלגבי שדה. יתר מחצי רובע — יעשה חשבון, בית רובע דחשיב גינה — יחזיר קרקע. כן נראה בעיני, וכן עיקר. ויש לשונות אחרים ואין בהן ממש למבין. **ולא את הרובע כו'.** בגמרא פריך עלה, ומתרץ לה: ולא את המותר בלבד הוא מחזיר, היכא דאמרן יעשה חשבון והיכא דאמרן יחזיר קרקע, אלא גם כל הל' רבעין דבית כור היתירין הוא מחזיר. דכיון דאיכא קרקע חשוב בין הכל — לא מחיל מידי. **גמ' איבעיא** להו בית כור עפר סתמא. אני מוכר לך, מהו? דלא אמר ליה "מדה בחבל" ולא אמר ליה נמי "הן חסר הן יתר". למדה בחבל מדמינן ליה, דסתם מי שמתנה למכור בית כור דעתו לצמצם, ולא מחיל מידי עד דאמר בפירוש "הן חסר הן יתר", ואם פיחת כל שהוא — ינכה, ואם הותיר כל שהוא — יחזיר. או ל"הן חסר הן יתר" מדמינן ליה, דמסתמא מחיל איניש רובע לסאה, ומשום דאיכא לפרושי מתניתין בשני לדדין, קבעי לה.
אלא

רבינו גרשום

כשיר. אע"ג דמובלעין הן בה' קבין אין נמדדין או דלמא הואיל דמובלע בגוף ה' קבין אע"ג דלא מצי למיזרע בינתייהו נמדדין והם הכי נמי אליבא דר' חייא מי אמרינן להיכא דעשוין כשיר ומובלעין ברובה של שדה הואיל דלא מצי למיזרע בינתיים אע"ג דמובלעין ברובה אין נמדדין או דלמא הואיל דמובלעין נינהו ברובה של שדה אע"ג דלא מצי למיזרע נמדדין והם הכי נמי קא מיבעיא ליה אליבא דכולהו אי עבדא כשורה או כאיצטדינין או דרך עקלתון מהו. מי אמרינן הואיל דלא מצי למזרע בינתייהו אין נמדדין או דלמא הואיל דלא הוי אלא למר כדאית ליה ולמר כדאית לי' ולית בהו אלא כשיעורייהו נמדדין אע"ג דלא מצי למיזרע בינתייהו תיקו: תנא אם היה סלע יחידי אפי' כל שהוא אין נמדד עמה. הכי פירושא דמתנית' פחות מיכן נמדדין שאם לא היו גבוהין אלא ט' טפחים או ח' או ז' או ו' או ה' או ד' או ג' נמדדין ולדברי הכל פחות מג' כלבוד דמי ואתא ר' יצחק לפרש מתני' שאם היו בית ד' קבין נמדדין הואיל דמפוזרין נינהו והם הכי נמי כר' עוקבא ור' חייא למר כדאית ליה ולמר כדאית ליה הואיל דבשדה מפוזרין נינהו אבל אם היה סלע יחידי אבן אחת מרוחבת בשדה לא בעי' לכל השיעורין דודאי אין נמדדין עמה ואפי' אינה גבוהה מן הקרקע אלא כאצבע אין נמדד עמה דמתני' דקתני פחות מיכן נמדדין היינו להיכא דמפוזרין נינהו אבל אם הוא סלע יחידי לא אמרינן דפחות מג' כלבוד דמי ובגופה של קרקע דמי אלא הואיל דבצד אחד הוא ביחד מקום חשוב הוא בפני עצמו ואין נמדד ואליבא דכולהו אמוראי דלעיל קתני לה: ואם היה סמוך למיצר. לדרך שבין השדות אותם סלעים אע"פ שאין גבוהין אין נמדדין עם אותה קרקע דהואיל דסמוך למיצר הן כשם ששייר הסלעים ומודד לו מן הסלע ואילך: בעי רב פפא אם עפר. קרקע מפסיק בינתים בין הסלע למצר מהו מי אמרינן הואיל דסמוך למיצר הוו הנהו סלעים אותה הפסקת קרקע לא הויא הפסקה ושדינן להו בתר מצר ואין נמדדין או דלמא כיון דעפר מפסיק בינתיים לא חשיבא ליה כמאן דסמיך למצר ממש הוא ונמדד עמה דלא שיירן עם המצר: בעי ר' אשי. אם תמצא לומר להיכא דמפסיק עפר בינתים הוי הפסקה ונמדד עמה הא קא מיבעיא לי אם עפר מפסיק למעלה בין הסלע למיצר וצונמא מלמטה ותחת העפר מקרב הסלע למיצר מהו מי אזלינן בתר העפר הנראה שמפסיק והויא הפסקה ונמדד עמה או דלמא כיון דמתחת העפר מגיע צונמא הסלע למיצר לא חשוב הפסקת עפר ואמרינן דשיירה עם המיצר ואינו נמדד. וכן נמי עפר מלמטה תחת הצונמא ומגיע עד המיצר וצונמא מלמעלה אזלינן בתר עפר והוי הפסק ונמדד הסלע עם השדה או דלמא כיון דלא מיתחזי עפר דמפסיק וצונמא סמוך

רבינו גרשום

למיצר. לא הוי הפסק וחשיב בהדי מיצר ואין נמדד: **פיסקא** האומר לחבירו בית כור עפר אני מוכר לך מדה בחבל. כלומר כמו שמודדים בחבל שאינו לא יותר לא חסר: פיחת הימנו כל שהוא ינכה לו הלוקח למוכר מן הדמים כנגדן: הותיר לו כל שהוא יחזיר לו הלוקח למוכר מה שהותיר לו: ואם אמר לו המוכר בית כור עפר אני מוכר לך הן חסר הן יתר. כלומר או במעט חסר או במעט יותר אפילו פיחת רובע הקב בקרקע לכל סאה של כור או הותיר רובע לסאה הגיעו ואינו חוזר הלוקח דהיינו לכור בית זרע ז' קבין ומחצה דל' סאין יש בכור ל' רביעיות של קב היינו ז' קבין ומחצה וכיון דלא הוי בית זרע בז' קבין ומחצה א)וכיון דלא הויא היא פחות הדבר חשוב הגיעו אבל יותר מיכן שפיחת יותר מרובע לסאה או הותיר לו המוכר ח' קבין שלמין או יותר יעשה המוכר חשבון לגבי לוקח ויחזור לו כל העודף על הכור הואיל וטעה יותר מז' קבין וחצי: מה הוא מחזיר לו. הלוקח למוכר מעות: ואם רצה. המוכר: מחזיר לו. הלוקח מה שהותיר לו מן הקרקע: ומפני מה אמרו מחזיר לו מעות כדי ליפות כחו של מוכר. שאם רצה הלוקח להחזיר לו קרקע ולא מעות יכול המוכר לטעון ולומר הואיל שאין בו באותו ייתור שיעור שדה מה אעשה ממנו אין ראוי לכלום דעד ט' קבין חשוב שדה פחות מיכן לא משום הכי מחזיר לו מעות אם ירצה המוכר דברשותיה תליא מלתא ואם פיחת המוכר ללוקח יותר מרובע לסאה ברשותיה דמוכר הוא אם רצונו להחזיר לו קרקע להשלים כל הכור יעשה דלא מצי למיטען לוקח מה אעשה מההוא קרקע הואיל דלית ביה שיעור ראיהו מצי למיערב בהדי קרקע דקנה הוא ואם רצונו דמוכר יחזור לו קרקע מעו' אבל אם שייר בשדה בית ט' קבין הואיל דאית בזה שיעור שדה יחזור לו הלוקח השדה ממש אותו בית ט' קבין הואיל דאית בה שיעור יחזיר לו הלוקח ולא מצי מוכר למיטען למאי חזיא לי דודאי חזיא דשדה היא. ואם שייר בגינה נמי שהותיר לו המוכר בית חצי קב אם רוצה הלוקח מחזיר לו למוכר אותו בית חצי קב בעל כרחו ולא מעות דחצי קב חשיב גינה כדאמר בפ"ק אין חולקין כו' ולא את הגינה עד שיהא בה חצי קב לזה וחצי קב לזה וכדברי ר' עקיבא עד שיהא בה בית רובע קב לזה ובית רובע קב לזה דבהכי חשוב גינה אליבא דר' עקיבא משום דס"ל סבר סאתים כחצר המשכן היינו דין גינה ומש"ה אמר חצי קב דהיינו רובע לכל סאה כדאמרן לעיל ור"ע חשיב דין גינה סאה הלכך [יחזיר לו] רובע ולא את הרובע בלבד הוא מחזיר אם הותיר לו על ז' קבין ומחצה ולא בא להחזיר מחזיר לו כל המותר שהותיר יותר על הכור: איבעיא להו. מתני' קתני להיכא דאמר בית כור עפר אני מוכר לך פיחת כל שהוא ינכה הותיר כל שהוא יחזיר ואם אמר לו הן חסר והן יתר כו' להו היכא דאמר ליה בית כור סתמא אני מוכר לך ולא הזכיר לא מדה בחבל ולא הן חסר והן יתר מאי:

א) אולי צ"ל וכן בפיחת רובע לסאה כיון דלא הוי הפחת דבר חשוב וכו'.

מי

מסורת הש"ס

א) כתובות דף לח. [לעיל יא.]

הגהות הב"ח

(א) תוספות ד"ה אם היה וכו' בית ארבע קבין והוא שמובלעין בתמצית קבין אבל בפחות מה' קבין אינו נמדד עמה משמע בפחות מד':

פחות כל שהוא – ינכה, יתר כל שהוא – יחזיר; הא סתמא – כ"הן חסר הן יתר" דמי. אימא סיפא: ואם אמר לו "הן חסר הן יתר", אפילו פיחת רובע לסאה או הותיר רובע לסאה – הגיעו; הא סתמא – כ"מדה בחבל" דמי! א)אלא מהא ליכא למשמע מינה. ת"ש: "בית כור עפר אני מוכר לך", "כבית כור עפר אני מוכר לך", "הן חסר הן יתר אני מוכר לך", אפילו פיחת רובע לסאה או הותיר רובע לסאה – הגיעו; אלמא, סתמא נמי כ"הן חסר הן יתר" דמי. התם פרושי קא מפרש: איזהו בית כור שהיא כבית כור? כגון דא"ל "הן חסר הן יתר". מתקיף לה רב אשי: א"כ, "אני מוכר לך" "אני מוכר לך" למה לי? אלא לאו שמע מינה: [א]סתמא נמי כ"הן חסר הן יתר" דמי, שמע מינה.§ "מהו מחזיר לו? מעות" וכו'.§ ליפות כחו של מוכר אמרי', ליפות כחו של לוקח לא אמרינן? והתניא: פיחת שבעת קבין ומחצה לכור, או הותיר שבעת קבין ומחצה לכור – הגיעו, יותר מכאן – כופין את המוכר למכור ואת הלוקח ליקח! התם, [ב]כגון דהוה יקירא מעיקרא וזל השתא, דאמרינן ליה: אי ארעא יהבת לי, הב לי כזולא דהשתא. והתניא: כשהוא נותן לו – נותן לו כשער שלקח ממנו! התם, [ג]כגון דהוה זולא מעיקרא ויקרא לה השתא.§ "שאם שייר בשדה בית ט' קבין" וכו'. אמר רב הונא: ט' קבין שאמרו, ואפי' בבקעה גדולה; ורב נחמן אמר: [ד]נותן שבעת קבין ומחצה לכל כור וכור; ואי

רש"י

אלא מהא ליכא למשמע מינה. דלגופה איצטריך, ומשום סיפא דקתני: "מדה בחבל אני מוכר לך הן חסר הן יתר", ביטל "הן חסר הן יתר" "מדה בחבל", דתפוס לשון אחרון. הלכך איצטריך למתני ברישא היכא דאמר ליה האי או האי, דאזלינן בתר ההוא לישנא דאמר ליה. אבל בסיפא, דאמר לתרווייהו וסותרין זה את זה – הלך אחר האחרון. **כבית כור עפר.** משמע קרוב לבית כור, דמתחזי כבית כור, אבל לא הוי בית כור ממש, אלא או פחות או יותר. **הן חסר כו'.** כלומר, או שאמר לו "בית כור עפר הן חסר הן יתר אני מוכר לך". **הגיעו.** אכולהו הנך תלתא לישני קאי. **פרושי קמפרש.** ד"הן חסר הן יתר" דסיפא – ארישא קאי, דקתני "בית כור עפר אני מוכר לך". וה"ק: האומר לחבירו: בית כור עפר אני מוכר לך, ל"ש אם אמר לו "כבית כור עפר אני מוכר לך", ולא שנא אם אמר לו לבסוף "הן חסר הן יתר" לאחר שאמר "בית כור עפר אני מוכר לך" – דבתרווייהו אמרינן הגיעו. **א"כ אני מוכר לך אני מוכר לך כו'.** אם איתא דפרושי קמפרש, הכי ה"ל למיתני: בית כור עפר כבית כור עפר, הן חסר הן יתר אני מוכר לך. ומקשינן: **ליפות כחו של מוכר אמרי'** אבל ליפות כחו של לוקח לא חיישינן מידי. דאפי' היכא דחפץ הלוקח לקנות את המותר כדי שלא יפגם זה המוכר בשדהו – לא כפינן למוכר למכור? בתמיה. **שבעת קבין ומחצה לכור.** היינו נמי רובע לסאה, כדקתני במתני'. **כופין את המוכר למכור.** את המותר ללוקח, אם הלוקח רוצה לקנותו. דכי היכי דכופין את הלוקח ליקח משום תקנת המוכר, שלא יהא נפסד ההוא מיעוט קרקע, דכופין על מדת סדום – ה"נ עביד רבנן תקנתא ללוקח, שיהו כופין את המוכר למכור לו ההוא מיעוט קרקע, כדי שלא ידרוס אצל שדהו, ויהא צריך להשמר ממנו. והמוכר אינו ניזוק בכך, דהא לא חזי למידי ההוא פורתא, וה"ל זה נהנה וזה אינו חסר. ומשני: **התם כגון דהוה יקירא.** כלומר, לעולם כדי ליפות כחו של מוכר אמרי', ליפות כחו של לוקח לא אמרינן. דלעולם לא כפינן המוכר למכור לבעל כרחו המותר, אלא אם רצה מוכר – יחזיר לו לוקח קרקע, כדקתני מתני'. והאי דקתני: "כופין את המוכר למכור" – לא למכור ממש את הקרקע בעל כרחו אם רצה שתחזור לו. אלא הכא במאי עסקינן – כשהמוכר חפץ למכרה ללוקח שיחזיר לו דמי מעות למוכר, כמו שייפו חכמים כחו של מוכר שאם רצה יחזיר לו לוקח מעות. והך ארעא הויא יקירא מעיקרא בשעת מכירה, והשתא זול ארעתא, והוא רוצה לכפות את הלוקח שיחזיר לו דמי המותר כפי שעת היוקר דמעיקרא, והיינו דקתני: כופין את המוכר למכור – כשעת הזול דעכשיו. דאמרי' ליה למוכר: אי [אתה] ארעא [המותר] יהבת ליה, ומעות אתה רוצה שיחזיר לך – שקול מאותו [המותר] מעות כזולא דהשתא. דדי לך אם ייפו חכמים כחך לתלות בך מכר המותר במעות או חזרת קרקע היכא דליכא הפסד ללוקח, דה"ל זה נהנה וזה אינו חסר, אבל לקנות לוקח בשעת הזול כשער היוקר – לא אמרינן, אלא או תן לו בזול, או טול קרקע שלך. והאי דקתני: ואת הלוקח ליקח – היינו שאם חפץ מוכר ליתנהו בדמי הזול – כופין את הלוקח ליקח, משום ייפוי כח דמוכר, ב) דהתם לא מפסיד הלוקח מידי. **כשהוא נותן לו.** מוכר ללוקח. **כגון דהוה זולא מעיקרא.** דא"ל לוקח: לא בעינן לקנות קרקע דמעיקרא נמי, אם לא מפני שמלאתיה בזול – לא הייתי לוקחה. וכל היכא דאית ליה טענה מעלייתא ללוקח – לא ייפו חכמים כחו של מוכר. הלכך, אם רוצה מוכר לכפותו – יתן לו כשעת שלקח, דהיינו בזול, דהשתא לית ליה טענה ללוקח, ויקנה בעל כרחו. **אמר רב הונא ט' קבין שאמרו.** במתני', דאם הותירו בשדה ליתנהו בתורת ג) מכירה ולא בתורת עשיית חשבון ליפות כחו ד) דלוקח, אלא לחזרת קרקע. **ואפילו בבקעה גדולה.** שמחזקת י' כורין קאמר דמחזיר קרקע, אע"ג דלא הותיר בין הכל אלא ט' קבין. דס"ל לרב הונא דרובע לסאה הוי מחילה, טפי – לא הוי מחילה, אלא יעשה חשבון. וכן לבית כור דהויא ל' סאים ל' רבעים הוו מחילה, טפי מל' רבעין, דאיכא רובע לסאה – יעשה חשבון, עד דמטי לט' קבין דהויא חזרה. והני מילי בית כור, אבל שני כורים, דכי איכא רובע לכל סאה הוי ט' קבין כל כך – ודאי במכירת שדה אחת לא מחיל איניש, הואיל ויש במותר חשיבות שדה, ויחזיר לו קרקע. ומיהו, כל זמן דלא קבין – מודה רב הונא דרובע לבית סאה הוי מחילה, כגון "בית ל"ה סאין אני מוכר לך" ואיכא ל"ה רבעין מותר, דהיינו ט' קבין חסר רובע – הוי מחילה. **ורב נחמן אמר נותן ז' קבין כו'.** דלא שנא רובע אחד לסאה אחד, ולא שנא אלף רבעים לאלף סאין – הוו מחילה.

ואי

תוספות

פחות כל שהוא ינכה. מה שפ"ה, דהא דאמר רבא: כל דבר שבמדה אפי' פחות מכדי אונאה חוזר, היינו במטלטלי – אגב חורפיה לא עיין, דבהדיא איתי לה בריש פ"ג דקדושין (דף מב: ושם) אמקרקעי, דאמר: ובמקרקעי נמי לא אמרן אלא דטעו בעילויא, אבל במשחתא – לא, כדרבא כו'. ואור"י: דרבא איירי כשמדדו והטעהו במדה. אבל הכא לא מדדו עדיין, אלא בבאין למדוד, ומתחלה היה נמי יודע שאינו מכוין כ"כ שלא יהא או פחות או יותר ה). **פחות כל שהוא ינכה.** וא"ת: ולימא ליה דאדעתא דהכי לא זבני! וי"ל: דקאי בתוך השדה, (א) כדפרישית, דמתחילה היה נמי ו) יודע שאינו מכוין לגמרי.

אלא מהא ליכא למשמע מינה. ולא קשיא רישא לסיפא, דלישנא דחד מינייהו לאו דוקא. ולא נקטיה אלא משום סיפא, כדפ"ה.

פרושי קמפרש איזהו בית כור שהוא כבית כור כגון דאמר ליה הן חסר הן יתר. תימה: דתלי "הן חסר הן יתר" ב"כבית כור" ז)(ו"הן חסר והן יתר" משמע טפי דהגיעו ממאי) דמשמע "כבית כור"! וי"ל: דכי א"ל "בית כור עפר אני מוכר לך הן חסר הן יתר" – איכא למימר תפוס לשון ראשון, ולהכי תלי ליה ב"כבית כור".

אם כן אני מוכר לך אני מוכר [לך] למה לי. בכמה דוכתי דייק הכי, ובכמה דוכתי לא דייק ח).

אלא לאו ש"מ סתמא נמי כהן חסר הן יתר כו'. ותימה: דכיון דתנא רישא בית כור עפר סתמא דהגיעו, אמאי איצטריך למיתני סיפא "הן חסר הן יתר"? דכ"ש הוא! וי"ל: לאשמועינן דאפ"ה – דוקא בית רובע, אבל יתר מרובע – לא. א"נ, תנא סיפא לגלויי רישא, שלא תאמר: רישא דא"ל "הן חסר הן יתר" – תנא סיפא "הן חסר הן יתר", מכלל דרישא דלא קא"ל. וכענין זה יש בכמה מקומות. ותימה: דרבי יצחק קאמר לעיל: טרשין שאמרו בית ד' קבין, אבל יותר אין נמדדין עמה. הא אמר הכא דבית כור סתמא כ"הן חסר והן יתר" דמי, ואפילו לא היו טרשין כל עיקר אלא היה הקרקע חסר הוה אמינא דהגיעו – כ"ש השתא! וי"ל: דרבי יצחק לא קאמר אלא להצטרף ט)לפחות מרובע לסאה. ולרשב"א נראה דלא קשיא מידי, דהכא איירי בעומד באותה שדה ורואה כמה יש בה. אבל באינו רואה אותה – פשיטא ליה דהתם לא אמר הגיעו, דאם התנה בית כור עפר למכור לו – מי מצי למיתב ליה בית כור שהוא פחות רובע לסאה? וסברא הוא דהתם אפילו ע"י ניכוי לא היה מקבל לוקח, דא"ל: אדעתא דהכי לא זבני, שלא היה דעתו לקנות אלא בית כור שלם. ובהכי איירי רישא דמתניתין, ולהכי א"ר יצחק: טרשין שאמרו – בית ארבעת קבין, אבל טפי – לא. דאי הוה חזינן להו כאילו אינן כלל, אפילו לא היה חסר אלא קב – חייב להשלים, שלא קנה אלא בית כור שלם לגמרי.

ובא

רבינו גרשום

מי אמרינן כמדה בחבל דמי או כהן חסר הן יתר דמי א) שאם פיחת רובע לסאה אית ליה כי האי דינא ותפשוט לך מהא: אימא סיפא וכו' והא סתמא כמדה בחבל דמי. ולא הגיעו: ת"ש בית כור עפר אני מוכר לך וכו'. דהיינו סתמא אמר ליה. כבית כור עפר אני מוכר לך או הן חסר (או) הן יתר אני מוכר לך אפי' וכו'. ומדקתני להו אהדדי ש"מ דסתמא כהן חסר הן יתר דמי ותפשוט לך מהא: מהא לא תפשוט דהתם פרושי קא מפרש אי זהו בית כור. שאם אמר לו בית כור אני מוכר לך שהוא כבית כור. כלומר דודאי להיכא דאמר ליה כבית כור עפר אני מוכר לך היינו משמע הן חסר הן יתר דהיינו כבית כור עפר ולא בית כור ממש דאפי' פיחת רובע לסאה או הותיר רובע לסאה הגיעו ודינייהו שוו אהדדי ואפי' היו שם נקעים או סלעים יתר מעשר נמדדין עמה ולפרושי אתא וליכא למשמע מהכא אם אמר ליה סתמא: מתקיף לה רב אשי אם כן הוא. דלפרושי אתא הא דקתני ברייתא תרי זימני אני מוכר לך למה לי ליתני בית כור עפר כבית כור עפר אני מוכר לך הן חסר הן יתר ודאי [אי] תני הכי משמע כדקאמרת דלפרושי אתי אלא לאו ש"מ הואיל דקתני אכל חד אני מוכר לך סתמא נמי כהן חסר הן יתר דמי דאפי' פיחת רובע לסאה או הותיר הגיעו: פיס' מהו וכו' ליפות כחו של לוקח לא אמרינן והא תניא פיחת ז' קבין ומחצה לכור. המוכר ללוקח או הותיר לו ז' קבין ומחצה הגיעו: יותר מיכן. כגון ח' קבין ומחצה אם פיחת לו המוכר ללוקח יותר מז' קבין ומחצה ואינו רוצה להשלים לו והלוקח רוצה להשלים לו כופין המוכר למכור ולהשלים לכור שלם והיינו ייפוי כח ללוקח. ואם הותיר לו המוכר יותר מז' קבין ומחצה והלוקח אינו רוצה לקנות ליתן דמים כופין אותו ללוקח דמצי למימר ליה המוכר הואיל דלית ביה שיעור שדה איני רוצה ליקחנו ויהיב ליה דמי אלמא דכי היכי דאמרי' ליפות כחו של מוכר אמרינן ג) היכא דהותיר לו דמקבל כל מאי דבעי או קרקע או מעות וליפות כחו של לוקח לא אמרינן והכא טעמא מאי כופין את המוכר למכור דמשמע דהיינו ייפוי כח דלוקח כגון דהוה יקירא ארעא כשמכרה לו ופיחת לו יותר מז' קבין וזל השתא ואמרינן ליה הרשות בידך ליתן לו או מעות או קרקע אלא אי ארעא יהבת ליה להשלים הכור הב ליה כזולא דהשתא או תשלם לו מעות כדי שלא יפסיד הלוקח: והתניא כשהוא נותן לו. המוכר ללוקח: נותן לו כשער שלקח ממנו. ביוקר אע"פ שמפסיד הלוקח דהשתא בשעת פרעון הזולה: מאי הא ברייתא דקתני נותן לו כשער שלקח ממנו דהוה זולא כשמכרה והשתא יקרא ונותן לו כשעת הזול בשעה שקנאה לוקח ולא מפסיד לוקח אבל בשעה שהותיר לו המוכר על ז' קבין ומחצה ידו על העליונה לקבל מן הלוקח אם ירצה קרקע או מעות: אמר רב הונא ט' קבין שאמרו ואפי' בבקעה גדולה. שאם מכר לו י' כורין בבקעה גדולה והותיר לו ט' קבין חשוב שדה בפני עצמו: ורב נחמן אמר נותן ז' קבין ומחצה לכל כור וכור. דהיינו לכל סאה וסאה

מסורת הש"ס

א) [ברכות כה. וש"נ ע"ש נדרים עב.] ב) [השמטת רש"ל] ג) נ"א מחילה: ד) נ"א למוכר: ה) [וע"ע תוס' ב"מ נו: ד"ה כל דבר:] ו) ס"א כמתפרש והיינו כרשב"א לקמן: ז) רש"ל מ"ז: ח) [וע' תוס' כתובות לה: ד"ה ה"ה וכו' ועי' תוספות מ"ק כב: ד"ה ולשמתחנן] ט) לפחות יותר מרובע כצ"ל רש"ל:

עין משפט נר מצוה

יט א מיי' פכ"ח מהל' מכירה הלכה ו סמג עשין כב טוש"ע ח"מ סי' ריח סעיף ח:
כ ב ג מיי' שם הל' ח טוש"ע שם סעי' יא:
כא ד מיי' שם הל' ז טוש"ע שם סעי' ט:

הגהות הב"ח

(א) תוס' ד"ה פחות וכו' ויש לומר דקאי בתוך השדה כדפרישית. נ"ב רומז על מה שכתבו בסמוך בד"ה אלא לאו בשם הרשב"א:

א) נראה דחסר כאן וצ"ל ת"ש בית כור עפר וכו' פיחת כ"ש ינכה וכו' הא סתמא כהן חסר הן יתר דמי שאם פיחת וכו'. ב) נראה דצ"ל ה"נ דאמרינן ליפות כחו של לוקח: התם כגון וכו'. כלומר דהיכא דהותיר לו וכו'.

עין משפט
נר מצוה

כב א מיי' פכ"ח מהל' מכירה הלכה י סמג עשין כב טוש"ע ח"מ סי' ריח סעיף יג:
כג ב מיי' שם הל' ז טוש"ע שם ס"ט:
כד ג מיי' שם הל' טז טוש"ע שם סעיף י:

וְאִי אִיכָּא מִילְּתָא יְתֵירָא א)(דְּהָוֵי) לְתִשְׁעַת קַבִּין — הָדְרִי. אֵיתִיבֵיהּ רָבָא לְרַ"נ: שֶׁאִם שִׁיֵּיר בַּשָּׂדֶה בֵּית תִּשְׁעַת קַבִּין; לָאו דְּזַבֵּין לֵיהּ כּוֹרַיִים? לָא, דְּזַבֵּין לֵיהּ כּוֹר. וּבְגִנָּה בֵּית חֲצִי קַב; לָאו דְּזַבֵּין לֵיהּ סָאתַיִם? לָא, דְּזַבֵּין לֵיהּ סְאָה. וּכְדִבְרֵי ר"ע בֵּית רוֹבַע; מַאי לָאו דְּזַבֵּין לֵיהּ סְאָה! לָא, דְּזַבֵּין לֵיהּ חֲצִי סְאָה. בָּעֵי רַב אַשִׁי: שָׂדֶה וְנַעֲשֵׂית גִּנָּה, גִּנָּה וְנַעֲשֵׂית שָׂדֶה, מַאי? אתֵּיקוּ. בתָּנָא: אִם הָיָה סָמוּךְ לְשָׂדֵהוּ, אֲפִי' כָּל שֶׁהוּא — מַחֲזִיר לוֹ קַרְקַע. ב)בָּעֵי רַב אַשִׁי: בּוֹר מַהוּ שֶׁתַּפְסִיק? אַמַּת הַמַּיִם מַהוּ שֶׁתַּפְסִיק? דֶּרֶךְ הָרַבִּים מַהוּ שֶׁתַּפְסִיק? רִיכְבָּא דְּדִיקְלָא מַהוּ שֶׁתַּפְסִיק? תֵּיקוּ.§ "וְלֹא אֶת הָרוֹבַע בִּלְבַד מַחֲזִיר לוֹ, אֶלָּא כָּל הַמּוֹתָר".§ כְּלַפֵּי לַיָּיא?! ג)תָּאנֵי רָבִין בַּר רַב נַחְמָן: גלֹא אֶת הַמּוֹתָר בִּלְבַד מַחֲזִיר לוֹ, אֶלָּא אֶת כָּל הָרְבָעִין כּוּלָּן.§

מתני' "מִדָּה בְּחֶבֶל אֲנִי מוֹכֵר לְךָ הֵן חָסֵר הֵן יָתֵר" — בִּטֵּל "הֵן חָסֵר הֵן יָתֵר" "מִדָּה בְּחֶבֶל", "הֵן חָסֵר הֵן יָתֵר מִדָּה בְּחֶבֶל" — בִּטֵּל

וְאִי אִיכָּא [מִילְּתָא] יְתֵירָא לְט' קַבִּין. כְּלוֹמַר, אִם יֵשׁ מַשֶּׁהוּ יוֹתֵר מֵרוֹבַע לְכָל סְאָה, דְּהַשְׁתָּא לֵיכָּא מְחִילָה כְּלָל לָא בָּרְבָעִין וְלָא בְּמוֹתְרֵיהֶן, חָזֵינַן; אִי הָווּ כּוֹרַיִים, דְּהַשְׁתָּא הָווּ לְהוּ רְבָעִין דִּידְהוּ יוֹתֵר מִט' קַבִּין, כֵּיוָן דְּלֵיכָּא מְחִילָה — הָדְרִי בְּאַנְפֵּי נַפְשַׁיְיהוּ, דְּכֵיוָן דְּאִיכָּא חֲשִׁיבוּת שָׂדֶה לֹא תִּקְּנוּ חֲכָמִים לַמּוֹכֵר יִיפּוּי כֹּחַ דְּמָעוֹת. וְאִי לָא הָוֵי הַךְ מְכִירָה אֶלָּא בֵּית כּוֹר, וְאִיכָּא קַב וּמֶחֱצָה יָתֵר עַל הָרְבָעִין, דְּהָווּ לְהוּ בֵּין הַכֹּל ט' קַבִּין — הָדַר. וְהַשְׁתָּא אַסִּיקְנָא לְרַ"נ דִּבְכוֹרַיִים, וְאע"ג דְּלֵיכָּא אֶלָּא מוֹתָר כָּל שֶׁהוּא עַל הָרְבָעִין — לָא אָמְרִינַן יַעֲשֶׂה חֶשְׁבּוֹן, אֶלָּא יַחֲזִיר קַרְקַע. דְּכֵיוָן דְּדִין מְחִילָה לֵיכָּא בְּהוּ, וְשִׁיעוּר שָׂדֶה יֵשׁ — לָמָּה נָכוֹף הַלּוֹקֵחַ לִיקַּח? הָאִיכָּא בֵּי רָדוּ יוֹמָא, וְלָא מַפְסִיד מוֹכֵר מִידֵּי. אֲבָל בְּבֵית כּוֹר אֶחָד — צָרִיךְ קַב וּמֶחֱצָה מוֹתָר עַל הָרְבָעִין לְהַשְׁלִים ט' קַבִּין, וְהָדַר. וְקַיְימָא לָן כְּרַ"נ בְּדִינֵי. כֵּן נִרְאֶה בְּעֵינַי פִּיסְקָא וּפֵירוּשָׁא, וְעִיקָּר. וי"מ: וְאִי אִיכָּא יְתֵירוֹת כו' — שֶׁצָּרִיךְ ט' קַבִּין יוֹתֵר לְבַד כָּל הָרְבָעִין כּוּלָּן. וי"מ: קַב וּמֶחֱצָה צָרִיךְ תּוֹסֶפֶת עַל הָרְבָעִין שֶׁל בֵּית כּוֹר הָאֶחָד, דְּכֵיוָן דִּבְבֵית כּוֹר אֶחָד הָוֵי ט' קַבִּין — הָדְרִי כּוּלְּהוּ. וְקַשְׁיָא לִי: מַאי חָזֵית דְּשָׁדֵית לְהַאי קַב וּמֶחֱצָה עַל חַד בֵּית כּוֹר מִי' כּוֹרִין, וּלְאִידָךְ לֵיכָּא אֶלָּא ז' קַבִּין וּמֶחֱצָה לְכוֹר? אַדְּרַבָּה, שָׁדְיֵיהּ אַכּוּלְּהוּ, וְיִהְיֶה בְּתוֹרַת יַעֲשֶׂה חֶשְׁבּוֹן, דְּלָא מָטֵי לְכָל בֵּית סְאָה אֶלָּא טְפֵי מֵרוֹבַע פּוּרְתָּא, וְעַד שֶׁיִּהְיֶה ט' קַבִּין לְכָל כּוֹר וְכוֹר לָא הֲוָה לָן לְמֵימַר יַחֲזִיר! א"נ: מְנָלַן הַאי דְּדַי לָנוּ בְּקַב וּמֶחֱצָה תּוֹסֶפֶת עַל רִבְעֵי בֵּית כּוֹר? שָׁדְיֵיהּ לְהַאי תּוֹסֶפֶת אַבֵּית סְאָה, וְעַד דְּלֶיהֱווּ ט' קַבִּין לְאֶחָד מִן הַסְּאִין לְבַד מֵרוֹבַע לְכָל סְאָה וּסְאָה — לָא אָמְרִינַן דְּהָדְרִי לַמּוֹכֵר! כְּלָלָא דְּמִילְּתָא, כִּי מְעַיְּינַתְּ בְּהוּ שַׁפִּיר בְּהָנָךְ לִישָּׁנֵי — לֹא תִּמְצָא טַעַם וּמַמָּשׁ בָּהֶן, אֶלָּא כְּהִלְכְתָא בְּלָא טַעֲמָא. גְּרַס כָּךְ הוּא כְּמוֹ שֶׁפֵּירַשְׁתִּי, דְּהֵיכָא דְּאִיכָּא מַשֶּׁהוּ יָתֵר עַל כָּל הָרְבָעִין כּוּלָּן שֶׁל ב' כּוֹרִין, כֵּיוָן דְּמַפִּיק לְהוּ מִתּוֹרַת מְחִילָה — לֵיכָּא לְמֵימַר בְּהוּ יִיפּוּי כֹּחַ ד) דְּלוֹקֵחַ, דְּהָא בֵּין כּוּלָּן חֲשִׁיבִי שָׂדֶה, דְּאִיכָּא טְפֵי מִט' קַבִּין, וְהָדְרִי לַמּוֹכֵר. וּבְבֵית כּוֹר אֶחָד בָּעֵינַן תּוֹסֶפֶת קַב וּמֶחֱצָה עַל הָרְבָעִין לְהַשְׁלִימָן לְט' קַבִּין, וְהָדְרִי לַמּוֹכֵר. מַאי לָאו דְּזַבֵּין לֵיהּ כּוֹרַיִים. דְּהָא לָא קָתָנֵי: וְאִם שִׁיֵּיר בְּבֵית כּוֹר ט' קַבִּין, כִּדְקָתָנֵי רֵישָׁא "בֵּית כּוֹר עָפָר אֲנִי מוֹכֵר לְךָ" — אַלְמָא אֲפִי' בְּבִקְעָה גְּדוֹלָה קָאָמַר ט' קַבִּין הָדְרִי לַמּוֹכֵר. וְקַשְׁיָא לְרַ"נ דְּאָמַר: מְחִילָה הָוְיָין כָּל הֵיכָא דְּלָא מָטֵי טְפֵי מֵרוֹבַע לְכָל סְאָה. וּמְשַׁנֵּי: לָא דְּזַבֵּין לֵיהּ כּוֹר. דְּאַרֵישָׁא קָאֵי, דְּאַיְירֵי בְּבֵית כּוֹר, וַעֲלָהּ קָתָנֵי דְּאִי הָווּ ט' קַבִּין הָדְרִי, דְּאִיכָּא טְפֵי מֵרוֹבַע לְכָל סְאָה, וְנָפְקָא לְהוּ מִתּוֹרַת מְחִילָה. ה"ג: וּבְגִנָּה בֵּית חֲצִי קַב מַאי לָאו דְּזַבֵּין לֵיהּ סָאתַיִם לָא דְּזַבֵּין לֵיהּ סְאָה. וְהָכִי קָפָרֵיךְ: מַאי לָאו דְּזַבֵּין לֵיהּ סָאתַיִם, וְאפ"ה לָא אָמְרִי' נוֹתֵן רוֹבַע לְכָל סְאָה, וְאִי אִיכָּא יְתֵירְתָּא מַשֶּׁהוּ לְמִילְּתָא דַּחֲצִי קַב — הָדַר. הָא לָא אָמְרִי' אֶלָּא כֵּיוָן דְּהַ"ל בֵּין הַכֹּל שִׁיעוּר גִּנָּה — לָא מָחֵיל אִינִישׁ, כְּרַב הוּנָא, וְהָדַר, וְאע"ג דְּלָא מָטֵי אֶלָּא רוֹבַע לִסְאָה! וּמְשַׁנֵּי: לָא, דְּזַבֵּין לֵיהּ סְאָה גִּנָּה, וְהִלְכָּךְ רוֹבַע הוּא דְּהָוֵי מְחִילָה, טְפֵי מֵרוֹבַע — יַעֲשֶׂה חֶשְׁבּוֹן. אֲבָל חֲצִי קַב, דְּאִיכָּא שִׁיעוּר גִּנָּה — הָדַר. ה"ג: וּכְדִבְרֵי ר"ע בֵּית רוֹבַע מַאי לָאו דְּזַבֵּין לֵיהּ סְאָה לָא דְּזַבֵּין לֵיהּ חֲצִי סְאָה. וְהָכִי קָפָרֵיךְ: מַאי לָאו דְּזַבֵּין לֵיהּ סְאָה, וְאפ"ה לָא אָמְרִי' נוֹתֵן חֲצִי רוֹבַע לְכָל חֲצִי סְאָה דְּהָוֵי מְחִילָה. אֶלָּא כֵּיוָן דְּהָוֵי לֵיהּ בֵּין כָּל הַמּוֹתָרוֹת שִׁיעוּר גִּנָּה — הָדְרִי, כְּרַב הוּנָא. חֲצִי רוֹבַע הָוֵי מְחִילָה לַחֲצִי סְאָה, כִּי הֵיכִי דְּרוֹבַע הָוֵי מְחִילָה לִסְאָה. וּמְשַׁנֵּי: דְּזַבֵּין לֵיהּ חֲצִי סְאָה, הִלְכָּךְ חֲצִי רוֹבַע — הָוֵי מְחִילָה, וּטְפֵי מֵחֲצִי רוֹבַע — יַעֲשֶׂה חֶשְׁבּוֹן, רוֹבַע דְּהָוֵי שִׁיעוּר גִּנָּה — יַחֲזִיר. כֵּן נִרְאֶה בְּעֵינַי, וְעִיקָּר. וְכֵן מָצָאתִי כָּתוּב בִּסְפָרִים מְדוּיָּקִים. וּלְשׁוֹנוֹת אֲחֵרִים יֵשׁ, וְאֵין בָּהֶן מַמָּשׁ, (א) וְאָמְרִי' בֵּית סָאתַיִם שִׁיעוּר גִּנָּה בְּבֵית כּוֹר שִׁיעוּר שָׂדֶה. וְהֶבֶל הוּא, וּדְבָרִים רֵיקִים, דְּט' קַבִּין שִׁיעוּר שָׂדֶה, וַחֲצִי קַב שִׁיעוּר גִּנָּה. וְגַם מְפָרְשִׁים דְּלְר"ע לֵית לֵיהּ יַעֲשֶׂה חֶשְׁבּוֹן בְּגִנָּה, אֶלָּא רוֹבַע — יַחֲזִיר, פָּחוֹת מֵרוֹבַע — הָוֵי מְחִילָה. וְהַכֹּל הֶבֶל, דְּהָא וַדַּאי אִית לֵיהּ מְחִילָה, כִּדְפָרֵישִׁית, דְּכִי הֵיכִי דַּאֲמָרַן בְּשָׂדֶה רוֹבַע לִסְאָה הָוֵי מְחִילָה — הוּא הַדִּין בַּחֲצִי רוֹבַע לַחֲצִי סְאָה הָוֵי מְחִילָה, וְכֵן לְגִנָּה חֲצִי רוֹבַע לַחֲצִי סְאָה הָוֵי מְחִילָה, יוֹתֵר מֵחֲצִי רוֹבַע לַחֲצִי סְאָה — יַעֲשֶׂה חֶשְׁבּוֹן לְר"ע כְּמוֹ לְרַבָּנַן. אֲבָל רוֹבַע לַחֲצִי סְאָה יַחֲזִיר לְר"ע, וּלְרַבָּנַן יַעֲשֶׂה חֶשְׁבּוֹן עַד שֶׁיְּהוּ חֲצִי קַב תּוֹסֶפֶת עַל חֲצִי סְאָה, דְּהָכִי הָוֵי שִׁיעוּר גִּנָּה. וְגַם מְפָרְשִׁים דְּרוֹבַע לִסְאָה בְּגִנָּה לְרַבָּנַן יַעֲשֶׂה חֶשְׁבּוֹן כְּיֶתֶר מֵרוֹבַע לְשָׂדֶה, וּפָחוֹת מֵרוֹבַע הָוֵי מְחִילָה בְּגִנָּה כְּרוֹבַע בְּשָׂדֶה. וְכָל סְבָרוֹת הַלָּלוּ הֶבֶל הֵן וּמַטְעַיִין הֵן. בָּעֵי רַב אַשִׁי. מָכַר לוֹ שָׂדֶה, כְּגוֹן שֶׁמָּכַר לוֹ סְאָה אוֹ סָאתַיִם, וְהוֹתִירוֹ יוֹתֵר מִב' רְבָעִין לְסָאתַיִם, אֲבָל אֵינָן ט' קַבִּין, דְּהָווּ לְהוּ בְּתוֹרַת יַעֲשֶׂה חֶשְׁבּוֹן. וְנַעֲשֵׂית גִּנָּה. בְּיַד לוֹקֵחַ. קוֹדֶם שֶׁהֶחֱזִיר לוֹ לֹא מָעוֹת וְלֹא קַרְקַע, גָּדַל נָהָר לְכָאן, אוֹ נוֹבֵעַ מַעְיָן לְכָאן, דְּהַ"ל רָאוּי לְגִנָּה, כְּדִכְתִיב: "וְהִשְׁקִיתָ בְרַגְלְךָ כְּגַן הַיָּרָק" (דברים יא). מַהוּ. מַחֲזִיר לוֹ לוֹקֵחַ לַמּוֹכֵר? מִי אָזְלִינַן בָּתַר שְׁעַת מְכִירָה וְיַעֲשֶׂה חֶשְׁבּוֹן, רָצָה — נוֹטֵל מָעוֹת, רָצָה — נוֹטֵל קַרְקַע. אוֹ דִּלְמָא, כֵּיוָן דְּתַקַּנְתָּא דְּרַבָּנַן הִיא, מִשּׁוּם יִיפּוּי כֹּחַ דְּמוֹכֵר שֶׁלֹּא יַפְסִיד מִיעוּט קַרְקַע שֶׁאֵין רָאוּי לִכְלוּם, הַשְׁתָּא דְּהַ"ל חֲצִי קַב גִּנָּה וְחָשׁוּב שָׂדֶה — צָרִיךְ שֶׁיִּטּוֹל אֶת שֶׁלּוֹ, וְיַחֲזִיר לוֹ לוֹקֵחַ קַרְקַע וְלֹא מָעוֹת. א"נ: מְכָרָהּ כְּשֶׁהִיא גִּנָּה, וְנִתְיַיבְּשָׁה וְנַעֲשֵׂית שָׂדֶה בְּיַד לוֹקֵחַ, מִי אָזְלִינַן בָּתַר שְׁעַת מְכִירָה וְיַחֲזִיר לוֹ הַחֲצִי קַב וְלֹא מָעוֹת, אוֹ דִּלְמָא הַשְׁתָּא נַמִּי יֵשׁ לָנוּ לַעֲשׂוֹת תַּקָּנָה לַמּוֹכֵר, הוֹאִיל וְנַעֲשֵׂית שָׂדֶה, וְאֵין רָאוּי לוֹ בִּפְנֵי עַצְמוֹ, וְאִם רָצָה — יִטּוֹל מָעוֹת אוֹ קַרְקַע. וְנִרְאֶה בְּעֵינַי דְּדַוְקָא קָמִיבַּעְיָא לֵיהּ, כְּגוֹן דְּלֵיכָּא בֵּין שְׁעַת מֶכֶר לִשְׁעַת מְדִידָה אֶלָּא תּוֹרַת חֲזָרָה וַעֲשִׂיַּית חֶשְׁבּוֹן, דִּמִּמָּה נַפְשָׁךְ לֵיכָּא מְחִילָה. אֲבָל הֵיכָא דִּמְעִיקָּרָא הָוֵי מְחִילָה, וּלְבַסּוֹף לָא הָוֵי מְחִילָה — וַדַּאי בָּתַר מְעִיקָּרָא אָזְלִינַן, כֵּיוָן דְּמָחַל — מָחַל. כְּגוֹן אַלִּיבָּא דְּרַב הוּנָא, שֶׁמָּכַר לוֹ מִתְּחִלָּה סָאתַיִם שָׂדֶה וְהָיוּ שָׁם מוֹתָר ב' רְבָעִים, רוֹבַע לִסְאָה, דְּהָוֵי מְחִילָה, וְהַשְׁתָּא נַעֲשֵׂית גִּנָּה בְּיַד לוֹקֵחַ, וְהָוֵי בְּתוֹרַת חֲזָרָה לְרַב הוּנָא — הָתָם וַדַּאי מוֹדֵי רַב אַשִׁי דְּבָתַר מְעִיקָּרָא אָזְלִינַן, שֶׁהֲרֵי מָחַל וְנָתַן לוֹ הַב' רְבָעִין. וְכֵן עִיקָּר. **תָּנָא אִם הָיָה.** הַהוּא שָׂדֶה שֶׁמָּכַר, סָמוּךְ לְשָׂדֵהוּ אַחֵר, אֲפִילּוּ אִם הוֹתִיר כָּל שֶׁהוּא עַל ז' קַבִּין וּמֶחֱצָה לְכוֹר — מַחֲזִיר לוֹ קַרְקַע וְלֹא יַעֲשֶׂה חֶשְׁבּוֹן, דְּהָא חֲזֵי לְאִיצְטְרוֹפֵי לְשָׂדֵהוּ. וְאע"ג דְּלָא הָוֵי הַהוּא מוֹתָר ט' קַבִּין — יַחֲזִיר לוֹ קַרְקַע. דְּכֵיוָן דְּלָא מַפְסִיד מוֹכֵר בַּחֲזָרַת קַרְקַע מִידֵּי — לֹא נְיַיפֶּה כֹּחוֹ לָכוֹף הַלּוֹקֵחַ לִקְנוֹתוֹ. אֲבָל אִם הוֹתִיר כָּל שֶׁהוּא עַל הַבֵּית כּוֹר, כְּגוֹן פָּחוֹת מֵרוֹבַע לִסְאָה, א"נ, ז' קַבִּין וּמֶחֱצָה לְכוֹר, דְּלֵיכָּא טְפֵי מֵרוֹבַע לִסְאָה — וַדַּאי מְחִילָה הִיא, וְלָא הָדַר לֵיהּ לָא קַרְקַע וְלָא מָעוֹת. וְכֵן פָּסַק רַבֵּינוּ חֲנַנְאֵל. וְאִית דִּמְפָרְשִׁי דְּהַאי כָּל שֶׁהוּא — אֲפִילּוּ פָּחוֹת מֵרוֹבַע לִסְאָה קָאָמַר דְּיַחֲזִיר, וְלָא מָחַל הוֹאִיל וְיֵשׁ לוֹ שָׂדֶה בְּסָמוּךְ לָזֶה. וְלָאו מִילְּתָא הִיא, דְּא"כ מַאי אַהֲנֵי לֵיהּ "הֵן חָסֵר הֵן יָתֵר" דְּקָאָמַר לֵיהּ כִּדְקָתָנֵי מַתְנִי', וְא"כ לֹא אָמַר "הֵן חָסֵר הֵן יָתֵר" — הָא אוֹקְמִינַן דִּסְתָמָא נַמִּי כְּ"הֵן חָסֵר הֵן יָתֵר" דָּמֵי! בּוֹר מַהוּ שֶׁתַּפְסִיק. בֵּין הַהוּא מוֹתָר לְשָׂדֶה, וְלֹא יֵחָשֵׁב עַל שָׂדֵהוּ, וְיַעֲשֶׂה חֶשְׁבּוֹן. וְאִם תִּמְצָא לוֹמַר דְּאֵינוֹ מַפְסִיק, **אַמַּת הַמַּיִם** מַהוּ. נִרְאֶה בְּעֵינַי דִּגְרָסִינַן: דֶּרֶךְ הָרַבִּים מַהוּ, כְּגוֹן שֶׁיֵּשׁ כָּאן שְׁבִיל שֶׁל ט"ז אַמָּה שֶׁהוֹלְכִין מִמֶּנּוּ לַשָּׂדוֹת. אֲבָל רה"ר מַמָּשׁ — אִיכָּא לְמֵימַר דְּאֵין לְךָ הֶפְסֵק גָּדוֹל מִזֶּה. וְכוּלְּהוּ בְּ"אִם תִּמְצָא לוֹמַר דְּאֵינוֹ מַפְסִיק" מְפָרְשִׁינַן לְהוּ. וּפָרְכִינַן: **כְּלַפֵּי לַיָּיא.** כְּנֶגֶד מַה שׁוֹנֶה בְּמִשְׁנָתֵנוּ כָּאן, וּלְאָן הַדָּבָר נוֹטֶה. כִּדְאָמְרִינַן בִּבְרָכוֹת (דף נח.): חַלָּבֵי לְנַהֲרָא כְּגַנֵּי לַיָּיא — הַקְּדֵירוֹת שְׁלֵמוֹת הוֹלְכִין לַנָּהָר לִשְׁאוֹב בָּהֶן מַיִם, אֲבָל הַשְּׁבוּרִין לְהֵיכָן הוֹלְכִין? וְה"נ בְּמַתְנִי' אִיפְּכָא מִסְתַּבְּרָא: דְּהַמּוֹתָר לָא הָוֵי מְחִילָה, אֲבָל הָרְבָעִין אָמַרְנוּ דְּהָווּ מְחִילָה. הִלְכָּךְ ה"ל לְמִיתְנֵי כִּדְמְתָרֵץ: לֹא אֶת הַמּוֹתָר עַל הָרְבָעִים בִּלְבַד הוּא מַחֲזִיר, דְּנֵימָא הָרְבָעִין כּוּלָּן מְחוּלִין, אֶלָּא גַּם אֶת כָּל הַשְּׁלֹשִׁים רְבָעִין שֶׁל בֵּית כּוֹר הוּא מַחֲזִיר, דְּכֵיוָן דְּאִיכָּא קַרְקַע טוּבָא — לָא מָחַל מִידֵּי. וְהוּא הַדִּין לְעִנְיַן הַפְּחָת, דְּכֵיוָן דְּחָסֵר טְפֵי מֵרוֹבַע לִסְאָה — לָא מָחַל מִידֵּי, כִּדְאָמְרִינַן לְעֵיל: אִם בָּא לְנַפּוֹת — מְנַפֶּה אֶת כּוּלָּן, וְכ"ש לְעִנְיַן קַרְקַע, כִּדְאָמְרִינַן בְּ"הַמּוֹכֵר פֵּירוֹת" (לעיל דף צד.).

מתני' מִדָּה בְּחֶבֶל כו'. הָאוֹמֵר לַחֲבֵירוֹ ב' לְשׁוֹנוֹת הַלָּלוּ הַסּוֹתְרִין זֶה אֶת זֶה "בֵּית כּוֹר עָפָר אֲנִי מוֹכֵר לְךָ, מִדָּה בְּחֶבֶל הֵן חָסֵר הֵן יָתֵר" — בִּיטֵּל לָשׁוֹן אַחֲרוֹן זֶה, דְּהַיְינוּ "הֵן חָסֵר הֵן יָתֵר" אֶת לָשׁוֹן הָרִאשׁוֹן, דְּהַיְינוּ "מִדָּה בְּחֶבֶל", וַאֲפִילּוּ פִּיחֵת רוֹבַע לִסְאָה אוֹ הוֹתִיר רוֹבַע לִסְאָה — הִגִּיעוֹ. דְּס"ל לְהַאי תַּנָּא דְּכָל שְׁנֵי לְשׁוֹנוֹת שֶׁל מְכִירָה שֶׁסּוֹתְרִין זֶה אֶת זֶה — תְּפוֹס לָשׁוֹן אַחֲרוֹן, דְּחָזַר בּוֹ בְּתוֹךְ כְּדֵי דִיבּוּר מִן הָרִאשׁוֹן.

בִּיטֵּל

רבינו גרשום

וסאה רובע הקב כדתני מתני': ואי איכא (יתירא למילתא) [מלתא יתירא]. דאיכא לכור אחד ט' קבין יותר מכולה שאר כורין מהדר ליה כוליה מה שהותיר ליה על כל הכורין אפי' ז' קבין ומחצה דהבא לנפות מנפה את כולה ורב נחמן אתי להקל טפי מרב הונא גבי לוקח דרב הונא אמר ט' קבין אפי' בבקעה גדולה מצטרפין ומחזיר לו ולא אמרו דנותן לכל כור וכור ז' קבין ומחצה כדקתני מתני' ורב נחמן אמר דנותן ז' קבין ומחצה לכל כור וכור ולא מחזיר לו וכדקתני מתני' פיחת רובע לסאה או הותיר רובע לסאה הגיעו: מאי לאו דזבין ליה כוריים ואם שייר בשדה ט' קבין לא אמרינן דיהיב ז' קבין ומחצה לכל כור וכור. אלמא מחזיר לו אותן ט' קבין וכדרב הונא וקשיא לרב נחמן: ומשני ליה לא דזבין ליה כור ולההוא כור הויא יתר ז' קבין ומחצה כדאמר רב נחמן: ובגנה. דין גנה סאתים ואם הותיר בגנה בית חצי קב מחזיר לו. מאי לאו דזבין ליה ד' סאין ובד' סאין הותיר לו חצי קב אלמא לא אמרי' דיהב לכל כור וכור ז' קבין ומחצה וקשי' לרב נחמן: לא דזבין סאתים. כדין גנה דהיינו אי איכא יתירא למילתא דט' קבין מהדר ליה: בית סאה הוי דין גנה לר' עקיבא ובית רובע גנה מאי לאו דזבין ליה סאתים טפי מגנה אליבא דר' עקיבא ואפי' הכי לא אמרינן דיהיב לכל סאה וסאה בית רובע. לא דזבין ליה סאה: בעי רב אשי. להיכא דשייר בשדה ט' קבין פשיטא לן דמחזיר כדקתני מתני' אבל הא מיבעיא לי להיכא דהותיר שדה מעיקרא ונעשית גנה כשמכרה לו מהו. מי אמרינן דאזלינן בתר מעיקרא ואם שייר בית ט' קבין מחזיר לו ולהיכא דהותיר ז' קבין ומחצה או פחות הגיעו או דלמא בתר השתא אזלינן ואם הותיר ז' קבין ומחצה מחזיר לו דאיכא טפי מחצי קב כדין גנה והם הכי נמי להיכא דהוה גנה מעיקרא והשתא נעשית שדה מהו מי אזלינן בתר מעיקרא להיכא דהותיר חצי קב מחזיר לו או דלמא בתר השתא אזלינן דהוה ליה שדה (ולא) הגיעו תיקו: תנא אם היה אותו שדה שמכר סמוך לשדהו והותיר לו אפי' כל שהוא מחזיר לו קרקע שהותיר ולא הגיעו משום דחזיא ליה דסמוך לשדהו הוא אבל אם פיחת לו כרצונו דמוכר הוא כדאמרי' לעיל לייפות כחו של מוכר אמרי': בעי רב אשי להיכא דסמוך לשדהו ממש אפי' כל שהוא מחזיר לו קרקע בור מפסיק בינתים מהו. שתפסיק והגיעו והכי נמי אמת המים ורשות הרבים וריכבא דדיקלי שורה של דקלים מהו שתפסיק. מי אמרי' דהוה הפסקה ולא הגיעו או לא: כלפי לייא. כלפי מה אתה אומר כן איפוך מסתברא דהכי איבעי ליה למיתנא כשהותיר יותר מן השיעור שמנו חכמים לא המותר בלבד הוא מחזיר לו הלוקח אלא כל הרבעים כולם שהן יותר על כור הוא מחזיר לו דהבא לנפות מנפה את כולן. תני רבין במתני' כדאפרש' ולא את המותר בלבד כו': **פיסקא** ואם אמר לו כלשון הזה מדה בחבל אני מוכר לך הן חסר הן יתר בבת אחת אי אמר ליה הכי ביטל הן חסר הן יתר את מדה בחבל ואזלי' בתר לשון אחרון. ואם פיחת רובע לסאה או הותיר רובע הגיעו. וכן אם אמר לו הן חסר הן יתר מדה בחבל אני מוכר לך ביטל

מסורת הש"ס

א) רש"ל מ"ז: ב) לעיל דף פג.: ג) לעיל דף לד.: ד) למוכר רש"ל:

הגהות הב"ח

(א) רשב"ם ד"ה ה"ג וכדברי וכו' ואין בהן ממש לאמרי בית סאתים:

בִּטֵּל "מִדָּה בַּחֶבֶל" "הֵן חָסֵר הֵן יָתֵר", דִּבְרֵי בֶּן נַנָּס.§ **גמ'** אָמַר רַבִּי אַבָּא בַּר מֶמֶל אָמַר רַב: חוֹלְקִין עָלָיו חֲבֵירָיו עַל בֶּן נַנָּס. מַאי קָא מַשְׁמַע לָן? תָּנֵינָא: א)אמַעֲשֶׂה בְּצִיפּוֹרִי, בְּאֶחָד שֶׁשָּׂכַר מֶרְחָץ מֵחֲבֵירוֹ בִּשְׁנֵים עָשָׂר זְהוּבִים לְשָׁנָה, דִּינָר זָהָב לְחֹדֶשׁ, וּבָא מַעֲשֶׂה לִפְנֵי רַבָּן שִׁמְעוֹן בֶּן גַּמְלִיאֵל וְלִפְנֵי רַבִּי יוֹסֵי, וְאָמְרוּ: יַחֲלוֹקוּ אֶת חֹדֶשׁ הָעִיבּוּר! אִי מֵהָתָם, הֲוָה אָמִינָא: הָתָם הוּא דְּאִיכָּא לְמֵימַר מִיהֲדַר קָא הָדַר בֵּיהּ, וְאִיכָּא לְמֵימַר פֵּרוּשֵׁי קָא מְפָרֵשׁ, אֲבָל הָכָא דְּוַדַּאי קָא הָדַר בֵּיהּ — אֵימָא לָא, קָא מַשְׁמַע לָן. אָמַר רַב יְהוּדָה אָמַר שְׁמוּאֵל: זוֹ דִּבְרֵי בֶּן נַנָּס, אֲבָל חֲכָמִים אוֹמְרִים: בהַלֵּךְ אַחַר פָּחוּת שֶׁבַּלְּשׁוֹנוֹת. "זוֹ" וְלָא סְבִירָא לֵיהּ? וְהָא ב)רַב וּשְׁמוּאֵל דְּאָמְרִי תַּרְוַיְיהוּ: "כּוֹר בִּשְׁלֹשִׁים אֲנִי מוֹכֵר לְךָ" — יָכוֹל לַחֲזוֹר בּוֹ אֲפִילּוּ בִּסְאָה הָאַחֲרוֹנָה, "כּוֹר בִּשְׁלֹשִׁים, סְאָה בְּסֶלַע אֲנִי מוֹכֵר לְךָ" — רִאשׁוֹן רִאשׁוֹן קָנָה! אֶלָּא ג)"זוֹ" וּסְבִירָא לֵיהּ. וּמִי סְבִירָא לֵיהּ? וְהָאָמַר שְׁמוּאֵל: בְּבָא בְּאֶמְצַע הַחֹדֶשׁ עָסְקִינַן, אֲבָל בָּא בִּתְחִלַּת הַחֹדֶשׁ — כּוּלּוֹ לַמַּשְׂכִּיר, בְּסוֹף הַחֹדֶשׁ — כּוּלּוֹ לַשּׂוֹכֵר! אֶלָּא

רשב"ם

בִּיטֵּל מִדָּה בְּחֶבֶל הֵן חָסֵר הֵן יָתֵר. וְאִם פִּיחֵת כָּל שֶׁהוּא – יְנַכֶּה, וְאִם הוֹתִיר כָּל שֶׁהוּא – יַחֲזִיר. דִּבְרֵי בֶּן נַנָּס. וּפְלִיגִי רַבָּנַן עֲלֵיהּ בַּגְּמָרָא. **גמ'** חוֹלְקִין עָלָיו חֲבֵירָיו. דִּלְדִידְהוּ הָוֵי מָמוֹן הַמּוּטָּל בְּסָפֵק, וְחוֹלְקִים. דְּמִסְתַּפְּקָא לְהוּ אִי אָמְרִינַן תְּפוֹס לָשׁוֹן רִאשׁוֹן אוֹ לָשׁוֹן אַחֲרוֹן, כִּדְמְפָרֵשׁ לְקַמֵּיהּ מִמַּתְנִי' דְּמֶרְחָץ. וּמִיהוּ, רַב סְבִירָא לֵיהּ כְּבֶן נַנָּס, כִּדְלְקַמָּן בִּשְׁמַעְתִּין, אָמְרֵי בֵּי רַב: אִיסְתְּרָא מָאָה מָעֵי מָאָה מָעֵי כּו'. תָּנֵינָא. בְּבָבָא מְצִיעָא בְּפֶ' "הַשּׁוֹאֵל". שֶׁשָּׂכַר מֶרְחָץ מֵחֲבֵירוֹ בִּשְׁנֵים עָשָׂר כּו'. דְּאָ"ל הָכִי: "מֶרְחָץ זֶה אֲנִי מַשְׂכִּיר לְךָ בְּי"ב זְהוּבִים לְשָׁנָה דִּינָר זָהָב לְחֹדֶשׁ", וְאוֹתָהּ שָׁנָה שְׁנַת עִיבּוּר הָיְתָה. וְאִי תָּפְסִינַן לָשׁוֹן רִאשׁוֹן – נִתְעַבְּרָה לַשּׂוֹכֵר, וְלֹא יִתֵּן אֶלָּא שְׁנֵים עָשָׂר זְהוּבִים לִשְׁלֹשָׁה עָשָׂר חֳדָשִׁים, כִּדְתְנַן הָתָם: הַמַּשְׂכִּיר בַּיִת לַחֲבֵירוֹ לְשָׁנָה, נִתְעַבְּרָה הַשָּׁנָה – נִתְעַבְּרָה לַשּׂוֹכֵר. וְאִי תָּפְסִינַן לָשׁוֹן אַחֲרוֹן – נִתְעַבְּרָה לַמַּשְׂכִּיר, וְחַיָּיב לִיתֵּן לוֹ י"ג זְהוּבִים, כִּדְתְנַן נַמִי הָתָם: הִשְׂכִּירוֹ לֶחֳדָשִׁים, נִתְעַבְּרָה הַשָּׁנָה – נִתְעַבְּרָה לַמַּשְׂכִּיר. וְהָכָא בְּלָשׁוֹן רִאשׁוֹן הִשְׂכִּיר לוֹ בַּיִת לְשָׁנָה, וּבְלָשׁוֹן אַחֲרוֹן הִשְׂכִּיר לוֹ לֶחֳדָשִׁים, וַהֲרֵי שְׁתֵּי הַלְּשׁוֹנוֹת סוֹתְרִין זֶה אֶת זֶה. יַחֲלוֹקוּ. יִתֵּן לוֹ שְׂכַר חֲצִי הַחֹדֶשׁ, דְּמָמוֹן הַמּוּטָּל בְּסָפֵק חוֹלְקִין, דְּמִסְתַּפְּקָא לְהוּ אִי תְּפוֹס לָשׁוֹן רִאשׁוֹן אוֹ לָשׁוֹן אַחֲרוֹן. **אִי מֵהָתָם הֲוָה אָמִינָא.** דְּאֵין חוֹלְקִין עָלָיו חֲבֵירָיו עַל בֶּן נַנָּס, דְּהָתָם נַמִי מוֹדֵי בֶּן נַנָּס דְּיַחֲלוֹקוּ, מִשּׁוּם דְּאִיכָּא לְמֵימַר מִיהֲדַר קָא הָדַר בֵּיהּ מִלָּשׁוֹן רִאשׁוֹן וּתְפוֹס לָשׁוֹן אַחֲרוֹן, וְנִתְעַבְּרָה לַמַּשְׂכִּיר. וְאִיכָּא לְמֵימַר דְּלָא הֲדַר בֵּיהּ מִלָּשׁוֹן הָרִאשׁוֹן, וְנִתְעַבְּרָה לַשּׂוֹכֵר, אֶלָּא פֵּרוּשֵׁי קָמְפָרֵשׁ דְּאֵינוֹ מַשְׂכִּיר לוֹ לְשָׁנָה שְׁלֵמָה וִיקַבֵּל שְׂכִירוּתוֹ בְּסוֹף הַשָּׁנָה, כְּדִין שְׂכִירוּת שֶׁאֵינָהּ מִשְׁתַּלֶּמֶת אֶלָּא לְבַסּוֹף, אֶלָּא מִדִּינַר זָהָב לְחֹדֶשׁ הוּא מַשְׂכִּירָהּ, כְּדֵי שֶׁיִּטּוֹל הַדִּינָר בְּכָל חֹדֶשׁ. וְגַם אִם יִרְצֶה לַחֲזוֹר בּוֹ מִלְּהַשְׂכִּירָהּ לְסוֹף חֹדֶשׁ אוֹ לְסוֹף שְׁנֵי חֳדָשִׁים – יוּכַל לְהוֹצִיאוֹ מִבֵּיתוֹ, וְאֵינוֹ חַיָּיב לְהַעֲמִיד לוֹ בַּיִת אַחֵר. הִלְכָּךְ, כֵּיוָן דְּאִיכָּא לְמֵימַר תְּפוֹס לָשׁוֹן אַחֲרוֹן דְּשֶׁמָּא חָזַר בּוֹ, וְאִיכָּא לְמֵימַר תְּפוֹס לָשׁוֹן רִאשׁוֹן דִּדְלְמָא לֵיכָּא הָכָא לָשׁוֹן אַחֲרוֹן כְּלָל, אֶלָּא פֵּירוּשׁ בְּעָלְמָא לָרִאשׁוֹן – הִלְכָּךְ יַחֲלוֹקוּ. **אֲבָל הָכָא.** בְּמַתְנִיתִין. דְּוַדַּאי הָדַר בֵּיהּ. שֶׁלָּשׁוֹן אַחֲרוֹן מַכְחִישׁ אֶת הָרִאשׁוֹן, אֵימָא לָא פְּלִיגֵי רַבָּנַן עֲלֵיהּ, אֶלָּא תְּפוֹס לָשׁוֹן אַחֲרוֹן. קָא מַשְׁמַע לָן. רַב, דַּחֲלוּקִין עָלָיו. דְּהָתָם לָא הָוֵי טַעֲמַיְיהוּ אֶלָּא מִשּׁוּם דְּמִסְתַּפְּקָא לְהוּ אִי תָּפְסִינַן לָשׁוֹן אַחֲרוֹן אוֹ לָשׁוֹן רִאשׁוֹן, דְּכֵיוָן דְּבְתוֹךְ כְּדֵי דִּיבּוּר אָמַר שְׁתֵּי הַלְּשׁוֹנוֹת – אֵין יָדוּעַ עַל אֵיזֶה נִתְכַּוֵּין יוֹתֵר. וְלָא מִשּׁוּם דְּאִיכָּא לְמֵימַר דְּפָרוּשֵׁי קָמְפָרֵשׁ, דְּהָא וַדַּאי מַכְחִישׁ לָשׁוֹן אַחֲרוֹן אֶת הָרִאשׁוֹן. **הַלֵּךְ אַחַר פָּחוּת שֶׁבַּלְּשׁוֹנוֹת.** אַחַר אוֹתוֹ הַלָּשׁוֹן שֶׁמַּפְחִית כֹּחוֹ שֶׁל לוֹקֵחַ. דְּמִסְתַּפְּקָא (א) לֵיהּ אִי תְּפוֹס לָשׁוֹן רִאשׁוֹן אוֹ אַחֲרוֹן, וְיַד הַמּוֹכֵר שֶׁהוּא מוּחְזָק בַּקַּרְקַע שֶׁלּוֹ עַל הָעֶלְיוֹנָה. הִלְכָּךְ, הֵיכָא דְּאָמַר לֵיהּ "מִדָּה בְּחֶבֶל" וְ"הֵן חָסֵר וְהֵן יָתֵר" – חָזִינַן, אִם הוֹתִיר כָּל שֶׁהוּא – לְהָכִי אָמַר "מִדָּה בְּחֶבֶל", וְיַחֲזִיר. וְאִם פִּיחֵת כָּל שֶׁהוּא – לְהָכִי א"ל "הֵן חָסֵר הֵן יָתֵר", שֶׁהָיָה יָרֵא שֶׁמָּא לֹא יִהְיֶה כָּאן בֵּית כּוֹר שָׁלֵם, וְהִגִּיעוֹ. וּמַתְמַהּ גְּמָרָא: **זוֹ וְלָא סְבִירָא** לֵיהּ. מִדְּקָאָמַר שְׁמוּאֵל "זוֹ דִּבְרֵי בֶּן נַנָּס", וְלָא קָאָמַר "חֲלוּקִין עָלָיו חֲבֵירָיו עַל בֶּן נַנָּס", כִּי הֵיכִי דְּאָמַר רַב לְעֵיל, אַלְמָא לָא סְבִירָא לֵיהּ כְּבֶן נַנָּס, דְּלָא אָזְלִינַן אַחַר לָשׁוֹן אַחֲרוֹן, אֶלָּא מְסַפְּקָא לָן כְּרַבָּנַן. יָכוֹל לַחֲזוֹר בּוֹ **אֲפִילּוּ בִּסְאָה אַחֲרוֹנָה.** וְאַע"פ שֶׁמָּשַׁךְ עֶשְׂרִים וְתֵשַׁע – אֵינָהּ מְשִׁיכָה. דְּכוּלֵּיהּ חַד מִקָּח הוּא, וְעַד דְּמָשֵׁיךְ לְכוּלֵּיהּ – לָא קָנֵי מִידֵּי, כִּדְאָמְרִינַן בְּפֶ' "הַזָּהָב" (ב"מ דף מז.) דְּהֵיכָא דְּמָכַר לֵיהּ חֲמוֹר בְּפָרָה וְטָלֶה, וּמָשַׁךְ אֶת הַפָּרָה וְלֹא מָשַׁךְ עֲדַיִין אֶת הַטָּלֶה – שְׁנֵיהֶן יְכוֹלִין לַחֲזוֹר, מִשּׁוּם דְּלָא הָוֵה מְשִׁיכָה מַעַלְיָיתָא. **רִאשׁוֹן רִאשׁוֹן** קָנָה. דְּכֵיוָן דְּאָמַר לֵיהּ "סְאָה בְּסֶלַע" – כָּל סְאָה וּסְאָה הָוֵה לֵיהּ חַד מִקָּח, וּמְשִׁיכַת כָּל אַחַת קְנָאָתָהּ. אַלְמָא ס"ל לִשְׁמוּאֵל תְּפוֹס לָשׁוֹן אַחֲרוֹן, כְּבֶן נַנָּס. **אֶלָּא זוֹ וּסְבִירָא** לֵיהּ. דְּאַע"ג דְּקָאָמַר "זוֹ דִּבְרֵי בֶּן נַנָּס" – לָאו מִשּׁוּם דְּלָא ס"ל הָכִי, אֶלָּא לְאַשְׁמוּעִינַן דִּפְלִיגֵי רַבָּנַן עֲלֵיהּ אָתָא. וּמִי ס"ל. דְּתָפְסִינַן לָשׁוֹן אַחֲרוֹן. **וְהָאָמַר שְׁמוּאֵל.** עֲלָהּ דְּהַהִיא מִשְׁנָה דְּמֶרְחָץ, דְּקָתָנֵי: יַחֲלוֹקוּ אֶת חֹדֶשׁ הָעִיבּוּר – בְּבָא לְבֵ"ד בְּאֶמְצַע הַחֹדֶשׁ, וְאָמַר לוֹ: "צֵא מִבֵּיתִי, אוֹ תֵּן לִי שְׂכַר הַחֹדֶשׁ הַזֶּה", עָסְקִינַן. וְכִי מְסַפְּקָא לָן אֵיזֶה לָשׁוֹן נִתְפָּס – אָמְרִינַן: הַעֲמֵד מָמוֹן עַל חֶזְקָתוֹ, וּמַה שֶּׁדָּר בָּהּ כְּבָר – לָא מַפְּקִינַן מִינֵּיהּ, דִּלְמָא לָשׁוֹן *אַחֲרוֹן אִית לָן לְמִתְפַּס, וּמַה שֶּׁלֹּא עָבַר מִן הַחֹדֶשׁ – אוֹ יֵצֵא אוֹ יִתֵּן שָׂכָר, דְּאָמְרִינַן: הַעֲמֵד קַרְקַע בְּחֶזְקַת בְּעָלֶיהָ. אַלְמָא, לִשְׁמוּאֵל נַמִי מְסַפְּקָא לֵיהּ כְּרַבָּנַן, וְהוֹלֵךְ אַחַר הַמּוּחְזָק. כּוּלּוֹ לַמַּשְׂכִּיר. הַעֲמֵד קַרְקַע בְּחֶזְקַת בְּעָלִים. בְּסוֹף הַחֹדֶשׁ כּוּלּוֹ לַשּׂוֹכֵר. הַעֲמֵד מָעוֹת עַל חֶזְקָתָן. וּמִדְּמוֹקֵי לָהּ שְׁמוּאֵל בְּבָא בְּאֶמְצַע חֹדֶשׁ – אַלְמָא ס"ל הָכִי. דְּאִי לָאו דְּס"ל הָכִי – מַאי דּוּחְקֵיהּ לְאוֹקְמַהּ הָכִי? לוֹקְמַהּ בֵּין בְּבָא בִּתְחִלַּת חֹדֶשׁ בֵּין בְּבָא בְּסוֹף חֹדֶשׁ, כְּרַב וּכְרַב נַחְמָן דִּפְלִיגֵי עֲלֵיהּ דְּהַהִיא מִשְׁנָה בְּפֶרֶק "הַשּׁוֹאֵל". אֶלָּא מִדְּדָחֵיק לְאוֹקְמֵי הָכִי – הַיְינוּ מִשּׁוּם דְּס"ל הָכִי, וּפָלֵיג אַדְּרַב וְאַדְּרַב נַחְמָן דִּפְלִיגֵי עֲלֵיהּ, וַאֲתָא אִיהוּ לְתָרוּצֵי, לְמֵימַר הָכִי הִלְכְתָא.

*נ"ל ראשון

תוספות

ובא מעשה לפני רשב"ג ור' יוסי ואמרו יחלוקו כו'. משמע מהכא דמספקא ליה לרבי יוסי אי תפוס לשון ראשון או אחרון, לשמואל דאוקי לה בבא באמצע החדש. ובתמורה (דף כה: ושם) וב"מרובה" (ב"ק דף עג:) א"ר יוסי: "תמורת עולה תמורת שלמים" — דבריו קיימין, והיינו תפוס שניהם. ובנזיר בפ"ב (דף ט. ושם ד"ה אין) ובמנחות (דף קג: ושם) ובזבחים (דף ל. ושם) ובפסחים (דף נג:) אית ליה לר' יוסי: בגמר דבריו אדם נתפס! וי"ל: דבכולהו לר' יוסי כאילו הוציא שניהן יחד, ולהכי הויא הכא ספיקא — שהרי סותר זה את זה, ואי אפשר לומר כאן שדעתו על שניהן. אבל בתמורה וב"מרובה" — להכי קאמר ר' יוסי תפוס לשון שניהן, דאין סותר זה את זה. וההיא דנזיר ומנחות וזבחים ופסחים, דמפרש דבריו קאמר דבגמר דבריו אדם נתפס.

אבל בא בתחלת החדש כולו למשכיר. פירוש: משום דהוי שוכר המוציא מחבירו עליו הראיה. ואפילו הכי, בסוף חדש — כולו לשוכר. משמע, דאי תפס מוציא — לא מפקינן מיניה. וכן משמע בפ' שני דכתובות (דף כ. ושם), דתניא: שנים החתומין על השטר ומתו, ובאו שנים מן השוק ואמרו: ידענו שכתב ידן הוא זה, אבל אנוסים היו, קטנים, או פסולי עדות היו. אם כתב ידן יוצא ממקום אחר — אין נאמנין. ופריך: ומגבינן ביה? תרי ותרי נינהו! ומסיק רב נחמן: אוקי תרי לבהדי תרי, ואוקי ממונא בחזקת מריה. והשתא לענין מאי קתני בברייתא דאין נאמנין, כיון דמוקמינן ממונא אחזקתיה? ופירש הקונטרס התם: לענין דאי תפס מלוה לא מפקינן מיניה. ותימה: דאם כן המוציא מחבירו — היינו כל דאלים גבר, ומאי פריך ב"חזקת הבתים" (לעיל דף לה. ושם) מהמחליף פרה בחמור כו' (א) עד זה אומר של אבותי וזה אומר כו', דאמר כל דאלים גבר. ופירשנו דלאו מסומכוס קפריך, דלית הלכתא כוותיה, אלא מדסומכוס נשמע לרבנן, דהיכא דליכא חזקה דמרא קמא — דמודו רבנן לסומכוס דיחלוקו. ומאי קשיא? והא במחליף פרה בחמור אמרו רבנן דהמע"ה, ואי תפס מוציא — לא מפקינן מיניה. כל שכן גבי זה אומר של אבותי, דאין שום אחד מהן מוחזק, דאמרינן כל דאלים גבר! ויש לומר: דמסתברא ליה במחליף פרה בחמור דאיכא חזקת מרא קמא, ולא אמרי רבנן יחלוקו, אלא המוציא מחבירו עליו הראיה, כיון דאית ליה חזקה. אבל היכא דאין מוחזק זה יותר — היה לב"ד לומר להם שיחלוקו, ולא להניחם לתפוס, דאפילו רבנן מודו הכא לסומכוס. אבל קשיא: בפרק קמא דבבא מציעא (דף ו: ושם ד"ה פוטר) מסיק גבי ספק בכור דתקפו כהן — מוציאין אותו מידו. אלמא, היכא דאמרינן המע"ה — לא מהניא תפיסה! ויש לומר: דבשמעתין היינו טעמא, דכי לא בא עד סוף החדש — דאמרינן דאודויי הוא דאודי ליה, לפיכך כולו לשוכר. אבל בא באמצע החדש — נראה דלא שייך כל כך אודויי אודי על חצי החדש, ואי אודי — [אודי על הכל, ומש"ה] יחלוקו. וההיא דפ"ב דכתובות (דף כ. ושם) מצי' למימר משום דקא טעין טענת ברי מהניא ליה תפיסה. אבל בספק בכור — לא בא הכהן אלא מכח ספק. אי נמי, להכי נפקא מינה דאין נאמנין, דאי תפס המלוה קודם שנולד הספק — לא מפקינן מיניה. ובכתובות מפורש יותר.

אלא

אלא

א) ב"מ קב.: ב) שם: לעיל פו: [לקמן קו:]: ג) [יבמות סז.]:

הגהות הב"ח

(א) רשב"ם ד"ה הלך וכו' דמספקא להו אי: (ב) תום' ד"ה אבל וכו' מהמחליף פרה בחמור כו' על דרב נחמן דאמר זה אומר של אבותי וזה אומר כו' כל דאלים כנ"ל:

כה א מיי' פ"ז מהלכות שכירות הלכה ב ועי' במ"מ סמג עשין פט טוש"ע ח"מ סי' שיב סעיף טו וכמו שפסק הרשב"ם:
כו ב מיי' פכ"ח מהל' מכירה הלכה יא סמג עשין פב טוש"ע ח"מ סי' ריח סעיף יד:

רבינו גרשום

ביטל מדה בחבל הן חסר הן יתר דאזלי' בתר מדה בחבל דלשון אחרון הוא מדה בחבל כדברי בן ננס דס"ל דאזלינן בתר לשון אחרון: אמר ר' אבא בר ממל חלוקין עליו חביריו על בן ננס. דלא אזלינן בתר לשון אחרון: בשנים עשר זהובים לשנה והזכיר גם מדינר זהב היינו זהוב לחדש שכך מגיע: יחלוקו את חדש העיבור. דיתן לו חצי זהוב וחצי מפסיד המשכיר דאם איתא דלא הוו חלוקין עליו חביריו כולו זהוב של חדש העיבור למשכיר הוה ליה למימר דהיינו תפוש לשון אחרון אלא ש"מ דחלוקין עליו חביריו דלא אזלינן בתר לשון אחרון ומאי קאתא לאשמועינן ר' אבא. ומשני טובא אתא לאשמועינן דאי מהתם ליכא למיפשט מינה דלא אזלינן בתר לשון אחרון דהוה אמינא התם הוא בדין דיחלוקו דהיכא דאמר משכיר לשוכר מעיקרא בי"ב זהובים לשנה והדר אמר מדינר זהב לחודש מיהדר קא הדר ביה ממילתא קמייתא משום הכי אמר לסוף מדינר זהב לחודש דלא מחיל ליה את חודש העיבור ובדין הוא דכוליה א) יהיב ליה את דינר ואיכא למימר נמי דפרושי קא מפרש ליה והכי קאמר י"ב זהובים לשנה דהיינו לכל חודש וחודש דינר ובדין הוא דלית ליה ליה למשכיר כלום מאותו דינר הואיל דאיכא למימר הכי ואיכא למימר הכי הוה ליה ממון המוטל בספק וכל ממון המוטל בספק חולקין ומשום הכי הכא חולקין את חודש העיבור ולא מצינן למיפשט מהכא דסבירא להו לרבנן דלא אזלי' בתר לשון אחרון אבל הכא במתני' להיכא דאמר ליה מדה בחבל אני מוכר לך הן חסר הן יתר דודאי הדר ביה מהא דאמר ליה מדה בחבל ואזיל בתר הן חסר הן יתר אימא לא דלא הוו חלוקין עליו חביריו על בן ננס אלא אזלי' בתר לשון אחרון דלא גמר ומקני ליה מאי דקאמר ליה מעיקרא קמ"ל ר' אבא דאפי' הכי חלוקין עליו חביריו ולא אזלינן בתר לשון אחרון: אחר פחות שבלשונות. אחר לשון שהוא קצר בין דאמר ליה מדה בחבל הן חסר הן יתר ובין דאמר ליה הן חסר הן יתר מדה בחבל לא ביטל האי מקמי האי ואזלינן בתר מדה בחבל דהיינו פחות שבלשונות דלשון קצר הוא: מדקאמר שמואל זו דברי בן ננס מכלל דלא סבירא לבן ננס. והא רב ושמואל דאמרי תרויהו וכו' יכול לחזור בו אפי' בסאה האחרונה בין לוקח בין מוכר. משום דכל הכור מלא התנה לו ואכתי אינו מלא הלכך כל זמן שאינו מלא יכול לחזור בו: כור בל' סלע סאה בסלע דהיינו לשון אחרון דקאמר סאה בסלע ראשון ראשון סאה סאה שמדד קנה אלמא דאזלינן בתר לשון אחרון אליבא דשמואל וקשיא דשמואל אדשמואל: אלא זו דברי בן ננס וסבירא ליה כבן ננס דאזלינן בתר לשון אחרון: והאמר שמואל. משום הכי יחלוקו את חדש העיבור בבא המשכיר לתבוע שכירות באמצע חדש העיבור ונותן לו מחצי חודש הבא: אבל בבא המשכיר לתבוע בתחלת החדש כולו יהיב למשכיר משום דהאי דתפיש תפיש ואם איתא דסביר לשמואל דאזלינן בתר לשון אחרון אפי' בא המשכיר בסוף החדש כולו למשכיר מיבעי ליה דהא קאמר מדינר זהב לחדש דהיינו לשון אחרון וקשיא דשמואל אדשמואל:
אלא

א) נ"ל ובדין הוא דכוליה דינר יהיב ליה.

כו א מיי' פכ"ז מהל' מלוה הלכה טז ועי' בהשגות ובמגיד משנה סמג עשין צד טור ש"ע ח"מ סי' מב סעיף ה וע"ש והלך אחר פחות שבלשונות:

אֶלָּא: לְעוֹלָם "זוֹ" וְלָא סְבִירָא לֵיהּ, וְהָתָם טַעֲמָא מַאי? מִשּׁוּם דְּתָפֵיס, הָכָא נַמִי הָא תָּפֵיס. אָמַר רַב הוּנָא, אָמְרִי [א] בֵּי רַב: "אִיסְתְּרָא מְאָה מָעֵי" — מְאָה מָעֵי, "מְאָה מָעֵי אִיסְתְּרָא" — אִיסְתְּרָא. מַאי קמ"ל, תְּפוֹס לָשׁוֹן אַחֲרוֹן? הָא אֲמָרָהּ רַב חֲדָא זִימְנָא, דְּאָמַר רַב: אִי הֲוַאי הָתָם, הֲוָה יָהֵיבְנָא כּוּלֵּיהּ לַמַּשְׂכִּיר! (אִי אִיתְּמַר הָא וְלָא אִיתְּמַר הָא — הֲוָה אָמִינָא מִיהֲדַר קָא הָדַר בֵּיהּ, אֲבָל הָכָא,) מַהוּ דְּתֵימָא פֵּרוּשֵׁי קָא מְפָרֵשׁ, קמ"ל.§

מתני'

אלא לעולם. האי דקאמר "זו דברי בן ננס" – היינו משום דלא סבירא ליה תפוס לשון אחרון, אלא ספיקא היא, ואזלינן בתר חזקה, כרבנן דאמרי: הלך אחר פחות שבלשונות. ודקשיא לך מהא דרב ושמואל דראשון ראשון קנה, דמשמע תפוס לשון אחרון – לאו היינו טעמא, דהוא הדין אי אפיך ואמר "סאה בסלע כור בל' אני מוכר לך" דראשון ראשון קנה. משום דמספקא לן אי תפסינן לשון ראשון או לשון אחרון – אזלינן בתר חזקה. דהתם. גבי מרחץ טעמא מאי יחלוקו – משום דתפים כל אחד הגי, כדאוקימנא בבא באמצע החדש. והוא הדין לרבנן דאזלי' בתר פחות שבלשונות – שהמוכר מוחזק הוא, וכגון שקבל כבר הדמים. הכא נמי גבי ראשון ראשון קנה היינו טעמא – דהוא תפים, דמה שתפס לא מפקינן מיניה, ולא משום לשון אחרון, דהוא הדין אי אמר איפכא. והא ליכא למימר דשמואל כבן ננס סבירא ליה דתפוס לשון אחרון, כדאמר: ראשון ראשון קנה, דמשמע תפוס לשון אחרון, והאי דאוקי למתני' דהתם בבא באמצע חדש כו' היינו טעמא כדאמרן לעיל, דאיכא למימר מיהדר קמהדר ביה ואיכא למימר פרושי קמפרש, אבל היכא דודאי קהדר ביה סבירא ליה תפוס לשון אחרון כבן ננס. ליכא למימר הכי, דכיון דאמר "זו דברי בן ננס" – משמע דלא סבירא ליה. ועוד: דהא לא פליג שמואל עליה דרב, דאמר: חלוקין עליו חביריו על בן ננס, ואשמועינן דההיא משנה דמרחץ רבנן היא, ולא מספקא לן אי פרושי מפרש אי לא, אלא ודאי מיהדר הדר ביה ומכחיש לשון אחרון את הראשון, ואפ"ה קתני יחלוקו, דלא אמרינן תפוס לשון אחרון אלא ספיקא היא. וכיון דאשמועינן רב התם גבי מרחץ מיהדר קהדר ביה ולאו פרושי קא מפרש – שמואל נמי הכי סבירא ליה. ועוד: דשמואל נמי קאמר "אבל חכמים אומרים" כו' – אלמא סבירא ליה דההיא משנה דמרחץ רבנן היא. ומיהו, ליתא הלכתא כרב דאמר בסמוך: "אי הואי התם הוה יהיבנא כוליה למשכיר" דתפוס לשון אחרון כבן ננס, ולא כשמואל דאוקמה בבא באמצע החדש, אלא כרב נחמן דפליג עלייהו התם ואמר: קרקע בחזקת בעליה עומדת, ואפילו בא בסוף החדש – כולו למשכיר. שהספק לאו עכשיו נולד, שמתחלת החדש נולד, והעמד קרקע על חזקתו, ונמצא שדר (א) על בית של חבירו וצריך להעלות לו שכר. ואע"ג דאפיך מיפך וא"ל מעיקרא "מדינר זהב לחדש בשנים עשר זהובים לשנה" קאמר רב נחמן נמי כולו למשכיר. דטעמא לאו משום תפוס לשון אחרון הוא, אלא ספוקי מספקא ליה כשמואל רביה, וספיקא שדי לה מתחלת החדש, וקרקע בחזקת בעליו תעמידנו. והכי הלכתא, דאמרינן בפרק "המקבל": והא קיימא לן כרב נחמן, דאמר: קרקע בחזקת בעליה עומדת. התם לאו מלתא דעביד לאיגלויי היא כו'. וגבי מתני' דהכא נמי ליתא הלכתא כבן ננס לתפוס לשון אחרון, אלא ספיקא היא כשמואל וכרב נחמן, וקרקע בחזקת בעליה עומדת, והלך אחר פחות שבלשונות כרבנן, ויד מוכר על העליונה. וגבי "כור בשלשים סאה בסלע" נמי, כיון דמטלטלי נינהו – מודי רב נחמן דראשון ראשון קנה, דמאי דתפיס תפיס. דבקרקע הוא דאמרינן לעולם בחזקת בעלים הראשונים קיימא, דקרקע אינה נגזלת, אבל במטלטלין – הלך אחר המוחזק משניהם. בפ"ק דסנהדרין (דף יז.): "אמרי בי רב" [רב] הונא. והאמר רב הונא: אמרי בי רב! אלא רב המנונא. כלומר, כל היכא דאמרינן "אמרי בי רב" דמשמע תלמידי דרב – היינו רב המנונא, שהיה תלמידו של רב, ואמר ההלכה משמו של רב. והכי מוכח לקמן, דפרכינן: והא אמרה רב חדא זימנא. **איסתרא מאה מעי מאה מעי איסתרא איסתרא.** אמר לחבירו בכמה חפץ זה? אמר ליה "איסתרא מאה מעי", ונתרצו – מאה מעי חייב לו. ואם אמר "מאה מעי איסתרא" – חייב לו איסתרא. **תפוס לשון אחרון.** כבן ננס. איסתרא – סלע מדינה, והוא חצי דינר, שהוא שמיני שבסלע צורי, כדאמרינן ב"החובל" בהתוקע לחבירו (ב"ק לו:). וחצי דינר תשעים ושש פרוטות, שהפרוטה אחד משמונה באיסר, וחצי דינר שלש מעות כסף שהוא ו' פונדיונין, והפונדיון שני איסרין – הרי שנים עשר איסרין לחצי דינר, תן לכל איסר ח' פרוטות – הרי תשעים ושש. נמצא מאה מעי, דהיינו ק' פרוטות, יתירים על איסתרא ארבע פרוטות. מעות סתם היינו פרוטות של נחשת, והכי מוכח בפרק "הזהב" (ב"מ מה.) דאמרינן תא שמע: הפורט סלע ממעות מעשר שני, ב"ש אומרים: בכל הסלע מעות כו', השתא לב"ש לגבי פריטי מחללינן כו'. אבל של כסף, שיש ששה בדינר – נקראין מעות כסף. **אי הואי התם.** כשבא מעשה לפני ר"ש בן גמליאל ולפני ר' יוסי, ואמרו יחלוקו. **הוה יהיבנא כוליה למשכיר.** משום דתפוס לשון אחרון. **מהו דתימא.** לאו משום דאית ליה תפוס לשון אחרון קאמר "יהיבנא כוליה למשכיר", אלא משום דאיכא למימר פרושי קמפרש ולא מיהדר הדר ביה כלל, אלא נתכוין ליטול דינר זהב לכל חדש והיה ירא שמא תתעבר השנה, ופירש: הך שנה דאמרי לך י"ב דינר לשנה – לא בשנה מעוברת קא אמינא, אלא בשנה פשוטה, שמגיע דינר לכל חדש. דכל היכא דאיכא למימר פרושי קמפרש, ולא יסתרו הלשונות זו את זו – יש לנו לומר דמפרש הוא ואינו חוזר מדיבורו, והלכך ודאי אזיל בתר לשון אחרון, דפירוש הוא לראשון. אבל "איסתרא מאה מעי", שהאיסתרא צ"ו פרוטות, וסותרין הלשונות זה את זה – והאי דקאמר "איסתרא מאה מעי" כאילו אמר, "צ"ו מעות מאה מעות" דמי, אלא שכך היו רגילין לדבר בקוצר לשון, לקרות לצ"ו פרוטות איסתרא – התם קאמר רב הלך אחר המוחזק, כשמואל ורבנן דפליגי אבן ננס. קמ"ל. רב דכבן ננס סבירא ליה, והך ד"איסתרא מאה מעי" – לבסוף איתמר, כן נראה בעיני. ובבבא מציעא פרק "השואל" הכי גרסינן ליה: מהו דתימא פרושי קמפרש קמ"ל. ולא גרסינן "אי מהתם הוה אמינא פרושי קא מפרש", דהא ד"איסתרא מאה מעי" פרושי קא מפרש ליכא למימר, דודאי איסתרא הוי פחות ממאה מעי, ודמי ממש למתניתין ד"הן חסר הן יתר מדה בחבל". ורבינו זקני ז"ל בבבא מציעא (דף קב:) כך פירש: אי מהתם הוה אמינא טעמא ד"איסתרא מאה מעי" – לאו משום דתפוס לשון אחרון, אלא דהאי כוליה חד לשון הוא, אלא פרושי קמפרש: סלע גדול שיהא שוה מאה פרוטות. וכי אמר ליה "מאה מעי איסתרא" – הכי אמר ליה: מאה פרוטות רעות, שאין שוות אלא סלע. ולא נהירא לי כלל, דהא רב לאו דווקא איסתרא נקט, דהוא הדין אי קאמר צ"ו פרוטות, דליכא למימר פרושי קמפרש כי קאמר אחרי כן "מאה פרוטות". ועוד: אדרבה, מתניתין איכא למימר פרושי קמפרש [בשני ענינים] כדאמר לעיל, וכדפרישית לבסוף. והשתא דסבירא ליה לרב תפוס לשון אחרון, בעינן לפרושי הא דרב ושמואל דאמרי תרווייהו "כור בשלשים סאה בסלע" ראשון ראשון קנה; לרב טעמא משום תפוס לשון אחרון, ואי אפיך מיפך לומר "סאה בסלע כור בשלשים" – לא קנה עד שימשוך סאה אחרונה. ולשמואל דמספקא ליה, ואוקימנא לדידיה משום דמאי דתפיס תפיס – בתרווייהו אמרינן ראשון ראשון קנה.

מתני'

רש"ל מ"ז

אלא לעולם זו ולא סבירא ליה. הוי מצי לשנויי כדאמרינן לעיל, דגבי משכיר איכא למימר מיהדר קא הדר ביה ואיכא למימר פרושי קא מפרש, אבל הכא (ב) איכא למימר מיהדר קהדר, ולעולם "זו" וסבירא ליה. אלא אע"ג דשני הכי לעיל — לא משמע ליה שיהא כן עיקר הטעם, ולא עביד מיניה לעיל אלא לריכותא בעלמא. ועוד: כדפירש הקונטרס, ד"זו" משמע דלא סבירא ליה הכי. **פרושי** קא מפרש. פי' הקונטרס דהכי קאמר ליה: בשנים עשר זהובים לשנה, לפי שאני סבור שהיא פשוטה, אבל אם היא מעוברת — אני רוצה שתתן לי דינר זהב לחדש. ולא גרסינן לפי זה "אי איתמר בהא ולא איתמר בההיא" — דעל זה אינו מפרש כלום, דאמאי לא שמעינן לההיא דהמשכיר מההיא דאיסתרא? אלא הכי גרסינן: מהו דתימא פרושי קא מפרש כו'. ובשם רש"י פי': ד"פרושי קמפרש" קאי אההיא איסתרא מאה מעי, כלומר, סלע גדול שוה מאה מעי. ושפיר גריס "אי איתמר בהא ולא איתמר (ג) בהא". ולא תקשה לפרש"י: אמאי לא שמעינן ההיא דאיסתרא מההיא דאמר רב: ואילו הואי התם יהיבנא כוליה למשכיר? דהוה אמינא: טעמא דרב לא משום תפוס לשון אחרון, אלא משום דקרקע בחזקת בעלים קיימת. וא"ת: לפירוש רש"י, היכי תיסק אדעתין ד"איסתרא מאה מעי" פרושי קא מפרש, ולעולם רב כרבנן דאמרי: הלך אחר פחות שבלשונות? הא תנן ב"גט פשוט" (לקמן דף קסה: ושם): כתב "זוזי מאה דהוו קיימי סלעים עשרין" — אין לו אלא עשרין זוזי, "מאה דהוו קיימין סלעין תלתין" — אין לו אלא מאה. אלמא, אע"פ שמפרש בהדיא — אמרינן הלך אחר פחות שבלשונות! ויש לומר: דשאני ההיא ד"גט פשוט" שרחוקין זה מזה, ולא שייך כולי האי פירושי קא מפרש. ומתיישב כאן פי' הקונטרס יותר, משום דמעיקרא הקשה: הא אמר רב חדא זימנא, משמע דפריך אמאי איצטריך ההיא דאיסתרא, ומשני דאיצטריך, דלא הוה שמעינן ממשכיר דתפוס לשון אחרון, דהוה אמינא דפרושי קא מפרש. ומיהו ב"השואל" (ב"מ דף קב: ושם ד"ה הוה) יתכן טפי כפרש"י, דקאי בההוא דמשכיר, ופריך: והא אמר רב חדא זימנא הכא גבי איסתרא. ולרבי יצחק נראה ד"פרושי קא מפרש" דהכא — היינו ממש כההיא דלעיל, והכי פירושו: אי איתמר בההיא דאיסתרא, ולא איתמר בההיא דמשכיר — הוה אמינא: פרושי קא מפרש ההיא דמשכיר, ויהא כולו לשוכר, דלא אמרינן תפוס לשון אחרון, דלא

רבינו גרשום

אלא לעולם זו ולא סבירא ליה. דאזלינן בתר לשון אחרון וגבי משכיר מרחץ לחבירו בי"ב זהובין לשנה מדינר זהב לחודש טעמא מאי אמר שמואל בא בתחלת החדש כולו למשכיר משום דהמשכיר תפים דאכתי לא עמד באותו המרחץ השוכר אותו חדש העיבור והכי נמי להיכא דבא בסוף החודש כולו לשוכר דהא תפיש השוכר שכבר עמד בו החדש כולו ולהכי בבא באמצע החודש דתפיש האי כי האי יחלוקו והכי נמי להיכא דאמר ליה כור בל' סאה בסלע אני מוכר לך משום הכי ראשון קנה דהא תפיש כל סאה וסאה ולאו משום הכי דאזלינן בתר לשון אחרון אבל גבי רישא יכול לחזור בו דהא לא תפש כל הכור משלם ואיהו אתני ליה למזבן כל הכור כשהוא שלם ולא לחצאין: אמר רב הונא אמרי בי רב. משמע דרב להיכא דאמר ליה שכיב מרע בעל פה או בשטר הבו לפלוני איסתרא מאה מעי אזלינן בתר לשון אחרון ויהבי ליה מאה מעי. ואמר הבו ליה מאה מעי איסתרא יהבו ליה א) בסלע איסתרא: והא אמרה רב זימנא חדא. דאזלינן בתר לשון אחרון דאמר אי הואי התם היכא דשכר מרחץ לחבירו בי"ב זהובין לשנה מדינר זהב לחודש יהיבנא ליה כוליה למשכיר בסוף החדש משום דאזלינן בתר לשון אחרון: ודאי התם לענין מרחץ פשיטא ליה דכוליה למשכיר דאזיל בתר לשון אחרון אבל הכא באמרי בי רב מהו דתימא סד"א האי דקא יהבי ליה מאה מעי לאו משום דאזלינן בתר לשון אחרון אלא פירושי קמפרש כלומר כי האי איסתרא קאמינא דיהבי לי' דליהוי שוה מאה מעי קמ"ל דלהכי קאמר מאה מעי איסתרא דאזלינן בתר לשון אחרון:

א) נ"ל יהבו ליה סלע דהיינו איסתרא

הגהות הב"ח

(א) רשב"ם ד"ה דהתם וכו' ונמצא שדר בשל בית חבירו כצ"ל ותיבת על נמחק: (ב) תוס' ד"ה אלא וכו' אבל הכא מיהדר כצ"ל ותיבות איכא למימר נמחק: (ג) ד"ה פרושי וכו' ולא איתמר בההוא וכו' דלאמר רב אילו תקשה הואי:

מתני' אבְּסִימָנָיו וּבְמְצָרָיו, (א) פָּחוֹת מִשְּׁתוּת — הִגִּיעוֹ, עַד שְׁתוּת — יְנַכֶּה.§ גמ' אִיתְּמַר, רַב הוּנָא אָמַר: בשְׁתוּת כְּפָחוֹת מִשְּׁתוּת; רַב יְהוּדָה אָמַר: שְׁתוּת כְּיוֹתֵר מִשְּׁתוּת. רַב הוּנָא אָמַר שְׁתוּת כְּפָחוֹת מִשְּׁתוּת, הָכִי קָאָמַר: פָּחוֹת מִשְּׁתוּת וּשְׁתוּת בִּכְלָל — הִגִּיעוֹ, יוֹתֵר מִשְּׁתוּת — יְנַכֶּה. רַב יְהוּדָה אָמַר שְׁתוּת כְּיוֹתֵר מִשְּׁתוּת, הָכִי קָאָמַר: פָּחוֹת מִשְּׁתוּת — הִגִּיעוֹ, עַד שְׁתוּת וּשְׁתוּת בִּכְלָל — יְנַכֶּה. מֵיתִיבֵי: בְּסִימָנָיו וּבְמְצָרָיו, פִּיחֵת שְׁתוּת אוֹ הוֹתִיר שְׁתוּת — הֲרֵי הוּא כְּשׁוּם הַדַּיָּינִין, הִגִּיעוֹ; וְהָא שׁוּם הַדַּיָּינִין, דִּשְׁתוּת כְּיוֹתֵר מִשְּׁתוּת הוּא! אָמַר לָךְ רַב הוּנָא: וּלְטַעְמִיךְ, הִגִּיעוֹ קָא תָּנֵי! (ב) אֶלָּא, כְּשׁוּם הַדַּיָּינִין וְלֹא כְּשׁוּם הַדַּיָּינִין, כְּשׁוּם הַדַּיָּינִין — לִשְׁתוּת, וְלֹא כְּשׁוּם הַדַּיָּינִין — דְּאִילּוּ הָתָם בָּטֵל מִקָּח, וְאִילּוּ הָכָא הִגִּיעוֹ. רַב פַּפָּא זְבַן אַרְעָא מֵהַהוּא גַּבְרָא, אֲמַר

מתני' בְּסִימָנָיו וּבִמְצָרָיו. הָאוֹמֵר לַחֲבֵירוֹ: "בֵּית כּוֹר עָפָר אֲנִי מוֹכֵר לָךְ, בְּתוֹךְ הַסִּימָנִין וְהַמְּצָרִים הַלָּלוּ שֶׁאַתָּה רוֹאֶה, הַכֹּל קַח לָךְ". (ג) פָּחוֹת מִשְּׁתוּת הִגִּיעוֹ. דְּהַיְינוּ טְפֵי מֵרוֹבַע לִסְאָה כִּפְלֵי כִּפְלַיִם, דִּשְׁתוּת הַיְינוּ קַב לִסְאָה. וְה"נ טַעֲמָא דְּלָא דָּמֵי לְ"הֵן חָסֵר הֵן יָתֵר", דְּהָתָם הָוֵי שִׁיעוּרֵיהּ בְּרוֹבַע לִסְאָה, אֲבָל הָכָא בָּעֵי טְפֵי, דְּהָא כֵּיוָן דְּאָמַר "בֵּית כּוֹר עָפָר אֲנִי מוֹכֵר לָךְ" כְּ"הֵן חָסֵר הֵן יָתֵר" דָּמֵי, כִּדְאוֹקִימְנַן לְעֵיל,* וְהַשְׁתָּא דְּאָמַר "בֵּית כּוֹר בְּסִימָנָיו וּבִמְצָרָיו אֲנִי מוֹכֵר לָךְ" — מַטְפִינַן שִׁיעוּרָא, וְאָמְרִי' אֲפִילּוּ פָּחוֹת מִשְּׁתוּת הִגִּיעוֹ. דְּכֵיוָן דְּהֶרְאָה לוֹ הַמְּצָרִים — כְּמַאן דְּזַבֵּין לֵיהּ שָׂדֶה זוֹ סְתָמָא דָּמֵי כְּמוֹת שֶׁהוּא, בֵּין קָטָן בֵּין גָּדוֹל, אֶלָּא דְּאַהֲנֵי מַאי דְּאָמַר "בֵּית כּוֹר" שֶׁיְּהֵא קָרוֹב לְבֵית כּוֹר, שֶׁאֵינוֹ חָסֵר יוֹתֵר מִשְּׁתוּת, וְכֵן דְּלָא לֶיהֱוֵי מוּתָר יָתֵר עַל שְׁתוּת. הָכִי גָּרְסִי' בְּסֵדֶר הַמִּשְׁנָה: (ד) פָּחוֹת מִשְּׁתוּת הִגִּיעוֹ עַד שְׁתוּת יְנַכֶּה. וּבַגְּמָ' פְּלִיגִי אָמוֹרָאֵי בִּשְׁתוּת עַצְמָהּ, אִי הָוֵי כְּפָחוֹת מִשְּׁתוּת וְהִגִּיעוֹ, וְה"ק: פִּיחֵת מִן הַבֵּית כּוֹר שְׁתוּת, וכ"ש פָּחוֹת מִשְּׁתוּת — הִגִּיעוֹ, אֲבָל יוֹתֵר מִשְּׁתוּת וּלְמַטָּה, עַד שְׁתוּת וְלָא שְׁתוּת בִּכְלָל — יְנַכֶּה. אוֹ דִּלְמָא שְׁתוּת כְּיָתֵר מִשְּׁתוּת, וְה"ק: פָּחוֹת מִשְּׁתוּת הִגִּיעוֹ, כְּלוֹמַר אִם יֵשׁ אוֹנָאָה בֵּינֵיהֶן פָּחוֹת מִשְּׁתוּת, כְּגוֹן שֶׁהוֹתִיר אוֹ חִיסֵּר פָּחוֹת מִשְּׁתוּת — הִגִּיעוֹ, אֲבָל יוֹתֵר מִשְּׁתוּת עַד שְׁתוּת, וּשְׁתוּת בִּכְלָל — יְנַכֶּה. יְנַכֶּה. מִן הַדָּמִים. וְאִם הוֹתִיר — יַחֲזִיר לוֹ קַרְקַע. וְהַאי שְׁתוּת לָאו מִשּׁוּם דִּין אוֹנָאָה, דְּאֵין אוֹנָאָה אֶלָּא לְמִטַּלְטְלֵי, אֲבָל בְּמִקַּרְקְעֵי אֵין אוֹנָאָה, שֶׁאִם מָכַר לוֹ שָׁוֶה פְּרוּטָה בְּמָנֶה, אוֹ שָׁוֶה מָנֶה בִּפְרוּטָה — הִגִּיעוֹ. אֶלָּא שִׁיעוּרָא דְּרַבָּנַן הִיא, דְּהָכִי מָחֵיל אִינִישׁ הֵיכָא דְּאָמַר "בְּסִימָנָיו וּבִמְצָרָיו", טְפֵי לָא מָחֵיל. גמ' שְׁתוּת. הִגִּיעוֹ, כְּפָחוֹת מִשְּׁתוּת, הֵיכָא דְּא"ל "בְּסִימָנָיו וּבִמְצָרָיו" (ה). וְה"ק: פָּחוֹת מִשְּׁתוּת וּשְׁתוּת — הִגִּיעוֹ. דְּהַאי דְּקָתָנֵי: פָּחוֹת מִשְּׁתוּת הִגִּיעוֹ — הַיְינוּ פִּיחֵת מִן הַבֵּית כּוֹר שְׁתוּת, וְכ"ש פָּחוֹת מִשְּׁתוּת, הִגִּיעוֹ. וּמִמַּתְנִי' דְּקָתָנֵי: עַד שְׁתוּת יְנַכֶּה, מַשְׁמַע לֵיהּ לְרַב הוּנָא עַד וְלֹא עַד בִּכְלָל, וּלְרַב יְהוּדָה עַד וְעַד בִּכְלָל. מֵיתִיבִי. לְרַב הוּנָא. הָכִי גָּרְסִינַן בַּתּוֹסֶפְתָּא (פ"ו) בְּסִימָנָיו וּבִמְצָרָיו פִּיחֵת שְׁתוּת אוֹ הוֹתִיר שְׁתוּת כְּשׁוּם הַדַּיָּינִין הִגִּיעוֹ. בִּכְתוּבּוֹת, בְּפֶרֶק "אַלְמָנָה נִיזּוֹנֶת" (דף צט:) תְּנַן: שׁוּם הַדַּיָּינִין שֶׁפִּחֲתוּ שְׁתוּת אוֹ הוֹתִירוּ שְׁתוּת מִכְרָן בָּטֵל. שׁוּם הַדַּיָּינִין — ב"ד שֶׁיָּרְדוּ לְשׁוּם נִכְסֵי יְתוֹמִים לְמָכְרָן לִמְזוֹן הָאִשָּׁה וְהַבָּנוֹת. וְהָא שׁוּם הַדַּיָּינִין. דְּטָעוּת שְׁתוּת דִּידְהוּ הָוֵי בִּיטּוּל מִקָּח כְּיָתֵר מִשְּׁתוּת, כִּדְתְנַן בְּפֶרֶק "אַלְמָנָה נִיזּוֹנֶת" כִּדְפָרִישִׁית. וְכֵיוָן דִּמְדַמֵּי שְׁתוּת דְּמְכִירַת בֵּית כּוֹר דְּמַתְנִי' כְּשׁוּם הַדַּיָּינִין — אַלְמָא כְּיָתֵר מִשְּׁתוּת הוּא, וְיַחֲזִיר, וְקַשְׁיָא לְרַב הוּנָא. וְהַאי דְּקָתָנֵי: הִגִּיעוֹ — לְקַמֵּיהּ מְפָרֵשׁ לָהּ שַׁפִּיר. אָמַר לָךְ רַב הוּנָא וּלְטַעְמִיךְ הִגִּיעוֹ קָתָנֵי. דְּמַשְׁמַע דְּהָוֵי כְּפָחוֹת מִשְּׁתוּת, וְאַדְּמַקְשִׁית לִי מֵרֵישָׁא תִּקְשֵׁי לָךְ מְסֵיפָא! אֶלָּא וַדַּאי ה"ק: פִּיחֵת שְׁתוּת אוֹ הוֹתִיר שְׁתוּת — הִגִּיעוֹ, כְּשׁוּם הַדַּיָּינִין, דְּאָמְרִי' נַמִי הִגִּיעוֹ. וְרשב"ג הוּא, דִּפְלִיג בִּכְתוּבּוֹת וְאָמַר: א"כ מַה כֹּחַ ב"ד יָפֶה, וּלְכָךְ הָוֵי מִכְרָן קַיָּים. וְהִגִּיעוֹ דְּקָתָנֵי הָכָא — אַתַּרְוַיְיהוּ קָאֵי, דְּהָוֵי שְׁתוּת דִּידְהוּ כְּפָחוֹת מִשְּׁתוּת. וְקַשְׁיָא לְרַב יְהוּדָה. וְאָמַר לָךְ רַב יְהוּדָה: לְדִידִי נַמִי ל"ק, דְּאִיכָּא לְתָרוֹצֵי: כְּשׁוּם הַדַּיָּינִין וְלֹא כְּשׁוּם הַדַּיָּינִין כו', דְּהַאי דְּקָתָנֵי הִגִּיעוֹ — לָאו מִשּׁוּם דִּשְׁתוּת הָוֵי מְחִילָה כְּפָחוֹת מִשְּׁתוּת, (ו) וּלְעוֹלָם שְׁתוּת כְּיָתֵר מִשְּׁתוּת וְיַחֲזִיר. וְהַאי דְּקָא מְדַמֵּי לֵיהּ לְשׁוּם הַדַּיָּינִין — ה"מ בִּשְׁתוּת, כִּי הֵיכִי דִּבְשׁוּם הַדַּיָּינִין לָא הָוֵי מְחִילָה — ה"נ לָא הָוֵי מְחִילָה. וְלֹא כְּשׁוּם הַדַּיָּינִין, דִּבְשׁוּם הַדַּיָּינִין הָוֵי הַשְּׁתוּת בִּיטּוּל מִקָּח, כִּדְתְנַן הָתָם: מִכְרָן בָּטֵל, וְאִילּוּ הָכָא — הִגִּיעוֹ, כְּלוֹמַר, אֵין הַמִּקָּח בָּטֵל, אֶלָּא מִקָּחוֹ קַיָּים וְיַחֲזִיר, כִּדְתְנַן בְּמַתְנִי': עַד שְׁתוּת יְנַכֶּה. וְאַתָּא לְאַשְׁמוּעִינַן: אע"ג דְּדָמוּ לַהֲדָדֵי, דִּבְתַרְוַיְיהוּ שְׁתוּת כְּיָתֵר מִשְּׁתוּת — אפ"ה הָתָם בִּיטּוּל מִקָּח, וְאִילּוּ הָכָא הַמִּקָּח קַיָּים. וְהָתָם הַיְינוּ טַעְמָא, דְּכֵיוָן דְּטָעוּ ב"ד — חוֹזְרִין מִכָּל מַה שֶּׁעָשׂוּ, אֲבָל הָכָא דְּתַרְוַיְיהוּ חֲפֵצִים בַּמֶּכֶר, זֶה לִמְכּוֹר וְזֶה לִיקַּח — הַמִּקָּח קַיָּים, וְהָאוֹנָאָה יַחֲזִיר. כֵּן נִרְאֶה בְּעֵינַי שִׁיטָּה זוֹ, וְכֵן עִיקָּר, דְּלֵיכָּא הָכָא תְּיוּבְתָּא לֹא לְרַב הוּנָא וְלֹא לְרַב יְהוּדָה. וְה"נ מִסְתַּבְּרָא מִדְּקָתָרְלִינַן: כְּשׁוּם הַדַּיָּינִין וְלֹא כְּשׁוּם הַדַּיָּינִין כו', וְאֵין כָּתוּב בַּסְּפָרִים "אֶלָּא, כְּשׁוּם הַדַּיָּינִין" — הִלְכָּךְ לֵיכָּא לְפָרוֹשֵׁי דְּמַסְקָנָא דְּמַאן דְּאָמַר "וּלְטַעְמִיךְ הוּא" כו'. יֵשׁ לְשׁוֹנוֹת אֲחֵרִים, וְאֵין בָּהֶן מַמָּשׁ. וְזֶה שֶׁלִּי הוּא, וְעִיקָּר. (וְהַשְׁתָּא לָא אִיפְּשִׁיט לָן אִי כְּרַב הוּנָא אִי כְּרַב יְהוּדָה). וְיֵשׁ מְפָרְשִׁים: אָמַר לָךְ רַב הוּנָא: וּלְטַעְמִיךְ, הָא מִתְרַלְתָּא הִיא? מְשַׁבַּשְׁתָּא הִיא דְּקָתָנֵי הִגִּיעוֹ, דְּאִי שְׁתוּת כְּיָתֵר מִשְּׁתוּת דָּמֵי — יְנַכֶּה אִיבָּעֵי לֵיהּ לְמֵימַר, וְאַמַּאי קָתָנֵי הִגִּיעוֹ? אֶלָּא הָכִי קָתָנֵי לָהּ: "בְּסִימָנָיו וּבִמְצָרָיו" הֲרֵי זֶה כְּשׁוּם הַדַּיָּינִין לִשְׁתוּת, דְּלָא יָהֲבִינַן לֵיהּ ז' וּמֶחֱצָה לְכוֹר. וְלֹא כְּשׁוּם הַדַּיָּינִין מַמָּשׁ, כְּלוֹמַר, וְלֹא לְגַבֵּי מִקָּח כְּשׁוּם הַדַּיָּינִין הוּא, דְּאִילּוּ כְּשׁוּם הַדַּיָּינִין — שְׁתוּת בָּטֵל מִקָּח, וְאִילּוּ הָכָא הִגִּיעוֹ, דְּעַד שְׁתוּת וּשְׁתוּת עַצְמוֹ הִגִּיעוֹ. וְלָשׁוֹן זֶה כָּתוּב בַּסְּפָרִים: אֶלָּא כְּשׁוּם הַדַּיָּינִין וְלֹא כְּשׁוּם כו'. *אָמַר לֵיהּ. הַהוּא מוֹכֵר לְרַב פַּפָּא: הַךְ קַרְקַע דִּמְזַבְּנָא לָךְ הָוְיָא עֶשְׂרִים גְּרִיוֵי מִישְׁחָא עֶשְׂרִים סְאִין מִדָּתָהּ. וּכְגוֹן דַּאֲמַר לֵיהּ "בְּסִימָנָיו וּבִמְצָרָיו", וְלָא הָוֵי אֶלָּא חֲמֵיסַר, דְּהַיְינוּ פָּחוֹת רְבִיעַ. אֲמַר לֵיהּ. אַבַּיֵּי לְרַב פַּפָּא: סָבַרְתְּ וְקַבִּילְתְּ. הָנֵי מִילֵּי. מַתְנִיתִין, הֵיכָא דְּלָא קִים לֵיהּ לַלּוֹקֵחַ בְּמִדַּת הַשָּׂדֶה. אֲבָל מָר קִים לֵיהּ בְּגַוֵּיהּ, מַכִּיר אַתָּה שָׂדֶה זוֹ וְיוֹדֵעַ הָיִיתָ שֶׁאֵין בּוֹ אֶלָּא חֲמִשָּׁה עָשָׂר, וְכֵיוָן דְּיָדַעְתָּ — מָחַלְתָּ. וְהָכִי הִלְכְתָא.

וְהָא

דלא מהדר הדר ביה, אלא פרושי קא מפרש, וה"ק ליה: בי"ב זהובים לשנה. ומשום דשכירות אינה משתלמת אלא לבסוף, הוצרך להתנות שהיה לו ליתן לסוף כל חדש דינר מאותן י"ב זהובים שהוא חייב לשנה. וכן יש לפרש ב"השואל" (ב"מ קב:). ואיצטריך כל תלת מילי דרב. דההוא דאיסתירא אית למימר דלא הוי מטעם תפוס לשון אחרון, אלא משום דפרושי קא מפרש, כפירוש רש"י. ומההיא דהמשכיר — נמי לא שמעינן דתפוס לשון אחרון, דאיכא למימר פרושי קא מפרש, כפי' הקונטרס, או משום דסבר כרב נחמן דקרקע בחזקת בעליה קיימא. הלכך איצטריך ההיא דכור בשלשים סאה בסלע, דראשון ראשון קנה. ואי מההיא — הוה אמינא משום דתפיס, אפי' אפיך מיפך כמו לשמואל, להכי איצטריך כולהו. ולא ידע ר"י דמנא לן א"כ דסבר רב דתפוס לשון אחרון? אלא נראה משום דהנך דיחויי לאו עיקר טעם נינהו. ואיצטריכו נמי שלשה מילי דשמואל, דמההיא דאוקי שמואל בבא באמצע החדש — הוה אמינא כדדחי לעיל ר' אבא, דפרושי קא מפרש, ולעולם בעלמא תפוס לשון אחרון. וההיא דראשון ראשון קנה — הוה אמינא משום דתפוס לשון אחרון הוא, כמו לרב, להכי איצטריך לאשמועינן: אבל חכמים אומרים הלך אחר פחות שבלשונות. וההיא דבבא באמצע החדש — איצטריך לאשמועי' ד"זו" ולא סבירא ליה, ולפרש המשנה. וההיא דראשון ראשון קנה דאיצטריך לאשמועי' דתפיסה שלו תפיסה היא, דמההיא דהמשכיר לא שמעינן תפיסה, דאיכא למימר משום דאודי ליה. הכי גרסי': פחות משתות הגיעו עד שתות ינכה. אבל ספרים דגרסי "פחות (ז) משתות הגיעו", יפרש רב יהודה: פיחת עד שתות — ולא שתות בכלל, אע"ג דלא קתני "עד". וכענין זה יש ב"הזהב":* כמה תהא הסלע חסר' ולא יהא בה אונאה, ובעי למימר "עד כמה". ולגירסא זו קשה, דקאמר בגמרא: ורב הונא ה"ק פחות משתות ושתות עצמו הגיעו — הא להדיא אתיא מתני' כוותיה! וא"ת: בשלמא רב יהודה דאמר שתות כיתר משתות — ניחא הא דלא תנן: שתות ינכה, משום דה"א דיתר משתות מקחו בטל. אלא לרב הונא, דאמר שתות כפחות משתות — ליתני: שתות הגיעו, וכ"ש פחות! וי"ל: דנקט הכי ליתן טעם לדבר, דדבר פשוט הוא בפחות משתות, ואמר ממילא דשתות כפחות משתות. והשתא דאתינן להכי — לרב יהודה מצינו לשנויי סיפא כהאי גוונא. ה"ג: ולטעמיך הא הגיעו קתני אלא כשום הדיינין ולא כשום הדיינין כו'. והכי פירושו: אמר לך רב הונא: אדמקשית לי — תסייעני מדקתני הגיעו, דמשמע דשתות כפחות משתות. אלא הא דקתני כשום הדיינין — לאו משום דליהוי כיתר על שתות, אלא כשום הדיינין לשתות. דכמו ששיעורו התם — כמו כן שיעורו כאן, לאפוקי שלא שיערו ברובע לסאה כמו ב"הן חסר הן יתר". ורב יהודה דאותיב מינה לרב הונא, משמע ליה דהכי קתני: פיחת עד שתות או הותיר עד שתות — הרי הוא כשום הדיינין, והגיעו. דהא בשום הדיינין נמי עד שתות הגיעו, אבל שתות ויתר על שתות — לא הגיעו.

ושמואל

פים' בסימניו ובמצריו. של שדה הראה לו המוכר ללוקח דאמר ליה בית כור עפר בסימניו ובמצריו אני מוכר לך הואיל דהראה לו סימניו ומצריו גמר וקנה אפי' פחות שתות כל השדה הגיעו. משום דסימניו ומצריו קא מקני ליה כעין שהוא ועד שתות פחת ינכה לו מן הדמים. כלומר אם פיחת לו יותר משתות כגון שליש או רביע או חומש עד שתות מן השדה ינכה לו מן הדמים כנגד הפחת: רב הונא ורב חסדא פליגי א) אדמי' דקתני עד שתות ינכה רב הונא אמ' שתות כפחות משתות. דכי היכי דפחות משתות כגון שמינית שביעית הגיעו הכי נמי פיחת שתות עצמו הגיעו דלא ינכה לו דהכי קאמר מתני' פיחת שתו' הגיעו אבל אי פיחת שליש או רובע או חומש או עד שתות מן השדה ינכה אבל שתות דמועט הוא הגיעו משום דעד שתות ינכה ולא השתות בכלל (דעד השתות אמרי' ולא עד בכלל). ורב יהודה אמר שתות עצמה כיותר משתות דמי. דכי היכי דיותר משתות ינכה דאי פיחת לו שלישית ורביעית וחמישית דינכה לו ה"נ שתות עצמה ינכה לו דהכי קתני מתני' פחות משתות כגון שביעית או שמינית הגיעו: עד שתות ושתות בכלל. הרי הוא כפחות חומש או רובע וינכה: מיתיבי פיחת שתות או הותיר שתות. להיכא דמכר לו קרקע: הרי הוא כשום הדיינין. דאי שיימו דיינין (מעות) [קרקע] של יתומין וטעו שתות בטל מקח: והא שום הדיינין. להיכא דטעה שתות דמי כמאן דטעי יותר משתות וקשיא לרב הונא דאמר שתות כפחות משתות דמי הגיעו ולא השתות בכלל ינכה והכא קתני דשתות כיותר משתות דמי וכי היכי דיותר משתות בטל מקח ה"נ שתות עצמה דעד ועד בכלל הוא: אמר לך רב הונא ולטעמיך. הא מתרצתא היא משבשתא היא דקתני הגיעו דאי כיותר משתות דמי ינכה מיבעי ליה למימר ואמאי קאמר הגיעו: אלא הכי קתני לה בסימניו ובמצריו הרי זה כשום הדיינין ולא כשום הדיינין ממש. כשום הדיינין לשתות ממש ולא יהבי ליה ז' קבין ומחצה לכור ולא גבי מקח וממכר כשום הדיינין (הוא) דאילו בשום הדיינין שתות בטל מקח ואילו הכא הגיעו דעד שתות ושתו' עצמה

א) נראה דל"ל פליגי בפירושא דקתני עד שתות.

כח א ב מיי' פכ"ח מהל' מכירה הלכה יב סמג עשין פב טוש"ע ח"מ סימן ריח סעיף טו:

הגהות הב"ח

(א) במשנה פחת משתות: (ב) גמ' הגיעו קא תני (אלא) תז"מ ונ"ב גירסת רשב"ם א"ל רב יהודה כשום הדיינין: (ג) רשב"ם ד"ה פחת שתות וכו' קב לסאה והיינו טעמא דלא דמי וכו' ואמרי' אפי' פיחת שתות: (ד) ד"ה ה"ג בסדר המשנה פחת משתות: (ה) ד"ה שתות וכו' ובמצריו הס"ד ואח"כ מה"ד הכי קאמר וכו' דהא דקתני פחת משתות הגיעו היינו פיחת מן הבית כור נ"ב פירוש לפירושו דבמתני' גרסינן פחת ורב הונא קמפרש כמו פיחת עם יו"ד וה"ק פיחת מן הבית כור שתות ורב יהודה קמפרש פחות משתות אבל בתוס' משמע דל"ג פיחת וגם לרב הונא גרסי' פחות משתות: (ו) ד"ה אמר לך וכו' ולעולם שתות: (ז) תוס' ד"ה ה"ג פחות וכו' ספרים דגרסי פחות שתות:

[ב"מ דף נח.]

סייך לע"ב

אמר ליה: הויא עשרין גריוי. משחיה ולא הואי אלא חמיסרא; אתא לקמיה דאביי, אמר ליה: [א]סברת וקבילת. והתנן: פחות משתות – הגיעו, עד שתות – ינכה! הני מילי היכא דלא קים ליה בגווה, אבל היכא דקים ליה בגווה – סבר וקביל. והא עשרין אמר ליה! אמר ליה: [ב]דעדיפא כעשרין. תניא, ר' יוסי אומר: [ג]האחין שחלקו, כיון שעלה גורל לאחד מהן – קנו כולם. מ"ט? אמר ר' אלעזר: כתחלת ארץ ישראל, מה תחלה בגורל, אף כאן בגורל. אי מה להלן בקלפי ואורים ותומים, אף כאן בקלפי ואורים ותומים! אמר רב אשי: בההוא הנאה דקא צייתי להדדי, גמרי ומקנו להדדי.§ איתמר: [א)]שני אחין שחלקו, ובא להן אח ממדינת הים – רב אמר: [ד]בטלה מחלוקת, ושמואל אמר: מקמצין. אמר ליה רבא לרב נחמן: לרב דאמר בטלה מחלוקת, אלמא הדר דינא; אלא מעתה, הני בי תלתא דקיימי, [ב)]ואזול בי תרי מינייהו ופלוג, הכי נמי דבטלה מחלוקת? הכי השתא?! התם נחיתי אדעתא דבי תלתא מעיקרא, הכא לא נחיתי אדעתא דבי תלתא מעיקרא. אמר ליה רב פפא לאביי: לשמואל דאמר מקמצין, למימרא דקם דינא? [ג)]והא רב ושמואל דאמרי תרוייהו: "כור בשלשים אני מוכר לך" – יכול לחזור בו אפילו בסאה האחרונה, "כור בשלשים, סאה בסלע אני מוכר לך" – ראשון ראשון קנה!

התם

ושמואל אמר מקמצין. פ"ה: שיתן לו כל אחד שליש, ויחלקו. ומשמע מתוך פירושו – שלא בגורל. וקשה: דלמה יגרע הוא, שהם נטלו בגורל, והם יתנו מה שירצו בלא גורל? ולימא להו: מעלינן להו כנכסי דבר מריון. (א) וקי"ל כרב יוסף בפ"ק (לעיל דף יג: ושם). ואפי' בגורל אין לו להטיל עם כל אחד ואחד בפני עצמו, אלא עם שניהם יחד, כדי שיפול לו חלק בבת אחת! אלא מפרש ר"י: מקמצים – כגון אם יש להן שלש שדות, ולקחו כל אחד שדה, והשלישית חלקו. וכשבא אחיהם – יפילו גורל על כל השדות, ובאיזה שיפול גורלו – יזכה. ולענין זה לא בטלה מחלוקת, שאם יפול השדה השלישית לחלקו – זכו הראשונים בחלקם כמו שהיו הראשונים מתחלה. ואפילו נפל לו שדה שהיה של אחד מהן – מכל מקום לא יחלוקו כל המותר, אלא, שדה שלישית שהיה מחצה לזה ומחצה לזה יהיה כבתחלה, ושדה שניה יחלוקו. וכן הני (ב) בר תלת דקיימי ואזול תרי מינייהו ופלוג, פירוש: כשנפל לזה שדה ולזה שדה, ושדה שלישית נשארה, כשיבא שלישי יפילו גורל על הכל, ואם יפול אותו שדה הנשאר לחלקו – זכו הראשונים בחלקם. ולא כפ"ה דמועלת חלוקתם לגמרי אף לשלישי, ואע"ג דפלוג בלא דעתיה. ומה שהביא ראיה – אינה ראיה, דהתם במטלטלין, אבל במקרקעי דשייך קפידא ברוחות – אין אחד יכול לחלוק בלא דעת חברו. כדאמרינן ב"אלמנה ניזונת" (כתובות דף ק. ושם): יתומים שבאו לחלוק בנכסי אביהן כו', משמע התם דאי לאו משום "מה כח בית דין יפה", הוה אמינא: אע"ג דלא טעו, הגדילו יכולין למחות ברוחות. והכא, דלא שייך "מה כח ב"ד יפה", למה לא יוכל למחות כי פלג חד בלא דעתא דחבריה? ומיהו, לפר"י, דמפרש התם דבוררין להן חלק יפה בלא גורל קאמר, לא קשיא מידי לפ"ה, דאי לאו "מה כח ב"ד יפה" לא הוה מהני בלא גורל, אבל בגורל – מהני, ואפילו בלא "מה כח ב"ד יפה" [חולקין]. ואפילו לפירוש ר"ת, דע"י גורל קאמר, איכא למימר: דהתם, ודאי שהיתומין קטנים ואין אחד מהן תובע לחלוק, אי לאו "מה כח ב"ד יפה" היו יכולין למחות. אבל אם אחד מהן גדול, ותובע לחלוק, כי הכא – בלא כח ב"ד יפה חולקין[ד].

ובא

והא עשרים אמר. ולדעת כן אמר לי כך, שישלים לי הפחת משדה אחר, או ינכה לי מן הדמים. דלדעת כן אמר לי עשרים – שהוא עצמו היה סבור דהויא כ', ועל מנת להשלים לי מדת כ' אמר לי עשרים. א"ל. אביי: מאי למימר לך דהאי דקאמר כ' – לא לתת לך כ', שהרי גם הוא היה יודע שאין בשדה אלא חמיסר. אלא דעדיפא כעשרין של שדה אחר אמר לך, ולהשביח מקחו אמר כן. תניא ר' יוסי אומר כו'. איידי דאיירי במתני' במוכר קרקע לחבירו במדה ומצא יותר מכדי מדתו, דמחזיר, ולא אמרינן בטל המכר – נקט נמי להך דאיתמר לקמן: שני אחין שחלקו ובא להן אח, דקאמר שמואל: מקמצין, מחזיר את מה שיש לו יותר, דומיא דמתני'. ואגב גררא דהיא קתני ברישא הך ברייתא, לאשמועינן דחלוקה בגורל קניא. דעלה פליגי רב ושמואל היכא דחלקו ובא להן אח, דדמיא להך דר' יוסי שלא עלה הגורל לכולן. האחין שחלקו. בררו שנים ושלשה חלקין שוין, ואח"כ יפילו גורלות. וה"ה לשותפין. כיון שעלה כו'. שנפל הגורל על אחד מהם, והוברר חלקו. קנו כולן. כלומר, זה קנה לגמרי בגורל, ולא יוכלו לחזור בו. ואם הם שנים – זה קנה חלקו שנפל עליו הגורל, וגם חבירו קנה, דעל מי יפול גורל שני – כי אם על השני. ואם ג', אותו שנפל לו הגורל – קנה חלקו, והשנים קנו בין שניהם שני החלקים לחלוק ביניהם כל שעה שירצו, אף לחלוק בענין אחר, ואחר כך יפילו גורלות. ומיהו, היכא דנפל הגורל לכולן – פשיטא דקנו כולן, ואע"ג דלא החזיק כל אחד בשלו. דכיון דמוחזקין ועומדין הן כולן בכל הקרקע – אין הגורל מקנה להן כלום, אלא מברר לכל אחד חלקו המגיעו. (ולא שנא קרקע ולא שנא מטלטלין, כיון שעלה הגורל לזה – קנה חברו כמו כן חלקו המגיעו מיד, בלא נפילת גורל. דהא לא מפליג גמרא בין מקרקעי למטלטלין הכא מידי). מ"ט. במאי קנו? הרי לא נפל גורל, ולא החזיקו כל אחד בשלו עדיין. דאי אחזוק – מאי למימרא? בקלפי ואורים ותומים. כדאמרינן ב"יש נוחלין" (לקמן דף קכב.): אלעזר מלובש אורים ותומים ויהושע וכל ישראל עומדין לפניו, קלפי של שבטים וקלפי של תחומין מונחין לפניו, והיה מכוין ברוח הקודש כו'. אמר רב אשי. לעולם כתחלת ארץ ישראל קונה גורל. ודקשיא לך: אי מה להלן כו' – היינו טעמא דלא צריך כולי האי: משום דגמרי בלבב שלם ומקנו למי שיעלה הגורל מיד, מהני גמר דעתם עם הגורל, כאורים ותומים דמהני אפילו היכא דלא גמרי ומקנו. דבההיא הנאה דצייתי להדדי ושמעין זה לזה לחלוק בגורל כדי שיטול כל אחד חלקו בפני עצמו, דאינן חפצים עוד בשותפות – הלכך אין רוצין שיהא עוד עכוב בדבר, וגמרו ומקנו אהדדי. כן זקוק אני לפרש, שהרי אין כתוב בספרים "אלא אמר רב אשי" – הלכך לא בא לסתור טעמו של ר' אלעזר, אלא לתרצו. שני אחין שחלקו. קרקעות. בטלה מחלוקת. ויחלקו לכתחלה בשלשה חלקים, ובגורל. דנהי נמי דנפל גורל לאחד מהן קנו כולן – הני מילי היכא דחלקו כראוי, אבל היכא דכל אחד נטל יותר מחלקו – חלוקה בטעות הוא, והדרא. מקמצין. נוטל כל אחד שליש מחלקו, ונותנין לזה. כגון שירשו שש שדות, ונטלו זה שלש וזה שלש, ובא להן אח – זה נותן לו שדה אחת, וזה נותן לו שדה אחת, הרי לכל אחד שני שדות והכל שוים. הדר דינא. כלומר, חוזרת החלוקה, בשביל שנטלו חלקם שלא מדעת אח השלישי. אלא מעתה הני בי תלתא. אחין או שותפין, דקיימי, ואזול בי תרי מינייהו ופלוג בלא ידיעת השלישי בשלשה חלקים בפני שלשה בית דין הדיוטות, כדאמרי' ב"אלו מציאות" (ב"מ דף לב.). הכי נמי דבטלה מחלוקת. כשיבא השלישי, ויאמר: איני חפץ בהך חלוקה? בתמיה. מהכא שמעינן דפשיטא להו דתלתא אחים או תלתא שותפין, אי נמי תרי אחי או תרי שותפי, כדמוכח ב"אלו מציאות" (שם דף לא:) באיסור ורב ספרא דעבוד עיסקא בהדי הדדי, והלך רב ספרא ופלג בלא דעתא דאיסור באפי תרי כו', ופלג חד בלא דעתא דחבריה וכגון דפלג בלא דעתא דחבריה באפי תלתא, ואית ליה סהדי דפלג, כדאמרינן ב"אלו מציאות" – מתקיים החלוקה, ואין חבירו יכול לערער עליה. ואם חלק שלא בפני בית דין – לא כלום הוא. ומה שהשביחו הנכסים – השביחו לאמצע. והני מילי – מידי דצריך שומא, אבל חלוקת מעות – דלא צריך שומא, אין צריך לחלוק בפני ב"ד. אדעתא דבי תלתא. בשלשה חלקים חלקו הכל, דמטי לכל חד חלק הראוי לו. הלכך לדעתו לא חיישינן, דאילו הוה הכא – נמי הוה פליג בגורל. אבל הכא, דאגלאי מילתא לבסוף דנטל יותר מדאי – טעות הוא, ובטלה מחלוקת. ולשמואל דאמר מקמצין אלמא קם דינא. דכל מי שנוטל דבר הראוי לו, אלא שאינו נוטל כשיעור הראוי לו אלא יותר, וה"ה לפחות, קאמר שמואל דמאי דתפיס – תפיס. אי הכי, אמאי אמר שמואל יכול לחזור בו מוכר ואפילו בסאה אחרונה, ומוציא מיד הלוקח כ"ט סאין שבאו כבר לידו, ואמאי? הא כיון דהוה ראוי ליטול כור כדאתני ליה מוכר – במה שזכה כבר יזכה, אף על גב דלא בא לידו כשיעור הראוי לו! אלא לאו שמע מינה דהדר דינא היכא דנטל פחות, וכל שכן היכא דנטל יותר, כדלעיל וקשיא דשמואל אדשמואל.

ומשני

עין משפט נר מצוה

כט א ב מיי' פכ"ח מהל' מכירה הל' יג סמג עשין פב טוש"ע ח"מ סי' ריח סעיף טז:

ל ג מיי' פ"ב מהל' שכנים הלכה יא ועיין בהשגות ובמ"מ סמג עשין פב טוש"ע ח"מ סימן קעג סעיף ב:

לא ד מיי' פ"י מהל' נחלות הל' א סמג עשין נו טוש"ע ח"מ סימן קעה סעיף ג:

רבינו גרשום

הגיעו: משחה. מדתה: והאנן תנן פחות משתות הגיעו עד שתות ינכה. והכא קא חסר רובע: מר קים ליה בגויה. דלא הויא כ' אלא חמיסר: דעדיפא כעשרים. כי היכי דקרקע אחרת של כ' הכי נמי הא שויא כעשרים דשפירא היא: כיון שעלה גורל לאחד מהן. אע"ג דעדיין לא עלה לאידך הגיעו ולא אפשר בחזרה: בקלפי. ארגז שמצניעין שם הגורלות: דקא צייתי להדדי. למיפלג בגורל: גמרי ומקני להדדי. אע"ג דאידך לא עלה גורלו קנה זה מזה: רב אמר בטלה מחלוקת. כלומר אותה מחלוקת שחלקו בטלה ליחלוק כדמעיקר' ויחלוקו בשוה: ושמואל אמר מקמצין. כל אחד מחלקו ויתנו לו עד שיהא חלקו גדול כחלק אחד מהם: הנהו בי תלתא. אחין או שותפין דקמו ואזלי בי תרי מינייהו. שלא בפני השלישי ופלגי: התם. ודאי לא בטלה מחלוקת (התם) דכי נחתי אדעתא דבי תלתא נחתי לחלק ג' חלקים לפלגי בשוה אבל הכא לא נחיתי אדעתא דבי תלתא ומשום הכי בטלה מחלוקת: אלמא קם דינא. כלומר כל מה שחלקו מקויים הוא ולא אפשר בחזרה: אפילו בסאה אחרונה. ואם איתא דקם דינא אמאי מצי למיהדר ביה והא אתני ליה הכור שלם:

מסורת הש"ס

א) (ב"ק ט.) :ב) נ"ל ואזיל חד כ"ה בס"א רש"ל: ג) לעיל פו: קה. [ב"מ קב:]: ד) [וע"ע תוס' גיטין לד. ד"ה ב"ד]:

הגהות הב"ח

(א) תוס' ד"ה ושמואל וכו' דקיימא לן וכו' כמו שהיו מתחלה כצ"ל ותיבת הראשונים נמחק: (ב) בא"ד וכן הני בי תלתא דקיימי ואזול בי תרי:

הָתָם עֲבוּד רַבָּנַן מִילְּתָא דְּנִיחָא לֵיהּ לַמּוֹכֵר וְנִיחָא לֵיהּ לַלּוֹקֵחַ. א)אִיתְּמַר: אַחִין שֶׁחָלְקוּ, וּבָא בַּעַל חוֹב וְנָטַל חֶלְקוֹ שֶׁל אֶחָד מֵהֶן – רַב אָמַר: אבָּטְלָה מַחֲלוֹקֶת, וּשְׁמוּאֵל אָמַר: וִיתֵּר, ב)וְרַב אַסִּי אָמַר: נוֹטֵל רְבִיעַ בְּקַרְקַע וּרְבִיעַ בְּמָעוֹת. רַב אָמַר בָּטְלָה מַחֲלוֹקֶת, קָא סָבַר: הָאַחִין שֶׁחָלְקוּ יוֹרְשִׁין הֵן; וּשְׁמוּאֵל אָמַר, וִיתֵּר, קָא סָבַר: הָאַחִין שֶׁחָלְקוּ בלָקוֹחוֹת הָווּ, וּכְלוֹקֵחַ שֶׁלֹּא בְּאַחֲרָיוּת דָּמֵי; רַב אַסִּי מְסַפְּקָא לֵיהּ אִי יוֹרְשִׁין הָווּ אִי לָקוֹחוֹת הָווּ, הִלְכָּךְ נוֹטֵל רְבִיעַ בְּקַרְקַע וּרְבִיעַ בְּמָעוֹת. אֲמַר רַב פַּפָּא: הִלְכְתָא בְּכָל הָנֵי שְׁמַעֲתָתָא – מְקַמְּצִין. אַמֵּימָר אֲמַר: בָּטְלָה מַחֲלוֹקֶת. וְהִלְכְתָא: בָּטְלָה מַחֲלוֹקֶת.§ תָּנוּ רַבָּנַן: שְׁלֹשָׁה שֶׁיָּרְדוּ לָשׁוּם, אֶחָד אוֹמֵר בְּמָנֶה וּשְׁנַיִם אוֹמְרִים בְּמָאתַיִם, אֶחָד אוֹמֵר בְּמָאתַיִם וּשְׁנַיִם אוֹמְרִים בְּמָנֶה – גבָּטֵל יָחִיד בְּמִיעוּטוֹ. אֶחָד אוֹמֵר בְּמָנֶה, וְאֶחָד אוֹמֵר בְּעֶשְׂרִים, וְאֶחָד אוֹמֵר בִּשְׁלֹשִׁים – דנִדּוֹן בְּמָנֶה; רַבִּי אֱלִיעֶזֶר בְּרַבִּי צָדוֹק אוֹמֵר: נִדּוֹן בְּתִשְׁעִים; אֲחֵרִים אוֹמְרִים: עוֹשִׂין שׁוּמָא בֵּינֵיהֶן וּמְשַׁלְּשִׁין. מַאן דְּאָמַר נִדּוֹן בְּמָנֶה – מִילְּתָא מְצִיעָתָא; רַבִּי אֱלִיעֶזֶר בְּר' צָדוֹק אוֹמֵר נִדּוֹן בְּתִשְׁעִים קָא סָבַר: הָא אַרְעָא תִּשְׁעִין

רשב"ם

וּמְשַׁנֵּי: הָתָם. גַּבֵּי מִקָּח וּמִמְכָּר, עֲבוּד רַבָּנַן מִילְּתָא כו'. כְּלוֹמַר, לְכָךְ תִּקְּנוּ וְאָמְרוּ חֲכָמִים שֶׁיּוּכַל לַחֲזוֹר עַד שֶׁיִּמְשׁוֹךְ כָּל מִקָּחוֹ – דִּבָתַר דַּעַת הַלּוֹקֵחַ וְהַמּוֹכֵר אָזְלֵי רַבָּנַן, דְּהָכִי נִיחָא לְתַרְוַיְיהוּ; נִיחָא לֵיהּ לַלּוֹקֵחַ שֶׁיּוּכְלוּ שְׁנֵיהֶן לַחֲזוֹר עַד גְּמַר מְשִׁיכַת כָּל הַמִּקָּח, שֶׁאִם תִּיזוֹל – יוּכַל הַלּוֹקֵחַ לַחֲזוֹר, וְגַם נִיחָא לֵיהּ לַמּוֹכֵר, שֶׁאִם תּוֹקִיר בְּתוֹךְ כָּךְ – יַחֲזוֹר בּוֹ. הִלְכָּךְ, לְדַעַת כֵּן מָכַר מוֹכֵר וְקָנָה לוֹקֵחַ, שֶׁיַּחְזְרוּ בָּהֶן אֲפִי' בִּסְאָה אַחֲרוֹנָה. וּבְסֵיפָא דְּמִילְּתֵיהּ דְּקָאָמַר: רִאשׁוֹן רִאשׁוֹן קָנָה – הַיְינוּ לְפִי שֶׁכָּל סְאָה וּסְאָה מִשֶּׁמְּשָׁכוֹ נִגְמְרָה סְחוֹרָתוֹ. אֲבָל גַּבֵּי חֲלוּקַת קַרְקַע – וַדַּאי נִיחָא לְהוּ לְהִפָּטֵר מַהֵר זֶה מִזֶּה, וְיִזְכֶּה כָּל אֶחָד וְאֶחָד בְּחֶלְקוֹ וְיִטְרַח בּוֹ, דִּקְדֵירָה דְּבֵי שׁוּתָּפֵי לָא חֲמִימָא וְלָא קְרִירָא, וְהִלְכָּךְ הָתָם קָם דִּינָא. ה"ג: הָאַחִין שֶׁחָלְקוּ. וּבִשְׁנֵי אַחִין מַיְירֵי, וּמִיהוּ ה"ה לְג'. וּבָא בַּעַל חוֹב. דַּאֲבוּהוֹן. בָּטְלָה מַחֲלוֹקֶת. אוֹתָהּ חֲלוּקָה בְּטֵלָה, וְחוֹזְרִין וְחוֹלְקִין בְּשָׁוֶה מִן הַנִּשְׁאָר. וִיתֵּר. הִפְסִיד, וְאֵינוֹ חוֹזֵר עַל אָחִיו כְּלָל. וְרַב אַסִּי אָמַר. לֹא בָּטְלָה מַחֲלוֹקֶת לִיטּוֹל מֶחֱצָה מֵחֵלֶק אָחִיו כְּרַב, וְגַם לֹא וִיתֵּר כִּשְׁמוּאֵל לְגַמְרֵי, אֶלָּא נוֹטֵל רְבִיעַ קַרְקַע מִשְּׂדֵה אָחִיו, דְּהַיְינוּ חֲצִי חֶלְיוֹ, אוֹ רְבִיעַ יִתֵּן לוֹ אָחִיו מָעוֹת. דְּמָצֵי אָמַר לֵיהּ: אֲנָא הָוֵי מְסַלֵּיקְנָא לֵיהּ לְבַעַל חוֹב בְּזוּזֵי, שֶׁהֲרֵי לֹא נִתְחַיֵּיב לוֹ אָבִי כִּי אִם זוּזֵי, וּלְדִידָךְ נַמִי זוּזֵי מְשַׁלֵּימְנָא. וְטַעְמָא מְפָרֵשׁ לְקַמֵּיהּ, דִּמְסַפְּקָא לֵיהּ אִי כְּרַב אִי כִּשְׁמוּאֵל, וּמָמוֹן הַמּוּטָּל בְּסָפֵק חוֹלְקִין. וּרְבִיעַ בְּמָעוֹת. כְּמוֹ: אוֹ רְבִיעַ מָעוֹת. וּכְדִתְנַן בְּמַסֶּ' יְבָמוֹת (דף נ.) בְּפֶרֶק "רַבָּן גַּמְלִיאֵל": ג) וְעָשָׂה מַאֲמָר וְנָתַן גֵּט וּבָעַל, וְאָמְרִינַן: אוֹ אוֹ קָתָנֵי. וְהָכִי פֵּירוּשׁוֹ: יַחֲזִיר לוֹ רְבִיעַ חֶלְקוֹ, אוֹ קַרְקַע אוֹ מָעוֹת. יוֹרְשִׁין הָווּ. תּוֹרַת יוֹרְשִׁין יֵשׁ עֲלֵיהֶם, לִפְרוֹעַ בֵּין כּוּלָּן חוֹבַת אֲבִיהֶן, דְּמִשּׁוּם חֲלוּקָה לָא אִיסְתַּלּוּק מִקַּרְקְעֵי דִּידְהוּ מִבַּעַל חוֹב דַּאֲבוּהוֹן. דִּסְבִירָא לֵיהּ לְרַב: יֵשׁ בְּרֵירָה – הוּבְרַר הַדָּבָר שֶׁזָּכָה כָּל אֶחָד בַּחֵלֶק הָרָאוּי לוֹ, וְנִמְצָא דְּלֹא לָקְחוּ זֶה מִזֶּה כְּלוּם. וְהוּא הַדִּין לְעִנְיַן חֲזָרָה בַּיּוֹבֵל, דְּאִיכָּא לְמַאן דְּאָמַר הָאַחִין שֶׁחָלְקוּ לָקוֹחוֹת הֵן, וּמַחֲזִירִין זֶה לָזֶה בַּיּוֹבֵל – לְרַב אֵין מַחֲזִירִין. וְכֵיוָן דְּיוֹרְשִׁין הָווּ – הִלְכָּךְ מַחֲצִית חֶלְקוֹ יַחֲזִיר לוֹ. כְּלָקוֹחוֹת דָּמוּ. דְּאֵין בְּרֵירָה. וְנִמְצָא שֶׁכָּל אֶחָד נָטַל חֵלֶק אָחִיו, וּכְאִילּוּ הֶחֱלִיפוּ זֶה בְּחֶלְקוֹ שֶׁל זֶה דָּמֵי, וְהַיְינוּ לָקוֹחוֹת. וְכֵיוָן דְּלָקוֹחוֹת נִינְהוּ – הָא וַדַּאי כְּלוֹקֵחַ שֶׁלֹּא בְּאַחֲרָיוּת דָּמוּ, כְּאִילּוּ אָמְרוּ זֶה לָזֶה: אֵינִי מְקַבֵּל אַחֲרָיוּת חֶלְקְךָ עָלַי דָּמֵי, דְּמִסְתָּמָא לָא מְקַבְּלֵי. דְּאַע"ג דְּגַבֵּי מוֹכֵר קַרְקַע לַחֲבֵירוֹ קַיְימָא לָן: אַחֲרָיוּת טָעוּת סוֹפֵר הוּא, אִם לֹא פֵּירֵשׁ בִּשְׁטַר הַמְּכִירָה – הָנֵי מִילֵּי הֵיכָא דְּזַבֵּין קַרְקַע מֵחַבְרֵיהּ, דְּלָא שָׁדֵי אִינִישׁ זוּזֵי בִּכְדִי. אֲבָל לְגַבֵּי יְרוּשַּׁת אַחִין, דְּכָל אֶחָד נוֹטֵל חֶלְקוֹ, בְּהַהִיא הֲנָאָה דְּאִיהוּ לָא מְקַבֵּל אַחֲרָיוּת עַל שֶׁל חֲבֵירוֹ – גָּמַר וּמַקְנֶה לֵיהּ לַחֲבֵירוֹ חֶלְקוֹ לְגַמְרֵי, שֶׁלֹּא יְקַבֵּל חֲבֵירוֹ אַחֲרָיוּתוֹ עָלָיו, וְלֹא תִּשְׁתַּעְבֵּד לוֹ שָׂדֵהוּ, כִּי הֵיכִי דְּדִידֵיהּ לָא מִשַּׁעְבְּדָא לַחֲבֵירוֹ. מְסַפְּקָא לֵיהּ. אִי כְּיוֹרְשִׁין דָּמוּ, וְחַיָּיב לְהַחֲזִיר מַחֲצִית חֶלְקוֹ כְּרַב, דְּעַל שְׁנֵיהֶם לִפְרוֹעַ חוֹבַת אֲבִיהֶן. אוֹ כְּלָקוֹחוֹת דָּמוּ, וְאֵינוֹ חַיָּיב כְּלוּם. הִלְכָּךְ יִפְרַע רְבִיעַ לְאָחִיו מִן הַשָּׂדֶה הַנִּשְׁאָר לוֹ, דְּמָמוֹן הַמּוּטָּל בְּסָפֵק חוֹלְקִין. אוֹ רְבִיעַ מָעוֹת יַחֲזִיר לוֹ, דְּאָמַר לֵיהּ: אֲנָא הָוֵו לִי זוּזֵי, וַהֲוָה מְסַלֵּיקְנָא לֵיהּ בְּזוּזֵי, וּבִשְׁבִיל עֲנִיוּתְךָ לֹא אַפְסִיד נַחֲלָתִי. לָשׁוֹן אַחֵר פֵּירֵשׁ רַבֵּינוּ זְקֵנִי בְּבָבָא קַמָּא בְּפֶרֶק רִאשׁוֹן: וּרְבִיעַ בְּמָעוֹת מַמָּשׁ – לְבַד רְבִיעַ בְּקַרְקַע, דְּהַיְינוּ כָּל חֶלְקוֹ, בֵּין קַרְקַע וּמָעוֹת. וּמְסַפְּקָא לֵיהּ אִי כְּיוֹרְשִׁין דָּמוּ, וְחַיָּיב לְהַחֲזִיר מַחֲצִית חֶלְקוֹ בַּקַּרְקַע, וְלֹא יוּכַל לְסַלְּקוֹ בְּמָעוֹת. אוֹ כְּלָקוֹחוֹת דָּמוּ, וּמִיהוּ, כְּלוֹקֵחַ בְּאַחֲרָיוּת דָּמֵי, וְחַיָּיב לְהַחֲזִיר לוֹ מַחֲצִית מַה שֶּׁאָבַד, אֲבָל בְּמָעוֹת יָכוֹל לְסַלְּקוֹ. הִלְכָּךְ, יַחֲזִיר רְבִיעַ קַרְקַע כְּיוֹרְשִׁין, וּרְבִיעַ בְּמָעוֹת כְּמוֹכֵר בְּאַחֲרָיוּת. וּתְפוֹס לָשׁוֹן רִאשׁוֹן, כָּךְ פֵּירֵשׁ רַבֵּינוּ. וְכֵן הוּא, שֶׁאֵין מַמָּשׁ בְּהַאי לָשׁוֹן אַחֲרוֹן, דְּכָל הֵיכָא דִּפְלִיגֵי בַּגְּמָרָא תְּלָתָא תַּנָּאֵי אוֹ תְּלָתָא אֲמוֹרָאֵי כִּי הַאי גַּוְונָא, שֶׁהָאֶחָד סָפֵק לוֹ הֲלָכָה כְּדִבְרֵי מִי מִן הַשְּׁנַיִם, הֲרֵי הוּא רָגִיל לִתְפּוֹס כְּדִבְרֵי שְׁנֵיהֶם, בְּמִקְצָת סְבִירָא לֵיהּ כִּי הַאי וּבְמִקְצָת סְבִירָא לֵיהּ כְּאִידָךְ. אֲבָל הָכָא, כֵּיוָן דִּמְחַיֵּיב לֵיהּ רַב אַסִּי לְהַחֲזִיר כָּל חֶלְקוֹ כְּרַב, בֵּין קַרְקַע וּמָעוֹת – אִם כֵּן בְּמַאי קָאֵי כִּשְׁמוּאֵל? הָא רַב וּשְׁמוּאֵל לָא פְּלִיגֵי בְּהָכִי אִם יְסַלְּקֶנּוּ בְּקַרְקַע אוֹ בְּמָעוֹת, אֶלָּא אִם יַחֲזִיר לוֹ חֶלְקוֹ אִם לָאו! בְּכָל הָנֵי שְׁמַעֲתָתָא מְקַמְּצִין. בִּשְׁנֵי אַחִין שֶׁחָלְקוּ וּבָא לָהֶן אָח, וּבְאַחִין שֶׁחָלְקוּ וּבָא בַּעַל חוֹב וְנָטַל חֶלְקוֹ שֶׁל אֶחָד מֵהֶן – שֶׁיְּקַמֵּץ מֵחֶלְקוֹ וְיִתֵּן לָזֶה חֲצִי הַשָּׂדֶה, כְּרַב, דִּכְיוֹרְשִׁין דָּמוּ. וּמִיהוּ, לֹא בָּטְלָה מַחֲלוֹקֶת לַחֲזוֹר וְלַחֲלוֹק בְּגוֹרָל, אֶלָּא בְּלֹא גוֹרָל, וְיִתֵּן לוֹ חֲצִי הַשָּׂדֶה מֵאֵיזֶה צַד שֶׁיִּרְצֶה, וּבִלְבַד שֶׁיְּהֵא שָׁוֶה כְּאִידָךְ חֶצְיֵיהּ. וְהִלְכְתָא בָּטְלָה מַחֲלוֹקֶת. הֵיכָא דְּחָלְקוּ שְׁנַיִם לִשְׁנֵי חֲלָקִים וְאַחַר כָּךְ בָּא לָהֶן אָח מִמְּדִינַת הַיָּם, אוֹ חָלְקוּ וּבָא בַּעַל חוֹב וְנָטַל חֶלְקוֹ שֶׁל אֶחָד מֵהֶם. אִי נַמִי, אִי טָעוּ בַּחֲלוּקָה לַחֲלוֹק בֵּינֵיהֶן שָׂדֶה שֶׁגָּזַל אֲבִיהֶן, וְנִמְצָא יוֹצְאָה מִתַּחַת יַד אֶחָד מֵהֶן, וְנִמְצָא שֶׁמִּתְּחִלָּה נָטַל הָאֶחָד יוֹתֵר מֵחֲבֵירוֹ – דְּחוֹזְרִים וְחוֹלְקִין בְּשָׁוֶה, דְּדָמְיָא לְבַעַל חוֹב שֶׁנָּטַל חֶלְקוֹ שֶׁל אֶחָד מֵהֶן דְּחוֹזְרִין וְחוֹלְקִין בְּשָׁוֶה. וְה"ה אִם נָטַל חֲצִי חֶלְקוֹ, שֶׁצָּרִיךְ לְהַפִּיל גּוֹרָלוֹת עַל הַכֹּל. דְּלָא פְּלִיג רַב בְּנָטַל בַּעַל חוֹב חֶלְקוֹ שֶׁל אֶחָד מֵהֶם בֵּין כּוּלּוֹ לְחֶצְיוֹ. וְשָׁמְעִינַן נַמִי מֵהָכָא דְּהָאַחִין שֶׁחָלְקוּ כְּיוֹרְשִׁין דָּמוּ, וְלָא כְּלָקוֹחוֹת. שְׁלֹשָׁה שֶׁיָּרְדוּ לָשׁוּם. נִכְסֵי יְתוֹמִין, לִמְזוֹן הָאִשָּׁה וְהַבָּנוֹת. וְאֵין שׁוּמַת בֵּית דִּין בְּפָחוֹת מִג'. אֶחָד אוֹמֵר בְּמָנֶה. דְּהַיְינוּ מְאָה זוּזֵי, וּשְׁנַיִם אוֹמְרִים בְּמָאתַיִם. אוֹ אֶחָד אוֹמֵר בְּמָאתַיִם, וּשְׁנַיִם אוֹמְרִים בְּמָנֶה. בָּטֵל יָחִיד בְּמִיעוּטוֹ. כְּלוֹמַר, בָּטְלוּ דִּבְרֵי הַיָּחִיד מִפְּנֵי שֶׁהוּא הַמְּעַט, וּכְתִיב (שמות כג): "אַחֲרֵי רַבִּים לְהַטּוֹת". אֶחָד אוֹמֵר בְּמָנֶה. דְּהַיְינוּ כ"ה סְלָעִים. וְאֶחָד אוֹמֵר בְּעֶשְׂרִים סְלָעִים. דְּהַיְינוּ ה' סְלָעִים פָּחוֹת. וְאֶחָד אוֹמֵר בִּשְׁלֹשִׁים. דְּהַיְינוּ חֲמִשָּׁה סְלָעִים יוֹתֵר. תִּידּוֹן בְּמָנֶה. טַעְמָא דְּכוּלְּהוּ מְפָרֵשׁ וְאָזֵיל לְקַמֵּיהּ. בְּעֶשְׂרִים. הַיְינוּ פ' דִּינָר. בִּשְׁלֹשִׁים. הֵם מֵאָה וְעֶשְׂרִים דִּינָר. בְּצ' דִּינָר. מִן הַחוֹמֶשׁ סְלָעִים שֶׁיֵּשׁ בֵּין שְׁנַיִם הַפְּחוּתִין לוֹקְחִין הַחֵצִי, דְּהַיְינוּ י' דִּינָרִים, וּמוֹסִיפִין עַל שֶׁל שְׁמוֹנִים. עוֹשִׂין שׁוּמָא בֵּינֵיהֶן וּמְשַׁלְּשִׁין. כְּלוֹמַר, חוֹשְׁבִין בְּכַמָּה חֲלוּקִים, דְּהַיְינוּ אַרְבָּעִים דִּינָר שֶׁיֵּשׁ בִּשְׁלֹשִׁים יוֹתֵר מֵאוֹתוֹ שֶׁאָמַר עֶשְׂרִים, וּמֵאוֹתָן אַרְבָּעִים תִּידּוֹן בִּשְׁלִישׁ – דְּהַיְינוּ שְׁלֹשָׁה עָשָׂר דִּינָר וּשְׁלִישׁ דִּינָר עַל שְׁמוֹנִים. וְטַעְמָא מְפָרֵשׁ לְקַמֵּיהּ. מִילְּתָא מְצִיעָתָא. דָּבָר הַשָּׁוֶה הֶכְרֵעַ בֵּין שְׁנֵיהֶם, הוֹסִיף ה' עַל הַמַּמְעִיט וּפוֹחֵת חֲמִשָּׁה מִן הַמַּרְבֶּה. וּבְדִין הוּא דְּתִידּוֹן כְּוָותֵיהּ בְּמָנֶה, דְּהָא תַּרְוַיְיהוּ שֶׁל שְׁלֹשִׁים וְשֶׁל מָנֶה מוֹדוּ דְּשָׁוֶה מָנֶה. (א) וְנִרְאֶה בְּעֵינַי דְּהוּא הַדִּין אִם אָמַר בְּכ"ח סְלָעִים, דְּלָא הָוֵי מְלִיעָתָא כָּל כָּךְ. תִּשְׁעִים.

תוספות

ובא בעל חוב וטרף חלקו של אחד מהן. וא"ת: היאך טרף כל חלקו של אחד מהן? הא כולן חייבין לפרוע חוב אביהן, ויטול מכל אחד חלקו המגיעו, כדתניא ב"יש נוחלין" (לקמן דף קכד.): יצא עליהן שטר חוב – בכור נותן פי שנים! וי"ל: דהכא מיירי כגון דעשאו אפותיקי. ולא כאפותיקי ד"המקבל" (ב"מ דף קי:) דקאמר התם שאינו יכול לסלקו בזוזי – דא"כ לרב אסי אמאי נוטל רביע במעות? דמשמע דהוי מצי לסלוקי לבעל חוב בזוזי.

רב אמר בטלה מחלוקת. משמע דאי בעי לסלוקי בזוזי לא מצי. ולהכי נמי מפרש טעמא דרב, דיורשין הוו, דאי כלקוחות באחריות הוו – אמאי בטלה מחלוקת? הא מצי לסלוקי בזוזי. ותימה: דמאי שנא מדרב אסי, דאותו רביע שהוא נוטל מכח יורשין, קאמר רב אסי דיכול לסלקו במעות! ושמא פליגי רב ורב אסי בסברא זו, דאפי' אי כיורשין הוו – מצי לסלוקי בזוזי לרב אסי, משום דאמר ליה: אנא לבעל חוב נמי מסליקנא בזוזי, ורב אינו חושש לאותה סברא. וא"ת: מ"מ יתן לו מעות, ויפדה הקרקע מיד בעל חוב, דקי"ל ב"המפקיד" (שם דף לה.) דשומא הדרא לעולם! וי"ל: דנפקא מינה היכא דזבנה או אורתה(ב), דאמר התם דלא הדרא.

ורב אסי מספקא ליה אי כיורשין דמי אי כלקוחות דמי. ופירש הקונט' שלא באחריות ותימה לרשב"א: מנא ליה הא? דילמא ודאי לאו כיורשין דמו, אלא מספקא אי כלקוחות באחריות דמו או שלא באחריות דמו? לכך נראה כפירוש שני שבקונטרס. **והלכתא** בטלה מחלוקת. הכא משמע דקי"ל דיש ברירה, מדפסקינן כרב. ובסוף "השולח" (גיטין דף מח.) פירשתי. דמתורת

א) ב"ק ט.: ב) [בכורות מח.]: ג) צ"ל חלץ ועשה]:

רבינו גרשום

התם עבוד מילתא דניחא ליה למוכר וניחא ליה ללוקח דמצי למיהדר בהו א) ומשו"ה מקמצין וגבי סיפא להיכא דאמר ליה כור בל' סאה בסלע אני מוכר לך משו"ה ראשון ראשון קנה דגמר ומקני ליה כל סאה וסאה בסלע: בטלה מחלוקת. וחוזרין וחולקין המותר בשוה: ויתר. ואינו נוטל מן האחין כלום מחלקו: קסבר האחין שחלקו יורשין הוו. ועל היורשין כולן לפרוע חובת אביהן ולא על אחד הלכך בטלה מחלוקת וחוזרין וחולקין ביניהן: לקוחות הוו. כל אחד מוכר לאחיו חלקו בשביל חלקו המגיע וכלוקחין זה מזה שלא באחריות דמי ואי טריף בעל חוב חלקו של אחד מהן אין חוזר הנטרף ליטול מאחין כלום אלא ויתר והפסיד: רב אסי אמר. זה אח שלא נטרף נותן לו רביע מחלקו בקרקע ורביע במעות דהיינו חצי חלקו. מספקא ליה אי יורשין הוו או לקוחות הוו. כלומר הא ודאי פשיטא ליה לרב אסי דכל לקוחות באחריות הן אבל הא מספקא ליה אי כיורשין הוו וכי היכי דיורשין לא מצי מיסלקי לבעל חוב אלא בקרקע גופה האי נמי הכי שקיל קרקע ואי כלקוחות הוי דכי היכי דלקוחות באחריות אתי בעל חוב וקא טריף לה מיניה ואתי לוקח למיהדר על המוכר מצי מסלק להו מוכר בזוזי הכא נמי האי יורש והואיל דמספקא ליה אי כיורשין הוו אי כלקוחות הוו נוטל רביע בקרקע כיורש ורביע במעות כלוקח: אמר רב פפא הלכה בכל הני שמעתתא [מקמצין]. דאמרינן לעיל בבא להן אח ממדינת הים ובהא האחין שחלקו ובא בעל חוב כו': שלשה שירדו לשום. קרקע למכור למזונות אשה או ליתומין או לפרוע לבעל חוב: אחד אומר במנה. שוה שהן כ"ה סלעים שהן ק' דינר: וא' אומר בכ' סלע. דהיינו פ' דינר: ואחד אומר בל' סלעים. שוה דהיינו ק"כ דינר נידון שומת הקרקע במנה. ומאן דאמר תידון במנה משום דהיינו מילתא מציעת' שזה אמר כ' סלעים והשלישי ל' והשני הממוצע ביניהן מנה דהיינו כ"ה סלע. ור' אליעזר בר' צדוק לא נקיט ההוא דאמר בל' אלא הני תרי קמאי דחד אמר בכ' וחד אמר במנה ולהכי אמר תשעים דהיינו מילתא מציעתא בין פ' דינר לק':

א) נראה פשוט דחסר כאן בדברי רבינו וצ"ל אבל בב' אחין שחלקו ובא להם אח ממדינת הים דלא שייך סברא זו משו"ה מקמצין וגבי סיפא וכו'

לב א מיי' פ"י מהל' נחלות הלכה א סמג עשין צו טור וש"ע ח"מ סימן קעה סעי' ז:

לג ב מיי' פ"ב מהל' שכנים הל' יב ופי"א מהל' שמיטין הל' כ טוש"ע ח"מ סי' קעג סעיף ג:

לד ג ד מיי' פכ"ב מהל' מלוה ולוה הל' יד סמג עשין צד טור וש"ע ח"מ סימן קג סעיף ב:

הגהות הב"ח

(א) רשב"ם ד"ה מילתא מציעתא וכו' מודו דשוה מנה נמצא הך דאמר עשרים הוה יחיד ובטל במיעוטו ותרווייהו של עשרים ושל מנה נמי מודו דאינו שוה טפי ממנה ונמצא הך דאמר שלשים הוה יחיד ובטל במעוטו ונראה בעיני: (ב) תוס' ד"ה רב וכו' או אורתה או יהבה במתנה דאמרי' התם:

לה א ב ג ד ה מיי' פכ"א מהל' מכירה הל' כב טוש"ע ח"מ סי' ריח סעיף כ:

תִּשְׁעִין שָׁוֶה, וְהַאי דְּקָאָמַר עֶשְׂרִים – דְּקָא טָעֵי עֲשָׂרָה לַאֲחוֹרֵיהּ, וְהַאי דְּקָא אָמַר מָנֶה – קָא טָעֵי עֲשָׂרָה לְקַמֵּיהּ. אַדְּרַבָּה, הַאי אַרְעָא מְאָה וַעֲשָׂרָה שַׁוְיָא, וְהַאי דְּקָאָמַר מָנֶה – קָא טָעֵי עֲשָׂרָה לַאֲחוֹרֵיהּ, וְהַאי דְּקָאָמַר שְׁלֹשִׁים – קָא טָעֵי עֲשָׂרָה לְקַמֵּיהּ! נְקוֹט מִיהַת תְּרֵי קַמָּאֵי בִּידָךְ, דְּמִתּוֹרַת מָנֶה לָא מַפְּקִי לֵיהּ. "אֲחֵרִים אוֹמְרִים: עוֹשִׂין שׁוּמָא בֵּינֵיהֶן וּמְשַׁלְּשִׁין", קָא סָבְרֵי: הַאי אַרְעָא תִּשְׁעִין וּתְלָתָא וְתִילְתָּא שַׁוְיָא; הַאי דְּקָא אָמַר עֶשְׂרִים – קָא טָעֵי תְּלֵיסַר וְתִילְתָּא לַאֲחוֹרֵיהּ, וְהַאי דְּקָאָמַר מָנֶה – קָא טָעֵי תְּלֵיסַר וְתִילְתָּא לְקַמֵּיהּ, וּבְדִין הוּא דְּלֵימָא טְפֵי, וְהַאי דְּלָא קָאָמַר – סָבַר: מִיסְתַּאי דְּקָא מְטַפֵּינָא כּוּלֵּי הַאי אַחַבְרַאי. אַדְּרַבָּה, הָא אַרְעָא מְאָה וּתְלֵיסַר וּתְלָתָא שַׁוְיָא, הַאי דְּקָאָמַר מָנֶה – קָא טָעֵי תְּלֵיסַר וּתְלָתָא לַאֲחוֹרֵיהּ, וְהַאי דְּקָאָמַר שְׁלֹשִׁים – טָעֵי תְּלֵיסַר וּתְלָתָא לְקַמֵּיהּ, וּבְדִין הוּא דְּקָאָמַר טְפֵי, סָבַר: מִיסְתַּאי דְּקָא מְטַפֵּינָא כּוּלֵּי הַאי אַחַבְרַאי! נְקוֹט מִיהַת תְּרֵי קַמָּאֵי בִּידָךְ, דְּמִתּוֹרַת מְאָה לָא מַפְּקִי לֵיהּ. אָמַר רַב הוּנָא: הֲלָכָה כַּאֲחֵרִים. אָמַר רַב אַשִׁי: טַעְמָא דַּאֲחֵרִים לָא יָדְעִינַן, הִלְכְתָא עָבְדִינַן כְּוָותַיְיהוּ?! (א) תָּנוּ דַּיָּינֵי גוֹלָה: עוֹשִׂין שׁוּמָא בֵּינֵיהֶן וּמְשַׁלְּשִׁין. אָמַר רַב הוּנָא: הִלְכְתָא כְּדַיָּינֵי גוֹלָה. אָמַר רַב אַשִׁי: טַעְמָא דְּדַיָּינֵי גוֹלָה לָא יָדְעִינַן, הִלְכְתָא עָבְדִינַן כְּוָותַיְיהוּ?!§ **מתני'** [א]הָאוֹמֵר לַחֲבֵירוֹ "חֲצִי שָׂדֶה אֲנִי מוֹכֵר לְךָ" – מְשַׁמְּנִין בֵּינֵיהֶן, וְנוֹטֵל חֲצִי שָׂדֵהוּ. "חֶצְיָהּ בַּדָּרוֹם אֲנִי מוֹכֵר לְךָ" – מְשַׁמְּנִין בֵּינֵיהֶן וְנוֹטֵל חֶצְיָהּ בַּדָּרוֹם. וְהוּא מְקַבֵּל עָלָיו מְקוֹם הַגָּדֵר, חָרִיץ וּבֶן חָרִיץ. וְכַמָּה הוּא חָרִיץ? שִׁשָּׁה טְפָחִים, וּבֶן חָרִיץ – שְׁלֹשָׁה.§ **גמ'** א"ר חִיָּיא בַּר אַבָּא א"ר יוֹחָנָן: [ב]לוֹקֵחַ נוֹטֵל כָּחוּשׁ שֶׁבּוֹ. [א]א"ל רַבִּי חִיָּיא בַּר אַבָּא לְרַבִּי יוֹחָנָן: וְהָא אֲנַן "מְשַׁמְּנִין בֵּינֵיהֶן" תְּנַן! א"ל: אַדְּאָכְלַתְּ כַּפְנִיָּיתָא בְּבָבֶל – תַּרְגִּימְנָא מִסֵּיפָא, דְּקָתָנֵי סֵיפָא: "חֶצְיָהּ בַּדָּרוֹם אֲנִי מוֹכֵר לְךָ" – מְשַׁמְּנִין בֵּינֵיהֶן וְנוֹטֵל חֶצְיָהּ בַּדָּרוֹם, וְאַמַּאי מְשַׁמְּנִין בֵּינֵיהֶן? וְהָא "חֶצְיָהּ בַּדָּרוֹם" אֲמַר לֵיהּ! [ג]אֶלָּא לְדָמֵי, [ד]ה"נ לְדָמֵי.§ "מְקַבֵּל עָלָיו מְקוֹם גָּדֵר" כו'.§ [ה]תָּאנָא: חָרִיץ מִבַּחוּץ, וּבֶן חָרִיץ מִבִּפְנִים, וְזֶה וְזֶה אֲחוֹרֵי גָּדֵר, כְּדֵי

תִּשְׁעִים. דִּינָר שָׁוָה, דְּהַיְינוּ כ"ב סְלָעִים וָחֵצִי. וְכָל אֶחָד טוֹעֶה מְעַט, זֶה שֶׁאוֹמֵר כ' – מְזַלְזֵל שְׁתֵּי סְלָעִים וּמֶחֱצָה מִשָּׁוְיָין, וְזֶה שֶׁאוֹמֵר מָנֶה – מַעֲלֶה בְּדָמִים שְׁתֵּי סְלָעִים וּמֶחֱצָה. דְּנִיחָא לֵיהּ לְמֵימַר שֶׁשְּׁנֵיהֶן טוֹעִין קְצָת, זֶה לְמַעְלָה וְזֶה לְמַטָּה, וְנֹאמַר דְּשָׁוֶה ל', דְּהַיְינוּ כ"ב סְלָעִים וּמֶחֱצָה. דְּהָשְׁתָּא אָזְלִינַן בָּתַר דִּבְרֵי שְׁנַיִם הַפְּחוּתִים, וְתָפַשְׂתָּ מוּעָט תָּפַשְׂתָּ, וְלֹא נֵלֵךְ אַחֲרֵי מִי שֶׁאוֹמֵר מָנֶה, וְנֵימָא דְּהוּא לְבַדּוֹ עוֹמֵד עַל אֲמִיתָּתוֹ שֶׁל דָּבָר מִכָּל וָכֹל וְהַשְּׁאָר טָעוּ. **לַאֲחוֹרֵיהּ.** שֶׁשָּׁוֶה עֲשָׂרָה יוֹתֵר, וְהִנִּיחַ עֲשָׂרָה אַחֲרָיו, שֶׁהָיָה לוֹ לִתְפּוֹס בְּחֶשְׁבּוֹנוֹ. **לְקַמֵּיהּ.** שֶׁלָּקַח עֲשָׂרָה לְפָנָיו. כְּלוֹמַר, יוֹתֵר מִן הָרָאוּי הוֹסִיף, וְלָקַח מֵחֶשְׁבּוֹן שֶׁלְּפָנָיו הֶעָתִיד לָבֹא, שֶׁלֹּא הָיָה רָאוּי לִתְפּוֹס. **מֵאָה וַעֲשָׂרָה שַׁוְיָא.** וַהֲוָה לֵיהּ לְמֵימַר תִּידוֹן בְּמֵאָה וַעֲשָׂרָה, דְּמַאי חָזֵית דְּאָזְלַתְּ בָּתַר רִאשׁוֹן וְשֵׁנִי, אֲבָל הַשְּׁלִישִׁי טָעָה יוֹתֵר מִדַּאי? אַדְּרַבָּה, תְּפוֹס דִּבְרֵי הַשֵּׁנִי וְהַשְּׁלִישִׁי, אֲבָל הָרִאשׁוֹן טָעָה יוֹתֵר מִדַּאי! **נְקוֹט מִיהַת תְּרֵי קַמָּאֵי כו'.** כְּלוֹמַר, כֵּיוָן דְּאִיכָּא לְמֵימַר הָכִי וְאִיכָּא לְמֵימַר הָכִי – יֵשׁ לָנוּ לֵילֵךְ אַחֲרֵי שְׁנַיִם הַפְּחוּתִים, דְּמִתּוֹרַת מָנֶה לָא מַפְּקִי לֵיהּ. כְּלוֹמַר, שֶׁלְּפִי דִּבְרֵיהֶם יֵשׁ לָנוּ לוֹמַר שֶׁקָּרוֹב לְמָנֶה שָׁוֶה, אֲבָל לֹא מָנֶה בִּכְלָל. וְלֹא אַחַר תְּרֵי בַּתְרָאֵי שֶׁאוֹמְרִין יוֹתֵר מִמָּנֶה, דְּתָפַשְׂתָּ מְרוּבֶּה לֹא תָּפַשְׂתָּ. וַהֲרֵי כּוּלָּם מוֹדִים שֶׁקָּרוֹב לְמָנֶה שָׁוֶה – הִלְכָּךְ יִתֵּן תִּשְׁעִים. **עוֹשִׂין שׁוּמָא כו'.** כִּדְפָרֵישִׁית לְעֵיל. וְת"ק סְבִירָא לֵיהּ דְּאִיכָּא לְמֵימַר דְּלָא טָעֵי אִינִישׁ כְּלָל, וְהִלְכָּךְ: אֶמְצָעִי תְּפוֹס, וְהַשְּׁאָר שֶׁמָּא טָעוּ. וְר' אֶלְעָזָר בְּר' צָדוֹק סָבַר: טָעֵי אִינִישׁ בַּעֲשָׂרָה לְזַלְזֵל אוֹ בַּעֲשָׂרָה לְהוֹקִיר. וַאֲחֵרִים סָבְרֵי: טָעֵי אִינִישׁ בְּי"ג וּשְׁלִישׁ, בְּדָבָר שֶׁשָּׁוֶה יוֹתֵר מִשְּׁמוֹנִים. **וּבְדִין הוּא דְּלֵימָא** דְּשַׁוְיָא טְפֵי, [מָנֶה] וְשִׁשָּׁה דִּינָר, (ב) דְּהַיְינוּ י"ג וּשְׁלִישׁ יָתֵר עַל שָׁוְיוֹ, וְהַאי דְּלֹא אָמַר – הַיְינוּ מִשּׁוּם דְּדַיּוֹ מַה שֶּׁמּוֹסִיף עַל חֲבֵירוֹ כ', שֶׁחֲבֵירוֹ אוֹמֵר פ' וְהוּא אוֹמֵר מָנֶה. וְאַע"פ שֶׁאֵין אָנוּ יוֹדְעִין אֵיזֶה דִּבְרֵי רִאשׁוֹן – אַפְּ"ה נוֹשְׂאִין וְנוֹתְנִין בַּדָּבָר, וְכָל אֶחָד יוֹדֵעַ מַה בְּלִבּוֹ שֶׁל חֲבֵירוֹ, וּלְאַחַר שֶׁנָּשְׂאוּ וְנָתְנוּ בַּדָּבָר תּוֹקְעִין אֶת לְבָּם לוֹמַר הַנִּרְאֶה בְּעֵינֵיהֶם, וְכֵיוָן שֶׁיָּדַע שֶׁחֲבֵירוֹ רוֹצֶה לוֹמַר שְׁמוֹנִים – יָרֵא הוּא לוֹמַר יוֹתֵר מִמָּנֶה. **אַדְּרַבָּה הָא אַרְעָא כו'.** הַךְ סוּגְיָא כִּי הַהִיא דִּלְעֵיל מְפָרְשָׁא כּוּלָּהּ. **טַעְמָא דַּאֲחֵרִים לָא יָדְעִינַן.** דְּלָא מִסְתַּבַּר טַעְמַיְיהוּ, הִלְכְתָא עָבְדִינַן כְּוָותַיְיהוּ? בִּתְמִיָּה, אֶלָּא הִלְכְתָא עָבְדִינַן כְּת"ק דְּאָמַר: תִּידוֹן בְּמָנֶה. ה"ג: תָּנוּ דַּיָּינֵי גוֹלָה עוֹשִׂין שׁוּמָא כו'. הָתָם בָּרַיְיתָא שׁוֹנִין (ג) כַּאֲחֵרִים, וְהָכִי גָּרְסִי' לָהּ בְּפֵירוּשֵׁי ר' חֲנַנְאֵל. **דַּיָּינֵי גוֹלָה.** שְׁמוּאֵל וְקַרְנָא.ב). **הִלְכְתָא כְּדַיָּינֵי גוֹלָה.** דְּהַיְינוּ נַמִי הִלְכְתָא כַּאֲחֵרִים. וְדִלְמָא חֲדָא מִכְּלָל דַּחֲבֵירְתָּהּ אִיתְּמַר, וּמִשּׁוּם דְּמִילְּתָא דִּפְשִׁיטָא הִיא, דְּהַיְינוּ הַךְ – לֹא חָשׁ הַגְּמָרָא לְהַקְשׁוֹת וּלְמֵימַר: וְהָא אֲמָרָהּ רַב הוּנָא חֲדָא זִימְנָא, אֶלָּא הֵיכָא דְּלָא דָּמוּ אַהֲדָדֵי הָנֵהוּ תַּרְתֵּי מִילֵּי שַׁפִּיר, שֶׁיֵּשׁ שִׁינּוּי לְשׁוֹנוֹת בֵּין זֶה לָזֶה וְהַטְּעָמִים שָׁוִין – הָתָם אוֹרְחֵיהּ דִּגְמָרָא לְפָרוּשֵׁי. כֵּן נִרְאֶה בְּעֵינַי. **מתני' מְשַׁמְּנִין בֵּינֵיהֶם.** מְפָרֵשׁ בַּגְּמָ'. **מְשַׁמְּנִין בֵּינֵיהֶן וְנוֹטֵל חֶצְיָהּ בַּדָּרוֹם.** כּוּלָּהּ מְפָרְשָׁא בַּגְּמָ'. **וּמְקַבֵּל עָלָיו.** מוֹכֵר לָתֵת מֵחֲצִי שָׂדֵהוּ מְקוֹם הַגָּדֵר, לִגְדּוֹר זֶה הַלּוֹקֵחַ חֲצִי שָׂדֵהוּ מִכָּל צַד, מִפְּנֵי הַחַיּוֹת שֶׁלֹּא יִכָּנְסוּ לְתוֹכוֹ. דְּהָתָם מוֹכֵר חֲצִי שָׂדֶה – מוֹכֵר לוֹ כָּל צָרְכֵי שָׂדֶה. אֲבָל הֵיכָא דְּמָכַר לוֹ שָׂדֶה שָׁלֵם – הָתָם מִילְּתָא דִּפְשִׁיטָא הִיא שֶׁמָּכַר לוֹ אֶת כּוּלּוֹ, וּמַה יּוֹסִיף לִיתֵּן לוֹ יוֹתֵר? **חָרִיץ.** פּוֹסֵי"ר בְּלַעַ"ז. **וּבֶן חָרִיץ.** חָרִיץ קָטָן שֶׁבֵּין הַגָּדֵר לֶחָרִיץ הַגָּדוֹל. **ו' טְפָחִים.** רָחְבּוֹ, בְּאוֹרֶךְ כָּל הַשָּׂדֶה. וּבַגְּמָ' מְפָרֵשׁ לָמָּה לִי כָּל הָנֵי. **גמ' לוֹקֵחַ נוֹטֵל כָּחוּשׁ.** יַד הַלּוֹקֵחַ עַל הַתַּחְתּוֹנָה, לְפִיכָךְ נוֹתֵן הַמּוֹכֵר לַלּוֹקֵחַ הַמָּקוֹם הַגָּרוּעַ שֶׁבְּאוֹתוֹ שָׂדֶה. דְּדִלְמָא דְּמֵי חֲצִי הַשָּׂדֶה אָמַר לוֹ, לְפִיכָךְ נוֹטֵל מִן הַכָּחוּשׁ יוֹתֵר מִן הַחֵצִי כְּדֵי דְּמֵי חֲצִי הַשָּׂדֶה, כִּדְמְפָרֵשׁ לְקַמֵּיהּ. וְהַיְינוּ רְווֹחָא דְּמוֹכֵר, דְּרוֹצֶה אָדָם בְּקַב עִידִּית יוֹתֵר מִשְּׁנֵי קַבִּין זִיבּוּרִית. וְהָא דְּקָתָנֵי מְשַׁמְּנִין – הַיְינוּ כִּדְמְפָרֵשׁ בִּבְכוֹרוֹת בְּפֶרֶק "הַלּוֹקֵחַ עוּבַּר פָּרָתוֹ", (ד) דְּקָתָנֵי: שְׁנֵי רְחֵלִין שֶׁלֹּא בִּיכְּרוּ וְיָלְדוּ שְׁנֵי זְכָרִים כו'. ר' עֲקִיבָא אוֹמֵר: מְשַׁמְּנִין בֵּינֵיהֶן. וּמְפָרֵשׁ ר' יוֹחָנָן בַּגְּמָ': וְכֹהֵן נוֹטֵל כָּחוּשׁ. וְכָל כִּי הַךְ סוּגְיָא אִיתָא הָתָם, וּמְפָרֵשׁ: מַאי מְשַׁמְּנִין – שׁוּמָן יְהֵא בֵּינֵיהֶן. וְאִי מַיְיתֵי כֹּהֵן רְאָיָה – שָׁקֵיל. ה"נ – שׁוּמָן יְהֵא בֵּינֵיהֶן, וּמַה שֶּׁשָּׁוֶה חֲצִי הַשָּׂדֶה הַיָּפֶה יוֹתֵר מִן חֲצִי הַכָּחוּשׁ – יְהֵא בֵּינֵיהֶן, וְיוֹסִיף לוֹ מוֹכֵר לַלּוֹקֵחַ מִן הַקַּרְקַע הַרְבֵּה, עַד שֶׁיְּהֵא שָׁוֶה כַּחֵלֶק הַיָּפֶה שֶׁעִיכֵּב הַמּוֹכֵר לְעַצְמוֹ, כִּדְמְפָרֵשׁ לְקַמֵּיהּ. וּמִיהוּ, לְגַמְרֵי לֹא יַפְסִיד הַלּוֹקֵחַ הַשּׁוּמָן כִּי הָתָם. דְּהָתָם – שֶׁמָּא הַכָּחוּשׁ שֶׁל כֹּהֵן הוּא, הִלְכָּךְ כֵּיוָן דְּלָא מָצֵי מַיְיתֵי רְאָיָה – מַפְסִיד. אֲבָל הָכָא – וַדַּאי מָכַר לוֹ כָּל חֲצִי שָׂדֵהוּ, וְהַדָּבָר יָדוּעַ דְּכָל הַחֲצִי מוֹכֵר, וּמִן הַדִּין הָיָה לוֹ לִיטּוֹל חֲצִי הַיָּפֶה וַחֲצִי הַכָּחוּשׁ, אֶלָּא מִשּׁוּם דְּמָצֵי א"ל: דְּמֵי חֲצִי הַשָּׂדֶה מָכַרְתִּי לָךְ, כִּדְלְקַמָּן – הִלְכָּךְ יָדוֹ עַל הַתַּחְתּוֹנָה, לִיטּוֹל מִן הַכָּחוּשׁ כְּשָׁוֶה חֲצִי הַשָּׂדֶה. וְהָאֲנַן מְשַׁמְּנִין בֵּינֵיהֶן תְּנַן. דְּמַשְׁמַע: יַד שְׁנֵיהֶן שָׁוֶה לִיטּוֹל זֶה, כְּשׁוּמָא שֶׁנּוֹטֵל זֶה מִן הַיָּפֶה וּמִן הַכָּחוּשׁ, דְּכִי הֲדָדֵי פָּלְגֵי בְּגוּף הַקַּרְקַע. וְהָכִי נַמִי מוּכַח בִּבְכוֹרוֹת, דְּהָכִי מַשְׁמַע לֵיהּ "מְשַׁמְּנִין" לְר' חִיָּיא בַּר אַבָּא – דְּכִי הֲדָדֵי פָּלְגֵי בְּגוּף הַקַּרְקַע. דְּקָאָמַר לֵיהּ ר' חִיָּיא בַּר אַבָּא לְר' יוֹחָנָן הָתָם: וְהָא מְשַׁמְּנִין בֵּינֵיהֶן תְּנַן? וַאֲמַר לֵיהּ נַמִי ר' יוֹחָנָן: אַדְּאָכְלַתְּ כַּפְנִיָּיתָא בְּבָבֶל תַּרְגִּימְנָא מִסֵּיפָא, דְּקָתָנֵי: מֵת אֶחָד מֵהֶן הַמּוֹצִיא מֵחֲבֵירוֹ עָלָיו הָרְאָיָה, וְאִי ס"ד "מְשַׁמְּנִין בֵּינֵיהֶן" דְּכִי הֲדָדֵי פָּלְגֵי – הָכָא נַמִי לִפְלוֹג כִּי הֲדָדֵי! אֶלָּא מַאי מְשַׁמְּנִין כו'. **אַדְּאָכְלַתְּ כַּפְנִיָּיתָא.** תְּמָרִים בְּבָבֶל, שֶׁהָיִיתָ מְעַדֵּן עַצְמְךָ וְלֹא הָיִיתָ עוֹסֵק בַּתּוֹרָה. וּמִקַּנְּתְרוֹ הָיָה. **תַּרְגִּימְנָא.** לְרֵישָׁא מִסֵּיפָא (ה). **אַמַּאי מְשַׁמְּנִין בֵּינֵיהֶן.** כְּלוֹמַר, אִם כִּדְבָרֶיךָ כֵּן הוּא, דַּחֲצִי שָׂדֶה אֲנִי מוֹכֵר לְךָ מַמָּשׁ הוּא – לָמָּה מְשַׁמְּנִין? יִמְתְּחוּ קַו הַמִּדָּה, וְיִטּוֹל הַלּוֹקֵחַ חֶצְיָהּ בַּדָּרוֹם הֵן כָּחוּשׁ הֵן יָפֶה, שֶׁהֲרֵי כָּךְ פֵּירֵשׁ לוֹ חֶצְיָהּ בַּדָּרוֹם! אֶלָּא מִדְּקָתָנֵי אֲפִי' בְּסֵיפָא מְשַׁמְּנִין – שְׁמַע מִינָּהּ דְּהַאי דְּקָתָנֵי מְשַׁמְּנִין – לְדָמֵי הוּא, וּכְדְפָרֵישְׁנָא לְעֵיל. כְּלוֹמַר, מַה שֶּׁשָּׁוֶה חֲצִי שָׂדֶה זוֹ מָכַרְתִּי לוֹ מִן הַקַּרְקַע, בְּאֵיזֶה מָקוֹם שֶׁאֶרְצֶה אֶתֵּן לְךָ. מִיהוּ, רֵישָׁא דְּמַתְנִי' שָׁמִין כָּל הַשָּׂדֶה, וְאִם עָלוּ דָּמֶיהָ ק' דִּינָר – נוֹתֵן מוֹכֵר לַלּוֹקֵחַ מַה שֶּׁשָּׁוֶה נ' דִּינָר בַּמָּקוֹם הַכָּחוּשׁ בְּשָׂדֶה זוֹ, שֶׁיַּד הַלּוֹקֵחַ עַל הַתַּחְתּוֹנָה. וְזֶהוּ פֵּירוּשׁ מְשַׁמְּנִין בֵּינֵיהֶן וְנוֹטֵל חֲצִי שָׂדֵהוּ – פֵּירוּשׁ: כִּדְמֵי חֲצִי שָׂדֵהוּ. אֲבָל סֵיפָא דְּמַתְנִי' – אֵין שָׁמִין כָּל הַשָּׂדֶה, אֶלָּא חֶצְיָהּ שֶׁבַּדָּרוֹם, הֵן כָּחוּשׁ הֵן יָפֶה. וּמַה שֶּׁשָּׁוֶה חֶצְיָהּ שֶׁבַּדָּרוֹם – נוֹתֵן הַמּוֹכֵר לַלּוֹקֵחַ כְּנֶגֶד אוֹתָן הַדָּמִים בְּאֵיזֶה רוּחַ שֶׁיִּרְצֶה, דְּהַיְינוּ בְּכָחוּשׁ. דְּיַד הַלּוֹקֵחַ עַל הַתַּחְתּוֹנָה, דְּדִלְמָא זֶה שֶׁאָמַר "חֶצְיָהּ שֶׁבַּדָּרוֹם" – שׁוּמַת חֶצְיָהּ שֶׁבַּדָּרוֹם קָאָמַר, וְלֹא חֶצְיָהּ שֶׁבַּדָּרוֹם מַמָּשׁ הוּא שֶׁמָּכַר לוֹ. כֵּן נִרְאֶה בְּעֵינַי, וְכֵן פֵּירֵשׁ רַבֵּינוּ חֲנַנְאֵל.

כְּדֵי

דמתורת מנה לא מפקי ליה. וליכא למימר דניזיל בתר בתראי, דלא גרעי ממנה. דיש לתפוס המועט, כדפ"ה.

מסתייה דקא טפינא [כולי האי] אחבראי. שכן הסדר, דשנים הפוחתים מדברים תחלה.

אדרבה האי ארעא מאה ותליסר ותילתא שויא. תימה לר"י: דהשתא, אי לא הוי אלא תרי, דחד אמר מנה וחד אמר שלשים — הוה אמינא דמאה ועשרה שויא, דכן האמת נראה לכ"ע. והשתא דאיתיה להאי דפחות מכולהו — אמר תלתא, ותילתא הוי טפי!

הדרן עלך בית כור

מסורת הש"ס: א) [בכורות יח.] ב) [סנהדרין יז: ע"ש]

הגהות הב"ח

(א) גמ' תנו דייני גולה. נ"ב ס"א דייני גולה אמרי: (ב) רשב"ם ד"ה ובדין הוא וכו' וששה דינר ושני שלישי דינר דהיינו י"ג ושליש: (ג) ד"ה ה"ג תנו וכו' כאחרים. נ"ב עי' בפרשב"ם בדף ק' סוף ע"א: (ד) ד"ה לוקח וכו' עובר פרתו דף י"ז דקתני רחל שלא ביכרה וילדה שני זכרים: (ה) ד"ה תרגימנא לרישא מסיפא טרחנו ליישבה הס"ד:

רבינו גרשום

קא טעי י' דינר. אמר פחות ממה ששוה: והאי דאמר מנה טעי י' יותר משויו: אדרבה. מאי חזית דאזלת בתר הני תרי א) דאזלי חד בתר כ' וחד בתר מנה וממצעת ליה אאמצע זיל בתר הני בתראי דחד אמר מנה וחד אמר ל' וממצע ליה בק"י. ומשני ר' אלעזר לעולם בתר צ' דינר הוא דאזלי דנקוט הני תרי בידך דחד אמר כ' סלע וחד אמר מנה משום דמתורת מנה לא מפקי ליה לקרקע דליכא בהו דשם ליה טפי ממנה אבל מאן דאמר ל' סלע מפיק ליה מתורת מנה: אחרים אמרו עושין שומא בינהן. בין הראשון ובין השלישי ומשלשין מה שיש ביניהן דבין ההוא דאמר כ' דהיינו פ' דינר ובין מאן דאמר ל' דהיינו ק"כ דינר איכא בינהו מ' דינר וחלק מ' לג' חלקים ונמצא לכל חלק וחלק תליסר ותלתא ואמטול הכי מתחלקין הכי דהאי ארעא תשעין ותלתא ותילתא שויא והאי דקאמר כ' דהיינו פ' הוסיף עליהן תליסר ותלתא הרי כאן תשעים ותלתא ותילתא וקא טעי האי תוספת דאמר פחות ממה ששוה. והאי דקאמ' מנה קא טעי תליסר ותלתא לקמי' טפי והשתא תוסיף הני תליסר ותילתא על תשעין ותלתא הרי כאן ק"ו וב' שלישין והאי דלא קאמר האי תוספת שעל המנה סבר מסתאי כלומר די לי שהוספתי על חבירי כל כך שהוא אומר פ' דינר ואני אומר ק' ומוסיף עליו כ' דינר: אדרבה. מאי חזית דאזלת בתר הני דכ' ומנה זיל בתר הני דחד אומר במנה וחד אמר ל' לאוקמי נמי האי ב) שלש שומא והכא מצית לפרש האי ארעא מאה ותליסר ותלתא שויא כלומר בין האי דאמר כ' למאן דאמר ל' איכא מ' דינר חלוק מ' לג' חלקים תמצא לכל חלק תליסר ותילתא ומש"ה האי דקאמר מנה טעי תליסר ותילתא ואמר פחות משוייה והאי דקאמר ל' טעי תליסר ותילתא לקמיה טפי משוויה ובדין הוא דנימא טפי מק"כ דינר בו' ושני שלישים והאי תוספ' ו' דינר ושני שלישי בדין הוא דבעי לאיסופי על ל' סלעים אלא סבר מסתאי דקא מטפינא על חבירי שאמר מנה כ' דינר. ומאי חזית דאזלת בתר הני זיל בתר הני. ומשני לעולם בתר האי דשויא ליה מנה דינא הוה דאזלי דמתורת ק' לא מפקי לי' אבל האי דשויה ליה ל' קא מפיק ממנה. וטעמא דאחרים לא ידעי' משום דאיכא לאקשויי עלייהו כדמקשי' אדרבה האי ארעא כו' ועוד ובדין הוא דלימא טפי ולא פסקי למילתייהו והיכי נעביד הלכתא כותייהו ומש"ה אמר טעמא דאחרים לא ידעינן: דייני גולה. שמואל וקרנא אמרו כמילתא דאחרים קא פרש' לי' ומקשי' להו כמו לאחרים: **פיס'** האומר לחבירו חצי שדה אני מוכר לך. והיתה אותה שדה חציה עידית וחציה זיבורית וכל אותה שדה שוה ל' דינר. אבל חציה האחד שוה כ' דינר וחציה האחר שוה י' דינר אם נותן לו חציה השדה הכחוש משמנין בינים. כלומר ישומו כמה חלק זה הנשאר למוכר מוטב מחלק הלוקח וישלים המוכר או מגוף הקרקע או יחזור לו מן הדמים עד שיהא חלקו שוה כחלקו וה"נ לוקח אם חציו שלו מוטב מחצי של מוכר משלים מחלקו בקרקע עד שיהא חלק המוכר שוה כחלקו. ואם אמר לו בפירוש חציה של צד דרום אני מוכר לך והוא גרוע או מוטב מחצי האחר משמנין בינים בדמים שאם חצי שבצד דרום זיבורית היא כנגד הנשאר ינכה לו המוכר מן הדמים כנגד מה שהיא ואם מוטבת היא יוסיף לו הלוקח מעות ולעולם החצי שבדרום נוטל הלוקח בין פחות בין מוטב הואיל ואמר חצי שדה אני מוכר לך מ"מ משמנין ביניהן שיהא חלקו רישא דמתני' דמשמנין ביניהן ובגופה של קרקע שמעינן השתא: אמר ר' חייא ולוקח נוטל כחוש. שברשות מוכר הוא אם הוא רוצה להשלים לו מן העידית ישלים או ינכה לו מן הדמים ולעולם ה[illegible] יטול לוקח: והא אנן משמנין ביניהן תנן. דמשמע ברשות תרווייהו שאם נתן לו הזיבורית יחזור לו העידית שיעור שיהו שוין יחד בין בזיבורית בין בעידית. ואם נתן לו העידית יחזור לו ממנה עד שיהו שוין דהשתא משמע דברשות דתרווייהו הוא: אדאכלת בפגתא דבבל. כלומר שהיית אוכל תמרים ולא היית מדקדק בדבר: יהא חציה בדרום קאמר ליה. דמשמע אותה חציה ממש או עידית או זיבורית: אלא לדמי. לעולם חציה בדרום נוטל ואם היה זיבורית ינכה לו מן הדמים ואם יש לו עידית יחזור לו לוקח מעות: ה"נ. לעולם לוקח נוטל כחוש וינכה לו מן הדמים ממה שהוא פחות והיינו משמנין: **פיס'** ומקבל עליו המוכר ליתן לו מקום הגדר. שלא ידרסו בשדהו. וחריץ בן ג' טפחים רוחב מחוץ לגדר. וכן חריץ קטן בן חריץ גדול ולגדר כדי שלא תקפוץ שם חיה ותפסד תבואתו: תנא חריץ מבחוץ. של גדר. ובן חריץ סמוך לגדר. וזה וזה מבחוץ לגדר:

אידי

א) נראה דצ"ל דאמר חד בכ' וחד במנה וממצעת ליה וכו'. ב) אולי צ"ל האי שילוש בשומא.

כְּדֵי שֶׁלֹּא תְּהֵא חַיָּה קוֹפֶצֶת. וְלַעֲבֵיד חָרִיץ וְלָא לַעֲבֵיד בֶּן חָרִיץ! אַיְּידֵי דְּרָוַוח, קַיְימָא בְּגַוֵּיהּ וְקָפְצָה. וְלַעֲבֵיד בֶּן חָרִיץ וְלָא לַעֲבֵיד חָרִיץ! אַיְּידֵי דְּקָטִין, קַיְימָא אַשִּׁפְתֵּיהּ וְקָפְצָה. וְכַמָּה בֵּין חָרִיץ לְבֶן חָרִיץ? טֶפַח.§

הדרן עלך בית כור

א)יֵשׁ נוֹחֲלִין וּמַנְחִילִין, וְיֵשׁ נוֹחֲלִין וְלֹא מַנְחִילִין, מַנְחִילִין וְלֹא נוֹחֲלִין, לֹא נוֹחֲלִין וְלֹא מַנְחִילִין. וְאֵלּוּ נוֹחֲלִין וּמַנְחִילִין: א הָאָב אֶת הַבָּנִים, וְהַבָּנִים אֶת הָאָב, וְהָאַחִין מִן הָאָב — נוֹחֲלִין וּמַנְחִילִין. הָאִישׁ אֶת אִמּוֹ, וְהָאִישׁ אֶת אִשְׁתּוֹ, וּבְנֵי אֲחָיוֹת — נוֹחֲלִין וְלֹא מַנְחִילִין. הָאִשָּׁה אֶת בָּנֶיהָ, וְהָאִשָּׁה אֶת בַּעְלָהּ, וַאֲחֵי הָאֵם — מַנְחִילִין וְלֹא נוֹחֲלִין. וְהָאַחִין מִן הָאֵם לֹא נוֹחֲלִין וְלֹא מַנְחִילִין.§ **גמ'** מַאי שְׁנָא דְּקָתָנֵי "הָאָב אֶת הַבָּנִים" בְּרֵישָׁא? לִיתְנֵי "הַבָּנִים אֶת הָאָב" בְּרֵישָׁא! חֲדָא, ב)דְּאַתְחוּלֵי בְּפוּרְעָנוּתָא לָא מַתְחֲלִינַן, וְעוֹד

כדי שלא תהא חיה קופצת. על הגדר, אילטריך חריץ ובן חריץ. **ולעביד חריץ.** דכשתא נמי לא קפלה, שהחריץ מרחיקה מן הגדר. **איידי דרווח.** ששה טפחים, נכנסת לתוכו, ונמשכת מעט לאחוריה וקופצת. **קיימא אשפתיה.** התחתונה. הכי גרסינן: **כמה בין חריץ לבן חריץ טפח.** ומסקנא דברייתא הוא.

הדרן עלך בית כור

יֵשׁ. קרובים שנוחלין את קרוביהם כשמתים, וגם אם הם מתים — מנחילין להם את ממונם, דהיינו ששניהם נוחלין זה את זה. והאי דלא קתני "יש נוחלין זה את זה" — היינו משום דבעי למיתני סיפא "נוחלין ולא מנחילין", תנא נמי רישא "נוחלין ומנחילין". ויש שנוחלין. את קרוביהם, אבל אם ימותו הם — אין מנחילין לאותן קרובים שהן מורישיהן. מנחילין ולא נוחלין. הם אותם דאמרו בהו "נוחלין ולא מנחילין", מכלל דאיכא שאלו נוחלין אותם ולא מנחילין להן — מיקרו "מנחילין ולא נוחלין". ובגמ' מפרש למאי איצטריכו הנך תרי בבי, דהא חדא נפקא מכלל חבירתה. **האב.** נוחל את הבנים, וגם מנחיל להם. וכגון שאין לאותן הבנים זרע — אז נוחל אותן האב, אבל אם יש להם בנים — הם קודמין לזקנם, כדמפרש בגמ'. **והבנים את האב.** נוחלין ומנחילין. **והאחין מן האב.** כגון ראובן ויוסף בני יעקב, אע"פ שהן מלאה ומרחל — יורשים זה את זה, בשביל שהן אחין. וכגון שמת יעקב אביהן, אבל אם יעקב קיים — הוא קודם, וכגון שאין להם בנים. ודוקא אחין מן האב, דמשפחת אב קרויה משפחה, כדילפינן כו'. **האיש נוחל את אמו.** אבל לא מנחיל, שהרי קרובי האב יורשין אותו, דמשפחת אם אינה קרויה משפחה. **והאיש את אשתו.** נוחל אותה, כדנפקא לן בגמ'. ה"ג בסדר המשנה: **ובני אחיות נוחלין ולא מנחילין.** דבן נוחל את אחות אמו. שהרי הוא בא מכח האם, ואילו מתה דודתו בחיי אמו — יורשתה, וגם הוא יורש את אמו, נמצא שבאו לידו נכסי דודתו. **ולא מנחילין.** דכשמת הבן — אינו מנחיל לאחות אמו אלא לקרובי אביו, דמשפחת אם אינה קרויה משפחה. ועוד, דאחות אמו היאך תירשנו? הלא היא באה מכח אחותה שהיא אמו של זה, ולא האם יכולה ליורשו, כדאמרן: האיש את אמו נוחל ולא מנחיל, קל וחומר שהיא לא תירש את בן אחותה. ובאחיות מן האב מיירי, אבל אחיות מן האם — אין נכדה בן אחותה יורש אותה, דממשפחת אם הוא. ל"א: ובני אחות — בני אחותו של ראובן, כגון בני דינה — נוחלין אותו, שהרי דינה יורשת את ראובן אחיה, ובניה באין מכחה. אבל לא מנחילין לראובן — שהרי ראובן מכח אחותו דינה בא לירש אותן, והלא דינה עצמה אין יורשתן, כדאמרן דהאם אינה נוחלת את בנה, אלא קרובי בעלה של דינה יורשין את בניה, דמשפחת אב יורשת ולא משפחת אם. וזה נראה בעיני, משום דקתני סיפא: האשה את בנה והאשה את בעלה ואחי האם — מנחילין ולא נוחלין, וכל הנך תלתא שמעינן להו מהנך תלת דהך בבא דנוחלין ולא מנחילין, כדאמרינן בגמ' דהיינו הך, דקפריך בגמ': דאחי האם היינו דבני אחות. והלכך גרסי' "בני אחות", דהיינו נמי דאחי האם מנחילין את בן אחותם ולא נוחלין. ואי נמי גרסינן "בני אחיות" (א) — איכא לפרושי בבני אחיות, כלומר בני אחיותיו של אדם נוחלין אותו אבל לא מנחילין, דהוא אינו יורשן. **האשה את בניה והאשה את בעלה כו'.** בגמ' פריך דהיינו נמי הך בבא ד"נוחלין ולא מנחילין", דמהתם שמעינן לה, דהיינו הך. **לא נוחלין ולא מנחילין.** זה לזה, אלא קרובי אביו של זה ואביו של זה יורשין אותו. וכל הנך קרובים דקתני שיורשים זה את זה — הנ"מ כשאין קרוב לַמֵּת יותר מזה. גם הנהו קרובים דקתני בהן: לא נוחלין ולא מנחילין, כגון קרובים שמצד האם — הני מילי שיש קרובים מצד האב היורשין אותו, וקרובים לו יותר מקרובי האם, ואע"פ שגם אמו ממשפחת אביו. אבל אם אמו קרובה לו מצד משפחת אביו, ואין לו קרוב מאביו שקרוב לו כמו אמו — אז האם יורשת את הבן. ואם אין האם בחיים — קרובי האם יורשין אותו, דהוי ליה משפחת אב, דמכח קורבת אביו באין ליורשו. כגון ראובן שנשא סרח בת אשר, וילדה לו נפתלי, ומת נפתלי בלא בנים — הרי ראובן אביו יורשו. ואם אין לו אב — "ונתתם את נחלתו לאחיו" של נפתלי, ואם אין לו אחין — "ונתתם נחלתו לאחי אביו", דהיינו אשר, אבי אמו. ואם אין לו אחין לאביו, דאין אשר קיים — "ונתתם את נחלתו לקרוב אליו". נמצאת סרח, דהיינו בני אשר, או בנות אשר אם אין לו בנים דהיינו סרח, יורשת את בנה. **גמ' מאי שנא דתני.** ברישא דמתני' האב נוחל את הבן ומנחיל? והלא בעת שנוחל האב לבנו — נמצא שמת הבן בחיי האב, ולא הניח הבן הזה זרע ליורשו, לפיכך אביו יורשו. וזו קללה היא כשאדם מת בלא בנים, וגם כשהאב רואה במיתת בנו, והיה לו לתנא דמתניתין לפתוח: הבן נוחל את האב, שזה ברכה שימות האב ויקברנו בנו, כדכתיב (בראשית מו): "ויוסף ישית ידו על עיניך" — הבטיחו שיקברהו בנו. ועוד

יֵשׁ נוחלין. ואלו נוחלין ומנחילין. איכא דוכתי דנקיט אדסליק מיניה, ואיכא אדפתח ביה. ובמס' נדרים (דף ג,) מפרש לה. **האב את הבנים והבנים את האב.** תימה: "והאב את הבנים" — היינו "בנים את האב", שאם האב נוחל את בנו — אם כן בנו מנחילו, ואם הוא מנחיל לבנו — א"כ בנו *נוחלו! ואור"י, דאייתר למידק מיניה: בנים ולא בנות. אע"ג דקתני לה בהדיא בסמוך — מכל מקום תנא ליה הכא אגב אורחיה, ולקמן נמי (ב) תניא למנות סדר נחלות. וכן משמע בגמ', דקאמר: הבנים את האב מנלן? אמר קרא "ובן אין לו", הא יש לו בן — בן קודם לבת. משמע דמתני' לאקדומי בן לבת איצטריך. אבל מרישא דקתני: "האב את הבנים" — ליכא למידק הכי דהאב מנחיל בנים ולא בנות, דהא לא מייתר. ואם תאמר: דקתני "בני אחיות", ודייק בגמ' עלה: ולא בנות אחיות, אע"ג דלא מייתר, ומתוך כך צריך לומר דמתני' איני יודע מי שנאה — לימא דבנים לאו דוקא, אלא הוא הדין בנות, ואתיא שפיר כרבי זכריה בן הקצב. אע"ג דתנא בגמ' בני אחיות ולא בנות אחיות — [יש] לומר דברייתא פליגא אמתניתין, ויודע מי שנאה! ואור"י: דקים ליה דברייתא נשנית על המשנה, לפיכך דייק מינה. ועוד אומר ר"י: דכיון ד"בנים את האב" אייתר למידק בנים ולא בנות, אית לן למימר דכולהו "בנים" דמתני' דוקא — ולא בנות, לקדוס. **ואחין מן האב.** הקשה ר"י אמאי לא קתני: "אחי האב נוחלין ומנחילין"? שהן כתובין נמי בפרשה! ותירץ: משום דאחי האב וכל שאר אב נפקי מהנך: "האב את הבנים והבנים את האב, והאחין מן האב". דכיון שנודע שהבנים קודמין, ואחר הבנים האב, ואחר האב אחין — הרי אחי האב נפקי מכלל זה על ידי משמוש. דאם היה האב קיים — היה יורש, (ג) ועכשיו שאינו קיים — הרי הוא יורש בקבר, להנחיל לבנו שהוא *(אחי אביו) של מת. ומשמוש שמעינן מדתנן בסמוך בני אחות, שמנחילה בקבר נכסי אחיה לבנה. וא"ת: אם כן, "אחין מן האב" נמי לא ליתני, דשמעינן ליה מ"האב את הבנים" על ידי משמוש נחלה, שהאב יורש את בנו להנחיל לשאר בניו הקיימין, שהן אחי המת! ויש לומר, דנקט (ד) אגב דבעי למיתני: אחים מן האם לא נוחלין ולא מנחילין. דההוא איצטריך למיתני אע"ג דתנא האשה אינה נוחלת את בנה; סד"א: נהי דאינו יורש אחיו מן האם מכח אמו, מכח אח הוה אמינא דיורש, דכתיב "ונתתם את נחלתו לאחיו" לא שנא מן האב ולא שנא מן האם. וכי תימא: דמכל מקום לא איצטריך למיתני, דשמעי' מרישא דקתני אחין מן האב דוקא, ולא אחין מן האם! איצטריך, דהוה אמינא אחין מן האב לרבותא נקט, אף על פי שאין כל כך ודאין כמו אחין מן האם. ואם תאמר: אם כן, אחי האב נמי ליתני אגב אחי האם דסיפא! ויש לומר: דאי הוי תני אחי האב תו לא הוה צריך למיתני אחי האם, דמכלל אחי האב שמעינן להו. ועוד: דלא שייך למיתני אגב אחי האם, דהיא גופה משנה דלא צריכא היא, כדדייקינן בגמ' דהיינו בני אחות. יבול

רבינו גרשום

אידי דרויח החריץ ו' טפחים ממשכת עצמה בתוך החריץ לאחריה וקופצת חוץ א)סמוך לגדר ומשום הכי צריך בן חריץ עדיין שמעכב: אידי דקטין. ג' טפחים קיימא החיה אשפתיה וקופצת לעבר אחר הלכך צריכי תרוייהו כדי שלא תקפוץ:

הדרן עלך האומר לחבירו בית כור

יש נוחלין. שנוחלין אחרים והן עצמן מנחילין ממונם ליורשין: האב את הבנים. שהאב יורש את הבנים והבנים יורשין את האב: ליתני הבנים יורשין את האב תחלה. משום דתרי טעמי איכא דהוה ליה למיתני הבנים את האב חדא משום דאתחולי לא ב) מתחלינן בפורענותא היא שהבנים מתים בחיי אביהן והאב יורשן שמנהג העולם שהבן יורש האב ולא האב את

א) לכאורה צ"ל וקופצת מחוץ על הגדר וכו'. או צ"ל וקופצת מחריץ על הגדר. ב) נראה דצ"ל דאתחולי בפורענותא לא מתחלינן דהאב את הבנים פורענותא הוא כשהבנים וכו'.

מסורת הש"ס

א) [נדרים ב: נזיר ב.] ב) [לעיל יח:]

עין משפט נר מצוה

א א מיי' פ"א מהל' נחלות הל' א סמג עשין נו טוש"ע ח"מ סי' רעו סעיף א:

[ועי' לקמן קיד: רשב"ם סד"ה אף.]

הגהות הב"ח

(א) רשב"ם ד"ה ולא מנחילין וכו' ואי נמי גרסינן בני אחיות. נ"ב אבל לקמן בדף קיד ראיה ע"ב פירש בע"א: (ב) תוס' ד"ה האב וכו' ולקמן נמי תנא ליה למנות: (ג) ד"ה ואחין וכו' היה יורש לבנו ועכשיו שאינו קיים הרי הוא יורש בקבר להנחיל לאחיו שהוא אחי אביו: (ד) בא"ד דנקט לה אגב:

ס"א אחיו

Koren Talmud Bavli
THE NOÉ EDITION

BAVA BATRA

Steinsaltz Center

KOREN

תלמוד בבלי

KOREN TALMUD BAVLI

THE NOÉ EDITION

בבא בתרא

BAVA BATRA

Daf 92a through Daf 108a

COMMENTARY BY

Rabbi Adin Even-Israel Steinsaltz

EDITOR-IN-CHIEF

Rabbi Dr Tzvi Hersh Weinreb

SENIOR CONTENT EDITOR

Rabbi Dr Shalom Z Berger

EXECUTIVE EDITOR

Rabbi Joshua Schreier

STEINSALTZ CENTER

KOREN PUBLISHERS JERUSALEM

Supported by the Matanel Foundation

Koren Talmud Bavli, The Noe Edition
Vol. 23e: Tractate Bava Batra, Daf 92a through Daf 108b
Paperback, ISBN, 978-965-7766-12-5

First Hebrew/English paperback edition, 2021

Koren Publishers Jerusalem Ltd.
PO Box 4044, Jerusalem 91040, ISRAEL
PO Box 8531, New Milford, CT 06776, USA
www.korenpub.com

Steinsaltz Center

Steinsaltz Center is the parent organization of institutions established by Rabbi Adin Even-Israel Steinsaltz

PO Box 45187, Jerusalem 91450 ISRAEL
Telephone: +972 2 646 0900, Fax +972 2 624 9454
www.steinsaltz-center.org

This book was published in cooperation with the Israel Institute for Talmudic Publications.

הִנֵּה יָמִים בָּאִים, נְאֻם אֲדֹנָי יֱהֹוִה, וְהִשְׁלַחְתִּי רָעָב בָּאָרֶץ,
לֹא־רָעָב לַלֶּחֶם וְלֹא־צָמָא לַמַּיִם, כִּי אִם־לִשְׁמֹעַ אֵת דִּבְרֵי יהוה.

Behold, days are coming – says the Lord God – I will send a hunger to the land, not a hunger for bread nor a thirst for water, but to hear the words of the Lord. (AMOS 8:11)

The Noé edition of the Koren Talmud Bavli
with the commentary of Rabbi Adin Even-Israel Steinsaltz
is dedicated to all those who open its covers
to quench their thirst for Jewish Knowledge,
in our generation of Torah renaissance.

This beautiful edition is for the young, the aged,
the novice and the savant alike,
as it unites the depth of Torah knowledge
with the best of academic scholarship.

Within its exquisite and vibrant pages,
words become worlds.

It will claim its place in the library of classics,
in the bookcases of the Beit Midrash,
the classrooms of our schools,
and in the offices of professionals and business people
who carve out precious time to grapple with its timeless wisdom.

For the Student and the Scholar

DEDICATED BY LEO AND SUE NOÉ

Introduction by the Publisher

The Talmud has sustained and inspired Jews for thousands of years. Throughout Jewish history, an elite cadre of scholars has absorbed its learning and passed it on to succeeding generations. The Talmud has been the fundamental text of our people.

Beginning in the 1960s, Rabbi Adin Even-Israel Steinsaltz שליט״א created a revolution in the history of Talmud study. His translation of the Talmud, first into modern Hebrew and then into other languages, as well the practical learning aids he added to the text, have enabled millions of people around the world to access and master the complexity and context of the world of Talmud.

It is thus a privilege to present the *Koren Talmud Bavli*, an English translation of the talmudic text with the brilliant elucidation of Rabbi Steinsaltz. The depth and breadth of his knowledge are unique in our time. His rootedness in the tradition and his reach into the world beyond it are inspirational.

Working with Rabbi Steinsaltz on this remarkable project has been not only an honor, but a great pleasure. Never shy to express an opinion, with wisdom and humor, Rabbi Steinsaltz sparkles in conversation, demonstrating his knowledge (both sacred and worldly), sharing his wide-ranging interests, and, above all, radiating his passion. I am grateful for the unique opportunity to work closely with him, and I wish him many more years of writing and teaching.

Our intentions in publishing this new edition of the Talmud are threefold. First, we seek to fully clarify the talmudic page to the reader – textually, intellectually, and graphically. Second, we seek to utilize today's most sophisticated technologies, both in print and electronic formats, to provide the reader with a comprehensive set of study tools. And third, we seek to help readers advance in their process of Talmud study.

To achieve these goals, the *Koren Talmud Bavli* is unique in a number of ways:

- The classic *tzurat hadaf* of Vilna, used by scholars since the 1800s, has been reset for great clarity, and opens from the Hebrew "front" of the book. Full *nikkud* has been added to both the talmudic text and Rashi's commentary, allowing for a more fluent reading with the correct pronunciation; the commentaries of *Tosafot* have been punctuated. Upon the advice of many English-speaking teachers of Talmud, we have separated these core pages from the translation, thereby enabling the advanced student to approach the text without the distraction of the translation. This also reduces the number of volumes in the set. At the bottom of each *daf*, there is a reference to the corresponding English pages. In addition, the Vilna edition was read against other manuscripts and older print editions, so that texts which had been removed by non-Jewish censors have been restored to their rightful place.
- The English translation, which starts on the English "front" of the book, reproduces the *menukad* Talmud text alongside the English translation (in bold) and commentary and explanation (in a lighter font). The Hebrew and Aramaic text is presented in logical paragraphs. This allows for a fluent reading of the text for the non-Hebrew or non-Aramaic reader. It also allows for the Hebrew reader to refer easily to the text alongside. Where the original text features dialogue or poetry, the English text is laid out in a manner appropriate to the genre. Each page refers to the relevant *daf*.

- Critical contextual tools surround the text and translation: personality notes, providing short biographies of the Sages; language notes, explaining foreign terms borrowed from Greek, Latin, Persian, or Arabic; and background notes, giving information essential to the understanding of the text, including history, geography, botany, archaeology, zoology, astronomy, and aspects of daily life in the talmudic era.
- Halakhic summaries provide references to the authoritative legal decisions made over the centuries by the rabbis. They explain the reasons behind each halakhic decision as well as the ruling's close connection to the Talmud and its various interpreters.
- Photographs, drawings, and other illustrations have been added throughout the text – in full color in the Standard and Electronic editions, and in black and white in the Daf Yomi edition – to visually elucidate the text.

This is not an exhaustive list of features of this edition, it merely presents an overview for the English-speaking reader who may not be familiar with the "total approach" to Talmud pioneered by Rabbi Steinsaltz.

Several professionals have helped bring this vast collaborative project to fruition. My many colleagues are noted on the Acknowledgments page, and the leadership of this project has been exceptional.

RABBI MENACHEM EVEN-ISRAEL, DIRECTOR OF THE STEINSALTZ CENTER, was the driving force behind this enterprise. With enthusiasm and energy, he formed the happy alliance with Koren and established close relationships among all involved in the work.

RABBI DR. TZVI HERSH WEINREB שליט״א, EDITOR-IN-CHIEF, brought to this project his profound knowledge of Torah, intellectual literacy of Talmud, and erudition of Western literature. It is to him that the text owes its very high standard, both in form and content, and the logical manner in which the beauty of the Talmud is presented.

RABBI JOSHUA SCHREIER, EXECUTIVE EDITOR, assembled an outstanding group of scholars, translators, editors, and proofreaders, whose standards and discipline enabled this project to proceed in a timely and highly professional manner.

RABBI MEIR HANEGBI, EDITOR OF THE HEBREW EDITION OF THE STEINSALTZ TALMUD, lent his invaluable assistance throughout the work process, supervising the reproduction of the Vilna pages.

RAPHAËL FREEMAN, EXECUTIVE EDITOR OF KOREN, created this Talmud's unique typographic design which, true to the Koren approach, is both elegant and user friendly.

It has been an enriching experience for all of us at Koren Publishers Jerusalem to work with the Steinsaltz Center to develop and produce the *Koren Talmud Bavli*. We pray that this publication will be a source of great learning and, ultimately, greater *avodat Hashem* for all Jews.

Matthew Miller, Publisher
Koren Publishers Jerusalem
Jerusalem 5772

Contents

For the vocalized Vilna Shas layout, please open as a Hebrew book.

Introduction to **Perek VI**

The chapter opens with a discussion of a sale in which the merchandise does not fulfill the requirements of the buyer. In some cases, a defect in the merchandise entirely nullifies the sale as a mistaken transaction. In other cases, the defect is considered so common that the buyer should have specified if he did not want it. Similarly, if the merchandise is suitable for several purposes, it may be the responsibility of the buyer to specify the purpose for which he is purchasing the merchandise.

The chapter proceeds to discuss cases in which a certain percentage of the merchandise is of substandard quality. What percentage is considered significant enough to require the seller to replace the substandard goods, and what percentage is considered acceptable?

This chapter also addresses questions concerning land purchases. When one purchases land, sometimes he does not mention the size of the plot he is purchasing but instead specifies what he wishes to do with it. For example, he may purchase land to build a certain structure, without specifying the size of the building he intends to construct there. Similarly, one may hire a contractor to construct a particular type of building without specifying the exact dimensions or specifications of the building. The details of the sale or contract are defined by the standard dimensions of the type of building mentioned, which the chapter delineates for several types of buildings.

One of these types of structures is a catacomb, for which land is usually purchased by a community or family. The chapter analyzes the purchase of land suitable for a catacomb, as well as the standard dimensions and structure of a catacomb.

In previous chapters, the issue of access rights through other people's land was discussed. The question of access rights can arise if one sells land but retains rights to pass through the land. Another possibility is where one purchases land together with the right to access it through the seller's remaining land. This chapter explains in detail the rights that one has on access paths. Is he limited to walking there at certain times, and does he require the permission of the landowner? May he allow others to also pass through or is the right granted solely to him?

The chapter also considers the rights of the public to a public thoroughfare that passes through private property. Does the owner of the property have the right to prevent or limit public access to that thoroughfare? May he instead grant access to a thoroughfare in a different location?

These are the main topics dealt with in this chapter. Other related issues are discussed in passing.

מתני׳ הַמּוֹכֵר פֵּירוֹת לַחֲבֵרוֹ וְזָרְעָן וְלֹא צָמְחוּ, וַאֲפִילּוּ זֶרַע פִּשְׁתָּן – אֵינוֹ חַיָּיב בְּאַחֲרָיוּתָן; רַבָּן שִׁמְעוֹן בֶּן גַּמְלִיאֵל אוֹמֵר: זֵרְעוֹנֵי גִינָּה שֶׁאֵינָן נֶאֱכָלִין – חַיָּיב בְּאַחֲרָיוּתָן.

MISHNA With regard to **one who sells produce to another**[N] that is sometimes purchased for consumption and sometimes for planting, **and** the buyer **planted it and it did not sprout,**[H] **and even** if he had sold **flaxseeds,**[NH] which are only occasionally eaten, the seller **does not bear** financial **responsibility for them,** i.e., he is not required to compensate the buyer. Since the buyer did not specify that he purchased the produce in order to plant it, the seller can claim that he assumed the buyer intended to eat it. **Rabban Shimon ben Gamliel says:** If he had sold **seeds** for **garden** plants, **which are not eaten**[H] at all, then the seller **bears** financial **responsibility for them,**[N] as they were certainly purchased for planting.

גמ׳ אִיתְּמַר: הַמּוֹכֵר שׁוֹר לַחֲבֵירוֹ, וְנִמְצָא נַגְחָן – רַב אָמַר: הֲרֵי זֶה מִקַּח טָעוּת, וּשְׁמוּאֵל אָמַר: יָכוֹל לוֹמַר לוֹ לִשְׁחִיטָה מְכַרְתִּיו לָךְ.

GEMARA An amoraic dispute **was stated** with regard **to one who sells an ox to another and the** ox **is found** to be **one that habitually gores.**[NH] **Rav says: This is a mistaken transaction,** since the buyer can claim that he bought the ox specifically for labor, and an ox that gores is not suitable for this function. Therefore, the seller must take back the ox and reimburse the buyer. **And Shmuel says:** The sale is not voided, as the seller **can say to him: I sold it to you for slaughter,**[N] and the fact that it gores is immaterial.

וְלֶיחֱזֵי אִי גַּבְרָא דְּזָבֵין לְנִכְסְתָּא – לְנִכְסְתָּא, אִי לְרִדְיָא – לְרִדְיָא! בְּגַבְרָא דְּזָבֵין לְהָכִי וּלְהָכִי.

The Gemara suggests: **But let us see if** the buyer is **a man**[N] who generally **purchases** oxen **for slaughter,** in which case it can be presumed that he also purchased this ox **for slaughter, or if** he is a man who generally purchases oxen **for plowing,**[H] in which case it can be presumed that he also purchased this ox **for plowing.** The Gemara answers: The dispute **concerns a man who** sometimes **purchases** oxen **for this** purpose **and** sometimes **for that** purpose, and so it is uncertain for which purpose he purchased this ox.

HALAKHA

One who sells produce to another, and the buyer planted it and it did not sprout – הַמּוֹכֵר פֵּירוֹת לַחֲבֵרוֹ וְזָרְעָן וְלֹא צָמְחוּ: If one sells produce that is usually purchased for consumption, e.g., wheat or barley, and the buyer planted it and it did not sprout, the seller does not bear financial responsibility for it. If the buyer had specified that he wished to plant the produce, then the seller bears financial responsibility for it and must compensate the buyer (Rambam *Sefer Kinyan, Hilkhot Mekhira* 16:2; *Shulḥan Arukh, Ḥoshen Mishpat* 232:21 and *Sma* there).

Flaxseeds – זֶרַע פִּשְׁתָּן: If one sold flaxseeds and the buyer planted them and they did not sprout, the seller does not bear financial responsibility for them. Although the majority of such seeds are planted, because some people purchase them as food it is not considered to be a mistaken transaction. If the buyer had specified that he wished to plant the seeds, then the seller bears financial responsibility for them. If the buyer has not yet paid for the seeds, then even if he had not specified beforehand that he wished to plant the seeds, he can state that he intended to plant them, and the seller bears financial responsibility for them. The seller bears financial responsibility because the buyer is still in possession of the money and so the burden of proof rests upon the claimant, i.e., the seller (Rambam *Sefer Kinyan, Hilkhot Mekhira* 16:2; *Shulḥan Arukh, Ḥoshen Mishpat* 232:21, and in the comment of Rema, and *Beur HaGra* there).

Seeds for garden plants, which are not eaten – זֵרְעוֹנֵי גִינָּה שֶׁאֵינָן נֶאֱכָלִין: If one sells seeds for growing garden plants, which are used only for planting, and they were planted but did not sprout, the seller bears financial responsibility for them and must compensate the buyer. This is the *halakha* even if the seller was unaware that they were defective (*Sma*). This is in accordance with the opinion of Rabban Shimon ben Gamliel. This applies if they did not sprout due to a defect in the seeds. If it is possible that they did not sprout due to the quality of the earth, or due to the weather, the seller is not required to compensate the buyer (Rambam *Sefer Kinyan, Hilkhot Mekhira* 16:1; *Shulḥan Arukh, Ḥoshen Mishpat* 232:20).

One who sells an ox to another, and it is found to be one that habitually gores – הַמּוֹכֵר שׁוֹר לַחֲבֵירוֹ וְנִמְצָא נַגְחָן: An ox that habitually gores may not be kept alive (*Sma*). In a case where one sells an ox to another, and that ox is found to be one that habitually gores, and it is impossible to ascertain whether the buyer's intent was to purchase it for plowing or for slaughtering, e.g., where the buyer regularly purchases animals for both purposes and there is no evidence from the price paid as to the type of animal it was, then the seller can claim that it was purchased for slaughter; it is not considered to be a mistaken transaction. Even if the majority of people in that place purchase oxen for plowing, the intent of the majority is not sufficient to extract compensation from the seller. This is in accordance with the opinion of Shmuel that in monetary cases the *halakha* does not follow the practice of the majority of people, but instead the burden of proof rests upon the claimant. If the buyer has not yet paid for the animal, the burden of proof rests upon the seller, even in a place where most people purchase oxen for slaughter (Rambam *Sefer Kinyan, Hilkhot Mekhira* 16:5; *Shulḥan Arukh, Ḥoshen Mishpat* 232:23 and *Netivot HaMishpat* there).

But let us see if he is a man who purchases oxen for slaughter…or if he purchases oxen for plowing – וְלֶיחֱזֵי אִי גַּבְרָא דְּזָבֵין לְנִכְסְתָּא...אִי לְרִדְיָא: In a case where one purchases an ox, and the ox is found to be one that habitually gores, if he purchased it for plowing, and the seller was aware of his intentions (Rashbam; Ramah), then it is considered to be a mistaken transaction. If the buyer generally purchases oxen only for slaughter, the presumption is that he also purchased this ox for slaughter (Rambam *Sefer Kinyan, Hilkhot Mekhira* 16:5; *Shulḥan Arukh, Ḥoshen Mishpat* 232:23).

NOTES

One who sells produce to another – הַמּוֹכֵר פֵּירוֹת לַחֲבֵרוֹ: Had the buyer specified that he was purchasing the produce in order to plant it, the seller would certainly be responsible for providing him with produce suitable for that purpose. The mishna is referring only to a case where the purpose of the sale was never clarified (Rashbam). This is how the mishna is explained in the Jerusalem Talmud.

And even flaxseeds – וַאֲפִילּוּ זֶרַע פִּשְׁתָּן: Although flaxseeds are not usually eaten, it is possible to eat them or to process them to produce oil.

Seeds for garden plants, which are not eaten, he bears responsibility for them – זֵרְעוֹנֵי גִינָּה שֶׁאֵינָן נֶאֱכָלִין חַיָּיב בְּאַחֲרָיוּתָן: As in all financial disputes, the burden of proof rests upon the claimant, in this case the buyer. The seller bears financial responsibility only once it has been established by an expert that the seeds are not suitable for planting. Similarly, the expert must determine that the reason they did not sprout was not due to the kind of earth into which they were planted, or due to the weather, but was due only to a deficiency in the seeds themselves (Ramban, citing Rif; Rambam).

The fact that the sale is voided as a mistaken transaction and the seller is responsible would appear to be obvious, yet the Ran explains that there is a novelty in this ruling. In a standard case of a mistaken transaction, the seller has the right to demand that the buyer return the merchandise. Here, the seller is liable to compensate the buyer whether or not he is able to return the seeds.

Is found to be one that habitually gores – וְנִמְצָא נַגְחָן: The dispute applies even in a case where the ox had previously gored only once and so was not classified as a forewarned ox (Ritva).

He can say to him, I sold it to you for slaughter – יָכוֹל לוֹמַר לוֹ לִשְׁחִיטָה מְכַרְתִּיו לָךְ: Shmuel's opinion is based on the principle that the burden of proof rests upon the claimant. Since the money is in the possession of the seller, the buyer is considered to be the claimant and can void the sale only if he has clear proof of his original intent. It follows that if, before the seller actually receives the money, the buyer claims that he purchased the ox for plowing, then the buyer has the right to return the ox to the seller (Ri Migash). This conclusion is accepted as the *halakha*.

But let us see if he is a man, etc. – וְלֶיחֱזֵי אִי גַּבְרָא וכו׳: The intent of the seller is irrelevant here, because he will sell as much as he can (Ramah). It is only the buyer's intent that matters, because if he raises livestock for slaughter, presumably he purchased this ox for slaughter. Conversely, if he farms the land, presumably he intended to purchase an ox for plowing.

וליחזי דמי היכי נינהו!

The Gemara persists: **But let us see the payment**[H] he made; **how much was it?** Since an ox fit for plowing costs more than one fit only for slaughter, the purpose for which the ox was purchased will be apparent from the price paid.

לא צריכא, דאייקר בישרא וקם בדמי רדיא. אי הכי, למאי נפקא מינה? נפקא מינה לטרחא.

The Gemara answers: **No,** it is **necessary** to discuss the case **where** the price of an ox to be slaughtered for its **meat appreciated and reached** the **value of** an ox for **plowing.** But if the price disparity is significant, there is no dispute. The Gemara asks: **If so, for** the sake of **what** practical **difference** did they discuss the case? Even if the ox was not suitable for the buyer's purposes, he could sell it for the same price of the ox he needs. The Gemara answers: The practical **difference** is **with regard to the effort**[N] of selling the ox in order to recover its value; who must go to the effort of doing so?

היכי דמי?

The Gemara clarifies: **What are the circumstances** of the case under discussion?

HALAKHA

Let us see the payment – ליחזי דמי: In a case where one generally purchases oxen for both plowing and slaughter, and there is a discrepancy in the price of oxen purchased for each purpose, then if he purchased an ox without specifying for which purpose and he paid the price of an ox for plowing, then it is presumed that he intended to purchase it for plowing. Similarly, if he paid the price of an ox for slaughter, it is presumed that he purchased it for slaughter (*Shulḥan Arukh*, *Ḥoshen Mishpat* 232:23).

NOTES

The practical difference is with regard to the effort – נפקא מינה לטרחא: According to the Rashbam this is referring to the effort of selling the meat of the slaughtered animal. Rabbeinu Gershom Meor HaGola explains that it is referring to the effort of selling this animal and purchasing another.

Perek **VI**
Daf **92** Amud **b**

אי דליכא לאישתלומי מיניה – ליעכב תורא בזוזיה, דאמרי אינשי: מן מרי רשותיך פארי אפרע!

If this is a case **where** the seller **does not** have sufficient funds for the buyer **to be reimbursed**[N] **by him,** then **let** the buyer **retain the ox** itself **in lieu of his money, as people say:** If you wish to ensure that you will get paid, **collect** even **bran,** an inferior commodity, **from one who is in your debt.** Consequently, even according to the opinion of Rav, the buyer will be likely to retain the ox. What, then, is the practical difference between the opinions of Rav and Shmuel?

לא צריכא, דאיכא לאישתלומי מיניה;

The Gemara answers: **No,** it is **necessary** to discuss the case **where** the seller **does have** sufficient funds for the buyer **to be reimbursed by him.**

רב אמר: הרי זה מקח טעות – בתר רובא אזלינן, ורובא לרדיא זבני; ושמואל אמר לך: כי אזלינן בתר רובא – באיסורא, בממונא – לא.

The Gemara explains the logic of each opinion: **Rav says: This is a mistaken transaction,** as in cases of uncertainty **we follow the majority, and** since **the majority** of people **purchase** oxen **for plowing,** it is presumed that this buyer also purchased the ox for plowing. Accordingly, since the ox he received was not suitable for plowing, the sale is void. **And Shmuel** could have **said to you: When we follow the majority,** that is only **with regard to ritual matters,**[HN] but **with regard to monetary matters,**[H] such as this, we do **not**[N] follow the majority. Accordingly, there is no basis for voiding the sale.

HALAKHA

Majority with regard to ritual matters – רובא באיסורא: With regard to ritual matters, one follows the majority of cases to determine whether an item is permitted or prohibited (Rambam *Sefer Kedusha*, *Hilkhot Ma'akhalot Assurot* 8:11; *Shulḥan Arukh*, *Yoreh De'a* 110:3).

Majority…with regard to monetary matters – רובא...בממונא: One does not follow the majority when deciding monetary cases. For example, in a case where one purchased an ox, and the ox is found to be one that habitually gores, then if the buyer sometimes purchases oxen for plowing and sometimes for slaughter, he cannot claim that his intention in this case was to use it for plowing and so it is a mistaken transaction, even though the majority of people normally purchase oxen for plowing. This is in accordance with the opinion of Shmuel, as the *halakha* follows his opinion in his disputes with Rav with regard to monetary matters (Rambam *Sefer Kinyan*, *Hilkhot Mekhira* 16:5; *Shulḥan Arukh*, *Ḥoshen Mishpat* 232:23).

NOTES

If this is a case where he does not have funds for the buyer to be reimbursed – אי דליכא לאישתלומי: The challenge here is mainly directed at the opinion of Rav: Why should the sale be voided? If the buyer intended to purchase the ox for slaughter, then he has an ox for slaughter, and even if he intended to purchase the ox for plowing, he is now in possession of an ox worth the amount of compensation he is entitled to receive (Ri Migash).

The Rashbam cites Rabbeinu Ḥananel, who cites a different version of the text, according to which the Gemara contrasts two cases: One where the seller does not have the money, and one where the seller does have the money. Rabbeinu Ḥananel understands this to be referring specifically to the money used to purchase the ox. Accordingly, if the seller had already spent the money he received for selling the ox, then even if he has other funds with which to compensate the buyer, he is not required to do so. Both Rabbeinu Ḥananel and Rashbam question this conclusion, and the Rashbam notes that according to the standard version of the Gemara's text, the opposite is true (see *Tosafot*). Rabbeinu Tam, both in *Tosafot* here and in *Sefer HaYashar*, explains that there are different categories of repayment. In some cases, one is obligated to offer repayment in cash, and if one does not have cash he must sell his possessions in order to pay. Examples of this are the payment of workers' wages and certain forms of loan repayment. In other cases, one is liable to pay with cash only if he has it. If one does not have any cash, then one may pay the debt with other property. An example of this is repayment of a loan. In still other cases, e.g., payment for damages, one may pay his debt with movable property equal to the value of the debt, even if he has cash available. Accordingly, the alternate version of the Gemara should be understood as saying that in this case, if the seller does not have cash available, he is not required to sell any movable property he has in order to be able to compensate the buyer with cash.

With regard to ritual matters – באיסורא: An example of this principle of following the majority with regard to ritual matters is a case in which one finds meat in a market, and it is not known whether this meat is kosher or not. Its status is determined based on the type of meat sold by the majority of shops in that market (Rashbam).

With regard to monetary matters we do not – בממונא לא: In monetary matters there is the additional factor that one of the parties is currently in possession of the money. That possession provides him with an advantage and places the burden of proof on the claimant (Rashbam).

(סִימָן: אִשָּׁה וְעֶבֶד שׁוֹר שְׁוָרִין וּפֵירוֹת).

The Gemara cites a **mnemonic** that indicates the topics of the cases it will reference to challenge either Rav's or Shmuel's opinion: **Woman, and slave, ox, oxen, and produce.**

מֵיתִיבִי: הָאִשָּׁה שֶׁנִּתְאַלְמְנָה אוֹ נִתְגָּרְשָׁה, וְהִיא אוֹמֶרֶת: "בְּתוּלָה נִישֵּׂאתִי", וְהוּא אוֹמֵר: "לֹא כִּי, אֶלָּא אַלְמָנָה נְשָׂאתִיךְ". אִם יֵשׁ עֵדִים שֶׁיָּצְאָה בְּהִינּוּמָא וְרֹאשָׁהּ פָּרוּעַ – כְּתוּבָּתָהּ מָאתַיִם;

The Gemara **raises an objection** to Rav's opinion from a mishna (*Ketubot* 15b): With regard to **a woman who was widowed**[N] **or divorced,**[H] and is in dispute with her husband or his heirs over the value of the payment she should receive for her marriage contract, **and she says:** When **you married me** I was **a virgin,** and so I am entitled to two hundred dinars, **and he says: That is not** the case; **rather,** when **I married you,** you were **a widow,** and so you are entitled to only one hundred dinars, then **if there are witnesses that she went out** of her father's house to her wedding **with a veil** [***hinnuma***][LN] **or** with the hair of **her head loose,** in the typical manner of virgin brides, that is considered sufficient evidence in support of her claim, and so the payment of **her marriage contract is two hundred** dinars.

טַעְמָא דְּאִיכָּא עֵדִים, הָא לֵיכָּא עֵדִים – לָא, וְאַמַּאי? לֵימָא: הַלֵּךְ אַחַר רוֹב הַנָּשִׁים, וְרוֹב נָשִׁים בְּתוּלוֹת נִישָּׂאוֹת!

The Gemara infers: **The reason** that she receives two hundred dinars is **that there are witnesses** to her claim. Therefore, if **there were no witnesses,** her claim would **not** be successful. The Gemara asks: **But why? Let us say** that since there is an uncertainty, one should **follow** the **majority of women, and** since the **majority of women marry as virgins,** it should be presumed that this woman also married as a virgin. Accordingly she should be entitled to two hundred dinars. Since this is not the case, it is apparent that the majority is not followed in monetary matters.

אָמַר רָבִינָא, מִשּׁוּם דְּאִיכָּא לְמֵימַר: רוֹב נָשִׁים בְּתוּלוֹת נִישָּׂאוֹת, וּמִיעוּט – אַלְמָנוֹת, וְכׇל הַנִּישֵּׂאת בְּתוּלָה יֵשׁ לָהּ קוֹל, וְזוֹ הוֹאִיל וְאֵין לָהּ קוֹל – אִיתְרַע לָהּ רוּבָּא.

Ravina said: In this case, one cannot decide the case based on the majority of women **because there is** room **to say** that it is so that the **majority of women marry as virgins and** only **a minority** marry **as widows** or non-virgins. **But** it is also so that there is an additional presumption: The marriage of **anyone who marries** as **a virgin generates publicity**[N] of that fact. **And** with regard to **this** woman, who is in a dispute over the value of her marriage contract, **because her** marriage **did not generate publicity** of her marrying as a virgin, the ability to apply what is true of **the majority** of women to her case **is undermined.** Accordingly, there is no proof that the majority is not followed in monetary matters.

LANGUAGE

Veil [*Hinnuma*] – הִינּוּמָא: Scholars disagree with regard to the precise source of this word. Many maintain that it is from the Greek ὑμέναιος, *humenaios*, meaning a song sung at a wedding, and it is also used as a general term for a wedding. Rabbeinu Ḥananel suggests that its source is the Greek ἔννομος, *ennomos*, a matter performed according to the law (*Arukh*). Others assert that it is related to the Greek ὑμήν, *humēn*, meaning thin scarf, or a thin membrane such as the hymen.

NOTES

A woman who was widowed, etc. – הָאִשָּׁה שֶׁנִּתְאַלְמְנָה וכו׳: The main sum of a marriage contract for a virgin entitles her to two hundred dinars in the event the husband divorces her or dies. For a non-virgin or a woman who was previously married, the main sum is one hundred dinars.

Certainly, if there was an extant marriage contract, she would be entitled to the sum written in that document, whether or not it conformed to the standard amounts. The case here is one in which the woman claims that she lost her marriage contract, or where the local custom was not to write a marriage contract (Rashbam).

Veil [*hinnuma*] – הִינּוּמָא: The meaning of *hinnuma* is discussed in both the Babylonian Talmud and the Jerusalem Talmud. The Jerusalem Talmud cites a dispute between the Sages of Babylonia, who hold that *hinnuma* derives from the term *nimnuma*, meaning a veil that covers the bride's face, and the Sages of Eretz Yisrael, who hold that it derives from the term *paryoma*. The meaning of *paryoma* is the subject of dispute among the commentaries. The *Arukh* explains that it is a thin, light coat worn by the bride, while others explain that it is a sedan chair in which the bride is carried.

Generates publicity – יֵשׁ לָהּ קוֹל: When a virgin is married, the celebration is public, and the details of the wedding would be known and remembered even many years later.

The Ritva points out that this Gemara teaches an important principle: In any case that deals with a matter that normally generates publicity, the fact that in this case the purported event did not generate publicity is sufficient to undermine the testimony of witnesses that the event occurred.

HALAKHA

A woman who was widowed or divorced, etc. – הָאִשָּׁה שֶׁנִּתְאַלְמְנָה אוֹ נִתְגָּרְשָׁה, וכו׳: If a divorced or widowed woman whose marriage contract was lost claims that she was married as a virgin and is consequently entitled to two hundred dinars, and the husband or his heirs claim she was not a virgin and is consequently entitled to only one hundred dinars, if there are witnesses that she was married in accordance with the custom of virgin brides, then she receives two hundred dinars. For this purpose, witnesses may even testify based on what they saw when they were still minors. Otherwise, she receives only one hundred dinars. In cases where the husband or his heirs pay one hundred dinars, they are required to take an oath that they do not owe her any more money. Some hold that this oath is required by Torah law, as it is considered to be an oath of one who admits to part of a claim. Others hold that it is an oath of inducement, instituted by rabbinic law (Rambam *Sefer Nashim*, *Hilkhot Ishut* 16:25; *Shulḥan Arukh*, *Even HaEzer* 96:15).

NOTES

The majority is undermined – אִיתְרַע לָהּ רוּבָּא: *Tosafot* write that even though the ability to follow the majority is undermined, it is not entirely negated. Ultimately, the fact that the majority of women are married as virgins has a stronger force than the fact there is public awareness of the marriages of a majority of women who are married as virgins. *Tosafot* explain that this is the basis of the Gemara's ruling (*Ketubot* 28a) that a witness can testify that a woman was married as a virgin even when that testimony is based on events he saw when he was still a minor.

Gambler [*kuvyustus*] – קוּבְיוּסְטוּס: This translation follows the explanation of *Tosafot* and Rabbeinu Ḥananel. Rashi, Rashbam, and Rabbeinu Gershom Meor HaGola hold that *kuvyustus* refers to a kidnapper.

Armed bandit – לִסְטִים מְזוּיָּין: An armed bandit is likely to eventually commit murder and be caught by the authorities and executed (Rashbam). He is therefore not a desirable slave.

Written by the government – מוּכְתָּב לַמַּלְכוּת: The Rashbam explains that the slave was sentenced to death and will shortly be executed. Alternatively, the Rambam explains that the slave was written on a list of people who would shortly be conscripted to work for the government. Either way, as a buyer would not want to purchase a slave under such circumstances, it is a mistaken transaction.

LANGUAGE

Gambler [*kuvyustus*] – קוּבְיוּסְטוּס: Probably from the Greek term κυβευτής, *kubeutēs*, meaning one who plays with dice. The issue is not only the amount of time he wastes in gambling, but also the possibility that he might lose his money and steal in order to pay his debts.

Bandit [*listim*] – לִסְטִים: From the Greek λῃστής, *lēstēs*, meaning thief or bandit.

אִי כׇּל הַנִּישָּׂאוֹת בְּתוּלוֹת יֵשׁ לָהֶן קוֹל, כִּי אִיכָּא עֵדִים מַאי הָוֵי? מִדְּלֵית לַהּ קוֹל – סָהֲדֵי שִׁקְרֵי נִינְהוּ!

The Gemara questions this: **If** it is really true that the marriage of **anyone who marries as a virgin generates publicity** of that fact, then even **when there are witnesses** that she was a virgin bride, **what of it? From** the fact that **her** marriage **did not generate publicity** of her marrying as a virgin, perforce **they are false witnesses.**

אֶלָּא, רוֹב הַנִּישָּׂאוֹת בְּתוּלוֹת יֵשׁ לָהֶן קוֹל, וְזוֹ הוֹאִיל וְאֵין לָהּ קוֹל – אִיתְרַע לָהּ רוּבָּא.

Rather, one must modify the above argument to say that **the majority** of marriages **of women who marry** as **virgins generate publicity** of that fact, **and** with regard to **this** woman, **since her** marriage **did not generate publicity** of her having been married as a virgin, the ability to apply what is true of **the majority** of women to her case **is undermined.**[N]

תָּא שְׁמַע: הַמּוֹכֵר עֶבֶד לַחֲבֵירוֹ וְנִמְצָא גַּנָּב אוֹ קוּבְיוּסְטוּס – הִגִּיעוֹ, לִסְטִים מְזוּיָּין אוֹ מוּכְתָּב לַמַּלְכוּת – אוֹמֵר לוֹ ״הֲרֵי שֶׁלְּךָ לְפָנֶיךָ״;

Come and hear another challenge to Rav's opinion from a *baraita*: In the case of **one who sells a slave to another, and** the slave **is found to be a thief**[H] **or a gambler** [*kuvyustus*],[NL] and the buyer does not wish to have such a slave, nevertheless **it has come to him,** i.e., the slave is acquired by the one who purchased him and the transaction is nonrefundable. By contrast, if the slave is found to be **an armed bandit** [*listim*][NL] **or** has been judged and **written** to be executed **by the government,**[N] then the buyer can return the slave to the seller and **say to him: That which is yours is before you;** return the money I paid for him, as the sale is void.

רֵישָׁא

The Gemara explains the proof from the *baraita*: In **the first clause** of the *baraita*,

HALAKHA

One who sells a slave to another, and he is found to be a thief, etc. – הַמּוֹכֵר עֶבֶד לַחֲבֵירוֹ וְנִמְצָא גַּנָּב וכו׳: If one purchases a slave and the slave is found to be an armed bandit, the buyer may return the slave to the seller since he certainly did not want a slave that will ultimately be caught and executed. Similarly, if the slave had been written in the conscription list of the king, the buyer may return him to the seller, since the king could commandeer the slave at any time. By contrast, if the slave is found to be a thief, a kidnapper, one who constantly runs away, a lazy glutton, or the like, the buyer may not return him, as there is a presumption that this is typical behavior for most slaves. This is in accordance with the explanation of the Gemara (93a). If the buyer specified at the time of purchase that he wanted only an honest slave, and it is discovered that the slave is dishonest, the buyer may return him. The Rema writes that some say that a kidnapper is also considered like one who will be caught and executed by the king, and therefore the buyer may return him (Rambam *Sefer Kinyan, Hilkhot Mekhira* 15:13; *Shulḥan Arukh, Ḥoshen Mishpat* 232:10).

מַאי טַעְמָא, לָאו מִשּׁוּם דְּרוּבָּא הָכִי אִיתְנְהוּ?

what is the reason[N] that the sale is not considered to be a mistaken transaction? Is it **not because a majority** of slaves **are like this,** i.e., either thieves or gamblers? Apparently, the majority is followed in monetary matters.

לָא, כּוּלְּהוּ הָכִי אִיתְנְהוּ.

The Gemara rejects the proof: **No,** it is because **all** slaves **are like this.**[N] Accordingly, no proof can be drawn as to whether we follow the majority in monetary matters.

NOTES

What is the reason – מַאי טַעְמָא: The Gemara's question is based on the assumption that being a thief or a gambler is also considered a significant defect in a slave. Accordingly, since the person was purchased to be used as slave, the sale should be void (Rashbam).

All are like this – כּוּלְּהוּ הָכִי אִיתְנְהוּ: Although the fact that the slave is a thief or a gambler certainly makes him undesirable as a slave, nevertheless, since everyone is aware that most slaves have such defects the buyer cannot claim that he was unaware of them in order to void the sale. If the buyer wishes to ensure he purchases a slave without these defects, he must explicitly state his requirements at the time of the sale.

תָּא שְׁמַע: שׁוֹר שֶׁנָּגַח אֶת הַפָּרָה וְנִמְצָא עוּבָּרָהּ בְּצִדָּהּ, וְאֵינוֹ יָדוּעַ אִם עַד שֶׁלֹּא נְגָחָהּ יָלְדָה אוֹ אִם מִשֶּׁנְּגָחָהּ יָלְדָה – מְשַׁלֵּם חֲצִי נֶזֶק לַפָּרָה וּרְבִיעַ לַוָּלָד.

Come and **hear** another challenge to Rav's opinion from a mishna (*Bava Kamma* 46a): In the case of an innocuous **ox that gored** and killed **a cow,**[H] **and the** cow's **fetus was found** dead **at its side, and it is not known whether** the cow **calved before** the ox **gored it** and the fetus' death was unrelated to the goring, **or whether it calved after** the ox **gored it** and the fetus died on account of the goring, the ox's owner **pays half** the cost of **the damage for the cow,** as is the *halakha* for an innocuous ox (see Exodus 21:35), **and one-quarter** of the cost of the damage **for the offspring.** Since it is uncertain whether the ox caused the death of the fetus, its owner pays for half of the standard liability of half the cost of the damage.

וְאַמַּאי? לֵימָא: הַלֵּךְ אַחַר רוֹב פָּרוֹת, וְרוֹב פָּרוֹת מִתְעַבְּרוֹת וְיוֹלְדוֹת, וְהָא וַדַּאי מֵחֲמַת נְגִיחָה הִפִּילָה!

The Gemara explains the proof from the *baraita*: **But why,** according to Rav, should he only pay for one-quarter of the damage to the fetus? Since there is an uncertainty, **let us say: Follow** the **majority of cows, and** since the **majority of cows become pregnant and calve** live offspring, one should conclude that **this** cow, which did not, **certainly miscarried due to** the ox **goring** it, and the ox's owner should be liable for half the cost of the fetus. Since that line of reasoning is not applied here, it is apparent that the majority is not followed in monetary matters.

הָתָם מִשּׁוּם דְּמִסַּפְּקָא לָן, דְּאִיכָּא לְמֵימַר: מִקָּמַהּ אֲתָא וּמִבִּיעֲתוּתָא הִפִּילָה, וְאִיכָּא לְמֵימַר: מֵאֲחוֹרָהּ אֲתָא וּמִינְגַּח נְגָחָהּ וְהִפִּילָה – הָוֵי מָמוֹן הַמּוּטָל בְּסָפֵק, וְכָל מָמוֹן הַמּוּטָל בְּסָפֵק חוֹלְקִין.

The Gemara rejects the proof: **There,** the reason that the ox's owner pays for only one-quarter of the damage for the fetus is **due** to the fact **that we are uncertain** about how it died, **as it is** possible **to say** that the ox **approached** the cow **from its front and** it was **due to** the cow's **fright,** not due to the goring, that **it miscarried,**[N] meaning that the ox's owner would not be liable; **and it is** also possible **to say that** the ox **approached** the cow **from behind it and gored it, and** that is why the cow **miscarried.** Accordingly, the payment for such damage constitutes **property of uncertain ownership, and** the *halakha* is that **all property of uncertain ownership is divided** equally between the two parties.

לֵימָא כְּתַנָּאֵי: שׁוֹר שֶׁהָיָה רוֹעֶה, וְנִמְצָא שׁוֹר הָרוּג בְּצִדּוֹ, אַף עַל פִּי שֶׁזֶּה מְנוּגָּח וְזֶה מוּעָד לִיגַּח, זֶה מְנוּשָּׁךְ וְזֶה מוּעָד לִישּׁוֹךְ – אֵין אוֹמְרִים: בְּיָדוּעַ שֶׁזֶּה נְגָחוֹ וְזֶה נְשָׁכוֹ. רַבִּי אַחָא אוֹמֵר: גָּמָל הָאוֹחֵר בֵּין הַגְּמַלִּים, וְנִמְצָא גָּמָל הָרוּג בְּצִדּוֹ – בְּיָדוּעַ שֶׁזֶּה הֲרָגוֹ;

The Gemara suggests: **Let us say** that this dispute between Rav and Shmuel **is parallel to** a dispute between *tanna'im*, as it is taught in a *baraita*: In the case of **an ox that was grazing and** another **ox** that **was found killed at its side, even though this** dead ox **has been gored and that** grazing ox **is forewarned**[B] **with regard to goring,** or **this** dead ox **has been bitten and that** grazing ox **is forewarned with regard to biting,** nevertheless **one does not say** that **it is evident that this** grazing ox **gored** the dead ox **or that** grazing ox **bit it,** despite the fact such behavior is typical for the ox; rather, one cannot draw any definite conclusions. **Rabbi Aḥa says** that in the case of a rutting male **camel that is rampaging**[NB] **among** other **camels**[H] **and** another **camel** that **was found killed at its side, it is evident that this** rampaging camel **killed it,**[N] as such behavior is typical for a rutting camel. Therefore, the owner of that camel is liable.

סַבְרוּהָ דְּרוּבָּא וַחֲזָקָה כִּי הֲדָדֵי נִינְהוּ, לֵימָא: רַב דְּאָמַר כְּרַבִּי אַחָא, וּשְׁמוּאֵל דְּאָמַר כְּתַנָּא קַמָּא!

Those who suggested the parallel between the tannaitic dispute and the dispute between Rav and Shmuel **assumed that a majority and** a logical **presumption** about whether an event will happen **are equivalent**[N] in their capacity to determine the facts of a case. Consequently, **let us say** that **Rav, who says** that one follows the majority in monetary matters, holds **in accordance with** the opinion of **Rabbi Aḥa,** who follows a presumption to determine the facts of a case, **and** that **Shmuel, who says** that one does not follow the majority in monetary matters, holds **in accordance with** the opinion of **the first** ***tanna***, who does not follow a presumption.

HALAKHA

An ox that gored a cow – שׁוֹר שֶׁנָּגַח אֶת הַפָּרָה: In a case where an innocuous ox gores a cow, and the cow's fetus was found dead at its side, if it is not known whether the cow miscarried due to the goring or not, then the burden of proof rests upon the claimant. This is in accordance with the opinion of Shmuel in tractate *Bava Kamma* (46a). Shmuel claims there that the mishna is taught in accordance with the minority opinion of Sumakhos, who holds that in monetary disputes the disputed amount is divided equally between the parties, but that the *halakha* is ruled in accordance with the majority opinion of the Rabbis, that the claimant does not receive any money unless he can prove his claim (Rambam *Sefer Nezikin, Hilkhot Nizkei Mamon* 9:2; *Shulḥan Arukh, Ḥoshen Mishpat* 399:3).

An ox that was grazing…a camel that is rampaging among the camels, etc. – שׁוֹר שֶׁהָיָה רוֹעֶה...גָּמָל הָאוֹחֵר בֵּין הַגְּמַלִּים וכו׳: One is required to pay for damage only when there is clear evidence, i.e., valid witness testimony, to his liability. Therefore, if a dead, gored ox is found next to a forewarned ox, or if a dead camel is found next to a rampaging camel, the live animal's owner is not liable to pay for the dead animal because there is no clear evidence that the live animal is the killer. The owner is liable only where there are two valid witnesses who saw the killing take place. This is in accordance with the opinion of the first *tanna* (Rambam *Sefer Nezikin, Hilkhot Nizkei Mamon* 8:14; *Shulḥan Arukh, Ḥoshen Mishpat* 408:1–2).

NOTES

And it was due to its fright that it miscarried – וּמִבִּיעֲתוּתָא הִפִּילָה: Since the miscarriage was not caused directly by the assault of the ox, the owner of the ox is not liable to pay for the death of the fetus.

Rampaging [*oḥer*] – אוֹחֵר: The Rashbam offers two explanations of *oḥer*. Citing Rashi, he presents his preferred explanation first, that means mating. This word, which is related to the word *aḥor*, meaning back, is used to describe the mating of camels as the Gemara in tractate *Bekhorot* claims that camels mate standing back to back. The fact that the camel is mating is significant, because when camels mate they are particularly likely to lash out and cause damage. The Rashbam also cites the explanation of Rabbeinu Ḥananel that *oḥer* is derived from *noḥer*, meaning rampaging.

It is evident that this killed it – בְּיָדוּעַ שֶׁזֶּה הֲרָגוֹ: Even though there is no direct evidence, the circumstantial evidence is strong enough to render the camel's owner liable.

That a majority and a presumption are equivalent – דְּרוּבָּא וַחֲזָקָה כִּי הֲדָדֵי נִינְהוּ: The assumption is that since a majority and a presumption are equivalent, if one holds that the majority is followed in monetary matters, he will hold that a presumption is likewise followed in monetary matters. These two indicators are assumed to be equivalent because ultimately the ability to use a presumption to determine a case is based upon the assumption that one can rely on a majority, e.g., in the majority of cases in which there is a rampaging camel alongside a dead camel, the rampaging camel has killed the dead camel. Similarly, the principle of following a majority is itself based on a presumption that any unknown case will be similar to the majority of cases.

BACKGROUND

Forewarned – מוּעָד: This is referring to an ox whose owner has been forewarned, i.e., an ox that has gored three times. If an ox causes damage by goring, or if any animal causes malicious damage, the first three times that it does so the owner is liable to pay for only half the cost of the resulting damage. If the ox gores a fourth time, and the owner had previously been officially notified that it had gored three times, the animal is considered forewarned, and the owner must pay in full for the resulting damage.

A camel that is rampaging – גָּמָל הָאוֹחֵר: During the breeding season, male camels rut and become extremely aggressive and dangerous. They bite and kick each other, and in some cases they even kill each other.

NOTES

We follow the majority – בָּתַר רוּבָּא אָזְלִינַן: The Rashbam explains that in a case in which following the majority would lead to one conclusion and following a presumption would lead to a different conclusion, according to Rav one follows the majority and not the presumption. For example, in a case where a cow was found gored among many oxen, one of which was forewarned with regard to goring, and the rest of the oxen were not forewarned, then if one follows the majority, one would conclude that the cow was killed by an ox that was not forewarned, whereas if one follows the logical presumption, one would conclude that it was killed by the forewarned ox.

It itself is presumed – דְּהוּא גּוּפֵיהּ מוּחְזָק: A presumption made about the behavior of a specific animal resulting from its known, previous behavior is considered a far stronger indication of its nature than is the assumption that its nature will be similar to that of the majority of animals in the world (Rashbam).

אָמַר לָךְ רַב: אֲנָא דַּאֲמַרִי אֲפִילּוּ לְתַנָּא קַמָּא; עַד כָּאן לָא קָאָמַר תַּנָּא קַמָּא הָתָם – אֶלָּא דְּלָא אָזְלִינַן בָּתַר חֲזָקָה, אֲבָל בָּתַר רוּבָּא אָזְלִינַן.

The Gemara rejects this: Rav could have **said to you: I am stating** my ruling **even in accordance with** the opinion of **the first *tanna*,** as **the first *tanna* says** that one cannot draw a definite conclusion **only there,** in the case of the grazing ox, **as we do not follow a presumption** in monetary matters, **but** he concedes that **we follow the majority**[N] in monetary matters.

וּשְׁמוּאֵל אָמַר לָךְ: אֲנָא דַּאֲמַרִי אֲפִילּוּ לְרַבִּי אַחָא; עַד כָּאן לָא קָאָמַר רַבִּי אַחָא הָתָם – אֶלָּא דְּאָזְלִינַן בָּתַר חֲזָקָה, דְּהוּא גּוּפֵיהּ מוּחְזָק, אֲבָל בָּתַר רוּבָּא לָא אָזְלִינַן.

And Shmuel could have **said to you: I am stating** my ruling **even in accordance with** the opinion of **Rabbi Aḥa,** as **Rabbi Aḥa says** that one can draw a definite conclusion **only there,** in the case of the camels, **since we follow a presumption** in monetary matters, **as** this camel **itself is presumed,**[N] based on its behavior, to be the killer. **But** he concedes that **we do not follow the majority** in deciding monetary matters.

תָּא שְׁמַע: הַמּוֹכֵר פֵּירוֹת לַחֲבֵירוֹ וּזְרָעָן וְלֹא צָמְחוּ, וַאֲפִילּוּ זֶרַע פִּשְׁתָּן – אֵינוֹ חַיָּיב בְּאַחֲרָיוּתָן;

The Gemara suggests: **Come** and **hear** another challenge to Rav's opinion from the mishna: With regard to **one who sells produce to another** that is sometimes purchased for consumption and sometimes for planting, **and** the buyer **planted it and it did not sprout, and even** if he had sold **flaxseeds,** which are rarely sold as food, the seller **does not bear** financial **responsibility for them.**

מַאי ״אֲפִילּוּ״? לָאו אֲפִילּוּ זֶרַע פִּשְׁתָּן דְּרוּבָּא לִזְרִיעָה זָבְנִי, וַאֲפִילּוּ הָכִי לָא אָזְלִינַן בָּתַר רוּבָּא?

The Gemara explains the proof: **What** novelty is indicated by saying: **Even** if he had sold flaxseeds? Is it **not** that **even** where he sold **flaxseeds, of which the majority is purchased for planting, and** they were not suitable for that purpose, **nevertheless** the sale stands because **we do not follow the majority** in monetary matters?

תַּנָּאֵי הִיא; דְּתַנְיָא: הַמּוֹכֵר פֵּירוֹת לַחֲבֵירוֹ וּזְרָעָן וְלֹא צָמְחוּ; זֵרְעוֹנֵי גִּינָּה שֶׁאֵין נֶאֱכָלִין – חַיָּיב בְּאַחֲרָיוּתָן, זֶרַע פִּשְׁתָּן – אֵינוֹ חַיָּיב בְּאַחֲרָיוּתָן. רַבִּי יוֹסֵי אוֹמֵר:

The Gemara concedes that the mishna cannot be reconciled with Rav's opinion, but suggests that there are other *tanna'im* who hold in accordance with his opinion. It **is** a dispute between ***tanna'im*, as it is taught** in a *baraita*: With regard to **one who sells produce to another, and** the buyer **planted it and it did not sprout,** if the produce was **seeds** for **garden** plants, **which are not eaten** at all, then the seller **bears** financial **responsibility for them.** If the produce was **flaxseeds,** which are only occasionally eaten, then the seller **does not bear** financial **responsibility for them. Rabbi Yosei says:**

Perek **VI**
Daf **93** Amud **b**

נוֹתֵן לוֹ דְּמֵי זֶרַע, אָמְרוּ לוֹ: הַרְבֵּה לוֹקְחִין אוֹתוֹ לִדְבָרִים אֲחֵרִים.

The seller **gives** back **to** the buyer **the value of the seeds.** Since the majority of flaxseeds are sold are for planting, it is a mistaken transaction. **They said to him,** i.e., to Rabbi Yosei: **Many,** i.e., a majority of people, **purchase** flaxseeds **for purposes other** than planting. Consequently, the sale stands.

מַאן תַּנָּאֵי? אִילֵימָא רַבִּי יוֹסֵי וְ״אָמְרוּ לוֹ״ – תַּרְוַיְיהוּ בָּתַר רוּבָּא אָזְלִי, מָר אָזֵיל בָּתַר רוּבָּא דְּאֵינָשֵׁי, וּמָר אָזֵיל בָּתַר רוּבָּא דִּזְרִיעָה!

The Gemara asks: **Who are the *tanna'im*** in this *baraita* who have a dispute that parallels the dispute between Rav and Shmuel? **If we say** that they are **Rabbi Yosei and** the opinion cited as: **They said to him,** that is incorrect, as **both of them** hold that one **follows the majority** in monetary matters. Their dispute concerns only which majority to follow: One **Sage,** i.e., the opinion cited as: They said to him, **follows the majority of people** making purchases, **and one Sage,** i.e., Rabbi Yosei, **follows the majority** of the volume **of seeds** that are sold overall. The disparity arises because the majority of sales are each made with a relatively small quantity of seeds that are purchased for purposes other than planting. The minority of sales involve large quantities of seeds that are purchased for planting. This means that the majority of the seeds sold overall are purchased for planting, but the majority of people purchasing seeds do so for purposes other than planting.

אֶלָּא, אִי תַּנָּא קַמָּא וְרַבִּי יוֹסֵי, אִי תַּנָּא קַמָּא וְ״אָמְרוּ לוֹ״.

Rather, the dispute that parallels the dispute between Rav and Shmuel is **either** the dispute between **the first *tanna* and Rabbi Yosei, or the** dispute between **the first *tanna* and** the opinion cited as: **They said to him.**

תָּנוּ רַבָּנַן: מַהוּ נוֹתֵן לוֹ? דְּמֵי זֶרַע וְלֹא הוֹצָאָה, וְיֵשׁ אוֹמְרִים: אַף הוֹצָאָה.

§ **The Sages taught** in a *baraita*: When the seller bears financial responsibility for selling seeds that did not sprout, **what is** he liable to **give to** the buyer?[H] He is liable to give him only the **value of the seeds** themselves, **but not the expenses** that the buyer incurred in planting them, e.g., the hire of laborers. **And some say:** He is liable to give him **even the expenses**[N] that the buyer incurred.

מַאן ״יֵשׁ אוֹמְרִים״? אָמַר רַב חִסְדָּא: רַבָּן שִׁמְעוֹן בֶּן גַּמְלִיאֵל הִיא.

The Gemara asks: **Who is** the *tanna* whose opinion is cited as: **Some say?**[N] **Rav Ḥisda said** that **it is Rabban Shimon ben Gamliel.**

הֵי רַבָּן שִׁמְעוֹן בֶּן גַּמְלִיאֵל? אִילֵימָא רַבָּן שִׁמְעוֹן בֶּן גַּמְלִיאֵל דְּמַתְנִיתִין, דִּתְנַן: הַמּוֹכֵר פֵּירוֹת לַחֲבֵירוֹ וּזְרָעָן וְלֹא צָמְחוּ, וַאֲפִילּוּ זֶרַע פִּשְׁתָּן – אֵינוֹ חַיָּיב בְּאַחֲרָיוּתָן; הָא זֵרְעוֹנֵי גִינָּה שֶׁאֵינָן נֶאֱכָלִין – חַיָּיב בְּאַחֲרָיוּתָן.

The Gemara clarifies: From **which** statement of **Rabban Shimon ben Gamliel** is it apparent that he holds the seller is liable for the buyer's expenses? One possibility is **if we say** that the statement in question is that of **Rabban Shimon ben Gamliel in the mishna, as we learned** in the mishna: **One who sells to another produce** that is sometimes purchased for consumption and sometimes for planting, **and** the buyer **planted it and it did not sprout, and even** if he had sold **flaxseeds,** which are only occasionally eaten, the seller **does not bear** financial **responsibility for them.** The Gemara extrapolates: By inference, if this *tanna* holds that he had sold **seeds** for **garden** plants, **which are not eaten** at all, then the seller **bears** financial **responsibility** to compensate the buyer **for them.**

אֵימָא סֵיפָא, רַבָּן שִׁמְעוֹן בֶּן גַּמְלִיאֵל אוֹמֵר: זֵרְעוֹנֵי גִינָּה שֶׁאֵינָן נֶאֱכָלִין – חַיָּיב בְּאַחֲרָיוּתָן; תַּנָּא קַמָּא נַמִי הָכִי קָאָמַר: זֶרַע פִּשְׁתָּן הוּא דְּאֵינוֹ חַיָּיב בְּאַחֲרָיוּתָן, הָא זֵרְעוֹנֵי גִינָּה שֶׁאֵינָן נֶאֱכָלִין – חַיָּיב בְּאַחֲרָיוּתָן!

The Gemara continues: But accordingly, **say the latter clause: Rabban Shimon ben Gamliel says:** If he had sold **seeds** for **garden** plants, **which are not eaten** at all, then the seller **bears** financial **responsibility for them.** The Gemara asks: But according to the inference made from the first clause, **the first *tanna* is also saying this,** as he holds that it is only for the sale of **flaxseeds that** the seller **does not bear** financial **responsibility** to compensate the buyer **for them,** but with regard to the sale of **seeds** for **garden** plants, **which are not eaten** at all, the seller **bears** financial **responsibility for them.** What, then, is the dispute between the first *tanna* and Rabban Shimon ben Gamliel?

אֶלָּא לָאו הוֹצָאָה אִיכָּא בֵּינַיְיהוּ, מָר סָבַר: דְּמֵי זֶרַע, וּמָר סָבַר: אַף הוֹצָאָה.

The Gemara therefore suggests: **Rather, is it not** that the difference **between them** is whether the seller is liable for the buyer's **expenses?** One **Sage,** i.e., the first *tanna,* **holds** that the seller is liable only for the **value of** the **seeds, and** the other **Sage,** i.e., Rabban Shimon ben Gamliel, **holds** that the seller is liable **even** for the buyer's **expenses.**

מִמַּאי? דִּלְמָא אִיפְּכָא! הָא לָא קַשְׁיָא, כָּל תַּנָּא בַּתְרָא לְטַפּוּיֵי מִילְּתָא קָא אָתֵי.

The Gemara asks: **From where** is it apparent that it is Rabban Shimon ben Gamliel who holds that the seller is liable for the expenses? **Perhaps** it is **the opposite,** i.e., it is the first *tanna* who holds that the seller is liable for the expenses, and Rabban Shimon ben Gamliel holds that he is liable only for the value of the seeds. The Gemara rejects this suggestion: **This is not difficult,** because **the last *tanna*** cited **always comes to add something**[N] to the ruling of the first *tanna,* not to detract from it.

וְדִלְמָא כּוּלָּהּ רַבָּן שִׁמְעוֹן בֶּן גַּמְלִיאֵל הִיא, וְחַסּוּרֵי מִחַסְּרָא וְהָכִי קָתָנֵי: הַמּוֹכֵר פֵּירוֹת לַחֲבֵירוֹ וּזְרָעָן וְלֹא צָמְחוּ, אֲפִילּוּ זֶרַע פִּשְׁתָּן – אֵינוֹ חַיָּיב בְּאַחֲרָיוּתָן, הָא זֵרְעוֹנֵי גִינָּה שֶׁאֵינָן נֶאֱכָלִין – חַיָּיב בְּאַחֲרָיוּתָן, דִּבְרֵי רַבָּן שִׁמְעוֹן בֶּן גַּמְלִיאֵל, שֶׁרַבָּן שִׁמְעוֹן בֶּן גַּמְלִיאֵל אוֹמֵר: זֶרַע פִּשְׁתָּן הוּא דְּאֵינוֹ חַיָּיב בְּאַחֲרָיוּתָן, הָא זֵרְעוֹנֵי גִינָּה שֶׁאֵינָן נֶאֱכָלִין – חַיָּיב בְּאַחֲרָיוּתָן!

The Gemara suggests: **But perhaps all of** the mishna **is** stating the opinion of **Rabban Shimon ben Gamliel, and** the mishna **is incomplete, and this** is what **it is teaching:** With regard to **one who sells produce to another** that is sometimes purchased for eating and sometimes for planting, **and** the buyer **planted it and it did not sprout,** and **even** if he had sold **flaxseeds,** which are only occasionally eaten, the seller **does not bear** financial **responsibility for them.** But if he sold **seeds** for **garden** plants, **which are not eaten** at all, the seller **bears** financial **responsibility for them.** This is **the statement of Rabban Shimon ben Gamliel, as Rabban Shimon ben Gamliel says** that **it is** only for the sale of **flaxseeds that** the seller **does not bear** financial **responsibility** to compensate the buyer **for them,** but by inference, for the sale of **seeds** for **garden** plants, **which are not eaten** at all, the seller **bears** financial **responsibility for them.** Interpreted in this way, there is no evidence from the mishna that Rabban Shimon ben Gamliel holds that the seller is liable for the expenses.

HALAKHA

What is he liable to give to him, etc. – **מַהוּ נוֹתֵן לוֹ וכו׳**: If one sells seeds for planting, and the buyer planted them but they did not sprout due to a defect in the seeds, then the seller is liable to reimburse the buyer for the cost of the seeds. He is not liable to reimburse him for his other expenses (*Sma*). The *halakha* is in accordance with the opinion of the first *tanna* (Rambam *Sefer Kinyan*, *Hilkhot Mekhira* 16:1; *Shulḥan Arukh*, *Ḥoshen Mishpat* 232:20).

NOTES

Even the expenses – **אַף הוֹצָאָה**: These include the expenditures that the buyer made in order to plant the seeds, e.g., the hire of laborers or a plow, and the like (Rashbam). Furthermore, when one plants a field with seeds that do not grow, not only does one forfeit the seeds, but one also incurs the expense of having to prepare the field for replanting (Rabbeinu Gershom Meor HaGola).

Who is some say – **מַאן יֵשׁ אוֹמְרִים**: The question concerns only the opinion cited as: Some say, because it is obvious that the first clause of the *baraita* is taught in accordance with the opinion of Rabbi Yosei cited in the aforementioned *baraita* (Ri Migash).

Some commentaries suggest that the liability for expenses is based on the issue of *garmi*, i.e., liability for damage caused by indirect action. Since the seller caused the buyer to incur these expenses, is he responsible for them? Whether one is liable for such damage is the subject of dispute in the Gemara and early commentaries. The Rashba claims that the *halakha* is in accordance with the opinion that one is liable for such damage. In order that the conclusion of this Gemara, that the seller is not liable, accord with that ruling, he rejects the assumption that the case here is one of damage caused by indirect action. Similarly, other commentaries explain that this case is considered to be one of *gerama*, in which the damage results even more indirectly from one's actions. In such cases, according to all opinions, one is exempt from liability.

To add something – **לְטַפּוּיֵי מִילְּתָא**: This is a principle concerning how sources are arranged in the Mishna. A mishna will first cite an opinion and then cite opposing opinions that suggest an even more innovative ruling. This principle applies when the disagreement is not clear from the content of the statements of the *tanna'im*.

אֶלָּא הָא רַבָּן שִׁמְעוֹן בֶּן גַּמְלִיאֵל, דְּתַנְיָא: הַמּוֹלִיךְ חִטִּין לְטְחוֹן, וְלֹא לְתָתָן, וַעֲשָׂאָן סוּבִּין אוֹ מוּרְסָן. קֶמַח לְנַחְתּוֹם, וַאֲפָאוֹ פַּת נִיפּוּלִין. בְּהֵמָה לְטַבָּח, וְנִיבְּלָהּ – חַיָּיב, מִפְּנֵי שֶׁהוּא כְּנוֹשֵׂא שָׂכָר;

Rather, the statement in question is **this** statement of **Rabban Shimon ben Gamliel, as it is taught** in a *baraita* (*Tosefta, Bava Kamma* 10:9) In a case of **one who brought wheat**[H] to a miller **to grind, and** the miller **did not wet** the grains sufficiently for the grinding to be performed effectively, **and** as a result **he converted** the grain **into bran or coarse bran** [*mursan*], or in a case of one who gave **flour to the baker and** the baker **made it** into **bread** that is **underbaked** and tends to crumble, or if one gave **an animal to a butcher and** the butcher killed it in a way that **rendered it** an unslaughtered **animal carcass,** in all these cases the worker is **liable, because he is like a paid bailee.**

רַבָּן שִׁמְעוֹן בֶּן גַּמְלִיאֵל אוֹמֵר: נוֹתֵן לוֹ דְּמֵי בוֹשְׁתּוֹ וּדְמֵי בוֹשֶׁת אוֹרְחָיו. וְכֵן הָיָה רַבָּן שִׁמְעוֹן בֶּן גַּמְלִיאֵל אוֹמֵר: מִנְהָג גָּדוֹל הָיָה בִּירוּשָׁלַיִם, הַמּוֹסֵר סְעוּדָה לַחֲבֵרוֹ וְקִלְקְלָהּ – נוֹתֵן לוֹ דְּמֵי בָשְׁתּוֹ וּדְמֵי בוֹשֶׁת אוֹרְחָיו.

The *baraita* continues: **Rabban Shimon ben Gamliel says:** If the owner had invited guests to eat the food and due to the worker's actions he was unable to serve them, then the worker must **give him compensation for his humiliation and compensation for the humiliation of his guests. And similarly, Rabban Shimon ben Gamliel would say: There was a great custom in Jerusalem** that if **one gives** raw materials for **a meal to another** to prepare the meal for him, **and** that person **spoils it,** that person **gives** the former **compensation for his humiliation and compensation for the humiliation of his guests.**

עוֹד מִנְהָג גָּדוֹל הָיָה בִּירוּשָׁלַיִם, מַפָּה פְּרוּסָה עַל גַּבֵּי הַפֶּתַח, כָּל זְמַן שֶׁמַּפָּה פְּרוּסָה – אוֹרְחִין נִכְנָסִין, נִסְתַּלְּקָה הַמַּפָּה – אֵין הָאוֹרְחִין נִכְנָסִין.

The *baraita* continues: **Another great custom** that **was** followed **in Jerusalem** was that when one made a feast, there would be **a cloth** [*mappa*][L] **spread**[N] **over the entrance** to the hall. **As long as the cloth was spread,** the **guests would enter,** as the presence of the cloth indicated that there was food for more guests. When **the cloth was removed, the guests would not enter** any more.

מתני׳ הַמּוֹכֵר פֵּירוֹת לַחֲבֵירוֹ – הֲרֵי זֶה מְקַבֵּל עָלָיו רוֹבַע טִנּוֹפֶת לִסְאָה; תְּאֵנִים – מְקַבֵּל עָלָיו עֶשֶׂר מְתוּלָּעוֹת לְמֵאָה; מַרְתֵּף שֶׁל יַיִן – מְקַבֵּל עָלָיו עֶשֶׂר קוֹסְסוֹת לְמֵאָה; קַנְקַנִּים בַּשָּׁרוֹן – מְקַבֵּל עָלָיו עֶשֶׂר פִּיטָסוֹת לְמֵאָה.

MISHNA When selling a significant quantity of produce or a number of items, there is a possibility that there will be a certain proportion of impurities in it or that some of the product will be of substandard quality. The mishna delineates what proportion is considered acceptable, for which a buyer may not demand compensation. With regard to **one who sells produce,**[H] i.e., grain, **to another, this** buyer **accepts upon himself** that up to **a quarter-*kav***[B] **of impurities**[N] may be present **in each *se'a***[B] of produce purchased. When purchasing **figs,**[H] **he accepts upon himself** that up to **ten infested** figs may be present **in each hundred** figs purchased. When purchasing **a cellar** containing barrels **of wine, he accepts upon himself** that up to **ten** barrels of **souring** wine[N] may be present **in each hundred** barrels purchased. When purchasing **jugs** of wine **in the Sharon** region,[H] **he accepts upon himself** that up to **ten inferior-quality jugs** [***pitasot***][NL] of wine may be present **in each hundred** jugs purchased.

BACKGROUND

Kav – קַב: This is a basic unit of measurement from which many smaller units are derived. It is equivalent to one-sixth of a *se'a*, or twenty-four egg-bulks.

Se'a – סְאָה: A *se'a* is a measure of dry volume first mentioned in Genesis 18:6. It is used by the Sages as a point of reference for all other dry measures. A *se'a* is equivalent to six *kav*, or twenty-four *log*. Estimates of the modern equivalent of a *se'a* range from 7.2–14.4 ℓ.

NOTES

A cloth spread, etc. – מַפָּה פְּרוּסָה וכו׳: The custom developed because it was not always clear how many guests would come to a party and how many portions of food the host needed to prepare. Therefore, a cloth was used to indicate to guests whether there were any more portions available. Once the cloth was removed, or according to other sources, when the manner of tying the cloth was altered, the arriving guests would know that there was no longer any food left. Sometimes they would then enter briefly to convey their wishes to those celebrating, but they would not come to eat. In this way, neither the host nor the guests would be embarrassed.

A quarter-*kav* of impurities – רוֹבַע טִנּוֹפֶת: Rabbeinu Gershom Meor HaGola explains that it was common that some impurities would become mixed in during the harvesting process. If the ratio was higher than normal, then one might suspect that the seller had intentionally mixed in additional impurities.

Souring wine – קוֹסְסוֹת: This means that the wine has spoiled (Rashbam) or, as explained in the Gemara, it has turned slightly sour (Rambam's Commentary on the Mishna).

Inferior-quality jugs [*pitasot*] – פִּיטָסוֹת: Rashbam explains simply that *pitasot* are jugs of inferior quality. Others explain that this term is referring to jugs that were not completely sealed and therefore would leak some of the liquid contained within them (Rabbeinu Barukh; Rambam's Commentary on the Mishna; Meiri). Some explain that it is referring to slightly cracked jugs. According to all opinions these jugs are certainly still usable on a basic level, because if they were not, the buyer would not accept even a single one of them (Ritva).

HALAKHA

One who brought wheat, etc. – הַמּוֹלִיךְ חִטִּין וכו׳: If a worker ruins the item he is working on, e.g., if a miller is hired to grind wheat but did not wet the wheat sufficiently and as a result made it into bran, or if a baker received flour to bake bread, but he underbaked the bread, or if a butcher killed an animal in a way that rendered it an unslaughtered carcass, in all these cases the professional is liable to compensate the owner for his loss. This is in accordance with the opinion of the first *tanna* of the *baraita* (Rambam *Sefer Mishpatim, Hilkhot Sekhirut* 10:5; *Shulḥan Arukh, Ḥoshen Mishpat* 306:4).

One who sells produce – הַמּוֹכֵר פֵּירוֹת: For those types of produce that are not explicitly mentioned in the mishna or in the *baraitot* cited by the Gemara, the buyer accepts upon himself that up to a quarter-*kav* of impurities may be present in each *se'a* of produce purchased, i.e., one twenty-fourth of the produce. This applies only in a location where there is no established custom; where there is a local custom, that custom is to be followed. There are some places where the custom is that produce sold must be free of any impurities, and other places where the custom is to allow even half the amount sold to be straw or dirt (Rambam *Sefer Kinyan, Hilkhot Mekhira* 18:11–13; *Shulḥan Arukh, Ḥoshen Mishpat* 229:1–2).

Figs – תְּאֵנִים: One who purchases figs accepts upon himself that up to ten percent of those figs may be wormy (Rambam *Sefer Kinyan, Hilkhot Mekhira* 18:11–13; *Shulḥan Arukh, Ḥoshen Mishpat* 229:1).

Jugs in the Sharon region – קַנְקַנִּים בַּשָּׁרוֹן: With regard to one who purchases jugs in a location where there is no established custom as to the proportion of substandard jugs one is willing to accept, the buyer accepts upon himself that up to ten percent of jugs might not have been fully fired in the kiln. The buyer has to accept these jugs only if they are nevertheless passable and coated with pitch (Rambam *Sefer Kinyan, Hilkhot Mekhira* 18:14).

LANGUAGE

Cloth [*mappa*] – מַפָּה: From the Latin mappa, meaning a fabric used for covering or cleaning, or as a sign or flag.

Inferior-quality jugs [*pitasot*] – פִּיטָסוֹת: Some explain that the word derives from the Greek πίθος, *pithos*, meaning a very large clay jug. From context here it appears more likely that it derives from the Greek word πισσωτός, *pissotos*, meaning a utensil that was pitched, i.e., one that was not fired for long enough in the kiln. In order to make such jugs usable they would cover them with pitch.

Ancient pithos from Crete

גמ׳ תָּאנֵי רַב קְטִינָא: רוֹבַע קִטְנִית לִסְאָה. וְעַפְרוּרִית לָא? וְהָאָמַר רַבָּה בַּר חָיָיא קְטוֹסְפָאָה מִשְּׁמֵיהּ דְּרַבָּה: בּוֹרֵר צְרוֹר מִגָּרְנוֹ שֶׁל חֲבֵרוֹ

GEMARA **Rav Ketina taught:** When the mishna states that a buyer accepts upon himself that a quarter-*kav* of impurities per *se'a* may be present, that means only that he accepts upon himself the presence of **a quarter-*kav* of legumes,** but he does not accept upon himself the presence of a quarter-*kav* of dirt. The Gemara asks: **And** is it so that the buyer does **not** also accept upon himself that some quantity of **dirt** might be present in the produce? **But doesn't Rabba bar Ḥiyya Ketosfa'a say in the name of Rabba:** One who **picks out a pebble**[N] **from** the wheat on **another's threshing floor**[H]

NOTES

Picks out a pebble – בּוֹרֵר צְרוֹר: With regard to the presence of impurities, dirt and pebbles are considered equally undesirable.

HALAKHA

One who picks out a pebble from another's threshing floor – בּוֹרֵר צְרוֹר מִגָּרְנוֹ שֶׁל חֲבֵרוֹ: One who picks out impurities from the wheat on another's threshing floor, in which there was an acceptable proportion of impurities (see *Kesef Mishne* and *Leḥem Mishne*), is liable to compensate the owner of the wheat by paying him the value of wheat of equal volume to the impurities that he removed. He is liable because had he not removed the impurities, the owner of the wheat could have sold those impurities together with the wheat for the price of wheat. Furthermore, once impurities have been removed from the wheat, it is prohibited to return them to the wheat, because it is prohibited to mix impurities into produce that one will sell, *ab initio* (Rambam *Sefer Kinyan, Hilkhot Mekhira* 18:13; *Shulḥan Arukh, Ḥoshen Mishpat* 229:2).

Perek **VI**
Daf **94** Amud **a**

נוֹתֵן לוֹ דְּמֵי חִטִּין!

must **give him the value of wheat**[N] of equal volume to the pebble that he removed. Had he not removed the pebble, the owner would have sold his wheat together with the pebble, all for the price of wheat. Accordingly, the removal of the pebble effectively caused the owner a small loss. It is apparent from this ruling that when selling produce, a buyer accepts upon himself that a quantity of dirt may be mixed in.

קִטְנִית – רוֹבַע, עַפְרוּרִית – פָּחוֹת מֵרוֹבַע.

The Gemara answers: With regard to **legumes,**[N] one accepts **a quarter-*kav*** per *se'a*, but with regard to **dirt,** he accepts **less than a quarter-*kav*.**

וְעַפְרוּרִית רוֹבַע לָא? וְהָא תַּנְיָא: הַמּוֹכֵר פֵּירוֹת לַחֲבֵירוֹ, חִטִּין – מְקַבֵּל עָלָיו רוֹבַע קִטְנִית לִסְאָה, שְׂעוֹרִים – מְקַבֵּל עָלָיו רוֹבַע נִישׁוֹבֶת לִסְאָה, עֲדָשִׁים – מְקַבֵּל עָלָיו רוֹבַע עַפְרוּרִית לִסְאָה.

And is so that he does **not** accept **a quarter-*kav* of dirt? But isn't it taught** in a *baraita*: With regard to **one who sells produce to another,** if he sells him **wheat,** the buyer **accepts upon himself** that **a quarter-*kav* of legumes** may be present **in each *se'a*** of wheat purchased. When purchasing **barley, he accepts upon himself** that **a quarter-*kav*** of **chaff**[N] may be present **in each *se'a*** purchased. When purchasing **lentils,**[H] **he accepts upon himself** that **a quarter-*kav* of dirt** may be present **in each *se'a*** purchased.

HALAKHA

Wheat...barley...lentils – חִטִּין...שְׂעוֹרִים...עֲדָשִׁים: One who purchases wheat accepts upon himself that a quarter-*kav* of legumes may be present in each *se'a* of wheat purchased. When purchasing barley, he accepts upon himself that a quarter-*kav* of chaff may be present in each *se'a* purchased. When purchasing lentils, he accepts upon himself that a quarter-*kav* of dirt may be present in each *se'a* purchased. With regard to the presence of dirt mixed into wheat, some rule that the conclusion of the Gemara is that a buyer accepts up to a quarter-*kav* in each *se'a* (*Maggid Mishne*; *Beit Yosef*; *Sma*; *Baḥ*). These *halakhot* apply only in a place where there is no established custom. If there is an established custom, the custom should be followed (Rambam *Sefer Kinyan, Hilkhot Mekhira* 18:11–12; *Shulḥan Arukh, Ḥoshen Mishpat* 229:1–2).

NOTES

He must give him the value of wheat – נוֹתֵן לוֹ דְּמֵי חִטִּין: Rashbam adds that after the pebble has been removed, neither the person who removed it nor the owner of the wheat may return it to the wheat. Actively mixing impurities into produce is deceitful and is prohibited.

The Rashbam notes that removal of the pebble should seemingly be classified as damage that is not evident, because the lack of a single pebble from the entire threshing floor is not noticeable. The *halakha* is that liability is not incurred for such damage. Nevertheless, the case here is different because the person actually took something out of the owner's possession, as opposed to other cases of damage that is not evident, and therefore he is liable.

In various places, the Gemara cites a dispute as to whether an item that has no intrinsic financial value, but whose loss would cause a financial loss to its owner, is considered to have monetary value. *Tosafot* cite the Rivam that the case here is an example of this; while the pebble itself has no intrinsic value, its loss does cause the owner a financial loss. Accordingly, one would be liable for the removal of the pebble only according to the opinion that such an item is considered to have monetary value. Rabbeinu Yitzḥak of Dampierre disagrees. He claims that since normally one would actually sell the pebble for the price of wheat, the pebble itself is considered to be worth its volume in wheat, and therefore in this case one would be liable according to all opinions.

Legumes – קִטְנִית: During the seasons in which fields are not used for wheat, farmers often plant legumes in those same fields. It is therefore common for some legumes to become mixed into the wheat when it is harvested.

Chaff [*nishovet*] – נִישׁוֹבֶת: After grain is threshed and broken down into its constituent parts, one winnows it by tossing it to the wind. The heavier grain kernels fall back down to the ground while the lighter parts, the chaff, are blown away. For this reason, the chaff is referred to as *nishovet*, which literally means something that has been blown by the wind. The Ramah has a different version of the text, which has *nishofet*, or grain that was ruined after being blasted by the wind.

מַאי לָאו הוּא הַדִּין לְחִטִּים וְלִשְׂעוֹרִין? שָׁאנֵי עֲדָשִׁים, דְּמִיעֲקַר עָקְרִי לְהוּ.

The Gemara asks: **What, is it not** that just as the *baraita* rules with regard to lentils, **the same is true for wheat and for barley?**[N] The Gemara answers: No, **lentils are different, because they are dug up** from the ground and dirt can easily get mixed in. Lentils often contain a higher percentage of dirt than do wheat and barley, which are harvested rather than dug up.

אֶלָּא טַעֲמָא דַּעֲדָשִׁים דְּמִיעֲקַר עָקְרִי לְהוּ, אֲבָל חִטֵּי וּשְׂעָרֵי לָא, תִּפְשׁוֹט מִינָּהּ: חִטֵּי וּשְׂעָרֵי דְּעַפְרוּרִית לָא מְקַבֵּל!

The Gemara suggests: **But** according to this, **the** only **reason** that a buyer accepts that dirt may be present in lentils but not in wheat and barley is **that lentils are dug up** from the ground, **whereas wheat and barley** are **not.** If so, **resolve** the dilemma **from** this *baraita* and conclude that when purchasing **wheat and barley,** a buyer **does not accept** that a quarter-*kav* of **dirt** may be present in each *se'a*.

לְעוֹלָם חִטֵּי וּשְׂעָרֵי מְקַבֵּל עַפְרוּרִית, עֲדָשִׁים אִיצְטְרִיכָא לֵיהּ; דְּסָלְקָא דַּעְתָּךְ אָמִינָא: כֵּיוָן דְּמִיעֲקַר עָקְרִי לְהוּ – יוֹתֵר מֵרוֹבַע נַמִּי לְקַבֵּל, קָא מַשְׁמַע לָן.

The Gemara rejects this: **Actually,** perhaps when purchasing **wheat and barley** as well, a buyer **accepts** that a quarter-*kav* of **dirt** may be present in each *se'a*, but **it was necessary for** the *baraita* to state the *halakha* specifically with regard to **lentils.** This is **because** it might **enter your mind to say** that **since** lentils **are dug up** from the ground, the buyer would **also accept** even **more than a quarter-*kav*** of dirt. Therefore, the *baraita* **teaches us** that this is not the case.

אָמַר רַב הוּנָא: אִם בָּא לְנַפּוֹת – מְנַפֶּה אֶת כּוּלּוֹ. אָמְרִי לַהּ: דִּינָא, וְאָמְרִי לַהּ: קְנָסָא.

§ **Rav Huna says: If** the buyer **comes to sift**[NH] the produce to check if there is more than the acceptable proportion of impurities and he finds that there is too much, **he sifts all of it** and returns all the impurities to the seller, not just the amount in excess of a quarter-*kav* per *se'a*. The seller must instead provide produce that is free of any impurities. **Some say** that this is the strict ***halakha*, and some say** that it is **a penalty.**[N]

אָמְרִי לַהּ דִּינָא. מַאן דְּיָהֵיב זוּזֵי – אַפֵּירֵי שַׁפִּירֵי יָהֵיב, וְרוֹבַע לָא טָרַח אִינִישׁ, יוֹתֵר מֵרוֹבַע טָרַח אִינִישׁ, וְכֵיוָן דְּטָרַח – טָרַח בְּכוּלֵּיהּ.

The Gemara elaborates: **Some say** that this is the strict ***halakha*,** as **one who gives money** for produce **gives** it **for good-quality produce** containing no impurities at all. Even so, where there is just **a quarter-*kav*** of impurities per *se'a*, **a person will not take the trouble**[N] to sift the grain to remove the impurities; instead, he accepts the small quantity of impurities that are present. By contrast, where there is **more than a quarter-*kav*** of impurities per *se'a*, **a person will take the trouble** to sift the grain to remove the impurities, **and once he takes the trouble** to sift the grain, he does not stop once he reduces the proportion of impurities to a quarter-*kav* per *se'a*; rather, **he takes the trouble** to sift **all of it.** Accordingly, once he has sifted out the impurities, he never agrees to accept any quantity of impurities, and so the seller must take back all the impurities.

וְאָמְרִי לַהּ קְנָסָא: רוֹבַע שְׁכִיחַ, יוֹתֵר לָא שְׁכִיחַ, וְאִיהוּ הוּא דְּעָרֵיב, וְכֵיוָן דְּעָרֵיב – קְנָסוּהוּ רַבָּנַן בְּכוּלֵּיהּ.

And some say it is **a penalty.** They understand that it is **usual** for a **quarter-*kav*** of impurities to be present in each *se'a* of produce, and so it is presumed that a buyer accepts that quantity. **More** than a quarter-*kav* **is unusual, and** consequently the seller is suspected of having deceitfully **mixed** additional impurities into the produce that he sold. **And since** the seller deceitfully **mixed** in impurities, **the Sages penalized him** by requiring him to pay for **all of** the impurities present, even those which he did not add.

NOTES

What, is it not that the same is true for wheat and for barley – מַאי לָאו הוּא הַדִּין לְחִטִּים וְלִשְׂעוֹרִין: The assumption of the question is that the level of acceptable proportions for each type of impurity is the same for all types of produce. The reason that *baraita* specifically mentions dirt only in the context of lentils is that it lists only the most common type of impurity for each type of produce (Rashbam).

If he comes to sift – אִם בָּא לְנַפּוֹת: The Rashbam explains that the buyer sifts the produce because he is suspicious that there may be more than a quarter-*kav* of impurities in the produce. Others say that this is referring to a case where he knows for certain that there is more than a quarter-*kav* of impurities.

Some say that this is the strict *halakha* and some say that it is a penalty – אָמְרִי לַהּ דִּינָא וְאָמְרִי לַהּ קְנָסָא: The early commentaries offer two different interpretations of this Gemara. Some understand that there is no practical difference in this case whether the ruling is according to strict *halakha* or a penalty. The relevance is that if the ruling is based on strict *halakha* then it is possible to extrapolate from it to other areas (Rashba, citing Rabbeinu Ḥananel). Even according to this understanding, there may still be a practical difference between the opinions as to where the *halakha* may be enforced. Generally, penalties can be enforced only by ordained judges in Eretz Yisrael. Accordingly, some conclude that according to the opinion that the requirement to reduce the quantity of impurities is a penalty, courts outside Eretz Yisrael would not be able to enforce it. The Rif apparently disagrees. Despite the fact that he generally cites only *halakhot* that also apply outside of Eretz Yisrael, he does cite the requirement to reduce the quantity of impurities even though he holds that the requirement to do so is a penalty. To explain the Rif's ruling, some suggest that penalties that apply to very common situations, as is the case here, can be enforced even outside of Eretz Yisrael (*Pilpula Ḥarifta*).

Other commentaries explain that there is a fundamental practical difference whether the ruling is according to strict *halakha* or a penalty. If the requirement to reduce the quantity of impurities is a penalty, then it will apply only where there is a suspicion that the seller deceitfully mixed in additional impurities. If it were known with certainty that he did not do so, then the penalty would not apply. Some hold that in such a case the seller would not be required to take back any impurities. Others, while accepting the basic premise that the penalty would not apply in such a case, claim that in all cases the seller would have to take back those impurities that are beyond the acceptable level (Ramah).

Rabbeinu Yona infers from the Gemara (94b) that even according to the opinion that the requirement to reduce the quantity of impurities is strict *halakha*, if it is known that the seller mixed in additional impurities then he is required to take back all the impurities present, even if he added only a small amount.

Where there is a quarter-*kav* a person will not take the trouble – וְרוֹבַע לָא טָרַח אִינִישׁ: The Rashbam explains that where there is only a quarter-*kav* of impurities per *se'a* a buyer would not bother to sift it even if the seller would offer to deduct the impurities from the price. Alternatively, Rabbeinu Yona explains that the reference is not to the buyer but to the seller. The Sages did not require a seller to go to the effort of separating such a small measure of impurities. Therefore, a buyer assumes that there could be up to a quarter-*kav* of impurities per *se'a* and accepts that amount upon himself.

HALAKHA

Comes to sift, etc. – בָּא לְנַפּוֹת וכו׳: If one sells to another produce in which he is aware that there is a proportion of impurities mixed in that is higher than acceptable, he should sift the entire amount and then give the buyer produce that is clean of any impurities. This is in accordance with the opinion of Rav Huna. The Rema writes that some say that this applies only if it is not known whether or not the seller intentionally mixed in additional impurities. If it is known with certainty that the seller did not mix in impurities, then the buyer is required to accept the produce with the usual acceptable proportion of impurities, and the seller must deduct the amount of the excess impurities from the purchase price (*Tur*). Others say that if it is known with certainty that the seller did not mix in impurities the buyer must accept the entire mixture as it is (Rashbam). Some say that these *halakhot* apply only if the produce was sold without any additional specification of what was being sold, or if the seller claimed that the produce is clean of impurities. If the seller states that he is selling this produce as is, then the buyer must accept it as it is, even if there is a high proportion of impurities mixed in (Rambam *Sefer Kinyan*, *Hilkhot Mekhira* 18:11–12; *Shulḥan Arukh*, *Ḥoshen Mishpat* 229:1–2).

(סִימָן: כָּל תְּרֵי שְׁטָרֵי דְּרָאבִין בַּר רַב נַחְמָן אוֹנָאָה וְקַבְּלָנוּתָא).

The Gemara presents a **mnemonic** for the cases it will cite: **All two documents of Ravin bar Rav Naḥman** are **exploitation and a contract.**

מֵיתִיבֵי: כָּל סְאָה שֶׁיֵּשׁ בָּהּ רוֹבַע מִמִּין אַחֵר – יְמַעֵט; סְבוּרָה דְּרוֹבַע דִּכְלָאִים כְּיוֹתֵר מֵרוֹבַע דְּהָכָא, וְקָא תָּנֵי: יְמַעֵט!

The Gemara **raises an objection** to Rav Huna's ruling from a mishna (*Kilayim* 2:1): With regard to **any *se'a*** of seeds **that contains a quarter-*kav*** or more of seeds **of a different kind,**[H] before sowing such seeds **one must reduce**[N] the quantity of the other kind of seeds in the mixture so as not to violate the prohibition against growing a mixture of diverse kinds (see Leviticus 19:19). The Gemara explains: It can be **assumed that** the presence of **a quarter-*kav*** of seeds of a different kind per *se'a* **with regard to** the prohibition of **diverse kinds**[BN] **is** as problematic as **more than a quarter-*kav*** of impurities per *se'a* **with regard to** a sale, as discussed **here, and** therefore, since the mishna **teaches** with regard to diverse kinds only that **one must reduce** the additional amount, but not that one is required to remove all the seeds of a different kind, it follows that the same is true in the case of a sale, and the seller should not have to take back all of the impurities. This contradicts Rav Huna's ruling.

לָא, רוֹבַע דִּכְלָאִים כִּי רוֹבַע דְּהָכָא דָּמֵי.

The Gemara deflects the challenge: **No,** this assumption is not necessarily correct; perhaps the presence of **a quarter-*kav*** of seeds of a different kind per *se'a* **with regard to diverse kinds is comparable to a quarter-*kav*** of impurities per *se'a* **with regard to** a sale, as discussed **here,**[N] and both are considered acceptable levels of admixture.

אִי הָכִי, אַמַּאי יְמַעֵט? מִשּׁוּם חוּמְרָא דִּכְלָאִים.

The Gemara asks: **If** it is **so** that a quarter-*kav* of seeds of a different kind per *se'a* is acceptable, **why** does the mishna teach that **one must reduce** the quantity of seeds of a different kind? The Gemara answers: The requirement is a rabbinic decree **due to the severity of** the prohibition of **diverse kinds.**

אִי הָכִי,

The Gemara challenges this answer: **If so,**

HALAKHA

Any *se'a* of seeds that contains a quarter-*kav* of seeds of a different kind – כָּל סְאָה שֶׁיֵּשׁ בָּהּ רוֹבַע מִמִּין אַחֵר: If one has a *se'a* of edible seeds of one type, and mixed into it is a quarter-*kav* of edible seeds of a different kind, i.e., one twenty-fourth of the mixture, then it is prohibited to plant these seeds. If one did plant them, he is flogged (see *Beur HaGra* and Rabbi Akiva Eiger). If one reduces the amount of the other seeds, or adds more of the main kind so that the ratio is less than one to twenty-four, then it is permitted to plant them (Rambam *Sefer Zera'im, Hilkhot Kilayim* 2:1; *Shulḥan Arukh, Yoreh De'a* 297:5).

BACKGROUND

Diverse kinds – כִּלְאַיִם: This general term refers to many types of forbidden mixtures: Mixtures of wool and linen, cross-breeding of livestock, food crops in a vineyard, and mixtures of seeds. The Gemara is discussing the prohibition against mixtures of seeds, i.e., planting different species of crops in one area of the same field.

NOTES

A quarter-*kav* of a different kind, one must reduce – רוֹבַע מִמִּין אַחֵר יְמַעֵט: The Rashbam offers two explanations of the mishna: According to one explanation, which is also accepted by Rabbeinu Ḥananel and Ramah, the reference is to a mixture of seeds before they are planted. One must first reduce the amount of seeds of a different kind to a point where there remains only a quarter-*kav* in each *se'a*, and then one may plant them.

According to the other explanation, the mishna is referring to a case where the seeds had already been planted and begun to sprout. At that point one must remove the sprouts that grew from the seeds of the different kind before they fully take root. This must be done in order to ensure that it does not become prohibited to derive benefit from the crop when it takes root. With this explanation, the Rashbam assumes that the prohibition of diverse kinds applies not only to the act of planting but also to the product of seeds of diverse kinds. *Tosafot*, Rabbeinu Yona, and the majority of early commentaries disagree with this opinion, and they prove that the product of diverse kinds is forbidden only in a case where grain is grown in the vicinity of a grapevine. They therefore explain that if one adopts the Rashbam's second understanding of the mishna, one must explain that the requirement to remove the sprouts that grew from the seeds of a different kind applies even once the plants have actually taken root and is due to the prohibition against maintaining diverse kinds in one's field.

Rabbeinu Yona cites a mishna in tractate *Shekalim* (2a) in support of this opinion. The mishna states that agents of the court would go out to inspect the fields for diverse kinds, to determine whether or not the farmers had uprooted them (Ramban; Rashba). Rabbeinu Yona claims that it is clear from the mishna that it is referring to both before and after the seeds have taken root, and therefore it assumes that even once the seeds have taken root, the plants are not themselves forbidden, it is merely prohibited to maintain them.

They assumed that a quarter-*kav* with regard to diverse kinds, etc. – סְבוּרָה דְּרוֹבַע דִּכְלָאִים וכו׳: The Rashbam claims that the Gemara's objection is based on the understanding that Rav Huna's requirement, i.e., that the seller take back all of the impurities present, is strict *halakha*. As such, it should apply equally, both to a case of planting diverse kinds and to the case of a sale. As ritual matters are generally treated more stringently than monetary matters, and since it is apparent that there is no requirement to remove all the seeds of a different kind in the case of diverse kinds, it is clear that there should be no similar requirement in the case of a sale.

Tosafot explain that the question arises even according to the opinion that the requirement is a penalty. According to their understanding, the logic of the Gemara's question is that since people are more particular about the purity of the seeds they plant than of the food they eat, it is more reasonable that there should be a penalty in the case of diverse kinds. Since it is apparent that there is no such penalty, it is logical that there should similarly be no such penalty in the case of a sale for food (Ramban).

Is comparable to a quarter-*kav* with regard to a sale, as discussed here – כִּי רוֹבַע דְּהָכָא דָּמֵי: The assumption is that this amount is nullified or considered to be insignificant, whether with regard to the prohibition of diverse kinds or in monetary matters. In the Jerusalem Talmud it is explained that although the acceptable level of admixture is similar in each case, there are still several significant differences between the cases.

אֵימָא סֵיפָא, רַבִּי יוֹסֵי אוֹמֵר: יָבוֹר;

say the latter clause of the mishna: **Rabbi Yosei says:** It is insufficient to merely reduce the quantity of seeds of a different kind; rather, **one must pick out** all the seeds of a different kind.

אִי אָמְרַתְּ בִּשְׁלָמָא כְּיוֹתֵר מֵרוֹבַע טִנּוֹפֶת דָּמֵי – בְּהָא קָא מִיפַּלְגִי, תַּנָּא קַמָּא סָבַר: לָא קָנְסִינַן הֶתֵּירָא אַטּוּ אִיסּוּרָא, וְרַבִּי יוֹסֵי סָבַר: קָנְסִינַן; אֶלָּא אִי אָמְרַתְּ כְּרוֹבַע דָּמֵי, אַמַּאי יָבוֹר?

The Gemara explains the difficulty: **Granted, if you say** that a quarter-*kav* of seeds of a different kind per *se'a* with regard to diverse kinds **is comparable to more than a quarter-*kav* of impurities**[N] per *se'a* with regard to a sale, then it is **about this that they disagree: The first *tanna* holds that we do not penalize** one by requiring him to remove **that which is permitted due to that which is prohibited,** and consequently it is sufficient to merely reduce the quantity of seeds of a different kind to an acceptable level, **whereas Rabbi Yosei holds** that **we** do **penalize** one by requiring him to remove that which is permitted due to that which is prohibited. **But if you say** that a quarter-*kav* of seeds of a different kind per *se'a* with regard to diverse kinds **is comparable to a quarter-*kav***[N] of impurities per *se'a* with regard to a sale, then **why** does Rabbi Yosei rule that **one must pick out** all the seeds of a different kind?

הָתָם הַיְינוּ טַעְמָא דְּרַבִּי יוֹסֵי, מִשּׁוּם דְּמִיחֲזֵי כִּי מְקַיֵּים כִּלְאַיִם.

The Gemara answers: **There,** with regard to diverse kinds, **this is the reasoning of Rabbi Yosei:** One must pick out all the seeds, **because** once he is purifying the admixture of seeds, if he deliberately leaves a quantity of seeds of a different kind mixed in, **it appears as though he is** intentionally planting and **maintaining diverse kinds** in his field.

תָּא שְׁמַע: שְׁנַיִם שֶׁהִפְקִידוּ אֵצֶל אֶחָד, זֶה מָנֶה וְזֶה מָאתַיִם, זֶה אוֹמֵר "מָאתַיִם שֶׁלִּי" וְזֶה אוֹמֵר "מָאתַיִם שֶׁלִּי" – נוֹתֵן לָזֶה מָנֶה וְלָזֶה מָנֶה, וְהַשְּׁאָר יְהֵא מוּנָּח עַד שֶׁיָּבֹא אֵלִיָּהוּ!

The Gemara suggests: **Come** and **hear** another challenge to Rav Huna's ruling from a mishna (*Bava Metzia* 37a): In the case of **two** people **who deposited**[H] money **with one** person, and **this** one deposited **one hundred dinars and that** one deposited **two hundred** dinars, and when they return to collect their deposits, **this one says: My** deposit was **two hundred** dinars, **and that** one **says: My** deposit was **two hundred** dinars, the bailee **gives one hundred dinars to this** one **and one hundred dinars to that** one, **and the rest** of the money, i.e., the contested one hundred dinars, **will be placed** in a safe place **until Elijah comes** and prophetically determines the truth. In this case, one of the parties is certainly lying, but nevertheless, the Sages did not penalize the parties by placing all of the money in a safe place. Similarly, in the case of a sale, where a seller deceitfully mixed additional impurities into the produce he sold, he should not be penalized and required to take back all of the impurities.

NOTES

To more than a quarter-*kav* of impurities, etc. – כְּיוֹתֵר מֵרוֹבַע טִנּוֹפֶת וכו׳: Therefore, if there is exactly a quarter-*kav* of seeds of a different kind mixed into each *se'a* of seeds, the *halakha* is that one is required to reduce the proportion. Based on this it is possible that the dispute between the first *tanna* and Rabbi Yosei is an expression of a larger issue. In a case where one acts against the *halakha*, is the penalty to undo only that which was done in a prohibited manner, or is one also penalized by losing some of that which is permitted? Rabbi Yosei's opinion would therefore be parallel to the statement of Rav Huna.

Is comparable to a quarter-*kav* – כְּרוֹבַע דָּמֵי: If a quarter-*kav* of seeds of a different kind is itself permitted, and the Sages merely imposed a stringency that the proportion must be reduced, then it is not reasonable to say that they added a further stringency to remove all seeds of a different kind.

HALAKHA

Two who deposited, etc. – שְׁנַיִם שֶׁהִפְקִידוּ וכו׳: In the case of two people who deposited money with a third party, where one deposited one hundred dinars and the other deposited two hundred dinars, if when they return to collect their deposits each claims that he was the one who deposited the two hundred dinars, each person receives only one hundred dinars, and the rest of the money is placed in a safe place until Elijah comes. Some explain that it should be left with the bailee with whom the money was deposited, whereas others hold that it should be placed in the care of the court (Rema, citing Mordekhai; see *Shakh*).

The bailee is exempt from having to identify which person deposited the two hundred dinars only in a case where he could not be expected to know which person it was. According to the Rif and the Rambam this occurs where both parties deposited the sums into a single purse, and according to Rashi and *Tosafot*, it occurs whenever the two parties made their deposits in each other's presence (*Sma*). If one of the parties later admits his deceit, the other may receive his money. Alternatively, if they agree to split the remainder between them they may do so (*Sma*). Some say that if those who deposited the money claim the money in court from the person they deposited it with, he must give each of them two hundred dinars in order to discharge his obligation toward Heaven (Rema, citing *Tur*), but most authorities disagree (Rambam *Sefer Mishpatim*, *Hilkhot Sheila UFikadon* 5:4; *Shulḥan Arukh*, *Ḥoshen Mishpat* 300:1 and *Shakh* there).

הָכִי הַשְׁתָּא?! הָתָם וַדַּאי מָנֶה לְמָר וּמָנֶה לְמָר, הָכָא מִי יֵימַר דְּלָאו כּוּלֵּיהּ עֲרוּבֵי עָרֵיב?

The Gemara rejects this challenge: **How can these cases be compared? There,** in the case of the deposits, **it is certain** that at least **one hundred dinars** belongs **to this Master and one hundred dinars** belongs **to** that **Master. Here,** in the case of a sale where there is an unacceptable proportion of impurities mixed in, **who can say that** the seller **did not mix in the entire** amount intentionally? Accordingly, no proof can be drawn from the mishna.

תָּא שְׁמַע מִסֵּיפָא, אָמַר רַבִּי יוֹסֵי: אִם כֵּן מָה הִפְסִיד הָרַמַּאי? אֶלָּא הַכֹּל יְהֵא מוּנָּח עַד שֶׁיָּבֹא אֵלִיָּהוּ!

The Gemara suggests: **Come and hear** a support for Rav Huna's ruling **from the latter clause** of that mishna: **Rabbi Yosei says: If so, what did the swindler lose?** He lost nothing by claiming the one hundred dinars that belongs to another, and he has no incentive to admit the truth. **Rather, the entire** deposit **will be placed** in a safe place **until Elijah comes.** Since through his lie the swindler risks losing even the one hundred dinars that he deposited, perhaps that will induce him to admit his deceit. According to Rabbi Yosei, the Sages did penalize one who acts deceitfully, which accords with Rav Huna's ruling.

הָכִי הַשְׁתָּא?! הָתָם וַדַּאי אִיכָּא רַמַּאי, הָכָא מִי יֵימַר דַּעֲרוּבֵי עָרֵיב?

The Gemara rejects the proof: **How can these cases be compared? There,** in the case of the deposits, **there is certainly a swindler,** and it is reasonable to penalize both parties in order to induce the swindler to admit his deceit. **Here,** in the case of a sale where there is an unacceptable level of impurities mixed in with the produce, **who can say that** the seller intentionally **mixed in** anything? Perhaps the impurities were inadvertently mixed in during the processing. Accordingly, no proof can be drawn from the mishna.

תָּא שְׁמַע: שְׁטָר שֶׁיֵּשׁ בּוֹ רִבִּית – קוֹנְסִין אוֹתוֹ, וְאֵינוֹ גּוֹבֶה לֹא אֶת הַקֶּרֶן וְלֹא אֶת הָרִבִּית, דִּבְרֵי רַבִּי מֵאִיר!

The Gemara suggests: **Come and hear** another support for Rav Huna's ruling from a *baraita*: In the case of a promissory **note in which** the details of a loan with **interest** were written,[H] the court **penalizes** the creditor, **and he may collect neither the principal nor the interest;**[N] this is **the statement of Rabbi Meir.** According to Rabbi Meir, the Sages did penalize one who acts improperly, which accords with Rav Huna's ruling.

הָכִי הַשְׁתָּא?! הָתָם מִשְּׁעַת כְּתִיבָה הוּא דַּעֲבַד לֵיהּ שׁוּמָא, הָכָא מִי יֵימַר דַּעֲרוּבֵי עָרֵיב?

The Gemara rejects the proof: **How can these cases be compared? There,** in the case of a loan with interest, it is already **at the time of the writing** of the bill that the lender **performed the** transgression of **placing**[N] interest upon the borrower. Since he certainly committed a transgression, it is reasonable that the Sages penalized him. But **here,** in the case of a sale where there is an unacceptable proportion of impurities mixed in with the produce, **who can say that** the seller intentionally **mixed in** anything? Perhaps the impurities were inadvertently mixed in during the processing. Accordingly, no proof can be drawn from the *baraita*.

תָּא שְׁמַע מִסֵּיפָא, וַחֲכָמִים אוֹמְרִים: גּוֹבֶה אֶת הַקֶּרֶן וְאֵינוֹ גּוֹבֶה אֶת הָרִבִּית!

The Gemara suggests: **Come** and **hear** a challenge to Rav Huna's ruling **from the latter clause** of the *baraita*: **But the Rabbis say: He may collect the principal but may not collect the interest.** According to Rabbi Meir, the Sages did not penalize one who acts improperly, contrary to Rav Huna's ruling.

הָכִי הַשְׁתָּא?! הָתָם וַדַּאי קַרְנָא דְּהֶתֵּירָא הוּא, הָכָא מִי יֵימַר דְּכוּלֵּיהּ לָא עֲרוּבֵי עָרֵיב.

The Gemara rejects this challenge: **How can these cases be compared? There,** in the case of a loan with interest, according to strict *halakha* it **is certainly permitted** to collect **the principal,** so the Sages did not penalize him with regard to it. But **here,** in the case of a sale where there is an unacceptable proportion of impurities mixed in, **who can say that** the seller **did not mix in the entire** amount intentionally? Accordingly, no proof can be drawn from the mishna.

HALAKHA

A promissory note in which details of a loan with interest were written – שְׁטָר שֶׁיֵּשׁ בּוֹ רִבִּית: A promissory note documenting a loan with interest may not be used to collect the interest, but may be used to collect the principal even from properties that were liened to the loan and have since been sold (*Tosafot*; *Beur HaGra*). If the interest is not specified in the note as a separate amount, but instead the principal and interest are listed together as a single sum, the note may not be used to collect even the principal. The Rema writes that nevertheless, if the borrower admits that he owes money, or there are witnesses to the loan (*Sma*), he must repay the principal (see *Sma* and *Shakh*). This is in accordance with the opinion of the Rabbis (Rambam *Sefer Mishpatim*, *Hilkhot Malve VeLoveh* 4:6; *Shulḥan Arukh*, *Yoreh De'a* 161:11 and *Ḥoshen Mishpat* 52:1).

NOTES

And he may collect neither the principal nor the interest – וְאֵינוֹ גּוֹבֶה לֹא אֶת הַקֶּרֶן וְלֹא אֶת הָרִבִּית: It would appear that according to Rabbi Meir, the Sages penalized the lender to the extent that he forfeits the entire loan. In fact, this is how Rabbeinu Yitzḥak of Dampierre, cited in *Tosafot*, interprets the Gemara. Many other early commentaries argue that Rabbi Meir certainly does not go that far. They explain that Rabbi Meir's intention is that the bill detailing the loan is considered void with respect to both the principal and the interest. Consequently, the loan is considered to be one that was made verbally, without a bill, meaning that the lender will be unable to collect the loan from liened property.

At the time of the writing he performed the placing – מִשְּׁעַת כְּתִיבָה הוּא דַּעֲבַד לֵיהּ שׁוּמָא: The prohibition against charging interest is violated when the promissory note is written, even before any money has changed hands.

The term: Placing interest, is from the verse: "If you lend money to any of My people, even to the poor among you, you shall not be a creditor for him; nor shall you place upon him interest" (Exodus 22:24).

NOTES

That Ravin bar Rav Naḥman teaches – דְּתָנֵי רָבִין בַּר רַב נַחְמָן: The Rashbam and Rabbeinu Yona explain that this statement is cited as a support for those who say that Rav Huna's ruling is strict *halakha*. Because in the case of the sale of land there is no reason that there should be a penalty, the fact that the same *halakha* applies to a different area of *halakha* demonstrates both Rav Huna's ruling and the fact that it is strict *halakha*.

תָּא שְׁמַע, דְּתָנֵי רָבִין בַּר רַב נַחְמָן: לֹא אֶת הַמּוֹתָר בִּלְבַד הוּא מַחֲזִיר, אֶלָּא מַחֲזִיר לוֹ אֶת כָּל הָרְבָעִין כּוּלָּן; אַלְמָא הֵיכָא דְּבָעֵי אַהְדּוּרֵי – כּוּלָּהּ מְהַדַּר!

Come and **hear** further support for Rav Huna's ruling from **that** which **Ravin bar Rav Naḥman teaches** (104b).[N] Ravin bar Rav Naḥman's statement is with regard to a situation when land that was sold is later found to be larger than stated at the time of the sale. If the deviation is not more than an area required to sow a quarter-*kav* of seed per *beit se'a* of land, then the buyer need not return any land to the seller. If the proportion of extra land is larger than this, **not only must** the buyer **return the extra** land that is beyond the limit of a quarter-*kav* area per *beit se'a*, **but he must** also **return to him every one of the** extra **quarter**-*kav* areas of land that he received beyond the stated area of a *beit kor*. The Gemara infers: **Apparently, when one is required to return** part of a sale because of a discrepancy that is beyond the acceptable limit of deviation, then **one is required to return** the **entire** discrepancy and not just the amount that is beyond the acceptable limit. This supports Rav Huna's ruling.

הָכִי הָשְׁתָּא?!

The Gemara rejects this: **How can** these cases **be compared?**

Perek **VI**
Daf **95** Amud **a**

NOTES

Whether it is less or more, etc. – הֵן חָסֵר הֵן יָתֵיר וכו׳: Rabbeinu Yona explains that generally the seller would not forgo any amount of land. It is only where the seller explicitly states that there may be a small discrepancy in the size of the land, and then the discrepancy is in fact small, that he forgoes the difference. Accordingly, where the discrepancy is great, the seller does not forgo anything. In contrast to this, in cases of the sale of produce, every buyer is aware and accepting of the fact that the produce will not be entirely free from impurities. Therefore, it can be assumed that he is accepting of a certain proportion of impurities in all cases, and therefore, even if the proportion of impurities is greater than that, only the difference need be returned.

Since they are fit to combine together to form nine *kav* – דַּחֲזֵי לְאִיצְטָרוּפֵי בְּתִשְׁעַת קַבִּין: If the extra land were only slightly more than a quarter-*kav* area per *beit se'a*, then its total size would still be less than the area required to sow nine *kav*: ¼ x 30 = 7 ½. It is only once the extra land is just below the area required to sow one-third of a *kav* per *beit se'a* that its total size reaches the area required to sow nine *kav* (⅓ x 30 = 10). The significance of an area of nine *kav* is explained elsewhere (11a) as the minimum size at which it can be considered a small field. Consequently, it is presumed that no one would forgo land of such an area (Rabbeinu Yona). According to this explanation, it emerges that the key issue is whether the total area of the extra land equals the area required to sow nine *kav* and not whether it is proportionally a quarter-*kav* area per *beit se'a*. Rav Hai Gaon insists that the key issue is whether the size of the extra land reaches an unacceptable proportion, even if it does not amount to an area required to sow nine *kav*.

הָתָם "הֵן חָסֵר הֵן יָתֵיר" אֲמַר לֵיהּ, מִיהוּ רְבִיעַ לָא חֲשִׁיב, יָתֵר מֵרְבִיעַ חֲשִׁיב,

There, in the case of the sale of land, the reason the buyer may keep the extra land when it is less than the acceptable limit is that the seller **said to him:** I am selling you this piece of land **whether it is** slightly **less or** slightly **more**[N] than a *beit kor*, i.e., he agrees to accept a small deviation from the stated area. **But** while an extra **quarter**-*kav* area per *beit se'a* is **not significant,** and therefore the seller is willing to forgo it, **more than a quarter**-*kav* area per *beit se'a* **is significant,** and the seller is not willing to forgo any of it. Consequently, all of the extra land must be returned. By contrast, in the case of Rav Huna's ruling, the buyer is aware that it is normal to have a certain proportion of impurities mixed in and accepts this possibility from the outset. Accordingly, even if the proportion of impurities is greater than the acceptable limit, it might be sufficient if the seller takes back only the quantity of impurities above the acceptable limit.

דְּכֵיוָן דַּחֲזֵי לֵיהּ לְאִיצְטָרוּפֵי בְּתִשְׁעַת קַבִּין, הָוְיָא לָהּ אַרְעָא חֲשִׁיבְתָּא בְּאַפֵּי נַפְשָׁא וְהַדְרָא.

The Gemara explains why more than an area required to sow a quarter-*kav* of seed per *beit se'a* of land is significant: The reason is **that since** all those extra areas of land **are fit to combine together to** form an area in which one could sow **nine *kav***[N] of seed, the extra land **is a significant plot of land in its own right, and** therefore **it must** all **be returned.** The land that was sold was stated to be a *beit kor*, which is thirty *beit se'a*. If the area of the extra land was of a proportion somewhat more than an area required to sow a quarter-*kav* of seed per *beit se'a* of land, then thirty such areas would collectively be about equal to an area required to sow nine *kav*.

תָּא שְׁמַע: הָאוֹנָאָה, פָּחוֹת מִשְּׁתוּת – נִקְנָה מִקָּח, יוֹתֵר מִשְּׁתוּת – בָּטֵל מִקָּח, שְׁתוּת – קָנָה וּמַחֲזִיר אוֹנָאָה.

The Gemara suggests: **Come** and **hear** a support for Rav Huna's ruling from a *baraita*: **The** *halakha* of price **exploitation**[H] is that if the disparity is **less than one-sixth** of the value of the merchandise, the **merchandise is acquired** immediately and the sum of the exploitation need not be returned. If the disparity is **greater than one-sixth,** then **the transaction is nullified.** If the disparity is precisely **one-sixth,** the buyer has **acquired** the merchandise, **and** the one who benefited from the exploitation **returns** the entire sum of the **exploitation.**

HALAKHA

The *halakha* of exploitation – הָאוֹנָאָה: With regard to exploitation, where merchandise is sold for a price that differs from its market value, the following *halakhot* apply: If the disparity is less than one-sixth of the value of the merchandise, the sum of the exploitation need not be returned, because it is normal for people to forgo a disparity in price of this proportion. If the disparity is greater than one-sixth, then the transaction is nullified. The exploited party may agree to maintain the transaction, but he is not entitled to demand both that the transaction be maintained and that the sum of the exploitation be returned to him (*Sma*). Some rule that the one who perpetrated the exploitation is not able to renege on the deal if the other party does not agree. Others maintain that both parties can renege unless the one who was exploited has already expressed his willingness to accept the price or has been silent for the length of time that the Sages allotted for reneging on a deal, which is the amount of time it would take one to show the merchandise to an experienced merchant who can determine its value. If the disparity is precisely one-sixth, then the buyer acquires the merchandise, but the entire sum of the exploitation must be returned (Rambam *Sefer Kinyan*, *Hilkhot Mekhira* 12:2–4; *Shulḥan Arukh*, *Ḥoshen Mishpat* 227:2–4).

אַמַּאי? לִיהֲדַר עַד פָּחוֹת מִשְּׁתוּת! שְׁמַע מִינַּהּ: כָּל הֵיכִי דְּבָעֵי לְאַהֲדוּרֵי – כּוּלֵּהּ מַהֲדַר!

The Gemara explains the proof: **Why,** in the case where the disparity is precisely one-sixth, is the entire sum of the exploitation returned? Instead, **let him return** only a small amount of the exploitation **until** the difference is **less than one-sixth.** The Gemara concludes: **Learn from** the fact that he must return the entire sum that **when one is required to return** part of a sale because of a discrepancy that is beyond the acceptable limit of deviation, **one is required to return** the **entire** discrepancy and not just the amount that is beyond the acceptable limit. This supports Rav Huna's ruling.

הָכִי הָשְׁתָּא?! הָתָם מֵעִיקָּרָא שָׁוֶה בְּשָׁוֶה אֲמַר לֵיהּ, מִיהוּ פָּחוֹת מִשְּׁתוּת – לָא יְדִיעָה בְּמָנֶה וּמָחֵיל אִינִישׁ, שְׁתוּת – יְדִיעָה וְלָא מָחֵיל אִינִישׁ, יָתֵר מִשְּׁתוּת – מִקַּח טָעוּת הוּא וּבָטֵל מִקָּח.

The Gemara rejects this: **How can** these cases **be compared? There,** in the case of exploitation, the seller **initially said to** the buyer that he would sell the merchandise for a sum **equal to its value.**[N] Any price difference should be unacceptable. **But** a disparity **of less than one-sixth is not recognizable in** a sale worth **one hundred dinars,**[N] **and a person** will **forgo** it. By contrast, a disparity of **one-sixth is considered** significant, **and a person will not forgo** it. Consequently, the entire sum of the exploitation must be returned. If the disparity is **greater than one-sixth, it is a mistaken transaction and the transaction is nullified.** By contrast, in the case of Rav Huna's ruling, the buyer is aware that it is normal to have a certain proportion of impurities mixed in and accepted that possibility from the outset. Accordingly, even if the proportion of impurities was greater than the acceptable limit, it might be sufficient if the seller takes back only the quantity of impurities above the acceptable limit.

תָּא שְׁמַע: הַמְקַבֵּל שָׂדֶה מֵחֲבֵרוֹ לִיטַּע – הֲרֵי זֶה מְקַבֵּל עָלָיו עֶשֶׂר בּוּרִיּוֹת לְמֵאָה, יוֹתֵר מִכָּאן – מְגַלְגְּלִין עָלָיו אֶת הַכֹּל!

The Gemara suggests: **Come** and **hear** a support for Rav Huna's ruling from a *baraita*: When **one receives a field from another** under a contract **to plant**[H] trees in it, then **this** field owner **accepts upon himself** that there may be **ten deficient trees per** every **hundred**[N] trees planted, as he is aware that not every tree planted will necessarily flourish. If the number of deficient trees is **more than this,** the court **imposes upon him** the responsibility to replace **all** of those trees, and not only the number of trees above the acceptable limit. This supports Rav Huna's ruling.

אֲמַר רַב הוּנָא בְּרֵיהּ דְּרַב יְהוֹשֻׁעַ: כָּל יָתֵר מִכָּאן – כְּבָא לִיטַּע מִתְּחִלָּה דָּמֵי.

Rav Huna, son of Rav Yehoshua, said: There is no proof from this case, because **any** time there are **more than this** number of deficient trees, the overall area that contains the deficient trees is of a size equivalent to a whole field. Therefore, the contractor is **comparable to one who comes to plant** a whole field **from the outset,**[N] who has not fulfilled his remit if he plants only a few trees; rather, he must plant the entire area. But in the case of Rav Huna's ruling, the impurities never constitute an independent unit; consequently, it might be sufficient if the seller takes back only the quantity of impurities that is above the acceptable limit.

HALAKHA

When one receives a field from another to plant, etc. – הַמְקַבֵּל שָׂדֶה מֵחֲבֵרוֹ לִיטַּע וכו׳: When a field owner contracts a person to plant trees in his field, the field owner accepts upon himself that there may be ten deficient trees, i.e., barren trees, in each *beit se'a*; this is according to the version of the Gemara held by Ri Migash. Some say that he accepts upon himself that there may be ten barren trees per every hundred trees planted; this is according the version of the Gemara held by Rambam (see *Sma*). If there are more than this, then the contractor is required to replace all of the barren trees with fruit trees (Rambam *Sefer Mishpatim*, *Hilkhot Sekhirut* 8:11; *Shulḥan Arukh*, *Ḥoshen Mishpat* 330:1).

NOTES

He initially said to the buyer that he would sell it for a sum equal to its value – מֵעִיקָּרָא שָׁוֶה בְּשָׁוֶה אֲמַר לֵיהּ: The Gemara's intent is that a buyer expects to receive for his money an item that is worth the money he paid. He is willing to forgo a small discrepancy between the value and the price, but where the discrepancy is great, he is unwilling to forgo anything. This is unlike the sale of produce, where the buyer assumes that he will not receive produce that is completely free of impurities. Since he intends to purchase produce with a certain proportion of impurities, then if the proportion of impurities is greater than he expected, only the difference need be returned (Ri Migash; Ramah).

Is not recognizable in a sale worth one hundred dinars [*bemaneh*] – לָא יְדִיעָה בְּמָנֶה: The Rashash states that the term: Worth one hundred dinars, should be deleted from the Gemara, as the essential point is the ratio of the exploitation to the value of the item, and the amount the item is worth is irrelevant. The Ritva had a version of the Talmud that reads: Is not recognizable in the item [*bemana*], referring to the item being sold.

Ten deficient trees [*buriot*] per hundred – עֶשֶׂר בּוּרִיּוֹת לְמֵאָה: Some explain that *buriot* refers to trees that do not bear fruit. Others suggest that it is referring to trees that do not take root and therefore need to be removed (Ritva). Still others explain that it is referring to a whole row of trees, and the intent is that the contractor entirely failed to plant ten rows of trees (Ri Migash).

The Rambam had a text of the Gemara that reads: A *se'a*, instead of: One hundred [*me'a*]. The Meiri questions this version, because in the Jerusalem Talmud (*Shevi'it* 1:2) it is stated that it is normal to plant only ten trees in a *beit se'a*, and clearly the intention is not that all ten trees were deficient. He explains that according to this version, the case involves grape vines, not trees, as vines are planted much closer together and it is reasonable that up to ten vines in each *beit se'a* were deficient.

To one who comes to plant from the outset – כְּבָא לִיטַּע מִתְּחִלָּה: The Rashbam explains that more than ten trees are considered to be a significant number, which cannot be disregarded; if that many are deficient then the worker is not considered to have fulfilled his contract. Consequently, he cannot simply replace the deficient trees but is required to fulfill his initial remit and plant the entire field with good trees.

HALAKHA

I am selling to you this cellar – מַרְתֵּף זֶה אֲנִי מוֹכֵר לְךָ: If one states that he is selling a cellar and does not mention the word wine, then the sale is valid even if the cellar contains only wine that has turned into vinegar. This is in accordance with the opinion stated in the *baraita* (Rambam *Sefer Kinyan*, *Hilkhot Mekhira* 17:8; *Shulḥan Arukh*, *Ḥoshen Mishpat* 230:4).

One who sells a barrel of wine, etc. – הַמּוֹכֵר חָבִית יַיִן וכו׳: If one states that he is selling: A barrel of wine, he is required to provide a barrel that contains only good-quality wine that is suitable for cooking. If one states that he is selling: This barrel of wine, then the sale is valid even if the barrel contains wine of a quality sold in the shops, which has begun to sour (Rambam *Sefer Kinyan*, *Hilkhot Mekhira* 17:8; *Shulḥan Arukh*, *Ḥoshen Mishpat* 230:2, 3).

״מַרְתֵּף שֶׁל יַיִן״ וכו׳. הֵיכִי דָמֵי? אִי דַּאֲמַר לֵיהּ ״מַרְתֵּף שֶׁל יַיִן״ סְתָם – קַשְׁיָא, אִי דַּאֲמַר לֵיהּ ״מַרְתֵּף זֶה שֶׁל יַיִן״ – קַשְׁיָא.

§ The mishna teaches: When purchasing **a cellar** containing barrels **of wine,** one accepts upon himself that up to ten barrels of souring wine may be present in each hundred barrels purchased. The Gemara asks: **What are the circumstances** of the sale? **If** one **said to** the buyer: I am selling to you **a wine cellar, without specification** of which cellar he meant, it is **difficult,** as the Gemara will soon explain. And **if he said to him:** I am selling to you **this** particular **wine cellar,** it is **difficult.**

אִי דַּאֲמַר לֵיהּ ״מַרְתֵּף זֶה״ – קַשְׁיָא; דְּתַנְיָא: ״מַרְתֵּף שֶׁל יַיִן אֲנִי מוֹכֵר לְךָ״ – נוֹתֵן לוֹ יַיִן שֶׁכּוּלּוֹ יָפֶה, ״מַרְתֵּף זֶה שֶׁל יַיִן אֲנִי מוֹכֵר לְךָ״ – נוֹתֵן לוֹ יַיִן הַנִּמְכָּר בַּחֲנוּת, ״מַרְתֵּף זֶה אֲנִי מוֹכֵר לְךָ״ – אֲפִילּוּ כּוּלּוֹ חוֹמֶץ הִגִּיעוֹ!

The Gemara elaborates: **If he said to him:** I am selling to you **this** particular wine **cellar,**[N] it is **difficult, as it is taught** in a *baraita*: If one said to a buyer: **I am selling to you a wine cellar,** then he is required to **give him wine that is all** of **good** quality, i.e., the buyer does not have to accept any quantity of souring wine. If he said: **I am selling to you this** particular **wine cellar,** then he may **give him** the **wine** that is in his possession, even if it is of the quality **that is sold in the shops,**[N] i.e., it is beginning to sour. If he said: **I am selling to you this** particular **cellar,**[H] without mentioning the word: Wine, then **even** if **everything** he gives him is wine that had turned into **vinegar, it has come to** the buyer and the sale is valid. The mishna's ruling that the buyer must accept that up to ten percent of the wine might be souring does not accord with any of the rulings of the *baraita*.

לְעוֹלָם דַּאֲמַר לֵיהּ ״מַרְתֵּף שֶׁל יַיִן״ סְתָם, וּתְנֵי בְּרֵישָׁא דְּבָרַיְיתָא: וּמְקַבֵּל עָלָיו עֶשֶׂר קוֹסְסוֹת לְמֵאָה.

The Gemara answers: **Actually,** the mishna concerns a case **when he said to** the buyer: I am selling to you **a wine cellar, without specification** of which cellar he was selling. **And** emend the *baraita* and **teach** the following qualification **in the first clause of the** ***baraita*****: And** the buyer **accepts upon himself**[N] that up to **ten** barrels of **souring** wine may be present **in** each **hundred** barrels purchased.

וּבִסְתָם מִי מְקַבֵּל? וְהָא תָּאנֵי רַבִּי חִיָּיא: הַמּוֹכֵר חָבִית יַיִן לַחֲבֵירוֹ – נוֹתֵן לוֹ יַיִן שֶׁכּוּלּוֹ יָפֶה! שָׁאנֵי חָבִית, דְּכוּלָּא חַד חַמְרָא הוּא.

The Gemara challenges this addition: **But** if he sold the buyer a wine cellar **without specification** of which one he was selling, **does** the buyer **accept** upon himself any souring wine at all? **Didn't Rabbi Ḥiyya teach: One who sells a barrel of wine**[H] **to another** must **give him wine that is all** of **good** quality? The Gemara answers: **A barrel is different, because** the wine inside **is all one** body **of wine**[N] of the same quality.

וְהָא תָּנֵי רַב זְבִיד דְּבֵי רַבִּי אוֹשַׁעְיָא: ״מַרְתֵּף שֶׁל יַיִן אֲנִי מוֹכֵר לְךָ״ – נוֹתֵן לוֹ יַיִן שֶׁכּוּלּוֹ יָפֶה, ״מַרְתֵּף זֶה שֶׁל יַיִן אֲנִי מוֹכֵר לְךָ״ – נוֹתֵן לוֹ יַיִן שֶׁכּוּלּוֹ יָפֶה, וּמְקַבֵּל עָלָיו עֶשֶׂר קוֹסְסוֹת לְמֵאָה,

The Gemara once again challenges the addition: **But didn't Rav Zevid teach** a *baraita* of the **school of Rabbi Oshaya:** If one says to a buyer: **I am selling to you a wine cellar,** then he is required to **give him wine that is all** of **good** quality? Similarly, if he said: **I am selling to you this** particular **wine cellar,** then he is required to **give him wine that is all** of **good** quality, but the buyer **accepts upon himself ten souring** barrels **per hundred** barrels.

NOTES

This cellar, etc. – מַרְתֵּף זֶה וכו׳: The distinction is that one who states that he will sell: A wine cellar, is defining his sale as wine, and therefore the buyer can expect to receive wine of good quality. If one states that he will sell: This wine cellar, then although he mentions wine, the sale is defined in terms of the contents of the cellar, and so the sale is valid even if the wine is of substandard quality.

Wine that is sold in the shops – יַיִן הַנִּמְכָּר בַּחֲנוּת: Rabbeinu Gershom Meor HaGola explains that when one notices that his wine is beginning to turn sour, he sells it to a shopkeeper who will be able to sell it quickly before it completely sours. This type of wine is sold to passing customers who are not particular about its quality. Therefore, although this wine is described later (96a) as having the smell of vinegar but the taste of wine, it is still regarded as wine (see *Tosafot*).

And teach in the first clause of the *baraita*, and he accepts upon himself – וּתְנֵי בְּרֵישָׁא דְּבָרַיְיתָא וּמְקַבֵּל עָלָיו: The intent of the addition is that when the *baraita* states that one who sells a wine cellar must provide good-quality wine, it is still acceptable if one-tenth of those barrels have wine that is souring.

The Rashba, the Ritva, and the Ran write that the Gemara is not actually emending the text of the *baraita* but merely clarifying its meaning.

Because it is all one wine – דְּכוּלָּא חַד חַמְרָא הוּא: The Rashbam explains that since it is all in one barrel, all the wine will be of the same quality. The Rashba explains that originally the Gemara understood that Rabbi Ḥiyya was referring even to a case where one sold a number of jugs of wine that are equivalent in volume to a barrel, and since they are in different containers they could be of varying quality. The Gemara then rejects that possibility and says that Rabbi Ḥiyya is referring only to a case where all of the wine is together in a barrel (see Ran).

וְזֶהוּ אוֹצָר שֶׁשָּׁנוּ חֲכָמִים בְּמִשְׁנָתֵינוּ,

Rav Zevid concludes: **And this is** the case of the **storeroom,**[N] i.e., the cellar, **that the Sages taught in the mishna.** It is clear from this *baraita* both that it contradicts the suggested addition to the previous *baraita*, and that the mishna concerns a case where one specified which wine cellar he was selling.

אֶלָּא מַתְנִיתִין נַמִי אָמַר לֵיהּ ״זֶה״.

Rather, as indicated by the *baraita*, **the mishna also** concerns a case where one **says to** the buyer: I am selling you **this** particular cellar, and because he specified a particular cellar the buyer accepts upon himself the possibility that up to ten barrels per hundred might be sour.

קַשְׁיָא ״זֶה״ ״זֶה״.

Having retracted the addition to the first *baraita*, the Gemara asks: If so, it is **difficult** to reconcile the first *baraita*, which rules that if the seller specified that he was selling **this** cellar, he must provide wine that is all of good quality, with the second *baraita*, that of Rav Zevid, which rules with regard to the same case, in which the seller specified he was selling **this** cellar, that the buyer accepts that up to ten barrels per hundred may contain souring wine.

לָא קַשְׁיָא. הָא אָמַר לֵיהּ לְמִקְפָּה הָא לָא אָמַר לֵיהּ לְמִקְפָּה. רַב זְבִיד אָמַר לֵיהּ לְמִקְפָּה, בָּרַיְיתָא לָא אָמַר לֵיהּ לְמִקְפָּה,

The Gemara answers: This is **not difficult. This** *baraita* is referring to a case where the buyer **said to him** that he needs the wine **for cooking,**[N] and therefore he requires good-quality wine, whereas **that** *baraita* is referring to a case where the buyer did **not say to him** that he needs the wine **for cooking.** The Gemara elaborates: The second *baraita*, taught by **Rav Zevid,** is referring to a case where the buyer **said** that he needs the wine **for cooking,** whereas the first ***baraita*** is referring to a case where the buyer did **not say to him** that he requires it **for cooking.**

הִלְכָּךְ ״מַרְתֵּף שֶׁל יַיִן״ וְאָמַר לוֹ לְמִקְפָּה נוֹתֵן לוֹ יַיִן שֶׁכּוּלּוֹ יָפֶה; ״מַרְתֵּף זֶה שֶׁל יַיִן״ וַאֲמַר לֵיהּ לְמִקְפָּה נוֹתֵן לוֹ יַיִן שֶׁכּוּלּוֹ יָפֶה, וּמְקַבֵּל עָלָיו עֶשֶׂר קוֹסָסוֹת לְמֵאָה; ״מַרְתֵּף זֶה שֶׁל יַיִן״ וְלָא אָמַר לֵיהּ לְמִקְפָּה נוֹתֵן לוֹ יַיִן הַנִּמְכָּר בַּחֲנוּת.

The Gemara concludes: **Therefore,** the *halakha* is that if one said that he is selling: **A wine cellar, and** the buyer **said to him:** I need the wine **for cooking,**[H] then the seller is obligated to **give him wine that is all of good** quality. If one said that he is selling: **This** particular **wine cellar, and** the buyer **said to him:** I need the wine **for cooking,** then the seller is obligated to **give him wine that is all** of **good** quality, but the buyer **accepts upon himself ten** barrels of **souring** wine **in** each **hundred** barrels purchased. If one said that he is selling: **This** particular **wine cellar,** and the buyer **did not say to him:** I need the wine **for cooking,**[H] then the seller may **give to him** the **wine** that is in his possession, even if it is of a quality **that is sold in the shops,** i.e., it is beginning to sour.

אִיבַּעְיָא לְהוּ ״מַרְתֵּף שֶׁל יַיִן״ וְלָא אָמַר לֵיהּ לְמִקְפָּה, מַאי? פְּלִיגִי בָּהּ רַב אַחָא וְרָבִינָא, חַד אָמַר: מְקַבֵּל וְחַד אָמַר: לֹא מְקַבֵּל.

A dilemma was raised before the Sages: If one said that he is selling: **A wine cellar, and** the buyer **did not say to him:** I need the wine **for cooking, what** is the *halakha*? **Rav Aḥa and Ravina disagree about this. One says:** The buyer **must accept** ten barrels of souring wine per hundred, **and** the other **one says:** The buyer **need not accept** any barrels of souring wine.

מַאן דְּאָמַר מְקַבֵּל דָּיֵיק מִדְּרַב זְבִיד, דְּקָתָנֵי: ״מַרְתֵּף שֶׁל יַיִן אֲנִי מוֹכֵר לָךְ״ – נוֹתֵן לוֹ יַיִן שֶׁכּוּלּוֹ יָפֶה, וְאוֹקִימְנָא דַּאֲמַר לֵיהּ לְמִקְפָּה; טַעְמָא דַּאֲמַר לֵיהּ לְמִקְפָּה, הָא לָא אֲמַר לֵיהּ לְמִקְפָּה – מְקַבֵּל.

The Gemara explains their reasoning. **The one who says** that the buyer **must accept** ten barrels of souring wine per hundred **infers this though** a precise reading of the *baraita* **of Rav Zevid, as it teaches:** If one says: **I am selling to you a wine cellar,** then he is required to **give him wine that is all** of **good** quality. **And we interpreted** this *baraita* as referring to a case **where** the buyer **said to him:** I need the wine **for cooking.** The Gemara explains the inference: **The** only **reason** that he must provide him with wine that is all of good quality is **that** the buyer **said to him** that he needed it **for cooking.** By inference, where the buyer **does not say to him:** I need it **for cooking,** the buyer **must accept** ten barrels of souring wine per hundred.

NOTES

And this is the storeroom, etc. – וְזֶהוּ אוֹצָר וכו׳: Since Rabbi Oshaya was a disciple of Rabbi Yehuda HaNasi, the redactor of the Mishna, it is assumed that he knew the correct explanation of the *mishnayot*. Therefore, this *baraita* taught from his school is considered the authoritative explanation of the mishna rather than being regarded as an unattributed *baraita* that may be presenting an alternative opinion to that of the mishna.

For cooking – לְמִקְפָּה: When wine is used in cooking, only a small quantity is used each time, and so it takes much longer to finish the entire amount than when it is used for drinking. As the wine consequently needs to maintain its quality over a much longer period, wine that is already even slightly sour is unsuitable (Rashbam). The Rashbam (98a) notes that the *halakha* applies if one purchases wine and states explicitly that he intends to consume it slowly over a long period of time.

HALAKHA

He said to him, I need it for cooking – אָמַר לֵיהּ לְמִקְפָּה: One who states that he is selling: A cellar of wine for cooking, or: A cellar for cooking, is required to provide wine that is all of good quality. Nevertheless, the buyer must accept upon himself that up to ten barrels per hundred may contain souring wine. If the buyer states that he wishes to purchase wine in order to consume it over an extended period, the *halakha* is the same as if it were sold for cooking (Rambam *Sefer Kinyan*, *Hilkhot Mekhira* 17:7–8; *Shulḥan Arukh*, *Ḥoshen Mishpat* 230:1–2).

He did not say to him, I need it for cooking – לָא אָמַר לֵיהּ לְמִקְפָּה: If one states that he is selling: This wine cellar, and the buyer specified that the wine would be used for cooking, then he must provide wine that is of a quality at least that of wine sold in the shops, i.e., mediocre-quality wine. The buyer must accept upon himself that up to ten barrels per hundred may contain souring wine, as in disputes between Rav Aḥa and Ravina the *halakha* is ruled in accordance with the lenient opinion (Rambam *Sefer Kinyan*, *Hilkhot Mekhira* 17:7–8; *Shulḥan Arukh*, *Ḥoshen Mishpat* 230:1, 3, and *Be'er HaGola* there).

ומאן דאמר לא מקבל דייק מברייתא, דקתני: "מרתף של יין אני מוכר לך" – נותן לו יין שכולו יפה, ואוקימנא דלא אמר ליה למקפה.

And the one who says that the buyer **need not accept** any barrels of souring wine **infers** this **through** a precise reading **of the** first ***baraita*****,**[N] **as it teaches:** If one says: **I am selling to you a wine cellar,** then he is required to **give him wine that is all** of **good** quality. **And we interpreted** this *baraita* as referring to a case **where he did not say to him:** I need the wine **for cooking,** and even so, the buyer need not accept any barrels of souring wine.

ולמאן דדייק מדרב זביד, קשיא ברייתא! חסורי מחסרא והכי קתני: במה דברים אמורים – דאמר ליה למקפה, הא לא אמר ליה למקפה – מקבל. ו"מרתף זה של יין" ולא אמר ליה למקפה – נותן לו יין הנמכר בחנות.

The Gemara asks: **But** then, **according to the one who infers** his opinion **through** a precise reading of the *baraita* **of Rav Zevid, the** first ***baraita*** poses **a difficulty.** The Gemara answers that according to his opinion, the *baraita* **is incomplete and this** is what **it is teaching:** If one says: I am selling to you a cellar of wine, then he is required to give him wine that is all of good quality. **In what** case **is this statement said?** It is said in a case **where** the buyer **said to him:** I need the wine **for cooking.** By inference, where the buyer **did not say to him:** I need the wine **for cooking,** the buyer **must accept** ten barrels of souring wine per hundred. **And** if one said that he is selling: **This** particular **wine cellar,** and the buyer **did not say to him:** I need the wine **for cooking,** then one may **give to him** the **wine** that is in his possession, even if it is of a quality **that is sold in the shops,** i.e., it is beginning to sour.

ולמאן דדייק מברייתא, קשיא דרב זביד, דאוקימנא דאמר ליה למקפה, הא לא אמר ליה למקפה – מקבל!

The Gemara asks: **And according to the one who infers** his opinion **through** a precise reading of the first ***baraita*****,** the *baraita* **of** Rav **Zevid** poses **a difficulty, as we interpreted it** as referring to a case **where** the buyer **said to him:** I need the wine **for cooking.** And this opinion inferred that if the buyer **did not say to him:** I need it **for cooking,** then the buyer **must accept** ten barrels of souring wine per hundred.

הוא הדין דאף על גב דלא אמר ליה למקפה לא מקבל, והאי דאוקימנא דאמר ליה למקפה – משום דקשיא "זה" א"זה".

The Gemara answers: **The same is true** according to both *baraitot*, **that even where** the buyer **did not say to him:** I need the wine **for cooking,** the buyer **need not accept** ten barrels of souring wine. **And** there is no proof from the fact **that we interpreted** the *baraita* as referring to a case **where he said to him:** I need it **for cooking,** since we did so only **due to the difficulty** of the contradiction between the ruling of the first *baraita* in the case where the seller specified that he was selling **this** cellar and the ruling of the *baraita* of Rav Zevid in the same case where the seller specified he was selling **this** cellar. Due to that difficulty, the entire *baraita* was interpreted as referring to a case where the buyer said: I need the wine for cooking, despite the fact that in the case where he did not mention a specific cellar it makes no difference whether or not he said so.

אמר רב יהודה: יין הנמכר בחנות – מברכין עליו "בורא פרי הגפן"; ורב חסדא אמר: גבי חמרא דאקרים למה לי!

§ Apropos wine that is sold in the shops, the Gemara considers additional *halakhot* pertaining to such wine: **Rav Yehuda says: Over wine** of the same quality as that **which is sold in the shops,**[N] **one recites the** standard **blessing** for wine: **Who creates fruit of the vine.** Despite the fact that such wine is not of the highest quality, it is still regarded as wine. **And Rav Ḥisda said: Over wine that has formed a film** as it begins to sour, **why do I** need to recite the blessing for wine? Since it has begun to sour, it is no longer regarded as wine. Instead, one should recite the generic blessing recited over foods of lower importance: By Whose word all things came to be.

מיתיבי: על הפת שעפשה, ועל היין שהקרים, ועל תבשיל שעברה צורתו – אומר "שהכל נהיה בדברו"!

The Gemara **raises an objection** to Rav Yehuda's opinion. It is taught in a *baraita*: **Over bread that has become moldy,**[H] **and over wine that has formed a film, and over a cooked dish that has spoiled, one recites** the blessing: **By Whose word all things came to be.** Since these foods have partially spoiled, it is inappropriate to recite the specific blessings designated for such foods in their fresh state.

NOTES

Infers through a precise reading of the *baraita* – דייק מברייתא: Neither Rav Aḥa nor Ravina had clear support for his opinion, but each inferred his opinion from different *baraitot*. They reasoned that the case not mentioned in the *baraita* is governed by a different *halakha* than the case that is mentioned, as otherwise that case would have been mentioned as well.

Wine…sold in the shops – יין הנמכר בחנות: As explained earlier, this is referring to wine that has begun to sour, i.e., it already has a vinegar-like odor but still has the taste of wine. Since it is still potable, one is certainly required to recite a blessing before drinking it. The issue addressed by the Gemara is whether the deterioration of its quality renders the wine unfit to have the special blessing for wine recited over it.

HALAKHA

Over bread that has become moldy, etc. – על הפת שעפשה וכו׳: One recites the blessing: By Whose word all things came to be, over a cooked dish that is slightly spoiled, as well as over all other foods that spoiled only slightly but remain edible (*Beit Yosef*) and over wine that has the odor of wine but tastes like vinegar (Rambam *Sefer Ahava*, *Hilkhot Berakhot* 8:8; *Shulḥan Arukh*, *Oraḥ Ḥayyim* 204:1 and *Taz* there, and see 272:3 and *Magen Avraham* there).

אָמַר רַב זְבִיד: מוֹדֶה רַב יְהוּדָה בְּפוּרְצְמָא דְּמִיזְדַּבַּן אַקַּרְנָתָא.

Rav Zevid said: Rav Yehuda concedes that one does not recite the blessing of: Who creates fruit of the vine, **on wine made from grape seeds that is sold on the** street **corners.**[N] It is to such significantly inferior wine that the *baraita* refers. Wine sold in the shops still has the taste and appearance of wine, so one should recite the standard blessing for wine.

אֲמַר לֵיהּ אַבָּיֵי לְרַב יוֹסֵף: הָא רַב יְהוּדָה, הָא רַב חִסְדָּא, מָר כְּמַאן סְבִירָא לֵיהּ? אֲמַר לֵיהּ: מַתְנִיתָא יָדַעְנָא,

Abaye said to Rav Yosef: This is the opinion of **Rav Yehuda,** and **this** is the opinion of **Rav Ḥisda. In accordance with whose** opinion **does the Master hold?** Rav Yosef **said to him: I know a *baraita***[N] from which it is possible to derive the *halakha*.

NOTES

On wine made from grape seeds that is sold on the street corners – בְּפוּרְצְמָא דְּמִיזְדַּבַּן אַקַּרְנָתָא: The quality of such wine is inferior to that of wine that is sold in the shops, to the extent that even its taste becomes vinegary. This wine was sold at the street corners at the edge of the city to travelers who did not wish to take the time to enter the city and go to a shop; they were prepared to drink even low-quality wine (Rabbeinu Gershom). Alternatively, the reference is to wine that was sold to the poorest people in the city, who were unable to afford higher-quality wine (Meiri).

I know a *baraita* – מַתְנִיתָא יָדַעְנָא: The Rashbam points out that the meaning of the *baraita* is unclear, as Rabbi Yoḥanan and Rabbi Yehoshua ben Levi disagree as to its intent. He explains that Rav Yosef means that he was sure that the answer could be derived from the *baraita*, although he did not specify what conclusion would be reached.

Perek **VI**
Daf **96** Amud **a**

דְּתַנְיָא: הַבּוֹדֵק אֶת הֶחָבִית לִהְיוֹת מַפְרִישׁ עָלֶיהָ תְּרוּמָה וְהוֹלֵךְ, וְאַחַר כָּךְ נִמְצֵאת חוֹמֶץ – כָּל שְׁלֹשָׁה יוֹם – וַדַּאי, מִכָּאן וְאֵילָךְ – סָפֵק.

As it is taught in a *baraita* (*Tosefta, Terumot* 2:8): With regard to **one who inspects a barrel**[NH] to see if it still contains enough wine **to continually** mentally **separate *teruma* from it** to exempt other untithed wine he has, until all the wine in that barrel would be *teruma* and would be given to a priest, **and afterward** the contents of the barrel **were found** to have turned to **vinegar,** which cannot be set aside as *teruma* for untithed wine, then **all three days** after he had last inspected it, it is **definitely** viewed as having been wine, and any wine for which *teruma* was separated during those days is tithed. **From that** point **onward,** more than three days after the previous inspection, it is **uncertain**[N] as to whether it had already turned to vinegar, and any wine for which *teruma* was separated during those days is not tithed.

מַאי קָאָמַר? אָמַר רַבִּי יוֹחָנָן, הָכִי קָאָמַר: כָּל שְׁלֹשָׁה יָמִים הָרִאשׁוֹנִים וַדַּאי יַיִן, מִכָּאן וְאֵילָךְ סָפֵק;

The Gemara clarifies: **What is the** *baraita* **saying?**[N] **Rabbi Yoḥanan says** that **this** is what it **is saying:** For **all of the first three days** following the inspection, it is **definitely** viewed as having been **wine** that had not yet turned to vinegar. **From that** point **onward,** it is **uncertain** as to whether it had already turned to vinegar. Accordingly, any wine for which *teruma* was separated after those three days by means of designating the contents of that barrel as *teruma* has an uncertain status.

מַאי טַעֲמָא? חַמְרָא מֵעִילַּאי עָקַר, וְהַאי טְעֵימֵיהּ וְלָא עֲקַר. אִם תִּמְצָא לוֹמַר בָּתַר דִּטְעֵימֵיהּ עֲקַר, הֲוָה רֵיחָא חַלָּא וְטַעֲמֵיהּ חַמְרָא, וְכָל רֵיחֵיהּ חַלָּא וְטַעֲמֵיהּ חַמְרָא – חַמְרָא.

What is the reason? The process in which **wine turns sour** and becomes vinegar starts **with** the wine at the **top** of the barrel; **and** it is **that** wine which **he tasted** when he inspected it, **and** at that time **it had not** yet **soured.** And even **if you say** that immediately **after he tasted it** the wine began to **sour,** during the following three days **it would have the odor of vinegar and its taste** would be **of wine, and anything** that **has an odor of vinegar but its taste is of wine**[H] is regarded as **wine.**

NOTES

One who inspects a barrel – הַבּוֹדֵק אֶת הֶחָבִית: The Rashbam explains that one performs the inspection by drawing a small quantity of wine from the top of the barrel and tasting it. Since the barrel contains untithed wine, the Rashbam emphasizes that it is necessary to first separate *teruma* from the wine he is tasting (Maharam Lublin). *Tosafot* disagree, as they claim that it is not necessary for one to actually drink the wine in order to inspect it; it is sufficient to smell it, as if it has the odor of wine then it certainly also has the taste of wine.

Definitely…uncertain – וַדַּאי...סָפֵק: The Rashbam explains that the *baraita* is in accordance with the opinion of Rabbi Yehuda HaNasi, who holds that wine and vinegar are considered two separate types of food with regard to *teruma*, and therefore one cannot designate vinegar as *teruma* for wine. According to this explanation, the *baraita* is not in accordance with the *halakha*, as the *halakha* follows the opinion of the Rabbis that vinegar and wine are considered to be the same type and such a designation is valid. Other early commentaries suggest that the *baraita* can be understood even in accordance with the opinion of the Rabbis. Although the Rabbis hold that one may designate vinegar as *teruma* for wine, vinegar and wine are sufficiently distinct that the designation is effective only when one has intent to designate one for the other. If one was under the misconception that he was designating wine as *teruma* when in fact it was actually vinegar, the designation is ineffective (Ramah; Rashba; Meiri).

What is it saying – מַאי קָאָמַר: The ruling of the *baraita* is somewhat ambiguous. It could be interpreted as referring to the first three days following the inspection, meaning that the *teruma* designation at that time is definitely valid, or it could be referring to the last three days preceding the discovery that it was vinegar, meaning that the *teruma* designation at that time is certainly invalid.

HALAKHA

One who inspects a barrel – הַבּוֹדֵק אֶת הֶחָבִית: In a case where one inspected a barrel containing untithed wine and confirmed that the wine had not soured, and afterward he designated some of that wine as *teruma* for wine in a different barrel, and it was later discovered that the wine in the first barrel had at some point soured and turned to vinegar, designation of the wine as *teruma* that took place during the first three days following the first inspection is valid. Designations that took place thereafter are of uncertain status and *teruma* should be designated again from wine that is still of good quality. This is in accordance with the opinion of Rabbi Yoḥanan. Although Rabbi Yehoshua ben Levi was Rabbi Yoḥanan's teacher, and the *halakha* is normally decided in accordance with the opinion of a teacher when he disagrees with his disciple, nevertheless in this case Rava, who is a later authority, rules in accordance with Rabbi Yoḥanan's opinion in tractate *Avoda Zara* (66a), and the *halakha* is always decided in accordance with the later authority of that period. This is also how the Sages of the South interpreted Rabbi Yehoshua ben Levi's opinion (Rambam *Sefer Zera'im, Hilkhot Terumot* 5:24).

Has an odor of vinegar but its taste is of wine – רֵיחֵיהּ חַלָּא וְטַעֲמֵיהּ חַמְרָא: A beverage that has smells like vinegar but tastes like wine is regarded as wine. One recites the blessing: Who creates fruit of the vine, over it, and it may be used for the sanctification of Shabbat. This is in accordance with the opinion of Rabbi Yoḥanan, since both the Sages of the South and Rava follow his opinion. Nevertheless, it is preferable that only the highest-quality wine be used for the sanctification of Shabbat (Rambam *Sefer Zemanim, Hilkhot Shabbat* 29:17; *Shulḥan Arukh, Oraḥ Ḥayyim* 204:3, 272:3).

HALAKHA

Strong vinegar – חלא סיפתקא: If wine has soured to the extent that it bubbles when poured, it may be presumed that it had already turned into vinegar at least three days beforehand. Consequently, if a gentile had touched it during that time, that liquid is not forbidden for consumption, because the prohibition against drinking wine that a gentile touches does not apply to vinegar (*Shulḥan Arukh, Yoreh De'a* 123:7–8).

NOTES

In the domain of the seller – ברשות מוכר: The Rashbam explains that this applies specifically to a case where the wine is still in the barrel in which the seller had kept it. Had it been transferred to a different barrel, the souring could be blamed on the effect of that barrel on the wine. Since it was not transferred to a new barrel, it is apparent that the process of souring must have already begun while the wine was still in the possession of the seller. Consequently, it emerges that the seller did not actually sell good-quality wine but instead sold souring wine, and therefore the entire sale is a mistaken transaction.

ורבי יהושע בן לוי אמר: כל שלשה ימים האחרונים ודאי חומץ, מכאן ולהלן ספק;

And Rabbi Yehoshua ben Levi says that there is a different interpretation of the *baraita*: For **all of the last three days** preceding the discovery that the wine had turned into vinegar, it is **definitely** viewed as having been **vinegar. From that** point **and earlier,** until the time it had been inspected, it is **uncertain** whether or not it was wine or vinegar.

מאי טעמא? חמרא מתתאי עקר, ואימור עקר ולאו אדעתיה. ואם תמצא לומר מעילאי עקר והא טעימיה ולא עקר - דלמא בתר דטעימיה עקר, הוה ריחיה חלא וטעמיה חמרא, וריחיה חלא וטעמיה חמרא - חלא.

What is the reason? The process in which **wine turns sour** and becomes vinegar starts **with** the wine at the **bottom** of the barrel, **and** therefore, since the inspection was limited to the wine at the top of the barrel, it is possible to **say** that wine at the bottom **had** already started to **sour and one was unaware of it.** Consequently, it is possible that on the day he tasted it the wine turned entirely into vinegar. **And** even **if you say** that the process in which **wine turns sour** and becomes vinegar starts **with** the wine at the **top** of the barrel, **and** it is **that** wine that **he tasted** when he inspected it **and** at that time **it had not** yet **soured, perhaps** immediately **after he tasted it** the wine began to **sour,** in which case **its odor** would be **of vinegar and its taste of wine, and** anything that **has an odor of vinegar but its taste is of wine** is regarded as **vinegar.**

דרומאי מתנו משמיה דרבי יהושע בן לוי: ראשונים - ודאי יין, אחרונים - ודאי חומץ, אמצעיים - ספק.

The Sages **of the South taught** another interpretation of the *baraita* **in the name of Rabbi Yehoshua ben Levi:** For the **first** three days it is **definitely** viewed as having been **wine.** For the **last** three days it is **definitely** viewed as having been **vinegar.** The status of the wine during the **intervening** period is **uncertain.**

הא גופא קשיא, אמרת: ראשונים ודאי יין, אלמא ריחיה חלא וטעמיה חמרא - חמרא, והדר אמרת: אחרונים ודאי חומץ, אלמא ריחיה חלא וטעמיה חמרא - חלא!

The Gemara asks: **This matter itself** is **difficult,** as, since **you said** that for the **first** three days it is **definitely** viewed as having been **wine; apparently,** if **it has the odor of vinegar but its taste is of wine** it is regarded as **wine. But then you said** that for the **last** three days it is **definitely** viewed as having been **vinegar; apparently,** if **it has the odor of vinegar but its taste is of wine** it is regarded as **vinegar,** as it can be established only that the odor had changed three days ago.

כגון דאשתכח חלא סיפתקא, דאי לאו דעקר תלתא יומי - לא הוה משתכח חלא סיפתקא.

The Gemara resolves the difficulty: The Sages of the South hold that as long as the wine still tastes like wine, it is regarded as wine. When they said that when a barrel is found to contain vinegar it is certain that the wine had already turned into vinegar three days previously, they were referring to a case **where** the barrel **was found** to contain **strong vinegar,**[H] **as,** had **it not** already **soured three days** previously, the barrel **would not have been found** to contain **strong vinegar;** rather, it would contain only mild vinegar.

כמאן פשט ליה? פליגי בה רב מרי ורב זביד, חד אמר: כרבי יוחנן, וחד אמר: כרבי יהושע בן לוי.

Rav Yosef claimed that this *baraita* can serve as proof with regard to which blessing is recited over wine that has the odor of vinegar but tastes like wine. Having cited three different interpretations of the *baraita*, the Gemara asks: **In accordance with** whose interpretation did Rav Yosef **resolve** the question of which blessing to recite? **Rav Mari and Rav Zevid disagree about it. One said** that Rav Yosef resolved it **in accordance with** the interpretation of **Rabbi Yoḥanan,** that this liquid is regarded as wine and the blessing for wine should be recited over it. **And one said** that Rav Yosef resolved it **in accordance with** the interpretation of **Rabbi Yehoshua ben Levi,** that the liquid is regarded as vinegar and the generic blessing: By Whose word all things came to be, should be recited over it. There is no definitive resolution of the dispute.

איתמר: המוכר חבית יין לחברו והחמיצה, אמר רב: כל שלשה ימים הראשונים - ברשות מוכר, מכאן ואילך - ברשות לוקח;

§ An amoraic dispute **was stated** with regard to **one who sells a barrel of wine to another, and** following the sale **it turned to vinegar. Rav said:** If it soured during **any of the first three days** following the sale, it is presumed that it had already began to sour **in the domain of** the **seller,**[N] and he bears financial responsibility for it; **from that** point **onward,** it is presumed that the wine soured **in the domain of** the **buyer,** and it is his loss.

וּשְׁמוּאֵל אָמַר: חַמְרָא אַכַּתְפָּא דְּמָארֵיהּ שָׁוְואֵר.

And Shmuel said: Even if the wine sours shortly after the purchase, the seller does not bear responsibility, as **the wine**[H] **is agitated** as it is carried **upon the shoulders of its** new **owner,** causing it to sour quickly.

עֲבַד רַב יוֹסֵף עוּבְדָא כְּוָותֵיהּ דְּרַב בְּשִׁיכְרָא, וּכְוָותֵיהּ דִּשְׁמוּאֵל בְּחַמְרָא. וְהִלְכְתָא כְּוָותֵיהּ דִּשְׁמוּאֵל.

Rav Yosef ruled in an actual **case in accordance with** the opinion **of Rav,** in which **beer**[HN] spoiled shortly after it was sold, **and in accordance with** the opinion **of Shmuel in** a similar case involving **wine. And the** ***halakha*** **is in accordance with** the opinion **of Shmuel.**

תָּנוּ רַבָּנַן: אֶחָד שֵׁכַר תְּמָרִים, וְאֶחָד שֵׁכַר שְׂעוֹרִים, וְאֶחָד שִׁמְרֵי יַיִן – מְבָרְכִין עֲלֵיהֶם "שֶׁהַכֹּל נִהְיָה בִּדְבָרוֹ". אֲחֵרִים אוֹמְרִים: שְׁמָרִים שֶׁיֵּשׁ בָּהֶם טַעַם יַיִן – מְבָרֵךְ עֲלֵיהֶן "בּוֹרֵא פְּרִי הַגֶּפֶן". רַבָּה וְרַב יוֹסֵף דְּאָמְרִי תַּרְוַיְיהוּ: אֵין הֲלָכָה כַּאֲחֵרִים.

§ **The Sages taught** in a *baraita*: **Whether** one drinks **date beer,**[N] **or barley beer,**[H] **or** a beverage made from soaking **pomace** from the production **of wine**[HN] in water, known as *tamad*, **one recites over them the blessing: By Whose word all things came to be.** ***Aherim*** **say: Over** wine made from **pomace that has the taste of wine** one **recites the blessing: Who creates fruit of the vine. Rabba and Rav Yosef both say: The** ***halakha*** is **not in accordance with** the opinion of ***Aherim.***

אֲמַר רָבָא: דְּכוּלֵּי עָלְמָא, רְמָא תְּלָתָא וַאֲתָא אַרְבְּעָה – חַמְרָא הוּא. רָבָא לְטַעְמֵיהּ, דַּאֲמַר רָבָא: כָּל חַמְרָא דְּלָא דָּרֵי עַל חַד תְּלָת מַיָּא – לָאו חַמְרָא הוּא;

Rava said: According to the opinions **of everyone** mentioned in the *baraita*, if **one poured three** jugs of water over grape pomace[B] **and** then, after removing the pomace, the volume of the resulting beverage **came to four** jugs, then that beverage **is** regarded as **wine.** Evidently, a quarter of the resulting beverage is from juice that was contained in the pomace, which is pure wine, and that is a sufficient ratio for the beverage as a whole to be regarded as wine. The Gemara interjects Rava's comments: With this statement, **Rava** conforms **to his** standard line of **reasoning, as Rava said: Any wine that does not contain three** parts **water to one** part pure wine **is not** regarded as **wine,** as it is excessively strong.

NOTES

In accordance with the opinion of Rav in which beer – כְּוָותֵיהּ דְּרַב בְּשִׁיכְרָא: The Gemara later explains (98a) that sometimes one's wine sours as a punishment for his arrogance. The Gemara bases this on the verse: "Wine is a treacherous dealer; the haughty man abides not" (Habakkuk 2:5). The Rashbam explains that Rav Yosef understood that this applies only to wine and not to beer. The responsibility for the beer spoiling is not automatically placed on the buyer just because he is the current owner. Other commentaries contend that Rav Yosef's ruling was based only on his own experience, as he had found that wine was sensitive and that it soured when agitated, unlike beer.

Date beer, etc. – שֵׁכַר תְּמָרִים וכו׳: Generally, the blessing recited before eating a fruit is: Who creates fruit of the tree, and the blessing for produce that grows from the ground is: Who creates fruit of the earth. When a product is derived or extracted from fruit, and the fruit is no longer in its original form, e.g., fruit juice, a different blessing is recited. In some cases the product has a greater significance and importance than the raw fruit. In such cases the Sages instituted a unique blessing to be recited on the product. For example, over grapes one recites the blessing: Who creates fruit of the tree, but over wine one recites: Who creates fruit of the vine. Similarly, over wheat one recites: Who creates fruit of the earth, but over bread one recites: Who brings forth bread from the earth. When the derivative product does not have great significance, one recites over it the generic blessing of: By Whose word all things came to be. Date beer and barley beer are in this category; they are not the original form of the fruit or the grain and are not more significant than it.

Pomace from the production of wine – שִׁמְרֵי יַיִן: The *baraita* is not referring to the grape pomace itself, which is not edible, but to a beverage that is created by steeping in water the pomace that remains after fermenting wine from grapes. Such pomace had absorbed some wine during production; therefore, when it is steeped in water, some of the wine seeps out and mixes with the water, forming a beverage with the taste and odor of wine and even some alcohol. In order for the beverage to warrant the blessing of: Who creates the fruit of the vine, there must be the same ratio of wine released from the pomace to the water in which it is steeped as when pure wine is mixed with water, resulting in a potable liquid. The Rashba and the Ritva note that this applies only to pomace from grapes that were fully pressed, thereby removing all their natural juices, or where one uses grape pits. The liquid contained within them is only the wine they absorbed in production. If one uses pomace from grapes that had been trampled by foot, then it is presumed to still contain some natural juices. Therefore, the beverage produced from soaking it in water is considered to be wine, even if the ratio is less than what is required for a mixture of pure wine and water. Rabbeinu Tam cited in *Tosafot* holds that this ratio is applied in all cases.

HALAKHA

The wine, etc. – חַמְרָא וכו׳: When one purchases wine, if the wine is decanted from the seller's jugs into the buyer's, then even if it sours immediately the seller is not liable. This is the *halakha* even if the buyer had not yet lifted it up (*Sma*). This is in accordance with the opinion of Shmuel, as explained by the Rif (Rambam *Sefer Kinyan*, *Hilkhot Mekhira* 17:3; *Shulhan Arukh*, *Hoshen Mishpat* 230:5).

Beer – שִׁיכְרָא: In the case of one who purchases beer that remains in the barrels of the seller, if it sours within three days of the sale, the seller must reimburse the buyer. If the buyer had not tasted the beer before he purchased it, the burden of proof is upon him. This applies even if the beer still tastes like beer, but smells like vinegar (*Sma*, based on *Tur*). If it sours after three days, it is considered the buyer's loss, and even if he has not yet paid the seller, he must do so. These *halakhot* are in accordance with the opinion of Rav Yosef, who rules like Rav with regard to beer (Rambam *Sefer Kinyan*, *Hilkhot Mekhira* 17:4; *Shulhan Arukh*, *Hoshen Mishpat* 230:7).

Whether date beer or barley beer – אֶחָד שֵׁכַר תְּמָרִים וְאֶחָד שֵׁכַר שְׂעוֹרִים: Over beer made from dates or barley one recites the blessing: By Whose word all things came to be (Rambam, *Sefer Ahava*, *Hilkhot Berakhot* 8:8; *Shulhan Arukh*, *Orah Hayyim* 204:1).

Pomace from the production of wine – שִׁמְרֵי יַיִן: One who drinks the juice of grape pomace that has not been steeped in water, e.g., producing the juice by pressing the pomace, recites the blessing: Who creates the fruit of the vine (see *Mishna Berura*). Even if it has been diluted to a ratio of three parts water to one part wine from the pomace, it is regarded as full-fledged wine, and the blessing is: Who creates the fruit of the vine. If the proportion of water is greater than this, then even if the resulting beverage tastes like wine and smells like wine, the blessing is: By Whose word all things came to be. This is in accordance with the opinion of the Rabbis and the ruling of Rabba, Rav Yosef, and Rava.

These rulings refer only to the wine that was drunk during the mishnaic and talmudic periods. Nowadays, wine is not as strong as it was then, and even where the dilution is significant, the blessing: By Whose word all things came to be, is recited. The level of dilution at which the resulting beverage is no longer regarded as wine is dependent on the custom in each locale. The Rema adds that once one part wine is diluted into six parts water, the blessing is certainly: By Whose word all things came to be, even if the beverage still tastes like wine (Rambam *Sefer Ahava*, *Hilkhot Berakhot* 8:9; *Shulhan Arukh*, *Orah Hayyim* 204:5–6 and *Magen Avraham* there).

BACKGROUND

One poured three jugs of water over grape pomace – רְמָא תְּלָתָא: The practice in talmudic times was to try to maximize the quantity of wine that could be produced from a given quantity of grapes. Therefore, after the grapes had first been pressed and the resulting juice fermented into wine, the leftover grapes and pomace from the wine would be removed and steeped in water. This would allow any remaining juices and any wine that had been absorbed during the previous stage to seep out into the water, thereby producing a second product that was called *tamad*. Even though it contained some alcohol, it was very weak. Nevertheless, if a significant amount of wine seeped out from the pomace, then the *tamad* was regarded like any other wine that had been diluted for drinking. The amount of wine that would seep out varied depending on the quality of the pomace and on how the wine was made. Sometimes the process would be repeated numerous times, producing successively weaker products.

רְמָא תְּלָתָא וַאֲתָא תְּלָתָא – וְלָא כְּלוּם הוּא; כִּי פְּלִיגִי – דִּרְמָא תְּלָתָא וַאֲתָא תְּלָתָא וּפַלְגָּא, דְּרַבָּנַן סָבְרִי: תְּלָתָא עָיֵיל תְּלָתָא נָפֵיק – פַּשׁ לֵיהּ פַּלְגָּא, וּפַלְגָּא בְּשִׁיתָא פַּלְגֵי מַיָּא וְלָא כְּלוּם הוּא.

Rava continues: If **one poured three**[H] jugs of water over pomace, **and** the volume of the resulting beverage still **came to three** jugs, then **it is nothing**, i.e., it is not regarded as wine. **When** the *tanna'im* in the *baraita* **disagree** is in a case **where one poured three** jugs of water over pomace **and** the volume of the resulting beverage **came to three and a half** jugs, **as the Rabbis**, i.e., the first *tanna*, **hold** that **three** jugs of water **were absorbed into** the pomace and then the same **three** jugs of water **seeped out** of the pomace; therefore, there **remains half** a jug of the resulting beverage that was originally pure wine contained in the pomace. **But half** a jug of pure wine mixed **into six half**-jugs of **water is nothing**, i.e., the mixture is too weak to be regarded as wine.

וַאֲחֵרִים סָבְרִי: תְּלָתָא עוּל תְּרֵין וּפַלְגָּא נָפֵיק – פַּשׁ לֵיהּ כּוּזָא, וְכוּזָא בִּתְרֵי וּפַלְגָּא חַמְרָא מְעַלְיָא הוּא.

And *Aḥerim* **hold** that **three** jugs of water **were absorbed into** the pomace but only **two and a half** jugs of water **seeped out** of the pomace, as one jug of water replaced the one jug of pure wine contained in the pomace. Therefore, there **remains** one **jug** of the resulting beverage that is pure wine that was previously contained in the pomace. **And** one **jug** of pure wine mixed **into two and a half** jugs of water **is** regarded as **full-fledged wine.**

וּבְיוֹתֵר מִכְּדֵי מִדָּתוֹ מִי פְּלִיגִי? וְהָא תְּנַן:

The Gemara asks: **And where** the volume of the resulting beverage **is greater than the amount** of water that was poured over the pomace, **do** the Sages ever **disagree? But didn't we learn** in a mishna (*Ma'asrot* 5:6):

HALAKHA

Poured three, etc. – רְמָא תְּלָתָא וכו׳: The blessing for a beverage that was made by steeping grapes that were previously pressed to make wine is dependent on the ratio of the water to the wine that seeps out from those grapes. If the ratio is one to three or greater, then one recites the blessing: Who creates fruit of the wine. If one used grapes that were trampled by foot, not pressed, then the beverage produced by steeping them in water is considered full-fledged wine even if the volume of the beverage after removal of the grapes is equal to the volume of the water that they were steeped in, in accordance with the opinion of the Ramban (*Shulḥan Arukh*, *Oraḥ Ḥayyim* 204:6).

Perek **VI**
Daf **97** Amud **a**

הַמְתַמֵּד, וְנָתַן מַיִם בְּמִדָּה, וּמָצָא כְּדֵי מִדָּתוֹ – פָּטוּר, וְרַבִּי יְהוּדָה מְחַיֵּיב; עַד כָּאן לָא פְּלִיגִי אֶלָּא בִּכְדֵי מִדָּתוֹ, אֲבָל בְּיוֹתֵר מִכְּדֵי מִדָּתוֹ לָא פְּלִיגִי!

In the case of **one who produces *tamad***,[H] a beverage made by steeping grape pomace in water, **and he placed a measured** amount of **water** into a container together with the pomace, **and** after removing the pomace **he found** that the volume of the *tamad* produced was **equivalent to the amount** of water used, one is **exempt** from the requirement to tithe the *tamad*, even though the pomace came from grapes that had not been tithed. **And Rabbi Yehuda deems** one **liable** to tithe the *tamad*. The Gemara explains the difficulty posed by this mishna: It would appear that **they disagree only with regard to** a case **where** the volume of the *tamad* produced was **equivalent to the amount** of water used, **but** in a case where the volume of the *tamad* produced was **greater than the amount** of water used, **they do not disagree;** rather, they all agree that it must be tithed because it is regarded as wine. This would appear to contradict Rava's explanation.

הוּא הַדִּין דַּאֲפִילּוּ בְּיוֹתֵר מִכְּדֵי מִדָּתוֹ פְּלִיגִי, וְהַאי דְּקָא מִיפַּלְגִי בִּכְדֵי מִדָּתוֹ – לְהוֹדִיעֲךָ כֹּחוֹ דְּרַבִּי יְהוּדָה.

The Gemara resolves the difficulty: Actually, **the same is true** in **that they would disagree even where** the volume of the *tamad* produced was **greater than the amount** of water used. **And** the reason **that** the mishna records only that **they disagree** about a case **where** the volume of the *tamad* produced was **equivalent to the amount** of water used is in order **to convey to you the far-reaching nature of** the opinion **of Rabbi Yehuda**, who holds that one is liable to tithe the *tamad* even in this case.

HALAKHA

One who produces *tamad* – הַמְתַמֵּד: Various *halakhot* apply to one who produces *tamad* by steeping grape pomace in water. If one poured three measures of water over untithed pomace and then the volume of the resulting beverage came to four measures, the additional measure is untithed wine from the pomace. In order to tithe the resulting *tamad*, one must designate other untithed wine as tithes on its behalf. One cannot simply separate a portion of the *tamad* as tithes for the wine contained in it, as one might separate the water component as tithes on behalf of the wine component, which would be invalid (*Shakh*; *Taz*; see *Kesef Mishne*). This is in accordance with the opinion of Rava. One does not need to separate *teruma* from the *tamad* (Jerusalem Talmud). If the volume of the resulting beverage came to less than four measures, and certainly if it still comes to three measures, then there is no requirement to tithe the *tamad*. This is in accordance with the opinion of the Sages who dispute Rabbi Yehuda's opinion. The *halakha* follows their opinion, as it is the majority opinion (Rambam *Sefer Zera'im*, *Hilkhot Ma'aser* 2:7; *Shulḥan Arukh*, *Yoreh De'a* 331:81).

בְּעָא מִינֵּיהּ רַב נַחְמָן בַּר יִצְחָק מֵרַב חִיָּיא בַּר אָבִין: שְׁמָרִים שֶׁיֵּשׁ בָּהֶן טַעַם יַיִן, מַהוּ? אֲמַר לֵיהּ: מִי סָבְרַתְּ חַמְרָא הוּא? קִיוְהָא בְּעָלְמָא הוּא.

Rav Naḥman bar Yitzḥak asked Rav Ḥiyya bar Avin: If one steeps **pomace** and produces *tamad* **that has the taste of wine,**[N] **what is** the blessing that one should recite before drinking it? Rav Ḥiyya bar Avin **said to him: Do you hold** that such a beverage **is wine? It is merely a sharp-flavored** beverage,[N] not wine.

תָּנוּ רַבָּנַן: שְׁמָרִים שֶׁל תְּרוּמָה – רִאשׁוֹן וְשֵׁנִי אָסוּר, וּשְׁלִישִׁי מוּתָּר; רַבִּי מֵאִיר אוֹמֵר: אַף שְׁלִישִׁי בְּנוֹתֵן טַעַם.

§ **The Sages taught** in a *baraita* concerning the production of successive batches of *tamad* of decreasing strengths by reusing the pomace after each time a *tamad* is produced: With regard to **pomace of *teruma*** wine,[H] the **first and second** products are considered to be *teruma*, and it is **prohibited**[N] for a non-priest to drink it. **But** with regard to **the third** product, a non-priest **is permitted** to drink it. **Rabbi Meir says: Even** with regard to the **third** product, if the wine that seeps out of the pomace **imparts** the **flavor**[B] of wine to the water, it is forbidden to a non-priest.

וְשֶׁל מַעֲשֵׂר – רִאשׁוֹן אָסוּר, שֵׁנִי מוּתָּר; רַבִּי מֵאִיר אוֹמֵר: אַף שֵׁנִי בְּנוֹתֵן טַעַם. וְשֶׁל הֶקְדֵּשׁ – שְׁלִישִׁי אָסוּר, וּרְבִיעִי מוּתָּר; רַבִּי מֵאִיר אוֹמֵר: אַף רְבִיעִי בְּנוֹתֵן טַעַם.

The *baraita* continues: **And** with regard to water added to pomace **of** second-**tithe** wine,[HN] the **first** product is also considered to be second tithe, and it is **prohibited** to drink it outside Jerusalem. **But** with regard to **the second** product, it **is permitted** to drink it anywhere. **Rabbi Meir says: Even** with regard to the **second** product, if the wine that seeps out of the pomace **imparts** the **flavor** of wine to the water, it may be consumed only in Jerusalem. **And** with regard to water added to pomace **of** wine that was **consecrated**[H] to the Temple, up to the **third** product it is **prohibited** to derive any benefit from it, as it is considered to be consecrated, **but** from **the fourth** product, it **is permitted. Rabbi Meir says: Even** with regard to the **fourth** product, if the wine that seeps out of the pomace **imparts** the **flavor** of wine to the water, it is prohibited.

וּרְמִינְהִי: שֶׁל הֶקְדֵּשׁ לְעוֹלָם אָסוּר, וְשֶׁל מַעֲשֵׂר לְעוֹלָם מוּתָּר. קַשְׁיָא הֶקְדֵּשׁ אַהֶקְדֵּשׁ, קַשְׁיָא מַעֲשֵׂר אַמַּעֲשֵׂר!

And the Gemara **raises a contradiction** from a different *baraita*: *Tamad* produced from the pomace **of** wine that was **consecrated** to the Temple is **always forbidden,** even after having steeped them many times, **and** the beverage produced from pomace **of** second **tithe is always permitted,** even from the first such product. The Gemara explains: The ruling concerning **consecrated** pomace is **difficult,** as it is contradicted by the ruling of the first *baraita* concerning **consecrated** pomace. And the ruling concerning second-**tithe** pomace is **difficult,** as it is contradicted by the ruling of the first *baraita* concerning second-**tithe** pomace.

HALAKHA

Pomace of *teruma* wine – שְׁמָרִים שֶׁל תְּרוּמָה: If one produces successive batches of *tamad* by steeping grape pomace taken from *teruma* wine, then removing the resulting *tamad* and again adding water to make another batch, then it is prohibited for a non-priest to drink the first and second batches. He may drink the third batch, even if it tastes like wine (Radbaz). This is in accordance with the opinion of the first *tanna* (Rambam *Sefer Zera'im*, *Hilkhot Terumot* 11:13 and *Sefer Tahara*, *Hilkhot Tumat Okhalin* 13:17).

Pomace of second-tithe wine – שְׁמָרִים שֶׁל מַעֲשֵׂר: If one produces successive batches of *tamad* from second-tithe wine, then only the first batch must be treated with the sanctity of second tithe. This is in accordance with the opinion of the first *tanna*. If the pomace is from second-tithe wine that was separated from *demai*, then even the first batch is permitted (Rambam *Sefer Zera'im*, *Hilkhot Ma'aser Sheni* 3:12 and *Sefer Tahara*, *Hilkhot Tumat Okhalin* 13:17).

Pomace of wine that was consecrated – שְׁמָרִים שֶׁל הֶקְדֵּשׁ: If one produces successive batches of *tamad* from wine whose value was consecrated to the Temple treasury, the first three batches are prohibited, and the subsequent batches are permitted. This is in accordance with the opinion of the first *tanna*. If the *tamad* was produced from pomace that has inherent sanctity, then all batches are prohibited, even those subsequent to the third batches (Rambam *Sefer Avoda*, *Hilkhot Me'ila* 5:12 and *Sefer Tahara*, *Hilkhot Tumat Okhalin* 13:17).

BACKGROUND

Imparts flavor – נוֹתֵן טַעַם: When forbidden food is mixed with permitted food and the flavor of the forbidden food can no longer be detected, the mixture is permitted. A mixture of this kind may be given to a gentile cook to determine whether or not the flavor of the non-kosher ingredients is noticeable. If this is not possible, the mixture is presumed to be kosher if it contains at least sixty times as much permitted as forbidden food, as the Sages assessed that no substance can give flavor at this ratio.

NOTES

Steeps pomace and produces *tamad* that has the taste of wine – שְׁמָרִים שֶׁיֵּשׁ בָּהֶן טַעַם יַיִן: It would appear that the question of which blessing to recite is actually the subject of the dispute between the Rabbis and *Aḥerim* cited in the *baraita* on the previous *amud*. Why, then, does Rav Naḥman bar Yitzḥak not simply inquire which opinion is accepted as the *halakha*? The Rashbam explains that the dispute in the *baraita* does concern the same question but suggests that Rav Naḥman was not aware of the *baraita*.

The Rashba notes that although the principle is that the *halakha* follows the majority opinion of the Rabbis over the opinion of *Aḥerim*, it is possible that this case would be different, because the opinion of *Aḥerim* has a strong logical basis: It is clear that not all water that is absorbed into the pomace also seeps out afterward.

Merely a sharp-flavored beverage – קִיוְהָא בְּעָלְמָא: The intention is that one should not consider the liquid that seeps out of the pomace as imparting the taste of wine to the water, rather it does no more than impart a bitter, acrid tang to the water, which is certainly not significant enough to warrant the blessing: Who creates fruit of the vine.

First and second are prohibited – רִאשׁוֹן וְשֵׁנִי אָסוּר: The Rashbam explains that the *baraita* is referring to a case where the volume of the resulting beverage is the same as the volume of the water in which the pomace was steeped. Therefore, according to the conclusion of the Gemara, the resulting *tamad* is not regarded as wine, and accordingly the prohibitions mentioned by the *baraita* here are rabbinic stringencies. The Ramban distinguishes between the first time the pomace is steeped, when there is still some wine remaining in it and the resulting beverage could be regarded as wine even by Torah law, and subsequent times, in which only a sharp taste is imparted and if there is any prohibition, it will be by rabbinic law. The Ritva writes that even if the beverage has the taste of wine, it should not be prohibited, as once the pomace has been removed from the wine, the pomace itself no longer has sanctity. Therefore, he concludes that in all cases the prohibitions mentioned in the *baraita* are by rabbinic law.

Pomace of second-tithe wine – שְׁמָרִים שֶׁל מַעֲשֵׂר: The intention of the *baraita* is to specifically second tithe, which has sanctity and may be eaten only in Jerusalem. By contrast, the first tithe and the poor man's tithe have no sanctity, and although one is required to give them to a Levite and the poor, respectively, it is permitted for anyone to eat them (Rashbam; Ramban). Some suggest that the reference could be to first tithe because part of the first tithe is the *teruma* of the tithe, which has sanctity similar to *teruma*. Unlike first tithe, it is prohibited for a non-priest to eat it.

הֶקְדֵּשׁ אַהֶקְדֵּשׁ לָא קַשְׁיָא: כָּאן בִּקְדוּשַּׁת הַגּוּף, כָּאן בִּקְדוּשַּׁת דָּמִים; מַעֲשֵׂר אַמַּעֲשֵׂר נָמֵי לָא קַשְׁיָא: כָּאן בְּמַעֲשֵׂר וַדַּאי, כָּאן בְּמַעֲשֵׂר דְּמַאי.

The Gemara answers: The contradiction between the ruling of one *baraita* concerning **consecrated** pomace and the ruling of the other *baraita* concerning **consecrated** pomace is **not difficult,** as one can explain that **here,** the second *baraita* is referring to pomace **with inherent sanctity,**[N] and **there,** the first *baraita* is referring to pomace **with sanctity** that inheres in its **value.** Also, the contradiction between the ruling of one *baraita* concerning pomace of second **tithe** and the ruling of the other *baraita* concerning pomace of second **tithe** is **not difficult,** as one can explain that **here,** the first *baraita* is referring to pomace whose status as second **tithe** is **certain** and **there,** the second *baraita* is referring to pomace **of** second **tithe of doubtfully tithed produce** [***demai***].[B]

אָמַר רַבִּי יוֹחָנָן מִשּׁוּם רַבִּי שִׁמְעוֹן בֶּן יְהוֹצָדָק: כְּדֶרֶךְ שֶׁאָמְרוּ לְעִנְיַן אִיסּוּרָן, כָּךְ אָמְרוּ לְעִנְיַן הֶכְשֵׁירָן.

Rabbi Yoḥanan says in the name of Rabbi Shimon ben Yehotzadak: In the **same way in which** the Sages **said** concerning differing strengths of *tamad* that **with regard to their prohibition,** after a certain number of times the *tamad* produced is not considered to be wine, **so too they said** the same rulings **with regard to their capacity to render** foods **susceptible** to ritual impurity.[HN]

הֶכְשֵׁירָן דְּמַאי? אִי דְּמַיָּא – אַכְשׁוּרֵי מַכְשְׁרִי, אִי דְּחַמְרָא – אַכְשׁוּרֵי מַכְשְׁרִי! לָא צְרִיכָא, שֶׁתִּמֵּד בְּמֵי גְשָׁמִים.

The Gemara asks: When the *baraita* is referring to **their capacity to render** other foods **susceptible** to ritual impurity, why does it matter **which** kind of beverage the *tamad* is considered to be? **Whether** the *tamad* is regarded **as water**[N] it can **render** food **susceptible** to impurity, or **whether** it is regarded as **wine it** can **render** food **susceptible** to impurity. The Gemara clarifies: **No,** it is **necessary** in a case in which **one produced *tamad* with rainwater**[N] that he had not previously intended to use. Rainwater does not render food susceptible to ritual impurity, so the *tamad* will do so only if it is regarded as wine.

BACKGROUND

Doubtfully tithed produce [*demai*] – דְּמַאי: This is produce that was purchased from an *am ha'aretz*, i.e., one who is suspected of not having separated the various tithes as required by *halakha*. The literal meaning of the word *demai* is suspicion; in this context it is referring to produce about which there is suspicion that tithes were not taken. In the Second Temple period, the Sages decreed that *demai* produce should be accorded uncertain status. Even if the owner claims that he separated the tithes, the buyer must tithe it himself. Nevertheless, since the presumptive status of the produce is that it was in fact tithed, certain leniencies were permitted with regard to eating and using doubtfully tithed produce.

HALAKHA

With regard to their capacity to render foods susceptible to ritual impurity – לְעִנְיַן הֶכְשֵׁירָן: The same *halakhot* of prohibition that apply to successive batches of *tamad* also apply with regard to its status as wine in order to be able to render foods susceptible to ritual impurity. This distinction is relevant only when the water fell onto and was removed from the pomace inadvertently, either by itself or from an animal. If one were intentionally to remove the resulting liquid, that would be considered to demonstrate that the situation was satisfactory to him. Consequently, even if additional water subsequently fell onto the pomace by itself, it would be considered to be there with the approval of the owner. This means that even if the *tamad* were regarded as water and not wine, it would have the capacity to render foods susceptible to impurity (Rambam *Sefer Tahara, Hilkhot Tumat Okhalin* 13:17).

NOTES

Inherent sanctity, etc. – קְדוּשַּׁת הַגּוּף וכו׳: The Rashbam and the Ri Migash explain that wine with inherent sanctity is wine consecrated as a libation offering, and wine with sanctity that inheres in its value is wine consecrated to the Temple treasury. Other commentaries suggest that even when wine is consecrated as a libation, as long as it has not been placed in a Temple service vessel in preparation for use as a libation, it is not invested with inherent sanctity; rather, its sanctity continues to inhere only in its value.

Generally, inherent sanctity is regarded as being on a higher level than sanctity that inheres in an item's value. For example, one is able to redeem an item whose sanctity inheres in its value, but not one that has inherent sanctity. Accordingly, some commentaries assume that in the Gemara's discussion here, grape pomace from wine with inherent sanctity is treated more stringently than grape pomace from wine with sanctity that inheres in its value (Rashbam; Ri Migash). Other commentaries claim exactly the opposite: When wine is consecrated as a libation, the inherent sanctity devolves only upon the wine itself, but not upon the pomace, since it will not be used as part of the libation. By contrast, when one consecrates wine to the Temple treasury, the sanctity devolves upon every part of the wine, including the pomace, indicating that it is treated more stringently (Rabbeinu Yona; Rashba).

So they said with regard to their capacity to render them susceptible to ritual impurity – כָּךְ אָמְרוּ לְעִנְיַן הֶכְשֵׁירָן: The straightforward understanding of the Gemara is that the *tamad* is prohibited only if it is regarded as wine and since it is regarded as wine, it also has the capacity to render other foods susceptible to ritual impurity. The Rid offers a novel explanation, citing Rabbeinu Yitzḥak of Dampierre. He suggests that in this case, the wine's capacity to render foods susceptible to impurity is limited to foods that are similar to itself. For example, if *tamad* is forbidden due to the fact that it has been flavored by consecrated wine, then it has the capacity to render only consecrated foods susceptible to ritual impurity.

As water – דְּמַיָּא: Food can contract ritual impurity only once one of seven liquids has come into contact with it, that contact being with the approval of the owner. These seven liquids are enumerated in the mishna in tractate *Makhshirin* (6:4), although only water is explicitly mentioned in the Torah as having this capacity (Leviticus 11:34). The other six liquids, one of which is wine, are derived though exegesis from verses in the Torah.

Produced *tamad* with rainwater – שֶׁתִּמֵּד בְּמֵי גְשָׁמִים: Water renders foods susceptible to impurity only if its contact with the food is with the approval of the owner. The Rashbam claims that this requirement does not apply to the other six liquids, including wine. In line with this, he explains that since the *tamad* was produced with rainwater, which the owner did not wish to have there, then if it is regarded as water it will not have the capacity to render foods susceptible to impurity, but if it is regarded as wine, then it will have that capacity.

Tosafot sharply disagree, claiming that the Gemara never draws such a distinction between water and the other liquids. Moreover, the *halakhot* of the other liquids are derived from those of water. Therefore, they explain that the Gemara here is based upon the *halakha*, which applies to all the liquids, that a liquid has the capacity to render foods susceptible to impurity only when it is regarded as a drink. Due to its very nature, wine is always regarded as a drink, but rainwater is regarded as a drink only when one specifically intends to drink it.

וְכֵיוָן דְּקָא שָׁקֵיל וְרָמֵי לְהוּ לְמָנָא – אַחְשְׁבִינְהוּ! לָא צְרִיכָא, שֶׁנִּתְמַד מֵאֵלָיו.

The Gemara challenges this: **But since he took** the rainwater **and poured it into a container** holding the grape pomace, **he** has thereby **intended it** for a use. Even if the resulting *tamad* is regarded as water, such rainwater renders food susceptible to ritual impurity. The Gemara answers: **No,** it is **necessary** in a case **where** the pomace **produced** ***tamad*** **by itself,**[N] having been steeped in water that happened to fall upon it.

וְכֵיוָן דְּקָא נָגֵיד קַמָּא קַמָּא – אַחְשְׁבִינְהוּ! אָמַר רַב פַּפָּא: בְּפָרָה שֶׁשּׁוֹתָה רִאשׁוֹן רִאשׁוֹן.

The Gemara persists: The *baraita* above states that from the third product, the *tamad* is regarded as water, which the Gemara has explained is referring to rainwater that one did not intend to use and that consequently cannot render food susceptible to impurity. The Gemara asks: **But since he draws off** each subsequent lot of *tamad* that is produced, **one by one,** in order to allow more rainwater to fall onto the pomace and produce more *tamad,* **he** thereby demonstrates his **intent to** use the rainwater. Therefore, even if the *tamad* is regarded as water, it should render food susceptible to impurity. The Gemara answers: **Rav Pappa says** that this is a case **of a cow that drank**[N] the lots of *tamad,* **one by one,** and some inadvertently dripped from the cow's mouth onto food. Since no person intended to use the *tamad,* if it is regarded as water it will not render food susceptible to impurity.

אָמַר רַב זוּטְרָא בַּר טוֹבִיָּה אָמַר רַב: אֵין אוֹמְרִים קִידּוּשׁ הַיּוֹם אֶלָּא עַל הַיַּיִן הָרָאוּי לִינָּסֵךְ עַל גַּבֵּי הַמִּזְבֵּחַ.

§ **Rav Zutra bar Toviyya says** that **Rav says: One may recite the sanctification of the** Shabbat **day only over wine** of a quality that is **fit to be poured** as a libation **upon the altar.**[H]

לְמַעוּטֵי מַאי? אִילֵימָא לְמַעוּטֵי יַיִן מִגִּתּוֹ – וְהָא תָּאנֵי רַבִּי חִיָּיא: יַיִן מִגִּתּוֹ לֹא יָבִיא, וְאִם הֵבִיא – כָּשֵׁר; וְכֵיוָן דְּאִם הֵבִיא כָּשֵׁר, אֲנַן אֲפִילּוּ לְכַתְּחִלָּה נַמִּי!

The Gemara asks: This statement is said **to exclude what? If we say** it is **to exclude** the use of **wine** fresh **from one's press,**[H] i.e., grape juice, which has not yet fermented, that is difficult. **But didn't Rabbi Ḥiyya teach: One may not bring wine** fresh **from his press**[N] as a libation *ab initio,* **but if one brought** it as a libation, **it is valid** after the fact. **And since if one brought** it as a libation **it is valid** after the fact, **we** should **also** be able to use it for the sanctification of the Shabbat day, **even** ***ab initio.***

NOTES

Where the pomace produced *tamad* by itself – שֶׁנִּתְמַד מֵאֵלָיו: *Tosafot* note that once the Gemara explains that the pomace was steeped in water that fell upon it without one intending for it to be there, there is no longer a need to say that the case is referring to rainwater. The *halakha* for any type of water is that it can render food susceptible to impurity only once a person has intent for it to be on the food.

Of a cow that drank, etc. – בְּפָרָה שֶׁשּׁוֹתָה וכו׳: The Ri Migash explains that after the cow drank from the *tamad,* some dripped from its mouth onto the food. Alternatively, after the cow drank some of the *tamad,* it was immediately slaughtered. The *tamad,* which was still present in its mouth, rendered the meat of the cow susceptible to ritual impurity.

The Ramban notes that the ruling of the *baraita* is not necessarily limited to a case where a cow drank it. This *halakha* would also apply if the container of *tamad* was accidentally knocked and it spilled onto some food. The Rambam points out that even if this would be true the first time, since someone must have straightened up the container to allow more water to fall in, that is considered a demonstration of intent. That is the reason the Gemara prefers the example of a cow that drinks from the *tamad.*

One may not bring wine from his press – יַיִן מִגִּתּוֹ לֹא יָבִיא: The Torah refers to libations as: "A libation of strong drink" (Numbers 28:7), which indicates that the wine must be alcoholic. As wine fresh from the press has not yet fermented, it is not fit to be brought as a libation. Nevertheless, since it is derived though exegesis that a grape product that will eventually ferment into alcoholic wine is already to be regarded as wine, if wine fresh from the press is brought as a libation, it is valid after the fact (Rashbam).

HALAKHA

Sanctification of the day…fit to be poured upon the altar – קִידּוּשׁ הַיּוֹם...הָרָאוּי לִינָּסֵךְ עַל גַּבֵּי הַמִּזְבֵּחַ: One may recite the sanctification of the Shabbat day only over wine of a quality that is fit to be poured as a libation upon the altar. The Rambam writes, citing Rav Hai Gaon, that it follows that if honey or yeast is mixed with the wine, one may not recite the sanctification of the day over it, since such wine is not fit to use as a libation upon the altar. Nevertheless, he adds that some permit using such wine; this is also the opinion of the Ra'avad. This lenient opinion appears to be accepted by the *Shulḥan Arukh,* and the Rema explicitly cites the *Agur* that one may act accordingly. The reason for the leniency is that the Gemara applies this principle to exclude only wine with a foul odor, wine that was left uncovered, and boiled wine (Rambam *Sefer Zemanim, Hilkhot Shabbat* 29:14 and *Maggid Mishne* there; *Shulḥan Arukh, Oraḥ Ḥayyim* 272:8, 472:12, and see *Beur HaGra* there).

Wine from one's press – יַיִן מִגִּתּוֹ: Wine fresh from one's press, i.e., within forty days since it was pressed, may not be brought as a libation *ab initio,* but if one brought it as a libation it is valid after the fact. With regard to its use for the sanctification of the Shabbat day, although it is preferable to recite it over aged wine (*Magen Avraham*), one may use wine fresh from the press *ab initio.* One is permitted even to squeeze the juice from a cluster of grapes and immediately recite the sanctification of the day over it (Rambam *Sefer Avoda, Hilkhot Issurei Mizbe'aḥ* 6:9 and *Sefer Zemanim, Hilkhot Shabbat* 29:17; *Shulḥan Arukh, Oraḥ Ḥayyim* 272:2).

דְּאָמַר רָבָא: סוֹחֵט אָדָם אֶשְׁכּוֹל שֶׁל עֲנָבִים וְאוֹמֵר עָלָיו קִידּוּשׁ הַיּוֹם!

As Rava says: **A person may squeeze** the juice from **a cluster of grapes and** then **recite the sanctification of the** Shabbat **day over it.**

וְאֶלָּא לְמַעוּטֵי מִפִּיהָ וּמִשּׁוּלֶיהָ – וְהָא תָּנֵי רַבִּי חִיָּיא: מִפִּיהָ וּמִשּׁוּלֶיהָ לֹא יָבִיא, וְאִם הֵבִיא – כָּשֵׁר!

Rather, Rav's statement is **to exclude** wine that is taken **from the mouth of** the barrel, which has scum floating in it, **and** wine taken **from the bottom**[H] of the barrel, which contains the pomace. The Gemara challenges this: **But didn't Rabbi Ḥiyya teach: One may not bring** wine that is taken **from the mouth of** the barrel **or from** the **bottom of** the barrel as a libation *ab initio*, **but if one brought** it as a libation **it is valid** after the fact? Accordingly, it should be fit for use for the sanctification of the Shabbat day.

וְאֶלָּא לְמַעוּטֵי יֵין כּוּשִׁי, בּוֹרֵק, הֵילְיסְטוֹן, שֶׁל מַרְתֵּף, שֶׁל צִמּוּקִים – וְהָא תַּנְיָא: בְּכוּלָּן לֹא יָבִיא, וְאִם הֵבִיא – כָּשֵׁר!

Rather, Rav's statement is **to exclude black wine,**[B] ***borek*** **wine,**[BN] **sweet wine [*heiliston*],**[NL] wine **from the cellar,**[N] and wine made **from raisins.**[H] The Gemara challenges: **But isn't it taught** in a *baraita*: **With regard to all of** these types of wine, **one may not bring** them as a libation *ab initio*, **but if one brought** one of them as a libation **it is valid** after the fact. Accordingly, it should be fit for use for the sanctification of the Shabbat day.

וְאֶלָּא לְמַעוּטֵי יֵין קוֹסֵס, מָזוּג, מְגוּלֶּה, וְשֶׁל שְׁמָרִים, וְשֶׁרֵיחוֹ רַע. דְּתַנְיָא: בְּכוּלָּן לֹא יָבִיא, וְאִם הֵבִיא פָּסוּל.

Rather, Rav's statement serves **to exclude souring wine,**[H] **diluted** wine, wine that has been left **uncovered,**[H] as there is a concern that a snake may have injected its venom into it, **and** wine made **from** grape **pomace, and** wine that has a **foul odor. As it is taught** in a *baraita*: **With regard to all of** these types of wine, **one may not bring** them as a libation, **and if one brought** one of them as a libation, **it is disqualified.**

לְמַעוּטֵי מַאי? אִי לְמַעוּטֵי קוֹסֵס, פְּלוּגְתָּא דְּרַבִּי יוֹחָנָן וְרַבִּי יְהוֹשֻׁעַ בֶּן לֵוִי הִיא!

The Gemara asks again: Rav's statement serves **to exclude which** of these types of wine? **If** one suggests Rav intended **to exclude souring** wine, that cannot be, as the status of wine that tastes like wine but has the odor of vinegar **is** the subject of a **dispute between Rabbi Yoḥanan and Rabbi Yehoshua ben Levi** (96a).

אִי לְמַעוּטֵי מָזוּג – עַלּוּיֵי עַלְּיֵיהּ, דְּאָמַר רַבִּי יוֹסֵי בְּרַבִּי חֲנִינָא: מוֹדִים חֲכָמִים לְרַבִּי אֱלִיעֶזֶר בְּכוֹס שֶׁל בְּרָכָה, שֶׁאֵין מְבָרְכִין עָלָיו עַד שֶׁיִּתֵּן לְתוֹכוֹ מַיִם!

If one suggests that Rav's statement serves **to exclude diluted** wine,[N] why would such wine be disqualified for the sanctification of the Shabbat day? Diluting wine **is an improvement of it, as Rabbi Yosei, son of Rabbi Ḥanina, says:** Even though the Rabbis disagree with Rabbi Eliezer and hold that over undiluted wine one recites the blessing: Who created the fruit of the vine, nevertheless the **Rabbis concede to Rabbi Eliezer with regard to a cup** used **for a blessing,** such as the cup of wine over which Grace after Meals is recited, **that one does not recite** the **blessing over it until he adds water to it** to make it palatable.

BACKGROUND

Black wine – יֵין כּוּשִׁי: Different factors can cause changes in the color of wine, including the oxidation of iron in the wine or changes in acidity. Even if the wine's taste and fragrance remain intact, wine that is so dark that it appears black is unfit as a wine libation in the Temple.

Borek wine – בּוֹרֵק: Some explain that it is wine that has had boric acid mixed in, to act as a preservative. Others explain that it is wine made from a mixture of red and white grapes, which has an inferior taste.

NOTES

Borek wine – בּוֹרֵק: The commentaries explain that *borek* is derived from the Hebrew *barak*, meaning lightning, which is bright white. The term was then borrowed to describe white wine, which is of a lesser quality (Rashbam). The version the *Arukh* had reads: *Bodek*. He explains that this word is used to refer to exceptionally strong wine that affects the whole body, even long after one has drunk it (see Ramban).

Sweet wine [*heiliston*] – הֵילְיסְטוֹן: The Rashbam explains that this is referring to sweet, weak wine. The Ritva maintains that it is wine that is sweeter than average. The Rambam explains, based on the text of the Gemara possessed by the *Arukh*, that it is wine that is made sweet through exposure to the sun. In contrast, Rabbeinu Gershom holds that it is referring to wine that has spoiled.

From the cellar – שֶׁל מַרְתֵּף: The Rashbam explains that this is referring to wine that was taken at random from a cellar. A typical cellar contains a certain percentage of souring wine that is not fit for a libation, but due to the uncertainty, such wine is not invalidated after the fact. Rabbeinu Gershom explains that this is referring to wine that is sold in the shops, which is beginning to sour.

To exclude diluted wine – לְמַעוּטֵי מָזוּג: Even though diluting the wine improves it for human consumption, it invalidates it for use upon the altar. This is based on a Torah edict that only pure wine may be offered upon the altar (Rashba).

LANGUAGE

Sweet wine [*heiliston*] – הֵילְיסְטוֹן: From the Greek ἡλίωσις, *heliosis*, meaning exposure to the sun. It refers to sweet wine that is left to age in the sun for a long time.

HALAKHA

From the mouth and from the bottom – מִפִּיהָ וּמִשּׁוּלֶיהָ: One may not bring wine that is taken from the mouth of the barrel or from the bottom of the barrel as a libation *ab initio*; rather, the wine must be taken from the middle. By contrast, one may use wine from the top or the bottom of the barrel for the sanctification of the Shabbat day even if it contains sediment. Others hold that it is prohibited to use such wine unless one strains it first (Rambam *Sefer Avoda, Hilkhot Issurei Mizbe'aḥ* 7:6; *Shulḥan Arukh, Oraḥ Ḥayyim* 272:3, and in the comment of Rema, and see *Beur HaGra* there).

Black wine…sweet wine…from raisins – יֵין כּוּשִׁי...הֵילְיסְטוֹן...שֶׁל צִמּוּקִים: One may not use wine that was heated in the sun or wine made from raisins for use as a libation offering, nor may he use black wine or sweet wine. If he did use one of these wines, the libation is valid, provided that, with regard to the wine heated in the sun, the flavor of the wine had not been affected. One may use these wines for the sanctification of the Shabbat day *ab initio*. The Rema holds that one may use raisin wine only if the raisins contained some liquid before they were steeped in water (Rambam *Sefer Avoda, Hilkhot Issurei Mizbe'aḥ* 6:9 and *Kesef Mishne* there, and *Sefer Zemanim, Hilkhot Shabbat* 29:14, 17; *Shulḥan Arukh, Oraḥ Ḥayyim* 272:3, 5).

Souring wine – יֵין קוֹסֵס: Wine that has begun to sour, which although it has the odor of vinegar, still tastes like wine, may be used for the sanctification of the Shabbat day. Nevertheless, it is a mitzva to use only the best-quality wine. This is in accordance with the opinion of Rabbi Yoḥanan (Rambam *Sefer Zemanim, Hilkhot Shabbat* 29:17; *Shulḥan Arukh, Oraḥ Ḥayyim* 272:3).

Uncovered – מְגוּלֶּה: Wine that has been left uncovered is invalid for libations. One may also not use uncovered wine for the sanctification of the Shabbat day, even nowadays when in general people are not concerned about uncovered drinks. If it was left uncovered for only a short while, one may be lenient (*Magen Avraham*). This is especially true in a place where wine is not readily available and even important people drink wine that has been left uncovered (Rambam *Sefer Avoda, Hilkhot Issurei Mizbe'aḥ* 6:10 and *Sefer Zemanim, Hilkhot Shabbat* 29:14; *Shulḥan Arukh, Oraḥ Ḥayyim* 272:1).

אי למעוטי מגולה – סכנה היא!

If one suggests that Rav's statement serves **to exclude** wine that has been left **uncovered,** it would be unnecessary for Rav to teach this, because such wine, which **is dangerous** to drink, as a snake may have injected its venom into it, is already forbidden.

אי למעוטי של שמרים; היכי דמי? אי דרמא תלתא ואתא ארבעה – חמרא מעליא הוא, אי דרמא תלתא ואתא תלתא ופלגא – פלוגתא דרבנן ואחרים היא!

If one suggests that Rav's statement serves **to exclude** wine made **from pomace, what are the circumstances? If** it is referring to a case **where one poured three** jugs of water over the pomace **and** the volume of the resulting beverage **came to four**[H] jugs, that **is** considered **full-fledged wine,** which may certainly be used for the sanctification of the Shabbat day. **If** it is referring to **where one poured three** jugs of water over the pomace, **and** the resulting beverage **came to three and a half** jugs, this **is the** subject of a **dispute** between **the Rabbis and *Aḥerim*,** and the *halakha* is in accordance with the opinion of the Rabbis, who rule that it is not regarded as wine.

אלא למעוטי שריחו רע. ואיבעית אימא: לעולם למעוטי מגולה. ואף על גב דעבריה במסננת, כרבי נחמיה, אפילו הכי – "הקריבהו נא לפחתך הירצך או הישא פניך".

Rather, Rav's statement serves **to exclude** wine **that** has **a foul odor.**[H] **And if you wish, say** that **actually** his statement serves **to exclude** wine that has been left **uncovered, and** it teaches the novelty that **even though one passes it through a sieve, in accordance with** the opinion of **Rabbi Neḥemya** (see *Terumot* 8:7), **nevertheless,** it still may not be used for the sanctification of the Shabbat day. This is because it is disrespectful to use inferior wine for a mitzva, as derived from the verse in which God rebukes the Jewish people for offering lame animals as offerings: **"Present it now unto your governor; will he be pleased with you or will he accept your person?** says the Lord of hosts" (Malachi 1:8).

בעא מיניה רב כהנא חמוה דרב משרשיא מרבא: חמר חווריין, מהו? אמר ליה: "אל תרא יין כי יתאדם".

Rav Kahana, father-in-law of Rav Mesharshiyya, asked Rava: With regard to using **white wine**[NH] for libations and for the sanctification of the Shabbat day, **what is the *halakha*? He said to him** in response that the verse states: **"Do not look upon the wine when it is red,** when it gives its color in the cup, when it glides down smoothly" (Proverbs 23:31), which indicates that red wine is considered to be of a superior quality.

"קנקנים בשרון" וכו'. תאנא: פיטסות נאות ומגופרות.

§ The mishna teaches: When purchasing **jugs** of wine **in the Sharon** region,[H] he accepts upon himself that up to ten inferior-quality jugs may be present in each hundred jugs purchased. **It was taught** in a *baraita*: The buyer must accept ten inferior-quality jugs in one hundred only when even those ten **inferior-quality jugs** are **beautiful**[N] **and sealed with pitch** to strengthen them.

מתני' המוכר יין לחבירו והחמיץ – אינו חייב באחריותו, ואם ידוע שיינו מחמיץ – הרי זה מקח טעות. ואם אמר לו: "יין

MISHNA If one **sells wine to another and** then **it sours,**[H] the seller **does not bear** financial **responsibility** for its loss. **But if it is known** of this seller **that his wine** always **sours, then this sale is a mistaken transaction,** i.e., one based upon false assumptions, as the buyer intended to purchase wine that would maintain its quality; therefore, the seller must reimburse the buyer. **And if** the seller **said to** the buyer: It is **wine**

HALAKHA

One poured three and it came to four – דרמא תלתא ואתא ארבעה: With regard to wine made by pouring water over pomace, if it is of sufficient strength to recite the blessing: Who created the fruit of the vine, it is fit to use for the sanctification of the Shabbat day (Rambam *Sefer Zemanim, Hilkhot Shabbat* 29:15; *Shulḥan Arukh, Oraḥ Ḥayyim* 272:7).

That has a foul odor – שריחו רע: One may not recite the sanctification of the Shabbat day over wine that smells bad. This is the *halakha* even if the odor is due not to the wine itself but to the cup it is in (Rambam *Sefer Zemanim, Hilkhot Shabbat* 29:14; *Shulḥan Arukh, Oraḥ Ḥayyim* 272:1, and *Levushei Serad* there).

White wine – חמר חווריין: One may use white wine to recite the sanctification of the Shabbat day (Rif; Rosh; Rambam; *Beur HaGra*). The Ramban disagrees, holding that white wine is unfit even after the fact. The *Shulḥan Arukh* reports that the custom is to follow the first opinion. According to all opinions white wine is fit for *havdala* (*Shulḥan Arukh, Oraḥ Ḥayyim* 272:4).

Jugs in the Sharon region – קנקנים בשרון: In a place where there is no custom to the contrary, one who purchases jugs of wine accepts that there may be up to ten jugs of inferior quality out of every hundred, provided that the jugs are beautiful and sealed with pitch (Rambam *Sefer Kinyan, Hilkhot Mekhira* 18:14).

One sells wine to another and it sours – המוכר יין לחבירו והחמיץ: In a case where one purchased wine, even for cooking, and transferred it from the seller's container to the buyer's, then even if it soured immediately the seller does not bear financial responsibility for its loss. This is the *halakha* even if the buyer's container was new and of good quality and he did not move or agitate the wine after it was transferred (*Sma*). The *halakha* is in accordance with the opinion of Rabbi Yosei, son of Rabbi Ḥanina, who interprets the mishna as referring to a case where the wine was transferred to the container of the buyer.

If it is known that wine from this seller always sours, and the buyer had stated that he wished to use the wine for cooking (Rema, citing *Tur*) then it is considered a mistaken transaction. If the buyer did not specify that purpose for the wine, the seller can claim that the buyer should have drunk the wine more quickly (Rambam *Sefer Kinyan, Hilkhot Mekhira* 17:3; *Shulḥan Arukh, Ḥoshen Mishpat* 230:5).

NOTES

White [*ḥivaryan*] wine – חמר חווריין: The early commentaries discuss the intent of this question. According to Rashbam, this question is only about using the wine as a libation. If so, Rav Kahana was not aware of the *baraita* cited earlier that spoke about white wine. Alternatively, according to the versions of the text that have: *Bodek* wine, that *baraita* is not referring to white wine and is irrelevant to the question here.

Tosafot suggest an alternative interpretation, noting that the white wine mentioned in the *baraita* is termed: *Borek*, whereas the wine referred to here is termed: *Ḥivaryan*. They suggest that the latter is referring to exceptionally white wine, whereas *borek* is slightly paler than regular red wine. This is also implicit in Rabbeinu Gershom's commentary.

Others explain that the question is with regard to using this wine for the sanctification of the Shabbat day, or for both libations and sanctification (Ramban).

These differences of opinion lead to a halakhic dispute as to whether or not one may use white wine for the sanctification of the Shabbat day. Some say that it is not permitted even after the fact (Ramban). Others hold that it is permitted, but not ideal. Still others hold that at times it is even preferable, because in some locations the main and best wine was white wine (Rabbeinu Yona; *Roke'aḥ*).

Inferior-quality jugs are beautiful [*naot*] – פיטסות נאות: *Naot* is usually understood to mean beautiful. Accordingly, some interpret the reference here to mean that even though the jugs cracked, they need to have been restored to be as complete and beautiful as other jugs by repairing them with pitch. Even with the pitch, such jugs are still considered inferior because they will not last as long (see Rashbam). Others explain that *naot* is derived from the word *na*, meaning unripe or unfinished (Rabbeinu Ḥananel; Rabbeinu Barukh). Accordingly, the reference is to jugs that were not properly fired in the kiln and still allow moisture to pass through them. They need to be lined with pitch before use.

מבושם אני מוכר לך" – חייב להעמיד לו עד העצרת, ו"ישן" – משל אשתקד, ו"מיושן" – משל שלש שנים.

that is **spiced,**[NH] which is preserved and of lasting quality, that **I am selling to you,** then **he bears** financial **responsibility to provide him** with wine that will keep **until** the festival of ***Shavuot.***[N] **And** if the seller said: I am selling you **old** wine, he is responsible to provide wine **from the previous year. And** if he said: I am selling you **aged** wine,[H] he is responsible to provide wine that is **from three years**[N] earlier.

גמ׳ אמר רבי יוסי ברבי חנינא: לא שנו אלא בקנקנים דלוקח, אבל בקנקנים דמוכר – אמר ליה: הא חמרך והא קנקנך.

GEMARA **Rabbi Yosei, son of Rabbi Ḥanina, says:** When **they taught** that the seller does not bear responsibility if the wine sours, that was **only** if it soured while **in the jugs of the buyer;**[N] **but** if it soured **in the jugs of the seller,**[H] then the buyer **could say to him: This is your wine and this is your jug;** take it and reimburse me. Since it soured while still in the original jugs, it was clearly flawed from the outset.

וכי קנקנין דמוכר מאי הוי? לימא ליה: לא איבעי לך לשהויי! לא צריכא, דאמר ליה למקפה.

The Gemara asks: **But** even **if** the wine soured while in the **jugs of the seller, what of it? Let** the seller **say** to the buyer: **You should not have left it**[N] for so long after purchasing it; I should not be responsible just because you chose to do so. The Gemara answers: **No,** this ruling is **necessary** in a case where the buyer **had said to him** that he was purchasing the wine **for cooking,** in which case it is understood that he needs it to maintain its quality over a longer period of time, as only a small amount is used each time.

ומאי דוחקיה דרבי יוסי ברבי חנינא לאוקמא למתניתין בקנקנין דלוקח ודאמר ליה למקפה? לוקמא בקנקנין דמוכר ודלא אמר ליה למקפה!

The Gemara asks: **And what impelled Rabbi Yosei, son of Rabbi Ḥanina, to interpret the mishna as referring to** a case where the wine soured while in the **jugs of the buyer, and where he had said to him** that he wanted the wine **for cooking?** Instead, **let him interpret it as referring to** a case where the wine soured while in the **jugs of the seller, and** to **where he had not said to him** that he wanted the wine **for cooking.**

אמר רבא: מתניתין קשיתיה, דקתני: אם ידוע שיינו מחמיץ – הרי זה מקח טעות; אמאי? לימא ליה: לא איבעי לך לשהויי! אלא לאו שמע מינה דאמר ליה למקפה, שמע מינה.

In explanation, **Rava said: The mishna was difficult for him, as it teaches** in the following clause: **But if it is known** of this seller **that his wine** always **sours, then this** sale **is a mistaken transaction.** With regard to this clause one could ask: **Why is that so? Let** the seller **say to him: You should not have left it** for so long after purchasing it. **Rather, isn't it** correct to **conclude from** that clause **that** the mishna is referring to a case **where** the buyer **had said to him** that he wants the wine **for cooking?** The Gemara concludes: Yes, one can **conclude from it** that this is so.

NOTES

Spiced – מבושם: Some explain that spiced wine was of a superior quality (Rabbeinu Gershom). Others explain that it is referring to strong wine, which would last for a long time.

Until *Shavuot* – עד העצרת: The Rashbam explains that he must provide wine that is of a good quality. Good-quality wine would normally last from the grape-harvesting season until *Shavuot*. After *Shavuot*, even good wine begins to sour due to the heat of summer. The Ramah explains that if the wine sours before *Shavuot* he must replace it and it is considered to be a mistaken transaction, because spiced wine never sours before *Shavuot*.

Aged wine from three years – מיושן משל שלש שנים: In other words, two years have passed before the current year in which the wine is being sold. Therefore, it is only one year older than wine that is referred to as being old (Rashbam).

In the jugs of the buyer – בקנקנים דלוקח: In this case, the seller can claim that the jugs of the buyer caused the wine to sour (Rashbam). Alternatively, Rabbeinu Tam explains that it means that the wine has been moved by the buyer and this could be the reason it soured.

You should not have left it – לא איבעי לך לשהויי: People would typically drink their wine shortly after they purchased it. Therefore, one who left wine for a length of time was regarded as behaving in an atypical manner.

HALAKHA

Spiced – מבושם: If one sells wine and states that it is spiced, or, based on the version of the Gemara's text that the *Beit Yosef* had, that it is boiled, he is responsible to provide wine that will keep until the festival of *Shavuot*. If it sours before then, the seller bears financial responsibility for it. The Rema, citing the *Tur*, writes that this applies only if the wine remained in the jugs of the seller. The *Shakh* rules in accordance with the opinion of Rabbeinu Yeruḥam and the Ran that even if the wine was transferred to the jugs of the buyer, the seller is still responsible (Rambam *Sefer Kinyan*, *Hilkhot Mekhira* 17:6; *Shulḥan Arukh*, *Ḥoshen Mishpat* 230:10).

Old…and aged wine – ישן...ומיושן: If one sells wine and states that it is old wine, he is responsible to provide wine from the previous year. If he states that it is aged wine, he is responsible to provide wine that is from three years earlier, i.e., that this is its third year. That wine needs to maintain its quality until the festival of *Sukkot* of the third year following the grapes' harvest. This is in accordance with the opinion cited in the *baraita* on 98b (Rambam *Sefer Kinyan*, *Hilkhot Mekhira* 17:6; *Shulḥan Arukh*, *Ḥoshen Mishpat* 230:10, and see *Sma* there).

In the jugs of the seller – בקנקנים דמוכר: In a case where one purchases wine and the wine remains in the seller's jugs, i.e., in the jugs in which it was sold (*Be'er HaGola*, citing Ri Migash) and it sours, then if the buyer specified that he wished to use the wine for cooking or for drinking over a long period, he can return it to the seller and claim: This is your wine and this is your jug; take them and reimburse me. If the buyer purchased it without specification, he may not return the wine, as the seller could claim that the buyer should have drunk the wine immediately and not left it until it soured. The Rema writes that this applies only if the buyer kept the wine longer than the average person would take to drink such a volume of wine (Rambam *Sefer Kinyan*, *Hilkhot Mekhira* 17:3; *Shulḥan Arukh*, *Ḥoshen Mishpat* 230:6).

ופליגא דרב חייא בר יוסף, דאמר רב חייא בר יוסף: חמרא – מזלא דמריה גרים, שנאמר "ואף כי היין בגד גבר יהיר" וגו'.

And Rabbi Yosei, son of Rabbi Ḥanina, **disagrees** with the opinion **of Rav Ḥiyya bar Yosef, as Rav Ḥiyya bar Yosef says:** With regard to **wine,** it is **the owner's** poor **fortune** that **causes** the wine to go sour, **as it is stated: "And moreover, wine is a treacherous dealer;** the **haughty man** abides not" (Habakkuk 2:5), which is interpreted to mean that the wine of a haughty man will betray him, as it will sour as a punishment for his arrogance. Accordingly, since the wine soured after the buyer purchased it, he cannot place the blame upon the seller.

אמר רב מרי: האי מאן דיהיר – אפילו אאינשי ביתיה לא מיקבל, שנאמר "גבר יהיר ולא ינוה"; מאי "ולא ינוה" – בנוה שלו.

The Gemara offers additional homiletic interpretations of the verse just cited. **Rav Mari said: One who is haughty is not accepted even by the members of his household,**[N] **as it is stated: "The haughty man abides not"** (Habakkuk 2:5). **What** does the phrase "**abides** [*yinveh*] **not**" mean? It means that **even in his abode** [*naveh*], he is not accepted.

אמר רב יהודה אמר רב: כל המתגאה בטלית של תלמיד חכם ואינו תלמיד חכם – אין מכניסין אותו במחיצתו של הקדוש ברוך הוא; כתיב הכא "ולא ינוה", וכתיב התם "אל נוה קדשך".

Rav Yehuda says that **Rav says:** With regard to **anyone who glorifies himself** by wearing **a garment of** the style worn by **a Torah scholar, but** in reality **he is not a Torah scholar, he will not be brought within the boundary**[N] **of the Holy One, Blessed be He,** in the World-to-Come. This is alluded to by the fact that it is **written** in the verse **here: "Abides** [*yinveh*] **not," and** the meaning of the word *yinveh* may be derived from that which **is written** in a verse **there: "To Your holy habitation** [*neveh*]" (Exodus 15:13).

אמר רבא: האי מאן דזבין ליה חביתא דחמרא לחנואה אדעתא לסבוייה, ותקיף אפלגא או אתילתא – דינא הוא דמקבל לה מיניה. ולא אמרן אלא דלא שני בברזא, אבל שני בברזא – לא. ולא אמרן אלא דלא מטא יומא דשוקא, אבל מטא יומא דשוקא – לא.

Rava says: In the case of **one who sells a barrel of wine to a shopkeeper**[H] **with the understanding** that the wine will be **for serving**[N] to the shopkeeper's customers and that he will be liable to pay the seller only once the barrel is finished, **and** the wine **spoiled** when **one-half or one-third** of the wine still remained, **the** ***halakha*** **is that** the seller must **accept** back the remaining wine **from** the shopkeeper, as the shopkeeper is liable to pay only for the wine that he sells. **And we stated this** ***halakha*** **only** in a case **where** the shopkeeper **had not switched the tap**[N] of the barrel; **but if he had switched the tap,** the seller does **not** have to take the wine back and the shopkeeper must pay for it all. **And** furthermore, **we stated this** ***halakha*** **only where** the wine soured **before the market day**[N] **arrived** and the shopkeeper did not have the opportunity to sell the entire barrel; **but** if the wine was still of good quality when **the market day arrived,** then the seller does **not** have to take the wine back.

HALAKHA

One who sells a barrel of wine to a shopkeeper, etc. – **דזבין ליה חביתא דחמרא לחנואה וכו'**: If one purchases wine in order to sell it in small amounts, and after one-half or one-third of it has been sold the wine sours, the buyer may return the barrel to the seller and demand a refund. If the buyer bored a new hole in the barrel in order to tap the wine, or if the market day passed and he did not sell the wine then, then the loss is the buyer's and he may not claim a refund (Rambam *Sefer Kinyan, Hilkhot Mekhira* 17:5; *Shulḥan Arukh, Ḥoshen Mishpat* 230:8).

NOTES

Not accepted…by the members of his household – **אאינשי ביתיה לא מיקבל**: The Rashbam explains that the man's wife knows that there is no truth to his claims of greatness, so even she will eventually mock him. The Meiri interprets Rav Mari's statement as referring to a man who, due to his arrogance, tries to exert his authority over others. Not only will people outside of his family not accept his authority, but even his wife will not listen to him and will not accept his rebuke. He will ultimately be like a stranger within his own home.

He will not be brought within the boundary, etc. – **אין מכניסין אותו במחיצתו וכו'**: The reason is that he lies and he deceives people. The verse states: "He that works deceit shall not dwell within My house; he that speaks falsehood shall not be established before My eyes" (Psalms 101:7). The Sages say that anyone who lies is precluded from being in God's presence (see *Iyyun Ya'akov*).

The Meiri offers a different interpretation. This person tried to deceive others and claim the accolade of being a Torah scholar, who is regarded as being within the boundary of God, i.e., a Godly individual. Ultimately, people will realize the truth, and he will not succeed in his ruse. Eventually they will even mock him for it.

With the understanding it will be for serving – **אדעתא לסבוייה**: The Rashbam explains that the shopkeeper does not actually purchase the barrel of wine; rather, he is a middleman, selling wine on behalf of the vintner and receiving a percentage or profit for his efforts. The wine remains under the vintner's ownership. *Tosafot* disagree, pointing to Rava's wording: One who sells a barrel of wine, which indicates an actual sale. Rabbeinu Yitzḥak of Dampierre explains that when the shopkeeper bought it, he stated that his intent was to serve the wine to be drunk over a long period. Therefore the seller should have sold him wine that would last for a long time. Others explain that the shopkeeper made a condition with the purchaser that he would first sell the wine and only then pay for it. If the wine sours and can no longer be sold, he can return it to the seller (Ramah; Rabbeinu Barukh). The Ri Migash gives an alternative explanation. He writes that this is referring to a case where the vintner sold only a percentage share of the wine to the shopkeeper. When the wine sours, the shopkeeper can claim that it was the vintner's share that soured, and that caused the rest of the wine to sour. Therefore, the vintner bears financial responsibility for it.

Switched the tap – **שני בברזא**: He bored a new hole in the barrel to use as a tap. Since it is possible that by doing so the buyer caused the wine to spoil, the seller can no longer be held responsible (Rashbam). Rabbeinu Gershom explains that he bored this hole near the bottom of the barrel, where the pomace is, thereby agitating it, and this caused the wine to spoil. Rav Hai Gaon similarly explains that the placement and direction of the tap impacts the quality of the wine. The Ramah writes that if there was no tap in the barrel at all, and the buyer bored a hole to make a tap, that is considered a typical practice, which he could have been expected to do. If the wine subsequently goes bad, the seller bears responsibility.

The market day – **יומא דשוקא**: On the market day, many people come to the city from the surrounding area, providing the shopkeeper with the opportunity to sell all his wine in a single day. If he did not manage to do so, it is due to his laziness and lack of effort. If any wine remains and spoils, it is regarded as his own fault.

BACKGROUND

Vol Shefat – וול שְׁפַט: Various versions of the Gemara's text record different forms of this name, including *Zolshefat* and *Lulshefat*. Apparently, it was an important commercial town on the banks of the Tigris River.

וְאָמַר רָבָא: הַאי מַאן דְּקַבֵּיל חַמְרָא אַדַּעְתָּא דְּמַמְטֵי לֵיהּ לְפָרְוָותָא דְּווֹל שְׁפַט, וְאַדְּמַטֵּי הָתָם זַל – דִּינָא הוּא דִּמְקַבֵּל לֵיהּ.

And Rava says: In the case of a vintner who enters a business venture with another person who will sell the wine for him and afterward they will split the profits, then if **this** middleman **who receives the wine** to sell does so **with the understanding that he will bring it**[N] **to the port**[H] of the city of **Vol Shefat**[B] and sell it only there, **and before he arrives there** the price of the wine **drops, the** ***halakha*** is **that** the vintner must **accept** the loss.

אִיבַּעְיָא לְהוּ: הֲוָה חַלָּא, מַאי? אֲמַר לֵיהּ רַב הִלֵּל לְרַב אָשֵׁי, כִּי הֲוָאן בֵּי רַב כָּהֲנָא אֲמַר לָן: חַלָּא לָא, וּדְלָא כְּרַבִּי יוֹסֵי בְּרַבִּי חֲנִינָא.

With regard to the previous case, **a dilemma was raised before** the Sages: If the wine **becomes vinegar** before he reaches Vol Shefat, **what** is the *halakha*?[N] **Rav Hillel said to Rav Ashi: When we were in the study hall of Rav Kahana, he said to us:** If the wine becomes **vinegar,** the vintner does **not** have to accept the loss; **and** this is **not in accordance with** the opinion of **Rabbi Yosei, son of Rabbi Ḥanina,** who holds that as long as the wine is in the jug of the seller he is able to return it to the seller. The reason for this is that it is possible that the poor fortune of the middleman caused it to sour.

וְאִיכָּא דְּאָמְרִי: אֲפִילּוּ חַלָּא נָמֵי מְקַבֵּל, כְּמַאן? כְּרַבִּי יוֹסֵי בְּרַבִּי חֲנִינָא.

And there are those **who say** that **even** if the wine turns into **vinegar,** the vintner must **also accept** the loss. **In accordance with whose** opinion is this? It is **in accordance with** the opinion of **Rabbi Yosei, son of Rabbi Ḥanina.**

״יָשָׁן – מִשֶּׁל אֶשְׁתָּקַד״ כו׳.

The mishna teaches: If the seller said: I am selling you **old** wine, he is responsible to provide wine **from the previous year.** And if he said: I am selling you aged wine, he is responsible to provide wine that is from three years earlier.

NOTES

With the understanding that he will bring it, etc. – אַדַּעְתָּא דְּמַמְטֵי לֵיהּ וכו׳: The Rashbam explains that this was a business venture. The wine remained the property of the vintner, with the middleman agreeing to deliver and sell the wine in exchange for a share of the profits. The agreement in this case was that the agent was to sell the wine only in the port of Vol Shefat. Therefore, when the price of wine dropped before he reached Vol Shefat, he could not be blamed for not selling the wine beforehand. The vintner bears the full extent of the loss, and the middleman receives a share of the profits as if it were sold at the higher price.

The Rashba offers a different explanation of the Gemara, based on the version of the text held by Rabbeinu Ḥananel, according to which the wine was actually sold to the middleman. They explain that the middleman specified that he was purchasing the wine in order to sell it in Vol Shefat and made the sale conditional on his ability to sell it there for a profit. Consequently, if the price drops, the vintner bears responsibility (see Ritva).

If it becomes vinegar, what is the *halakha* – הֲוָה חַלָּא מַאי: There is reason to assume that the middleman should also bear the loss. This is based on the statement of Rav Ḥiyya bar Yosef that when wine sours, it is due to the bad fortune of the current possessor of the wine, in this case, the middleman (Rashbam). Ultimately, the Gemara does not accept this rationale, preferring a more compelling one.

HALAKHA

Who receives the wine with the understanding that he will bring it to the port – דְּקַבֵּיל חַמְרָא אַדַּעְתָּא דְּמַמְטֵי לֵיהּ לְפָרְוָותָא: One who receives a barrel of wine from another with the understanding that he will bring it to another place and sell it there or distribute it there, and before he reaches the destination the price of wine drops, it is the owner of the wine who suffers the loss, because the barrel and the wine belong to him. Similarly if the wine goes sour it is his loss. This is in accordance with the second opinion in the Gemara and the opinion of Rabbi Yosei, son of Rabbi Ḥanina. If the wine was lost or stolen, they both share the loss (*Tur*).

If one purchased wine, even if he specified that he intended to take it to a certain place to sell there, and the price of wine drops before he reaches that place, some say that the buyer bears the loss, and he is not entitled to any compensation (*Tur*, citing Rabbeinu Yona). Others rule that if at the time of the sale the buyer specified that he wished to take it to a certain location, it is considered a sale conditional on the price not dropping, so the seller continues to bear responsibility (*Tur*, citing Rabbeinu Ḥananel). The Ramah rules that the *halakha* depends on whether or not the buyer has already paid or not (Rambam *Sefer Kinyan, Hilkhot Mekhira* 17:5; *Shulḥan Arukh, Ḥoshen Mishpat* 230:9).

תָּאנָא: וּמְיַישֵּׁן וְהוֹלֵךְ עַד הֶחָג.

It is taught in a *baraita*: **And** where he sold him aged wine, he is responsible to provide wine that will **continue to age,** i.e., maintain its quality, **until the festival** of *Sukkot*.[N]

מתני׳ הַמּוֹכֵר מָקוֹם לַחֲבֵירוֹ, וְכֵן הַמְקַבֵּל מָקוֹם מֵחֲבֵירוֹ לַעֲשׂוֹת לוֹ בֵּית חֲתָנוּת לִבְנוֹ וּבֵית אַלְמָנוּת לְבִתּוֹ – בּוֹנֶה אַרְבַּע אַמּוֹת עַל שֵׁשׁ, דִּבְרֵי רַבִּי עֲקִיבָא; רַבִּי יִשְׁמָעֵאל אוֹמֵר: רֶפֶת בָּקָר הִיא זוֹ.

MISHNA With regard to **one who sells a plot** of land **to another,**[H] with the buyer intending to build a bridal house for his son or a widowhood home for his daughter on that plot, **and similarly,** with regard to a contractor **who receives a plot** of land **from another** under a commission **to build for** the owner on that land **a bridal house**[N] **for his son, or a widowhood home**[N] **for his daughter,** the terms of the transaction are a matter of dispute. The mishna presents the dispute: In the latter case, the contractor must **build** a building that is at least **four cubits by six** cubits in size, and similarly, in the case of the sale, the seller must provide a plot of land that can accommodate a building of that size; this is **the statement of Rabbi Akiva. Rabbi Yishmael says:** A structure of **this** size **is a cowshed,** and a bridal house or a widowhood home is larger than that.

הָרוֹצֶה לַעֲשׂוֹת רֶפֶת בָּקָר – בּוֹנֶה אַרְבַּע אַמּוֹת עַל שֵׁשׁ.

One who wants to construct a cowshed[H] **builds** a structure at least **four cubits by six** cubits in size.

בַּיִת קָטָן – שֵׁשׁ עַל שְׁמוֹנֶה, גָּדוֹל – שְׁמוֹנֶה עַל עֶשֶׂר, טְרַקְלִין – עֶשֶׂר עַל עֶשֶׂר. רוּמוֹ כַּחֲצִי אׇרְכּוֹ וְכַחֲצִי רׇחְבּוֹ; רְאָיָה לַדָּבָר, רַבָּן שִׁמְעוֹן בֶּן גַּמְלִיאֵל אוֹמֵר: כְּבִנְיַן הַהֵיכָל.

The mishna delineates the standard dimensions for various other structures. **A small house** is **six by eight** cubits. **A large** house is **eight by ten** cubits. **A banquet hall** [*teraklin*][L] **is ten by ten** cubits. The standard **height** for each of these structures is **equal to** the sum of **half its length and half its width.** There is **a proof of the matter; Rabban Shimon ben Gamliel says:** The proportions are **like the building of the Sanctuary;** it was forty cubits wide and twenty cubits long and its height was thirty cubits, which is the sum of half the width and half the length.

גמ׳ לָמָּה לִי לְמִיתְנָא בֵּית חֲתָנוּת לִבְנוֹ וּבֵית אַלְמָנוּת לְבִתּוֹ? לִיתְנֵי: בֵּית חֲתָנוּת לִבְנוֹ וּלְבִתּוֹ, וּבֵית אַלְמָנוּת לִבְנוֹ וּלְבִתּוֹ! מִלְּתָא אַגַּב אוֹרְחֵיהּ קָא מַשְׁמַע לַן, דְּלָא דַּרְכָּא דַּחֲתָנָא לְמֵידַר בֵּי חֲמוּהּ;

GEMARA **Why do I** need the mishna **to teach** specifically: **A bridal house for his son, and: A widowhood home for his daughter?** Instead, **let it teach: A bridal house for his son or his daughter, and a widowhood home for his son or his daughter.** The Gemara answers: **It teaches us a matter in passing, that it is not the** proper **manner** of conduct **for a son-in-law to live in his father-in-law's home.** Therefore, it is the father of the groom who generally provides a bridal home for the couple and the bride will return to live near her parents' house only if she is widowed or divorced.

NOTES

Continue to age until the festival of *Sukkot* – וּמְיַישֵּׁן וְהוֹלֵךְ עַד הֶחָג: Wine is called aged wine only once it reaches the festival of *Sukkot* in the third year since its grapes were harvested (Rashbam). Some hold that the requirement that the wine maintain its quality until *Sukkot* refers also to old wine, i.e., it needs both to have been produced in the previous year and to remain good until the coming *Sukkot* (Rabbeinu Gershom Meor HaGola).

Bridal house – בֵּית חֲתָנוּת: This is referring to a small house, usually only a single room, in which a newly married couple would reside until the point at which they had the means to build a larger house to suit their needs.

Widowhood home – בֵּית אַלְמָנוּת: A young woman who was widowed or divorced might return to her father's home, and he in turn might prepare for her a small, private annex in which she could live.

LANGUAGE

Banquet hall [*teraklin*] – טְרַקְלִין: From the Greek τρικλίνιον, *triklinion*, which originally referred to a room with three divans. The use of the word was expanded to include any large room where guests are hosted.

HALAKHA

One who sells a plot to another, etc. – הַמּוֹכֵר מָקוֹם לַחֲבֵירוֹ וכו׳: With regard to one who sells a plot of land in order for the buyer to build a structure on that plot, or a contractor who receives a plot of land under a commission to build on that land, if the size of the structure was not specified (*Tur*), but it was specified that the land was to be used to construct a bridal house or a widowhood home, then the contractor must build a building that is at least four by six cubits, or the seller must provide land for a building of that size. This is in accordance with the opinion of Rabbi Akiva, as the *halakha* is decided in accordance with his opinion in his disputes with one colleague. The same dimensions apply if it was specified that the land was for, or the contractor was to build, a small house. This is in accordance with the way the Ri Migash explains the continuation of the mishna, in that it records Rabbi Yishmael's opinion and not Rabbi Akiva's (*Maggid Mishne*).

One who says: I am selling you a house, may provide a house that is as small as four by four cubits (*Sma*, citing *Beit Yosef* and *Darkhei Moshe*). The standard dimension of a large house is eight by ten cubits and the standard dimension of a banquet hall is ten by ten cubits. These dimensions do not include the thickness of the walls themselves (Rema, citing *Tur*). The standard height of each of these buildings is equal to half the width plus half the length (Rambam *Sefer Kinyan*, *Hilkhot Mekhira* 21:5; *Shulḥan Arukh*, *Ḥoshen Mishpat* 214:13, and see *Sma* there).

A cowshed – רֶפֶת בָּקָר: One who sells a plot of land to another for him to build a cowshed must provide him with enough land in order to construct a building that is four by six cubits. Even according to the opinion of the Ri Migash that the continuation of the mishna was recording the opinion of Rabbi Yishmael, there is no evidence that Rabbi Akiva disagrees with it; consequently, it is accepted as the *halakha* (Rambam *Sefer Kinyan*, *Hilkhot Mekhira* 21:5 and *Maggid Mishne* there; *Shulḥan Arukh*, *Ḥoshen Mishpat* 214:13).

כִּדְכְתִיב בְּסֵפֶר בֶּן סִירָא: הַכֹּל שָׁקַלְתִּי בְּכַף מֹאזְנַיִם, וְלֹא מָצָאתִי קַל מִסּוּבִּין, וְקַל מִסּוּבִּין – חָתָן הַדָּר בְּבֵית חָמִיו, וְקַל מֵחָתָן – אוֹרֵחַ מַכְנִיס אוֹרֵחַ, וְקַל מֵאוֹרֵחַ – מֵשִׁיב דָּבָר בְּטֶרֶם יִשְׁמַע, שֶׁנֶּאֱמַר: ״מֵשִׁיב דָּבָר בְּטֶרֶם יִשְׁמָע אִוֶּלֶת הִיא לוֹ וּכְלִמָּה״.

Support for this is **as it is written in the book of ben Sira:**[B] **I have weighed everything in the pan of a balance scale and I have not found anything inferior to bran;**[N] **but inferior to bran is a son-in-law who lives in his father-in-law's house;**[H] **and inferior to a son-in-law is a guest who brings in a guest; and inferior to a guest is one who answers a matter before he listens. As it is stated: "He that gives an answer**[N] **before he listens,**[H] **it is folly for him and a disgrace"** (Proverbs 18:13).

״רַבִּי יִשְׁמָעֵאל אוֹמֵר: רֶפֶת בָּקָר הִיא זוֹ. הָרוֹצֶה לַעֲשׂוֹת״ כו׳. רֶפֶת בָּקָר מַאן קָתָנֵי לַהּ? אִיכָּא דְּאָמַר: רַבִּי יִשְׁמָעֵאל קָתָנֵי לַהּ. וְאִיכָּא דְּאָמַר: רַבִּי עֲקִיבָא קָתָנֵי לַהּ.

§ The mishna teaches: **Rabbi Yishmael says:** A structure of **this** size **is a cowshed.** And then the mishna continues: **One who wants to construct** a cowshed builds a structure at least four cubits by six cubits in size. The Gemara asks: **Who teaches** this subsequent clause about **a cowshed? There is** a Sage **who says** that **Rabbi Yishmael teaches it** and it is an elaboration of his statement. **And there is** a Sage **who says** that **Rabbi Akiva teaches it** in response to Rabbi Yishmael's statement.

אִיכָּא דְּאָמַר רַבִּי עֲקִיבָא קָתָנֵי לַהּ, וְהָכִי קָאָמַר: אַף עַל פִּי שֶׁרֶפֶת בָּקָר הִיא, פְּעָמִים שֶׁאָדָם עוֹשֶׂה דִּירָתוֹ כְּרֶפֶת בָּקָר. וְאִיכָּא דְּאָמַר רַבִּי יִשְׁמָעֵאל קָתָנֵי לַהּ, וְהָכִי קָאָמַר: שֶׁהָרוֹצֶה לַעֲשׂוֹת רֶפֶת בָּקָר, עוֹשֶׂה אַרְבַּע אַמּוֹת עַל שֵׁשׁ.

The Gemara elaborates: **There is** a Sage **who says** that **Rabbi Akiva teaches it, and this** is what Rabbi Akiva **is saying: Even though** this structure **is** of the same dimensions as **a cowshed,** nevertheless, since there are **times when a person constructs his home** as small **as a cowshed,** a contractor has fulfilled his commission if he builds a house to such dimensions. **And there is** a Sage **who says** that **Rabbi Yishmael teaches it,**[N] **and this** is what Rabbi Yishmael **is saying** to Rabbi Akiva: The dimensions that you stated are clearly not the correct dimensions for a bridal house or widowhood home, **as one who wants to construct a cowshed constructs** a structure of **four cubits by six** cubits. A house for human dwelling is certainly larger than that.

״טְרַקְלִין עֶשֶׂר עַל עֶשֶׂר״. מַאי טְרַקְלִין? קוּבְּתָא בֵּי וַרְדֵי.

§ The mishna teaches: **A banquet hall** is **ten by ten** cubits. The Gemara clarifies: **What is a banquet hall? A pavilion of roses.**[N]

תָּאנֵי: וְקַנְתִּיר – שְׁתֵּים עֶשְׂרֵה עַל שְׁתֵּים עֶשְׂרֵה. מַאי קַנְתִּיר? תַּרְבַּץ אַפַּדְנֵי.

It is taught in a *baraita*: The standard size of **a *kanteir* is twelve by twelve** cubits. The Gemara clarifies: **What is a *kanteir*?** It is a decorative **courtyard of a mansion.**[H]

NOTES

Inferior [*kal*] to bran – קַל מִסּוּבִּין: *Kal* literally means light, but is used here in the sense of inferior. For this reason, Ben Sira did not give the example of a feather or some other light object; rather, he mentioned bran, which is the part of the grain that is discarded (Rashbam) or used only as animal fodder (Ritva).

He that gives an answer, etc. – מֵשִׁיב דָּבָר וכו׳: It is considered folly because by doing so one arrogantly presents himself as a wise person who can discern what the other is going to say before he says it. This practice also leads to confusion, because often one's assumption is incorrect, leading him to say things that are irrelevant to the discussion (Ritva).

Rabbi Yishmael teaches it – רַבִּי יִשְׁמָעֵאל קָתָנֵי לַהּ: According to this explanation, Rabbi Akiva gives his dimensions for a bridal house but not for a cowshed, and conversely, Rabbi Yishmael gives his dimensions for a cowshed but not for a bridal house (Rashbam). This interpretation is dependent on how to interpret the continuation of the mishna that delineates the dimensions for various other structures, beginning with a small house. Rashbam explains that this is a continuation of the statement of Rabbi Akiva, who holds that a bridal house a father builds for his son is even smaller than the standard size for a small house that a person would build for himself. It therefore emerges that Rabbi Yishmael never provides what he holds to be the minimum dimensions for a bridal house.

Other commentaries have a different version of the mishna's text, according to which the opening of the mishna refers both to a house and a bridal house or widowhood home. Their version states: One who sells a plot of land to another for a house and similarly one who receives a plot from another in order to construct a bridal house. According to this version, when one sells a plot of land for a house without specifying what type of house, the seller must provide the buyer only with land suitable for the smallest standard-sized house, which is the same size as a bridal house or widowhood home (Ramban). Accordingly, it would appear that the continuation of the mishna, which refers to the dimensions of a small house, is not Rabbi Akiva's opinion, as that was already expressed in the opening of the mishna; rather, it is Rabbi Yishmael's opinion of the minimal dimensions of a small house and, similarly, of a bridal house or widowhood home. In fact, the Ri Migash explains that the entire continuation of the mishna is in accordance with the opinion of Rabbi Yishmael. The difficulty with this explanation is that a construction where the first unattributed statement of a mishna is in accordance with the opinion of Rabbi Akiva and the latter unattributed statement is in accordance with the opinion of Rabbi Yishmael is somewhat unusual.

A pavilion of roses – קוּבְּתָא בֵּי וַרְדֵי: Some explain that this refers to a roofed structure with many windows in which roses were placed in order to create a beautiful atmosphere (Rashbam). Others explain that it is a building where distinguished or powerful people would rest. Its roof was like that of a tent, and roses were placed there to provide a pleasant scent (Rabbeinu Gershom Meor HaGola). A third suggestion is that it was an important building that opened onto a rose garden (Ramah).

BACKGROUND

Book of ben Sira – סֵפֶר בֶּן סִירָא: The book of ben Sira was one of the first composed after the canonization of the Bible. It was written by Shimon ben Yehoshua ben Sira, a resident of Jerusalem in the time before the Hasmonean period and a younger contemporary of Shimon HaTzaddik. The book was held in high regard. It was translated into Greek by the author's grandson in Alexandria in 132 BCE, which facilitated its circulation among those who were unfamiliar with Hebrew.

The Septuagint includes the book of ben Sira among the books of the Bible, leading many other translations to do the same. Although the Sages considered the book apocryphal, they did not refrain from quoting it in a most respectful manner. Occasionally they even considered it as if it were part of the Bible. The work was later banned, perhaps because it was frequently confused with a different book, *Alphabet of ben Sira*, a popular work containing many dubious statements.

HALAKHA

A son-in-law who lives in his father-in-law's house – חָתָן הַדָּר בְּבֵית חָמִיו: The Sages decreed that it is prohibited for a man to live in his father-in-law's house, because it is considered brazenness. Rav would give lashes to a person who would do so (see *Kiddushin* 12b). The Ra'avad writes that if one's father-in-law designates a room for him to sleep in, it is permitted. The Rosh writes in tractate *Kiddushin* that nowadays sons-in-law are accustomed to living in the homes of their fathers-in-law, as they rely on the opinion of the Sages of Neharde'a, who argue that Rav did not give lashes for such a practice (Rambam *Sefer Kedusha*, *Hilkhot Issurei Bia* 21:15 and *Maggid Mishne* there).

He that gives an answer before he listens – מֵשִׁיב דָּבָר בְּטֶרֶם יִשְׁמָע: Silence is a safeguard for wisdom (*Avot* 3:13). Therefore, one should not be hasty to reply, and should speak little (Rambam *Sefer HaMadda*, *Hilkhot Deot* 2:5).

A courtyard of a mansion – תַּרְבַּץ אַפַּדְנֵי: One who sells a plot of land to another for him to construct a courtyard for a mansion must provide him with enough land to build the courtyard twelve by twelve cubits (Rambam *Sefer Kinyan*, *Hilkhot Mekhira* 21:5; *Shulḥan Arukh*, *Ḥoshen Mishpat* 214:13).

"רוּמוֹ כַּחֲצִי אׇרְכּוֹ וְכַחֲצִי רׇחְבּוֹ; רְאָיָה לַדָּבָר, רַבָּן שִׁמְעוֹן בֶּן גַּמְלִיאֵל אוֹמֵר: כְּבִנְיַן הַהֵיכָל". "רְאָיָה לַדָּבָר" מַאן קָתָנֵי לַהּ? אִיכָּא דְּאָמַר: רַבָּן שִׁמְעוֹן בֶּן גַּמְלִיאֵל קָתָנֵי לַהּ, וְהָכִי קָאָמַר: רְאָיָה לַדָּבָר מִנַּיִן? אָמַר רַבָּן שִׁמְעוֹן בֶּן גַּמְלִיאֵל: הַכֹּל כְּבִנְיַן הֵיכָל.

The mishna teaches: The standard **height** for each of these structures is **equal to** the sum of **half its length and half its width.** There is **a proof of the matter; Rabban Shimon ben Gamliel says:** The proportions are **like the building of the Sanctuary.** The Gemara asks: **Who teaches** the phrase: **Proof of the matter? There is** a Sage **who says** that **Rabban Shimon ben Gamliel teaches it, and this** is what he **is saying: From where** can **a proof of the matter** be derived? The mishna then cites that **Rabban Shimon ben Gamliel said** that **everything is like the building of the Sanctuary.**

וְאִיכָּא דְּאָמַר: תַּנָּא קַמָּא קָתָנֵי לַהּ, וְרַבָּן שִׁמְעוֹן בֶּן גַּמְלִיאֵל אִתְּמוֹהֵי קָא מְתַמַּה, וְהָכִי קָאָמַר לֵיהּ [לְתַנָּא קַמָּא]: רְאָיָה מִנַּיִן – מִבִּנְיַן הֵיכָל, אַטּוּ כּוּלֵּי עָלְמָא כְּבִנְיַן הֵיכָל עָבְדִי?

And there is a Sage **who says** that **the first** ***tanna*** **teaches it, and,** understanding that the proof the *tanna* wished to cite was from the example of the Sanctuary, **Rabban Shimon ben Gamliel** interjected and **expressed astonishment**[N] at the idea. **And this is what** Rabban Shimon ben Gamliel **is saying to the first** ***tanna*****: From where** do you derive **a proof?** Do you derive it **from the building of the Sanctuary? Is that to say** that **everyone constructs** their buildings **like the building of the Sanctuary?** Why should they do so?

תַּנְיָא, אֲחֵרִים אוֹמְרִים: רוּמוֹ כְּקוֹרוֹתָיו. וְלֵימָא: רוּמוֹ כְּרׇחְבּוֹ! אִיבָּעֵית אֵימָא: בֵּיתָא מֵעִילָּאֵי רַוְוחָא, וְאִיבָּעֵית אֵימָא: מִשּׁוּם דְּאִיכָּא בֵּי כַוֵּי.

It is taught in a *baraita*: ***Aḥerim*** **say:** The standard **height of** each of these structures is **equal to** the length of **its crossbeams.** The Gemara suggests: **And let** us **say** more simply that **its height is equal to its width.** The Gemara answers: **If you wish, say** that formulating the ruling in this way is necessary, because the space inside **a house widens at the top,** as the walls get thinner toward the top and the crossbeams are actually longer than the width of the floor of the building. **And if you wish, say** instead that formulating it in this way is necessary **because there are indentations** in the wall into which the crossbeams are inserted. The crossbeams are consequently longer than the space inside the house.

רַבִּי חֲנִינָא נְפַק לְקִרְיָיתָא, רְמוּ לֵיהּ קְרָאֵי אַהֲדָדֵי; כְּתִיב: "וְהַבַּיִת אֲשֶׁר בָּנָה הַמֶּלֶךְ שְׁלֹמֹה לַה׳ שִׁשִּׁים אַמָּה אׇרְכּוֹ וְעֶשְׂרִים רׇחְבּוֹ וּשְׁלֹשִׁים אַמָּה קוֹמָתוֹ", וּכְתִיב: "וְלִפְנֵי הַדְּבִיר עֶשְׂרִים אַמָּה אֹרֶךְ וְעֶשְׂרִים אַמָּה רֹחַב וְעֶשְׂרִים אַמָּה קוֹמָתוֹ"! אֲמַר לְהוּ: כִּי קָא חָשֵׁיב – מִשְּׂפַת כְּרוּבִים וּלְמַעְלָה.

§ Apropos the building of the Sanctuary, the Gemara relates the following incident: **Rabbi Ḥanina** once **went out to the villages** to teach Torah there, and **he raised a contradiction between** two **verses** that detail the dimensions of the Sanctuary: **It is written: "And the house that King Solomon built for the Lord, was sixty cubits in length, and twenty cubits in width, and its height was thirty cubits"** (I Kings 6:2). **But it is also written: "And before the partition was twenty cubits in length, and twenty cubits in width, and its height was twenty cubits"** (I Kings 6:20). The first verse states that its height was thirty cubits, whereas the second verse states that its height was only twenty cubits. **He said to** the villagers that the reason for the difference is that **when** the latter verse **calculated** the height, it did so **from the** upper **edge of the cherubs and upward,** as the cherubs themselves stood ten cubits high.

מַאי קָא מַשְׁמַע לַן?

The Gemara asks: **What is** the verse **teaching us** by considering only the area above the cherubs?

Perek **VI**
Daf **99** Amud **a**

הָא קָא מַשְׁמַע לַן: לְמַטָּה כִּלְמַעְלָה, מַה לְּמַעְלָה אֵין מְשַׁמֵּשׁ כְּלוּם, אַף לְמַטָּה אֵין מְשַׁמֵּשׁ כְּלוּם.

The verse **teaches us this:** The area **below** the cherubs **is like** the area **above** them; **just as** the area **above** the cherubs' wings, which were spread out in the air, **was not used for anything,** i.e., it was empty space, **so too** the area **below** them **was not used for anything** and was empty.

מְסַיַּיע לֵיהּ לְרַבִּי לֵוִי, דְּאָמַר רַבִּי לֵוִי, וְאִיתֵּימָא רַבִּי יוֹחָנָן: דָּבָר זֶה מָסוֹרֶת בְּיָדֵינוּ מֵאֲבוֹתֵינוּ – מְקוֹם אָרוֹן וּכְרוּבִים אֵינוֹ מִן הַמִּדָּה. תַּנְיָא נַמִי הָכִי: אָרוֹן שֶׁעָשָׂה מֹשֶׁה, יֵשׁ לוֹ רֶיוַח עֶשֶׂר אַמּוֹת לְכׇל רוּחַ וְרוּחַ.

This **supports** the opinion of **Rabbi Levi, as Rabbi Levi said,** and some say it was **Rabbi Yoḥanan** who said: **This matter is a tradition handed** down **to us by our ancestors: The space** occupied by the **Ark** of the Covenant **and the cherubs is not** included **in the measurement** of the Holy of Holies in which it rested, as miraculously it did not occupy any space at all. The Gemara comments: **This is also taught** in a *baraita*: When they brought **the Ark that Moses crafted** into the Holy of Holies in the Temple of King Solomon, even though the total width of the Holy of Holies was only twenty cubits, nevertheless the Ark **had ten cubits** of empty **space** between it and the wall **in each and every direction.**

NOTES

Rabban Shimon ben Gamliel expressed astonishment – וְרַבָּן שִׁמְעוֹן בֶּן גַּמְלִיאֵל אִתְּמוֹהֵי קָא מְתַמַּה: The Rashbam explains, based on the mishna's text as it appears in the Vilna edition of the Gemara, that Rabban Shimon ben Gamliel interrupted the statement of the first *tanna* before he was able to actually cite his proof. Rabban Shimon ben Gamliel realized what the first *tanna* was going to say and rejected it. Some early commentaries had a different version of the mishna's text, one which also appears in the standard version of the *mishnayot*, in which the first *tanna* does cite his proof from the Sanctuary and only then does Rabban Shimon ben Gamliel challenge him (see Meiri).

אמר רבנאי אמר שמואל: כרובים בנס הן עומדין, שנאמר: "וחמש אמות כנף הכרוב האחת וחמש אמות כנף הכרוב השנית עשר אמות מקצות כנפיו ועד קצות כנפיו", גופייהו היכא הוו קיימי? אלא שמע מינה: בנס הן עומדין.

Rabbenai says that **Shmuel says: The cherubs stood miraculously**[N] and did not occupy any physical space, **as it is stated: "And five cubits was one wing of the cherub, and five cubits was the second wing of the cherub; ten cubits from the tip of its wings until the tip of its wings"** (I Kings 6:24). Accordingly, the wings of two cherubs, standing side by side, would occupy the entire twenty cubits width of the Sanctuary. But if so, **where,** in what space, **were their bodies standing?** Since their wings alone, which protruded from the sides of cherubs' bodies, occupied twenty cubits, there was no room left in which their bodies could stand. **Rather,** one must **conclude from** the verse that the cherubs **stood miraculously** and did not occupy any physical space.

מתקיף לה אביי: ודלמא בולטין כתרנגולין הוו קיימי! מתקיף לה רבא: ודלמא זה שלא כנגד זה הוו קיימי! מתקיף לה רב אחא בר יעקב: ודלמא באלכסונא הוו קיימי!

Abaye objects to this proof: **But perhaps they stood** with their bodies **emerging** beneath their wings, **like chickens,** with their wings protruding above them from the same point in the center of their backs. If so, their bodies would stand beneath their wings and would not occupy any additional space. **Rava** also **objects to this** proof: **But perhaps they stood** so that **this** one **was not next to that** one[N] and the wings of the two cherubs overlapped, thereby allowing for the additional space occupied by their bodies. **Rav Aḥa bar Yaakov** also **objects to this** proof: **But perhaps they were standing in a diagonal** [*ba'alakhsona*][L] alignment from one corner of the Holy of Holies to the diagonally opposite corner. In this way there would be enough space for their bodies and their wings.

מתקיף לה רב הונא בריה דרב יהושע: ודלמא ביתא מעילאי רווח! מתקיף לה רב פפא: ודלמא מיכף הוו כייפי ידייהו! מתקיף לה רב אשי: ודלמא שלחופי הוו משלחפי!

Rav Huna son of Rav Yehoshua also **objects to this** proof: **But perhaps** the width of twenty cubits stated in the verse refers only to the width at ground level, whereas **the room widened at the top** and was therefore able to accommodate both their wings and the width of the bodies. **Rav Pappa** also **objects to this** proof: **But perhaps they were folding their wings** somewhat; since their wings were not fully extended they did not actually fill the full twenty cubits of the Sanctuary. **Rav Ashi** also **objects to this** proof: **But perhaps** their wings **crossed over**[N] one another, so that they did not occupy so much space.

כיצד הן עומדין? רבי יוחנן ורבי אלעזר; חד אמר: פניהם איש אל אחיו, וחד אמר: פניהם לבית. ולמאן דאמר פניהם איש אל אחיו, הא כתיב: "ופניהם לבית"! לא קשיא: כאן בזמן שישראל עושין רצונו של מקום, כאן בזמן שאין ישראל עושין רצונו של מקום.

§ Continuing its focus on the cherubs, the Gemara asks: **How were** the cherubs **standing? Rabbi Yoḥanan and Rabbi Elazar** disagree about this. **One says: Their faces** were turned **one toward the other. And one says: Their faces** were turned **toward the House,**[N] i.e., the Sanctuary. The Gemara asks: **But according to the one who says** that **their faces** were turned **one toward the other, isn't it written: "And their faces were toward the House"** (II Chronicles 3:13)? How does he explain the meaning of this verse? The Gemara answers: This is **not difficult,** as their faces miraculously changed directions in reflection of the Jewish people's relationship to God. **Here,** when it states that the cherubs faced each other, it was **when the Jewish people do the will of God. There,** the verse that describes that the cherubs faced the Sanctuary and not toward each other, was **when the Jewish people do not do the will of God.**

ולמאן דאמר ופניהם לבית, הא כתיב: "ופניהם איש אל אחיו"! דמצדדי אצדודי; דתניא, אונקלוס הגר אמר: כרובים "מעשה צעצעים" הן, ומצודדים פניהם כתלמיד הנפטר מרבו.

The Gemara asks: **And according to the one who says** they stood as described in the verse: **"And their faces were toward the House," isn't it written: "With their faces one toward the other"** (Exodus 25:20). How does he explain the meaning of this verse? The Gemara answers: **They were angled sideways** so that they turned both to each other and toward the Sanctuary, **as it is taught** in a *baraita*: **Onkelos the Convert said** that the **cherubs were** of the **form of children,**[N] as the verse states: "And in the Holy of Holies he made two cherubim of the form of children; and they overlaid them with gold" (II Chronicles 3:10), **and their faces were angled sideways** toward the Ark of the Covenant, **like a student taking leave of his teacher.**

NOTES

The cherubs stood miraculously – כרובים בנס הן עומדין: The miracle applied only to the cherub's bodies. As is explicit in the verse and the Gemara here, their wings certainly occupied space (Rashbam).

Cherubs in the First Temple

This one was not next to that one – זה שלא כנגד זה: The cherubs may have been aligned such that one stood slightly further forward than the other. In this way, their wings would be able to expand fully without colliding with each other (Rashbam). Rabbeinu Gershom Meor HaGola explains differently. He suggests that the cherubs themselves stood next to each other, but the wings of one were raised slightly above the other in order that they could overlap and not collide.

Crossed over – שלחופי הוו משלחפי: According to this suggestion, the two cherubs did in fact stand aligned, one next to the other, and not as Rava suggested. Nevertheless, their wings were spread out at an angle, to enable them to occupy their full room without the need for a miracle. The Rashbam explains that, according to this suggestion, each cherub's set of wings extended forward and then crossed over each other. This would mean that there was more than ample room for each cherub to stand next to the other (*Arukh*; see Ri Migash). Rabbeinu Gershom Meor HaGola suggests that the wing of one of the cherubs was angled slightly forward so that the other cherub's wing could extend straight without colliding with it. The Ritva cites the possibility that both cherubs' wings were angled slightly upward and that this was itself sufficient to ensure that they did not overlap at all. The Maharal suggests that one cherub's wing was angled up slightly and the other's angled down, to enable them to overlap without colliding.

Their faces toward the House – פניהם לבית: Some explain that this means that their faces faced the Sanctuary, which lay in front of the Holy of Holies (Rashbam; Ritva). Others explain it to mean they faced the western wall, i.e., the back, of the Holy of Holies (Ritva; Rashi in Chronicles).

Form of children [*tza'atzuim*] – מעשה צעצעים: The Gemara (*Ḥagiga* 13b) explains that the word for cherub, *keruv*, is similar to *keruvya*, which is Aramaic for: Like a child. This is also how Onkelos translates the word in his translation of the Torah. Similarly, most commentaries explain that *tza'atzuim* is a cognate of *tze'etzaim*, meaning children, and that the cherub's faces were formed to look like children.

LANGUAGE

Diagonal [*alakhsona*] – אלכסונא: From the Greek λοξός, *loxos*, meaning diagonal. The corresponding Aramaic word is *karanzol*.

מתני׳ מִי שֶׁיֵּשׁ לוֹ בּוֹר לִפְנִים מִבֵּיתוֹ שֶׁל חֲבֵירוֹ – נִכְנָס בְּשָׁעָה שֶׁדֶּרֶךְ בְּנֵי אָדָם נִכְנָסִין, וְיוֹצֵא בְּשָׁעָה שֶׁדֶּרֶךְ בְּנֵי אָדָם יוֹצְאִין. וְאֵינוֹ מַכְנִיס בְּהֶמְתּוֹ וּמַשְׁקָה מִבּוֹרוֹ, אֶלָּא מְמַלֵּא וּמַשְׁקֶה מִבַּחוּץ. וְזֶה עוֹשֶׂה לוֹ פּוֹתַחַת וְזֶה עוֹשֶׂה לוֹ פּוֹתַחַת.

MISHNA **One who has** ownership of **a cistern** located **beyond the house of another,**[H] i.e., the cistern can be accessed only by entering the property of the other, and also has access rights to that cistern, **may enter** the house to access his cistern only **at a time when it is usual for people to enter, and may leave** only **at a time when it is usual for people to leave. And** in addition, **he may not bring his animal** into the house **and water** it **from his cistern; rather, he** must **fill** a pail with water from the cistern **and water** his animal **outside. And this** one, the owner of the cistern, **constructs for himself a lock** on the entrance to the cistern to prevent the homeowner from drawing water from it, **and that** one, the homeowner, **constructs for himself a lock.**

גמ׳ פּוֹתַחַת לְהֵיכָא? אָמַר רַבִּי יוֹחָנָן: שְׁנֵיהֶם לַבּוֹר. בִּשְׁלָמָא בַּעַל הַבּוֹר בָּעֵי לְאִשְׁתַּמּוּרֵי מַיָּא דְּבוֹרֵיהּ, אֶלָּא בַּעַל הַבַּיִת לָמָּה לֵיהּ? אָמַר רַבִּי אֶלְעָזָר:

GEMARA The mishna states that the owner of the cistern and the homeowner each construct a lock. The Gemara asks: **A lock to where? Rabbi Yoḥanan says: Both of them** construct a lock on the opening **to the cistern** to prevent the other from accessing it unilaterally. The Gemara asks: **Granted, the owner of the cistern** constructs a lock, as **he wants to protect the water of his well. But why** does **the homeowner** construct a lock? **Rabbi Elazar said:**

HALAKHA

One who has a cistern beyond the house of another – מִי שֶׁיֵּשׁ לוֹ בּוֹר לִפְנִים מִבֵּיתוֹ שֶׁל חֲבֵירוֹ: One who owns a cistern located beyond the house of another and has access rights to the cistern may enter the house to access it only at a time when it is usual for people to enter, and may leave only at a time when it is usual for people to leave. In addition, he may not bring his animal into the house and water it from his cistern, but must fill a pail with water and water his animal outside. Both the cistern owner and the homeowner fashion a lock on the opening to the cistern in order to ensure that neither can access the cistern without the other being present. The owner of the cistern constructs a lock to prevent the homeowner from taking his water, and the homeowner constructs a lock so that the cistern owner will not enter the house when he is absent and be secluded in his house with his wife (Rambam *Sefer Kinyan*, *Hilkhot Shekhenim* 6:13; *Shulḥan Arukh*, *Ḥoshen Mishpat* 169:1 and *Sma* there).

מִשּׁוּם חֲשַׁד אִשְׁתּוֹ.

He does so **due to a suspicion** that the owner of the cistern might enter the house at a time when the owner of the house is not present, and thereby be secluded together in the house with the homeowner's **wife.**[N]

מתני׳ מִי שֶׁיֵּשׁ לוֹ גִּינָּה לִפְנִים מִגִּינָּתוֹ שֶׁל חֲבֵרוֹ – נִכְנָס בְּשָׁעָה שֶׁדֶּרֶךְ בְּנֵי אָדָם נִכְנָסִים, וְיוֹצֵא בְּשָׁעָה שֶׁדֶּרֶךְ בְּנֵי אָדָם יוֹצְאִין. וְאֵינוֹ מַכְנִיס לְתוֹכָהּ תַּגָּרִין, וְלֹא יִכָּנֵס מִתּוֹכָהּ לְתוֹךְ שָׂדֶה אַחֶרֶת, וְהַחִיצוֹן זוֹרֵעַ אֶת הַדֶּרֶךְ.

MISHNA **One who has** ownership of **a garden** located **beyond the garden of another,**[H] and also has access rights to it, **may enter** his garden only **at a time when it is usual for people to enter,**[N] **and may leave** only **at a time when it is usual for people to leave.** Furthermore, he **may not bring merchants into** his garden, **and he may not** enter the garden solely in order to use it as a passageway, to **enter from it into another field. And** the owner of the **outer** garden **may sow the path** leading to the inner garden.

HALAKHA

One who has a garden located beyond the garden of another – מִי שֶׁיֵּשׁ לוֹ גִּינָּה לִפְנִים מִגִּינָּתוֹ שֶׁל חֲבֵרוֹ: One who owns a garden located beyond the garden of another and has access rights to it through the outer garden may not enter at a time when it is unusual to do so, nor may he bring merchants to the garden. The same principle applies to one who owns a room located inside the house of another (Rema, citing *Nimmukei Yosef*). The owner of the inner garden may also not use his garden as a shortcut to another field. Only the owner of the outer garden may plant along the path leading to the inner garden.

If they mutually agree that the owner of the inner garden may use an access path along the edge of the outer garden, the owner of the inner garden may enter any time he wishes and may bring merchants to his garden. Nevertheless, he still may not use it as a shortcut to another field. In such a case, neither of them has the right to plant along that path (Rambam *Sefer Kinyan*, *Hilkhot Shekhenim* 6:14; *Shulḥan Arukh*, *Ḥoshen Mishpat* 169:2).

NOTES

Suspicion with the homeowner's wife – חֲשַׁד אִשְׁתּוֹ: Some explain that the goal is to prevent the homeowner from becoming suspicious that the owner of the cistern is entering his house in order to be with his wife while he is not present (Rabbeinu Gershom Meor HaGola; Meiri). Others explain that the concern is that passersby will see the owner of the cistern entering the house at a time when it is known that the owner of the house is not present, and they will become suspicious about the possibility of impropriety between the homeowner's wife and the owner of the cistern (*Nimmukei Yosef*).

The assumption is that the homeowner's wife is always present in the house. The Rashbam explains that this is the reason the Gemara does not suggest that the homeowner will be suspicious that the owner of the cistern might steal items from his house, as his wife is always present to keep a watchful eye.

Enter at a time when it is usual for people to enter – נִכְנָס בְּשָׁעָה שֶׁדֶּרֶךְ בְּנֵי אָדָם נִכְנָסִים: The mishna is referring to a case where the owner of the inner garden obtained rights to pass through the outer garden in order to access his property. In the case of a sale, where one purchased the inner garden from the owner of the outer garden, the question of whether the right to pass is automatically included in the sale or whether he needs to purchase it separately is the subject of a dispute in the mishna in Chapter Four. Alternatively, this could be a case in which two people inherited the gardens together, or two people jointly purchased the gardens and then, when they agreed to dissolve their partnership, one agreed to take the inner garden on condition that he also receive the right to pass through the outer garden (Rashbam; Meiri; see *Tosefot Yom Tov*).

The reason that his use of the path is limited is that the path itself strictly belongs to the owner of the outer garden. The owner of the inner garden has only the right to access his garden through it, and that right is restricted to those functions that are necessary for the typical use of the inner garden (Rashbam).

נָתְנוּ לוֹ דֶּרֶךְ מִן הַצַּד מִדַּעַת שְׁנֵיהֶן – נִכְנָס בְּשָׁעָה שֶׁהוּא רוֹצֶה וְיוֹצֵא בְּשָׁעָה שֶׁרוֹצֶה, וּמַכְנִיס לְתוֹכָהּ תַּגָּרִין, וְלֹא יִכָּנֵס מִתּוֹכָהּ לְתוֹךְ שָׂדֶה אַחֶרֶת. זֶה וָזֶה אֵינָן רַשָּׁאִים לְזוֹרְעָהּ.

If the court **gave him** an access **path from the side** of the outer garden, **with the agreement of both of them,**[N] he **may enter at** any **time he wants, and leave at** any **time he wants, and** may **bring merchants into** the inner garden. **But** he **may** still **not** enter the garden solely in order to **enter from it into another field.** In such a case, **neither this** one, the owner of the inner garden, **nor that** one, the owner of the outer garden, **is permitted to plant** that side path.[N]

גמ׳ אָמַר רַב יְהוּדָה אָמַר שְׁמוּאֵל: "אַמָּה בֵּית הַשְּׁלָחִין אֲנִי מוֹכֵר לָךְ" – נוֹתֵן לוֹ שְׁתֵּי אַמּוֹת לְתוֹכָהּ, וְאַמָּה מִכָּאן וְאַמָּה מִכָּאן לַאֲגַפֶּיהָ; "אַמָּה בֵּית הַקִּילוֹן אֲנִי מוֹכֵר לָךְ" – נוֹתֵן לוֹ אַמָּה אַחַת לְתוֹכָהּ, וַחֲצִי אַמָּה מִכָּאן וַחֲצִי אַמָּה מִכָּאן לַאֲגַפֶּיהָ.

GEMARA **Rav Yehuda says** that **Shmuel says:** If a field owner says to another: **I am selling you** from my land a water **channel** fit **for** bringing water to **an irrigated field,**[N] he is required to **give him** land **two cubits** wide **for the inside** of the channel, **and one cubit**[N] **on this** side **and** one **cubit on that side for its banks.**[B] If he said to him: **I am selling you a shadoof** [*kilon*] **channel,**[NHBL] he is required to **give him** land **one cubit** wide **for the inside** of the channel **and half a cubit on this** side **and half a cubit on that** side **for its banks.**

וְאוֹתָן אֲגַפַּיִים מִי זוֹרְעָם? רַב יְהוּדָה אָמַר שְׁמוּאֵל: בַּעַל הַשָּׂדֶה זוֹרְעָם; רַב נַחְמָן אָמַר שְׁמוּאֵל: בַּעַל הַשָּׂדֶה נוֹטְעָם. מַאן דְּאָמַר זוֹרְעָם – כׇּל שֶׁכֵּן נוֹטְעָם; וּמַאן דְּאָמַר נוֹטְעָם, אֲבָל זוֹרְעָם – לָא, חַלְחוּלֵי מְחַלְחוּלֵי.

The Gemara asks: **And** with regard to **those banks, who** has permission to **sow them?**[H] **Rav Yehuda says** that **Shmuel says: The field owner may sow them** with vegetables or crops. **Rav Naḥman** says that **Shmuel says: The field owner may plant them** with trees. The Gemara elaborates: **The one who says** that the field owner **may sow them** holds that **all the more so he may plant them** with trees. **And the one who says** that **he may plant them** with trees holds that he may only plant trees, **but sowing them** with other plants is **not** permitted.[N] This is because the roots **perforate** the ground, which weakens it and can cause damage to the water channel.

LANGUAGE

Shadoof [*kilon*] – קִילוֹן: From the Greek κηλῶν, *kēlon*, which means the handle of a pump for drawing water. By extension the word is used to describe a channel that is filled with water transported there using a shadoof.

BACKGROUND

Banks – אֲגַפֶּיהָ:

Ditch with raised sides

Shadoof – קִילוֹן: A shadoof is an irrigation tool consisting of a long lever with a bucket at one end and a counterbalancing weight on the other. This mechanism allows one to draw water from streams or irrigation canals with a minimum of effort.

Shadoof

HALAKHA

A channel for an irrigated field…a shadoof channel – אַמָּה בֵּית הַשְּׁלָחִין...אַמָּה בֵּית הַקִּילוֹן: One who sells land in his field to another for an irrigation channel must provide a strip of land four cubits wide extending the length of the field. Two cubits are for the width of the irrigation channel itself, and there is an additional cubit on either side for the banks (*Sma*). According to the *Tur*, the irrigation channel itself is only one cubit wide (Rashbam). If one sells land for a shadoof channel, he must provide a total of two cubits, one for the water channel and a half-cubit on either side for the banks (Rambam *Sefer Kinyan*, *Hilkhot Mekhira* 21:7; *Shulḥan Arukh*, *Ḥoshen Mishpat* 217:1).

And those banks, who may sow them – וְאוֹתָן אֲגַפַּיִים מִי זוֹרְעָם: The banks of an irrigation channel that the owner of the field must also give to the buyer of the channel may be planted only with trees. He may not plant crops there, because the crops weaken the earth and might destroy the irrigation channel. This is in accordance with the opinion of Rav Naḥman, as the *halakha* follows his opinion in disputes concerning monetary law (Rambam *Sefer Kinyan*, *Hilkhot Mekhira* 21:8 and *Maggid Mishne* there; *Shulḥan Arukh*, *Ḥoshen Mishpat* 217:2).

NOTES

With the agreement of both of them – מִדַּעַת שְׁנֵיהֶן: Rabbeinu Gershom Meor HaGola explains that the court awarded the access rights. Therefore, this arrangement has both the power of a court edict and the strength of a contractual agreement. The Ritva explains that the court will allow the owner of the outer garden to shift the path to the side of the garden only if the owner of the inner garden consents to it. The Rashbam elaborates that only the owner of the outer garden stands to gain by shifting the path to the side, whereas the owner of the inner garden is now forced to take a lengthier path to his garden. Therefore, it is clear that when he agreed to have the path shifted, it was with the understanding that he would have expanded rights. This includes the restriction on the owner of the outer garden that he may no longer plant the path, as doing so would impinge on the ease of access of the owner of the inner garden.

Neither this one nor that one is permitted to plant that side path – זֶה וָזֶה אֵינָן רַשָּׁאִים לְזוֹרְעָהּ: In the Jerusalem Talmud it is explained that the owner of the inner garden can prevent the owner of the outer garden from planting the path by claiming that doing so could cause him to slip or to trip on the plants. Similarly, the owner of the outer garden can prevent the owner of the inner garden from planting the path by claiming that if he did so, then in order to avoid stepping on his plants he might stray from the path and walk through the outer garden and step upon the plants there. The Rashbam explains that the owner of the inner garden may not plant there simply because his rights to it are only for accessing his garden and certainly do not include a right to plant it.

I am selling you a channel for an irrigated field – אַמָּה בֵּית הַשְּׁלָחִין אֲנִי מוֹכֵר לָךְ: Some explain that this is referring to one who sells land to be used to form a channel; the seller is required to provide enough land for the channel and its banks (Ri Migash; Rambam; Ramah; Meiri). The Rashbam explains that it is referring to one who sells an existing channel, and the mishna teaches that he is required to allow the buyer to widen the channel up to two cubits wide.

And one cubit – וְאַמָּה: Rashbam cites Rabbi Yaakov ben Yakar, the teacher of Rashi, who had a slightly different variation of the Gemara's text that leaves out the letter *vav*, representing the word: And. According to that version, when the mishna is referring to the one cubit stretch of land on each side of the channel, it is merely elaborating on how the two cubits, mentioned immediately beforehand, are distributed. Accordingly, the mention of two cubits is not referring to the width of the channel, but to the sum of the width of the banks. It would appear that the word *amma*, which is used for a channel, is borrowed from its more usual meaning of: A cubit. According to this explanation, this is because a standard channel is one cubit wide.

The majority of the early commentaries, following the standard version of the Gemara, explain that the width of the channel itself is two cubits, and in addition the seller must provide an additional one cubit on each side for the banks. The connection between the words for a channel and a cubit might be due not to the typical width of such a channel, but to the typical depth of a channel, which is one cubit (*Tosafot*). Alternatively, the term that is used is borrowed from the original meaning of *amma*: Forearm, since a channel is long and is drawn out like a person's forearm.

Shadoof channel – אַמָּה בֵּית הַקִּילוֹן: This is referring to a small channel that is artificially filled by transferring water from a river using a shadoof (see Rambam's Commentary on the Mishna on *Moed Katan* and Rid). Alternatively it refers to the channel from which the water is originally taken (Ramah). This kind of channel is not used for irrigation but for watering animals, washing clothes, or carrying away sewage. For this reason, it needs to be only half the width of an irrigation channel.

Sowing them is not permitted – זוֹרְעָם לָא: The roots of trees descend deeper into the ground than a plant's roots. Therefore, there is less concern that the roots will penetrate or weaken the channel or its banks (Rashbam).

וְאָמַר רַב יְהוּדָה אָמַר שְׁמוּאֵל: אַמַּת הַמַּיִם שֶׁכָּלוּ אֲגַפֶּיהָ – מְתַקְּנָהּ מֵאוֹתָהּ שָׂדֶה, בְּיָדוּעַ שֶׁלֹּא כָּלוּ אֲגַפֶּיהָ אֶלָּא בְּאוֹתָהּ שָׂדֶה.

§ **And Rav Yehuda says that Shmuel says:** With regard to **a water channel whose banks collapsed,**[H] the owner of the channel may **repair it** with earth **from that field** through which the channel runs, even though the field does not belong to him. It is permitted because **it is known that** when **its banks collapsed** the earth that the banks were made from spread **only into that** surrounding **field.**[N]

מַתְקִיף לַהּ רַב פַּפָּא, וְלֵימָא לֵיהּ: מַיִךְ אַשְׁפְּלוּהּ לְאַרְעִיךְ! אֶלָּא אָמַר רַב פַּפָּא: שֶׁעַל מְנָת כֵּן קִבֵּל עָלָיו בַּעַל הַשָּׂדֶה.

Rav Pappa objects to this: But let the field owner **say to** the owner of the channel: **Your water** in your channel **carried away**[N] **your earth** from your banks, so you have no right to take earth from my field. **Rather, Rav Pappa said** he may repair the banks with earth from the field **because** when **the field owner** sold the rights to the channel **he accepted that condition upon himself.**[N]

מתני׳ מִי שֶׁהָיְתָה דֶּרֶךְ הָרַבִּים עוֹבֶרֶת לְתוֹךְ שָׂדֵהוּ, נְטָלָהּ וְנָתַן לָהֶם מִן הַצַּד – מַה שֶּׁנָּתַן נָתַן, וְשֶׁלּוֹ לֹא הִגִּיעוֹ.

MISHNA In the case of **one who had a public thoroughfare passing through his field,**[H] and he **appropriated it and** instead **gave** the public an alternative thoroughfare **on the side** of his property, the *halakha* is that the thoroughfare **that he gave** them, **he gave** them, and they may use it.[N] **But** the original thoroughfare that he took **for himself has not reached him,** i.e., he cannot appropriate it for his personal use.

דֶּרֶךְ הַיָּחִיד – אַרְבַּע אַמּוֹת, דֶּרֶךְ הָרַבִּים – שֵׁשׁ עֶשְׂרֵה אַמָּה, דֶּרֶךְ הַמֶּלֶךְ – אֵין לָהּ שִׁיעוּר, דֶּרֶךְ הַקֶּבֶר – אֵין לָהּ שִׁיעוּר. הַמַּעֲמָד – דַּיָּינֵי צִפּוֹרִי אָמְרוּ: בֵּית אַרְבָּעָה קַבִּין.

The standard width of **a private path** is **four cubits.** If a field owner sells the right to pass through his field to an individual, without specifying the width of the path, he must provide him with a path four cubits wide. The standard width of **a public thoroughfare**[H] is **sixteen cubits.** The width of **a king's thoroughfare has no** maximum **measure,**[N] as the king may appropriate whatever width thoroughfare he wishes. The width of the **path for** the burial procession to **a grave**[H] **has no** maximum **measure.**[N] With regard to **the** practice of **standing**[H] and comforting the mourners following a funeral, **the judges of Tzippori said** that the standard requisite size is the **area required for sowing four *kav* of seed.**

גמ׳ אַמַּאי שֶׁלּוֹ לֹא הִגִּיעוֹ? לִינְקוֹט פּוּזָרָא וְלֵיתִיב! שְׁמַעַת מִינַּהּ: לָא עָבֵיד אִינִישׁ דִּינָא לְנַפְשֵׁיהּ אֲפִילּוּ בִּמְקוֹם פְּסֵידָא?

GEMARA The Gemara asks: **Why** does the mishna rule that the public thoroughfare that the landowner took **for himself has not reached him?**[N] If by making the exchange the original thoroughfare now belongs to him, **let him take a stick** [*pazra*][L] **and sit** on the thoroughfare and physically prevent anyone from passing through. Apparently, the Sages did not permit him to do so. The Gemara suggests: Does it follow that one can **conclude from** the mishna's ruling that **a person may not execute judgment for himself even in circumstances** where refraining from acting will cause him **a loss?** This would contradict the accepted *halakha* that one may do so.

HALAKHA

A water channel whose banks collapsed – אַמַּת הַמַּיִם שֶׁכָּלוּ אֲגַפֶּיהָ: If the banks of a water channel collapse, the owner may repair it with earth from the field through which it runs, as this is a condition of this type of sale. This is in accordance with the opinion of Rav Pappa (Rambam *Sefer Kinyan*, *Hilkhot Mekhira* 21:8; *Shulḥan Arukh*, *Ḥoshen Mishpat* 217:3).

A public thoroughfare passing through his field – דֶּרֶךְ הָרַבִּים עוֹבֶרֶת לְתוֹךְ שָׂדֵהוּ: If one has a public thoroughfare passing through his field, and he takes it for himself and instead provides the public with an alternative thoroughfare on the side of his field, then the public has the right to use both thoroughfares. The *Sma* maintains that this *halakha* applies only if it is a thoroughfare for the general public, including travelers from out of town. If it is a public thoroughfare only for people in his area or in his city, he may provide a substitute thoroughfare with the permission of the public (Rambam *Sefer Nezikin*, *Hilkhot Nizkei Mamon* 13:27; *Shulḥan Arukh*, *Ḥoshen Mishpat* 377:1).

A public thoroughfare – דֶּרֶךְ הָרַבִּים: One who sells land for a public thoroughfare must provide a strip of land sixteen cubits wide. This is the minimum width of a public thoroughfare for all matters (Rambam *Sefer Nezikin*, *Hilkhot Nizkei Mamon* 13:27 and *Sefer Kinyan*, *Hilkhot Mekhira* 21:9; and see *Sefer Zera'im*, *Hilkhot Mattenot Aniyyim* 3:3; *Shulḥan Arukh*, *Ḥoshen Mishpat* 217:4).

A king's thoroughfare…the path for a grave – דֶּרֶךְ הַמֶּלֶךְ...דֶּרֶךְ הַקֶּבֶר: When a king goes to war, or according to Rashi, even when not at war (*Leḥem Mishne*), he has permission to breach fences to create a thoroughfare for himself and for his army. A king's thoroughfare may be made as wide as necessary. Furthermore, a king need not divert his path because of vineyards or fields belonging to others. The Rambam writes that if one sells land to another, stating that it should be like a king's thoroughfare or a path used for a burial procession, the transaction is invalid, as the land does not have specific dimensions (Rambam *Sefer Shofetim*, *Hilkhot Melakhim* 5:3; *Sefer Kinyan*, *Hilkhot Mekhira* 21:10, and Ra'avad and *Maggid Mishne* there).

The practice of standing – הַמַּעֲמָד: One who sells a place next to a cemetery for those accompanying the mourners to stand and comfort the mourners as they return from the cemetery must give the area required for sowing four *kav* of seed (Rambam *Sefer Kinyan*, *Hilkhot Mekhira* 21:11; *Shulḥan Arukh*, *Ḥoshen Mishpat* 217:4).

LANGUAGE

Stick [*pazra*] – פּוּזָרָא: This is the Syriac word for a stick or staff. It is also related to the name of one of the Torah cantillation notes, *pazer*, which has the shape of a stick.

NOTES

Only into that field – אֶלָּא בְּאוֹתָהּ שָׂדֶה: Some have a version of the text that reads: Only from that field (Meiri). According to this version, it was the plants growing in that field that destroyed the banks of the water channel (Ritva). Therefore, the field owner is responsible for the damage.

Your water carried away – מַיִךְ אַשְׁפְּלוּהּ: Rabbeinu Gershom Meor HaGola explains that the water in the channel gradually erodes the earth from the banks until they collapse into the channel.

Because…he accepted that condition upon himself – שֶׁעַל מְנָת כֵּן קִבֵּל עָלָיו: Since it is common for the banks of a water channel to collapse over time, when the field owner sells land for a channel, it is understood that he also agrees to provide additional earth as necessary to repair the banks.

Public thoroughfare passing…he gave them and they may use it – דֶּרֶךְ הָרַבִּים עוֹבֶרֶת...נָתַן: This *halakha* applies whether the public's rights to the thoroughfare had been established *de facto*, i.e., through their use of it, or whether the field owner willingly gave it for the public's use (Rashbam).

The king's thoroughfare has no measure – דֶּרֶךְ הַמֶּלֶךְ אֵין לָהּ שִׁיעוּר: A king's thoroughfare is one made by a king and his army when passing through the area. The Gemara here cites the principle developed in the Gemara in tractate *Sanhedrin* (20b), that a king has permission to breach fences for this purpose. The Ramah adds that this refers only to a temporary widening of the road, and that the king is not permitted to acquire the path permanently. The straightforward understanding of the mishna is that it teaches that there is no limit to the width of the path that a king may take.

An alternative understanding is offered by the Meiri. He explains that the mishna is referring to a case in which one person sold another a path and stated that it should be the same size as a king's thoroughfare. In such a case, the buyer has the right to walk through the field in any way he wishes. This appears to be the Rambam's understanding as well.

The path for a grave has no measure – דֶּרֶךְ הַקֶּבֶר אֵין לָהּ שִׁיעוּר: The Sages instituted, in honor of the deceased, that a burial procession may take as much space as necessary, so that mourners will not refrain from attending due to lack of space. Some explain that the mishna is referring to such a path. The Meiri explains that the mishna is referring to one who sells a path in his field, stating that it should be like the path used by a burial procession. If so, the intent is that the path will not be a clearly defined strip of land; rather, the buyer will have the right to walk through the field in any way he wishes.

Why does it rule that the public thoroughfare he took for himself has not reached him – אַמַּאי שֶׁלּוֹ לֹא הִגִּיעוֹ: The Gemara's question derives from the fact that the mishna indicates that the public thoroughfare that the field owner now gave to the public belongs to them. Therefore, it would appear that his exchange took legal effect. Furthermore, since the public does not forfeit anything by having the thoroughfare moved, the principle should apply that the court can force one to accept an agreement where not doing so would be considered behavior characteristic of Sodom, i.e., where a person spitefully refuses an agreement despite its entailing no loss to himself. If the exchange is considered legally valid, then the mishna's statement that the original thoroughfare that he took for himself has not reached him should not be understood as a legal ruling, but as a pragmatic evaluation of the situation. Since the public has been using the thoroughfare, the field owner will be unable to stop people from doing so, even though they would be acting improperly by continuing to use that thoroughfare. Based on this assumption, the Gemara suggests that there is seemingly a simple and practical solution to the problem (see Rashbam and Ri Migash).

אמר רב זביד משמיה דרבא: גזירה שמא יתן להן דרך עקלתון. רב משרשיא משמיה דרבא אמר: בנותן להם דרך עקלתון.

Rav Zevid said in the name of Rava: Although generally one may do so, in this case the Sages issued **a decree** prohibiting it, **lest he give them a circuitous route** that will lengthen the distance the public will have to travel. **Rav Mesharshiyya said in the name of Rava** that the ruling of the mishna applies only **where he** actually **gives them a circuitous route** instead of the original straight thoroughfare. But one may exchange a public thoroughfare for an equally straight thoroughfare, appropriating the original for his personal use.

Perek **VI**
Daf **100** Amud **a**

רב אשי אמר: כל מן הצד דרך עקלתון היא, קרובה לזה ורחוקה לזה.

Rav Ashi **said: Any** alternative path **on the side**[N] of the original path is considered **a circuitous route,** as it is **close for this** person **and it is far for that** person. While some will benefit from the change, it will be detrimental to others. Therefore, one may never exchange a public path for an alternative path.

ולימא להו: שקלו דידכו והבו לי דידי! הא מני – רבי אליעזר היא; דתניא, רבי יהודה אומר משום רבי אליעזר: רבים שבררו דרך לעצמם – מה שבררו בררו.

§ The mishna teaches that if a field owner provides an alternative thoroughfare through his field for the public to use, the public may use both thoroughfares. The Gemara suggests: **But let him say to them:**[N] Take **your** original thoroughfare back **and give me my** thoroughfare that I provided you. The Gemara answers: In accordance with **whose** opinion **is this** mishna? It is in accordance with the opinion of **Rabbi Eliezer, as it is taught** in a *baraita* that **Rabbi Yehuda says in the name of Rabbi Eliezer:** If the **public selected a thoroughfare** through a privately owned field **for themselves** even without gaining the permission of the field owner, **that which they selected, they selected,** and they have the right to use it.

לרבי אליעזר, רבים גזלנים נינהו? אמר רב גידל אמר רב: כגון שאבדה להן דרך באותה שדה.

The Gemara asks: **According to** the opinion of **Rabbi Eliezer, are** the members of the **public** entitled to be **robbers?**[N] Why should they be permitted to appropriate land from a private owner? **Rav Giddel said** that **Rav said:** Rabbi Eliezer refers only to a case **where** the public **lost a thoroughfare in that field,** e.g., the field was plowed over and the original course of the thoroughfare is not known. In such a case, the public has the right to determine the course anew.

אי הכי, אמאי אמר רבה בר רב הונא אמר רב: אין הלכה כרבי אליעזר? מאן דמתני הא לא מתני הא.

The Gemara asks: **If so, why does Rabba bar Rav Huna say** that **Rav says** that the ***halakha*** is **not in accordance with** the opinion of **Rabbi Eliezer?** His reasoning seems valid. The Gemara answers: The **one who teaches this,** i.e., that Rabbi Eliezer is referring to a case where a thoroughfare was lost, **does not teach that,** i.e., that Rav rules against Rabbi Eliezer. There is a dispute as to what Rav said.

NOTES

Any path on the side – כל מן הצד: The early commentaries add that even if the majority of people come from one particular direction, and the shifting of the thoroughfare will shorten their journey, nevertheless, since there is still a minority for whom it is not convenient, the owner of the field is not permitted to change the location of the thoroughfare.

The Ra'ah explains that the mishna is referring to a case where there was never a defined thoroughfare through the field and people could walk through any part of it to get to the other side. According to his explanation, it is obvious that any attempt to fashion a defined thoroughfare will be inconvenient to the public and will not be permitted (Ritva).

But let him say to them, etc. – ולימא להו וכו׳: The Rashbam explains that this question is based on the fact that the Gemara has just established that the mishna's ruling that: The original thoroughfare that he took for himself has not reached him, is not a pragmatic evaluation of the situation, but is a legal ruling that he does not gain any right to the original thoroughfare. Given that conclusion, the Gemara asks that since his granting of the additional thoroughfare was just one-half of an attempt to exchange one thoroughfare for the other, the two halves should be linked; if he cannot take the old thoroughfare, why should he forfeit his rights to the alterative thoroughfare?

Are the members of the public robbers – רבים גזלנים נינהו: The fact that they are the public does not entitle them to steal the rights to a field from an individual. Why, then, if they took that which does not belong to them, does the court give them rights to that stolen property?

וְטַעְמָא מַאי? מִשּׁוּם דְּרַב יְהוּדָה, דְּאָמַר רַב יְהוּדָה: מֵצַר שֶׁהֶחֱזִיקוּ בּוֹ רַבִּים – אָסוּר לְקַלְקְלוֹ.

The Gemara asks: **And** according to Rabba bar Rav Huna, **what is the reason** the field owner cannot reclaim the alternative thoroughfare that he gave to the public? The Gemara answers: It is **due to** the statement **of Rav Yehuda, as Rav Yehuda says:** With regard to a strip of land that serves as a **border** between two strips of land **that the public took possession of**[N] as a public thoroughfare, **it is prohibited to destroy it** for them, i.e., prevent people from using it. Accordingly, in the case of the mishna, where the field owner actually provided the public with a thoroughfare, he may certainly not take it back.

וְרַבִּי אֱלִיעֶזֶר, רַבִּים בְּמַאי קָנוּ לֵיהּ? בְּהִילּוּכָא, דְּתַנְיָא: הָלַךְ בָּהּ לְאׇרְכָּהּ וּלְרׇחְבָּהּ – קָנָה מְקוֹם הִילּוּכוֹ, דִּבְרֵי רַבִּי אֱלִיעֶזֶר; וַחֲכָמִים אוֹמְרִים: אֵין הִילּוּךְ מוֹעִיל כְּלוּם עַד שֶׁיַּחֲזִיק.

The Gemara asks: **And** according to **Rabbi Eliezer, through what** means **does the public acquire**[N] the thoroughfare they choose? The Gemara answers: **By** means of **walking** on the thoroughfare, **as it is taught** in a *baraita*: If **one walked** along a field's **length and its breadth, he has acquired the area** inside **where he walked,** as walking is an effective act of acquisition; this is **the statement of Rabbi Eliezer. And the Rabbis say** that by itself, **walking**[H] **is not** effective[N] **at all** to acquire a field, and it is not acquired **until he takes possession** of it using a legal act of acquisition.

אָמַר רַבִּי אֶלְעָזָר, מַאי טַעְמָא דְּרַבִּי אֱלִיעֶזֶר? דִּכְתִיב: ״קוּם הִתְהַלֵּךְ בָּאָרֶץ לְאׇרְכָּהּ וּלְרׇחְבָּהּ כִּי לְךָ אֶתְּנֶנָּה״. וְרַבָּנַן? הָתָם מִשּׁוּם חֲבִיבוּתָא דְּאַבְרָהָם הוּא דְּקָאָמַר לֵיהּ הָכִי, כְּדֵי שֶׁיְּהֵא נוֹחַ לִכְבּוֹשׁ לִפְנֵי בָנָיו.

Rabbi Elazar said: What is the reasoning of Rabbi Eliezer? As it is written that after God promised Abraham Eretz Yisrael, He instructed him: **"Arise, walk through the land, its length and its breadth; for I will give it to you"** (Genesis 13:17), in order that Abraham should thereby acquire the land. **And the Rabbis,** how do they interpret this verse? They hold that **there,** in Genesis, it was **due to** God's **love of Abraham that he said to him** to do **this, in order that it would be easy for his descendants to conquer** the land. His walking was to demonstrate the divine promise and thereby emphasize his descendants' claim to the land, but it did not effect acquisition of it.

אָמַר רַבִּי יוֹסֵי בְּרַבִּי חֲנִינָא: מוֹדִים חֲכָמִים לְרַבִּי אֱלִיעֶזֶר בִּשְׁבִיל שֶׁל כְּרָמִים, הוֹאִיל וְנַעֲשָׂה לְהִילּוּךְ נִקְנֶה בְּהִילּוּךְ.

Rabbi Yosei, son of Rabbi Ḥanina, says: The Rabbis concede to Rabbi Eliezer with regard to a path that passes **through vineyards**[H] that **since** the path **is made** only **for walking** on it, **it can be acquired by** means of **walking**[N] on it.

HALAKHA

Walking – הִילּוּךְ: One who walks the length and breadth of a field in order to acquire it does not acquire it, in accordance with the opinion of the Rabbis (Rambam *Sefer Kinyan*, *Hilkhot Mekhira* 1:13; *Shulḥan Arukh*, *Ḥoshen Mishpat* 192:7).

Path through vineyards – בִּשְׁבִיל שֶׁל כְּרָמִים: Since a path that passes through a vineyard is made only for walking on it, it can be acquired by walking on it. If the path is fenced in, then one acquires only the minimum width necessary in order to allow a person to walk upon it, i.e., enough room to place one foot in front of the other. If the path is not fenced in, then one acquires a path wide enough to enable him to carry a load of vine branches along it and then turn around while holding them (see *Sma*). This is in accordance with the version of the text possessed by *Tosafot*.

Others rule the opposite, that when the path is not fenced in, then one acquires only a minimal path that is just wide enough to walk along, whereas if the path is fenced in then one has the right to have the path widened to allow him to walk along it and turn around while carrying vine branches (Rema, citing *Tur* and *Maggid Mishne*). This is in accordance with the version of the text possessed by the Rashbam (Rambam *Sefer Kinyan*, *Hilkhot Mekhira* 1:13–14; *Shulḥan Arukh*, *Ḥoshen Mishpat* 192:7).

NOTES

A border that the public took possession of – מֵצַר שֶׁהֶחֱזִיקוּ בּוֹ רַבִּים: The Rashbam maintains that this is a case where the public took charge of the land and did the necessary work on it to facilitate the public's use of it. Since the field owner did not protest, it is assumed that he consented to their actions. Therefore, they acquire the rights to use it.

The Ri Migash explains differently, that the case is one where the public actually acquired the rights to use the thoroughfare from the field owner. By contrast, Rabbeinu Yona explains that even if the public did not have any legal basis for the claim, once they have begun to use it, the field owner may not stop them from doing so.

Through what means does the public acquire – רַבִּים בְּמַאי קָנוּ: The Rashbam explains that this question applies only according to the opinion that does not accept Rav Giddel's explanation that Rabbi Eliezer's ruling is referring to a case where the public lost a preexisting thoroughfare in the field. Accordingly, the Gemara asks: If the public never had a thoroughfare in that field, why should they be able to create a new thoroughfare for themselves?

Other commentaries explain that the question refers not to the right of the public to take a thoroughfare but to the mechanism through which they acquire it. Although Rabbi Eliezer stated that the public acquires the thoroughfare simply by choosing it, choosing a thoroughfare is seemingly not a valid means of acquiring it (*Tosafot*). Therefore, the question applies even if one accepts Rav Giddel's assumption; even if they have a right to choose a thoroughfare, it is unclear how simply choosing a thoroughfare provides them with full rights to the extent that the field owner cannot take it back from them (Ri Migash; Maharsha; see Maharshal).

Walking is not effective – אֵין הִילּוּךְ מוֹעִיל: To acquire land, one is required to perform a legally defined act of acquisition, e.g., giving money to the owner, fencing it in, or locking access to the land with the agreement of the owner. Simply walking upon the land is not one of the defined methods and is consequently ineffective.

It can be acquired by means of walking – נִקְנֶה בְּהִילּוּךְ: In many cases one can acquire an item by using it in the way it is typically used. Since a path through a vineyard is made exclusively for walking on, even the Rabbis concede that it is possible to acquire it through walking.

כִּי אֲתוֹ לְקַמֵּיהּ דְּרַב יִצְחָק בַּר אַמִּי, אֲמַר לְהוּ: הֲבוּ לֵיהּ כִּי הֵיכִי דְּדָרֵי טוּנָא דְּשְׁבִישְׁתָּא וְהָדַר. וְלָא אֲמַרַן אֶלָּא דְּמְסַיְּימִין מְחִיצָתָא, אֲבָל לָא מְסַיְּימִין מְחִיצָתָא – כִּי הֵיכִי דְּשָׁקֵיל כַּרְעָא וּמַנַּח כַּרְעָא.

The Gemara relates an incident involving the allocation of a path through a vineyard: **When** people **came before Rav Yitzhak bar Ami** for judgment with regard to the width of a path through a vineyard that someone had purchased, **he said to them: Give him** a path wide enough **so that one can carry a load** [*tuna*][L] **of vine branches** [*dishvishta*][L] along it **and is able to turn around** while holding them. The Gemara comments: **And we said** this **only** in a case **where** the sides of the path **are bounded by a fence,**[N] which would physically prevent a person from carrying a load of vine branches that are wider than the path, and therefore, if necessary, the path must be widened by breaking down the fence. **But** where the sides **are not bound by a fence,** a person carrying a load of vine branches will not be prevented from passing along it. Consequently, he needs only to be given a path wide enough **so that he can lift up** one **foot and place** it in front of the other **foot.**[N]

״דֶּרֶךְ הַיָּחִיד – אַרְבַּע אַמּוֹת״. תָּנָא, אֲחֵרִים אוֹמְרִים: כְּדֵי שֶׁיַּעֲבוֹר חֲמוֹר בְּמַשָּׂאוֹ. אָמַר רַב הוּנָא: הֲלָכָה כַּאֲחֵרִים. וְתַנְיָא אִידָךְ, דַּיָּינֵי גוֹלָה אוֹמְרִים: שְׁנֵי גְּמָדִים וּמֶחֱצָה. וְאָמַר רַב הוּנָא: הֲלָכָה כְּדַיָּינֵי גוֹלָה. וְהָאָמַר רַב הוּנָא: הֲלָכָה כַּאֲחֵרִים! אִידִי וְאִידִי חַד שִׁיעוּרָא הוּא.

§ The mishna teaches: The standard width of **a private path**[H] is **four cubits. It is taught** in a *baraita*: *Aherim* **say:** A private path is wide enough **so that a donkey can pass on** it **with his load. Rav Huna says:** The *halakha* **is in accordance with** the opinion of *Aherim*. **And it is taught** in **another** *baraita*: **The judges of the exile**[P] **say** that the standard width is **two and a half cubits.**[N] **And Rav Huna says:** The *halakha* **is in accordance with** the opinion of the **judges of the exile.** The Gemara asks: **But doesn't Rav Huna say:** The *halakha* **is in accordance with** the opinion of *Aherim*? The Gemara resolves the contradiction: **This** definition **and that** definition **are one** and the same **measure.**

״דֶּרֶךְ הָרַבִּים – שֵׁשׁ עֶשְׂרֵה אַמָּה״. תָּנוּ רַבָּנַן: דֶּרֶךְ הַיָּחִיד – אַרְבַּע אַמּוֹת; דֶּרֶךְ מֵעִיר לְעִיר – שְׁמוֹנֶה אַמּוֹת;

The mishna teaches: The standard width of **a public thoroughfare** is **sixteen cubits. The Sages taught** in a *baraita*: The standard width of **a private path is four cubits.** The standard width of **a** road that goes **from city to city**[NH] is **eight cubits.**

LANGUAGE

Load [*tuna*] – טוּנָא: From the Aramaic *te'una*, meaning a weight or load. Due to the characteristic omission of the guttural letters in the Babylonian dialect it took on the abbreviated form *tuna*.

Vine branch [*shevishta*] – שְׁבִישְׁתָּא: An Aramaic word meaning branch or bough, this word appears in the Aramaic translations of the Bible, e.g., "Son of man, what is the vine tree more than any tree, the vine branch that grew up among the trees of the forest?" (Ezekiel 15:2). Some hold that the source of this word is the verb *shabash* in Aramaic, meaning entangled with vines and branches.

PERSONALITIES

Judges of the exile – דַּיָּינֵי גוֹלָה: The Talmud (*Sanhedrin* 17b) notes that this was an honorific bestowed upon Shmuel and Karna. They were first-generation Babylonian *amora'im* who were active judges in matters of monetary law.

NOTES

Where they are bounded by a fence – דִּמְסַיְּימִין מְחִיצָתָא: Many of the early commentaries had a different version of the text that states the opposite, i.e., that if the path is fenced in, then one does not gain a right to have the path widened, but if it is not fenced in, then the path should be widened to allow him to be able to pass freely while carrying a load of vine branches (Rabbeinu Gershom Meor HaGola). *Tosafot* note that the fences were relatively low and even were they to remain, they would not prevent one from carrying his load.

Lift up one foot and place the other foot – דְּשָׁקֵיל כַּרְעָא וּמַנַּח כַּרְעָא: Rav Yitzhak bar Ami specifically did not say that the path should be the width of two feet, because when one is walking, he always has one foot in front of the other. Therefore, it is sufficient even if the path is only the width of one foot (*Darkhei Moshe*).

Two and a half cubits [*gemadim*] – שְׁנֵי גְּמָדִים: Two interpretations for *gamad* are cited by the *Arukh*. The first, also offered by the Rashbam and Rabbeinu Gershom Meor HaGola, is that this is the biblical term for a cubit. Alternatively, a *gamad* is a measure slightly less than a cubit, as *gamad* also means dwarf. This is also the opinion of Rabbeinu Hananel.

From city to city – מֵעִיר לְעִיר: The mishna is referring to a road that is only for the use of the residents of those two cities, to traverse between them. Therefore, it is not regarded as a public thoroughfare (Rashbam).

HALAKHA

A private path – דֶּרֶךְ הַיָּחִיד: One who sells a path through his land for the use of an individual must provide a path that is two and a half cubits wide, to provide sufficient room for the buyer's donkey and its load to stand on the path. The seller is not required to give the buyer a path wide enough to ride a wagon down it (*Sma*). This is in accordance with the opinion of *Aherim* and Rav Huna. The Rema maintains that this applies where the path is not fenced in and the donkey's load is able to protrude slightly over the edge of the path (*Sma*). If the path is fenced in, then the seller must provide a wider path (Rambam *Sefer Kinyan*, *Hilkhot Mekhira* 21:9 and *Sefer Zera'im*, *Hilkhot Mattenot Aniyyim* 3:3; *Shulhan Arukh*, *Hoshen Mishpat* 217:4).

A road from city to city – דֶּרֶךְ מֵעִיר לְעִיר: One who sells a road from one city to another must provide a road that is eight cubits wide, to enable two wagons to pass alongside each other (Rambam *Sefer Kinyan*, *Hilkhot Mekhira* 21:9; *Shulhan Arukh*, *Hoshen Mishpat* 217:4).

דֶּרֶךְ הָרַבִּים – שֵׁשׁ עֶשְׂרֵה אַמּוֹת; דֶּרֶךְ עָרֵי מִקְלָט – שְׁלֹשִׁים וּשְׁתַּיִם אַמּוֹת. אֲמַר רַב הוּנָא: מַאי קְרָאָה? דִּכְתִיב: ״תָּכִין לְךָ הַדֶּרֶךְ״, דֶּרֶךְ – הַדֶּרֶךְ.

The standard width of a **public thoroughfare is sixteen cubits. A road** leading to one of the **cities of refuge**[H] must be at least **thirty-two cubits** wide. **Rav Huna said: What is the verse** from which this is derived? **As it is written** with regard to the cities of refuge: **"You shall prepare for yourself the way,** and divide the borders of your land that the Lord, your God, caused you to inherit, into three parts, so that every manslayer may flee there" (Deuteronomy 19:3). Instead of simply stating: **A way,** the verse states: **"The way,"** to indicate that the road must be twice as wide as a standard public thoroughfare.

״דֶּרֶךְ הַמֶּלֶךְ – אֵין לָהּ שִׁיעוּר״. שֶׁהַמֶּלֶךְ פּוֹרֵץ גָּדֵר לַעֲשׂוֹת לוֹ דֶּרֶךְ, וְאֵין מְמַחִין בְּיָדוֹ.

The mishna teaches: **A king's thoroughfare has no** maximum **measure.** The Gemara explains: This is **because** the *halakha* is **that a king may breach** the **fence** of an individual **in order to create a thoroughfare for himself, and none** may **protest his** actions.

״דֶּרֶךְ הַקֶּבֶר – אֵין לָהּ שִׁיעוּר״. מִשּׁוּם יְקָרָא דְשָׁכְבָא.

The mishna teaches: The **path for** those accompanying a deceased person to **a grave has no** maximum **measure.** The Gemara explains: This is **due to the honor of the deceased.**[N]

״הַמַּעֲמָד – דַּיָּינֵי צִיפּוֹרִי אָמְרוּ: בֵּית אַרְבַּע קַבִּין״ כו׳. תָּנוּ רַבָּנַן: הַמּוֹכֵר קִבְרוֹ, דֶּרֶךְ קִבְרוֹ, מְקוֹם מַעֲמָדוֹ, וּבֵית הֶסְפֵּדוֹ – בָּאִין בְּנֵי מִשְׁפָּחָה וְקוֹבְרִין אוֹתוֹ עַל כָּרְחוֹ, מִשּׁוּם פְּגַם מִשְׁפָּחָה.

§ The mishna teaches: With regard to the practice of **standing** and comforting the mourners following a funeral, **the judges of Tzippori said** that the standard requisite size is the **area required for sowing four *kav* of seed. The Sages taught** in a *baraita*: With regard to a family burial plot, even if **one** of the family **sells** the land designated for **his** own **grave**[H] to another, or sells **the path** that will be used by the burial procession **to his grave,** or sells **the place** that will be used **for standing** and comforting **his** mourners, **or** sells **the site** that will be used **for his eulogy,** his **family members may come and bury him** in his grave **even against the will of** the buyer, **due to** the need to avoid **a family flaw,**[N] i.e., harm to the family name that would arise if one of the family members was not buried with the rest of his family.

תָּנוּ רַבָּנַן: אֵין פּוֹחֲתִין מִשִּׁבְעָה מַעֲמָדוֹת וּמוֹשָׁבוֹת לְמֵת, כְּנֶגֶד ״הֲבֵל הֲבָלִים אָמַר קֹהֶלֶת הֲבֵל הֲבָלִים הַכֹּל הָבֶל״.

The Sages taught in a *baraita*: On their return from the burial, the mourners would stop after traveling a short distance and would sit to bewail the loss of the deceased. They would then stand and continue journeying for a short while and then repeat the procedure. The mourners perform **no fewer than seven standings and sittings**[H] in honor **of the deceased.** These seven **correspond** to the seven references to "vanity" in the verse: **"Vanity of vanities, says Kohelet; vanity of vanities, all is vanity"** (Ecclesiastes 1:2), counting the plural term "vanities" as two references.[N]

אֲמַר לֵיהּ רַב אַחָא בְּרֵיהּ דְּרָבָא לְרַב אַשִׁי: הֵיכִי עָבְדִי? אֲמַר לֵיהּ: כִּדְתַנְיָא, אָמַר רַבִּי יְהוּדָה: בִּיהוּדָה, בָּרִאשׁוֹנָה לֹא הָיוּ פּוֹחֲתִין מִשִּׁבְעָה מַעֲמָדוֹת וּמוֹשָׁבוֹת לָמֵת, כְּגוֹן: ״עִמְדוּ יְקָרִים עֲמוֹדוּ״, ״שְׁבוּ יְקָרִים שֵׁבוּ״; אָמְרוּ לוֹ: אִם כֵּן, אַף בְּשַׁבָּת מוּתָּר לַעֲשׂוֹת כֵּן.

Rav Aḥa, son of Rava, said to Rav Ashi: How do they perform this ceremony? Rav Ashi **said to him** that it is done **as it is taught** in a *baraita*: **Rabbi Yehuda said** that **in Judea, initially they would** perform **no fewer than seven standings and sittings**[N] in honor **of the deceased.** One of the procession would make a statement **such as: Stand, dear** friends, **stand,** after which the mourners would continue on their journey to their home, and then he would say: **Sit down, dear** friends, **sit down,** at which point they would sit. The Rabbis **said to him: If so,** that this is all that the practice entails, then it should be **permitted to do so even on Shabbat,** since there is no explicit eulogy or mourning, whereas the custom is not to do so.

NOTES

The honor of the deceased – יְקָרָא דְשָׁכְבָא: Rabbeinu Gershom Meor HaGola had a different version of the text, which reads: Due to the disgrace of the deceased. Sometimes the body of the deceased has already begun to decompose by the time of burial, and it would be an affront to the honor of the deceased if people were aware that this had happened. When the burial procession is in a wide open area, people are not forced to draw close to the body and do not sense its decomposing state.

Family flaw – פְּגַם מִשְׁפָּחָה: As the standard practice was to bury all family members in a single plot, it was embarrassing for a family if one of them was buried elsewhere (Rabbeinu Gershom Meor HaGola; Rashbam). Alternatively, it would be an embarrassment to have a non-family member buried in their family plot (*Nimmukei Yosef*). According to this explanation it appears that even if there was sufficient space in that plot for everyone in the family, including the one who sold his grave, the family can still prevent the buyer from being buried there. The Rashbam notes that when the family repossesses the grave, they must reimburse the buyer.

Seven vanities – שִׁבְעָה הֲבָלִים: The sevenfold reference to vanity alludes to the idea that the entire world, which was created in seven days, is a vain, temporal existence, an idea which is emphasized when a person dies (Rabbeinu Gershom Meor HaGola). The Ritva explains that the sevenfold reference hints at the seven constant elements of the cycles of the world, mentioned in Genesis: "While the earth remains, seedtime and harvest, and cold and heat, and summer and winter, and day and night shall not cease" (Genesis 8:22), with day and night considered as one time period. Once a person dies, these periods cease to have any meaning for him.

Standings and sittings – מַעֲמָדוֹת וּמוֹשָׁבוֹת: The Rashbam offers three explanations for this practice: It was in order for people accompanying the mourners to be able to comfort them; or in order for the mourners to exhibit the pain of their loss; or in order to provide an opportunity for reflection on the vanity of life in this world. In line with this last explanation, Rabbeinu Barukh writes that each time they would stand or sit they would recite verses such as: "Vanity of vanities" (Ecclesiastes 1:2). The Rambam and the Meiri explain that the mourners would stand before their relatives, who would recite lamentations before them, and then the mourners would sit and the relatives would recite words of both comfort and rebuke. The mourners would then stand up again and the process would be repeated.

HALAKHA

A road to cities of refuge – דֶּרֶךְ עָרֵי מִקְלָט: The road leading to the cities of refuge must be at least thirty-two cubits wide (Rambam *Sefer Nezikin, Hilkhot Rotze'aḥ UShmirat HaNefesh* 8:5).

One who sells his grave, etc. – הַמּוֹכֵר קִבְרוֹ וכו׳: If one sells land designated for his grave, the path leading to his grave, the place that will be used for the practice of standing, or the place that will be used for his eulogy, then his family members may still bury him there and use these places, even against the will of the buyer. This is because it is a disgrace to the family's name that their relative does not have a place in the family burial plot (*Baḥ*), or because it is a disgrace to their name if the entire family is not all buried in the same plot (*Sma*; *Shakh*). If they bury him in his grave, the family must reimburse the buyer for his loss. Although they may also use the path to the grave, the place of standing, or the site of the eulogy, even against the will of the buyer, they do not have to reimburse him for doing so because these places are used only for the duration of the funeral itself (Rambam *Sefer Kinyan, Hilkhot Mekhira* 24:17; *Shulḥan Arukh, Ḥoshen Mishpat* 217:7 and *Yoreh De'a* 366:1).

Standings and sittings – מַעֲמָדוֹת וּמוֹשָׁבוֹת: The mourners perform no fewer than seven standing and sittings in honor of the deceased. Only the close family members of the deceased do so, and only on the day of the burial in the cemetery and in a place where it is customary to do so.

This *halakha* is not cited in the *Shulḥan Arukh* because at that time this practice was already not the custom in most communities. Nevertheless, in some of the Yemenite communities this is still the custom, based on the ruling of the Rambam (Rambam *Sefer Shofetim, Hilkhot Evel* 12:4; *Tur, Yoreh De'a* 376; see the comment of Rema on *Shulḥan Arukh, Yoreh De'a* 376:4).

PERSONALITIES

Rav Avya – **רַב אֲוְיָא**: A fourth-generation Babylonian *amora*, Rav Avya was a prominent disciple of Rav Huna, who respected him greatly and valued his comments and questions. Rav Avya also studied in Eretz Yisrael with Rabbi Ami and Rabbi Yoḥanan. He married the sister of Rami bar Pappa and some of his children became *amora'im* themselves, the most famous of whom, Rav Aḥa, son of Rav Avya, is quoted many times in the Talmud as a disciple of Rav Ashi.

HALAKHA

Performed standing and sitting for her – **עֲבַד לָהּ מַעֲמָד וּמוֹשָׁב**: In places where it is customary to perform standing and sitting, one performs it for both men and women (Rambam *Sefer Shofetim*, *Hilkhot Evel* 12:5).

One who sells a plot to another for him to construct for himself a catacomb – **הַמּוֹכֵר מָקוֹם לַחֲבֵרוֹ לַעֲשׂוֹת לוֹ קֶבֶר**: With regard to one who sells a plot of land to another in order for him to construct for himself an underground catacomb, and similarly, with regard to a contractor who receives a plot of land from another under a commission to construct for him a catacomb, he should excavate a burial chamber, and open up into it eight burial niches, three on each of the two sides and two on the side opposite the chamber's entrance. The chamber should be four cubits wide by six cubits in length and the size of each niche should be four cubits long, six handbreadths wide and seven handbreadths high. Therefore, on the side walls the bedrock between each niche will be one and a half cubits thick, and on the wall opposite the entrance, there will be two cubits between each niche (see Ra'avad, *Migdal Oz*, and *Sma*). This is in accordance with the opinion of the Rabbis. The *Tur* maintains that at the entrance of the catacomb there must be a courtyard measuring six cubits by six cubits (Rambam *Sefer Kinyan*, *Hilkhot Mekhira* 21:6; *Shulḥan Arukh*, *Ḥoshen Mishpat* 217:6).

BACKGROUND

Catacomb – **קֶבֶר**:

Burial cave from the Hasmonean era discovered near Modi'in, Israel

LANGUAGE

Burial niche [*kukh*] – **כּוּךְ**: This word was incorporated into Hebrew, apparently from the Akkadian word *kuku*, meaning something that is dug. The similar Arabic word كوخ, *kūkh*, means a hut.

אַחְתֵּיהּ דְּרָמִי בַּר פַּפָּא הֲוָה נְסִיבָא לֵיהּ לְרַב אֲוְיָא, שְׁכִיבָא, עֲבַד לָהּ מַעֲמָד וּמוֹשָׁב. אֲמַר רַב יוֹסֵף, טָעָה בְּתַרְתֵּי: טָעָה, שֶׁאֵין עוֹשִׂין אֶלָּא בִּקְרוֹבִים, וְהוּא עֲבַד אֲפִילּוּ בִּרְחוֹקִים; וְטָעָה, שֶׁאֵין עוֹשִׂין אֶלָּא בְּיוֹם רִאשׁוֹן, וְהוּא עֲבַד בְּיוֹם שֵׁנִי.

The Gemara relates: **The sister of Rami bar Pappa was married to Rav Avya.**[P] When **she died** Rav Avya **performed** the practice of **standing and sitting for her.**[H] **Rav Yosef said: He erred in two** matters. **He erred,** as the ceremony is to be **performed only with** the participation of **close** family members,[N] **and he performed** it **even with a distant** relative. **And he erred** again, as mourners should **perform this** ceremony **only on the first day** of mourning, the day of the burial, **and he performed it on the second day.**

אַבַּיֵי אֲמַר: בְּהָא נַמִי טָעָה, שֶׁאֵין עוֹשִׂין אֶלָּא בְּבֵית הַקְּבָרוֹת, וְהוּא עָשָׂה בָּעִיר. רָבָא אֲמַר: בְּהָא נַמִי טָעָה, שֶׁאֵין עוֹשִׂין אֶלָּא בְּמָקוֹם שֶׁנָּהֲגוּ, וְהָתָם לָא נְהוּג.

Abaye said: He also erred in this, as mourners should **perform** the ceremony **only in the cemetery, but he performed it in the city. Rava said: He also erred in this,** as mourners should **perform it only in a locale where** people **are accustomed do so, but there,** where he performed it, **it was not the custom** to do so.

מֵיתִיבֵי, אָמְרוּ לוֹ: אִם כֵּן, אַף בְּשַׁבָּת מוּתָּר לַעֲשׂוֹת כֵּן; וְאִי אָמְרַתְּ בְּבֵית הַקְּבָרוֹת וּבְיוֹם רִאשׁוֹן, בֵּית הַקְּבָרוֹת בְּשַׁבָּת מַאי בָּעֵי? בְּעִיר הַסְּמוּכָה לְבֵית הַקְּבָרוֹת, דְּאַמְטְיוּהוּ בֵּין הַשְּׁמָשׁוֹת.

The Gemara **raises an objection** to the claims of Rav Yosef and Abaye from the *baraita* cited above: The Rabbis **said to him: If so,** that this is all that the practice entails, then it should be **permitted to do so even on Shabbat.** The Gemara explains the objection: **And if you say,** as Abaye did, that the ceremony should be performed only **in the cemetery, or,** as Rav Yosef did, **on the first day,** then how could it occur that the ceremony would be performed on Shabbat; **what would** anyone **want** to be doing **in a cemetery on Shabbat,** when it is prohibited to perform a burial? The Gemara explains: It could happen **in a city that is close to the cemetery,** and this is a case **where they brought** the deceased **for burial at twilight**[N] just before Shabbat began, so that the return journey took place on Shabbat itself.

מתני׳ הַמּוֹכֵר מָקוֹם לַחֲבֵרוֹ לַעֲשׂוֹת לוֹ קֶבֶר, וְכֵן הַמְקַבֵּל מֵחֲבֵרוֹ לַעֲשׂוֹת לוֹ קֶבֶר – עוֹשֶׂה תּוֹכָהּ שֶׁל מְעָרָה אַרְבַּע אַמּוֹת עַל שֵׁשׁ, וּפוֹתֵחַ לְתוֹכָהּ שְׁמוֹנָה כּוּכִין, שָׁלֹשׁ מִכָּאן וְשָׁלֹשׁ מִכָּאן וּשְׁנַיִם מִכְּנֶגְדָּן; וְכוּכִין – אָרְכָּן אַרְבַּע אַמּוֹת, וְרוּמָן שֶׁבַע,

MISHNA There is the case of **one who sells a plot** of land **to another** in order for him **to construct for himself** an underground **catacomb,**[HB] **and similarly** the case of a contractor **who receives a plot** of land **from another** under a commission **to construct for him a catacomb.** If the size of the catacomb was not specified, then **he should make the inside of** each burial **chamber four cubits** wide **by six** cubits long **and open up into** the chamber, by digging into its walls, **eight** burial **niches** [*kukhin*][L] in which the coffins will rest. **Three** niches should be opened up **from** the wall **here,** along the length of the chamber, **and three from there,** along the other side, **and two** niches **from** the wall **facing** the entrance. **And these** niches should be formed so that **their length is four cubits**[N] **and their height is seven**[N] handbreadths,

NOTES

Only with close family members – **אֶלָּא בִּקְרוֹבִים**: The close relatives of the deceased who were not mourners themselves would participate (Rashbam).

At twilight – **בֵּין הַשְּׁמָשׁוֹת**: The burial was performed on the last moments of Friday, and then the practice of standing and sitting was performed after sunset on Shabbat. This does not contradict the *halakha* mentioned by the Gemara that the practice of standing and sitting is performed only on the day of the burial. Even though generally in *halakha*, the day is considered to begin with the onset of nighttime and then conclude at the end of the following daytime, with regard to acute mourning of the first day, the day is reckoned as beginning in the morning, and the following nighttime is considered to be part of the same day (Rashbam).

Their length is four cubits – **אָרְכָּן אַרְבַּע אַמּוֹת**: The niches were made long enough to ensure that they could accommodate a coffin inside them. Four cubits was sufficient for this because most people were less than four cubits tall (Rashbam). There also had to be sufficient room once the coffin had been placed inside to be able to close the opening of the niche with earth and rocks (Ramah; Ritva).

Their height is seven – **וְרוּמָן שֶׁבַע**: The space needs to be sufficient to contain both the bulk of a person's body, which is typically less than six handbreadths, and the thickness of the coffin's base and its cover. The Rashbam adds that the practice was also to leave one handbreadth of empty space above the coffin, as doing so would prevent the area above from becoming ritually impure due to the coffin. *Tosafot* note that if the niche is closed up, it would not help to leave any empty space because, since it is closed, the entire area above the niche, even parallel to the parts where there is no body, would be considered ritually impure. Therefore, *Tosafot* assert that they would also leave the ends of the niches open in order to avoid this problem (see Ritva).

וְרׇחְבָּן שִׁשָּׁה.

and their width is six handbreadths.

רַבִּי שִׁמְעוֹן אוֹמֵר: עוֹשֶׂה תּוֹכָהּ שֶׁל מְעָרָה שֵׁשׁ אַמּוֹת עַל שְׁמוֹנֶה, וּפוֹתֵחַ לְתוֹכָהּ שְׁלֹשָׁה עָשָׂר כּוּךְ, אַרְבָּעָה מִכָּאן וְאַרְבָּעָה מִכָּאן וּשְׁלֹשָׁה מִכְּנֶגְדָּן, וְאֶחָד מִימִין הַפֶּתַח וְאֶחָד מִן הַשְּׂמֹאל.

Rabbi Shimon says: He should construct the inside of each burial **chamber six cubits** wide **by eight** cubits long **and open up into the** chamber, by digging into its walls, **thirteen** burial **niches. Four** niches should be opened up **from** the wall **here,** along the length of the chamber, **and four from there,** along the other side, **and three** niches **from** the wall **facing** the entrance, **and one from the right of the entrance and** another **one from the left.**

וְעוֹשֶׂה חָצֵר עַל פִּי הַמְּעָרָה שֵׁשׁ עַל שֵׁשׁ, כִּמְלֹא הַמִּטָּה וְקוֹבְרֶיהָ,

The mishna describes the general structure of the catacomb: **And he** must **fashion a courtyard**[N] **at the entrance of the** burial **chamber** that should be **six** cubits **by six** cubits, which is **equal to the** combined **length of the bier** of the deceased **and those who bury him,** to ensure adequate room for the burial to take place.

וּפוֹתֵחַ לְתוֹכָהּ שְׁתֵּי מְעָרוֹת, אַחַת מִכָּאן וְאַחַת מִכָּאן; רַבִּי שִׁמְעוֹן אוֹמֵר: אַרְבַּע, לְאַרְבַּע רוּחוֹתֶיהָ;

And he should **open up two** burial **chambers into** the courtyard, **one from here and one from there,** i.e., on opposite sides of the courtyard. **Rabbi Shimon says:** He should open up **four** burial chambers, one **on** each of the courtyard's **four sides.**

רַבָּן שִׁמְעוֹן בֶּן גַּמְלִיאֵל אוֹמֵר: הַכֹּל לְפִי הַסֶּלַע.

Rabban Shimon ben Gamliel says: Everything is **dependent on** the nature of **the bedrock.**[N] If the bedrock is hard and strong it will be able to accommodate more niches, which will be more closely packed together, with less bedrock between them. If the bedrock is softer, fewer and more sparsely spaced niches should be formed.

גמ׳ הָנֵי תְּרֵי לְהֵיכָא שָׁדֵי לְהוּ? אִי לְבָרַאי, הָא קָמִיתַּדְשִׁי לְהוּ? וְתוּ, הָא תְּנַן: חֲצַר הַקֶּבֶר, הָעוֹמֵד בְּתוֹכוֹ – טָהוֹר!

GEMARA In Rabbi Shimon's depiction of a burial chamber, he states that two niches should be opened up, one from the right of the entrance and one from the left. The Gemara asks: **These two** niches, **in which** direction **does he set them? If** they are directed **toward the outside**[N] of the chamber, i.e., under the floor of the courtyard, **won't** people **trample**[N] over **them** when they enter the courtyard, which is improper? **And furthermore, didn't we learn**[N] in the mishna (*Oholot* 15:8): With regard to **the courtyard of a catacomb,**[H] **one who stands inside it is ritually pure** because it can be presumed that he did not stand over a dead body? Clearly, these niches are not to be dug underneath the courtyard.

NOTES

And he must fashion a courtyard – **וְעוֹשֶׂה חָצֵר**: The need to fashion a courtyard is agreed upon by both the first *tanna* and Rabbi Shimon (Rashbam). The courtyard is placed higher than the burial chambers, as indicated by the Gemara. The Ritva holds that the courtyard is at ground level, and then there are steps from it that descend into the burial chambers. *Tosafot* hold that the courtyard itself was also built lower than ground level, albeit still higher than the chambers themselves.

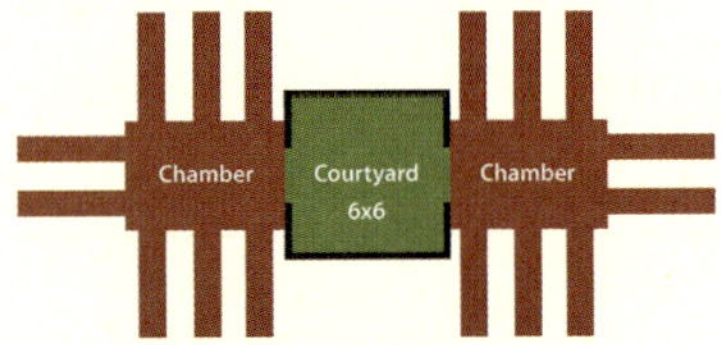

Layout of the catacomb according to the first *tanna*

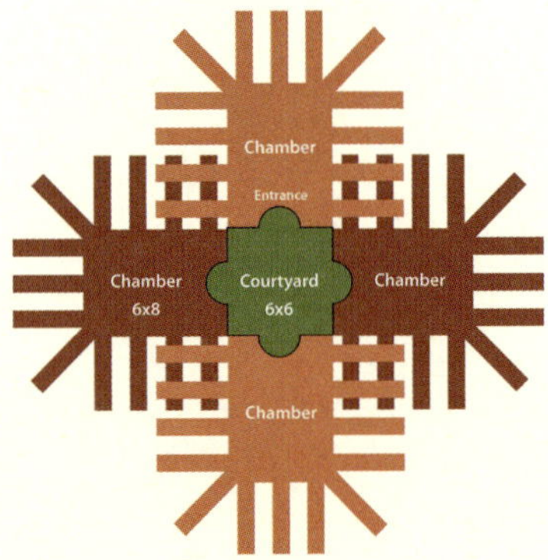

Layout of the catacomb according to Rabbi Shimon

Everything is dependent on the bedrock – **הַכֹּל לְפִי הַסֶּלַע**: If the bedrock is soft, the thickness of the bedrock between each niche must be greater, or the whole structure will collapse. The Rashbam holds that Rabban Shimon ben Gamliel's statement relates also to the number of chambers that should be formed.

Toward the outside – **לְבָרַאי**: Since the chamber is placed deeper into the ground than the courtyard, if one digs into the sides of the wall of the chamber's entrance directly away from the body of the chamber, one would be digging underneath the courtyard.

The standard version of the Gemara's text, possessed by Rabbeinu Ḥananel, is the one possessed by most early commentaries. Another version, cited by Rabbeinu Gershom Meor HaGola, states: If they are directed toward the inside of the chamber, won't people trample over them? And if they are directed toward the outside of the chamber, didn't we learn, etc.? According to this version, the Gemara considers the possibility of digging niches underneath the floor of the chamber itself and rejects it because then people would have to trample over those graves when entering the chamber.

HALAKHA

Courtyard of a catacomb – **חֲצַר הַקֶּבֶר**: If the courtyard to a catacomb does not have a roof over it, then one who stands in the courtyard remains ritually pure, provided he does not touch the entranceway of the burial chamber. If the courtyard is roofed, but there is a gap of at least four handbreadths between the roof and the entrance to the chambers, one who is in the courtyard remains ritually pure. If the gap is less than four handbreadths, he is impure even if he does not touch the entrance to the chamber (Rambam *Sefer Tahara*, *Hilkhot Tumat Met* 6:9, and see Ra'avad and *Kesef Mishne* there).

NOTES

Trample – **קָמִיתַּדְשִׁי**: The problem of trampling over graves is only when people do so consistently, as would be the case if there would be graves underneath the courtyard floor, since people always enter the chamber from the courtyard. If it were problematic in all cases, then according to the structure of the catacomb that Rabbi Shimon describes, according to which there are graves entirely surrounding the courtyard, it would not be possible to access the courtyard at all. Rather, it is clear that since there is not one specific path leading to the courtyard, and sometimes a person will come from one direction and sometimes another, it does not pose a problem that sometimes people will be walking on the ground above the graves (Rashbam).

Tosafot note that since the courtyard is only six cubits in length, and each niche is four cubits long, it would also be impossible practically to have niches extending from two facing chambers. They suggest that it would be possible if the niches of one chamber were dug deeper than the other. Alternatively, Ramban suggests that according to this suggestion of the Gemara, the extra two niches were dug only from one of the catacomb's chambers.

And furthermore didn't we learn – **וְתוּ הָא תְּנַן**: As mentioned in a previous note, there are two different versions of the Gemara's text here. According to the version of the text possessed by Rabbeinu Gershom Meor HaGola, it is clear why the Gemara needs to cite the mishna in *Oholot*. Initially the Gemara considers the possibility that the niches were dug underneath the chamber, and rejects it due to the disgrace to the deceased that would be caused by trampling over them. Then the Gemara proceeds to raise the possibility of digging underneath the courtyard, and the mishna in *Oholot* is cited to prove that this was not the practice.

By contrast, according to the version of the text cited by Rabbeinu Ḥananel, that the Gemara raises only one possibility, that of digging niches underneath the courtyard, what is the purpose of citing the mishna after that possibility has already been rejected due to the disgrace that would be involved by people trampling over the graves? The Rashbam explains that the Gemara entertained the possibility that Rabbi Shimon does not consider trampling over graves to be a problem. If so, there is no reason not to dig the graves underneath the courtyard. To prove that this is not correct, the Gemara cites the mishna in *Oholot* that demonstrates that it was not the practice to do so.

The early commentaries point out that technically it would be possible to construct graves that would not render those standing above them ritually impure, by leaving a handbreadth of space above the coffins and leaving the entrance to the niche open. The Gemara does not consider this because it is abnormal to construct a grave in such a fashion (see Ritva).

אָמַר רַבִּי יוֹסֵי בְּרַבִּי חֲנִינָא: דְּעָבֵיד לְהוּ כְּמִין נֶגֶר.

Rabbi Yosei, son of Rabbi Ḥanina, said: He makes these two niches at the side of the entrance, vertically, **like a door bolt.**

וְהָא אָמַר רַבִּי יוֹחָנָן:

The Gemara challenges this explanation: **But doesn't Rabbi Yoḥanan say** with regard to the burial of people in a vertical position:

קְבוּרַת חֲמוֹרִים הִיא זוֹ!

This is like **a burial of donkeys** and is disrespectful.

לְרַבִּי יוֹחָנָן, דְּעָבֵיד לְהוּ בְּקֶרֶן זָוִית.

The Gemara answers: **According to** the opinion of **Rabbi Yoḥanan,** each of these two niches is **formed in** a different **corner**[N] of the chamber, aligned diagonally away from the chamber's cavity.

וְהָא נָגְעִי כּוּכִין לַהֲדָדֵי!

The Gemara challenges: **But** if so, **won't the niches** located around the corners **touch**[N] **one another?** According to Rabbi Yoḥanan's suggestion, there are, in fact, three niches located at each of the two back corners. One is recessed into the wall of the length of the chamber, at right angles to it, another is recessed into the back wall of the chamber, also at right angles to it, and a third that extends diagonally away from the chamber. The ends of these three niches will overlap, causing there to be too little space in them to fulfill the minimum required measurement.

NOTES

In a corner – בְּקֶרֶן זָוִית: The early commentaries offer three different interpretations of this answer. According to one opinion, the extra niche was dug near the entrance, at the very beginning of the wall that runs the length of the chamber, at right angles to it. Since it was placed right next to the corner of the chamber, there was ample space for it (Rid; see Rabbeinu Gershom Meor HaGola and Rashbam). Others, while agreeing with regard to the location of the niche, argue that it was not dug at right angles to the wall; rather, it was dug diagonally away from chamber's cavity (Ri Migash; Ramah; Ritva; see *Tosafot*). A third possibility is that these niches were dug in the corners at the far end of the chamber and were diagonally aligned away from the cavity (Rashbam).

But won't they touch – וְהָא נָגְעִי: The meaning of this question depends upon the three interpretations, of where and how the corner niches were formed. According to the first explanation, the problem is that the walls are simply not long enough to accommodate an extra niche. According to the second explanation, the problem is that the niches of adjacent chambers will overlap each other. According to the third explanation, there are three niches located at each of the two back corners; two are dug at a right angle into each of the two walls and the extra niche extends diagonally from the corner. The opening of these three niches will overlap and mean that there is not enough space in them to fulfill the minimum required measurement of four cubits.

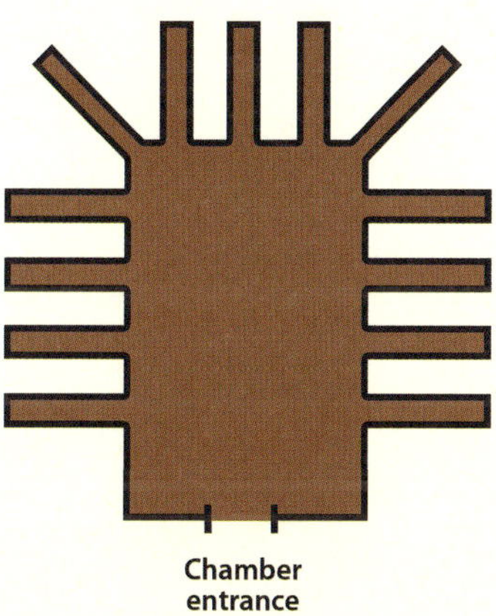

Opinion of Rashbam

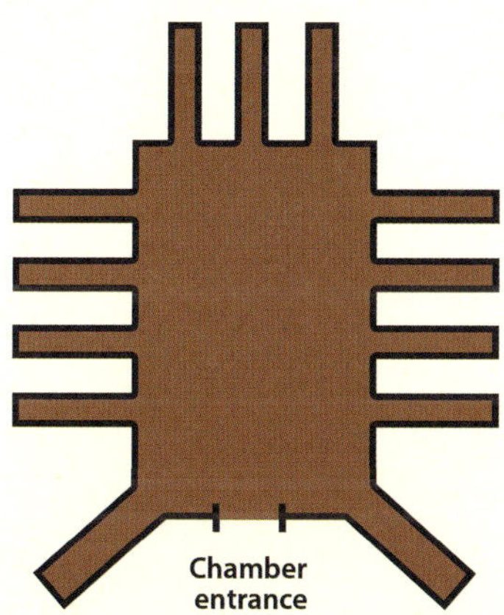

Opinion of the Ri Migash

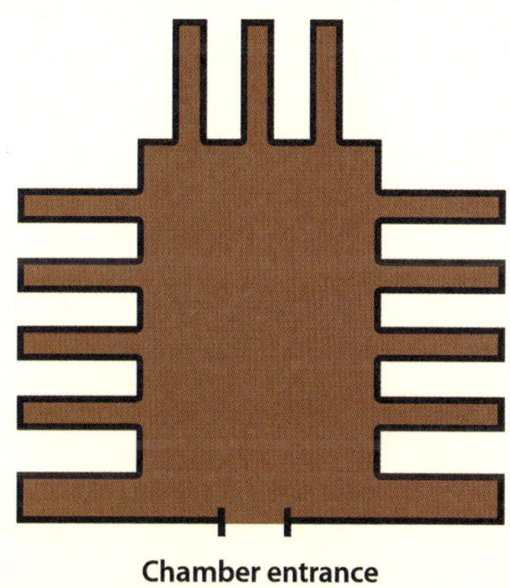

Opinion of the Rid

אֲמַר רַב אַשִׁי: בְּמַעֲמִיק. דְּאִי לָא תֵּימָא הָכִי, אַרְבַּע מְעָרוֹת לְרַבִּי שִׁמְעוֹן הֵיכִי עָבֵיד לְהוּ? הָא קָא נָגְעִי כּוּכִין לַהֲדָדֵי! אֶלָּא בְּמַעֲמִיק, הָכָא נַמִּי בְּמַעֲמִיק.

Rav Ashi said: It is possible to do this **where,** when constructing the niches that extend diagonally away from the chamber, **one deepens** them,[H] i.e., forms them lower down in the wall than the other niches adjacent to them. **As, if you do not say** that **this** is a solution, then **how could the four chambers** depicted **by Rabbi Shimon be constructed? Won't the niches touch one another?** The niches of one chamber will overlap those of the chamber adjacent to it. **Rather,** it is possible arrange the niches only **where,** when constructing the niches of two chambers at opposite ends of the courtyard, **one deepens**[N] them, i.e., forms them lower down in the wall than the niches of the other two chambers that are adjacent to them. **Here too,** it is a case in which **one deepens them.**

רַב הוּנָא בְּרֵיהּ דְּרַב יְהוֹשֻׁעַ אֲמַר: אַרְבַּע מְעָרוֹת לְרַבִּי שִׁמְעוֹן, דְּעָבֵיד לְהוּ כִּי חָרוּתָא.

Rav Huna, son of Rav Yehoshua, said that there is an alternative explanation: It is possible to fashion the **four chambers** depicted **by Rabbi Shimon where one constructs them** so that all the niches extend diagonally away from the cavity of the chamber **like** the leaves of **a palm branch,**[N] which have spread out from its spine. If formed in this way, the niches of adjacent chambers will not overlap, even if they are at the same depth in the ground.

וְהָא דְּרַב הוּנָא בְּרֵיהּ דְּרַב יְהוֹשֻׁעַ בָּרוּתָא הִיא; מִכְּדִי כָּל אַמְּתָא בְּרִיבּוּעָא – אַמְּתָא וּתְרֵי חוּמְשֵׁי בַּאֲלַכְסוֹנָא, כַּמָּה הָוֵי לְהוּ? חַד סְרֵי וְחוּמְשָׁא. כּוּכִין כַּמָּה הָווּ? תְּמָנְיָא, תְּמָנְיָא בְּחַד סְרֵי וְחוּמְשָׁא הֵיכִי מַשְׁכַּחַתְּ לַהּ? אֶלָּא הָא דְּרַב הוּנָא בְּרֵיהּ דְּרַב יְהוֹשֻׁעַ בָּרוּתָא הִיא.

The Gemara notes: **And this statement of Rav Huna, son of Rav Yehoshua, is an error,** because it is not possible to form all the niches in this way, **since** the length of **the diagonal of every square** whose side is **one cubit is one and two-fifths cubits.** Each chamber is eight cubits long, which means that between two adjacent chambers, placed at right angles to each other, there is a square area of eight cubits by eight cubits into which the niches of those two chambers must be formed. **How much is** the diagonal of that area? **Eleven and one-fifth cubits. How many niches** have to fit in that space? **Eight. How can you find** that **eight** niches can possibly fit **into eleven and one-fifth cubits?** Each of the niches is a cubit wide, and there must be a cubit wall of bedrock between each niche. To accommodate this once would need an area of at least fifteen cubits. **Rather, this statement of Rav Huna, son of Rav Yehoshua, is in error.**

וְאִי בָּעֵית אֵימָא, כִּדְאָמַר רַב שֵׁישָׁא בְּרֵיהּ דְּרַב אִידִי: בִּנְפָלֵי, הָכָא נַמִּי בִּנְפָלֵי.

The Gemara provides an alternative solution to the problem of the niches at the corners overlapping. **Or if you wish, say as Rav Sheisha, son of Rav Idi, said** in answer to a similar question: It is referring to **non-viable newborns,** which require only very small burial niches. Similarly, **here also,** the niches at the corners of the chambers were used **for non-viable newborns.**[N]

תְּנַן הָתָם: הַמּוֹצֵא מֵת מוּשְׁכָּב כְּדַרְכּוֹ – נוֹטְלוֹ וְאֶת תְּפוּסָתוֹ; שְׁנַיִם – נוֹטְלָן וְאֶת תְּפוּסָתָן;

§ The Gemara considers another mishna that relates to the structure of a catacomb: **We learned** in a mishna **there** (*Nazir* 64b): With regard to **one who finds a corpse**[H] while inspecting a place that was not previously established as a cemetery, to ensure that it is free of ritual impurity, and the corpse is **lying in the usual manner** of Jewish burial, **he removes it** from there **and** also removes **its surrounding** earth.[N] And similarly, if he finds **two** corpses buried in the usual manner, **he removes them and their surrounding** earth. Since only one or two corpses were found, it may be assumed that the area is not a cemetery; therefore, the corpses may be removed.

NOTES

Where one deepens – **בְּמַעֲמִיק:** Even if one niche is only one and a half cubits lower on the wall than the other, the two will not touch each other. This is also how Rabbi Shimon's opinion is explained in the Jerusalem Talmud.

Like a palm branch – **כִּי חָרוּתָא:**

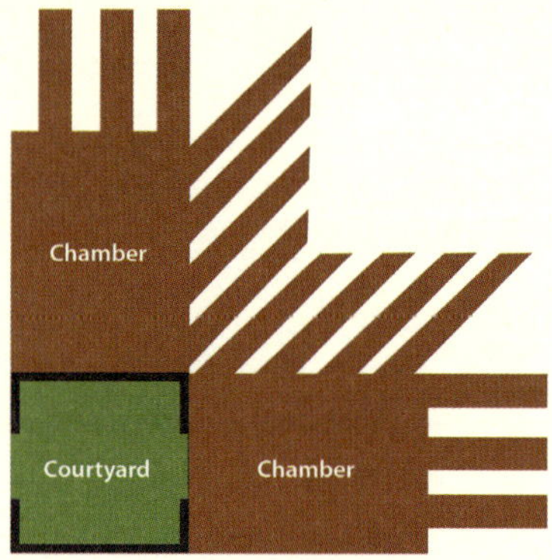

Niches set on an angle, reminiscent of a palm branch

For non-viable newborns – **בִּנְפָלֵי:** Such niches would also be used for the burial of non-viable newborns. These coffins were made only one or two cubits long, and their width and height were also smaller. If the niches at the corners are reserved for such deaths, then it will not matter that they do not have a full four cubits. Similarly, if a chamber is constructed entirely with much smaller niches, then its niches will not clash with those from the adjacent chamber.

Its surrounding earth – **תְּפוּסָתוֹ:** One removes this earth because of the possibility that parts of the decomposed corpse or its blood may be mixed in with it. In tractate *Nazir* (65a) this is derived from the command of Jacob to his sons: "But when I sleep with my fathers, you shall carry me out of Egypt, and bury me in their burying-place" (Genesis 47:30). From the superfluous use of the term "out of Egypt" it is derived that he also instructed them to take some of the Egyptian soil surrounding him, together with his body.

HALAKHA

Where one deepens – **בְּמַעֲמִיק:** Two bodies may not be buried one on top of the other, unless there is no other way of burying them (*Shakh*). If there is a gap of six handbreadths of earth between them, then it is permitted (*Shulḥan Arukh, Yoreh De'a* 362:4).

One who finds a corpse, etc. – **הַמּוֹצֵא מֵת מוּשְׁכָּב וכו׳:** If one finds a corpse that is lying in the usual manner in which Jewish bodies are buried, and he wishes to free the area of ritual impurity, he may remove the body and at least three fingerbreadths of the surrounding earth. This ruling is contrary to the opinion of Rav Hai Gaon and the Rashbam, who maintain that he must remove three handbreadths of the surrounding earth (see *Tur, Yoreh De'a* 363). This *halakha* also applies if he found two corpses. Even where he found two corpses, the rest of the area may be assumed to be free of other corpses and may be regarded as being ritually pure (Rambam *Sefer Tahara, Hilkhot Tumat Met* 9:3).

מָצָא שְׁלֹשָׁה, אִם יֵשׁ בֵּינֵיהֶן מֵאַרְבַּע עַד שְׁמוֹנֶה – הֲרֵי זוֹ שְׁכוּנַת קְבָרוֹת, וּבוֹדֵק מִמֶּנּוּ וּלְהַלָּן עֶשְׂרִים אַמָּה. מָצָא אֶחָד בְּסוֹף עֶשְׂרִים אַמָּה – בּוֹדֵק מִמֶּנּוּ וּלְהַלָּן עֶשְׂרִים אַמָּה, שֶׁרַגְלַיִם לַדָּבָר, שֶׁאִילּוּ מִתְּחִלָּה מְצָאוֹ – נוֹטְלוֹ וְאֶת תְּפוּסָתוֹ.

If **he found three**[H] corpses lying parallel to each other, then **if there is between them,** i.e., the outer two corpses, a distance **of four to eight**[N] cubits, then **this is** presumed to be **a graveyard** and the corpses may not be removed, **and he must examine**[N] **from that** spot **outward twenty cubits**[N] to discover whether there are other corpses buried there. If he **finds** even **one** corpse **up to** the distance of **twenty cubits, he** must continue to **examine from** the place he finds that corpse **outward** another **twenty cubits.** He continues to search for additional corpses, even if only one corpse was found within the twenty cubits, **as there is a basis for** anticipating **the matter;** it is probable that he has stumbled upon an ancient cemetery. He is not permitted to relocate the corpses, despite that fact **that if he had found** the single corpse by itself **at first,** without being aware of the gravesite, he would have been permitted to **remove it and its surrounding** earth.

אָמַר מָר: מֵאַרְבַּע וְעַד שְׁמוֹנֶה. מַנִּי? אִי רַבָּנַן, הָא אָמְרִי: אַרְבַּע אַמּוֹת עַל שֵׁשׁ! אִי רַבִּי שִׁמְעוֹן, הָא אָמַר: שֵׁשׁ עַל שְׁמוֹנֶה!

The Gemara analyzes that mishna. **The Master said:** If there is between them a distance **of four to eight** cubits, then it is presumed to be a graveyard. The reason is that corpses buried in this manner are indicative of the standard layout of a burial chamber. The fact that this is said only when the distance between the corpses is between four and eight cubits assumes that the size of a burial chamber is four cubits by eight cubits. Based on this, the Gemara asks: **Whose** opinion is this? **If** it is the opinion of **the Rabbis** in the mishna above (100b), **didn't they say** that the size of a burial chamber is **four** cubits **by six** cubits? **If** it is the opinion of **Rabbi Shimon, didn't he say** that a burial cave is **six** cubits **by eight** cubits?

לְעוֹלָם רַבִּי שִׁמְעוֹן הִיא, וְהַאי תַּנָּא הוּא; דְּתַנְיָא: מְצָאָן רְצוּפִין וְאֵין בֵּינֵיהֶן מֵאַרְבַּע אַמּוֹת עַד שְׁמוֹנֶה – יֵשׁ לָהֶן תְּפוּסָה וְאֵין לָהֶן שְׁכוּנַת קְבָרוֹת; רַבִּי שִׁמְעוֹן בֶּן יְהוּדָה אוֹמֵר מִשּׁוּם רַבִּי שִׁמְעוֹן: רוֹאִין אֶת הָאֶמְצָעִיִּים כְּאִילּוּ אֵינָן, וְהַשְּׁאָר מִצְטָרְפִין מֵאַרְבַּע אַמּוֹת וְעַד שְׁמוֹנֶה.

The Gemara answers: **Actually** this mishna **is** in accordance with the opinion of **Rabbi Shimon, and it is** in accordance with another version of Rabbi Shimon's opinion, which is cited by **this** *tanna*, **as it is taught** in a *baraita*: If **one found** three corpses lying **in close succession,**[H] **and there is not** a distance **of four cubits to eight** cubits **between them,** i.e., they are lying closer together, **they have** the *halakha* of the requirement to move their **surrounding** earth[N] in which they are buried. **But they are not** considered to be part of **a graveyard,** since permanent graves are not placed so closely together. Perforce, their corpses were originally buried there on a temporary basis, but then they were never reinterred. **Rabbi Shimon ben Yehuda says in the name of Rabbi Shimon: The** corpses in **the middle are viewed as if they are not** there, i.e., as if they were buried there incidentally, **and the other** corpses thereby **combine** to form a graveyard in which corpses are found with a distance **of four cubits to eight** cubits between them.

NOTES

A distance of four to eight – מֵאַרְבַּע עַד שְׁמוֹנֶה: The Rashbam explains that the three corpses were lying parallel to one another, within a stretch of either four cubits or eight cubits. He explains that the *tanna* of this mishna holds that the size of a burial chamber is four cubits by eight cubits. If the bodies were lying within a distance of eight cubits, it suggests that they were buried along the longer side walls of a chamber, and if they were within four cubits, it is possible they were buried along the shorter back wall of the chamber.

The assumption that three corpses could be buried within four cubits is somewhat problematic. In a standard burial chamber, there is one cubit of bedrock between each niche (see *Oholot* 16:4). Since each niche is one cubit wide, three corpses should require a stretch of five cubits. The Rashbam addresses this issue and explains that the *tanna* of this *baraita* holds that it is sufficient to have two handbreadths, i.e., one-third of a cubit, of bedrock between each niche. The other early commentaries reject this explanation both due to pragmatic considerations, that such a small divide between each niche would be structurally unsound, and also based on the fact that in no other place is such an opinion recorded. *Tosafot* suggest, in defense of the Rashbam's explanation, that according to the opinion of Rabban Shimon ben Gamliel that everything depends on the nature of the bedrock, if there is particularly strong bedrock, then it would be possible and permitted to construct niches so close together.

To avoid all these difficulties, Rabbeinu Tam explains that this is a case where two corpses were found lying next to each other within a four cubit stretch, and then another corpse was found lying perpendicular to them, eight cubits away. Such an arrangement suggests the standard layout of a burial chamber.

And he must examine – וּבוֹדֵק: The arrangement of the corpses is indicative of the standard layout of a burial chamber. If he has uncovered a burial chamber, there is a significant possibility that more corpses might be buried in that area. Therefore, he must continue to search for more graves in the area that he projects the chamber could be located. Furthermore, since it is typical to form a burial chamber on both sides of a courtyard, he should also examine the area in which a second chamber could be located.

Twenty cubits – עֶשְׂרִים אַמָּה: The Rashbam notes that from the alignment of the corpses alone it is not possible to determine where the rest of the catacomb might be located. Therefore, the entire surrounding area must be searched, to a distance of twenty cubits, which is the furthest extent that the catacomb would reach even if the corpses that were found lay at the far end of one of the burial chambers. The Ra'avad points out that from the direction in which the corpses are lying, i.e., the relative location of their heads and feet, it should be possible to narrow the search, since from their direction one can at least determine on which side of them the rest of the chamber may lie (Ritva). Then, based on that, one can also limit the area in which the second chamber might be located. The Ramban notes that this would be possible only if the corpses had not decomposed to the point where their different parts are indistinguishable.

According to Rabbeinu Tam's interpretation of the Gemara, that the corpses were not all lying next to each other, rather two lay parallel to each other and a third lay perpendicular to them, it would certainly be possible to limit the possible location of the burial chamber and significantly narrow down the search.

They have the *halakha* of surrounding earth – יֵשׁ לָהֶן תְּפוּסָה: The Rashbam notes a novelty in this ruling. The *halakha* is that if a corpse is found lying where it was killed, then it does not have the *halakha* of the removal of the surrounding earth. The *baraita* teaches that although these bodies were found in a way that does not suggest a proper burial, since they were not killed there but actually buried there, albeit in a temporary manner, they do have the *halakha* of the removal of the surrounding earth. Nevertheless, since they were not buried there properly, they cannot constitute a graveyard.

HALAKHA

He found three, etc. – מָצָא שְׁלֹשָׁה: If one was digging and found three corpses lying in the usual manner in which Jewish bodies are buried, and each was separated from the next by no more than four cubits and no less than eight, he must search the next twenty cubits for more corpses, as it is possible that he has uncovered an area of graves. There is a dispute concerning from which corpse one measures these twenty cubits (see Ri Migash). If he does not find additional graves, then that area may be considered ritually pure. If he does find an additional grave within twenty cubits, he must search the following twenty cubits for more graves (Rambam *Sefer Tahara, Hilkhot Tumat Met* 9:3, and see Ra'avad and *Kesef Mishne* there).

One found them in succession – מְצָאָן רְצוּפִין: If one discovers many corpses buried together in one place, e.g., lying one atop the other or lying side by side, closely packed, there is no concern that it may be a graveyard. One may remove them, with the surrounding earth, and then the field can be considered to be ritually pure (Rambam *Sefer Tahara, Hilkhot Tumat Met* 9:1).

בְּמַאי אוֹקִימְתָּא? כְּרַבִּי שִׁמְעוֹן; אֵימָא סֵיפָא: בּוֹדֵק הֵימֶנּוּ וּלְהַלָּן עֶשְׂרִים אַמָּה; מַנִּי? אִי רַבִּי שִׁמְעוֹן, עֶשְׂרִים וְתַרְתֵּין הָוְיָין! אִי רַבָּנַן, תְּמָנֵי סְרֵי הָוְיָין!

The Gemara asks: **In accordance with which opinion did you interpret** the mishna? If it is **in accordance with** the opinion of **Rabbi Shimon,** then **say the latter clause** of that mishna: If he finds an area of graves, **he must examine from there outward twenty cubits** to discover whether there are other corpses buried there. Since the burial formation is indicative of burial within a burial chamber of a catacomb, he should continue to investigate the whole area that would be occupied by a catacomb. The Gemara asks: **Whose** opinion is this? **If** it is the opinion of **Rabbi Shimon,** the distance one should be required to examine **would be twenty-two** cubits, which is the total length of a catacomb, i.e., two chambers of eight cubits with a courtyard of six cubits between them. **If** it is the opinion of **the Rabbis,** the distance one should be required to examine **would be eighteen** cubits,[N] as each catacomb consists of two chambers of six cubits long with a chamber of six cubits between them.

לְעוֹלָם רַבָּנַן הִיא, וּכְגוֹן דִּבְדַק בַּאֲלַכְסוֹנָא.

The Gemara answers: **Actually,** the mishna **is** in accordance with the opinion of **the Rabbis, and** it is necessary to examine twenty cubits in a case **where he examined along the diagonal**[N] of the catacomb, which is longer than its length.

וּמִדְּהָא בַּאֲלַכְסוֹנָא הָא נַמִי בַּאֲלַכְסוֹנָא, עֶשְׂרִים וְתַרְתֵּי הָוְיָין! חֲדָא בַּאֲלַכְסוֹנָא אָמְרִינַן, תְּרֵי בַּאֲלַכְסוֹן לָא אָמְרִינַן.

The Gemara asks: **But since** he examined **this** chamber along **the diagonal, this** second chamber on the other side of the courtyard should **also** be examined along **the diagonal.** If so, that **would be twenty-two** cubits. The Gemara answers: **We say** he should examine **one** chamber along **the diagonal,** but **we do not say** he should examine **two** chambers along **the diagonal.**[N]

NOTES

If the opinion of Rabbis, it would be eighteen – אִי רַבָּנַן תְּמָנֵי סְרֵי: Some of the early commentaries note the obvious difficulty in suggesting that the latter clause of the mishna is in accordance with the opinion of the Rabbis after the Gemara established that the first clause is in accordance with the opinion of Rabbi Shimon. The Rashbam addresses this difficulty by maintaining that it is possible for a mishna to be compiled in such a way. Many other commentaries prefer an alternative version of the Gemara text that avoids the issue (see Ri Migash).

Along the diagonal – בַּאֲלַכְסוֹנָא: The Rashbam explains that in order to search more thoroughly, one examines diagonally across the area that he reckons to be where the niches of that burial chamber would be located. The niches are four cubits long and spread over an area of six cubits. The diagonal of such an area comes to just under eight cubits. This, in addition to six cubits for the courtyard and then another six cubits for the chamber on the other side of the courtyard, which he examined along a straight line, comes to a total distance of twenty cubits. The reason for searching diagonally is that some of the corpses might be shorter than others and not reach the end of the niche, or they might have been inserted all the way to the end of the niche such that the front end is empty. Therefore, by examining the area of the niches along a diagonal, he increases the effectiveness of the search. In line with this, the Rashbam notes that the intention of the Gemara is that the Sages actually required that the search be conducted along the diagonal.

The Ri Migash explains the Gemara differently: Since there is no way to know the precise alignment of the chamber, it is possible that when the person examined for more graves he mistakenly did so along the chamber's diagonal. The search of that chamber would take eight cubits.

The Ramban, based on Rabbeinu Tam's explanation that two corpses were lying parallel to each other and a third lay perpendicular to them, explains that the Gemara suggests that after he found the first two corpses within four cubits of each other, which is suggestive of a burial along the back wall of the chamber, he might have continued his search by moving diagonally across the chamber and then found the third corpse buried in the side wall of the chamber. If this was the case, he is still not at the end of the chamber, and must consequently examine for an additional distance before he can say he has reached the area of the courtyard.

These explanations assume that the examination of the first chamber will require the examination of eight cubits, because the chamber's length is six cubits and its width is four cubits. These commentaries reason that the length of the diagonal of a six by four rectangle is close to eight, so the Gemara just rounded it up. The Ritva challenges this claim, noting that the diagonal of such a rectangle is only 7.2 cubits, significantly less than eight. He suggests that the intention is not that the search was conducted along a perfectly straight diagonal line but that the person searched in a general diagonal direction, veering slightly right and left. These small diversions add to the overall distance involved in examining a chamber, bringing it to a full eight cubits.

We do not say two along the diagonal – תְּרֵי בַּאֲלַכְסוֹן לָא אָמְרִינַן: Each commentary explains this line of the Gemara in accordance with their explanation of the previous line.

The Rashbam explains that although the Sages required a person to conduct a more extensive search of the first chamber, by examining along a diagonal, they did not require him to do so for the second chamber.

The Ri Migash explains that even if one assumes that the person mistakenly examined the first chamber along a diagonal, there is no concern that he also examined the second chamber along a diagonal.

The Ramban explains that since, through examining along a diagonal, the person uncovered the precise alignment of the first chamber, it is then easy to continue examining the rest of the catacomb in a straight line along its length.

The Ritva explains that although the first chamber was examined using a curvy path, there is no reason to do so for the second chamber.

רַב שֵׁישָׁא בְּרֵיהּ דְּרַב אִידִי אֲמַר: לְעוֹלָם רַבִּי שִׁמְעוֹן הִיא, וְהָכָא בְּמַאי עָסְקִינַן – בִּנְפָלֵי.

Rav Sheisha, son of Rav Idi, said: Actually, the mishna **is** in accordance with the opinion of **Rabbi Shimon, and here we are dealing with** a case **where** the corpses found were of **non-viable newborns**[N] buried in a smaller chamber only six cubits long. Adding a courtyard of six cubits and another regular-sized chamber of eight cubits yields a total length of the catacomb of twenty cubits.

וּמִדְּהָא בִּנְפָלֵי הָא נַמִי בִּנְפָלֵי, תְּמָנֵי סְרֵי הָוְיָין! חֲדָא בִּנְפָלֵי אָמְרִינַן, תַּרְתֵּי בִּנְפָלֵי לָא אָמְרִינַן.

The Gemara asks: **But since this** is dealing **with** a chamber that was created for burying **non-viable newborns,** there too, with regard to **that** chamber, on the other side of the courtyard, we are dealing **with** a chamber created for **non-viable newborns as well.** Therefore, the total length of the catacomb **would be eighteen** cubits. The Gemara answers: **We say** that perhaps **one** of the chambers is **for non-viable newborns,** but **we do not say** that **two** chambers might have been constructed **for non-viable newborns.**

וְרָמֵי דְּרַבָּנַן אַדְּרַבָּנַן, וְרָמֵי דְּרַבִּי שִׁמְעוֹן אַדְּרַבִּי שִׁמְעוֹן,

§ Above, the Gemara cited a *baraita* that relates a dispute between Rabbi Shimon and the Rabbis with regard to three corpses buried close together. The Rabbis hold that this is not considered a graveyard, whereas Rabbi Shimon maintains that it can be. **And** the Gemara **raises a contradiction** from another ruling **of the Rabbis against** this ruling **of the Rabbis, and it** also **raises a contradiction** from another ruling **of Rabbi Shimon against** this ruling **of Rabbi Shimon.**

דְּתַנְיָא: כֶּרֶם הַנָּטוּעַ עַל פָּחוֹת מֵאַרְבַּע אַמּוֹת – רַבִּי שִׁמְעוֹן אוֹמֵר: אֵינוֹ כֶּרֶם. וַחֲכָמִים אוֹמְרִים: הֲרֵי זֶה כֶּרֶם, וְרוֹאִין אֶת הָאֶמְצָעִים כְּאִילּוּ אֵינָן;

As it is taught in a mishna (*Kilayim* 5:2): With regard to **a vineyard that is planted on** an area where there is **less than four cubits** of open space between the vines, **Rabbi Shimon says: It is not** considered to be **a vineyard** with regard to the prohibition of diverse kinds and other *halakhot*, as it is overcrowded. **And the Rabbis say: This is** considered to be **a vineyard, and** the reason for this is that **the middle** vines are **viewed as if** they **are not** there, and the outer vines meet the requirements for a vineyard. Therefore, it is prohibited to plant other crops anywhere in that area.

קַשְׁיָא דְּרַבָּנַן אַדְּרַבָּנַן, וְקַשְׁיָא דְּרַבִּי שִׁמְעוֹן אַדְּרַבִּי שִׁמְעוֹן!

The ruling **of the Rabbis** in this mishna is **difficult,** as it is contradicted **by** the ruling **of the Rabbis** in the *baraita,* as there the Rabbis did not say: The middle ones are viewed as if they are not there. **And** the ruling **of Rabbi Shimon** in this mishna is **difficult,** as it is contradicted **by** the ruling **of Rabbi Shimon** in the *baraita,* as there he did say: The corpses in the middle are viewed as if they are not there.

NOTES

Where the corpses found were of non-viable newborns – בִּנְפָלֵי: The Rashbam says that the first three corpses that were found were of non-viable newborns. Therefore, it is assumed that the entire chamber was designed for the burial of non-viable newborns and was consequently made only six cubits long. The other early commentaries challenge this explanation, as the mishna states explicitly that it is possible that they were buried up to eight cubits apart, which would not be possible if the chamber were so small. Some defend the Rashbam's explanation by suggesting that the eight cubits are not a reference to the length of the chamber. Rather, it is a continuation of the previous phrase, which the Gemara established to be referring to a case where the person examined along a diagonal. If this cave was six cubits in length, the diagonal would come to almost eight cubits (Ritva).

Most commentaries explain that the first three corpses found were three adult bodies. Some say that although it is clear that adults had been buried along the width of the chamber, it is possible that the two side walls, running the length of the chamber, were designed for burying non-viable newborns and the chamber was consequently narrower than usual (Ramban; Ra'avad; Ramah). The Ri Migash claims that the mishna addresses two separate cases, the first with corpses of adults and the second with non-viable newborns. He also suggests that the twenty-cubit measurement for the two chambers and the courtyard excludes the space where the corpses are actually buried. Therefore, when searching for more corpses in that chamber, it is sufficient to examine the distance of a chamber formed for non-viable newborns.

The Ramban cites Rabbeinu Ḥananel's explanation, based on an alternative text of the Gemara. According to him, the search of twenty cubits is not in accordance with the opinion of Rabbi Shimon but in accordance with the opinion of the Rabbis that a chamber is eight cubits long. A search of eighteen cubits is insufficient because the first chamber, where the corpses were found, may have been formed for non-viable newborns. In such a case, the non-viable newborns are buried further into the chamber and the first two cubits of the chamber are left empty. Two cubits must be added onto the search of the first chamber, raising the total length of the search from eighteen to twenty.

דְּרַבִּי שִׁמְעוֹן אַדְּרַבִּי שִׁמְעוֹן לָא קַשְׁיָא: הָתָם לָא נָטְעִי אֱינָשֵׁי אַדַּעְתָּא לְיַעֲקַר, הָכָא זִימְנִין דְּמִיתְרְמָא לֵיהּ בֵּין הַשְּׁמָשׁוֹת וּמִיקְרֵי וּמַנְחֵי לֵיהּ.

The Gemara answers: The fact that one ruling **of Rabbi Shimon** is contradicted **by** the other ruling **of Rabbi Shimon** is **not difficult. There,** with regard to vineyards, Rabbi Shimon holds that middle vines cannot be disregarded, as **people do not plant** vines[B] **with the intention of uprooting** them. But **here,** with regard to burial, **sometimes it happens**[N] that one has to bury a corpse **at twilight** just before the onset of Shabbat, **and indiscriminately inters** the body between other corpses with the intention of reburying it at a later date.

דְּרַבָּנַן אַדְּרַבָּנַן נַמִי לָא קַשְׁיָא: הָכָא כֵּיוָן דְּמִינְוַל לָא מִקְּרֵי קֶבֶר, הָתָם מֵימַר אָמַר: הֵי מִינַּיְיהוּ דְּשַׁפִּיר – שַׁפִּיר, וּדְלָא שַׁפִּיר – לֶיהֱוֵי לְצִיבֵי.

Similarly, the fact that one ruling **of the Rabbis** is contradicted **by** the other ruling **of the Rabbis** is **not difficult. Here,** with regard to burial, **since it is a disgrace**[N] to bury bodies so close together, **it is not called** an area of **graves.** But **there,** with regard to vineyards, the owner of the vineyard **says** to himself: **Whichever of** the vines **will flourish, will flourish** and I will leave them, **and** whichever ones **do not flourish,** I will uproot them and **they will be for firewood.**

הדרן עלך המוכר פירות

BACKGROUND

People do not plant vines, etc. – **לָא נָטְעִי אֱינָשֵׁי וכו׳**: When people plant vegetables, or even non-fruit-bearing trees, they sometimes plant them very close together with the intention of thinning them out after they grow. For vegetables, the thinning out is in order to make enough space for each plant, or in order to allow the healthy plants to flourish by removing the ones that grew less well. According to Rabbi Shimon, this process is not followed with a vineyard, because much time and effort is invested in each vine, including hoeing, pruning, tying the vines, and so forth. Since the fruit cannot be used until the fourth year, due to the prohibition of *orla*, people do not plant vines with the intention of uprooting them. At most, a vine that does not grow well will be replaced with a more promising vine.

NOTES

Sometimes it happens – **זִימְנִין דְּמִיתְרְמָא לֵיהּ**: It is possible that this area was a graveyard in which the corpses had been buried in the proper manner, with the appropriate amount of space between them, but that due to some pressing need, an extra corpse was temporarily interred there, in between the other corpses. The one who buried it intended ultimately to remove it in order to give it a proper burial, but for some reason failed to do so.

Since it is a disgrace – **כֵּיוָן דְּמִינְוַל**: According to Rabbeinu Gershom Meor HaGola, burying the dead so close together is disgraceful for them, and such a grave cannot be considered a proper one. The Ra'avad holds that one may never bury someone with the intent of reinterring him later and that to do so is considered a disgrace. Therefore, as the assumption is that any corpse that one finds was interred with the intention of leaving it there permanently one cannot disregard its presence. One must assume that all the bodies were buried in permanent graves, but since the graves are so close together, they cannot be called a graveyard. Obviously, this logic does not apply to vines in a vineyard.

Summary of **Perek VI**

The chapter opened with a discussion of the cases in which a buyer purchases merchandise but subsequently finds it was not fit for his intended purpose, e.g., one who purchased seeds for planting and finds that they did not sprout. The principle is that if the buyer specified his purpose beforehand and he receives merchandise that does not suit his purpose, it is considered a mistaken transaction. If he did not specify his purpose, the seller can claim that since what he sold him is fit for a different purpose, the sale should stand; even if the majority of people do not purchase such merchandise for that purpose, it is irrelevant, because the *halakha* is that one does not follow the majority of cases in monetary matters.

This chapter also delineated the guiding principles for one who purchases merchandise that contains impurities or merchandise where a certain percentage is of substandard quality. The assumption is that a buyer accepts that a certain proportion of the merchandise may not be as he desired, and the Gemara explains what is considered an acceptable level for each type of merchandise. The seller is not required to remove impurities that were naturally mixed in during the course of production, but it is prohibited for him to intentionally mix impurities into his merchandise, as this is deceitful.

Related to these questions is the issue of wine purchases, as wine, which often sours quickly, has unique consumer protection *halakhot*. If the seller sells good-quality wine, he bears no further responsibility for it. But if the buyer specifies that he wishes to purchase good-quality wine that will not sour quickly, and it does sour, the buyer has the upper hand, provided that the wine is still in the original containers in which it was sold.

Apropos the discussion of wine, the Gemara considered whether different types and qualities of wine may be regarded as wine with regard to the blessing one recites over wine, the sanctification of the Shabbat day, and for wine used as libations, poured upon the altar.

The Gemara also addressed issues of land purchase. When one buys land for a specific purpose, but the size of the land he purchased was not specified, the seller must provide enough land to enable the buyer to fulfill his intentions. How much land is necessary is determined by a general standard, e.g., if a person purchases land for a house, he acquires a plot of land of a size necessary in order to build a standard-sized house. To this end, the chapter listed the standard sizes for a small house, a large house, a banquet hall, a bridal home, and other structures. It also mentioned the dimensions of a catacomb, including its burial niches, chambers, and courtyards. These standard sizes are also relevant in a case in which a person contracts another

to construct one of these structures without specifying the required dimensions. In such a case, the structure must be built according to the standard dimensions of such a structure.

Similarly, the chapter mentions the standard dimensions for different types of paths. A private path is four cubits wide, an intercity road is eight cubits wide, a public thoroughfare is sixteen cubits wide, and the road to a city of refuge is thirty-two cubits wide. A king's thoroughfare and the path for a funeral have no maximum measure, and can occupy as much space as required.

Related to the discussion of different types of paths, the Gemara specified their permitted uses. One who has access rights through the house, courtyard, or field of another may not bring others through with him. He may enter only at acceptable times, and may not use the access path for any other purpose. If they agreed beforehand that he could use a path from the side, then he may use it as he wishes. In such a case, neither the owner of the land, nor the one with rights to the path may plant it.

These *halakhot* of access rights apply to an individual. If there is a public thoroughfare passing through private property, the owner of that property may not block the public's access. If he does so, the public may still continue to use that thoroughfare, in addition to any new thoroughfare he gives them.

Introduction to **Perek VII**

This chapter, like the one preceding it, deals with the sale of various types of real estate. It opens with a discussion of imperfections in the property being sold. It is necessary to clarify which imperfections the buyer is prepared to accept because they are part and parcel of the nature of real estate, and which defects he is unwilling to accept because they are more severe. It is natural that not all fields are completely level; rather, they are liable to contain inclines, slopes, rocks, and crevices. Due to this reality, it is necessary to define when such imperfections in a field are considered part of the nature of landed property and when they are considered a loss to the buyer to the extent that he is entitled to a refund of part of the purchase price paid for the field or to compensation in the form of additional land.

Similarly, at times one purchases a plot of land of a particular size, and it turns out that the actual measurements are not exactly the same as those stipulated in the agreement. In such a case the precise conditions of the sale must be examined, to clarify whether the seller committed himself to selling a field of a precise size or whether he intended to sell a field of approximately that size. Even when the parties agree in advance that the measurements need not be precise, there is still a standard for deviation from the stipulated measurements, and when that standard is exceeded, the party who stands to suffer a loss must be compensated. With regard to the compensation, the Gemara discusses whether the difference must be returned in money or in land.

Other questions that are raised relate to one who sells half of his field to another person without specifying the borders of the plot being sold. What should be done when the field consists of choice and defective sections? How are the seller and the buyer to divide the field between them?

Other related issues are dealt with, such as what to do when a deed of sale contains contradictory conditions. Cases pertaining to the division of inherited or joint property are also considered: What should be done if after the property was divided it becomes clear that there was an essential flaw in the division? Must the property be redivided or does one of the recipients forfeit his rights?

מתני׳ הָאוֹמֵר לַחֲבֵירוֹ ״בֵּית כּוֹר עָפָר אֲנִי מוֹכֵר לָךְ״, הָיוּ שָׁם נְקָעִים עֲמוּקִים עֲשָׂרָה טְפָחִים, אוֹ סְלָעִים גְּבוֹהִין עֲשָׂרָה טְפָחִים – אֵינָן נִמְדָּדִין עִמָּהּ, פָּחוֹת מִכָּאן – נִמְדָּדִין עִמָּהּ. וְאִם אָמַר לוֹ ״כְּבֵית כּוֹר עָפָר״, אֲפִילּוּ הָיוּ שָׁם נְקָעִים עֲמוּקִים יוֹתֵר מֵעֲשָׂרָה טְפָחִים, אוֹ סְלָעִים גְּבוֹהִין יוֹתֵר מֵעֲשָׂרָה טְפָחִים – הֲרֵי אֵלּוּ נִמְדָּדִין עִמָּהּ.

MISHNA **If one says to another:**[N] **I am selling you** a plot of **earth**[N] of the size **required for sowing one *kor* of seed** [***beit kor***],[BNH] and **there** on that plot **there were crevices** [*neka'im*][L] **ten handbreadths deep or rocks ten handbreadths high, they are not measured** together **with** the rest of the field. Rather, the buyer must be provided with land measuring a *beit kor* exclusive of those crevices or rocks. If the crevices or rocks measured **less than** ten handbreadths,[N] **they are measured** together **with** the rest of the field. **But if** the seller **said to** the buyer: I am selling you a plot of **earth** that is **about** the size of a ***beit kor***,[H] then **even if there** on that plot **there were crevices deeper than ten handbreadths or rocks higher than ten handbreadths, they are measured** together **with** the rest of the field.

גמ׳ תְּנַן הָתָם: הַמַּקְדִּישׁ שָׂדֵהוּ בִּשְׁעַת הַיּוֹבֵל – נוֹתֵן לוֹ לְבֵית זֶרַע חוֹמֶר שְׂעוֹרִים חֲמִשִּׁים שֶׁקֶל כֶּסֶף; הָיוּ שָׁם נְקָעִים עֲמוּקִים עֲשָׂרָה טְפָחִים, אוֹ סְלָעִים גְּבוֹהִין עֲשָׂרָה טְפָחִים,

GEMARA **We learned** in a mishna **elsewhere** (*Arakhin* 25a): With regard to **one who consecrates his** ancestral **field**[BH] **during the time** that the *halakhot* **of the Jubilee** Year[N] are practiced, if he wishes to redeem the field **he must give** the Temple treasurer **fifty silver shekels for** every **place that is fit for sowing a *ḥomer* of barley seed,**[N] which is the biblical equivalent of a *kor,* for all the years of the Jubilee cycle, as this is the sum fixed by the Torah for this purpose (see Leviticus 27:16). But if **there were crevices**[H] **ten handbreadths deep there,** in the field, **or rocks ten handbreadths high,**

BACKGROUND

Beit kor – **בֵּית כּוֹר**: A *kor* is a measure of volume equivalent to thirty *se'a*, which is either 248 or 430 liters, according to different opinions. A *beit kor* is a measure of area, that is, an area fit for sowing one *kor* of grain. It is equivalent to 75,000 square cubits, or between 17,280 and 24,900 sq m.

One who consecrates his field – **הַמַּקְדִּישׁ שָׂדֵהוּ**: One who sells his ancestral field is given the opportunity to redeem it by buying it back whenever he chooses. Even if he or a relative does not do so, the field returns to him during the Jubilee Year (Leviticus 25:8–28). If one consecrates his ancestral field, he is given the opportunity to redeem it until the Jubilee Year. At that point, if it has not been redeemed, the field belongs to the priests (Leviticus 27:16–21).

LANGUAGE

Crevice [*neka*] – **נֶקַע**: A *neka* is a fissure or large crack in the ground. In many kinds of land, deep crevices form during the summer. Such fissures are considered a standard feature of the land. The crevices under discussion in this Gemara are small cracks created by floods or other causes. The word for crevice, *neka*, is close in meaning and form to the word *nekik*. A similar word exists in Arabic, نقع, *naq'*, meaning a low place into which water drains.

HALAKHA

I am selling you a plot of earth of the size required for sowing one *kor* of seed – **בֵּית כּוֹר עָפָר אֲנִי מוֹכֵר לָךְ**: One said to another: I am selling you a plot of earth the size of a *beit kor*, or he just said: I am selling you a *beit kor*, without specifying the word earth (Rema). The plot in question contained crevices ten handbreadths deep or rocks ten handbreadths high. If these crevices or rocks were four handbreadths square but not fit for sowing a quarter-*kav* of seed (Rema; see *Sma* and *Beur HaGra*), they are not measured together with the rest of the field, and the buyer receives them without payment. According to the Rema, some authorities hold that the buyer does not receive them, but rather, the seller keeps them. The buyer must fulfill his agreement to purchase the field and cannot renege on his purchase unless a plow cannot pass between the rocks or crevices (Rambam *Sefer Kinyan*, *Hilkhot Mekhira* 28:1; *Shulḥan Arukh*, *Ḥoshen Mishpat* 218:1).

A plot of earth that is about the size of a *beit kor* – **כְּבֵית כּוֹר עָפָר**: If one says to another: I am selling you a plot of earth about the size of a *beit kor*, then even if there were crevices deeper than ten handbreadths or rocks higher than ten handbreadths, they are measured together with the rest of the field. Some say that it is specifically with regard to depth or height that there is a difference between one who says: A *beit kor*, and one who says: About a *beit kor*, while if the area of the crevices or rocks is fit for sowing a quarter-*kav* of seed, they are not measured together with the rest of the field, even if he said: About a *beit kor* (Rema, citing *Tur*; see *Beur HaGra*).

All of the above apply when the buyer is not standing in the field; but if he is standing there at the time of the agreement, and he is aware that it is that particular *beit kor* that is being sold to him, even if the seller did not specifically say: This *beit kor*, then it is as if the seller had said: I am selling a *beit kor*, more or less (see 103b). Accordingly, even if the buyer received up to seven and a half *kav* per *kor* less than what was stipulated (see *Sma*), the sale is valid (Rambam *Sefer Kinyan*, *Hilkhot Mekhira* 28:4; *Shulḥan Arukh*, *Ḥoshen Mishpat* 218:6).

One who consecrates his ancestral field – **הַמַּקְדִּישׁ שָׂדֵהוּ**: When one consecrates his ancestral field in Eretz Yisrael during the era that the Jubilee Year is observed, whether the field is of high or of low quality, it is measured. Each place that is fit for sowing a *ḥomer* of barley seed by hand at medium density is valued at fifty shekels for the entire Jubilee cycle, not including the Jubilee Year itself (Rambam *Sefer Hafla'a*, *Hilkhot Arakhin VaḤaramim* 4:1–2).

If there were crevices…there – **הָיוּ שָׁם נְקָעִים**: When one consecrates his ancestral field and it contains rocks more than ten handbreadths high, they are not measured together with the rest of the field. This also applies if the field has crevices more than ten handbreadths deep and filled with water, in accordance with the opinion of Rav Ukva bar Ḥama on 103a. Otherwise, they are measured with the rest of the field (Rambam *Sefer Hafla'a*, *Hilkhot Arakhin VaḤaramim* 4:13).

NOTES

If one says to another – **הָאוֹמֵר לַחֲבֵירוֹ**: The Ritva explains that in order for this statement to be legally valid, it must be made at the time of the acquisition. He also points out that in the Mishna, statements written in documents are also referred to as being "said."

I am selling you a plot of earth – **עָפָר אֲנִי מוֹכֵר לָךְ**: The Rashbam explains that the seller must specifically mention the words: Of earth, as this indicates that he is selling land fit for sowing. If the seller only stated: A *beit kor*, without specification, this can refer to any parcel of land of that size, even if it has rocks or crevices larger than ten handbreadths. This is because people also purchase land to build on it, and rocks and crevices do not interfere with using the land for that purpose. Rabbeinu Gershom Meor HaGola provides a similar explanation. Other early authorities (Ramban and Rosh) disagree, since the phrase *beit kor* itself denotes land fit for sowing. *Tosafot* explain the mishna in the opposite direction. The additional words: Of earth, introduce a novel element: Even if the seller specifically mentions: Of earth, crevices and rocks under ten handbreadths are still measured with the rest of the land. The Ramban claims that the addition of the words: A plot of earth, is merely part of normal speech and has no legal ramifications.

The size required for sowing one *kor* of seed [*beit kor*] – **בֵּית כּוֹר**: A *beit kor* is an area fit for sowing one *kor*, or thirty *se'a*, of grain. As the area fit for sowing a *se'a* of grain is 2,500 square cubits, a *beit kor* measures 75,000 square cubits. The *Nimmukei Yosef* explains that the mishna cannot be referring to someone selling a specific, defined *beit kor*, nor to a case where the seller says: I am selling you this *beit kor*, since in both these cases the sale is valid despite there being crevices or rocks. Rather, the case under discussion is one where the *beit kor* being sold is part of a larger field in the seller's possession. In such a case, the seller is required to provide additional land to compensate for the areas that are not farmable.

Less than ten handbreadths – **פָּחוֹת מִכָּאן**: Since the difference in height between the rocks and crevices and the field's surface is less than ten handbreadths, they do not constitute an independent domain. Therefore, they are considered merely inclines and slopes in the field, as land is rarely absolutely level, and they are included in the measurement of the area being sold (Rashbam).

During the time of the Jubilee Year [*bishat haYovel*] – **בִּשְׁעַת הַיּוֹבֵל**: This is the Rashbam's version of the text. He explains that the Gemara is referring to an era during which the Jubilee Year is observed. He rejects the variant text: During the Jubilee Year [*bishnat haYovel*], which would mean: During the Jubilee Year itself, since there is a dispute among the *amora'im* as to whether land can be consecrated during that year. By contrast, *Tosafot* and others are willing to accept the version: During the Jubilee Year, as they understand that this does not refer necessarily to the Jubilee Year itself but rather to the year immediately following it.

He must give fifty silver shekels for every place that is fit for sowing a *ḥomer* of barley seed – **נוֹתֵן לוֹ לְבֵית זֶרַע חוֹמֶר שְׂעוֹרִים חֲמִשִּׁים שֶׁקֶל כֶּסֶף**: This is a fixed amount ordained by the Torah, and has nothing whatsoever to do with the market value of the land. Quality land in a prime location and less-valuable land in a remote location are redeemed at the same price. This *halakha* applies only with regard to an ancestral field, and only during a time that the Jubilee Year is observed. The consecrator pays this amount if he redeems his field at the beginning of the Jubilee cycle. If he redeems it later in the cycle, a calculation is made whereby one *sela* and one *pundeyon* are paid for each year until the following Jubilee Year.

אֵין נִמְדָּדִין עִמָּהּ, פָּחוֹת מִכָּאן – נִמְדָּדִין עִמָּהּ.

they are not measured together **with** the rest of the field.[N] If the crevices or rocks were **less than** ten handbreadths, **they are measured** together **with** the rest of the field.

וְאַמַּאי? לִיקְדְּשׁוּ בְּאַנְפֵּי נַפְשַׁיְיהוּ! וְכִי תֵּימָא, כֵּיוָן דְּלָא הָוֵי בֵּית כּוֹר לָא קָדְשִׁי,

The Gemara asks: **But why** are the crevices that are deeper and the rocks that are higher than ten handbreadths not measured with the rest of the field? **Let them** at least **be consecrated separately**[NH] and require their own redemption. **And if you would say that since they are not** the size of a ***beit kor*****, they cannot be consecrated,** there is a difficulty.

וְהָא תַּנְיָא: ״שָׂדֶה״ מַה תַּלְמוּד לוֹמַר? לְפִי שֶׁנֶּאֱמַר: ״זֶרַע חֹמֶר שְׂעֹרִים בַּחֲמִשִּׁים שֶׁקֶל כָּסֶף״ – אֵין לִי אֶלָּא שֶׁהִקְדִּישׁ בָּעִנְיָן הַזֶּה,

But isn't it taught in a *baraita* concerning the verse: "And if he that sanctified the field will redeem it" (Leviticus 27:19): **Why** must **the verse state** the word **"field"?** Since the previous verses are all discussing a field, it would have sufficed for this verse to refer to the field with the pronoun: It. Rather, **as it is stated** in an earlier verse: "Then your valuation shall be according to the seed required for it; **a *ḥomer* of barley seed shall be valued at fifty shekels of silver"** (Leviticus 27:16), **I have** derived **only** the *halakha* in the case of one who **consecrated in this manner,** i.e., an area fit to sow a *ḥomer* of barley seed.

מִנַּיִן לְרַבּוֹת לֶתֶךְ וַחֲצִי לֶתֶךְ, סְאָה, תַּרְקַב וַחֲצִי תַּרְקַב? תַּלְמוּד לוֹמַר: ״שָׂדֶה״, מִכָּל מָקוֹם!

The *baraita* continues: **From where** do I learn that this *halakha* is also meant **to include** the case of one who consecrated a smaller area, e.g., an area fit to sow **a *letekh*,** i.e., a half-*kor*, **a half-*letekh*, a *se'a*, a *tarkav*, and a half-*tarkav*?** From where is it derived that these smaller plots of land can also be consecrated and redeemed in accordance with the fixed values stated in the Torah? **The verse states: "A field,"** teaching that this *halakha* applies **in any case** of a field, even to smaller plots.

אֲמַר רַב עוּקְבָא בַּר חָמָא: הָכָא בִּנְקָעִים מְלֵאִים מַיִם עָסְקִינַן, דְּלָאו בְּנֵי זְרִיעָה נִינְהוּ. דַּיְקָא נַמִי, דְּקָתָנֵי דּוּמְיָא דִּסְלָעִים, שְׁמַע מִינָּהּ.

Rav Ukva bar Ḥama said: Here, in the mishna in *Arakhin*, **we are dealing with crevices filled with water.** Being **that they are not fit for sowing,** they cannot be consecrated, as the verse states: "Then your valuation shall be according to the seed required for it" (Leviticus 27:16). The Gemara comments: The language of the mishna **is also precise** according to this interpretation, **as it teaches** the *halakha* about crevices that are **similar to rocks,** which are certainly not fit for sowing. The Gemara affirms: **Learn from this** that this explanation is correct.

אִי הָכִי, אֲפִילּוּ פָּחוֹת מִכָּאן נַמִי! הָנְהוּ נְגָאנֵי דְּאַרְעָא מִיקְרוּ, שִׁדְרֵי דְּאַרְעָא מִיקְרוּ.

The Gemara raises a difficulty: **If** this is **so,** that the crevices and rocks of the mishna are excluded from being consecrated because they are unfit for sowing, then **even** if they **are less than** ten handbreadths in depth or height, they **also** should not be consecrated. The Gemara answers: If the crevices or rocks are less than ten handbreadths deep or high, **these** crevices **are called the cracks of the earth,** and these rocks **are called the spines [*shidrei*] of the earth.** In other words, since they are considered standard features of the field and do not constitute separate areas, they are consecrated together with the rest of the field.

הָכָא מַאי? אֲמַר רַב פַּפָּא: אַף עַל פִּי שֶׁאֵין מְלֵאִים מַיִם; מַאי טַעְמָא? אֵין אָדָם רוֹצֶה שֶׁיִּתֵּן מְעוֹתָיו בְּמָקוֹם אֶחָד, וְיֵרָאוּ לוֹ כִּשְׁנַיִם וּשְׁלֹשָׁה מְקוֹמוֹת.

The Gemara asks: The *halakha* stated above was taught with regard to consecrated property. **Here,** in the case of a sale of land, with regard to which the mishna teaches that crevices ten handbreadths deep are not measured along with the land, **what is** the *halakha*?[NH] Does that *halakha* apply only when the crevices are filled with water? **Rav Pappa said: Even if they are not filled with water** they are not considered part of the field. **What is the reason** that in the case of a sale crevices are not considered part of the field even if they are not filled with water? Because **a person** buying a field **does not want**[N] **to give his money for** the purchase of **one plot when it appears to him like two or three** different **plots** due to differences in the height of the terrain. Therefore, those crevices that are ten handbreadths deep are not measured along with the rest of the field, regardless of whether or not they are filled with water.

NOTES

They are not measured with the rest of the field – אֵין נִמְדָּדִין עִמָּהּ: According to the Rashbam, as well as *Tosafot* and other early authorities, this does not mean that the crevices and rocks are not taken into account at all. Rather, it means that they are redeemed according to their market value and not according to the price fixed by the Torah for redeeming an ancestral field. *Tosafot* prove this from the *halakha* that states that when one consecrates his field, even a pit within the field is consecrated. By contrast, the Ri Migash, Rambam, and Ramah all explain that he keeps the rocks and crevices without redeeming them at all, as they were not consecrated. The Ramah explains that while they become consecrated as part of the field, they are not considered part of the field for the purpose of redemption so they need not be redeemed separately. The Meiri offers a similar explanation.

Let them be consecrated separately – לִיקְדְּשׁוּ בְּאַנְפֵּי נַפְשַׁיְיהוּ: That is to say, let the crevices or rocks be redeemed as if they were small fields in their own right, according to the calculation set in the Torah. According to the Rashbam, this means that the consecrator should be able to redeem the crevices or rocks separately, with no connection to the redemption of the field itself, meaning that the *halakha* that applies here would be similar to a case where one consecrates two fields. According to *Tosafot*, this explanation is superfluous, since in the case of an ancestral field, one need not redeem an entire field; the field can be partially redeemed. According to the Rashba, the fact that it is possible to redeem part of a field does not indicate that when one pays half the redemption price, he receives half of his field. Rather, only when he pays the entire sum does the field return to him. Nevertheless, if he pays part of the redemption price, a portion of the field corresponding to the sum paid is no longer considered unredeemed, so that it cannot be permanently transferred into the possession of the priests at the Jubilee Year.

Here, what is the *halakha* – הָכָא מַאי: With regard to consecration, the phrase "according to the seed required for it" indicates that the consecration in question is of an area fit for sowing. By contrast, in the case of a sale, it is unclear what is the *halakha*. This is because a sale depends only on the intentions of the buyer and seller, as is evident from the Gemara's statement that a person buying a field does not want to give his money for the purchase of one plot when it appears to him like two or three plots.

A person does not want – אֵין אָדָם רוֹצֶה: The primary reason for this is not that a person does not want the field he purchased to look like two different fields, but rather that a difference in the height of the terrain causes him unnecessary hardship when plowing and harvesting.

HALAKHA

Let them be consecrated separately – לִיקְדְּשׁוּ בְּאַנְפֵּי נַפְשַׁיְיהוּ: When one consecrates his ancestral field and there are crevices ten handbreadths or more deep that are not filled with water, they are measured as independent entities, and redeemed in accordance with their value (Rambam *Sefer Hafla'a, Hilkhot Arakhin VaḤaramim* 4:14, and see Ra'avad and *Kesef Mishne* there).

Here, what is the *halakha* – הָכָא מַאי: When one sells a field that has crevices ten handbreadths deep, they are not sold together with it even if they are not filled with water. If they are not ten handbreadths deep, then even if they are filled with water, they are sold together with the rest of the field, in accordance with the opinion of Rav Pappa and the conclusion of the Gemara (Rambam *Sefer Kinyan, Hilkhot Mekhira* 28:1; *Shulḥan Arukh, Ḥoshen Mishpat* 218:1–2, and in the comment of Rema).

מַתְקִיף לַהּ רָבִינָא: וְהָא דּוּמְיָא דִּסְלָעִים קָתָנֵי, מַה סְּלָעִים דְּלָאו בְּנֵי זְרִיעָה נִינְהוּ, אַף הָנֵי נַמִי דְּלָאו בְּנֵי זְרִיעָה נִינְהוּ! כִּי קָתָנֵי דּוּמְיָא דִּסְלָעִים – אַפָּחוֹת מִכָּאן.

Ravina objects to this: But the mishna teaches the *halakha* about crevices in a manner indicating that they are **similar to** the **rocks** discussed in the mishna. **Just as rocks are not fit for sowing, so too, these** crevices are such **that they are not fit for sowing.** But if they are not filled with water, and are therefore fit for sowing, then even if they are lower than the rest of the field, they should be included in the sale. The Gemara replies: **When** the mishna **teaches** the *halakha* about crevices in a manner indicating that they are **similar to the rocks**[N] discussed in the mishna, it teaches about crevices that **are less than that,** i.e., less than ten handbreadths deep. In such a case, even if they are not fit for sowing, they are measured along with the rest of the field.

״פָּחוֹת מִכָּאן נִמְדָּדִין עִמָּהּ״. אָמַר רַבִּי יִצְחָק: טְרָשִׁים שֶׁאָמְרוּ – בֵּית אַרְבַּעַת קַבִּין. אָמַר רַב עוּקְבָא בַּר חָמָא: וְהוּא, שֶׁמּוּבְלָעִין בַּחֲמֵשֶׁת קַבִּין; רַב חִיָּיא בַּר אַבָּא אָמַר רַבִּי יוֹחָנָן: וְהוּא, שֶׁמּוּבְלָעִין בְּרוּבָּהּ שֶׁל שָׂדֶה.

§ The mishna teaches that if the crevices or rocks in the field measured **less than** ten handbreadths, **they are measured** together **with** the rest of the field. **Rabbi Yitzḥak says: The rocks** or crevices that measure less than ten handbreadths **that** the Sages **said** are measured together with the rest of the field must not measure more than **an area required for sowing four** ***kav***[BHN] of seed within an area required for sowing a *kor*. **Rav Ukva bar Ḥama says: This applies** specifically **where** the rocks **are scattered throughout an area required for sowing five** ***kav***.[N] **Rav Ḥiyya bar Abba** says that **Rabbi Yoḥanan says: This applies** specifically **where** the rocks **are scattered throughout the greater part of the field.**[N]

בָּעֵי רַב חִיָּיא בַּר אַבָּא: רוּבָּן בְּמִיעוּטָהּ וּמִיעוּטָן בְּרוּבָּהּ, מַהוּ? תֵּיקוּ.

Rabbi Ḥiyya bar Abba raises a dilemma with regard to the *halakha* taught in the name of Rabbi Yoḥanan: If **the majority** of the rocks are scattered **throughout the smaller part**[HN] of the field, **and the minority of** the rocks are scattered **throughout the greater part** of the field, **what is** the *halakha*? The Gemara answers: The dilemma **shall stand** unresolved, as no answer was found.

בָּעֵי רַבִּי יִרְמְיָה:

Rabbi Yirmeya raises another **dilemma:**

BACKGROUND

Kav – קַב: This is a basic unit of measurement of volume from which many other smaller units are derived. It is equivalent to one-sixth of a *se'a* or twenty-four egg-bulks.

HALAKHA

An area required for sowing four *kav* – בֵּית אַרְבַּעַת קַבִּין: Crevices less than ten handbreadths deep or rocks less than ten handbreadths high are measured together with the rest of the field. This is the *halakha* only if their total area is less than four *kav* per *kor* and those four *kav* are not concentrated within an area of five *kav*. Additionally, those five *kav* must constitute the majority of the field. If their total area is more than four *kav* and they are more than three handbreadths high, or if they are scattered over an area greater than five *kav*, or if the five *kav* they occupy do not constitute the majority of the field, they are not measured together with the rest of the field. This *halakha* is in accordance with Rav Yitzḥak's statement and the explanation of Rav Ukva Bar Ḥama, as well as the explanation of Rav Ḥiyya bar Abba, who does not disagree with him but merely adds to what he says (Rambam *Sefer Kinyan*, *Hilkhot Mekhira* 28:1–2 and *Maggid Mishne* there; *Shulḥan Arukh*, *Hoshen Mishpat* 218:2, and in the comment of Rema, and *Sma* and *Beur HaGra* there).

If the majority of the rocks are scattered throughout the smaller part, etc. – רוּבָּן בְּמִיעוּטָהּ: If the majority of the crevices or rocks are scattered throughout the smaller part of the field and the smaller part of the crevices or rocks are scattered throughout the greater part of the field, the matter is in doubt and the principle is that the burden of proof rests upon the claimant. Therefore, if the buyer already paid for the field, he has already received them; but if he has not yet paid, he is not required to accept them (*Sma*, citing *Tur*), as is the *halakha* with regard to any property of uncertain ownership (Rambam *Sefer Kinyan*, *Hilkhot Mekhira* 28:2; *Shulḥan Arukh*, *Hoshen Mishpat* 218:3).

NOTES

When the mishna teaches about crevices in a manner indicating that they are similar to the rocks – כִּי קָתָנֵי דּוּמְיָא דִּסְלָעִים: Crevices are mentioned together with rocks because of the second part of the *halakha*, namely, that if they are less than ten handbreadths deep, they are measured along with the rest of the field even if they are not fit for sowing. But if they are ten handbreadths deep, they are not measured along with the rest of the field, even when they are not like rocks and are fit for sowing.

An area required for sowing four *kav* – בֵּית אַרְבַּעַת קַבִּין: An area can be measured together with the rest of the field if it is less than the area required for sowing four *kav*. This is because an area required for sowing four *kav* is considered an independent unit (Rabbeinu Gershom Meor HaGola; Ri Migash). According to the Rashbam, the reference is to a ratio of this area for every *beit kor*, the area required for sowing a *kor*, i.e., one forty-fifth of the field. The same *halakha* would apply in the case of an area required for sowing two *kav* within an area of half a *beit kor*, since the ratio remains the same. A buyer is willing to accept a disparity up to that amount, but not more.

Where the rocks are scattered throughout an area required for sowing five *kav* – שֶׁמּוּבְלָעִין בַּחֲמֵשֶׁת קַבִּין: There are two explanations of this matter, which affect the understanding of the continuation of the Gemara. According to the first explanation, the rocks are scattered in such a way that although their total area is four *kav*, when taking into account the gaps between them, they occupy an area of five *kav* (Rashbam). By contrast, the Ra'avad and others understand that the Gemara is referring to a plot of earth mixed with rocks. If less than one *kav* of earth is mixed in with four *kav* of rocks, it is viewed as one large rock. Most commentaries explain that the Gemara's discussion relates to the issue of under what circumstances an area is considered one single rock, and that the more widely scattered the rocks are, the more convenient it is for the buyer. The *Sefer Hashlama* quotes the Rambam's opinion that the more scattered the non-arable land is, the more reason there is not to measure it along with the rest of the field, since it is far more burdensome to plow in such a field.

Where the rocks are scattered throughout the greater part of the field – שֶׁמּוּבְלָעִין בְּרוּבָּהּ שֶׁל שָׂדֶה: The commentaries discuss whether or not Rabbi Yoḥanan disagrees with Rav Ukva bar Ḥama. They write that according to Rav Hai Gaon, who does not quote Rav Ukva's statement, it appears that there is a dispute in this matter, and the *halakha* should clearly be in accordance with the opinion of Rabbi Yoḥanan. Similarly, the Rashbam explains that according to Rabbi Yoḥanan, the area fit for sowing four *kav* is calculated in relation to the majority of a *beit kor*, and as a *beit kor* is an area fit for sowing thirty *se'a* of seed, this amounts to sixteen *se'a*. According to this opinion, if there is more than one-quarter *kav* of non-arable land per *beit se'a*, it is not measured along with the rest of the field.

The Rif and others mention both opinions, and it appears that they do not think that there is a dispute in the matter. Rather, Rabbi Yoḥanan's statement merely adds to that of Rav Ukva, that even the five *kav* of non-arable land must be scattered throughout the greater part of the field in order for it to be measured along with it. The Ra'avad and the Meiri write this as well. Ramah explains that this is understandable in the case of a long, narrow strip of land measuring five *kav*, since its length is the same as the greater part of a large field the size of a *beit kor*. It appears that the Rambam explains the greater part of the field as a maximal amount: If the non-arable land is scattered over an area larger than that, the field cannot be plowed at all (see Meiri).

If the majority of the rocks are scattered throughout the smaller part – רוּבָּן בְּמִיעוּטָהּ: One possibility is that Rabbi Yoḥanan, who says that if the four *kav* are scattered throughout the greater part of the field they are measured along with it, thinks that this criterion is sufficient. It is also possible that he also requires that the non-arable land be equally distributed within the greater part of the field, so that it not be considered like one large rock (Rashbam). Accordingly, "the greater part" refers to the majority of the greater part of the field. By contrast, the Ri Migash explains that the question relates to the entire field.

כְּשֵׁיר, מַהוּ? כְּשׁוּרָה, מַהוּ? אִיצְטְדִינִין, מַהוּ? דֶּרֶךְ עֲקַלָּתוֹן, מַהוּ? תֵּיקוּ.

If the rocks are scattered throughout the greater part of the field but are arranged **like a ring,**[N] **what is the** ***halakha*****?**[N] If the rocks stand **in a row, what is the** ***halakha*****?**[N] If the rocks form **an angle,**[N] **what is the** *halakha*? If they are arranged in the shape of **a crooked path,**[N] **what is the** ***halakha*****?**[H] The Gemara states: All these dilemmas **shall stand** unresolved.[B]

תָּנָא: אִם הָיָה סֶלַע יְחִידִי, אֲפִילּוּ כָּל שֶׁהוּא – אֵין נִמְדָּד עִמָּהּ; וְאִם הָיָה סָמוּךְ לַמֶּצֶר, אֲפִילּוּ כָּל שֶׁהוּא – אֵין נִמְדָּד עִמָּהּ.

A Sage **taught** in a *baraita*: **If there is a solitary rock** on the outskirts of the field, **even** if it is of **a minimal** size, **it is not measured** together **with** the rest of the field. **And** further, **if** that rock **is adjacent to the** field's **border,**[HN] **even** if it is of **a minimal** size, **it is not measured** together **with** the rest of the field.

BACKGROUND

These dilemmas shall stand unresolved – **תֵּיקוּ:** Various explanations have been offered with regard to the etymology of this term. One explanation is that the word is an abbreviated version of *tikom*, let it stand. Another is that its source is the word *tik*, a case or pouch, whose contents are unknown; similarly, the resolution is unknown to us, as if it is hidden inside a case (*Arukh*). Although not the literal meaning, some suggest that the term alludes to the phrase: The Tishbite, i.e., Elijah the prophet, will resolve questions and dilemmas (*Tosafot Yom Tov*), and alludes to the tradition that he will resolve halakhic matters left unclarified.

HALAKHA

Like a ring…in a row…an angle…a crooked path – **כְּשֵׁיר...כְּשׁוּרָה...אִיצְטְדִינִין...דֶּרֶךְ עֲקַלָּתוֹן:** If the crevices or rocks are in a straight line, in a ring, or in a triangle, or if they are on the sides of the field, or if they are in the shape of a crooked path, it is uncertain what the *halakha* is, and the burden of proof rests upon the claimant, as in any case of property of uncertain ownership (Rambam *Sefer Kinyan*, *Hilkhot Mekhira* 28:2; *Shulḥan Arukh*, *Ḥoshen Mishpat* 218:3).

A solitary rock…adjacent to the border – **סֶלַע יְחִידִי...סָמוּךְ לַמֶּצֶר:** If there is a significant solitary rock in the field, even if it is the size of a quarter-*kav* per *kor*, it is not measured together with the rest of the field. If the rock is near the field's border, then even if it is of minimal size, namely, that both its height and width are less than ten handbreadths (*Sma*), it is not measured together with the rest of the field. If earth intervenes between the rock and the border, it is uncertain what the *halakha* is, and the burden of proof rests upon the claimant, as in any case of property of uncertain ownership (Rambam *Sefer Kinyan*, *Hilkhot Mekhira* 28:3; *Shulḥan Arukh*, *Ḥoshen Mishpat* 218:5).

NOTES

Like a ring – **כְּשֵׁיר:** The commentaries explain that all of these questions refer to the same topic, i.e., areas of non-arable land, usually rocks, that occupy an area fit for sowing four *kav* and are scattered throughout the majority of a field. The situation is not one where they are scattered randomly throughout the field, here and there, but are arranged in a particular formation. The Rashbam explains that when they are scattered randomly, they are not a major obstacle, as one would encounter a rock only every so often; but when they are arranged in a particular shape they may be more of a disturbance. The Rashbam explains that the questions appear in order, from the shape that least disrupts agricultural work to the shape that most disrupts it. The Ri Migash explains that the Gemara is discussing a situation where the rocks are arranged consecutively with no earth intervening between them. The question is whether rocks in such formations are treated like rocks gathered in one place and therefore they are not measured along with the rest of the field, or whether they are considered like rocks that are scattered throughout the field. The Ra'avad and Ramah offer a similar explanation.

Like a ring, what is the ***halakha*** – **כְּשֵׁיר מַהוּ:** The Rashbam, in accordance with his general understanding here, explains that although there are gaps between the rocks, in such a situation one cannot plow a straight furrow along the length of the field. The Ri Migash, in accordance with his general understanding, explains that these rocks are shaped like a closed ring. Consequently, on the one hand, they are scattered throughout the majority of the field, but on the other hand, since the space within the ring is contained, the rocks can be viewed as clustered in one place.

If the rocks stand in a row, what is the ***halakha*** – **כְּשׁוּרָה מַהוּ:** The Ri Migash explains that the question is whether rocks arranged in a row are considered scattered, since there are patches of land on either side of them, or whether they are viewed as if they were one large rock since they are arranged one in immediate proximity to another. The Rashbam explains that although it is possible to plow along the length of the row and it does not create a hindrance, fields are usually plowed both along their length and along their width, and plowing in the other direction would be burdensome. The Meiri explains that the Gemara is not referring to one row, but to several rows parallel to each other.

An angle [*itztadinin*] – **אִיצְטְדִינִין:** The Rashbam explains *itztadinin* as a shape similar to the horns of a stadium ox, meaning two rows issuing from a single point. Rabbi Avraham Av Beit Din explains the term in a similar fashion as an elongated half circle. By contrast, the Ri Migash proposes that this is a star shape, so that rows of stones emerge in all directions from one central point, resembling the legs of an ox that spread out in all directions when it is charging.

Itztadinin according to the Rashbam

A crooked path – **עֲקַלָּתוֹן:** The Rashbam explains the difference between a straight path and a crooked path: As opposed to rocks arranged in a straight path, a crooked path prevents proper plowing even lengthwise.

A solitary rock…adjacent to the border – **סֶלַע יְחִידִי...סָמוּךְ לַמֶּצֶר:** According to the Rashbam's first explanation, this *halakha* clarifies what is stated in the mishna with regard to rocks in a field: If the rock is located on the border of the field, then even if it is very small, it is not considered part of the field, and the field is measured from the rock and within. The *baraita* then states that a rock that is located within the field itself but is near the border is also not measured along with the rest of the field (see Ramah). By contrast, most commentaries explain this issue in accordance with the Rashbam's second explanation, according to which this *halakha* is not clarifying the mishna but continues the Gemara's discussion of rocks within a field that are measured along with the rest of the field provided that they occupy a space of less than four *kav*.

With regard to the single rock, the Rashbam explains that the words: Even if it is of minimal size, refer to the height of the rock, not its area; if there is only a single rock, even if it is not three handbreadths high, so small that one might think that it should be entirely disregarded, it is not measured as part of the field. The Ra'avad explains that the reference here is to a rock shaped like a pillar that is ten handbreadths high. According to the Ri Migash, the statement about minimal size refers to the area of the rock; if there is solid rock that cannot be uprooted from the ground, no matter what its breadth, it is not measured as part of the field. According to his explanation, the Gemara is only discussing non-arable land that consists of rocks and stones that can be separated and uprooted. *Tosafot*, citing Rabbeinu Tam, say that a single rock means a rock that is referred to by a special name and is considered a separate entity within the field. Rabbeinu Tam's version of the text is the same as Rav Hai Gaon's, reading: An area fit for one-quarter *kav*, instead of: Of a minimal size, so that the reference is to an area that is a significant entity. Other early commentaries offer a similar explanation, citing the Jerusalem Talmud.

בָּעֵי רַב פָּפָּא: מוּפְסָק עָפָר בֵּינְתַיִם, מַהוּ? תֵּיקוּ. בָּעֵי רַב אַשִׁי: עָפָר מִלְּמַטָּה וְצוּנְמָא לְמַעְלָה, עָפָר מִלְמַעְלָה וְצוּנְמָא מִלְּמַטָּה, מַהוּ? תֵּיקוּ.

Rav Pappa raises a dilemma: If **earth intervenes**[N] **between** the rock and the border of the field, so that the rock does not actually touch the border, **what is the** *halakha*? The Gemara states: This dilemma as well **shall stand** unresolved. **Rav Ashi raises** another **dilemma:** If there was a layer of **earth below and rock above,**[NH] **or earth above and rock below, what is the** *halakha*? The Gemara states: This dilemma as well **shall stand** unresolved.

מתני׳ ״בֵּית כּוֹר עָפָר אֲנִי מוֹכֵר לְךָ מִדָּה בְּחֶבֶל״, פִּיחֵת כָּל שֶׁהוּא – יְנַכֶּה, הוֹתִיר כָּל שֶׁהוּא – יַחֲזִיר; וְאִם אָמַר ״הֵן חָסֵר הֵן יָתֵר״, אֲפִילּוּ פִּיחֵת רוֹבַע לִסְאָה אוֹ הוֹתִיר רוֹבַע לִסְאָה – הִגִּיעוֹ, יוֹתֵר מִכָּאן – יַעֲשֶׂה חֶשְׁבּוֹן.

MISHNA If one says to another: **I am selling you** a plot of **earth** the size of **a** ***beit kor,*** **measured** precisely **with a rope,**[H] and **he gave** him even **the slightest amount less** than what was stipulated, the seller **must deduct** the difference from the purchase price of the field and return money to the buyer. If **he gave** him even **the slightest amount more** than what was stipulated, the buyer **must return** the difference to the seller. **And if** the seller **said** to the buyer that he is selling him a *beit kor* of land **more or less,**[H] then **even if he gave** him **a quarter-*****kav*** **per** ***se'a*** **less** than what was stipulated, **or he gave him a quarter-*****kav*** **per** ***se'a*** **more** that what was stipulated, i.e., he gave him one twenty-fourth more or less than what was required, **it is his.** The sale is valid, since the seller told the buyer in advance that he was not committing himself to precise measurements. If the difference is **greater than that** amount, **he must make a calculation,**[N] and the party that suffered a loss must be compensated.

מַה הוּא מַחֲזִיר לוֹ? מָעוֹת. וְאִם רָצָה – מַחֲזִיר לוֹ קַרְקַע, וְלָמָּה אָמְרוּ מַחֲזִיר לוֹ מָעוֹת? לְיַיפּוֹת כֹּחוֹ שֶׁל מוֹכֵר, שֶׁאִם שִׁיֵּיר בְּשָׂדֶה בֵּית תִּשְׁעָה קַבִּין, וּבְגִינָּה בֵּית חֲצִי קַב, וּכְדִבְרֵי רַבִּי עֲקִיבָא בֵּית רוֹבַע – מַחֲזִיר לוֹ אֶת הַקַּרְקַע. וְלֹא אֶת הָרוֹבַע בִּלְבַד הוּא מַחֲזִיר, אֶלָּא אֶת כָּל הַמּוֹתָר.

If the buyer received too much land, so that he must now compensate the seller, **what does he return to him?**[NH] He returns **money,** i.e., he pays the seller for the surplus land. **And if** the seller so **wishes,** the buyer **returns** the surplus **land to him. Why** then **did** the Sages **say** that **he returns money to him?** They said this **in order to enhance the power of the seller,** and enable him to demand payment for the surplus land, rather than accept its return. **As, if the surplus in the field was an area required for sowing nine** ***kav***[NH] of seed, **and in a garden**[H] **an area required for sowing a half-*****kav*** of seed, **or, according to the statement of Rabbi Akiva, an area required for sowing a quarter-*****kav*** of seed (see 11a), the buyer must **return the land itself to** the seller, and the seller cannot demand payment in money. **And** if the surplus is greater than a quarter-*kav* per *se'a*, **it is not only the quarter-*****kav*** **that he returns;**[N] **rather,** he returns **all of the surplus.** Since he is already required to make a refund, the refund must be made in the precise amount.

HALAKHA

Earth below and rock above – עָפָר מִלְּמַטָּה וְצוּנְמָא לְמַעְלָה: If there is a layer of earth above and rock below, or rock above and earth below, it is uncertain what the *halakha* is, and the burden of proof rests upon the claimant, as in any case of property of uncertain ownership (Rambam *Sefer Kinyan, Hilkhot Mekhira* 28:2; *Shulḥan Arukh, Ḥoshen Mishpat* 218:4).

A plot of earth the size of a ***beit kor*****, measured with a rope** – בֵּית כּוֹר עָפָר אֲנִי מוֹכֵר לְךָ מִדָּה בְּחֶבֶל: If one says to another: I am selling you a plot of earth the size of a *beit kor*, measured precisely with a rope, and he gave him even the slightest amount less than that, the sale is valid and the difference is deducted from the sale price. If he gave him even the slightest amount more than that, the sale is also valid, and the buyer must return the difference to the seller (Rambam *Sefer Kinyan, Hilkhot Mekhira* 28:5; *Shulḥan Arukh, Ḥoshen Mishpat* 218:7).

And if he said more or less – וְאִם אָמַר הֵן חָסֵר הֵן יָתֵר: If one says to another: I am selling you a *beit kor* of land, more or less, and he gave him one part in twenty-four less than what was stipulated, according to the calculation of one-quarter of a *kav* per *se'a*, or if he gave him one part in twenty-four more than what was stipulated, the sale is valid and neither party has a monetary claim against the other. But if the discrepancy is greater than that, the parties calculate the total amount due for all the quarter-*kav* sections that are lacking or additional. The buyer should deduct from the sale price the entire amount that is less than a *beit kor*, or return to the seller whatever is more than a *beit kor*. The Rema, citing the Ran, says that if less was given, the sale is only valid if the field is still called a *beit kor*. But if it is not, the sale is void. The Rema adds further that if the seller did not specify which field he was selling and he gave him less than a *beit kor*, he is obligated to give the buyer a field measuring precisely a *beit kor* from his other fields (Rambam *Sefer Kinyan, Hilkhot Mekhira* 28:6; *Shulḥan Arukh, Ḥoshen Mishpat* 218:8).

What does he return to him – מַה הוּא מַחֲזִיר לוֹ: When the surplus reaching the buyer is more than a quarter-*kav* per *se'a*, so that the buyer must make restitution to the seller, if the total surplus is less than nine *kav*, the buyer returns money. This *halakha* was stated in order to enhance the power of the seller. Therefore, if the seller wishes to receive land, the buyer is obligated to give it to him (*Sma*). When he makes the refund, he refunds all of the surplus and not just the excess beyond a quarter-*kav* per *se'a* (Rambam *Sefer Kinyan, Hilkhot Mekhira* 28:7; *Shulḥan Arukh, Ḥoshen Mishpat* 218:9, 12, and in the comment of Rema and *Sma* there).

If the surplus in the field was an area required for sowing nine ***kav*** – שִׁיֵּיר בְּשָׂדֶה בֵּית תִּשְׁעָה קַבִּין: If the surplus exceeds an area required for sowing nine *kav*, the buyer returns a *beit rova* per *beit se'a*. According to the Rambam and *Shulḥan Arukh*, if the surplus beyond these quarter-*kav* areas is nine *kav*, the buyer may return the land itself to the seller and the seller cannot demand to be paid in money. According to the Rema, this *halakha* applies when the entire surplus is calculated to be the area required to sow nine *kav*, not just the surplus exceeding the *beit rova* per *beit se'a* measures (Rambam *Sefer Kinyan, Hilkhot Mekhira* 28:7; *Shulḥan Arukh, Ḥoshen Mishpat* 218:10, 12, and in the comment of Rema).

And in a garden – וּבְגִינָּה: The *halakha* that applies to a half-*kav* in a garden is the same as that which applies to nine *kav* in a field. If the surplus in a garden is less than a half-*kav*, the buyer returns the value in money unless the seller specifically wishes to receive land. If the surplus is a half-*kav*, he returns the entire surplus in land. According to the Rambam, this refers to the surplus besides the quarter-*kav* per *se'a*, whereas according to those who dispute his ruling, it refers to the entire surplus (Rambam *Sefer Kinyan, Hilkhot Mekhira* 28:9; *Shulḥan Arukh, Ḥoshen Mishpat* 218:12, and in the comment of Rema).

NOTES

If earth intervenes – מוּפְסָק עָפָר: In other words, if there was an interposition of earth of minimal size between the rock and the border of the field, is the rock considered a rock in the middle of the field? This question and the one following it are answered in the Jerusalem Talmud: If a plow can pass through the gap, it is considered a rock in the middle of the field.

Earth below and rock above – עָפָר מִלְּמַטָּה וְצוּנְמָא לְמַעְלָה: According to the Rashbam and Rabbeinu Gershom Meor HaGola, this is a continuation of Rav Pappa's dilemma with regard to the case where earth intervenes between the rock and the border of the field, but it is not merely earth but rock covered with earth or vice versa. Others explain that Rav Ashi's dilemma relates to a rock near the border of a field where there is no interposition of earth, and the question is whether it is measured as part of the field or not. Rabbeinu Yona and others explain that in the case of earth on rock, one might think that the earth is fit for sowing even though it is not deep enough for plowing. Similarly, when the rock is above the earth, the rock can be removed. The Rambam and the Ra'avad explain that Rav Ashi's dilemma is a general one relating to non-arable land, and that he is asking whether the *halakha* with regard to non-arable land applies to situations where there is earth above the rock and vice versa.

He must make a calculation – יַעֲשֶׂה חֶשְׁבּוֹן: The parties should calculate the difference and reimburse one another. The commentaries disagree whether only the surplus is returned or whether everything in excess of a *beit kor* is returned. The Ra'ah, cited by the Ran, explains that this calculation is made only in a case where despite the disparity in measurement, the field is still called a *beit kor*. If the disparity was so great that the field is no longer called a *beit kor*, the sale is void.

What does he return to him – מַה הוּא מַחֲזִיר לוֹ: The Ramah explains that this question also applies to the first clause of the mishna, in the case where the seller says that he is selling a *beit kor* measured precisely with a rope.

If the surplus in the field was an area required for sowing nine ***kav*** – שֶׁאִם שִׁיֵּיר בְּשָׂדֶה בֵּית תִּשְׁעָה קַבִּין: This amount of land is considered an independent entity, as if it were a small field on its own. The same is the case with regard to an area of a half-*kav* or, according to Rabbi Akiva, a quarter-*kav*. In such a case, land is returned since it is fit to be cultivated on its own.

It is not only the quarter-***kav*** – וְלֹא אֶת הָרוֹבַע בִּלְבַד: The Gemara points out that the mishna should have read: It is not only the surplus that he returns to him, but each additional quarter-*kav*. The early authorities disagree about what this final statement of the mishna is referring to. The Ri Migash and others hold that this *halakha* is relevant only to the latter clause of the mishna, which states that it is only when there is a surplus of an area required to sow nine *kav* that a calculation is made and everything beyond a *beit kor* is returned. But if the surplus is less than the area required to sow nine *kav*, all the other quarters are nullified to the *beit se'a* that is being sold, and what is returned is just the surplus beyond a *beit rova* per *beit se'a*. Rav Hai Gaon, the Rashbam, and others say that the *halakha* is relevant in all cases. That is to say, if all of the sections with a disparity add up to exceed a *beit rova* per *beit se'a*, the entire difference must be returned even if it does not add up to a total of the area required to sow nine *kav*.

גמ׳ אִיבַּעְיָא לְהוּ: ״בֵּית כּוֹר״ סְתָמָא, מַאי? תָּא שְׁמַע: ״בֵּית כּוֹר עָפָר אֲנִי מוֹכֵר לָךְ מִדָּה בְּחֶבֶל״,

GEMARA The mishna considers two cases of selling a *beit kor* of land: First, where the seller said that he is selling a *beit kor* measured precisely with a rope, in which case a refund must be made no matter how small the deviation; and second, where the seller said that he selling a *beit kor* more or less, in which case the sale is valid as long as the deviation is no more than a quarter-*kav* per *se'a*. In connection with these cases, **a dilemma was raised before** the Sages: If one says he is selling **a *beit kor*** of land, and he said this **without** any further **specification, what** is the *halakha*? The Gemara suggests: **Come** and **hear** a solution from what was taught in the mishna: If one says to another: **I am selling you** a plot of **earth** the size of **a *beit kor*, measured** precisely **with a rope,**

Perek **VII**
Daf **104** Amud **a**

פָּחוּת כָּל שֶׁהוּא – יְנַכֶּה, יָתֵר כָּל שֶׁהוּא – יַחֲזִיר; הָא סְתָמָא – כְּ״הֵן חָסֵר הֵן יָתֵר״ דָּמֵי.

and he gave him even **the slightest amount less** that what was stipulated, the seller **must deduct** the difference from the purchase price of the field and return money to the buyer. If he gave him even **the slightest amount more** than what was stipulated, the buyer **must return** the difference to the seller. The reason that even the slightest difference in value must be returned is that the seller specified that he was selling land measured precisely with a rope. **But** had he sold the land **without** further **specification,** it would be **like** he sold it saying that it is a *beit kor* **more or less.**

אֵימָא סֵיפָא: וְאִם אָמַר לוֹ ״הֵן חָסֵר הֵן יָתֵר״, אֲפִילּוּ פִּיחֵת רוֹבַע לִסְאָה אוֹ הוֹתִיר רוֹבַע לִסְאָה – הִגִּיעוֹ; הָא סְתָמָא – כְּ״מִדָּה בְּחֶבֶל״ דָּמֵי! אֶלָּא מֵהָא לֵיכָּא לְמִשְׁמַע מִינָּהּ.

The Gemara rejects this argument by proposing another, completely opposite proof: **Say the latter clause** of the mishna: **And if** the seller **said to** the buyer that he is selling him a *beit kor* of land **more or less,** then **even if he gave** him **one-quarter of a** ***kav*** **per** ***se'a*** **less** than what was stipulated, **or he gave him one-quarter of a** ***kav*** **per** ***se'a*** **more** than what was stipulated, **it is his** and the sale is valid. One can infer: The reason that the sale is valid is that he specified that he was selling a *beit kor* of land more or less. **But** had he sold the land **without** further **specification,** it would be **like** he sold it saying that he was selling the land **measured** precisely **with a rope. Rather,** since the mishna can be interpreted in two opposite ways, **no inference** is **to be learned from** the mishna.[N]

תָּא שְׁמַע: ״בֵּית כּוֹר עָפָר אֲנִי מוֹכֵר לָךְ״, ״כְּבֵית כּוֹר עָפָר אֲנִי מוֹכֵר לָךְ״, ״הֵן חָסֵר הֵן יָתֵר אֲנִי מוֹכֵר לָךְ״, אֲפִילּוּ פִּיחֵת רוֹבַע לִסְאָה אוֹ הוֹתִיר רוֹבַע לִסְאָה – הִגִּיעוֹ; אַלְמָא, סְתָמָא נַמִי כְּ״הֵן חָסֵר הֵן יָתֵר״ דָּמֵי. הָתָם פֵּרוּשֵׁי קָא מְפָרֵשׁ: אֵיזֶהוּ בֵּית כּוֹר שֶׁהִיא כְּבֵית כּוֹר? כְּגוֹן דְּאָמַר לֵיהּ ״הֵן חָסֵר הֵן יָתֵר״.

The Gemara tries to present another proof: **Come** and **hear** a proof from a *baraita*: If the seller said to the buyer: **I am selling you** a plot of **earth** the size of **a *beit kor***; or he said to him: **I am selling you** a plot of **earth about** the size of **a *beit kor***; or he said to him: **I am selling you** a *beit kor* **more or less;** then **even if he gave** him **one-quarter of a** ***kav*** **per** ***se'a*** **less** than what was stipulated, **or he gave him one-quarter of a** ***kav*** **per** ***se'a*** **more** than what was stipulated, **it is his** and the sale is valid. One can infer: **Apparently,** selling a *beit kor* of land **without** further **specification** is **also like** selling it **more or less.** The Gemara rejects this proof: **There,** the *tanna* **is explaining** his statement, which should be understood as follows: **When is** the phrase **a *beit kor*** treated like the phrase **about** the size of **a *beit kor***? In a case **where** the seller **says to** the buyer: I am selling you a *beit kor* **more or less.**

מַתְקִיף לַהּ רַב אַשִׁי: אִם כֵּן, ״אֲנִי מוֹכֵר לָךְ״ ״אֲנִי מוֹכֵר לָךְ״ לָמָּה לִי? אֶלָּא לָאו שְׁמַע מִינָּהּ: סְתָמָא נַמִי כְּ״הֵן חָסֵר הֵן יָתֵר״ דָּמֵי, שְׁמַע מִינָּהּ.

Rav Ashi objects to this: If that is so, then **why do I** need to repeat the words: **I am selling you,** three times? The fact that the *baraita* repeats these words in each clause indicates that it is discussing three separate sale transactions, and not that the three clauses are all referring to one case. **Rather, isn't it** correct to **conclude from** the *baraita* that selling a *beit kor* of land **without** further **specification**[H] **is like** selling it **more or less?** The Gemara affirms: **Conclude from** the *baraita* that this is so.

NOTES

No inference is to be learned from the mishna – מֵהָא לֵיכָּא לְמִשְׁמַע מִינָּהּ: In other words, nothing can be derived from a precise reading of the mishna. It cannot be claimed that there is a contradiction between the first clause and the latter clause, since it is possible that one of the two was not meant to be precise, but it is impossible to know which clause that is (*Tosafot*). The Rashbam explains that it was necessary to phrase both the first and latter clause in the way that they are phrased, since the next mishna discusses the *halakha* in a case where the seller combines both expressions.

HALAKHA

Without specification – סְתָמָא: If one says to another: I am selling you a plot of earth the size of a *beit kor*, and he made reference to a specific plot, or was standing in that field at the time of the sale, it is as if he sold it to him saying that he was selling a *beit kor* more or less. Therefore, if the field was one part in twenty-four, or a quarter-*kav* per *se'a*, more or less that what was stipulated, the sale is valid. This is in accordance with Rav Ashi's conclusion (Rambam *Sefer Kinyan*, *Hilkhot Mekhira* 28:6; *Shulḥan Arukh*, *Ḥoshen Mishpat* 218:8 and *Sma* there).

״מַהוּ מַחֲזִיר לוֹ? מָעוֹת״ וכו׳. לְיַפּוֹת כֹּחוֹ שֶׁל מוֹכֵר אָמְרִינַן, לְיַפּוֹת כֹּחוֹ שֶׁל לוֹקֵחַ לָא אָמְרִינַן?

§ With regard to a buyer who received too much land and now must compensate the seller, the mishna teaches: **What does he return to him?** He pays him **money,** and if the seller so wishes, the buyer returns the surplus land to him, because the Sages said that the buyer pays money in order to enhance the power of the seller. In other words, the Sages allowed the seller to choose whether to take back the surplus land or to demand payment for it from the buyer, even though this effectively forces the buyer to purchase the surplus land from him. The Gemara asks: Is it correct that **we say** that **the seller's power should be enhanced, and** that **we do not say** that **the buyer's power should be enhanced?**

וְהָתַנְיָא: פִּיחֵת שִׁבְעַת קַבִּין וּמֶחֱצָה לְכוֹר, אוֹ הוֹתִיר שִׁבְעַת קַבִּין וּמֶחֱצָה לְכוֹר – הִגִּיעוֹ, יוֹתֵר מִכָּאן – כּוֹפִין אֶת הַמּוֹכֵר לִמְכּוֹר וְאֶת הַלּוֹקֵחַ לִיקַּח!

But **isn't it taught** otherwise in a *baraita*: **If** the seller **gave** the buyer **seven and a half *kav* per *kor* less** than what was stipulated, which is the equivalent of a quarter-*kav* per *se'a*, as a *kor* is equal to thirty *se'a*, **or he gave him seven and a half *kav* per *kor* more** than what was stipulated, **it is his** and the sale is valid. If the difference is **greater than that** amount, the court **compels the seller to sell**[N] **and the buyer to buy** the difference. This indicates that we also say that the buyer's power should be enhanced, since if the buyer so wishes, the seller is compelled to sell him land and accept payment for it.

הָתָם, כְּגוֹן דַּהֲוָה יַקִּירָא מֵעִיקָּרָא וְזָל הָשְׁתָּא, דְּאָמְרִינַן לֵיהּ: אִי אַרְעָא יְהַבְתְּ לִי, הַב לִי כְּזוֹלָא דְּהָשְׁתָּא.

The Gemara replies: **There,** the *baraita* is not discussing a case where the buyer wishes to acquire the surplus land, but rather with a case **where** the land **was initially,** at the time of the sale, **expensive,**[N] **but now it is cheap,** and the seller wants the buyer to pay him for the surplus land according to the initial higher rate. In this case, **we say to** the seller, in the name of the buyer: **If you** wish to **give me land**[N] and receive money, **give me** the land **according to the current, cheaper rate.** This is what the *baraita* is referring to when it states that the seller is compelled to sell.

וְהָתַנְיָא: כְּשֶׁהוּא נוֹתֵן לוֹ – נוֹתֵן לוֹ כַּשַּׁעַר שֶׁלָּקַח מִמֶּנּוּ! הָתָם, כְּגוֹן דַּהֲוָה זוֹלָא מֵעִיקָּרָא וְיַקְרָא לַהּ הָשְׁתָּא.

The Gemara raises a difficulty: **But isn't it taught** in a *baraita*: **When he gives him** money in payment for the surplus land, **he gives** it **to him according to the rate at which he had bought** the rest of the land **from him?**[N] The Gemara replies: **There** the *baraita* is referring to a case **where** the land **was initially cheap**[H] **but now it is expensive.** If, in such a case, the seller wants the buyer to pay him for the surplus land, he is compelled to sell it to him according to the cheap rate from the time of the original sale.

״שֶׁאִם שִׁיֵּיר בְּשָׂדֶה בֵּית תִּשְׁעָה קַבִּין״ וכו׳. אָמַר רַב הוּנָא: תִּשְׁעָה קַבִּין שֶׁאָמְרוּ, וַאֲפִילּוּ בְּבִקְעָה גְּדוֹלָה;

§ The mishna teaches: **As, if the surplus in the field was an area required for the sowing of nine *kav*** of seed, and in a garden an area required for the sowing of a half-*kav* of seed, or, according to the Rabbi Akiva, an area required for the sowing of a quarter-*kav* of seed, the buyer can return the surplus land to the seller, and the seller cannot demand payment in money. **Rav Huna says:** The *halakha* **that was stated** in the mishna, that a surplus in the size of an area required for the sowing of **nine *kav*** of seed can be returned to the seller, applies **even in a large valley** which measures several *kor*. If the surplus is a significant plot of land equal in size to an area required for the sowing of nine *kav* of seed, the buyer can return it to the seller, even if it is less than one-quarter of a *kav* per *se'a*, i.e., less than one twenty-fourth the size of the field that was sold.

וְרַב נַחְמָן אָמַר: נוֹתֵן שִׁבְעַת קַבִּין וּמֶחֱצָה לְכָל כּוֹר וְכוֹר;

And Rav Naḥman says: He calculates seven and a half *kav* for each and every *kor*,[H] which is equivalent to one-quarter of a *kav* per *se'a*. As long as the surplus does not exceed that ratio, he is not required to return it, even if the surplus is greater than the area required for the sowing of nine *kav*.

NOTES

The court compels the seller to sell – כּוֹפִין אֶת הַמּוֹכֵר: The seller is compelled to receive money and not land, since at times, the buyer does not want another person to have a permanent right of entry into the land adjacent to his. Additionally, the seller does not lose anything from the deal, since the surplus is too small to function as a proper field. This is a case where the court compels one to refrain from acting in a manner characteristic of Sodom, preventing the seller from maliciously inconveniencing the buyer (Rashbam).

Where the land was initially expensive – דַּהֲוָה יַקִּירָא מֵעִיקָּרָא: The Rashbam explains that although the seller has the upper hand in that he decides whether to give land or refund money, the value of the land is always assessed according to the lower rate, since in this matter the buyer has the upper hand. This explains why the term "compelled" is used here: The seller is compelled to accept payment at the lower rate.

We say to the seller: If you give me land – דְּאָמְרִינַן לֵיהּ אִי אַרְעָא יְהַבְתְּ לִי: The Rambam and Ri Migash explain that the seller is told that if he wants to reimburse the buyer with land, he must give it to him according to the cheaper rate. The Ritva and others comment that the wording of the statement does not fit in well with this explanation. That wording is, however, congruent with the Ra'avad's interpretation, according to which the buyer is told that if wants to return land instead of the money that the seller has a right to demand, he should do so according to the current, cheaper rate.

He gives it to him according to the rate at which he had bought the land from him – נוֹתֵן לוֹ כַּשַּׁעַר שֶׁלָּקַח מִמֶּנּוּ: The Rashbam explains that when the buyer acquires the surplus land, he is not obligated to pay more than the price to which he had initially agreed. The Ra'avad, following his explanation throughout the passage, writes the opposite, that if the buyer returns land, he can return exactly what he took. But if the seller demands money, it is as if he is selling him the land at this time, and the buyer must pay according to its current, higher value.

HALAKHA

Where the land was initially expensive but now it is cheap…where it was initially cheap – כְּגוֹן דַּהֲוָה יַקִּירָא מֵעִיקָּרָא וְזָל הָשְׁתָּא...כְּגוֹן דַּהֲוָה זוֹלָא מֵעִיקָּרָא: When the surplus exceeds nine *kav* and the buyer returns the entire surplus to the seller, he returns the land even if its value decreased since the initial transaction. But if the land had been expensive and it became cheaper, the buyer is given a choice: If he wishes to pay the seller money, he must do so according to the value of the land at the time of the sale, and if he wishes to pay him in land, he may do so according to its value at the time of the refund. This is in accordance with the opinion of the Rambam. The Rema writes that the correct explanation is that whenever the seller is entitled to demand money and not land, and he chooses to be paid in money, he is paid according to the cheaper rate, whether the land was expensive and became cheaper or vice versa (Rambam *Sefer Kinyan, Hilkhot Mekhira* 28:8; *Shulḥan Arukh, Ḥoshen Mishpat* 218:11, 12, and in the comment of Rema).

HALAKHA

He calculates seven and a half *kav* for each and every *kor* – נוֹתֵן שִׁבְעַת קַבִּין וּמֶחֱצָה לְכָל כּוֹר וְכוֹר: If one sells land to another, and the surplus beyond the stipulated amount exceeds nine *kav*, the buyer returns a quarter-*kav* per *se'a*. If the surplus besides these quarter-*kav* areas per *beit se'a* exceeds the area required to sow nine *kav*, the buyer returns all of the surplus land to the seller. If he prefers, he may return money according to the rate at the time of the sale (*Sma*). This is in accordance with the opinion of Rav Naḥman, whose rulings are accepted in monetary cases. The Rema, following the Rashbam, writes that the *halakha* is as follows: If the entire surplus, including the quarter-*kav* areas per *beit se'a* and any additional surplus, totals the area required to sow nine *kav*, the buyer returns the entire surplus to the seller (Rambam *Sefer Kinyan, Hilkhot Mekhira* 28:7; *Shulḥan Arukh, Ḥoshen Mishpat* 218:10, 12, and in the comment of Rema).

וְאִי אִיכָּא מִילְּתָא יְתֵירָא דְּהָוֵי לְתִשְׁעַת קַבִּין – הָדְרִי.

And if after this calculation **there is** still **a surplus**[N] in excess of a quarter-*kav* per *se'a*, equal in size to an area required **for** the sowing of **nine** ***kav*** of seed, the entire surplus must be **returned.**

אֵיתִיבֵיהּ רָבָא לְרַב נַחְמָן: שֶׁאִם שִׁיֵּיר בְּשָׂדֶה בֵּית תִּשְׁעַת קַבִּין; לָאו דְּזַבֵּין לֵיהּ כּוֹרַיִים? לָא, דְּזַבֵּין לֵיהּ כּוֹר.

Rava raised an objection to Rav Naḥman: The mishna teaches **that if the surplus in the field**[N] **was an area required for the sowing of nine** ***kav*** of seed, the buyer returns the land to the seller. **Isn't this** the *halakha* even in a case **where he sold him** a field measuring **two** ***kor*****?** This would seem to indicate that even if the surplus does not exceed a quarter-*kav* per *se'a*, as a quarter-*kav* per *se'a* in a field of two *kor* is fifteen *kav*, the sole determining factor is whether or not the surplus is equal in size to an area required for the sowing of nine *kav*. Rav Naḥman rejects this argument: **No,** the case in the mishna is specifically **where he sold him** a field measuring one ***kor*****.**[N]

וּבְגִנָּה בֵּית חֲצִי קַב; לָאו דְּזַבֵּין לֵיהּ סָאתַיִם? לָא, דְּזַבֵּין לֵיהּ סְאָה.

Rava raised a further objection to Rav Naḥman: We learned in the continuation of the mishna that if the surplus **in a garden** was **an area required for the sowing of a half-*kav***[N] of seed, the buyer returns the land to the seller. **Isn't this** the *halakha* even in a case **where he sold him** a garden measuring **two** ***se'a*****?** Once again, this would seem to indicate that the surplus is returned to the seller, provided that it is equal in size to the minimum measure of a garden, even if the surplus does not exceed one-half of a *kav* per two *se'a*, which is equivalent to one-quarter of a *kav* per *se'a*. Rav Naḥman rejects this argument as well: **No,** the case in the mishna is **where he sold him a** garden measuring **a** ***se'a*****,** so that the surplus is proportionately twice as large.

וּכְדִבְרֵי רַבִּי עֲקִיבָא בֵּית רוֹבַע; מַאי לָאו דְּזַבֵּין לֵיהּ סְאָה! לָא, דְּזַבֵּין לֵיהּ חֲצִי סְאָה.

Rava raised yet another objection to Rav Naḥman from the next clause in the mishna, which states: **Or, according to the statement of Rabbi Akiva,** if the surplus in the garden was **an area required for sowing a quarter-*kav* of seed,** the buyer returns the land to the seller. **What, isn't this** the *halakha* even in a case **where he sold him a** garden measuring **a** ***se'a*****?** In that case, the surplus does not exceed one-quarter of a *kav* per *se'a*, and nevertheless the surplus is returned to the seller, provided that it is equal in size to the minimum measure of a garden. Rav Naḥman also rejects this argument: **No,** the case in the mishna is **where he sold him** a garden measuring **a half-*se'a*****,** so that the surplus is proportionately twice as large.

NOTES

And if there is a surplus – וְאִי אִיכָּא מִילְּתָא יְתֵירָא: If the disparity exceeds a quarter-*kav* per *se'a*, and all the areas of surplus and the quarters of a *kav* add up to nine *kav*, then the surplus land must be returned and any additional surplus must be returned as well (Rashbam). The Rambam understands that any land in excess of a quarter-*kav* per *se'a* is included in the nine *kav*. The Rashbam also cites the explanation of Rabbeinu Gershom Meor HaGola, who says that the surplus adds up to the nine *kav* in a single *kor*, but the Rashbam rejects this opinion. The early authorities disagree with regard to a case where the disparity exceeds a quarter-*kav* per *se'a* but does not add up to nine *kav*, for example, when it adds up to an area fit for eight *kav* per *kor*. The Ri Migash maintains that in such a case, the buyer only returns the part that exceeds a quarter-*kav* per *se'a*, and the rest is considered waived. Rav Hai Gaon says that the entire difference must be returned up to the precise measure of the sale, per the end of the mishna. Accordingly, Rav Naḥman's statement relates only to the obligation to return land, so that if the surplus does not amount to an area fit for nine *kav*, the seller can demand that the difference be refunded to him in money (see Rabbeinu Yona and Ramah).

If the surplus in the field, etc. – שֶׁאִם שִׁיֵּיר בְּשָׂדֶה וכו׳: Rava raises his difficulty from the wording of the mishna, since it does not mention the size of the field. The Ritva maintains that the *halakha* should be in accordance with the opinion of Rav Huna, which accords better with the wording of the mishna. Nevertheless, he defers to the authorities who rule in accordance with the opinion of Rav Naḥman.

No, where he sold him a *kor* – לָא, דְּזַבֵּין לֵיהּ כּוֹר: Rav Naḥman explains that although the mishna does not say so explicitly, it stands to reason that it relates to the first case it presented, namely, the sale of a *beit kor*; therefore, the entire mishna should be understood in accordance with the calculation of a field that is the size of a *beit kor*.

In a garden was an area required for the sowing of a half-*kav* – וּבְגִנָּה בֵּית חֲצִי קַב: Rava raises his challenge from the case of the garden even after his previous challenge was deflected because while the size of the field is mentioned in the mishna, the size of the garden is not. Therefore, it would appear that the same *halakha* would apply regardless of the size of the garden, even if it is an area fit for sowing two *se'a*, since the ratio of one-half of a *kav* to two *se'a* is the same as that of one-quarter of a *kav* to one *se'a*. Rav Naḥman deflects this challenge as well, and says that this ruling of the mishna relates to the specific measurement mentioned earlier, a *beit se'a*. Just as one-quarter of a *kav* per *beit se'a* in a field does not add up to nine *kav*, so too with regard to a garden: Half a *kav* is only mentioned in a case where the surplus exceeds one-quarter of a *kav* per *beit se'a*.

בָּעֵי רַב אַשִׁי: שָׂדֶה וְנַעֲשֵׂית גִּנָּה, גִּנָּה וְנַעֲשֵׂית שָׂדֶה, מַאי? תֵּיקוּ.

The mishna teaches that in the case of a field, the buyer can return the land itself if the surplus was an area required for the sowing of nine *kav* of seed, and in the case of a garden, if the surplus was an area required for the sowing of a half-*kav* of seed. **Rav Ashi raises a dilemma:** If one sold **a field and it** turned out that the plot was larger than had been stipulated, but before the buyer returned the surplus, the plot **was turned into a garden,**[N] **or** if it was initially **a garden and it was turned into a field**[H] (see 11a), **what** is the *halakha*? Is the surplus governed by the *halakhot* applying to a field or by those applying to a garden? The Gemara answers: The dilemma **shall stand** unresolved, as no answer has been found.

תָּנָא: אִם הָיָה סָמוּךְ לְשָׂדֵהוּ, אֲפִילּוּ כָּל שֶׁהוּא – מַחֲזִיר לוֹ קַרְקַע.

A Sage **taught** in a *baraita*: **If** the field being sold **was adjacent to** another **field**[NH] belonging to the seller, **then even** if the surplus was of **a minimal** amount, the buyer can **return the land** itself **to** the seller, and the seller cannot demand payment in money. This is because the seller loses nothing when he receives a small tract of land, as he can cultivate it along with his adjoining field.

בָּעֵי רַב אַשִׁי: בּוֹר מַהוּ שֶׁתַּפְסִיק? אַמַּת הַמַּיִם מַהוּ שֶׁתַּפְסִיק? דֶּרֶךְ הָרַבִּים מַהוּ שֶׁתַּפְסִיק? רִיכְבָּא דְּדִיקְלָא מַהוּ שֶׁתַּפְסִיק? תֵּיקוּ.

Rav Ashi raises a set of **dilemmas:** With regard to **a pit** between the surplus in the sold field and the adjoining field belonging to the seller, **what is** the *halakha*: **Should** the pit **be** considered **an interposition** between the two fields? With regard to **a water channel** between the two fields, **what is** the *halakha*: **Should** the water channel **be** considered **an interposition?** With regard to **the public thoroughfare, what is** the *halakha*: **Should** the public thoroughfare **be** considered **an interposition?** With regard to **a row of palm trees, what is** the *halakha*: **Should** a row of palm trees **be** considered **an interposition?** The Gemara states: All these dilemmas **shall stand** unresolved.

״וְלֹא אֶת הָרוֹבַע בִּלְבַד מַחֲזִיר לוֹ, אֶלָּא כָּל הַמּוֹתָר״. כְּלַפֵּי לַיָּיא?! תָּאנֵי רָבִין בַּר רַב נַחְמָן: לֹא אֶת הַמּוֹתָר בִּלְבַד מַחֲזִיר לוֹ, אֶלָּא אֶת כָּל הָרְבָעִין כּוּלָּן.

§ The mishna teaches that if the surplus is greater than a quarter-*kav* per *se'a*, **it is not only the quarter-*kav* that** the buyer **returns; rather,** he returns **all of the surplus.** Since he is already required to make a refund, the refund must be made in the precise amount. The Gemara raises a question: **Isn't it the opposite** [*kelappei layya*]?[L] The buyer is required to return the surplus even when the quarters of a *kav* remain in his possession. **Ravin bar Rav Naḥman taught** the mishna as follows: **Not only must** the buyer **return the extra** land that is beyond the limit of a quarter-*kav* area per *beit se'a*, **but he must** also **return to him every one of the** extra **quarter**-*kav* areas of land that he received beyond the stated area of a *beit kor*. When he is required to return the surplus, he returns not only the surplus, but also all the quarter-*kav* areas over and above what had originally been stipulated to be included in the sale.

מתני׳ ״מִדָּה בְּחֶבֶל אֲנִי מוֹכֵר לְךָ הֵן חָסֵר הֵן יָתֵר״ – בִּטֵּל ״הֵן חָסֵר הֵן יָתֵר״ ״מִדָּה בְּחֶבֶל״, ״הֵן חָסֵר הֵן יָתֵר מִדָּה בְּחֶבֶל״,

MISHNA If the seller says to the buyer: **I am selling you** a plot of land of a certain size **measured** precisely **with a rope more or less,** thereby attaching to the sale two contradictory stipulations; in this case, the words: **More or less, nullify** the words: **Measured** precisely **with a rope.** Accordingly, if the surplus did not exceed a quarter-*kav* per *se'a*, the sale is valid as is. Similarly, if the seller says to the buyer: I am selling you a plot of land of a certain size **more or less measured** precisely **with a rope,**

NOTES

If a field was turned into a garden – **שָׂדֶה וְנַעֲשֵׂית גִּנָּה**: The question arises only if the field was turned into a garden between the time of the sale and the time it was measured; for example, where a spring began to flow in the field during that interval. If it turned into a garden before the sale, it is clear that the sale was executed with a garden in mind, and if the change occurred after the field was measured, the matter is already final. Rav Ashi is asking whether the *halakha* is determined in accordance with the situation at the time of the sale, or in accordance with the current situation (see Rashbam).

If it was adjacent to another field – **סָמוּךְ לְשָׂדֵהוּ**: According to the Rashbam, here too, the *halakha* only applies if the surplus exceeds a quarter-*kav* per *beit se'a*, since, as was stated, anything under that amount is considered waived.

LANGUAGE

Isn't it the opposite [*kelappei layya*] – **כְּלַפֵּי לַיָּיא**: This expression of astonishment is a response indicating that reason dictates just the opposite. It is generally understood to be related to the phrase *klappei le'an*, meaning: In which direction? Where are you going? It seems that you are going in the opposite direction. Some of the *Ge'onim* explain it as a shortened form of *klappei alya*, meaning in the direction of the tail, like a man riding an animal with his face turned in the direction of the animal's tail, just the opposite of what one would expect.

HALAKHA

A field and it was turned into a garden, or a garden and it was turned into a field – **שָׂדֶה וְנַעֲשֵׂית גִּנָּה גִּנָּה וְנַעֲשֵׂית שָׂדֶה**: If one sold a field to another, and the surplus was more than a *beit rova* per *beit se'a*, the buyer must return the surplus to the seller, either in land or in money, in accordance with the seller's wishes. If, before the buyer took possession of the surplus, the field was turned into a garden, e.g., a spring emerged so that the land was now fit for growing vegetables, and the surplus was of an area required to sow a half-*kav* of seed, in which case the buyer may be allowed return the land; or it was initially a garden and it was turned into a field, e.g., the spring dried up, then the *halakha* is uncertain. In such a case, the buyer can make the refund as he chooses, in land or with money, as the seller is the claimant, and the burden of proof rests upon him (Rambam *Sefer Kinyan*, *Hilkhot Mekhira* 28:10; *Shulḥan Arukh*, *Ḥoshen Mishpat* 218:13).

If it was adjacent to another field – **הָיָה סָמוּךְ לְשָׂדֵהוּ**: Although the seller is ordinarily given the upper hand to choose whether to receive his refund in land or in money, if the surplus land was adjacent to another field belonging to the seller, the buyer has the option to return the land, since the seller can farm it together with his other field and not suffer any loss (Rambam *Sefer Kinyan*, *Hilkhot Mekhira* 28:7; *Shulḥan Arukh*, *Ḥoshen Mishpat* 218:9).

בִּטֵּל ״מִדָּה בְּחֶבֶל״ ״הֵן חָסֵר הֵן יָתֵר״, דִּבְרֵי בֶּן נַנָּס.

the words: **Measured** precisely **with a rope, nullify** the words: **More or less,** since the principle is that in all cases, one should attend to the final expression; this is **the statement of ben Nanas.**

גמ׳ אָמַר רַבִּי אַבָּא בַּר מֶמֶל אָמַר רַב: חוֹלְקִין עָלָיו חֲבֵירָיו עַל בֶּן נַנָּס. מַאי קָא מַשְׁמַע לָן? תָּנֵינָא: מַעֲשֶׂה בְּצִיפּוֹרִי, בְּאֶחָד שֶׁשָּׂכַר מֶרְחָץ מֵחֲבֵירוֹ בִּשְׁנֵים עָשָׂר זְהוּבִים לְשָׁנָה, דִּינָר זָהָב לְחֹדֶשׁ,

GEMARA **Rabbi Abba bar Memel says** that **Rav says: Ben Nanas's colleagues disagree with him** with regard to his ruling that one should attend to the final expression. The Gemara asks: **What** new *halakha* **is** Rav **teaching us?** Don't **we** already **learn** that they disagree from a mishna (*Bava Metzia* 102a): There was once **an incident in Tzippori involving one who rented a bathhouse from another,** and it was stated that the rental fee would be **twelve gold dinars** [*zehuvim*][L] **a year,**[H] **one gold** dinar **per month,** and the year was later intercalated, an extra month being added.[B]

וּבָא מַעֲשֶׂה לִפְנֵי רַבָּן שִׁמְעוֹן בֶּן גַּמְלִיאֵל וְלִפְנֵי רַבִּי יוֹסֵי, וְאָמְרוּ: יַחֲלוֹקוּ אֶת חֹדֶשׁ הָעִיבּוּר!

The incident came before Rabban Shimon ben Gamliel[P] **and before Rabbi Yosei**[P] for a decision as to whether the intercalated month is included in the words: Twelve gold dinars a year, or whether an additional payment must be made for that month, as the agreement stipulated: One gold dinar per month. **And they said:** The landlord and the tenant **should divide the intercalated month** between them, and so the tenant should pay only half a gold dinar for it. This indicates that these Sages ruled that the meaning of an agreement containing two contradictory expressions is in doubt, and therefore the parties divide the disputed amount between them. From here it follows that they disagree with the opinion of ben Nanas, who says that in such a case one should attend to the final expression.

LANGUAGE

Gold dinars [*zehuvim*] – זְהוּבִים: This is an abbreviated form, meaning gold coins, and referring to gold dinars. In talmudic times, one gold dinar was worth twenty-five silver dinars.

HALAKHA

Involving one who rented a bathhouse from another for twelve gold dinars a year – בְּאֶחָד שֶׁשָּׂכַר מֶרְחָץ בִּשְׁנֵים עָשָׂר זְהוּבִים לְשָׁנָה: If one rented a house for a year for a fixed sum, and the year was later intercalated, the tenant benefits. But if he rented it for twelve months, the landlord benefits, and an additional payment must be made for the extra month. If the rental agreement included both the rental fee for the year and the rental fee per month, whether it was stated that the fee would be one dinar per month, twelve dinars a year, or it was stated twelve dinars a year, one dinar per month, the landlord benefits. This is in accordance with the opinion of Rav Naḥman in *Bava Metzia* (102b), the last authority to express an opinion on the matter (see Rashbam). The *Shakh*, citing the Rosh, writes that the above applies only when the tenant does not claim with certainty that the landlord said to him outright: Twelve dinar a year, even if this year is intercalated; but if he raises such a claim, an additional payment for the intercalated month cannot be collected from the tenant (Rambam *Sefer Mishpatim, Hilkhot Sekhirut* 7:2; *Shulḥan Arukh, Ḥoshen Mishpat* 312:15).

BACKGROUND

Intercalation of the year – עִיבּוּר הַשָּׁנָה: Due to the need to align the Festivals with specific seasons, the Jewish calendar, which follows a lunar cycle of twelve months of twenty-nine or thirty days, is also related to the solar calendar. In particular, Passover must be celebrated at the time of the barley harvest, in the spring, and *Sukkot* at the time of the autumnal equinox. The solar year is slightly more than eleven days longer than the lunar year. To compensate for this difference, a thirteenth lunar month is occasionally added after the month of Adar, and is referred to as Second Adar.

During the period when the calendar was still set every year by the Sanhedrin, the question of whether to add an extra month required a unique decision-making process. First, the matter was considered by three judges selected from the Sanhedrin. If they thought an additional month was necessary, two more judges were asked to join the deliberations. If this body also agreed, two more judges were added, bringing the total to seven. These seven judges would make the final decision. Among the factors the judges would consider, in addition to the need for the Festivals to fall in their appropriate seasons, were the climatic conditions and whether the crops had ripened sufficiently.

Since the fourth century CE, the Jewish calendar has operated on a fixed astronomical system using a nineteen-year cycle, correlating the lunar and solar calendars. Months are added in the third, sixth, eighth, eleventh, fourteenth, seventeenth, and nineteenth years of each cycle.

PERSONALITIES

Rabban Shimon ben Gamliel – רַבָּן שִׁמְעוֹן בֶּן גַּמְלִיאֵל: This refers to Rabban Shimon ben Gamliel II, who was head of the Sanhedrin following the bar Kokheva revolt. He was a member of the dynasty of Hillel the Elder, and his grandfather, Rabban Shimon ben Gamliel the Elder, headed the Sanhedrin at the time of the destruction of the Temple and was one of the Ten Martyrs killed by the Romans.

Rabbi Yosei – רַבִּי יוֹסֵי: This is Rabbi Yosei ben Ḥalafta, one of the greatest of the *tanna'im*. He lived in the generation prior to the redaction of the Mishna, and his influence is evident throughout tannaitic literature. His father, known as Abba Ḥalafta, was also considered one of the great Sages of his generation, and his family, according to one tradition, descended from Yehonadav, son of Rekhav (see II Kings 10:15).

In addition to studying with his father, Rabbi Yosei was an outstanding student of Rabbi Akiva. Rabbi Yosei and his contemporaries, the other students of Rabbi Akiva, Rabbi Meir, Rabbi Yehuda, and Rabbi Shimon bar Yoḥai, formed the center of talmudic creativity of that entire generation. Rabbi Yosei was moderate; he avoided extreme opinions on halakhic issues. Because of his moderation and the logic of his opinions, the *halakha* is ruled in accordance with his opinion in every instance of disagreement with his colleagues. A well-known principle in *halakha* is that Rabbi Yosei's opinions are based on sound reasoning, and therefore the *halakha* is always in accordance with his opinion.

In addition to being a master of *halakha*, Rabbi Yosei was also famous for his piety. The Talmud relates many stories about his modesty, his humility, and his sanctity. It is related that Elijah the prophet would reveal himself to him every day, and several conversations between him and Elijah are related in the Talmud. Rabbi Yosei was apparently the primary redactor of a series of *baraitot* on the history of the Jewish people known as *Seder Olam*. For many years he lived in Tzippori in the Galilee and earned his living as a tanner.

Many of the prominent Sages of the following generation, including Rabbi Yehuda HaNasi, the redactor of the Mishna, were his students. But his main students were his five sons, all of whom were Sages in their generation. The most famous of them were Rabbi Eliezer, one of the great masters of *aggada*, and Rabbi Yishmael.

אִי מֵהָתָם, הֲוָה אָמִינָא: הָתָם הוּא דְּאִיכָּא לְמֵימַר מִיהֲדַר קָא הָדַר בֵּיהּ, וְאִיכָּא לְמֵימַר פֵּרוּשֵׁי קָא מְפָרֵשׁ, אֲבָל הָכָא דְּוַדַּאי קָא הָדַר בֵּיהּ – אֵימָא לָא, קָא מַשְׁמַע לָן.

The Gemara replies: If the Sages' opinion was derived only **from there,** I would not know that they disagree with the opinion of ben Nanas in all cases, as **I would say**[N] that **it is** only **there** that the Sages say that the parties divide the disputed sum between them. **As it is possible to say that** the landlord **retracted** his first statement and set the rental fee at one gold dinar per month, **but it is** also **possible to say that he is explaining** his earlier statement.[N] That is to say, he did not mean to relate to the intercalated month; rather, he was clarifying that payment was to be made not with a lump sum at the end of the year, but in monthly installments. Since there is uncertainty with regard to his intention, the parties divide the contested sum between them. **But here** in the mishna, where the seller **certainly retracted** his first statement, one might **say** that the Sages do **not** disagree with ben Nanas. Therefore, the mishna **teaches us**[N] that in all cases the Sages disagree with ben Nanas.

אָמַר רַב יְהוּדָה אָמַר שְׁמוּאֵל: זוֹ דִּבְרֵי בֶּן נַנָּס, אֲבָל חֲכָמִים אוֹמְרִים: הַלֵּךְ אַחַר פָּחוּת שֶׁבַּלְּשׁוֹנוֹת.

Similar to what was cited above in the name of Rav, **Rav Yehuda says** that **Shmuel says: This is the statement of ben Nanas,** who says with regard to a case of contradictory expressions that one should attend to the final expression; **but the Sages say: Follow the least inclusive expression,**[NH] the one that is the least advantageous to the buyer, in keeping with the principle that in a case of uncertainty, the burden of proof rests upon the claimant.

״זוֹ״ וְלָא סְבִירָא לֵיהּ? וְהָא רַב וּשְׁמוּאֵל דְּאָמְרִי תַּרְוַיְיהוּ: ״כּוֹר בִּשְׁלֹשִׁים אֲנִי מוֹכֵר לְךָ״ – יָכוֹל לַחֲזוֹר בּוֹ אֲפִילּוּ בַּסְּאָה הָאַחֲרוֹנָה,

The Gemara asks: Did Shmuel mean to say that **this** is the statement of ben Nanas, **but** he, Shmuel, **does not agree with him?**[N] **But don't Rav and Shmuel both say:** If the seller said to the buyer: **I am selling you a** *kor* of grain, an amount equivalent to thirty *se'a*, **for** the sum of **thirty** *sela*, **he can renege** on the entire sale **even while** measuring out **the last** *se'a*. Since the seller stipulated that he was selling a full *kor* of grain, as long as he has not yet measured out the full amount, he may still renege, as the sale is not yet complete.

״כּוֹר בִּשְׁלֹשִׁים, סְאָה בְּסֶלַע אֲנִי מוֹכֵר לְךָ״ – רִאשׁוֹן רִאשׁוֹן קָנָה! אֶלָּא ״זוֹ״ וּסְבִירָא לֵיהּ.

But if the seller said to the buyer: **I am selling you a** *kor* of grain **for thirty** *sela*, **each** *se'a* **for a** *sela*, the buyer **acquires** each *se'a* **one by one**[N] as it is being measured out to him. Since the seller specified the price per *sela*, he has indicated that he is ready to sell each *sela* on its own. This seems to indicate that Shmuel maintains that in a case of contradictory expressions, one should attend to the final expression. **Rather,** Shmuel's formulation: This is the statement of ben Nanas, must be explained as follows: **This** is the statement of ben Nanas, **and he,** Shmuel, **agrees with him** that one should attend to the final expression.

וּמִי סְבִירָא לֵיהּ? וְהָאָמַר שְׁמוּאֵל: בְּבָא בְּאֶמְצַע הַחֹדֶשׁ עָסְקִינַן, אֲבָל בָּא בִּתְחִלַּת הַחֹדֶשׁ – כּוּלּוֹ לַמַּשְׂכִּיר, בְּסוֹף הַחֹדֶשׁ – כּוּלּוֹ לַשּׂוֹכֵר!

The Gemara asks: **And does** Shmuel actually **agree with him? But doesn't Shmuel say:** Concerning the ruling of the Sages that the landlord and the tenant should divide the intercalated month between them, **we are dealing with** a case **where** the landlord **came** to collect the rent **in the middle of the month.** Only in that case is the disputed rent divided between them. **But** in a case where **he came** to collect the rent **at the beginning of the month, the entire** sum goes **to the landlord** who is demanding payment, since he is in possession of the property. And if he came **at the end of the month, the entire** sum goes **to the tenant** who is refusing payment, since he is in possession of the money. This indicates that Shmuel maintains that in a case of contradictory expressions, one should not attend to the latter expression. Rather, the case is viewed as one of uncertainty, and the burden of proof rests upon the claimant.

HALAKHA

Follow the least inclusive expression – הַלֵּךְ אַחַר פָּחוּת שֶׁבַּלְּשׁוֹנוֹת: If one uses contradictory expressions and says to another: I am selling you a *beit kor*, measured precisely with a rope, more or less, or he says: I am selling you a *beit kor* more or less, measured precisely with a rope, the buyer is given land in accordance with the least inclusive expression. The *Maggid Mishne* and *Beit Yosef* say that the words: Follow the least inclusive statement, mean that the seller has the upper hand in any case. The *Sma* disagrees with this and says that the least inclusive statement is always followed, whether it is to the buyer's detriment or to his benefit, and even if he has not yet paid for the field. This is not in accordance with the statement of Rabbi Shimon ben Nanas in the mishna but in accordance with the opinion of the Sages cited by Shmuel (Rambam *Sefer Kinyan, Hilkhot Mekhira* 28:11; *Shulḥan Arukh, Ḥoshen Mishpat* 218:14).

NOTES

If from there I would say, etc. – אִי מֵהָתָם הֲוָה אָמִינָא וכו׳: Perhaps even ben Nanas concedes that the bathhouse rental is a case of uncertainty (Rashbam). Alternatively, perhaps in general the Sages concede to ben Nanas, and it is only the case of the bathhouse rental that they view as a case of uncertainty (Rabbeinu Gershom Meor HaGola).

He is explaining his earlier statement – פֵּרוּשֵׁי קָא מְפָרֵשׁ: That is to say that he did not change his mind with regard to the rental fee, but still abides by his first statement charging twelve gold dinars a year. According to Rabbeinu Gershom Meor HaGola, the landlord explaining his earlier statement means that he is not adding anything to what he said initially, but merely repeats his statement in a more explicit manner. By contrast, the Rashbam says that the explanation has a specific purpose: The landlord is explaining that he wishes to receive payment at the end of each month and not at the end of the year. Therefore, the *halakha* is different as well: Since the property is being rented out for each month separately, either of the parties can renege on the agreement at the end of any given month.

Today there is a fixed calendar, and so it is known in advance which years are intercalated. During the time of the Mishna, the decision to intercalate a year with an additional month was made by the court, and sometimes this decision was made as late as the end of the winter. Even though it was always possible that a particular year would end up with thirteen months, the parties to a transaction did not always consider the possibility that the year might end up being intercalated.

It teaches us – קָא מַשְׁמַע לָן: It was necessary for Rav to inform us that even when there is no possibility that one is retracting his earlier statement, there is a fundamental disagreement between ben Nanas and the Sages, and that the Sages maintain that whenever an agreement contains two contradictory expressions, both must be taken into account (Rashbam).

Follow the least inclusive expression [*paḥut shebaleshonot*] – פָּחוּת שֶׁבַּלְּשׁוֹנוֹת: The meaning of this expression is that one should follow the expression that reflects the most limited commitment. According to most commentaries, this means that the agreement is interpreted in favor of the individual who is currently in possession of the property. In the mishna here, that individual is the seller, so whichever statement is most advantageous to the seller is followed. A similar explanation is provided by the Ri Migash, who says that the buyer is at a disadvantage, seeing that the burden of proof rests upon the claimant. The Ra'avad distinguishes between the cases: If the land is still in the seller's possession, he has the advantage; but if it was already transferred to the buyer, and the seller is suing him for money, the buyer has the advantage. Some early authorities offer a different explanation of this matter: *Paḥut shebaleshonot* should be understood not as the least inclusive expression, but rather the shortest, most concise expression. Therefore, since the condition: Measured with a rope [*midda beḥevel*], is more concise, it is followed (Rabbeinu Gershom Meor HaGola; Rabbeinu Barukh).

This, but he does not agree with him – זוֹ וְלָא סְבִירָא לֵיהּ: This seems to be the straightforward understanding of Shmuel's statement, as Shmuel reports the dissenting opinion in the name of the Sages, and the *halakha* follows the Sages (Ritva). Additionally, unlike Rav's statement, Shmuel words his statement: This is the statement of ben Nanas, but…, thereby indicating that this is the opinion of ben Nanas, but not the opinion that is to be accepted as the *halakha*. Admittedly, this is not conclusive proof, as the Gemara soon suggests that Shmuel's statement can also be understood as siding with ben Nanas. This is because at times a Sage may use this formulation to introduce the fact that there is also another opinion, without indicating which opinion he himself accepts.

He acquires each *se'a* one by one – רִאשׁוֹן רִאשׁוֹן קָנָה: From the fact that his first expression: A *kor* for thirty, is disregarded, it is understood that the latter expression is followed, and that the case is not considered one of uncertainty.

אֶלָּא: לְעוֹלָם ״זוֹ״ וְלָא סְבִירָא לֵיהּ, וְהָתָם טַעֲמָא מַאי? מִשּׁוּם דְּתָפֵיס,

Rather, it must be that Shmuel **actually** meant to say that **this** is the statement of ben Nanas, **but he,** Shmuel, **does not agree with him** that one should attend to the latter expression. In fact, he is in agreement with the Sages who maintain that two contradictory expressions create a case of uncertainty. **And there,** in the case of the rent for the intercalated month, **what is the reason** for his ruling that if the landlord came to collect the rent at the beginning of the month, the entire sum goes to the landlord, whereas if he came at the end of the month, the money goes to the tenant? **Because** the party who is awarded the money **was** seen as already being **in possession** of it, and in a case of uncertainty, money is left in the hands of the party enjoying possession.

הָכָא נַמִי הָא תָּפֵיס.

Here too, in the case where the seller says that he is selling a *kor* of grain for thirty *sela*, each *se'a* for a *sela*, the buyer was seen as already being **in possession**[N] of each *se'a* that was measured out to him, and therefore the seller cannot renege on the sale. It is for this reason that the buyer acquires the grain, and not because of the principle that in a case of contradictory expressions, one should attend to the latter expression.

אָמַר רַב הוּנָא, אָמְרִי בֵּי רַב: ״אִיסְתְּרָא מְאָה מָעֵי״ – מְאָה מָעֵי, ״מְאָה מָעֵי אִיסְתְּרָא״ – אִיסְתְּרָא.

On a similar topic, **Rav Huna says** that **they say** in **the school of Rav:** If the seller said to the buyer: I am selling you this item for **an *istera*,**[L] **one hundred *ma'a*,**[NH] an *istera* being a silver coin equal to ninety-six copper *ma'a*, it is assumed he meant **one hundred *ma'a*.** And if the seller reversed the order and said that he was selling the item for **one hundred *ma'a*, an *istera*,** it is assumed he meant **an *istera*.**

מַאי קָא מַשְׁמַע לָן, תְּפוֹס לָשׁוֹן אַחֲרוֹן? הָא אֲמָרָהּ רַב חֲדָא זִימְנָא, דְּאָמַר רַב: אִי הֲוַאי הָתָם, הֲוָה יָהֵיבְנָא כּוּלֵּיהּ לַמַּשְׂכִּיר!

The Gemara asks: **What** new *halakha* **is** Rav **teaching us?** Is it that with regard to a statement comprised of contradictory expressions **one should attend** only to **the last statement? Didn't Rav** already **say this** on **another occasion? As Rav says: Had I been there** as a judge when the ruling was issued with regard to the rental fee for the intercalated month, **I would have given the entire** month's rent **to the landlord,**[N] based on the final expression in the rental agreement: One gold dinar per month.

אִי אִיתְּמַר הָא וְלָא אִיתְּמַר הָא – הֲוָה אָמִינָא מִיהֲדַר קָא הָדַר בֵּיהּ, אֲבָל הָכָא, מַהוּ דְּתֵימָא פֵּרוּשֵׁי קָא מְפָרֵשׁ, קָא מַשְׁמַע לָן.

The Gemara answers: Nevertheless, it was necessary to state both rulings, as the one cannot necessarily be inferred from the other. **If this** *halakha* with regard to the *istera* **was stated and that** *halakha* with regard to the intercalated month **was not stated, I would say** that when the seller uttered the second expression: One hundred *ma'a*, **he retracted his** first expression:[N] An *istera*, as the two expressions contradict one another, and for that reason Rav said that one should attend to the final expression. **But here,** in the case of the intercalated month, **perhaps you** would **say** that when the landlord utters the second expression: One gold dinar per month, **he is explaining** the original intent of his first expression: Twelve gold dinars a year, and one should view it as a clarification. Therefore Rav comes and **teaches us** that in all cases one should attend to the final expression.

NOTES

Here too he is in possession – הָכָא נַמִי הָא תָּפֵיס: The buyer is seen as being in possession of each *se'a* because the seller himself measured it into the buyer's utensil one *se'a* at a time (Ritva), or even if the buyer measured it for himself, it was with the seller's consent (Rashba). Therefore, the *halakha* is determined according to possession and not according to the wording of the agreement. The Ritva notes that the buyer's possession is incomplete as long as he has not yet paid for the grain, but if he wishes to keep what has already been measured for him, he may do so.

An *istera*, one hundred *ma'a* – אִיסְתְּרָא מְאָה מָעֵי: The reference here is not to actual *ma'ot*, small silver coins each worth one-third of an *istera*, but rather to *perutot* or copper coins. At standard rates, one *istera* was worth ninety-six *perutot*, not one hundred. Since at times the value of silver fluctuated, the number of *perutot* to the dinar could either increase or decrease.

The Gemara does not explain the context of this statement. Some commentaries say that this is a case of someone setting a price for an item he is selling (Rashbam). Alternatively, it is a case of a person on his deathbed, who is admitting a debt orally or committing his admission to writing (Rabbeinu Gershom Meor HaGola; Rabbeinu Barukh; see Ra'avad). These two expressions are contradictory since an *istera* is a silver coin equal to ninety-six copper *ma'a*, so that one hundred *ma'a* is a slightly greater sum.

I would have given the entire rent to the landlord – הֲוָה יָהֵיבְנָא כּוּלֵּיהּ לַמַּשְׂכִּיר: Rav maintains that in the case of the bathhouse, there is no uncertainty whatsoever. Rather, the latter expression is followed in all cases. Therefore, since the latter expression in that case is: One gold dinar per month, that is the sum that the landlord should receive for the intercalated month.

I would say he retracted his first expression – הֲוָה אָמִינָא מִיהֲדַר: The Rashbam, whose text omitted this part of the sentence, as pointed out by *Tosafot*, explains the Gemara's rejection of the comparison between the case of the coins and the case of the bathhouse as follows: In the case of the bathhouse, it is possible that the landlord's second expression was intended to add to the first and does not actually contradict it, since the second expression may come to explain that what he meant to say is that he wishes to be paid one dinar a month. Therefore, the tenant is obligated to pay for the intercalated month. The Ra'avad offers a similar explanation, that the landlord meant to say that he wishes to be paid twelve dinars in a normal year and one dinar monthly in an intercalated one. The case of the coins, by contrast, is a case of contradictory expressions. In such a case, Rav may not say that the final expression is followed. The Ri Migash explains that the Gemara is contrasting the cases in the opposite order: If Rav made his statement only with regard to the case of the coins, it would have been impossible to learn from it that he follows the final expression in the case of the bathhouse, since the landlord may merely have been explaining his statement.

The Rashbam and others quote Rashi's commentary on *Bava Metzia* where he writes, relying on a slightly different text, that the statement: He was merely explaining, refers to the case of the coins and not to the case of the bathhouse. The person intends to ask for one superior *istera* that is equal in value to a hundred inferior *ma'a*, or one hundred inferior *ma'a* that are equal to one superior *istera*. Therefore, this is not a case of contradictory expressions, as the intent was to refer to an *istera* throughout (see *Tosafot* and Ran).

LANGUAGE

Istera – אִיסְתְּרָא: The *istera* was a Greek coin called the στατήρ, *statēr*. When these coins were minted from gold, they were equal to a *sela* or four dinar. The Gemara here refers to provincial coinage minted from copper, which was valued at one-eighth of the value of the large Tyrian coins. Therefore, the value of the *istera* was only half a dinar.

HALAKHA

An *istera*, one hundred *ma'a* – אִיסְתְּרָא מְאָה מָעֵי: In light of the fact that one *istera* is the equivalent of ninety-six *ma'a*, when a promissory note reads: An *istera*, one hundred *ma'a*, or: One hundred *ma'a*, an *istera*, the bearer of the note receives only an *istera*, because he is in the weaker position since the burden of proof rests on the claimant. This is in accordance with the opinion of the Sages whose ruling was accepted by Shmuel on 105a, who say that the least inclusive expression is always to be followed (Rambam *Sefer Mishpatim*, *Hilkhot Malve VeLoveh* 27:16; see *Shulḥan Arukh*, *Ḥoshen Mishpat* 42:5).

מתני׳ בְּסִימָנָיו וּבִמְצָרָיו, פָּחוֹת מִשְּׁתוּת – הִגִּיעוֹ, עַד שְׁתוּת – יְנַכֶּה.

MISHNA If one sells a field to another, telling him that he is selling him a field measuring a *beit kor*, **with its** particular **demarcations and borders**[NH] that the seller specifies for the buyer, the field's measurement is not treated in as exacting a manner as in a standard sale. Therefore, if it later turns out that the field was not precisely a *beit kor*, but the difference is still **less than one-sixth,**[N] the field **is** the buyer's, and the sale is valid as is. But if the difference is greater, e.g., one-quarter or one-fifth, then, **until** it is calculated at **one-sixth,**[N] the seller **must deduct**[N] the difference from the purchase price and return money to the buyer.

גמ׳ אִיתְּמַר, רַב הוּנָא אָמַר: שְׁתוּת כְּפָחוֹת מִשְּׁתוּת; רַב יְהוּדָה אָמַר: שְׁתוּת כְּיוֹתֵר מִשְּׁתוּת.

GEMARA **It was stated** that the *amora'im* disagreed about the following issue: **Rav Huna says:** A difference that is precisely **one-sixth is like** one that is **less than one-sixth,** and the sale is valid. **Rav Yehuda says:** A difference that is precisely **one-sixth is like** one that is **more than one-sixth,** and the difference must be deducted from the purchase price.

רַב הוּנָא אָמַר שְׁתוּת כְּפָחוֹת מִשְּׁתוּת, הָכִי קָאָמַר: פָּחוֹת מִשְּׁתוּת וּשְׁתוּת בִּכְלָל – הִגִּיעוֹ, יוֹתֵר מִשְּׁתוּת – יְנַכֶּה. רַב יְהוּדָה אָמַר שְׁתוּת כְּיוֹתֵר מִשְּׁתוּת, הָכִי קָאָמַר: פָּחוֹת מִשְּׁתוּת – הִגִּיעוֹ, עַד שְׁתוּת וּשְׁתוּת בִּכְלָל – יְנַכֶּה.

The Gemara explains the respective reasons of the two *amora'im*: **Rav Huna says** that a difference of **one-sixth is like** a difference of **less than one-sixth,** as **this** is what the mishna **is saying:** If the difference is **less than one-sixth, and including** a difference that is precisely **one-sixth, it is** the buyer's, as the sale is valid, and if it is **more than one-sixth,** the seller **must deduct** the difference from the purchase price. **Rav Yehuda says** that a difference of **one-sixth is like** a difference of **more than one-sixth,** as **this** is what the mishna **is saying:** If the difference is **less than one-sixth, it is** the buyer's, as the sale is valid, and if the difference is greater, **until** it is calculated at **one-sixth, and including** a difference that is precisely **one-sixth,** the seller **must deduct** the difference from the purchase price.

מֵיתִיבֵי: בְּסִימָנָיו וּבִמְצָרָיו, פִּיחֵת שְׁתוּת אוֹ הוֹתִיר שְׁתוּת – הֲרֵי הוּא כְּשׁוּם הַדַּיָּינִין, הִגִּיעוֹ; וְהָא שׁוּם הַדַּיָּינִין, דִּשְׁתוּת כְּיוֹתֵר מִשְּׁתוּת הוּא!

The Gemara **raises an objection** to Rav Huna's statement from a *baraita*: If one sells a field to another, telling him that he is selling him a field measuring a *beit kor* **within its** particular **demarcations and borders,** and **he gave** him a field that is **one-sixth less** than the measure stipulated, **or,** alternatively, **he gave** him a field that is **one-sixth more** than the measure stipulated, **it is like** a sale of orphans' property that is executed in accordance with **the judges' assessment**[N] of the value of that property, and therefore **it is** the buyer's, as the sale is valid. The Gemara states the objection: **But** in the case of a sale executed in accordance with **the judges' assessment,** an error of precisely **one-sixth is like** an error of **more than one-sixth,** and the sale is void. This contradicts Rav Huna's opinion that an error of one-sixth is like an error of less than one-sixth.

HALAKHA

With its demarcations and borders – בְּסִימָנָיו וּבִמְצָרָיו: If one sells a field to another, telling him that it is *beit kor* and that he is selling it to him with its demarcations and borders (see *Sma*), and it turns out that the field is one-sixth more or less than a *beit kor*, the sale is valid. This is in accordance with the opinion of Rav Huna, who ruled that the *halakha* with regard to one-sixth is the same as that with regard to less than one-sixth. If the field is more than one-sixth less than a *beit kor*, the seller must deduct the difference from the price. According to the *Sma*, he deducts the entire difference, including the one-sixth itself (see *Maggid Mishne*). If it is more than one-sixth more than a *beit kor*, and the surplus is less than nine *kav*, or, in a garden, less than a half-*kav*, and in either of these cases it is not adjacent to the seller's other properties, the buyer makes restitution with money. If these conditions are not met, he gives him land (Rambam *Sefer Kinyan, Hilkhot Mekhira* 28:12; *Shulḥan Arukh, Ḥoshen Mishpat* 218:15).

NOTES

With its demarcations and borders – בְּסִימָנָיו וּבִמְצָרָיו: Rabbeinu Gershom Meor HaGola explains that in the situation described in the mishna, the seller tells the buyer that he is selling him a field of a specific size, such as a *beit kor*, and shows him the field, pointing out its borders with certain demarcations. According to the Ra'avad, this is a case where the buyer is familiar with the terrain. The Ri Migash and other early authorities understand that there is importance to the specific wording: With its demarcations and borders, just as there is importance to the specific wording of the previous cases: Measured with a rope, and: More or less. Here the wording means: I am selling you this specific field as is (see Rashbam, Rambam, and Rid). Since the seller sold a specific field, the sale is valid even if the disparity between the stated size and the actual size exceeds one twenty-fourth. In any case, if the disparity is greater than one-sixth, a refund must be made. The Rashbam notes that the one-sixth here is not identical to the *halakha* of one-sixth in cases of exploitation, since the *halakhot* of exploitation do not apply to landed property.

Less than one-sixth – פָּחוֹת מִשְּׁתוּת: The Rashbam and other early commentaries explain that this means less than one *kav* per *se'a*. The Ri Migash has an entirely different interpretation, namely, that one-sixth here means one-sixth of a *kav*, in line with the measurement of one-quarter of a *kav* per *se'a* that appears in the previous *mishnayot*. According to his explanation, the statement: With its demarcations and borders, is more specific than: More or less, in which case a disparity of one-quarter of a *kav* per *se'a* does not invalidate the sale; on the other hand, it is more general than: Measured precisely with a rope, in which case a refund must be made even when the disparity is of a minimal size.

Until one-sixth – עַד שְׁתוּת: In other words, this would be the *halakha* in the case of a disparity of one-quarter or one-fifth, up to one-sixth. Accordingly, the Rashbam explains that the dispute in the Gemara between Rav Huna and Rav Yehuda as to whether one-sixth is like less than one-sixth or more than that amount relates to the comprehensiveness of the word until. Rav Huna is of the opinion that until means up to and including, while Rav Yehuda says that it means up to but not including.

The seller must deduct – יְנַכֶּה: This applies when the disparity between the field's size and what was agreed upon is less than one-sixth. In a case where it is greater than one-sixth, the Rashbam writes that the buyer returns land up to the amount of a *beit kor*. The *Tiferet Yisrael* says that the buyer pays money for the surplus. The Ramah explains that the novelty in this mishna as opposed to the earlier ones is that all that is said with regard to returning land of over nine *kav* only applies when the disparity is less than one-sixth.

It is like the judges' assessment – כְּשׁוּם הַדַּיָּינִין: The general *halakha* is that debts cannot be collected from the assets of orphans. If it becomes necessary for the orphans to pay for the maintenance of the widow or the daughters of the deceased, or to pay some other urgent debt, some or all of the assets are sold. Before a certain property is sold, its value is assessed by the court and the property is then sold by auction. It is with regard to this situation that the Sages said that the power of the court is enhanced, meaning that even if they erred somewhat in their assessment, the sale is final and cannot be undone. Nevertheless, if their error was one-sixth or more, the assessment is void.

אָמַר לָךְ רַב הוּנָא: וּלְטַעֲמִיךְ, הִגִּיעוֹ קָא תָּנֵי! אֶלָּא, כְּשׁוּם הַדַּיָּינִין וְלֹא כְּשׁוּם הַדַּיָּינִין, כְּשׁוּם הַדַּיָּינִין – לִשְׁתוּת, וְלֹא כְּשׁוּם הַדַּיָּינִין – דְּאִילּוּ הָתָם בָּטֵל מִקָּח, וְאִילּוּ הָכָא הִגִּיעוֹ.

The Gemara answers: **Rav Huna** could have **said to you** in reply: Even **according to your reasoning,** there is still a difficulty, since the *baraita* **teaches** that **it is** the buyer's, i.e., the sale is final. **Rather,** the comparison drawn between this *halakha* and the judges' assessment is not a general comparison. It is **like the judges' assessment, but** it is **not** entirely **like the judges' assessment.** It is **like the judges' assessment** in that the limit is **one-sixth,**[N] **but it is not like the judges' assessment, as there,** in the case of the judges' assessment, **the sale is voided, while here,** in the mishna, **it is** the buyer's,[N] and the sale is final.

רַב פַּפָּא זְבַן אַרְעָא מֵהַהוּא גַּבְרָא,

It is related that **Rav Pappa bought land from a certain man,**

NOTES

Rather…it is like the judges' assessment in that the limit is one-sixth – אֶלָּא...כְּשׁוּם הַדַּיָּינִין לִשְׁתוּת: According to the standard version of the text, which is the version of the majority of the early commentaries, the word: Rather, indicates that this sentence is a continuation of Rav Huna's statement; he claims that the statement of the *baraita* with regard to the judges' assessment cannot be understood according to its straightforward meaning. The Rashbam explains that version of the text as stating that the comparison to the judges' assessment is not absolute; the similarity between the cases is only in that when a property is sold within its demarcations and borders, the *halakha* with regard to one-quarter of a *kav* per *se'a* does not apply like it does in the case of on who says: More or less. Rather, any disparity that is less than the judges' assessment is considered waived. Rabbeinu Yona explains that the comparison to the judges' assessment is merely meant to teach that the one-sixth referred to here is not one-sixth of a *kav* or a *se'a*, as the Ri Migash says, but one-sixth of the total value of the property, as it is in the case of the judges' assessment.

In the Rashbam's version, the word: Rather, does not appear. He therefore explains that this statement is actually meant to resolve the difficulty according to Rabbi Yehuda's opinion, as follows: Even according to Rabbi Yehuda, the *baraita* is not difficult, as it is merely teaching that the *halakha* that a party waive his right in the case of a disparity does not apply in the case where the disparity is one-sixth, as in the case of the judges' assessment. Yet, in contrast to the case of the judges' assessment, the sale is valid in the mishna here, though the difference must be refunded.

While here it is the buyer's – וְאִילּוּ הָכָא הִגִּיעוֹ: The wording of the *baraita*: It is the buyer's, seems to accord with Rav Huna's opinion that one-sixth is like less than one-sixth. It also supports the standard version of the text, according to which this statement was made by Rav Huna. The Rif and the Ra'avad rule accordingly. By contrast, the Rashbam, whose version of the text does not include the word: Rather, and holds that this statement is in accordance with the opinion of Rav Yehuda, explains that the wording: It is his, does not indicate a waiver as it does in other places. Instead, it means that despite the fact that the surplus must be refunded, the sale is not void.

Perek **VII**
Daf **106** Amud **b**

אֲמַר לֵיהּ: הָוְיָא עֶשְׂרִין גְּרִיוֵי. מְשַׁחְיֵהּ וְלָא הֲוַאי אֶלָּא חֲמֵיסְרָא; אֲתָא לְקַמֵּיהּ דְּאַבַּיֵי, אֲמַר לֵיהּ: סָבְרַתְּ וְקַבֵּילְתְּ.

who, after specifying its demarcations and boundaries, **said to him: It is** an area of **twenty *griv*,** meaning that it is fit for planting twenty *se'a* of grain. Rav Pappa later **measured** the field **and** found that **it was** fit for planting **only fifteen**[H] *se'a*. Rav Pappa **came before Abaye** to sue the seller. Abaye **said to him: You knew** what you were buying **and accepted** the field as is.

וְהָתְנַן: פָּחוֹת מִשְּׁתוּת – הִגִּיעוֹ, עַד שְׁתוּת – יְנַכֶּה! הָנֵי מִילֵּי הֵיכָא דְּלָא קִים לֵיהּ בְּגַוָּהּ, אֲבָל הֵיכָא דְּקִים לֵיהּ בְּגַוָּהּ – סָבַר וְקַבֵּיל.

Rav Pappa raised an objection to Abaye's ruling from the mishna. **But didn't we learn** in the mishna that when the seller specifies the field's demarcations and borders, if the difference between the stated size of the field and its actual size is **less than one-sixth,** the field **is** the buyer's, and the sale is valid as is, but if the difference is greater, **until** it is calculated at **one-sixth,** the seller **must deduct** the difference from the purchase price? And here, in this case, the difference between what the seller promised and the actual size of the field is greater than one-sixth. Abaye replied: **That statement** applies in a case **where** the buyer **is unfamiliar with** the plot being sold to him, **but** in a case **where he is familiar with it, he knew** what he was buying **and accepted** it as is.

HALAKHA

Twenty *griv*, he measured the field and it was fit for only fifteen – עֶשְׂרִין גְּרִיוֵי מְשַׁחְיֵהּ וְלָא הֲוַאי אֶלָּא חֲמֵיסְרָא: If one sells a field to another, and he says that he is selling it with its demarcations and borders (*Perisha*), and the buyer is closely familiar with the field, then even if the seller told him that the field measured 200 and it actually measured only 150, the sale is valid. This is due to the fact that the buyer is familiar with the field and is assumed to have accepted it as is, and the seller merely meant to say that the field is as good as a field measuring 200. The Ramah, cited in the *Tur*, says that the sale is valid only if the field is indeed superior to other fields, but the Rashbam maintains that the sale is valid even if the field is not superior, and the *Tur* agrees with his opinion (Rambam *Sefer Kinyan*, *Hilkhot Mekhira* 28:13 and *Maggid Mishne* there; *Shulḥan Arukh*, *Ḥoshen Mishpat* 218:16).

וְהָא עֶשְׂרִין אֲמַר לִי! אֲמַר לֵיהּ: דַּעֲדִיפָא כְּעֶשְׂרִין.

Rav Pappa raised another objection to Abaye's ruling: **But** the seller **said to me** that the field is fit for planting **twenty**[N] *se'a*, and it is not. Abaye **said to him:** What he meant was **that** the field **is** as **good** and as fruitful **as** one that is fit for planting **twenty**[N] *se'a*.

תַּנְיָא, רַבִּי יוֹסֵי אוֹמֵר: הָאַחִין שֶׁחָלְקוּ, כֵּיוָן שֶׁעָלָה גּוֹרָל לְאֶחָד מֵהֶן – קָנוּ כּוּלָּם. מַאי טַעְמָא? אָמַר רַבִּי אֶלְעָזָר: כִּתְחִלַּת אֶרֶץ יִשְׂרָאֵל, מָה תְּחִלָּה בְּגוֹרָל, אַף כָּאן בְּגוֹרָל.

§ **It is taught** in a *baraita* that **Rabbi Yosei says:** When **brothers divide** their father's estate[HN] between them by lottery, i.e., after dividing the property into equal shares they draw lots to determine which brother is to receive which portion, **once the lot for one of them is drawn,**[N] **they all acquire** the remainder of the property, and they can no longer retract their decision to divide the estate in this manner. The Gemara asks: **What is the reason**[N] for this? Drawing lots is not one of the recognized modes of acquisition. **Rabbi Elazar said:** The *halakha* that applies here is **similar to the initial** division of **Eretz Yisrael** among the tribes. **Just as the initial** division of Eretz Yisrael was carried out **by** drawing **lots, so too here,** the brothers can divide their father's estate **by** drawing **lots.**

אִי מָה לְהַלָּן בְּקַלְפִּי וְאוּרִים וְתוּמִּים, אַף כָּאן בְּקַלְפִּי וְאוּרִים וְתוּמִּים! אָמַר רַב אַשִׁי: בְּהַהוּא הֲנָאָה דְּקָא צָיְיתִי לַהֲדָדֵי, גָּמְרִי וּמַקְנוּ לַהֲדָדֵי.

The Gemara challenges: **If** the brothers' division of their father's estate is comparable to the initial division of Eretz Yisrael, an additional comparison should apply: **Just as there,** the initial division of Eretz Israel was carried out **through a receptacle** [***bekalpi***][L] in which lots were placed **and the *Urim VeTummim*, so too here,** the division of the father's estate should be executed only **through a receptacle and the *Urim VeTummim*.**[BN] **Rav Ashi said: With the satisfaction** that each of the brothers receives from the fact **that they listen to each other**[N] and agree to accept the results of the lottery, **they fully transfer** ownership **to each other.**[N] Therefore, the division becomes final as soon as the first lot is drawn.

LANGUAGE

Receptacle [*kalpi*] – קַלְפִּי: This word is derived from the Greek κάλπις, *kalpis*, or κάλπη, *kalpē*, meaning a jar or box. It is also used in the more specific sense of a box used for drawing ballots or lots.

BACKGROUND

***Urim VeTummim* – אוּרִים וְתוּמִּים:** It is unclear precisely what the *Urim VeTummim* was, due to the cryptic description of it in the Torah (see Exodus 28:30). Rashi explains that the term refers to the name of God, presumably written on parchment, which was inserted between the folds of the High Priest's breastplate. According to the Mishna (*Yoma* 71a) and the Gemara (*Yoma* 73a–b), the *Urim VeTummim* was a medium through which the High Priest communicated with God, at the behest of the king or the president of the High Court. In a crisis, any communal figure may ask for direction from God through the High Priest and the *Urim VeTummim*. There are many instances in the Bible where this was done. When a question was asked, certain letters on the breastplate would be illuminated, providing the proper answer. In the second Temple the *Urim VeTummim* was no longer extant (see *Sota* 48a).

HALAKHA

When brothers divide their father's estate – הָאַחִין שֶׁחָלְקוּ: When brothers divide their father's estate between them by way of a lottery, whether the estate is comprised of movable or landed property, the division is final as soon as the lot for one of them is drawn. The acquisition is complete, even without a formal act of acquisition, e.g., taking possession. The Rema, citing the Rosh, writes that the lot itself does not confer possession, but merely clarifies which portion each one is to receive. Therefore, the acquisition is not final until the first brother takes possession of his share. The same *halakha* applies to partners who divide the assets of their partnership between them (Rambam *Sefer Kinyan*, *Hilkhot Shekhenim* 2:11 and *Maggid Mishne* there; *Shulḥan Arukh*, *Ḥoshen Mishpat* 173:2, and in the comment of Rema and *Sma* there).

NOTES

But he said to me that it is fit for twenty – וְהָא עֶשְׂרִין אֲמַר: Although Rav Pappa knew that the plot was not that size, he thought that the seller meant to say that he would supplement it with another plot of land so that the total area would be fit for planting twenty *se'a*, or that he would deduct a proportionate sum from the purchase price (Rashbam).

That it is as good as one fit for planting twenty – דַּעֲדִיפָא כְּעֶשְׂרִין: The Rashbam explains that the seller said this merely in order to praise his merchandise. The Ramah maintains that the sale is valid only if the field is actually worth this amount, meaning that it is equal in quality to a field that is fit for planting twenty *se'a*. If not, the transaction is considered to have been made in error and therefore void.

When brothers divide their father's estate – הָאַחִין שֶׁחָלְקוּ: This discussion does not belong here but is mentioned due to the *halakha* brought immediately afterward in the Gemara relating to brothers dividing their father's estate. That discussion ties in with issues raised in the current passage (Rashbam).

The brothers initially divided the property into portions of equal value. Later, they decided that they would use a lottery to determine which portion was to go to each brother. According to the Rashbam, there is no difference between the case of brothers inheriting their father's estate and partners dividing their joint assets; there is also no difference whether the assets were movable property or real estate. This is the opinion of the majority of the early commentaries. By contrast, the Ra'ah maintains that a lottery completes an acquisition only in the case of real estate.

Once the lot for one of them is drawn – כֵּיוָן שֶׁעָלָה גּוֹרָל לְאֶחָד מֵהֶן: The Rashbam explains that as soon as one of the brothers draws the lot designating his portion, he has acquired it completely, and neither he nor his brothers can renege on the transaction. The other brothers can later divide the other portions either by drawing lots or by mutual agreement. The Ra'avad notes that the subsequent phrase: They all acquire, raises a difficulty: How can they acquire their portions if it is still unclear which portion each of the remaining brothers is to receive? He explains that the acquisition referred to here relates not to the portions each is to receive, but to the mode of distribution: As soon as the first lot is drawn, the other brothers can no longer renege on their agreement to divide the remaining property by way of a lottery. The Ri Migash proposes three interpretations: The first is similar to the Rashbam's and the second is similar to the Ra'avad's. His third interpretation is that when drawing lots, the order of drawing is at times determined in advance, so that it is already known that the second brother will receive the portion designated in the second lot, and so forth. Therefore, the Gemara is saying that as soon as the first brother draws his lot, the others automatically acquire their respective shares in accordance with the predetermined order. The Ramah and Rabbi Avraham *Av Beit Din* offer a similar explanation.

What is the reason – מַאי טַעְמָא: Ostensibly, no act of acquisition was performed. Therefore, it is necessary for the Gemara to clarify how the lottery establishes acquisition, even of the first brother's share (Rashbam).

Through a receptacle and the *Urim VeTummim* – בְּקַלְפִּי וְאוּרִים וְתוּמִּים: Even though the *baraita* does not speak of a receptacle, but only of a lottery, the *halakha* applies in any case. Even if one explains that the brothers divided the property by using a receptacle, it is in any case different from the lottery used to apportion Eretz Yisrael, which was a sacred lottery (Ri Migash).

With the satisfaction that they listen to each other – בְּהַהוּא הֲנָאָה דְּקָא צָיְיתִי לַהֲדָדֵי: Some early commentaries had a version that includes the word: Rather, at the beginning of this sentence. According to that rendering, Rav Ashi's answer counters Rabbi Elazar's statement and provides an alternative explanation of the validity of acquisition by lottery. The Rashbam and others do not have the word rather; accordingly, Rav Ashi's statement clarifies Rabbi Elazar's statement, saying that since the brothers agreed to divide the property through lots, their acquiescence has the same power that the *Urim VeTummim* once had (Rashbam). Rabbi Yitzḥak Karkusha explains that it is their agreement that the division be determined by lottery and not by their own judgment that enables the lottery to bring about the acquisition. A lottery is the only method that would enable a division without a formal act of acquisition, because it is an established method of dividing property, as is evident with regard to the division of Eretz Yisrael (Ran).

They fully transfer to each other – וּמַקְנוּ לַהֲדָדֵי: This is because even those who do not physically draw the lots agree to accept the results and allow for acquisition from one another (Rabbeinu Gershom Meor HaGola; Rashbam). According to the Rosh, the act of drawing lots in itself does not create the acquisition; the lottery serves only to clarify which share each brother is to receive. Only after the first brother performs an act of acquisition with regard to his share of the property does the acquisition take effect.

אִיתְּמַר: שְׁנֵי אַחִין שֶׁחָלְקוּ, וּבָא לָהֶן אָח מִמְּדִינַת הַיָּם – רַב אָמַר: בָּטְלָה מַחֲלוֹקֶת, וּשְׁמוּאֵל אָמַר: מְקַמְּצִין.

§ **It was stated** that the *amora'im* disagreed about a related issue: If **two brothers divided** their father's estate between them, **and** then later a third **brother,** of whose existence they had previously been unaware, **arrived from a country overseas,**[H] **Rav says: The** original **division** of the property **is void,**[N] and the brothers must now redivide the property among the three of them. **And Shmuel says:** The original division is still valid, but the two brothers must each **take off a share**[N] from their portion and give it to the third brother.

אֲמַר לֵיהּ רָבָא לְרַב נַחְמָן: לְרַב דְּאָמַר בָּטְלָה מַחֲלוֹקֶת, אַלְמָא הָדַר דִּינָא; אֶלָּא מֵעַתָּה, הָנֵי בֵּי תְלָתָא דְּקַיְימִי, וַאֲזוּל בֵּי תְרֵי מִינַּיְיהוּ וּפְלוּג, הָכִי נַמִי דְּבָטְלָה מַחֲלוֹקֶת?

The Gemara clarifies the opinions of Rav and Shmuel: **Rava said to Rav Naḥman: According to Rav, who says that the division is void, apparently** the *halakha* is that if a division of property was found to have been performed in error, **the** original **verdict is reconsidered** and the entire division is void. Accordingly, in the case of the brother who arrived from overseas, the original division of the father's estate is void. **But if that is so,** then in the case of **these three**[NH] people **who stand** as partners, **and two of them go and divide** the property into three parts without consulting with the third partner, **so too, the division should be void,** and it should be necessary to divide the property a second time between the three partners. But elsewhere (*Bava Metzia* 31b), the Gemara indicates that in such a case, if the division of property took place in the presence of a court, it is valid.

הָכִי הַשְׁתָּא? ! הָתָם נְחִיתִי אַדַּעְתָּא דְּבֵי תְלָתָא מֵעִיקָּרָא, הָכָא לָא נְחִיתִי אַדַּעְתָּא דְּבֵי תְלָתָא מֵעִיקָּרָא.

Rav Naḥman rejects this comparison: **How can** these cases **be compared?** There is a clear difference between them: **There,** in the case of the three partners, **they entered** the process of dividing the property **from the outset with the knowledge that they were three,**[N] and it was necessary only to clarify the portion to be received by each partner. **Here,** in the case of the brother who arrived from overseas, **they did not enter** the process of dividing the property **from the outset with the knowledge that they were three,** as at the time of the original division, they thought that there were only two brothers.

אֲמַר לֵיהּ רַב פַּפָּא לְאַבַּיֵי: לִשְׁמוּאֵל דְּאָמַר מְקַמְּצִין, לְמֵימְרָא דְּקָם דִּינָא? וְהָא רַב וּשְׁמוּאֵל דְּאָמְרִי תַּרְוַיְיהוּ: ״כּוֹר בִּשְׁלֹשִׁים אֲנִי מוֹכֵר לְךָ״ – יָכוֹל לַחֲזוֹר בּוֹ אֲפִילּוּ בִּסְאָה הָאַחֲרוֹנָה, ״כּוֹר בִּשְׁלֹשִׁים, סְאָה בְּסֶלַע אֲנִי מוֹכֵר לְךָ״ – רִאשׁוֹן רִאשׁוֹן קָנָה!

Rav Pappa said to Abaye: According to Shmuel, who says that the two brothers must each **take off a share** from their portion and give it to the third brother, **is this to say that** he is of the opinion **that** even if a division of property was found to have been made in error, **the** original **verdict stands**[N] and the division is valid? **But don't Rav and Shmuel both say** that if the seller said to the buyer: **I am selling you one *kor*** of grain, an amount equivalent to thirty *se'a*, **for** the sum of **thirty** *sela*, **he can renege** on the entire sale[N] **even while** measuring out **the last *se'a***; but if he said: **I am selling you one *kor*** of grain **for thirty** *sela*, **each *se'a* for a *sela*,** the buyer **acquires** each *se'a* **one by one** as it is being measured out to him? If the original verdict stands, why in the first case may the seller renege even on that portion of the sale that already reached the buyer?

NOTES

The division is void – בָּטְלָה מַחֲלוֹקֶת: Even though the division is valid and constitutes an acquisition, since from the very outset it was performed in error, it is nullified as is any mistaken transaction.

They must each take off a share [*mekametzin*] – מְקַמְּצִין: Each brother takes off from his own portion a share equal to half of the third brother's share (Rashbam). *Tosafot* say that the two brothers cannot determine which portion the third brother will receive, as he may wish to receive a different plot from what they wish to give him. Therefore, even according to Shmuel, a new lottery is cast. Despite this, the initial lottery is not entirely void. Rather, a lot is drawn for the third brother's share, but whatever does not fall into his portion remains in the hands of the brother who acquired it through the first lottery. The Maharam of Lublin writes that according to this explanation, the term *mekametzin* derives from the word *kamtzanut*, meaning frugality, indicating that one must be as frugal as possible in enabling an additional redivision, and keep it to a minimum. The Ri Migash and other commentaries write that even according to Shmuel, the two brothers may take off a share of their portion for the third brother only if he agrees to that arrangement, and then the division is final and cannot be canceled. If he does not agree, then even Shmuel concedes that the original division is void.

In the case of these three – הָנֵי בֵּי תְלָתָא: According to the early commentaries, the case of three teaches that everyone agrees that the division is not void, but the commentaries disagree about the case under discussion. The Rashbam explains that it is a case of two partners who divided their joint assets into three parts before a court of laymen, and the third partner has to accept their decision. He proves this from the case mentioned in tractate *Bava Metzia* (31b). *Tosafot* argue that the case in *Bava Metzia* cannot be compared to the case discussed here, as that case involves money and merchandise, rather than land, with regard to which one has a right to appeal the division. *Tosafot*, consistent with their general explanation of the Gemara here, say that when the third brother arrives, the lottery is repeated, but only partially, as explained in the previous note.

According to the Ri Migash, the Gemara here refers to a case where the two partners divided the property into two, not three parts, and when the third partner comes and demands his share, the division is not void, but rather each partner gives him part of his share (see Ramban).

There they entered from the outset with the knowledge that they were three – הָתָם נְחִיתִי אַדַּעְתָּא דְּבֵי תְלָתָא מֵעִיקָּרָא: In the case of three, the land was divided in three, while in the case of the two brothers who divided their father's estate, the division was performed entirely in error, as they divided it only in two (Rashbam). Alternatively, according to Rabbeinu Yona, in the case of the two brothers, the process of division was not completed. According to the Ri Migash, who says that even in the case of three the assets were divided only in two, the Gemara is saying that if the two brothers knew that there was also a third brother, then, when they divided the property initially, they did so knowing that they would be required to give him part of their portions, and therefore the division is not void.

Is this to say that the verdict stands – לְמֵימְרָא דְּקָם דִּינָא: This means that when someone takes something legally, but collects either more or less than his share, although he is obligated to return or receive the difference, the initial taking is not nullified (Rashbam).

He can renege on the entire sale – יָכוֹל לַחֲזוֹר בּוֹ: This indicates that the original verdict is reconsidered, as the buyer took what he was supposed to take from the outset, so that what he received should be considered sold, and the seller should be able to renege only with regard to the part that was not yet measured.

HALAKHA

If two brothers divided their father's estate and then a third brother arrived from a country overseas – שְׁנֵי אַחִין שֶׁחָלְקוּ וּבָא לָהֶן אָח מִמְּדִינַת הַיָּם: If two brothers divided their father's estate between them, and then a third brother arrived of whose existence they were unaware, the division is void. Even if the estate comprised three fields and each of the two brothers took one and divided the third between them, and when the third brother arrived they performed a lottery and the third field fell into his lot (see *Sma*), any of them can void the division and insist that the lots be drawn anew. Even if the third brother agrees to take a portion from each of the other two, either of the two can still void the initial division since it was based on an error. This is in accordance with the statement of Rav, whose ruling is followed later on 107a (Rambam *Sefer Mishpatim*, *Hilkhot Naḥalot* 10:1; *Shulḥan Arukh*, *Ḥoshen Mishpat* 175:3).

In the case of these three – הָנֵי בֵּי תְלָתָא: If not all of the brothers or partners are present and one or more of those present wishes to divide the property, they may do so in the presence of a court of three, even if the members of the court are laymen, provided that they are trustworthy and knowledgeable with regard to property assessment. If they did so in the presence of less than three men, their action is not legally binding. If they were dividing money, all of the same currency, then dividing it in the presence of two men suffices, as they can function as witnesses. In any case, if one or more of the brothers later claims that the portions are unequal, his claim is accepted and the division is void. If he merely wishes to void the division without a claim, asking that a new lottery be cast, he is not heeded (Rambam *Sefer Kinyan*, *Hilkhot Sheluḥin VeShutafin* 5:9; *Shulḥan Arukh*, *Ḥoshen Mishpat* 175:1–2).

הָתָם עֲבוּד רַבָּנַן מִילְּתָא דְּנִיחָא לֵיהּ לְמוֹכֵר וְנִיחָא לֵיהּ לְלוֹקֵחַ.

The Gemara answers: The cases cannot be compared because **there,** in the case of the sale of grain, **the Sages instituted a matter that is suitable for the seller and also suitable for the buyer.**[N] Since the price of grain fluctuates, neither party wants the sale to be considered complete until the last *se'a* is measured out, so that they each are able to renege on the sale should the price rise or fall. This reasoning does not apply in cases of division of property.

אִיתְּמַר: אַחִין שֶׁחָלְקוּ, וּבָא בַּעַל חוֹב וְנָטַל חֶלְקוֹ שֶׁל אֶחָד מֵהֶן – רַב אָמַר: בָּטְלָה מַחֲלוֹקֶת, וּשְׁמוּאֵל אָמַר: וִיתֵּר, וְרַב אַסִּי אָמַר: נוֹטֵל רְבִיעַ בְּקַרְקַע וּרְבִיעַ בְּמָעוֹת.

§ **It was stated** that the *amora'im* disagreed about another related matter: If **two brothers divided** their father's estate between them, and then their father's **creditor came**[H] **and took the portion of one of them**[N] as repayment for the father's debt, **Rav says: The** original **division** of the property **is void,**[N] and the brothers must now redivide the remaining assets. **Shmuel says:** Each brother, upon receiving his portion, **has foregone** his right to be reimbursed if his portion is lost. **Rav Asi says:** The brother whose portion was seized is entitled to half the remaining inheritance: **He takes one-quarter in land and one-quarter in money.**[N]

HALAKHA

If two brothers divided their father's estate and the father's creditor came – אַחִין שֶׁחָלְקוּ, וּבָא בַּעַל חוֹב: If two brothers divided their father's estate between them and then their father's creditor came and seized the portion of one of them as repayment of the father's debt, the original division is void and they redivide the remaining assets between them. This is in accordance with the opinion of Rav (Rambam *Sefer Mishpatim, Hilkhot Naḥalot* 10:1; *Shulḥan Arukh, Ḥoshen Mishpat* 175:4).

NOTES

The Sages instituted a matter that is suitable for the seller and suitable for the buyer – עֲבוּד רַבָּנַן מִילְּתָא דְּנִיחָא לֵיהּ לְמוֹכֵר וְנִיחָא לֵיהּ לְלוֹקֵחַ: Both parties prefer that the sale not be considered complete until after the last *se'a* is measured out, since the price may change in the interim. It is better for the seller, since the price of the merchandise may rise, and better for the buyer, since the price may fall. This is not true with regard to division of property, as in such a case, neither brother stands to profit due to price fluctuations, and their intention is to divide the property, with each one receiving his share as early as possible (see Rashbam and Ramah). The Rid explains this differently, that in the case of a sale, both parties specifically want the transaction to be for an entire *kor*, and do not want to buy or sell only part of a *kor*. This is not so with regard to division of property, since each party wishes to receive his share, not the property in its entirety, and so there is no reason to void the entire transaction due to a small part that is voided.

And took the portion of one of them – וְנָטַל חֶלְקוֹ שֶׁל אֶחָד: The early commentaries ask: How is it that the creditor is able to take the portion of one of the brothers in particular? The Ritva explains that a creditor has the right to collect his debt from a single property as opposed to collecting part of his debt from one property and part from another. Additionally, the brothers are considered guarantors for one another's debts, and a creditor is entitled to take property from any one of them as he prefers. *Tosafot* explain that this is a case where the father designated a specific property as collateral for repayment of the loan [*apotikei*], with the Ramban adding that the brother who took that portion was unaware that it was liened, or else he thought that his brothers would reimburse him if the property were taken. *Tosafot Yeshanim* argue that the creditor should in fact have taken property from all the heirs, but the *halakha* is that once a creditor takes property on his own initiative, it cannot be removed from him. Another possibility is that the brother whose portion was taken received land of intermediate quality while the other brothers received land of inferior or superior quality, and the *halakha* is that creditors collect from land of intermediate quality (Ramban; Rabbi Yitzḥak Karkusha). The Ritva offers a similar explanation, but he says that the brother received land of inferior quality, and creditors who collect from orphans must do so from land of inferior quality.

The division is void – בָּטְלָה מַחֲלוֹקֶת: The property is regarded as never having been divided, and everything is divided anew. This is because according to Rav's opinion, it is similar to a situation where an additional brother arrived after the estate was divided, in which case the initial division was grounded in error.

One-quarter in land and one-quarter in money [*urevia bemaot*] – רְבִיעַ בְּקַרְקַע וּרְבִיעַ בְּמָעוֹת: The commentaries offer several different interpretations of this *halakha*. The Rashbam understands this to be a case involving only two brothers, and explains that the second brother takes either one-quarter in land or one-quarter in money, and accordingly, the term *urevia bemaot* should be translated as: Or one-quarter in money. The Rashbam explains Rav Asi's statement as follows: Since Rav Asi is uncertain whether the brother is considered a purchaser or an heir, and if he is considered an heir he is entitled to half of the assets, the brother whose property was taken takes one half of that amount due to the uncertainty, which amounts to one-quarter, either in land or in money.

The Rashbam offers a second explanation, citing Rashi on *Bava Kamma* 9a, who also understands that this is a case where there are only two brothers, but says that the brother receives both one-quarter in land and one-quarter in money, for the following reason: If he is considered an heir, then he is entitled to receive land, but if he is considered a purchaser with a guarantee, contrary to Shmuel's opinion, he is entitled to receive his share in money. Due to the uncertainty, he is given half of his reimbursement in land and half of it in money. Rabbeinu Gershom Meor HaGola, *Tosafot*, Rabbeinu Yona, and the Ramban all agree with this explanation.

Rabbeinu Ḥananel and the Rif had a different version, according to which there were three brothers. When Rav Asi said: One-quarter, he meant one-quarter of what the third brother is entitled to. They explain that Rav Asi was uncertain about two issues: One, whether the brother whose property was taken is considered an heir or a purchaser, and two, whether he is considered a purchaser with a guarantee or without a guarantee. Accordingly, because he may be considered a purchaser without a guarantee, he loses half of his share. With regard to the other half, since it is uncertain whether he is considered an heir or a purchaser with a guarantee, he receives half of that half, which is one-quarter, in land, and the rest in money. This is the Meiri's explanation as well; see also the Rif and Ritva.

רַב אָמַר בָּטְלָה מַחֲלוֹקֶת, קָא סָבַר: הָאַחִין שֶׁחָלְקוּ יוֹרְשִׁין הֵן;

The Gemara explains the rationale for each opinion: **Rav says** that **the** original **division** of the property **is void.** This is because **he holds that brothers who divided** property received as an inheritance **are** still considered to be **heirs** with regard to the inheritance as if they never divided the property, so that they continue to share joint responsibility for their father's debts. Therefore, if a creditor seizes the portion received by one of them, it is as if he repaid the debt on behalf of all the heirs. Accordingly, they must once again divide the remaining property between them.

וּשְׁמוּאֵל אָמַר, וִיתֵּר, קָא סָבַר: הָאַחִין שֶׁחָלְקוּ לְקוֹחוֹת הָווּ, וּכְלוֹקֵחַ שֶׁלֹּא בְּאַחְרָיוּת דָּמֵי;

And Shmuel says that each brother, upon receiving his portion, **has foregone** his right to be reimbursed if his portion is lost, **as he holds** that **brothers who divided** property received as an inheritance **are** considered as **purchasers**[H] from each other. **And** each one is considered **like a purchaser** who bought his portion **without a guarantee** that if the field is seized in payment of a debt, the seller will compensate the buyer for his loss. Accordingly, the brother whose portion of the estate was seized by the creditor has no claim against the brother whose portion remained untouched.

רַב אַסִי מְסַפְּקָא לֵיהּ אִי יוֹרְשִׁין הָווּ אִי לְקוֹחוֹת הָווּ, הִלְכָּךְ נוֹטֵל רְבִיעַ בְּקַרְקַע וּרְבִיעַ בְּמָעוֹת.

Rav Asi is uncertain whether brothers who divided property received as an inheritance **are** still considered to be **heirs or are** considered to be like **purchasers** who bought their property with a guarantee of compensation should the property be repossessed. **Therefore,** the brother whose portion was seized by the creditor is entitled to half the remaining inheritance, and **he takes one-quarter in land** like an heir **and one-quarter** he receives **in money,** like a purchaser with a guarantee, who is compensated with money for his loss.

אָמַר רַב פַּפָּא: הִלְכְתָא בְּכָל הָנֵי שְׁמַעְתָּתָא – מְקַמְּצִין. אַמֵימָר אָמַר: בָּטְלָה מַחֲלוֹקֶת. וְהִלְכְתָא: בָּטְלָה מַחֲלוֹקֶת.

Rav Pappa says: The *halakha* in all the cases dealt with in **these statements** recording disagreements between Rav and Shmuel is that the brothers must each **take off a share**[N] from their portion in accordance with the opinion of Shmuel. Rather, any brother currently in possession of his portion must give part of it to his brother who lacks a portion, so that in the end they have equal shares. **Ameimar says:** The *halakha* in all of these cases is that **the** original **division** of the property **is void,** in accordance with the opinion of Rav. The Gemara concludes: **The *halakha* is** in fact that **the** original **division** of the property **is void,**[N] in accordance with the opinion of Rav.

HALAKHA

Brothers who divided property are considered purchasers – הָאַחִין שֶׁחָלְקוּ לְקוֹחוֹת הָווּ: Brothers who divided property received as an inheritance are considered as purchasers for all legal purposes, and so each one returns his portion to the other in the Jubilee Year. Additionally, neither one has a right-of-way in the property of the other, nor the right to sue the other for obstructing the light from entering his windows, nor the right to place a ladder on the other's property to climb up to his, because one who sells, sells generously and forgoes all of his rights to the sold property. This is in accordance with the opinion of Shmuel, whose rulings are followed in monetary matters (Rambam *Sefer Kinyan*, *Hilkhot Mekhira* 13:12 and *Hilkhot Shekhenim* 2:12, and *Sefer Zera'im*, *Hilkhot Shemitta VeYovel* 11:20; *Shulḥan Arukh*, *Ḥoshen Mishpat* 103:10 in the comment of Rema, and 173:3).

NOTES

They must each take off a share – מְקַמְּצִין: The Rashbam explains that Rav Pappa rules in accordance with the opinion of Rav with regard to the brother whose portion was seized to repay his father's debt, but not entirely in accordance with his opinion. This is because Rav Pappa maintains that while the brother who lost his portion deserves part of the inheritance, the estate is not redivided; rather, the brother who still has his share gives part of it to his brother. The practical difference between a new division and Rav Pappa's ruling is that according to Rav Pappa, the brother who still has his property chooses which half to give the other, and the recipient cannot say that he prefers to receive a different portion. The early commentaries note that the term: They must each take off a share, supports Rabbeinu Ḥananel's version, according to which the case is one of three brothers, since it is phrased in the plural, indicating that more than one brother takes off part of his share, but the initial division is not voided.

The *halakha* is that the division is void – וְהִלְכְתָא בָּטְלָה מַחֲלוֹקֶת: That is, the *halakha* is in accordance with the opinion of Rav. The early commentaries consider at length the halakhic contradiction that arises here, because of the halakhic ruling elsewhere that brothers who divide their father's estate are considered purchasers, in accordance with the opinion of Shmuel, and not heirs, as Rav maintains. In particular, they cite Rabbeinu Tam, who explains that while Rav said that they are considered heirs, he did not mean to say that they are actual heirs, but that the laws of inheritance apply to them. That is to say, even though they are considered purchasers, they divided the property initially based upon the assumption that no creditor would seize the property, and if one did, the division is altogether void.

תָּנוּ רַבָּנַן: שְׁלֹשָׁה שֶׁיָּרְדוּ לָשׁוּם, אֶחָד אוֹמֵר בְּמָנֶה וּשְׁנַיִם אוֹמְרִים בְּמָאתַיִם, אֶחָד אוֹמֵר בְּמָאתַיִם וּשְׁנַיִם אוֹמְרִים בְּמָנֶה – בָּטֵל יָחִיד בְּמִיעוּטוֹ.

§ **The Sages taught** in a *baraita* (*Tosefta*, *Ketubot* 11:2): In a case of **three** experts **who went down to assess** a certain property[HN] in order to determine the amount to be collected from it for repayment of a debt, and **one says** it is worth **one hundred dinars, and** the other **two say** it is worth **two hundred,** or **one says** it is worth **two hundred** dinars **and** the other **two say** it is worth **one hundred,** the assessment of **the single** expert **is nullified, since** his is **the minority** opinion,[N] and the assessment of the two others is accepted.

אֶחָד אוֹמֵר בְּמָנֶה, וְאֶחָד אוֹמֵר בְּעֶשְׂרִים, וְאֶחָד אוֹמֵר בִּשְׁלֹשִׁים – נִדּוֹן בְּמָנֶה; רַבִּי אֱלִיעֶזֶר בְּרַבִּי צָדוֹק אוֹמֵר: נִדּוֹן בְּתִשְׁעִים; אֲחֵרִים אוֹמְרִים: עוֹשִׂין שׁוּמָא בֵּינֵיהֶן וּמְשַׁלְּשִׁין.

If **one says** the property is worth **one hundred dinars, and another says** it is worth **twenty** *sela*, which is equivalent to eighty dinars, since four dinars equal a *sela*, **and** yet **another says** it is worth **thirty** *sela*, which is equivalent to one hundred and twenty dinars, **it is assessed at one hundred dinars,** which is the average of the assessments, as it is equivalent to twenty-five *sela*. **Rabbi Eliezer, son of Rabbi Tzadok, says: It is assessed at ninety** dinars, as will be explained below. ***Aḥerim* say: An appraisal is performed** of the sum **between** the two most extreme assessments **and** then **divided by three.** This sum is then added to the lowest assessment.

מַאן דְּאָמַר נִדּוֹן בְּמָנֶה – מִילְּתָא מְצִיעֲתָא; רַבִּי אֱלִיעֶזֶר בְּרַבִּי צָדוֹק אוֹמֵר נִדּוֹן בְּתִשְׁעִים – קָא סָבַר: הָא אַרְעָא

The Gemara clarifies the various opinions: **The one who says** that the property **is assessed at one hundred dinars** holds that **the middle**[N] of the two extreme assessments is followed. **Rabbi Eliezer, son of Rabbi Tzadok, says** that **it is assessed at ninety** dinars because **he holds that this land**

HALAKHA

Three experts who went down to assess a property – שְׁלֹשָׁה שֶׁיָּרְדוּ לָשׁוּם: If three experts went to assess the value of a certain property and they differed in their evaluations, with one assessing it at 100 dinars and the other two at 200, or vice versa, the assessment of the minority opinion is nullified. But if one assessed it at 100 dinars, the second at 80, and the third at 120, the property's value is set at 100 dinars. This is due to the following calculation: Half of the difference between the highest and lowest assessments is taken and added to the lowest assessment, and half of that difference is subtracted from the highest assessment. In this case, the difference between 80 and 120 is 40, and half of that is 20. That 20 is added to the lowest assessment, which is 80, and is subtracted from the highest assessment, which is 120, with the sum being 100 in both cases. Accordingly, if one assesses the property at 100, the second at 90, and the third at 130, the property's value is set at 110. This is because the *halakha* follows the first *tanna* in the *baraita*, in accordance with Rav Ashi's statement on the following *amud*, and because the *halakha* is in accordance with the majority (Rambam *Sefer Mishpatim*, *Hilkhot Malve VeLoveh* 22:14; *Shulḥan Arukh*, *Ḥoshen Mishpat* 103:2).

NOTES

Who went down to assess a property – שֶׁיָּרְדוּ לָשׁוּם: They went to assess the property of orphans in order to sell it and pay for the maintenance of the widow or daughters of the deceased (Rashbam). Rabbi Yitzḥak Karkusha asks: Why is this assessment necessary, when in any event the property will be sold at auction for the highest sum offered, and the debts will be paid out of the money that is received? He explains that if the assessment is higher than the amount that the buyer is willing to pay, he can be compelled to purchase the land at the assessed price. Rabbi Avraham *Av Beit Din* explains that the Gemara is discussing a case that occurs in a place where no auctions are held, so that an assessment is necessary. According to the Ritva, the case here does not concern the property of orphans, but rather a seller and a buyer who agreed to a sale of property at a price that would be determined in accordance with the assessment of the court.

The assessment of the single expert is nullified since his is the minority opinion – בָּטֵל יָחִיד בְּמִיעוּטוֹ: The case is similar to any other court judgment, with regard to which the majority opinion is followed (Rashbam).

The middle – מִילְּתָא מְצִיעֲתָא: According to the Rambam, this does not refer to the median assessment, but to the average of the two most extreme assessments. In any event, the case presented here accords with the median assessment as well. The Rashbam maintains that this does refer to the median assessment, for the following reason: Since two of the assessors agree that the land is worth at least one hundred dinars, they are considered a majority against the individual whose assessment is lower.

תִּשְׁעִין שָׁוֵה, וְהַאי דְּקָאָמַר עֶשְׂרִים – דְּקָא טָעֵי עַשְׂרָה לַאֲחוֹרֵיהּ, וְהַאי דְּקָא אָמַר מָנֶה – קָא טָעֵי עַשְׂרָה לְקַמֵּיהּ.

is in fact **worth ninety**[N] dinars, **and the one who says** it is worth **twenty** *sela*, which is equivalent to eighty dinars **errs** with an assessment that is **ten** dinars **behind**, i.e., too low, **and the one who says** it is worth **one hundred dinars errs** with an assessment that is **ten** dinars **ahead**, i.e., too high. Therefore, the average of these two assessments is followed.

אַדְּרַבָּה, הַאי אַרְעָא מְאָה וְעַשְׂרָה שָׁוְיָא, וְהַאי דְּקָאָמַר מָנֶה – קָא טָעֵי עַשְׂרָה לַאֲחוֹרֵיהּ, וְהַאי דְּקָאָמַר שְׁלֹשִׁים – קָא טָעֵי עַשְׂרָה לְקַמֵּיהּ! נְקוֹט מִיהַת תְּרֵי קַמָּאֵי בִּידָךְ, דְּמִתּוֹרַת מָנֶה לָא מַפְּקִי לֵיהּ.

The Gemara raises a difficulty: **On the contrary,** say that **this land is** in fact **worth one hundred and ten** dinars, **and the one who says** it is worth **one hundred dinars errs** with an assessment that is **ten** dinars **behind, and the one who says** it is worth **thirty** *sela*, which is equivalent to one hundred and twenty dinars, **errs** with an assessment that is **ten** dinars **ahead.** If so, the average of these two assessments, one hundred and ten dinars, should be followed. The Gemara replies: **In any event, grasp the first two** assessments **in your hand, as neither** of them **takes** the assessment **beyond the sum of one hundred dinars.**[N]

״אֲחֵרִים אוֹמְרִים: עוֹשִׂין שׁוּמָא בֵּינֵיהֶן וּמְשַׁלְּשִׁין״, קָא סָבְרִי: הַאי אַרְעָא תִּשְׁעִין וּתְלָתָא וְתִילְתָּא שָׁוְיָא; הַאי דְּקָא אָמַר עֶשְׂרִים – קָא טָעֵי תְּלֵיסַר וְתִילְתָּא לַאֲחוֹרֵיהּ, וְהַאי דְּקָאָמַר מָנֶה – קָא טָעֵי תְּלֵיסַר וְתִילְתָּא לְקַמֵּיהּ, וּבְדִין הוּא דְּלֵימָא טְפֵי, וְהַאי דְּלָא קָאָמַר – סָבַר: מִיסְתַּאי דְּקָא מַטְפֵינָא כּוּלֵּי הַאי אַחַבְרַאי.

The *baraita* teaches that *Aḥerim* **say** that **an appraisal is performed** of the sum **between** the two most extreme assessments **and** then **divided by three.** This sum is then added to the lowest assessment. The Gemara explains this opinion: *Aḥerim* **hold** that **this land is** in fact **worth ninety-three and one-third** dinars.[N] **The one who says** it is worth **twenty** *sela*, the equivalent of eighty dinars, **errs** with an assessment that is **thirteen** dinars **and one-third behind,** and **the one who says it is** worth **one hundred dinars errs** with an assessment that is **thirteen** dinars **and one-third ahead. By right,** that assessor **should have said more,** i.e., quoted a higher sum, since according to this calculation, he should have said it is worth one hundred and six and two-thirds dinars. **And** the reason **that he did not** do so is that he **thinks** as follows: **It is enough that I add this much**[N] **above** and beyond the assessment of **my colleague** who says it is worth eighty dinars. Therefore, he lowers the sum of his assessment to one hundred dinars.

NOTES

Is worth ninety – תִּשְׁעִין שָׁוֵה: According to Rabbi Eliezer, son of Rabbi Tzadok, it does not make sense to say that one of the assessors estimated the price accurately and that the other two are mistaken. Rather, it stands to reason that the true value is an amount between the various estimates, and that each one of the assessors is slightly mistaken (Rashbam).

As neither of them takes it beyond the sum of one hundred dinars – דְּמִתּוֹרַת מָנֶה לָא מַפְּקִי לֵיהּ: One may ask why this consideration should take priority over any other. It is equally possible that the average of the two higher assessments should be followed, as they both agree that the value of the field is one hundred or more. The Rashbam explains that since there are two equally valid considerations, the principle that should be followed is: If you grasped a little, you grasped something. In other words, when one must choose between a smaller, less inclusive entity and a larger, more inclusive one, it is preferable to choose the smaller one, as it is included in the larger one. In this case, since even the one who assessed the field at one hundred and twenty agrees that it is worth at least ninety, it is preferable to follow the lower assessment. *Tosafot* agree with this reasoning. The Ra'avad explains that it is customary to offer less than one hundred dinars for a field that is actually worth that price. Therefore, it is assumed that the intermediate assessor estimated its value to a buyer who needs it urgently and is willing to pay its true value. The Ramban explains the matter differently: When a property is worth more than one hundred dinars, people are usually aware that its value is one hundred dinars or more, even though they may not be able to assess it precisely. It is therefore logical to follow the two assessments closest to one hundred dinars.

This land is worth ninety-three and one-third dinars – הַאי אַרְעָא תִּשְׁעִין וּתְלָתָא וְתִילְתָּא שָׁוְיָא: This sum is calculated as follows: The difference between the lowest and the highest sum, in this case forty, is calculated, and the result is divided by three, the number of assessments. Consequently, the average difference between the opinions is thirteen and one-third. This amount is added to the lowest assessment, which leads to the final sum of ninety-three and one-third.

It is enough that I add this much – מִיסְתַּאי דְּקָא מַטְפֵינָא כּוּלֵּי הַאי: The Rashbam writes that although the order in which they announced their assessments is unknown, since they discussed the matter among themselves, each of them is aware of the assessments of the others. He is therefore satisfied with adding twenty to the assessment of his colleague, rather than quoting the higher sum, which here is one hundred and six dinars and two-thirds (Rashbam). *Tosafot* suggest that those whose estimate is lower generally announce their assessment before those whose estimates are higher. The Ramban and other early commentaries note that the Gemara does not suggest the opposite, that the value of the land is in fact less than ninety dinars and that the person making the lowest estimate did not express his true opinion that it is worth less than eighty. This is because a person is embarrassed to evaluate a field at a price higher than that of his colleagues, but he is not ashamed to assess it at a lower sum.

אדרבה, הא ארעא מאה ותליסר ותלתא שויא, האי דקאמר מנה – קא טעי תליסר ותלתא לאחוריה, והאי דקאמר שלשים – טעי תליסר ותלתא לקמיה, ובדין הוא דקאמר טפי, סבר: מיסתאי דקא מטפינא כולי האי אחבראי! נקוט מיהת תרי קמאי בידך, דמתורת מאה לא מפקי ליה.

The Gemara raises a difficulty: **On the contrary,** say that **this land is** in fact **worth one hundred and thirteen** dinars **and one-third,** and **the one who says** it is worth **one hundred dinars errs** with an assessment that is **thirteen** dinars **and one-third behind, and the one who says** it is worth **thirty** *sela*, which is equal to one hundred and twenty dinars, **errs** with an assessment that is **thirteen** dinars **and one-third ahead. By right, he should have said more,** i.e., quoted a higher sum, since according to this calculation, he should have said it is worth one hundred and twenty-six dinars and two-thirds. And the reason he did not do so is that he **thinks** as follows: **It is enough that I add this much above** and beyond the assessment of **my colleague** who says it is worth one hundred dinars. The Gemara answers: **In any event, grasp the first two** assessments **in your hand, as neither** of them **take** the assessment **beyond the sum of one hundred dinars.**

אמר רב הונא: הלכה כאחרים. אמר רב אשי: טעמא דאחרים לא ידעינן, הלכתא עבדינן כוותייהו?! תנו דייני גולה: עושין שומא ביניהן ומשלשין. אמר רב הונא: הלכתא כדייני גולה. אמר רב אשי: טעמא דדייני גולה לא ידעינן, הלכתא עבדינן כוותייהו?!

Rav Huna said: The *halakha* **is in accordance with** the opinion of *Aḥerim*, who say that the sum of the difference between the two most extreme assessments is calculated and then divided by three, and this sum is then added to the lowest assessment. **Rav Ashi said: We do** not even **understand the reason of** *Aḥerim*;[N] **shall we** then **establish the** *halakha* **in accordance with their** opinion? **The judges of the Diaspora taught** a *baraita*[N] that accords with the opinion of *Aḥerim* in the previously cited *baraita*: **An appraisal is performed** to determine the sum of the difference **between** the two most extreme assessments **and** then that sum is **divided by three** and added to the lowest assessment. **Rav Huna said:** The *halakha* **is**[N] **in accordance with the judges of the Diaspora. Rav Ashi said: We do not** even **understand the reasoning of the judges of the Diaspora; shall we** then **establish the** *halakha* **in accordance with their** opinion?

מתני׳ האומר לחבירו "חצי שדה אני מוכר לך" – משמנין ביניהן, ונוטל חצי שדהו. "חציה בדרום אני מוכר לך" – משמנין ביניהן ונוטל חציה בדרום. והוא מקבל עליו מקום הגדר, חריץ ובן חריץ. וכמה הוא חריץ? ששה טפחים, ובן חריץ – שלשה.

MISHNA If one says to another: I am selling you half a field,[H] without specifying which half he is selling, **an assessment is made**[N] of the field, which is then divided **between them,** and the buyer **takes half of** the seller's **field.** If the seller says: **I am selling you the half that is on the southern side** of the field, **an assessment is made** of the northern and the southern sides of the field, which is then divided **between them, and he takes the half on the southern side. And he accepts upon himself**[N] to provide **the space**[H] **for the fence** between the two halves of the field out of his own property. He also accepts to provide out of his own property the space for the larger **ditch and the smaller ditch,**[B] which are meant to keep animals out of the field. **And how wide is** the larger **ditch? Six handbreadths. And** how wide is **the smaller ditch? Three** handbreadths.

HALAKHA

I am selling you half a field – חצי שדה אני מוכר לך: If one says to another: I am selling you half a field, the value of the entire field is assessed, and the seller gives the buyer a portion from the leaner part of the field, the value of which is half the value of the entire field. This is in accordance with Rabbi Yoḥanan's explanation in the Gemara. Similarly, if he said: I am selling you the southern side of the field, the value of the entire field is assessed, and the seller gives the buyer a portion from the southern part of the field, the value of which is half the value of the entire field (Rambam *Sefer Kinyan, Hilkhot Mekhira* 21:22, and see *Hilkhot Zekhiya UMattana* 3:5 and Ra'avad there; *Shulḥan Arukh, Ḥoshen Mishpat* 218:20, and see 241:4).

And he accepts upon himself the space – והוא מקבל עליו מקום: One who purchases half a field accepts upon himself to provide the space for a fence out of his own property. Some say that the seller accepts this upon himself (Rema, citing *Tur*). The buyer also accepts upon himself to provide ten additional handbreadths behind the fence, three for making a smaller ditch, six more for a larger ditch, and one handbreadth between them. All of this is in order that animals should not jump over the fence and cause damage, as explained in the Gemara (Rambam *Sefer Kinyan, Hilkhot Mekhira* 21:22; *Shulḥan Arukh, Ḥoshen Mishpat* 218:20).

BACKGROUND

Larger ditch and smaller ditch – חריץ ובן חריץ:

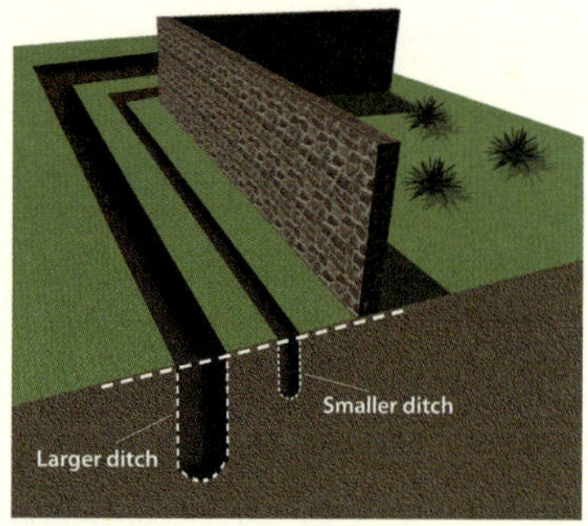

Fence bordered by both a larger and smaller ditch

NOTES

We do not understand the reason of *Aḥerim* – טעמא דאחרים לא ידעינן: According to the Rashbam, Rav Ashi means to say that the reason of *Aḥerim* does not make sense. Rabbeinu Gershom Meor HaGola explains that this is because it can be refuted, as was done by the Gemara above. Rabbi Avraham *Av Beit Din* explains that Rav Ashi disagrees with the assumption that all of the assessors are mistaken. It is more logical that one of them is correct, and presumably that is the one with the intermediate assessment.

The judges of the Diaspora taught a *baraita* – תנו דייני גולה: According to the tradition recorded in *Sanhedrin* 17b, this refers to Shmuel and Karna, who were among the earliest *amora'im*, and it was they who taught an anonymous *baraita* in the name of *Aḥerim*.

Rav Huna said: The *halakha* is – אמר רב הונא הלכתא: The Rashbam notes that Rav Huna rules the same way twice, once according to *Aḥerim* and once according to the judges of the Diaspora. He points out that while in such a case the Gemara usually asks the question: But didn't he already say this once, that question is asked only when a Sage makes the same statement twice, phrasing it differently each time, even though the halakhic significance is the same. But in this case, it is clear that there is a repetition since the ruling is phrased in the exact same way. It is therefore likely that Rav Huna ruled according to *Aḥerim* when he heard the first *baraita*, and then when he heard the second *baraita* he ruled according to the judges of the Diaspora, who share the same opinion.

An assessment is made [*meshamenin*] – משמנין: The Rashbam, the Ba'al HaMaor, and others explain that the word is derived from the word *shuman*, meaning fat, so that it refers to the excess value of the choicest part of the field as opposed to its leaner part. Others say that it comes from the word *shuma*, meaning an assessment: They arrive at an assessment by consulting with one another and set the final price based on that assessment (Rabbeinu Ḥananel; Rif). The difference between the various meanings affects the understanding of the continuation of the passage.

And he accepts upon himself, etc. – והוא מקבל עליו וכו׳: The commentaries disagree about who this refers to. Ramah, the Rambam in his commentary on the Mishna and in the *Mishne Torah*, and the Meiri explain that it is the buyer who accepts all of these obligations upon himself. Others understand that it is the seller who accepts all of these obligations upon himself, since he agreed to sell half a field with all that is necessary for it (*Piskei HaRid*; Ba'al HaMaor; Rabbi Avraham *Av Beit Din*).

BACKGROUND

Dates – כַּפְנִייְתָא: This is apparently a reference to date flowers found on a panicle, a cluster of thin branches that grow close together. While the flowers are still young they are juicy and fit to be eaten. Normally the male date flowers were eaten so as not to damage the yield of the date palms.

Date flower clusters

Flower panicle of the date palm

גמ׳ אָמַר רַבִּי חִיָּיא בַּר אַבָּא אָמַר רַבִּי יוֹחָנָן: לוֹקֵחַ נוֹטֵל כָּחוּשׁ שֶׁבּוֹ. אֲמַר לֵיהּ רַבִּי חִיָּיא בַּר אַבָּא לְרַבִּי יוֹחָנָן: וְהָא אֲנַן ״מְשַׁמְּנִין בֵּינֵיהֶן״ תְּנַן! אֲמַר לֵיהּ: אַדְּאָכְלַתְּ כַּפְנִייְתָא בְּבָבֶל – תַּרְגֵּימְנָא מִסֵּיפָא,

GEMARA **Rabbi Ḥiyya bar Abba says that Rabbi Yoḥanan says:** When one sells half of his field to another person, **the buyer takes the leaner part**[N] **of** the field, the part that is of lower quality. **Rabbi Ḥiyya bar Abba said to Rabbi Yoḥanan: But didn't we learn** in the mishna that in such a case **an assessment is made** of the field, which is then divided **between them,** which indicates that the buyer and the seller are given similar parcels of land? How then can you say that the buyer takes the leaner part? Rabbi Yoḥanan **said to him** in a sarcastic manner: **While you were eating dates**[BN] **in Babylonia** and neglecting your studies, **we explained** the matter **based on the latter clause** of the mishna, which proves that my understanding is correct.

דְּקָתָנֵי סֵיפָא: ״חֶצְיָהּ בַּדָּרוֹם אֲנִי מוֹכֵר לָךְ״ – מְשַׁמְּנִין בֵּינֵיהֶן וְנוֹטֵל חֶצְיָהּ בַּדָּרוֹם, וְאַמַּאי מְשַׁמְּנִין בֵּינֵיהֶן? וְהָא ״חֶצְיָהּ בַּדָּרוֹם״ אֲמַר לֵיהּ! אֶלָּא לְדָמֵי, הָכָא נַמִּי לְדָמֵי.

As the latter clause teaches: If the seller says: **I am selling you the half that is on the southern side** of the field,[N] **an assessment is made** of the northern and the southern sides of the field, which is then divided **between them, and he takes the half on the southern side.** If taken literally, this passage gives rise to a difficulty: **Why is an assessment made** of the northern and the southern sides of the field, which is then divided **between them?** In any case, **didn't he say to him** that he is selling him **the southern half?** Let the seller give the buyer the southern half of the field. Why is an assessment necessary? **Rather,** it must be that the matter is more complicated than it seems, and the mishna is referring **to money.**[N] That is to say, the buyer takes the southern half, but the seller must reimburse him with money for the difference in value between the two halves of the field. **Here too,** in the first case, the mishna is referring **to money:** The buyer takes the leaner half, but the seller must reimburse him with money for the difference in value between the two halves of the field.

NOTES

The buyer takes the leaner part – לוֹקֵחַ נוֹטֵל כָּחוּשׁ: The logic behind this opinion is that since the parties did not explicitly stipulate what the buyer was to receive, the seller has the upper hand, and of course, he obviously prefers the choicest part of the field. The Ri Migash and other early commentaries note that even according to those who maintain that one who sells, sells generously, that principle only means that whatever the seller sells, he sells in its entirety, and leaves nothing for himself, but it does not determine what he sells.

While you were eating dates – אַדְּאָכְלַתְּ כַּפְנִייְתָא: Rabbi Yoḥanan said this to his Babylonian student in a sarcastic manner. What he meant was this: While you were occupied with matters of little importance, I was busy toiling over the understanding of the mishna (Rashbam).

The half that is on the southern side of the field – חֶצְיָהּ בַּדָּרוֹם: Rabbeinu Ḥananel and the Rashbam explain that the seller agreed to supply land equal in value to the southern half of the field, but he is not necessarily obligated to give him land on the south side of the field. Rather, he can give him a lean portion of land on any side as long as its value is equal to that of the southern half of the field. Other commentaries say that he is indeed required to give him land on the south side, but they disagree as to how the assessment is relevant. Some say that the seller gives the buyer precisely half of the area of the field, and the buyer pays him what it is worth (Rabbeinu Ḥananel, citing Rav Hai Gaon; Ri Migash). Others explain that he gives him land on the south side equal to the value of half of the entire field, so that if its quality is higher than that of the north side, the buyer receives less than half, and if its quality is lower, he receives more than half (Rambam; Rid). According to the Ba'al HaMaor, the seller gives him the southern half at half the value of the entire field, despite the fact that the two halves are not equal in value.

Rather the mishna is referring to money – אֶלָּא לְדָמֵי: Several different explanations are offered for the first section of the mishna according to Rabbi Yoḥanan. One possibility is that one who sells half a field is selling it according to its value and not its size. Therefore, the value of the entire field is assessed and half its value is determined. The seller gives the buyer land from the leaner section of his field, providing a large amount of land so that its total value is half of that of the entire field (Rashbam; Rambam; Ra'avad; *Sefer Hashlama*). This is because a person prefers to own a smaller field of superior quality rather than a larger field of inferior quality, and in this matter, the seller has the upper hand, in that he is the one who chooses. Another possibility is that the buyer receives half of the area of the field, but the seller may give him the leaner half no matter what its value (Ri Migash; Ramah).

The Ri Migash raises a difficulty with regard to this explanation: If the calculation is according to area and not price, then no actual agreement was reached with regard to the price of the field, and the *halakha* is that taking possession of a field has no effect in the absence of a set price. He answers that in the case under discussion the parties agreed that the sale would be in accordance with the market value of the field, and such an agreement is tantamount to setting a price. Rabbeinu Yona adds that a price was indeed set for the entire field, but since the seller gave the buyer the leaner section, the price is adjusted because the buyer is considered in possession of the money.

An entirely different explanation is offered by the Ba'al HaMaor, who says that the buyer receives the leaner half of the field and pays the value of half the field according to the agreement. Even though the value of the half that he received is not equal to that of the other half, the seller has the upper hand. He explains the phrase *meshamenin beineihem* as follows: There is a difference in quality between the halves that each party receives.

"מְקַבֵּל עָלָיו מְקוֹם גָּדֵר" כו׳. תָּאנָא: חָרִיץ מִבַּחוּץ, וּבֶן חָרִיץ מִבִּפְנִים, וְזֶה וְזֶה אֲחוֹרֵי גָּדֵר,

§ The mishna teaches that the buyer **accepts upon himself** to provide out of his own property **the space for the fence** between the two halves of the field and for the larger and smaller ditches. A Sage **taught** in a *baraita*: The larger **ditch** is dug **on the outside, while the smaller ditch** is dug **on the inside,** closer to the field. Both **this and that** are dug **behind the fence,**

Perek **VII**
Daf **108** Amud **a**

כְּדֵי שֶׁלֹּא תְּהֵא חַיָּה קוֹפֶצֶת. וְלַעֲבֵיד חָרִיץ וְלָא לַעֲבֵיד בֶּן חָרִיץ! אַיְּידֵי דִּרְווֹת, קָיְימָא בְּגַוֵּיהּ וְקָפְצָה. וְלַעֲבֵיד בֶּן חָרִיץ וְלָא לַעֲבֵיד חָרִיץ! אַיְּידֵי דְּקַטִּין, קָיְימָא אַשִּׂפְתֵיהּ וְקָפְצָה. וְכַמָּה בֵּין חָרִיץ לְבֶן חָרִיץ? טֶפַח.

הדרן עלך בית כור

so that an animal will not jump[N] over the fence, enter the field, and cause damage. The Gemara asks: **Let him make** only a larger **ditch and not make a smaller ditch.** The Gemara replies: **Since** the ditch **is wide,** the animal **can stand inside it and jump** from there over the fence. The Gemara asks: If so, **then let him make** only **a smaller ditch**[N] **and not make** a larger **ditch? Since the ditch is small,** the animal **stands on its edge and jumps** over the fence. The *baraita* explains the matter further: **And how much** space is there **between** the larger **ditch and the smaller ditch?**[N] **One handbreadth.**

NOTES

So that an animal will not jump – שֶׁלֹּא תְּהֵא חַיָּה קוֹפֶצֶת: Instead of raising the height of the fence so that animals will not be able to jump over it, ditches would be dug out in front of the fence for that purpose. The Ritva writes that these ditches would not be dug within the field next to the fence dividing between the fields, but rather on the side of the fence toward the public domain.

Then let him make a smaller ditch – וְלַעֲבֵיד בֶּן חָרִיץ: Two smaller ditches are also not made, since an animal can make use of both of them together in order to jump over the fence. A larger ditch is also not dug after the smaller one, as the animal can pass over the smaller one and go into the larger one, and then jump into the field from it (Rabbi Yitzhak Karkusha).

And how much space is there between the larger ditch and the smaller ditch – וְכַמָּה בֵּין חָרִיץ לְבֶן חָרִיץ: The distance between the ditches is detailed in the *baraita*, while the mishna describes their breadth. According to the Ritva, the depth of the ditches is the same as their breadth, i.e., the smaller ditch is three handbreadths deep and the larger ditch is six handbreadths deep.

Summary of **Perek VII**

When one sells a plot of land of a certain size, such as a *beit kor*, and the field contains rocks more than ten handbreadths high or crevices more than ten handbreadths deep, they are not measured along with the rest of the field. This is the case when the seller specified a precise measurement of land, but if he said: Approximately a *beit kor*, or made a similar statement, then even crevices and rocks are measured as part of the field, as he did not commit himself to a precise measurement. Even when the rocks and crevices are measured along with the field, this applies only when specific conditions related to their location and concentration are met. If the rocks are few but they are arranged in formations that make working the land difficult, such as in a circle, a triangle, a zigzag shape, or the like, the *halakha* is uncertain, and the principle invoked is that the burden of proof rests upon the claimant.

The wording of the deed of sale is also significant in cases where the actual measurements of the field are not precisely as stipulated between the parties. If it was emphasized that the area was to be measured with a rope, i.e., precisely, then even if the difference is minimal, the buyer must return the surplus to the seller or the seller must deduct the difference from the purchase price. But if a measurement was mentioned without specification, and all the more so if the parties added the words: More or less, then if the discrepancy is less than one part in twenty-four, the sale is valid as is. The precise *halakhot* as to how to compensate the injured party in the case of a discrepancy depends on the specific details of each case.

One who sells half of his field to another person gives him land worth half the value of the entire field, and that land can be given to the buyer from the leaner part of the field. If he specified the side of the field he was selling, such as the northern or southern side, he gives him land on that side worth half the value of the entire field.

All of the above applies when the seller sells a tract of land without specifying its borders. But if he sold a specific area within certain demarcations and borders, the buyer receives the demarcated area, and if the discrepancy between the actual size of the field and the size stipulated by the seller does not exceed one-sixth, the sale is valid as is. If the discrepancy is greater than one-sixth, the party who benefited must return the surplus.

With regard to the general issue of contradictory expressions in a sale agreement, the *halakha* is that if the contradictory expressions cannot be resolved, the less inclusive expression is followed, as the holder of the deed of sale is at a disadvantage.

In the course of its discussion of errors in the assessment and evaluation of property, the Gemara considers several issues pertaining to erroneous assessments, including what margin of error is accepted, and when a division of property that is based on an erroneous assessment is voided. In this context, the Gemara examines issues concerning brothers who divide their father's estate between them.

Image **Credits**

All images are copyright © Koren Publishers Jerusalem Ltd., except:

p14 © Jastrow; **p40** © courtesy of the Temple Institute; **p42** 1st image © asterix0597; **p42** 2nd image © Neot Kedumim – The Biblical Landscape Reserve in Israel, www.n-k.org.il; **p48** © Government Press Office; **p82** 1st image © Eitan f; **p82** 2nd image © J.M.Garg.

My Notes

My Notes

My Notes

My Notes

My Notes

My Notes

My Notes